Neue Wege in ein neues Europa

Ralf Roth ist Privatdozent am Historischen Seminar der Universität Frankfurt am Main. *Karl Schlögel* ist Professor für Geschichte Osteuropas an der Europa-Universität Viadrina, Frankfurt (Oder).

Ralf Roth, Karl Schlögel (Hg.)

Neue Wege in ein neues Europa

Geschichte und Verkehr im 20. Jahrhundert

Campus Verlag
Frankfurt/New York

Gedruckt mit Unterstützung der ZEIT-Stiftung Ebelin und Gerd Bucerius, Hamburg

Bibliografische Information der Deutschen Nationalbibliothek:
Die Deutsche Nationalbibliothek verzeichnet diese Publikation in der Deutschen Nationalbibliografie.
Detaillierte bibliografische Daten sind im Internet unter http://dnb.d-nb.de abrufbar.
ISBN 978-3-593-38900-4

Umschlaggestaltung: Campus Verlag, Frankfurt/Main
Umschlagmotiv: Eisenbahnnetz Europas 1914. Aus: Theodor Schieder, Staatensystem als Vormacht der Welt 1848–1918, Ullstein Verlag, Frankfurt a.M./Berlin.
Druck und Bindung: Druckhaus »Thomas Müntzer«, Bad Langensalza
Gedruckt auf säurefreiem und chlorfrei gebleichtem Papier.
Printed in Germany

Besuchen Sie uns im Internet: www.campus.de

Inhalt

IV. Keine Kultur ohne Bewegung – Culture is Things on the Move

V. Grenzenlose Möglichkeiten und Verwundbarkeit

Anhang

Vorwort

Dieses Buch, das hier von 25 Autoren vorgelegt wird, ist Ergebnis einer längeren Auseinandersetzung um die Frage, ob der Themenkomplex Verkehr, gemeint in seinem weiten Sinn als Transport und Kommunikation, angemessen in der Geschichtswissenschaft berücksichtigt wird. Nach eingehender Befragung beantworteten die Autoren und die Herausgeber das mit »Nein«. Das ist alles in allem ein erstaunliches Ergebnis angesichts der Rolle, die Verkehr, Transport, Kommunikation, aber auch Austausch und Transfer in unserer heutigen Welt und in der Welt des 19. und 20. Jahrhunderts gespielt haben und weiterhin spielen. Das Ergebnis war Ernüchterung und Ansporn zugleich. Wir sehen die Notwendigkeit, die Bedeutung und Rezeption dieser Relation in der Geschichtswissenschaft zu stärken.

Die 2005 gestartete Initiative für eine intensivere Beschäftigung mit und Erforschung der Rolle des Verkehrs fand dankenswerterweise die Aufmerksamkeit des damaligen Vorstands der Zeit-Stiftung. Er gab grünes Licht für eine Tagung, die mit internationaler Besetzung und unter Teilnahme des Verkehrsministers Klaus Tiefensee vom 1. bis zum 3. März 2007 in Berlin stattfand und Auftakt für eine intensivere Erforschung dieses Themenfeldes sein sollte. Die Tagung »Neue Wege in ein neues Europa«, zu deren Gelingen insbesondere auch Herr Ingmar Ahl beigetragen hatte, bestätigte den Diskussionsbedarf und die Notwendigkeit einer sich der Allgemeingeschichte öffnenden Verkehrs- und Transportgeschichte und *vice versa* einer Allgemeingeschichte, die nicht länger die Augen vor dem Problem verschließt, dass wirtschaftliche, soziale, politische und kulturelle Prozesse in hohem Maße davon abhängen, auf welche Art und Weise die Menschen miteinander verkehren und kommunizieren, über welche Möglichkeiten sie verfügen, die Räume zu überwinden und über welche eben nicht.

Aus den Vorträgen und Diskussionen gingen nach einer Zeit der intensiven Auseinandersetzung mit der in Thesen zusammengefassten Problemstellung die Aufsätze dieses Bandes hervor. Wir danken den Autoren für ihre Geduld bei der Überarbeitung ihrer Beiträge. Wir danken der ZEIT-Stiftung Ebelin und Gerd Bucerius, dass sie dieses Projekt noch weiter unterstützte, nachdem sie sich überraschend entschlossen hat, Geschichtsprojekte in Zukunft nicht mehr zu fördern. Wir danken dem Campus-Verlag, insbesondere Frau Tanja Hommen, diesen wichtigen Diskussionsbeitrag zur Geschichtswissenschaft mit Umsicht und großem Engagement dem lesenden Publikum zuzuführen.

Im Januar 2009

Ralf Roth, Sinntal
Karl Schlögel, Berlin

Einleitung: Geschichte und Verkehr im 20. Jahrhundert

Ralf Roth und Karl Schlögel

Problemaufriss

Seit dem Fall des Eisernen Vorhangs fügt sich Europa neu zusammen. Die zwei Hälften Europas, Resultat des Kalten Krieges, bewegen sich seit zwanzig Jahren wieder aufeinander zu. Europa ist nicht nur ein Raum von Werten und Ideen, sondern auch ein Verkehrsraum. Das geteilte Europa war bestimmt von zerschnittenen Verkehrswegen, Endstationen an der Grenze. Europa nach 1989 hat begonnen, gerissene Linien wieder in Betrieb zu nehmen. Es ist offensichtlich, dass es ein neues und vereintes Europa ohne einen einheitlichen und modernisierten Verkehrsraum nicht geben kann. Verkehr und Logistik, Fortbewegung und Infrastruktur sind, obwohl sie das Alltagsleben von Abermillionen von Menschen und ganzer Gesellschaften bestimmen, bisher nur am Rande als geschichtsmächtige Kräfte und Faktoren zur Kenntnis genommen und erforscht worden. Dabei ist offensichtlich, dass Entfernung und Nähe, Versorgung und Verteilung von Gütern, Ideen und Menschen ohne das Medium des Verkehrs nicht denkbar sind. Verkehr und Mobilität haben den globalen Raum, in dem wir uns bewegen, erst möglich gemacht.

Verkehr ist keine Konstante, sondern eine äußerst dynamische Relation in den vielfältigen gesellschaftlichen Beziehungen. In den letzten 200 Jahren sind extrem effiziente Transportsysteme und -netze entstanden, die nicht nur die Möglichkeiten grenzüberschreitender Verkehre stark ausgeweitet haben, sondern auch die transnationale und interkontinentale Mobilität. Mit der Verbilligung aller Transportleistungen, dem Sinken der Transport- und Reisezeiten sowie der enormen Ausweitung der Transportkapazitäten von Schiff, Eisenbahn, Flugzeug und Lastkraftwagen – und nicht zu vergessen der Nachrichten- und Kommunikationsnetze – veränderten sich nicht nur die europäischen, sondern insgesamt die globalen Beziehungen. Das hat Auswirkungen auf die Geschichtsschreibung. In den letzten beiden Jahrzehnten erleben die transnationale, die europäische und die Weltgeschichte einen großen Aufschwung und man kann mit gutem Grund von einer Renaissance der Universalgeschichte sprechen, nachdem sie in der Hochzeit der Nationalgeschichtsschreibung *de facto* untergegangen war.[1]

Was kann aber eine sinnvolle transnationale, ja europäische Geschichte sein, womit soll sie sich jenseits der variierenden nationalen und kulturellen Besonderheiten der Staaten und Länder dieses Kontinents beschäftigen? Leopold Ranke hat in seiner Vorrede zu seinem Weltgeschichtefragment einen wichtigen Hinweis gegeben: »Die Aufgabe der welthistorischen Wissenschaft« bestehe darin, den »Zusammenhang zu erkennen, den Gang der großen Begebenheiten, welche alle Völker verbindet und beherrscht, nachzuweisen.«[2] Man solle also nicht nach dem Trennenden, sondern nach dem Suchen, was die Völker und Nationen miteinander verbindet. Diese Einschätzung teilt ein beträchtlicher Teil der heutigen Historiker, die sich mit transnationaler oder Weltgeschichte beschäftigen. Einen großen Einfluss erzielten in diesem Kontext die Studien von John and William McNeill. Beide argumentieren, dass es in jeder Epoche wichtige Einflüsse über die politischen Grenzen hinweg gegeben habe, und dass gerade die »Kontakte« mit fremden Kulturen eine Schlüsselrolle für den ökonomischen, sozialen, politischen und militärischen Fortschritt jeder Zivilisation, jedes Staates gespielt hätten. Diese Argumentation erwies sich als außerordentlich fruchtbar und inspirierte zahlreiche Forschungen auf dem Gebiet der transnationalen Beziehungen und insbesondere auch der transnationalen »communication networks«.[3] Tatsächlich lassen Untersuchungen auf dem Feld der Verbindungen zwischen den Staaten, Ländern und Kontinenten im 20. Jahrhundert reichhaltigere Ergebnisse erwarten als eine Konzentration auf die Barrieren und Hürden oder Separierung und Absonderung, obwohl auch dies sicher zu einer Geschichte der großen Räume gehört. Wenn wir auf die letzten 200 Jahre zurückblicken, sprechen die zahlreichen Prozesse der Kommunikation und des Austauschs, der Überwindung der kontinentalen und maritimen Räume aber eine eindeutige Sprache. Nur mit Blick auf sie lassen sich die internationale Arbeitsteilung und ihre Folgen, die weltweiten Kapitalflüsse sowie der internationale kulturelle Austausch verfolgen.[4] Das legt nahe, dass Kommunikation, Verkehr, Mobilität, Migration, Transfer und Austausch Schlüsselbegriffe für eine Geschichtsforschung sind, die große Räume – den europäischen, kontinentale wie globale – beschreiben und interpretieren will.

---

1 Vgl. Roth (2006), »Geschichtswissenschaft«, S. 212–215. Vgl. auch den Beitrag von Ralf Roth, in diesem Band.

2 Ranke, »Vorrede«, Bd. 1, S. 5f.

3 Vgl. McNeill, »Rise«, S. 1–21, u. McNeill, McNeill, *Human Web*.

4 Vgl. Fässler, *Globalisierung*, u. Kierzkowski, *Europe*, sowie immer noch mit Gewinn zu lesen Woodruff, »Entstehung«, S. 435–473, u. Pinder, »Europa«, S. 377–412.

Europäische Geschichte und die Rolle des Verkehrs

Warum wurde das große Thema des Verkehrs und der Kommunikation in der Europäischen Geschichte bisher so stiefmütterlich behandelt? Das hat vor allem eine Ursache: Die Revolutionierung des Verkehrs war eindeutig ein Kind des 19. Jahrhunderts und setzte sich parallel zum Aufstieg des Nationalstaats durch. Deshalb wurde Verkehr im Allgemeinen und insbesondere der Eisenbahn- und Schiffsverkehr nach Ländern getrennt – sozusagen als nationale Aufgabe – untersucht und beschrieben.[5] Damit bekam jede Studie immer nur einen Teil der weltweiten Netze zu fassen und konnte nur einen Teil der Auswirkungen berücksichtigen. Im Ergebnis zerfiel die Vorstellung von dem Ganzen in zahllose Splitter und Fragmente. Das Bewusstsein von dem Zusammenhang, das am Beginn des 19. Jahrhunderts durchaus vorhanden war, ging verloren. Aber jedes Infrastrukturnetzwerk ist mehr als die Summe seiner Teile und das bedeutet, dass historische Untersuchungen über die nationalen Verkehrsnetzwerke von Deutschland, Portugal oder Russland und so weiter kein Verständnis für die europäische oder die europaweite Kommunikationsstruktur liefern – insbesondere dann, wenn der auf der Hand liegende Umstand, dass sich die Eisenbahnstrecken und Schifffahrtslinien jenseits der nationalen Grenzen fortsetzen, nur selten problematisiert wurde.[6]

Das ist ein bemerkenswertes Defizit, denn es ist ja nicht zu übersehen, in jedem Land waren die Verkehrsverbindungen ein offenes System mit zahlreichen Verbindungen in die benachbarten Staaten. Handelskarawanen überschritten seit alters her jegliche Grenzen, die Postgesellschaften bauten ihre Netze grenzüberschreitend auf und auch bei den Eisenbahnen gab es von Anfang an oft mehrere Grenzen passierende Durchgangszüge. Weil dies zu wenig Berücksichtigung fand, kann man in der Konsequenz auf vielen Feldern Vereinseitigungen und Beschränkungen feststellen. Bei näherem Nachdenken finden sich noch mehr transnationale Aspekte und Eigenschaften. Wie soll man mit einer national beschränkten Sicht etwa den Prozess des technologischen Fortschritts im Verkehrsbereich erklären, der nur in wenigen Fällen auf den nationalen Eigenleistungen nur eines Landes beruhte. Gerade die Tätigkeit der Ingenieure war international ausgerichtet, ihr Wissen bezogen sie aus einem internationalen Austausch der Erfahrungen und Ideen. Zahlreiche der bedeutenden Innovationen beruhten auf dem Austausch von Ingenieuren und Architekten gleich mehrerer Länder. Auch die Investitionen im Verkehrsbe-

5 Es gab und gibt Ausnahmen. Man denke nur an die Schriften von Fritz Voigt, etwa Voigt, *Verkehr*, oder aus jüngerer Zeit Kill, *Erfolgsstrategien*, Faith, *World*, Nock, *Railways*, Klenner, *Eisenbahn*, u. Mitchell, *Train Race*.

6 Zu weiteren Argumenten vgl. Roth (2009), »Eisenbahnen«.

reich, beispielsweise in das Eisenbahnnetz zwischen 1830 und 1880, waren in vielen Fällen von Anfang an eine internationale Angelegenheit. Viele der als nationale Tat gepriesenen Ländernetze entpuppen sich in Wahrheit als das Werk ausländischer Investoren, Banken und Eisenbahngesellschaften, die auf der Suche nach zusammenhängenden Verkehrsmärkten bereits damals in großen, die Grenzen außer acht lassenden Verkehrsräumen dachten und ihre Investitionen entsprechend ausrichteten.[7] Nicht zuletzt mit Hilfe dieser international agierenden Investoren wurde ein gigantisches Netzwerk errichtet, das man mit gutem Grund ein europäisches nennen kann, auch wenn es kein politisches Zentrum gegeben hat, von dem die Initiative ausgegangen wäre, und das Projekt der Europäischen Union erst 120 bis 130 Jahre später ins Leben trat.[8]

Was für das Netz der Eisenbahnen gilt, gilt im Prinzip für alle Transport- und Kommunikationsnetze. Das Wachsen dieser Netze und ihre die Grenzen überwindende und verbindende Eigenschaft liefern somit ein erstes Beispiel für eine europäische Geschichte jenseits des Nationalstaats. Wie diese europäischen Transport- und Kommunikationsnetze die Geschichte des kontinentalen Raums zwischen Lissabon und Moskau oder Helsinki und Athen ihrerseits wiederum beeinflussten, das ist allerdings immer noch ein Desiderat der Forschung. Man kann diesen unbefriedigenden Befund nicht auf sich beruhen lassen, denn das Verständnis dieser transnationalen Netzwerke ist von fundamentaler Bedeutung für das Verständnis unserer heutigen Gesellschaft. Historiker stehen hier also in der Pflicht.

Vor diesem Hintergrund versteht sich der Sammelband als Anstoß, um einen bisher vernachlässigten Themenkomplex in die Diskussion zu bringen, neue Forschungsfelder zu öffnen und eine Brücke aus der Universität in eine rasend sich verändernde Welt zu schlagen. Die 25 Autoren greifen mit Blick auf Europa zentrale Aspekte des umfassenden und komplexen Themas Verkehr und seine Bedeutung für eine moderne europäische Geschichtsschreibung auf und möchten der Forschung damit neue Wege öffnen. Es kam uns in erster Linie darauf an, möglichst viele Aspekte anzureißen, um die Komplexität deutlich zu machen, und es kam uns darauf an, das Thema von vornherein in eine grenzüberschreitende, transnationale Perspektive zu rücken. Beabsichtigt ist also nicht Vollständigkeit, sondern Öffnung von Themen und möglichen Bearbeitungsweisen, das Zusammenführen von ganz verschiedenen Partnern, die häufig ohne voneinander zu wissen an identischen Fragestellungen arbei-

7 Zur Bedeutung von transnationalen Strukturen in der Verkehrsgeschichte vgl. Roth, Dinhobl, *Introduction*, S. xxv–xd, sowie die Beiträge des Sammelbandes *Across the Borders*.

8 Vgl. zu den Wirkungsmächten bei der Herstellung Europas den Beitrag von Karl Schlögel in diesem Band.

ten. Interdisziplinarität und Internationalität sind selbstverständliche Voraussetzungen für die Behandlung des Themas »Neue Wege in ein neues Europa«.

Der Ertrag

Der Sammelband ist in fünf Abschnitte unterteilt, die man mit allgemeiner Problemstellung, historischer Überblick, die Zeit der Katastrophen, die kulturelle Seite des Problems sowie die Ambivalenz der Transport und Verkehrsnetze mit ihren scheinbar unbegrenzten Möglichkeiten einerseits und ihrer Anfälligkeit und Verwundbarkeit andererseits charakterisieren kann.

Grundsätzliche Überlegungen zum Verhältnis von Verkehr und Europäischer Geschichte

Im ersten Abschnitt stellen fünf Autoren in vier Beiträgen grundsätzliche Überlegungen dazu an, welche Bedeutung Verkehr und Kommunikation in der Geschichte und hier insbesondere der europäischen Geschichte beigemessen werden sollte. Den Beginn der grundsätzlichen Auseinandersetzung macht Karl Schlögel, der sich das Thema »Europa in Bewegung – Die Transformation Europas und die Transformation des europäischen Verkehrsraumes« vornimmt. In diesem Beitrag wird erläutert, warum das Thema des Sammelbandes so wichtig geworden ist: aufgrund der Erfahrung der Spaltung Europas und seiner Wiedervereinigung und der damit verbundenen verkehrsmäßigen und logistischen Aspekte. Der Beitrag verdeutlicht, dass Verkehr nicht nur und in erster Linie ein technisches Problem ist, sondern viele Dimensionen der Geschichte beeinflusst. Außerdem wird in diesem Beitrag auf den Forschungsstand und die neu in Gang gekommene Diskussion über »Raum, Verkehr, Kommunikation« eingegangen.

Diese Überlegungen werden in dem sich anschließenden Beitrag »Allgemeine Überlegungen zum Verhältnis von Verkehr und Geschichte« von Ralf Roth fortgesetzt. Der Beitrag diskutiert die allgemeine Problematik der Beziehung von Verkehr und Geschichte und ordnet ihre Bedeutung in die derzeitige Diskussion um eine Geschichtsschreibung der großen kontinentalen und globalen Räume ein. Seiner Ansicht nach führt das Zeitalter der Globalisierung mit einer gewissen Zwangsläufigkeit zu einer Renaissance der Universalgeschichte – aber nicht als einfache Wiederkehr, sondern in einer erneuerten und modernisierten Form, die nicht mehr den früheren teleologischen Positionen verhaftet ist, sondern in deren Zentrum die Bedingungen und das Funktionieren des weltweiten Austauschs, Verkehr und Kommunikation stehen. Deshalb kommt der Fragestellung des Aufsatzbandes eine so zentrale Bedeutung zu.

Hans-Liudger Dienel und Colin Divall verweisen in ihrem Beitrag »Changing Histories of Transport and Mobility in Europe« auf den langen Weg der Verkehrsgeschichte und insbesondere ihres Wandels in den letzten Jahren. Sie legen überzeugend dar, wie diese ihr Aschenputteldasein allmählich abgestreift und sich zu einer international angesehenen Forschungsdisziplin entwickelt hat. Diesen Transfer verdeutlicht schließlich Gijs Mom in seinem Beitrag »Writing ›Europe‹: The Dutch Case«. Von einer nationalen Perspektive ausgehend bezeichnet Mom die These, Mobilität und Transport hätten erheblich zur Entwicklung der nationalen Wirtschaft beigetragen, als unzureichend. Es reiche auch nicht aus, diese Relation einfach eine Stufe höher anzusiedeln und sie auf die europäische Ebene zu übertragen. Stattdessen fordert er große Anstrengungen bei der Untersuchung der materiellen Grundlagen für den europäischen Einigungsprozess und parallel dazu eine umfassenden Untersuchung der »international mobility user culture«.

Die Geschichte Europas im 20. Jahrhundert als Verkehrsgeschichte

Im nächsten Abschnitt des Buches arbeiten fünf Autoren in fünf Beiträgen in Überblicksdarstellungen heraus, wie wichtig das Verkehrswesen für die europäische Geschichte war. Den Anfang macht Hans-Liudger Dienel mit dem Thema »Die Eisenbahn und der europäische Möglichkeitsraum«. Er bezieht sich dabei auf die Jahrzehnte zwischen 1870 und dem Ausbruch des Ersten Weltkriegs 1914, also die sogenannte *belle epoque*. Das 19. Jahrhundert war das Goldene Zeitalter der Eisenbahn – angefangen von Pionierbauten bis zu den Bahnhöfen, den »Kathedralen des 19. Jahrhunderts«. Damals befand sich Europa auf dem Höhepunkt seiner Entwicklung, bevor mit dem Ersten Weltkrieg der tiefe Sturz erfolgte. Ohne die Eisenbahn ist dieser Zeitabschnitt nicht denkbar. Europa wuchs damals kulturell wie auch infrastrukturell und in wirtschaftlicher Hinsicht immer enger zusammen, ohne dass dies Auswirkungen auf die politische Struktur, ihre Fragmentierung und Zerteilung gehabt hätte.

Diese panoramaartige Skizze, die Dienel von dem europäischen Kontinent am Beginn des 20. Jahrhunderts entwirft, wird durch den Beitrag von Hans-Heinrich Nolte »Eisenbahnen und Dampferlinien« ergänzt, der sich den weltweiten Netzen der Europäer widmet. Im Zentrum steht dabei die Verbindung der Eisenbahnen mit Dampferlinien und der Etablierung eines globalen Transport- und Kommunikationsraums, zu dem auch die Telegrafie zu rechnen ist. Alle drei zusammen legten wiederum die Grundlagen für die erste Phase der Weltwirtschaft. Diese fruchtbare Periode, dieser Einstieg in das globale Zeitalter wurde 1914 jäh unterbrochen. Dirk van Laak beschreibt diese extreme Wende und die Rolle des Verkehrs in der Zeit vom Ersten bis zum Zweiten Weltkrieg. Wenn die *belle epoque* gezeigt hat, welch unerhörte Einigungskraft in den modernen Verkehrsmitteln liegt, dann demonstrierte die Weltkriegsepoche die ins Grenzenlose gesteigerte Destruktivität der damaligen Verkehrsmittel. Der moderne Krieg mit seiner totalen Mobilmachung aller Ressourcen ist ohne die Logistik des modernen Verkehrswesens nicht zu denken. Die Folgen waren verheerend. Europa katapultierte sich selbst an den Rand der Weltgeschichte und zwischen zwei sogenannte Supermächte, deren Einflusssphären das einstige Zentrum des globalen Verkehrs und der Kommunikation in zwei Teile zerschnitten. Es ist das Thema von Helmuth Trischlers Aufsatz »Geteilte Welt? Verkehr in Europa im Zeichen des Kalten Krieges, 1945–1990«. In ihm wird die Folgen der Teilung für Europa ausgeführt und dargelegt, wie der Kalte Krieg und die Blockkonfrontation über mehrere Jahrzehnte hin den europäischen Verkehrsraum für Jahrzehnte deformiert, wenn nicht zerstört haben. *De facto* fand eine Regression ins Voreisenbahnzeitalter statt.

Diese Periode endete vor zwei Jahrzehnten und Wolfgang Kaschuba unternimmt es in seinem Beitrag »Europäischer Verkehrsraum nach 1989 – die Epoche der zweiten Globalisierung«, eine allgemeine Beschreibung der Situation eine Übersicht über den Ist-Zustand, also über den Stand der »Reparaturarbeiten« am europäischen Verkehrs- und Wegesystem und über die wichtigsten Veränderungen vorzulegen. Sein Ergebnis ist eindeutig. Seiner Meinung nach wurde in den letzten beiden Jahrzehnten »der Trend zur Europäisierung des europäischen Raumes durch touristische und migrantische Praxen entschieden verstärkt«. Und er findet, dass dieses Europa größer wird, »weil sich diese Europäisierung vor allem auch in den inner- wie außereuropäischen Randzonen vollzieht: an den afrikanischen Küsten des Mittelmeeres, in den Hotel-Ressorts in Ägypten oder an der Ostseeküste im Baltikum als den ›europäischen‹ Ferienlandschaften wie Migrationsräumen«.

Verkehr im Zeitalter der Katastrophen

Der Absturz der europäischen Staaten hatte viele Ursachen. Eine große Rolle spielte sicherlich, dass die überbordenden Möglichkeiten der Verkehrs- und Kommunikationsnetze nicht von einem politisch geeinten Europa, einer Union der Staaten von Europa oder einem *Imperium Europaeum* genutzt wurden, sondern zur Erzwingung der Hegemonie eines Teils der europäischen Staatenwelt über den anderen. Der dritte Abschnitt »Verkehr im Zeitalter der Katastrophen« hat genau diese dunkle Seite der Mobilität zum Thema. War zuvor in chronologischer Abfolge vorgegangen worden, so nun in systematischer. Es soll exemplarisch – und deshalb auch selektiv – gezeigt werden, was Verkehrswesen im Zeitalter der Katastrophen in Europa war. Der Abschnitt wird von sechs Autoren in sechs Beiträgen gestaltet und beginnt mit einem Aufsatz von Benjamin Schenk über »Die zivilisatorische Mission und das Chaos auf den Eisenbahnen im Zarenreich«. Er entwirft ein gesellschaftliches Spiegelbild der russischen Gesellschaft am Vorabend ihres Untergangs in Krieg und Revolution. Eine Geschichte der Eisenbahn im Zarenreich kann sich, seiner Meinung nach, »nicht auf die Beschreibung der Planung, des Baus und der Finanzierung des Streckennetzes im größten Kontinentalreich der Erde und dessen Bedeutung für die ökonomische Entwicklung des Landes beschränken«, sondern muss die Welt der Eisenbahn »als einen wichtigen Bestandteil sozialer Wirklichkeit und als Schauplatz der tief greifenden politischen, sozialen und kulturellen Umbrüche beleuchten«. Eisenbahnen haben das Land auf seinem Weg über alle Umbrüche hinweg in die Moderne begleitet und in erheblichem Maße zu dieser Modernisierung beigetragen.

Es wäre wünschenswert gewesen, diesen ausgezeichneten Ansatz in einem weiteren Beitrag über die wenig erforschten verkehrsmäßigen Voraussetzungen oder Implikationen stalinistischer Herrschaft fortzusetzen. Der Stalinismus hat ein ehrgeiziges und mörderisches Raumerschließungsprogramm durchgesetzt, wozu auch große Verkehrsprojekte wie die Baikal-Amur-Magistrale, der Weißmeer-Ostsee-Kanal, der Moskwa-Wolga-Kanal, die Turksib, die Strecke nach Kotlas und Workuta oder die nach Salechard gehörten, zu den Stätten des Gulag. Leider bleibt das Thema vorerst ein Desiderat der Forschung.

Die russische Herrschaft auf tönernen Füßen, ihr Zusammenbruch und die Metamorphose in der »roten Revolution« hin zu einem diktatorischen und streng zentralistischen Gesellschaftssystem waren ein Beitrag zur insgesamt negativen Bilanz der europäischen Entwicklung im 20. Jahrhundert. Einen anderen bildete die Summe der *querelles allemandes*. Sie beruhten auf den großartigen wirtschaftlichen Erfolgen im 19. Jahrhundert, auf deren Grundlage sich das Gebäude eines nur partiell modernisierten Staates erhob. Diese zweideutige Gesellschaft flüchtete sich nach den Schrecken des Ersten Weltkriegs, der Revolution, der Inflation und der Weltwirtschaftskrise in die sogenannte »braune Revolution«. Wirtschaftlich stark, politisch zurückgeblieben war von hier aus zuvor der Angriff auf die bestehende Hegemonialordnung der *belle epoque* und eines Bündnissystems erfolgt, das aus den Großmächten Großbritannien, Frankreich und Russland bestand. Gegen deren imperialen Einfluss und Macht wurden in einem vierjährigen Krieg die Ressourcen einer großen Industrienation und einer überaus effizienten logistischen Verkehrs- und Kommunikationsstruktur gesetzt. Der Erste Weltkrieg gilt als der klassische Eisenbahnkrieg und Christopher Kopper führt aus, wie sehr die kriegführenden Mächte auf die Eisenbahninfrastruktur angewiesen waren und wie sich das Zivilisationsinstrument auf diese Weise in eine militärische Vernichtungsmaschinerie verwandelte.

Was für den Ersten Weltkrieg galt, trifft in einem noch größeren Maße auf den Zweiten zu. So wäre der größte militärische Aufmarsch der Geschichte im »Unternehmen Barbarossa« undenkbar gewesen ohne die Logistik der Eisenbahnen. Mehr noch, durch den Nationalsozialismus radikalisiert und in ihrer Vernichtungseigenschaften potenziert verwandelten sich Kommunikations- und Transportsysteme weit über ihre militärische Funktion bei der Eroberung des größten Teils des europäischen Kontinents in zivile Destruktionsmittel. Dies wird in drei Beiträgen vorgestellt. Als erstes widmet sich Ralf Roth der Frage, welche Rolle die Reichsbahn im System der Zwangsarbeit in Europa gespielt hat und arbeitet hier drei Verantwortungsbereiche heraus, die auch nach sechs Jahrzehnten Forschung zum Nationalsozialismus immer wieder neue Dimensionen der Inhumanität zu Tage fördern. Zu nennen ist vor allem der Beitrag der Reichsbahn beim Transport und der Deportation von Millionen Menschen zur Zwangsarbeit, die unzulängliche Unterbringung in Hunderten, wenn nicht Tausenden von Lagern und die Nutzung von Zwangsarbeitern im sechsstelligen Zahlenbereich. Per Bahn wurden Millionen von Menschen in den Tod befördert. Nach Raul Hilbergs Studie über die technische Abwicklung der Deportationen ins Gas und der Dokumentation von Claude Lanzman ist die Spur der Verwicklung von Deutscher Reichsbahn und Endlösung lange Zeit vernachlässigt worden.[9] Alfred Gottwaldt folgt deshalb mit einem Beitrag zur »Logistik des Holocaust« und Marie-Noëlle Polino schreibt unter der Überschrift »Der Zusammenhang von Transport und Vernichtung – ein ungelöstes Problem für Historiker« über die Rolle der französischen Eisenbahnen bei der Deportation der französischen Juden.[10] In allen drei Beiträgen wird die europäische Dimension des Vorgangs und seiner verkehrslogistischen Voraussetzungen herausgearbeitet. Sie fügen sich zu einem Theater des Schreckens und zeigen pervertierte Formen der Mobilität wie Zwangsmigration und Deportation, die dennoch als ihre dunkle Seite wahrgenommen und in das Bewusstsein der Forschung wie der Leser gerückt werden müssen.

9 Umso wertvoller sind die in Arbeit beziehungsweise im Druck befindlichen Untersuchungen von Alfred Gottwaldt und von Engwert, Kill, *Sonderzüge*.

10 Der Originaltitel lautet: »*Comment un moyen de transport devint l'agent de la destruction des juifs d'Europe: regards d'historiens sur la logistique ferroviaire de l'Holocauste*«.

Am Ende der Zeit der großen Katastrophen lag Europa in Trümmern und mit seinem Untergang wurden auch seine stolzen Leistungen des 19. Jahrhunderts zerstört. Dazu gehörten unter anderem die Transportsysteme, Europas Eisenbahnen, seine Schifffahrts- und Telegrafenlinien und sonstige Kommunikationseinrichtungen. Den großen Wanderungen, die dennoch stattfanden, und der Frage, wie sie bewältigt wurden, widmet sich der Beitrag von Hans Lemberg über »Das Ende des Krieges – Evakuierung, Flucht, Vertreibung, Zwangsaussiedlung«. Die großen Flucht- und Vertreibungsaktionen des 20. Jahrhunderts haben eine verkehrsmäßige und logistische Seite. Es ist kein Zufall, dass unter anderem der Viehwaggon ein zentrales Symbol des »Jahrhunderts der Flüchtlinge« geworden ist.

Keine Kultur ohne Bewegung – Culture is Things on the Move

Standen in den drei vorgestellten Abschnitten die wirtschaftlichen, sozialen und politischen beziehungsweise militärischen Dimensionen von Verkehr und Kommunikation im Vordergrund, so folgt im vierten Abschnitt die Hinwendung zu den kulturellen Seiten der Beziehung von Geschichte und Verkehr im 20. Jahrhundert. Verkehr und Kommunikation – ob Eisenbahn, Straße, Flugzeug oder Schiff, ob Telegramm, Funk, Radio oder Internet – wird meist eng im Sinne von Bewegung, Mobilität und Transport aufgefasst. Dabei ist Verkehr eine komplexe Erscheinung, fast wie ein Gesamtkunstwerk. Es hat technische, finanzielle, organisatorische, ästhetische, lebensweltliche, wirtschaftliche, soziale, politische, kulturelle Seiten. In diesem Teil sind exemplarisch einige kulturelle Aspekte herausgearbeitet worden, ohne damit das Spektrum der möglichen Themen auch nur annähernd abzudecken. Peter Lyth widmet sich in seinem Beitrag »Fast forward: speed, streamlining and national pride, 1912–1952« einigen wichtigen Seiten der kulturellen Bedeutung von Geschwindigkeit, und zwar einerseits in ihrer ästhetischen Verarbeitung als Design und dann andererseits in ihrer Bedeutung für das nationale Selbstgefühl, insbesondere in den Ausprägungen Stolz und Stärke. »Racing and the setting of speed records quickly became charged with patriotic overtones, in many European countries.« Lyth geht in seinem Aufsatz auf Wettrennen zu Lande und in der Luft ein, diskutiert die Gründe für die Jagd nach Geschwindigkeitsrekorden und knüpft Verbindungen zur politischen Ideologie des Nationalismus, die sich dieser Elemente im Konkurrenzkampf mit anderen Nationen bedient, ohne dass er den Anspruch erhebt, diese Seite erschöpfend behandelt zu haben. Dennoch ist es gelungen, einige überaus interessante Phänomene einzufangen und überzeugend darzustellen.

Reiner Ruppmann lenkt das Augenmerk dann auf »Das System der Autobahnen und ihre kulturellen Mythen«. Die Geschichte der Nachkriegsgesellschaft in Europa, erläutert der Autor, sei auch eine Geschichte der Massenmotorisierung und des automobilgestützten Massenkonsums. Beide Phänomene wurden bereits in zahlreichen Studien unter je eigenem Blickwinkel untersucht und haben ihren Niederschlag in der allgemeinen Geschichtsschreibung gefunden. Dennoch fehlt es für eine plausible Darstellung immer noch an Vielem. So wurde das Symbolobjekt Auto in historischer Perspektive zwar unter den verschiedensten Aspekten analysiert, aber eine profunde Straßen- und Autobahngeschichte sucht man vergebens, obwohl doch gerade die Straße einen, wenn nicht den integralen Bestandteil der Mobilitätsrevolution des 20. Jahrhunderts darstellt. Ohne die Erfindung spezieller Hochgeschwindigkeitstraßen für den automobilen Schnellverkehr, den »Autobahnen«, die nach dem Zweiten Weltkrieg in Deutschland und Westeuropa massiv ausgebaut wurden, und ohne den im Laufe der letzten 50 Jahren generell erheblich gesteigerten Straßenbau hätte der Siegeszug der Kraftfahrzeuge kaum stattfinden können. Es ist ein erstaunliches Phänomen, dass ein so präsenter, so flächenhaft existenter und massenhaft genutzter Riesenbau in der historischen Verkehrsforschung und erst recht in der allgemeinen Geschichte ein völlig vernachlässigter, ja nicht vorhandener Gegenstand ist. Von diesem Standpunkt ausgehend fragt der Autor nach dem Mantel der weichen, amorphen Mythen, den diese harte technologische Infrastruktur umgibt. Es gelingt ihm, den Ursprung einer ganzen Reihe von Zuschreibungen, die auch heute noch zu dem alltäglichen Kultur- und vermeintlichen Wissensgut der Menschen auf der Straße gehören, aufzudecken, ihren Werdegang nachzuzeichnen und die heutige Gemengelage zu ordnen.

Auch der dritte Autor in diesem Abschnitt, Thomas Zeller, widmet sich den modernen Straßen und dem System ihrer mythischen oder ideologischen Zuschreibungen. Diesmal handelt es sich allerdings um Argumentationslinien, die beim Bau der ersten großen autobahnähnlichen Verbindungen in den dreißiger Jahren eine Rolle gespielt haben. Bemerkenswerterweise und ganz im Gegensatz zu ihrer späteren Nutzung bildeten Natur und Umwelt eine wichtige Seite der Begründung zu diesen großtechnischen Bauvorhaben. Zeller nennt seinen Beitrag dann auch: »Der verlangsamte Verkehr: Die Herstellung von Landschaft durch Straßen im 20. Jahrhundert« und möchte in ihm die Wahrnehmung der Landschaft durch das Autofenster als zentrales Konstituens der Vorstellungen von Umwelt im 20. Jahrhundert darstellen. Anhand von Beispielen aus Deutschland, den USA und Großbritannien legt er dar, wie Landschaft im Auge des Betrachters, auf dem Reißbrett des Ingenieurs und in den Gutachten von Landschaftsarchitekten entstand. Die so produzierte Landschaft war keine fixierte Einheit, sondern stets Austragungsort und Produkt sozialer und kultureller Konflikte. Das besondere Augenmerk gilt dabei sowohl den nicht intendierten wie den intendierten Konsequenzen der Planer und ihr Beitrag zum Mythenkanon der Autobahnen und *Highways*.

Der kulturellen Bedeutung von Geschwindigkeit, sprich Beschleunigung, und ihrer Geschichte widmet sich auch Peter Borscheid in seinem Beitrag »Beschleunigungsimperative, Tempo-Viren und Zeit-Zeichen: Kulturelle Auswirkungen der Verkehrsrevolution des 20. Jahrhunderts«. Er geht davon aus, dass sich zu Beginn des 20. Jahrhunderts, vor allem aber nach dem Ersten Weltkrieg, die Neuerungen in der Geschichte der Beschleunigung häuften. Während die Beschleunigung von Produktion und Transport seit Ende des 18. Jahrhunderts allein mit Hilfe von technischen und organisatorischen Instrumenten erfolgte, die auf die Geschwindigkeit des allgemeinen Lebenstempos nur geringe Auswirkungen hatten, kamen seit dem frühen 20. Jahrhundert neue »Agenten« in Form von »Beschleunigungsimperativen« hinzu. Darunter versteht der Autor alles, was die Menschen auffordert, sich den Zeitvorstellungen der sie umgebenden Gesellschaft anzupassen. Zu den Imperativen gehören »Temporalagenten«, »Tempo-Viren« und sonstige »Zeit-Zeichen«. Sie positionieren sich unter anderem in Gestalt der modernen Werbung, Architektur und des Designs, der neuen Verkehrsträger wie Fahrrad, Automobil und Flugzeug sowie der vielfältigen öffentlichen Auszeichnungen, mit denen die Gesellschaft des 20. Jahrhunderts Schnelligkeit honorierte. Zudem drangen sie in den Privat- und Freizeitbereich vor und trugen durch ihre Allgegenwart entscheidend zur Veränderung der Temporalstruktur und der Durchsetzung einer Kultur der Beschleunigung bei. Borscheid weist dem Verkehrsbereich bei der Aufforstung der Welt mit Beschleunigungsimperativen die Funktion eines Inaugurators der Beschleunigungskultur zu, von dem insgesamt neben der Werbung die größte Wirkung ausging.

Was wäre eine Diskussion um Verkehr, Mobilität und Transport als kulturelles Phänomen, ohne einen Blick in die Zukunft unserer heutigen vielgliedrigen Mobilitätsmaschine – oder besser einen Blick auf die vergangenen Vorstellungen ihrer Zukunft. Kurt Möser unternimmt es, uns die »Historischen Zukünfte des Verkehrs« zu erläutern. Verkehr und der Ausbau der Verkehrsinfrastruktur evozieren stets auch Verkehrsutopien, das Ausmalen der (wohltuenden) Folgen der geplanten Verkehrsmaßnahme und ihre Projektion in die Zukunft. Der Autor entfaltet hier ein großes Panorama an vergangenen Zukunftsentwürfen. Er geht davon aus, dass den Mobilitätsutopien insbesondere in der Literatur über technische Phantastik eine besondere Rolle zukam, und stellt die Frage, was aus der wissenschaftlichen Betrachtung von Mobilitätsphantastik gewonnen werden kann. Seine Antwort lautet, Verkehrsutopien können »als Indikator für die jeweiligen soziokulturellen Kontexte verstanden werden«, denn sie »reflektierten mobilitätsbezogene Wünsche, Erwartungen und Befürchtungen, testeten Pfade technischer Lösungen oder spielten mögliche oder auch gefürchtete Konsequenzen dieser Entwicklungen und ihren sozialen Implementierungen durch.« Der Historiker erfährt also etwas über die kulturelle Bedeutung von »Mobilität in den jeweiligen (Teil-) Gesellschaften, aus denen heraus sie entwickelt wurden«.

Grenzenlose Möglichkeiten und Verwundbarkeit

Geschwindigkeit, Autobahn, Luftverkehr, die Überwindung immer größerer Räume in immer kürzerer Zeit und die Direktkommunikation von jedem Ort der Welt mit allen Teilen des Globus deuten die scheinbar grenzenlosen Möglichkeiten der in den letzten 200 bis 300 Jahren etablierten Verkehrs- und Kommunikationssysteme an. Die Verkehrssysteme haben nach intensiver Entwicklung und permanentem Ausbau heute eine Qualität erreicht, die es erlaubt, Menschen und Güter in scheinbar unbegrenzten Dimensionen in Bewegung zu setzen. Die Netze durchdringen überall auf der Welt, aber insbesondere in Europa, den Raum als eine komplexe vielgliedrige Transportmaschine, die sich aus zahlreichen millionenfachen Einzelkomponenten – Automobilen, Lastkraftwagen, Eisenbahnen, Flugzeugen, Schiffen, Röhren, Kabeln und Funkübertragungen – zusammensetzt. Diese Transportmaschine bestimmt viele Aspekte unseres Alltags wie auch die große transnationale Politik. Zugleich, weil diese Transportmaschine eine so effiziente und weitreichende Voraussetzung für unsere wirtschaftliche, soziale, politische und kulturelle Entwicklung ist, könnte sie sich auch als eine Achillesferse der Zivilisation erweisen. Das Thema »Grenzenlose Möglichkeiten und Verwundbarkeit« bildet deshalb den letzten Abschnitt unseres Buches. Wir haben dafür sechs Autoren gewonnen. Michèle Merger widmet sich den »Great European Infrastructure Projects and their Outcome« und konzentriert sich dabei auf die großen Bauvorhaben der Europäischen Union, die unter dem Sammelbegriff des *Trans-European Network* (TEN) zusammengefasst werden. Mit diesen Ergänzungen und Verdichtungen des europäischen Verkehrsnetzes soll eine noch stärkere Vernetzung der 27 zur EU gehörenden Staaten erreicht werden. Merger legt die Geschichte dieser Projekte, ihren Ursprung, ihre Begründung, ihr wechselhaftes Schicksal in den Auseinandersetzungen der Brüsseler Bürokratie und ihren heutigen Stand als milliardenschwere Investition der Gemeinschaft der Europäischen Staaten in ihre verbindende Gesamtstruktur dar.

Als Ergänzung dieses Überblicks über einen Teil der europäischen Verkehrsnetze trägt Michael Hascher in seinem Beitrag über die »Die low-tech-Revolution: Container und Pipelines« zur Einbeziehung neuer Transportsysteme wie der *Pipeline* und des *Containers* in die historischen Betrachtungen bei und gibt einen Einblick in die Komplexität und den raschen Wandel im Transportsektor, aber auch die Grundlagen heutiger Güterdistribution und seiner logistischen Möglichkeiten. Das Thema Logistik als Grundlage erfolgreicher Distribution und Mobilität greift wiederum Richard Vahrenkamp auf und stellt »Die Logistische Revolution: Logistik und Güterverkehr in Europa 1950–2000« vor. Es liegt auf der Hand: Die heutigen grenzüberschreitenden Verkehre in ihrer gewaltigen Dimension erfordern den Logistiker, der die Ströme der Güter – ähnlich wie der Kaufmann im Mittelalter, aber in ganz anderen Dimensionen und mit ganz anderen Mitteln – über große Entfernungen dirigiert. Vahrenkamp stellt die Grundzüge dieser Entwicklung des Güterverkehrs nach dem Zweiten Weltkrieg vor.

Diesen drei vor allem auf den Güterverkehr abzielenden Beiträgen, folgen zwei Beiträge von Javier Vidal über »Tourism and transport in Europe, 1930–2000« und Hasso Spode über »Von der Luftpolitik zur Deregulierung: Das Flugzeug und der Massentourismus«, die sich der modernen Massenmobilität zuwenden und unter verschiedenen Blickwinkeln das Massenphänomen Tourismus untersuchen. Sie zeigen, wie die Produktion der europäischen Urlaubslandschaften – ob an den bulgarischen Stränden oder auf Mallorca – an die Entwicklung des modernen Verkehrs gebunden ist, und arbeiten seine Bedeutung für Geschichte und Verkehr im 20. Jahrhundert heraus.

Die stete Ausweitung von Transport und Mobilität, Nachrichten und Kommunikation hat ein dichtes, aber auch filigranes Netz von technischen und infrastrukturellen Einrichtungen rund um unseren Globus entstehen lassen. Es kann in seiner Komplexität durchaus leicht beschädigt werden. Einen Eindruck davon erhielt die Welt, als nach dem 11. September 2001 für mehrere Tage der Flugverkehr von und nach den USA eingestellt wurde. Damals kam dies dem Kappen der dichten transatlantischen Beziehungen gleich. Es zeigte sich, wie empfindlich die lebenswichtigen Verbindungen, an deren Zuverlässigkeit und Intaktheit die Welt sich schon gewöhnt hatte, in Wahrheit waren. Neben dem modernen Terrorismus, der sich diesen Umstand zu Nutze machen möchte und Sand in das Getriebe der Weltmaschine streut, gibt es durchaus andere, immanente Bedrohungen des Verkehrs in der heutigen Dimension und Allgegenwart. Ein rasanter Anstieg des Ölpreises wie in der ersten Hälfte des Jahres 2008, wirtschaftliche Depression, wie sie in der zweiten Hälfte folgte, aber auch Sorgen um das Weltklima und seine Bedrohungen durch den Kohlendioxydausstoß und natürlich das ganz profane Thema der

Piraterie und der menschlichen wie technischen Mängel, die zu schweren Unfällen führen, wären hier zu nennen. Der letzte Beitrag von Christoph Maria Merki widmet sich einem Teil der Probleme, die das Funktionieren des Verkehrs beeinträchtigen, und versucht in einer historischen Skizze über »Die Verwundbarkeit modernen Verkehrs: Unfälle und Terrorismus«, zu einer Bewertung des Gefahrpotentials dieser beiden Problemkreise zu gelangen. Das Ergebnis ist nüchtern kalkuliert: »Unfälle und Terroranschläge stellen für den Verkehr zwar ein Risiko dar, aber auch nicht mehr. Weder Unfälle noch Terroranschläge konnten oder können ein ganzes Verkehrssystem so stark erschüttern, dass es dauerhaft stillgelegt werden müsste. Dafür war und ist der Verkehr viel zu wichtig und werden keine Kosten und politischen Mühen gescheut, um ihn am Laufen zu halten.«

Wir, die Autoren und Herausgeber, haben hiermit vorerst unsere Arbeit getan. Es bleibt den interessierten Lesern und Kollegen vorbehalten, den Impuls aufzugreifen und weiter über das Verhältnis von Geschichte und Verkehr in der jüngeren Geschichte und Gegenwart nachzudenken.

Literatur

Engwert, Andreas/Kill, Susanne (Hrsg.) (2009), *Sonderzüge in den Tod. Die Deportationen mit der Deutschen Reichsbahn*, Köln.

Fässler, Peter E. (2007), *Globalisierung. Ein historisches Kompendium*, Köln etc.

Faith, Nicholas (1990), *The World the Railways Made*, London.

Kierzkowski, Henryk (Hrsg.) (2002), *Europe and Globalization*. Basingstoke.

Kill, Heinrich Hermann (1991), *Erfolgsstrategien von Verkehrssystemen: Eine evolutionsorientierte Analyse der europäischen Verkehrsentwicklung*, Berlin.

Klenner, Markus (2002), *Eisenbahn und Politik. Vom Verhältnis der europäischen Staaten zu ihren Eisenbahnen*, Vienna.

McNeill, John/McNeill, William (2004), *The Human Web. A Bird's-eye View of World History*, New York.

McNeill, William (1990), »The Rise of the West after Twenty-five Years«, in: *Journal of World History* 1, H. 1, S. 1–21.

Mitchell, Allan (2000), *The Great Train Race. Railways and the Franco-German Rivalry, 1815–1914*, New York.

Nock, O. S. (1977), *Railways in Western Europe*, London.

Pinder, John (1980), »Europa in der Weltwirtschaft 1920–1970«, in: Carlo M. Cipolla/Knut Borschardt (Hrsg.), *Europäische Wirtschaftsgeschichte*, Bd. 5: *Die europäischen Volkswirtschaften im zwanzigsten Jahrhundert*, New York, S. 377–412.

Ranke, Leopold (o. J.), »Vorrede zur Weltgeschichte«, in: Leopold Ranke, *Weltgeschichte. Die Geschichte der abendländischen Welt von den ältesten historischen Völkergruppen bis zu den Zeiten des Übergangs zur modernen Welt*, 2 Bde., Essen, Bd. 1, S. 5f.

Roth, Ralf (2006), »Ist die Geschichtswissenschaft auf das Zeitalter der globalen Prozesse vorbereitet? Zur Bedeutung der Mobilitätsrevolutionen im 19. und 20. Jahrhundert«, in: *Pytannja istorii Ukrainy: Sb. Nauk.* st., T. 9, Tscherniwtzi (Fragen der Geschichte der Ukraine. Sammlung der wissenschaftlichen Artikel, Bd. 9, Czernowitz 2006), S. 212–215.

— (2009), »Wie wurden die Eisenbahnen der Welt finanziert? Einige Vergleiche«, in: *Zeitschrift für Weltgeschichte* 10, H. 2.

Roth, Ralf/Dinhobl, Günter (2008), *Introduction: Across the Borders*, in: Ralf Roth/Günter Dinhobl (Hrsg.), *Across the Borders – Financing the World's Railways in the Nineteenth and Twentieth Centuries*, Aldershot, S. xxv–xd.

Schlögel, Karl, (2003), *Im Raume lesen wir die Zeit. Über Zivilisationsgeschichte und Geopolitik*, München.

Voigt, Fritz (1965–1973), *Verkehr*, 4 Bde., Berlin.

Woodruff, William (1977), »Die Entstehung einer internationalen Wirtschaft 1700–1914«, in: Carlo M. Cipolla/Knut Borschardt (Hrsg.), *Europäische Wirtschaftsgeschichte*, Bd. 4: *Die Entwicklung der industriellen Gesellschaften*, New York, S. 435–473.

I.
Grundsätzliche Überlegungen zum Verhältnis von Verkehr und Europäischer Geschichte

1. Europa in Bewegung – Die Transformation Europas und die Transformation des europäischen Verkehrsraumes

Karl Schlögel

Irgendwann in den späten achtziger Jahren des 20. Jahrhunderts hatte die These vom »Ende der Geschichte« die Runde gemacht – für kurze Zeit wenigstens. Wir hatten damals auch davon gehört, dass der Raum verschwunden sei und dass Geographie keine Rolle mehr spiele. Aber was unter Normalverhältnissen möglicherweise langer Debatten bedurft hätte, war 1989 gleichsam über Nacht klargestellt geworden: Nicht nur eine politische Revolution hatte sich ereignet, sondern eine »Raumrevolution«. Die Koordinaten, welche die Welt nach 1945 definiert hatten, hatten sich radikal verschoben. 1989 bezeichnete nicht nur das Ende der Nachkriegszeit, sondern auch den Zusammenbruch des Raumes, in dem die Welt und insbesondere Europa mehr als ein halbes Jahrhundert gelebt hatten. Über Nacht waren die Europäer gezwungen, sich neu zu arrangieren. Unter den Augen der Zeitgenossen lief ein Lehrstück ab, um das andere Generationen sie vielleicht beneidet hätten. Sie waren Augenzeugen, wie die Welt aus dem einen in einen anderen Zustand überging. Die Grenze, die mehr als ein halbes Jahrhundert durch Jalta-Europa verlaufen war, hatte keinen Vorläufer, keinen Anhaltspunkt, sie war keine ethnische, keine kulturelle, sprachliche oder historische Grenze, schon gar keine »natürliche«. Kein Gebirgszug, kein Strom, keine Sprachscheide verlief von Lübeck bis Triest, sondern ein erst improvisierter, dann perfekt ausgebauter »Eiserner Vorhang«. Wo einmal die Mitte Europas lag, waren nun die Vorposten von West und Ost, von »sozialistischem Lager« und »freier Welt«. Aus Metropolen in der Mitte Europas waren Provinzstädte an den westlichen oder östlichen Peripherien des geteilten Kontinents geworden. Die Nachbarn von einst waren in weite, unerreichbare Ferne gerückt. Es war einfacher, von Berlin-Ost nach dem koreanischen Pjöngjang zu reisen als nach Berlin-West. Die alten Nachbarschaften von Wien und Budapest, von Sankt-Petersburg und Helsinki, von Prag und Nürnberg waren gleichsam über Nacht ausser Kraft gesetzt. Diese geteilten Welten waren auf Anhieb erkennbar: Hier gab es Propaganda, dort Reklame. Hier gab es Warteschlangen vor den Geschäften, dort Ratlosigkeit angesichts eines unüberschaubar grossen Sortiments. Hier die Beschwerlichkeit des Alltags, dort die unerträgliche Leichtigkeit des Seins. Jede Hemisphäre hatte ihre eigene Ikonographie, ihre Sprachregelung, ihren Code – bis in die Gesten hinein. Jede Hemisphäre hatte ihr Design, ihren Entwurf vom glücklichen Leben, ihre je eigene Traum- und Urlaubslandschaft. Und jede hatte ihre Erfahrung vom Glück und Unglück. Jalta-Europa war der Erfahrungs- und Lebenshorizont der nach 1945 Aufgewachsenen.[1]

1989 hatte die ganze Lage mit einem Schlag geändert. Mit dem Realsozialismus war auch die Geographie der Macht zusammengebrochen. Die Hauptstädte des Ostblocks waren zur grossen Bühne geworden, auf der sich vor Aller Augen die Abdankung der alten Macht vollzog. Jedes Land hatte seine bevorzugten und symbolisch gesättigten Haupt- und Nebenschauplätze, seine Akteure und dramatischen Ereignisabläufe. »Zerfall der Macht« war nicht eine Metapher, sondern ein buchstäblich-leibhaftiger Vorgang, bei dem Nachrichtenübermittlungen blockiert, strategische Verbindungen unterbrochen, Kasernen abgeriegelt, Wachtürme nicht mehr besetzt, Grenzbefestigungen erklettert wurden. Die Orte der Macht verschoben sich. Die alten Grenzanlagen verschwanden. Nun zählten andere Grenzen, nicht jene zwischen Kapitalismus und Kommunismus, sondern jene zwischen dem Eignen und dem Fremden, zwischen Arm und Reich oder der *digital gap*. Städte, die Grenz- und Frontstädte gewesen waren, waren plötzlich wieder Zentren, leicht erreichbar von allen Seiten. Provinzen, die auf die Rückseite Europas geraten waren, standen nun plötzlich wieder offen. Der europäische Raum ordnete sich neu.

Nicht überall ist die Transformation der grossen Grenze, des Eisernen Vorhangs, in die kleine Grenze, gelungen. An einigen Stellen wurde aus der Grenze eine Demarkationslinie und – wie in den jugoslawischen Nachfolgekriegen oder im Kaukasus – aus der Grenzlinie ein Frontverlauf. Auf den Zusammenbruch des Nachkriegsraums folgte – im Großen und Ganzen erfolgreich – der Aufbau des Raumes eines wiedervereinigten Europas. Freilich gaben am Elften September 2001 die eingestürzten Türme des *World Trade Center* den Blick bereits frei auf eine gänzlich neue Landschaft, neue Grenzen, ein neues Kampffeld. Durch den *Financial District* von New York verlief die neue Kampflinie *Djihad versus McWorld* (Benjamin Barber). Die Welt von gestern war klar geschieden, kenntlich, gegeneinander abgesetzt, geschlossen. Während eines langen »Kalten Krieges« hatte es eine Grenze gegeben, sichtbar, markant, unverwechselbar. Sie verlief genau, wie mit der Rasierklinge gezogen, vom Nordkap bis zur türkisch-sowjetischen Grenze. Dieser übersichtliche Raum hatte nun zu existieren aufgehört.

---

1 Noch immer die beste Darstellung ist Ash, *Jahrhundert*.

Wiederkehr des Raumes: Die räumliche Dimension der Geschichte

In der Spätzeit des geteilten Europa, da fast nur noch von der Beschleunigung der Zeit und vom »Verschwinden des Raumes« die Rede war, musste die Rede von der Bedeutung des Raumes in der Geschichte oder gar von der Wiederkehr des Raumes geradezu anachronistisch klingen. Besonders in Deutschland. Das war nach dem, was in Deutschland geschehen war, auch nicht schwer zu verstehen: Raum war belastet. Raum hatte zu tun mit »Großraum«, »Ostraum«, »Volk ohne Raum« und mit »Generalplan Ost«. Von »Lebensraum« zu sprechen war ganz unmöglich geworden. Das ganze Wortfeld schien für immer kontaminiert, und man wich aus auf die harmloser und neutral klingenden Begriffe wie »Lebenswelt« oder »Biotop«. Wir flüchteten terminologisch in *l'espace social* der Franzosen, und wir fanden in Amerika Begriffe nicht nur für den Raum, sondern für unendlich viele diverse Räume – *spaces of desire, spaces of memory, spaces of sex, counterspaces, landscapes* und alles in postmodernem *mapping*. Ein Wort, ein Begriff, und sei er sprachlich noch so schön wie das deutsche Wort »Lebensraum«, schien für immer erledigt zu sein durch die Affäre der Deutschen mit dem Nationalsozialismus.[2] Was mit Raum und Geographie zu tun hatte, war nach dem Krieg für lange Zeit *out*. Erdkunde galt als altmodisch, als ein Rückfall in ahistorisches Denken. Die Rede vom Raum galt als reaktionär. Michel Foucault hatte seinerzeit die Diskussionslage so resümiert:

> »Der Raum wurde behandelt als das Tote, das Feste, das Undialektische, das Immobile. Zeit war im Gegensatz dazu Reichtum, Fruchtbarkeit, Leben, Dialektik [...]. Die Verwendung von räumlichen Termini scheint den Geruch des Antigeschichtlichen zu haben. Wenn jemand in Begriffen des Raums zu sprechen anfing, dann bedeutete dies, dass er in Opposition zur Zeit stand. Es bedeutete, ›die Geschichte zu negieren‹, wie Dummköpfe sagen. [...] Sie verstanden nicht, dass diese räumlichen Konfigurationen gerade auf Prozesse abhoben – auf historische, auf Prozesse der Macht, selbstverständlich.«[3]

Man kann vermutlich den historischen Ort für das Vergessen des Räumlichen, für die »Raumscheu« (Carl Schmitt) oder für die »spatiale Atrophie« noch allgemeiner und zugleich genauer eingrenzen. Sie hatte etwas zu tun mit der unerhörten Beschleunigung all unserer Lebensprozesse, mit der Umwälzung der Verkehrs- und Kommunikationsformen seit dem 19. Jahrhundert, mit einer Erfahrung, die letztlich in der suggestiven, aber eben irreführenden These von Paul Virilio und anderen vom »Verschwinden des Raumes« eingemündet war. Die kühnen Theoretiker der Beschleunigung, die von diesem »Ver-

---

2 Ausführlich zur postfaschistischen Raumdiskurs vgl. Schlögel (2003), *Im Raume*.

3 Foucault, »Spaces«, S. 25.

schwinden des Raums« und von der »Entortung« sprachen, hatten zweifellos eine gänzlich neue Erfahrung aufgenommen und sie in dramatische, manchmal auch hysterische Worte gefasst. Bei Paul Virilio lesen wir, dass die weltweite Ausbreitung der Echtzeit den Realraum zum Verschwinden gebracht habe.[4] In der Tat ist die Welt klein geworden. Welten, die früher unendlich weit auseinanderlagen, haben sich nun verschränkt, überlagert. Die radikale Verkürzung der Entfernungen durch Ozeandampfer, Telegraf, Telefon, Jets, Internet, CNN, die rasende Beschleunigung und umfassende Vernetzung haben zu einer beispiellosen Revolutionierung des Raums und der Raumvorstellungen geführt. Der virtuelle Raum, in dem immer mehr Aktionen der Gesellschaft stattfanden, konnte den Eindruck erzeugen, als sei mit der radikalen Reduzierung oder gar Liquidierung der physischen Entfernungen der Raum selber zum Verschwinden gebracht worden.

Doch dem für nicht-existent erklärten Raum erging es wie der für beendet erklärten Geschichte: Beide meldeten sich zurück, je auf ihre Weise. 1989 ist daher nicht nur ein Datum auf der Zeitskala, sondern auch eine Marke, um die herum ein spezifischer historischer Raum zusammenbrach und sich ein ganz neuer zu bilden begann, eine Marke, um die herum die Weltkarte neu gezeichnet wird.

Die Frage ist, wie es hatte kommen können, dass die lange und so stabile Verbindung von Geschichte und Raum in Vergessenheit geraten konnte, sodass es einer Anstrengung bedurfte, sich diese erneut zu vergegenwärtigen. Karl-Georg Faber hatte schon vor vielen Jahren in einem Beitrag zur vergleichenden Wissenschaftsgeschichte auf die frappierende Gleichzeitigkeit hingewiesen, in der um die Wende zum 20. Jahrhundert in Deutschland, Frankreich, Großbritannien und in den Vereinigten Staaten – man könnte hier auch noch Russland hinzufügen – das Verhältnis von Raum- und Geschichtswissenschaften thematisiert worden war – mit allem, was üblicherweise zu einem Paradigmenwechsel gehörte. Offensichtlich war die Zeit reif.[5] In Deutschland hatte Friedrich Ratzel, der Vater des Terminus »Lebensraum«, in den achtziger Jahren des 19. Jahrhunderts seine »Anthropogeographie« und dann 1897 seine »Politische Geographie« vorgelegt. Friedrich Ratzel, von Hause aus Biologe und Zoologe, ging es, anders als seinem Vorläufer Carl Ritter, um eine streng naturwissenschaftliche Fassung des Raums, also nicht um konkrete Landschaften, sondern um eine Theorie des »reinen Raums« mit Kategorien der Distanz, der Nähe, der Bewegung, der Raumüberwindung. In Frankreich arbeitete zur gleichen Zeit Paul Vidal de la Blache, der Begründer der *géographie humaine*. Er

4 Virilio, »Würgegriff«, S. 63.

5 Faber, »Vorgeschichte«, S. 389–406.

nahm im Grunde schon 1902 die Unterscheidung von *histoire événementielle, structurale, géographisante* vorweg, mit der Fernand Braudel später berühmt wurde, und leistete mit dem *Tableau de la géographie de la France* einen wichtigen Beitrag zur Historisierung eines zunächst rein geographisch verstandenen Raumbegriffs.[6] In Großbritannien hatte Halford J. Mackinder 1904 seinen aufsehenerregenden Vortrag *The Geographical Pivot of History* vor der *Royal Academy* gehalten. Darin waren Zentralasien und Südsibirien als der »Drehzapfen«, als *heartland* beschrieben worden, dessen Besitz über die Weltherrschaft entscheiden werde. In Amerika hatte Frederick Jackson Turner schon 1894 seinen berühmten Essay *The Significance of the Frontier in American History* verfasst und einen entscheidenden Impuls für die moderne amerikanische Geschichtsschreibung gegeben. Aber nicht überall war die Konstellation für die Forschung so glücklich wie in Frankreich, wo Fernand Braudel vor allem mit seinem Mittelmeerbuch eine exemplarische, schulbildende Studie über einen geographisch-kulturell-politischen Großraum lieferte und die Fruchtbarkeit eines Geschichtsdenkens bewies, das den Raum nicht nur pflichtbewusst im Vorwort als »nutzlose geographische Einführung« abhandelt, sondern systematisch entfaltete. In Deutschland war es vor allem der völkische Diskurs der Weimarer Zeit und dann die nationalsozialistische Instrumentalisierung der Raumwissenschaften, die die so fruchtbare Tradition deutschen Raumdenkens zum Abbruch brachten.

»Raumbewältigung« durch Verkehr

Alle grossen Umbrüche sind Zusammenbrüche und Neubildungen von sozialen, politischen, kulturellen Räumen. Die Welt muss neu vermessen, neu kartiert, neu benannt und definiert werden. Definitionsmonopole über grosse Territorien und Räume gehen zu Ende, neue werden etabliert. Der Verkehr spielt in der Produktion von neuen sozialen, politischen und kulturellen Räumen eine fundamentale, aber merkwürdigerweise oft ignorierte Rolle. Über das Wesen des Verkehrs heißt es bei Friedrich Ratzel im Kapitel über den »Verkehr als Raumbewältiger«:

»Verkehr ist die räumliche Bewegung von Menschen und Gütern auf bestimmte Ziele zum Zweck des Ausgleiches der natürlichen Ausstattung der Erde und der Menschen; Briefpost, Telegraf und Telefon, die menschliche Gedanken befördern, sind von diesem Verkehr nicht zu trennen, wenn auch in vielen Fällen ihre Aufgabe nur im Austausch von Gedanken liegt.

6 Vidal de la Blache, »Les conditions«, S. 13–23.

Wenn der Verkehr die Bewegung von Menschen, Gütern, Gedanken von einem Ort zum andern bedeutet, dann ist seine geographische Natur zunächst darin klar: Er geht von einem Orte oder einer Stelle der Erde aus und strebt nach einer anderen hin, er verbindet also zwei Orte oder zwei Erdstellen durch den Weg, den er zurücklegt.«[7]

Und zur Kulturbedeutung des Verkehrs hält Ratzel fest:

»Diejenigen Wirkungen, die der Verkehr kulturlich anbahnt, sind am letzten Ende die mächtigsten. Vom höchsten Sehpunkt erscheinen uns die Wege als das verbindende Geäder zwischen den grossen und kleinen Gruppen der Menschheit. Ohne sie wäre nicht aus Millionen von Einzelnen und Gruppen das Ganze der Menschheit geworden. Er steht auch mit der Wissenschaft in lebendigem Zusammenhang und ruft Wissen hervor. Verkehrswege zu schaffen ist eine Kulturarbeit und in der Vervollkommnung der Verkehrsmittel sieht die Kultur einen ihrer größten Triumphe, der zugleich bezeichnend und folgenreich ist.«[8]

Hier wird sehr deutlich die elementare und dialektische Verbindung von gesellschaftlicher Verkehrsform und Verkehr, von Vergesellschaftung durch Verkehr und Kultur benannt, die in zum Teil identischen Formulierungen bei Denkern und Theoretikern ganz verschiedener Herkunft und Generation – von Alexander von Humboldt bis Edward Soja, von Karl Marx bis Carl Schmitt – wiederkehrt.[9]

Der im Zuge der Globalisierung produzierte Raum geht über die National- und Territorialstaaten hinweg. Karten des Globalisierungsprozesses zeigen das drastisch: in den Linien, die Routen von Schifffahrt und Flugverkehr markieren, in den Strömen, welche die Transfers von Öl und Gas oder anderer Güter bezeichnen, in den Atlanten der transkontinentalen Migration oder in den Diagrammen, die über die Dichte von Mobiltelefonen und Internetanschlüssen Aufschluss geben. Neben den geographischen Kontinenten werden so ganz andere Kontinente oder Sphären sichtbar. Neben den geschlossenen Räumen der Territorialstaaten bilden sich elektronische Räume – *infoscapes*, *media-scapes*. Netzwerke stellen die Tyrannei der Geographen bei der Definition von Raum in Frage, zur »Geo-graphie« tritt die »Info-Graphie« hinzu (Bruno Latour). Die neuen Räume aus Netzwerken überwölben oder unterminieren die geschlossenen Räume der Territorialstaaten, deren Grenzen zunehmend fiktiv werden.[10] Es entstehen sogar neue Gemeinschaften – *imagined communities* – diesmal nicht national, sondern transnational. »Cyberspace is naturally anti-sovereign« (Timothy Lukes). Der National- und Territorialstaat wird aus diesem Blickwinkel zu einer »nostalgischen Fiktion«. Die klassische Staatlichkeit erodiert, wird

7 Ratzel, *Geographie*, S. 447.
8 Ebd. S. 529.
9 Vgl. Schlögel (2003), *Im Raume*, S. 36–80.
10 Soja (1989), *Geographies*, u. Soja (1996), *Thirdspace*.

relativiert gegenüber den neuen Netzwerken, welche die Welt umspannen. So entstehen neue Räume von großer Kohäsion und eigenen Zentren, die sich nicht mehr decken mit der nationalstaatlichen Territorialität und deren politischen Hauptstädten. Die Informations- und Finanzströme konstituieren neue Zusammenhänge. Der Handel folgt nicht mehr der nationalen Flagge, sondern dem Netz. Deterritorialisierung ist die Zwillingsschwester der Globalisierung. Am Funktionieren des globalen Zusammenhangs hängt die Existenz der entwickelten Welt. Ihre Störung – und sei es nur für einen Tag – bringt die Routinen, auf deren reibungslosem Funktionieren unsere Zivilisation basiert, zum Stillstand. Die Zerstörung der Mobilität wäre soviel wie das Ende einer Lebensform, die ohne hochgradige Mobilität nicht funktioniert. Dass die größte Stärke der großen Metropolen – ihre Offenheit – zugleich der Punkt ihrer größten Verwundbarkeit ist, hat der internatioanle Terrorismus – auch er eine Produkt der Globalisierung, deterritorialisiert, vagierend, staatenlos – von Anbeginn verstanden.[11]

Wer wissen will, wie es um die Welt steht, muss nicht nur Kursbücher und Börsenkurse studieren, sondern die *timetables* der internationalen Fluggesellschaften. Die Reise nach Mallorca, die noch zu Beginn des letzten Jahrhunderts, für die Generation der Großväter ausnahmsweiser Luxus, ein Ereignis fürs Leben war, ist längst nur ein Katzensprung. Unmassen von Menschen pendeln: zwischen Bielefeld und Köln, zwischen London-Heathrow und Boston, zwischen Karatschi und Dubai, nun auch zwischen Chişinău und Zürich, zwischen Riga und Berlin, zwischen Helsinki und Tallinn. Wer die Ströme des Verkehrs im derzeitigen Europa sichtbar machen könnte, könnte etwas über Europa sagen, gewichtiger als alles, was in Brüssel beschlossen und veröffentlicht worden ist. Die Kriechströme aus der Bewegung der Trucks, der Eisenbahnen, der Busse, der Billigflieger sind die Linien, entlang derer sich Europa neu konstituiert, vergesellschaftet, neu konfiguriert. Räume bilden sich neu – um das Baltische, um das Schwarze, um das Ägäische Meer herum oder um die Säulen des Herkules, wo Europa in Afrika übergeht. Ein dichtes Netz ist über Europa geworfen: Die Schifffahrtslinien zwischen Odessa, Istanbul, Piräus, Beirut, Alexandria, die Fährverbindungen von Riga nach Karlsham, Rostock, Ventspils, die Charterflüge nach Funchal, Las Palmas, Teneriffa oder Faro. Die Sickerbewegungen der Flüchtlinge und Migranten aus Tunis und Benghasi nach Sizilien, aus Ceuta und Tanger nach Cadiz und Alicante, aus Kiew nach Frankfurt an der Oder. Die »Festung Europa« mit ihren mit Infrarotkameras

---

11 Vgl. den Beitrag von Christoph Maria Merki in diesem Band.

und Sensoren aufgerüsteten Grenzen vermag diese Bewegung allenfalls zu verlangsamen, aber nicht aufzuhalten.[12]

Das neue Netz ist insbesondere seit der sogenannten Osterweiterung der EU und der Erweiterung des »Schengenraumes« zur Routine geworden. Grenzüberschreitung ist nun ein millionenfacher alltäglicher Vorgang, unspektakulär, unsensationell. Der Spruch von *Eurolines*, dem europäischen Zusammenschluss nationaler Busgesellschaften, lautete Ende der neunziger Jahre: *Eurolines – we've got Europe covered with over 460 destinations.* Allein von London aus war das in alphabetischer Reihenfolge: Arad, Belgrad, Brasov, Bratislava, Brno, Kosice, Marjampole, Ploiesti, Prag, Riga, Rijeka, Sarajevo, Sibiu, Split, Tallinn, Timisiora, Vilnius, Zagreb. *Euro Explorers* rief ebenfalls zur Entdeckung Europas auf: *Visit some of the most exciting destinations in Europe for one low price. Poland Eurolines* bediente um das Jahr 2000 herum mehr als 60 Destinationen, darunter so entlegene Orte wie Brzesko, Bytom, Zamość, Puławy. Es gibt kein Ende der Welt mehr.

»Kriechströme«, *metropolitan corridors*, neue Netzwerke

In der Rhetorik, die sich in den Brüsseler Konferenzsälen entfaltet, wähnen sich die Politiker als Herren des Verfahrens »Europäische Einigung«. Sie sprechen vom Europa der verschiedenen Geschwindigkeiten, aber in Wahrheit machen nicht sie das Tempo. Wie groß unsere Bewunderung für die Arbeits- und Gestaltungskraft der großen Männer und Frauen auf der europäischen Bühne auch sein mag, sie sind nicht die Schöpfer Europas, sie können bestenfalls befördern, was im Gange ist – oder im schlimmeren Fall: es stören. Das heißt nicht, Brüssel und den Idealismus und Heroismus der Arbeiter in den europäischen Institutionen geringzuschätzen, es bedeutet nur sich Rechenschaft abzulegen über die wahren Kräfteverhältnisse. Wir können daher optimistischer sein, wo die anderen pessimistisch sind: Es hängt nicht primär an der Verabschiedung einer Verfassung, ob Europas Einigung vorankommt, sondern eher an der Konstitution der lebendigen Kräfte. Wir können aber auch den Euphemismus der politischen Rhetorik nicht mitmachen, der von »zwei verschiedenen Geschwindigkeiten« spricht und gar nicht weiß, was in Europa im Gange ist. In der Tat gibt es zwei verschiedene Geschwindigkeiten: die rasende Geschwindigkeit in den *metropolitan corridors* mit CNN-Zeit, Plastik-

---

12 Versuche, dieser Netzwerkbildung auf der Spur zu bleiben, sind die Berichte und Essays in: Schlögel (2001), *Promenade*, u. Schlögel (2005), *Marjampole*.

geld, Internet und Handy und den Stillstand und das Zurückfallen in jenen weiten Landstrichen und Zonen, die nicht mithalten können und abgekoppelt werden. Eine neue Teilung geht durch Europa, nicht die in Ost und West, sondern die zwischen den Korridoren der Globalisierung und jenen Provinzen, die abgehängt werden. Was an den Bruchkanten sich abspielen wird, weiß niemand, nicht einmal der Erfinder des Terminus *Clash of civilizations*, der die alten Kulturen im Sinne hatte, nicht aber die Reibungshitze der europäischen Gegenwart. Andererseits: Wir brauchen nicht in Panik zu verfallen, wenn es bei irgendwelchen Europa-Gipfeln diesmal nicht geklappt hat. Denn die Arbeit wird ohnehin getan oder geht weiter. In den Alltagsroutinen von Verkehr und Handel, in den genau aufeinander eingespielten Choreographien der Verkehrs- und Logistikunternehmen, die sich Pausen nicht erlauben können, wird Tag für Tag, Woche für Woche, Jahr für Jahr der europäische Zusammenhang immer wieder aufs neue produziert. Europa ist nur ein Name, das Abenteuer, zu dem *Easyjet*, *Ryan Air* und all die anderen Billigfluggesellschaften einladen, ist real. *Ryan Air* hat Irland vom Rand Europas fast in die Mitte geholt. Stansted ist ein Umsteigebahnhof von Berlin nach Kapstadt geworden. Europa wird zu einer Sache der Nähe, etwas fast Intimes. Europa will nicht warten, bis das Gleisbett, das aus dem 19. Jahrhundert stammt und im 20. Jahrhundert von hin und her wogenden Armeen, Fronten, Panzern, Truppenaufmärschen, Fluchtbewegungen zerrüttet worden ist, auf die Höhe des 21. gebracht wird. Mit *Easyjet* ist es von Berlin nach Krakau nicht zehn, sondern 1,5 Stunden für denselben oder sogar einen niedrigeren Preis. Damit verändert sich vieles. Es entsteht ein neuer Stand: Leute, die in Mainz leben, aber in Turin arbeiten; Schriftsteller, die zu Lesungen in Deutschland von ihrer Arbeitswohnung in Irland anreisen; Shopping-Touristen, die mitternachts aus Moskau in Berlin ankommen, tagsüber im KaDeWe einkaufen gehen und mit der Nachtmaschine tags darauf wieder nach Moskau zurückkehren; Pendelbewegungen, die kaum aufwendiger sind als die Fahrt mit der S-Bahn vom einen zum anderen Ende der Stadt.

So entstehen überall neue Knotenpunkte und Brückenköpfe, Relais in einem Netz, das dazu beiträgt, die Zentren Europas zu verschieben. Brücken über einen Sund machen zwei Küsten zu Ufern an einem Gewässer und in Sichtweite. So werden zwei einst getrennte Landmassen zu einem produzierenden Kontinuum. Kristallisationen als Ausgangspunkt für folgenreiche urbane Agglomerationen. *Metropolitan Area* über das Meer hinweg. So ist es zwischen Kopenhagen und Malmö oder Istanbul und Üsküdar. Eine ähnliche Funktion haben Fährverbindungen wie die zwischen Tallinn und Helsinki oder wischen Pillau/*Baltijsk* und Danzig/*Gdańsk*. Was wird aus der Schweiz, wenn erst die neuen Tunnels durch die Alpen fertig sind? Der Eurotunnel unter dem

Kanal hat London und Paris zu Nachbarstädten gemacht, mit Eurolille als Zwischenstation und Abzweig. Rem Kolhaas hat den neuen Bahnhof gebaut. Um den Bahnhof herum entsteht eine neue Stadt. So ist es immer in Europa gewesen. Wenn eine neue Brücke über einen Fluss geschlagen wurde; wenn ein neuer Pass geöffnet wurde; wenn eine neue Karawanserei eingerichtet wurde – immer wieder und immer wieder aufs Neue werden Städte gebildet, während andere zerfallen, vergehen. Viele Städte sind nach 1989 zu Transit- und Grenzstädten geworden: Narwa an der estnisch-russischen, Kalwarja an der litauisch-polnischen Grenze, Ruse/*Rustschuk* an der Donaubrücke zwischen Rumänien und Bulgarien, Rostow am Don im russischen Süden, die Containerstädte an der finnisch-russischen Grenze.

In allen Bereichen haben Wanderung und Mobilität zugenommen: die Bewegung der Touristen, die Wanderung der Akademiker, der Strom der Arbeitsmigranten.[13] Vor dreißig Jahren war ein Studienjahr im Ausland fast noch die Ausnahme. Die internationalen Austausch- und Studienprogramme mit den europäischen Namen Erasmus oder Sokrates haben das Studium im Ausland zur Selbstverständlichkeit, zur Routine gemacht. Unmerklich, unspektakulär sind wir wieder auf die Pfade der *peregrinatio academica* aus der Zeit vor den Nationalstaaten eingeschwenkt. Salamanca, Bologna, Heidelberg, Krakau, Tartu stehen nicht für Nostalgie, sondern sind schlicht Stationen in einem akademischen Werdegang. Hunderttausende, Millionen haben sich auf den Weg gemacht, um im Ausland – vor allem im westlichen – Arbeit und Lohn zu finden. In den Städten der *midlands* hört man Polnisch, im Raum von Groß-London gibt es polnische Fernsehprogramme und große katholische Gemeinden, an den Feiertagen sind die Autofähren, die die polnischen Gastarbeiter nach Hause bringen, ausgebucht und erinnern an die großen Auswandererschiffe des 19. Jahrhunderts. Die Zentralen Omnibus-Bahnhöfe überall in Europa sind Umschlagplätze und Umsteigebahnhöfe einer riesigen Migrationsbewegung geworden. Auf Neapels verkehrsreichstem Platz vor der *Stazione Centrale* gehen Überlandbusse ab. Aus dem Herzen Neapels fährt man direkt und ohne Umsteigen nach Przemyśl, Katowice, Lublin, oder weiter in die baltischen Städte. Täglich gibt es eine Direktverbindung über Schitomir nach Kiew, und täglich gibt es eine Flugverbindung von Neapel nach Lemberg. Man merkt es abends in der Stadt, wie nah die Ukraine, vor allem die westliche, Galizien also, ist, wenn man in den Gassen um die Via Tribunali ukrainische Sprachfetzen aufschnappt oder an den Kirchenportalen dazu eingeladen wird, an den Gottesdiensten im griechisch-katholischen Ritus teilzunehmen. Auch ukrainische Kindergärten gibt es. Das deutet darauf hin, dass Ukrainer in Nea-

13 Pries, *Social Spaces*, (2004), *Projekt*, u. Sassen, *Migranten*.

pel längst sesshaft geworden sind. Ähnliche Beobachtungen können in fast allen anderen großen europäischen Städten angestellt werden: in Stockholm oder in Barcelona, am Zentralen Omnibusbahnhof (ZOB) in Hamburg oder am Funkturm in Berlin. Dutzende von Bussen stehen in den Abendstunden zur Abfahrt bereit: nach Danzig, nach Suwalki an der litauischen und nach Przemysl an der ukrainischen Grenze.[14] Die Große Wanderung ist längst im Gange und niemand wird sie aufhalten oder rückgängig machen können. Europa ist längst ein Kontinent der Pendler und Migranten geworden.

Knotenpunkte großer molekularer Bewegungen von sogenannten »Ameisenhändlern« quer durch Europa und Eurasien waren die Basare der neunziger Jahre. Auf den Basaren wurden die Waren, die auf den neuen Handelsrouten herbeigeschafft wurden, gehandelt, von denen niemand Aufhebens machte, ohne die aber die Versorgung der ganzen östlichen Welt nicht gewährleistet gewesen wäre, ob es sich um Autos, Lebensmittel, Textilien, Gegenstände des alltäglichen Gebrauchs handelte. Wie jeder Basar war er nicht nur ein wirtschaftliches Phänomen, sondern eine Welt für sich, ein Ort, an dem Welten aufeinander treffen. Die Hochkultur wollte davon nichts wissen. Sie schämte sich gleichsam der Schmutzes und der Banalität des Markttreibens. Aber die Ameisenhändler auf den Basaren von Warschau-Praga und Odessa oder die Autohändler auf dem Basar von Marjampole in Litauen haben nicht weniger für die Verfertigung Europas geleistet als Schriftsteller, Künstler, Maler und Interpreten. Die Händler auf den Basaren des östlichen Europa hatten vielleicht keine »zivilisatorische Mission«, aber sie arbeiteten durchaus an etwas, was Europa als zivilisatorischen Zusammenhang überhaupt erst wieder hatte entstehen lassen. Sie waren keine Sprachkünstler und keine Linguisten, aber eine gewisse Mehrsprachigkeit gehörte zur Grundausstattung ihres Jobs. Sie waren nicht die Vertreter jener kosmopolitischen Kultur, die seit jeher der Liebling des arrivierten Kulturbetriebes ist, dafür kannten sie sich in der Welt aus. Ohne Weltläufigkeit konnten sie ihre Geschäfte nicht abwickeln. Die »Grenzüberschreitung« war für sie keine intellektuelle Mode, die man auch bleiben lassen konnte. All die Händler und *commis voyageurs* lernten Europa nicht vom Hörensagen und nicht nur als »Wertegemeinschaft« kennen, sondern als Raum, den sie Dutzende Male von einem Ende bis zum andren durchmessen haben. Sie waren keine Romantiker, denn sie waren ganz und gar dem Regime von *time is money* unterworfen. Sie waren Aktivisten nicht einer Bewegung, sondern der Fortbewegung. Die Fernfahrer auf den ost-westlichen Routen arbeiteten an der Verkürzung von Distanzen, sie waren die geborenen Spezialisten für die Herstellung von Nähe und Nachbarschaft. Viele sind es

14 Schlögel (2001), *Promenade*, S. 22–28 u. 199–207, u. Rada (2002), *Berliner Barbaren.*

noch heute. Sie gehören zu dem Personal, das das Europa nach 1989 hat entstehen lassen, die Helden und Heldinnen der Mühen der Ebene, die Aktivisten der Herstellung von Normalität. Die Autohändler von Marjampole etwa bringen Erfahrungen zusammen, die man macht, wenn man Autos von den Gebrauchtwagenhändlern aus Frankfurt-Niederrad oder Wuppertal oder Fürstenwalde/Spree nach Sowjetsk/Tilsit oder Kaluga oder Duschanbe vermittelt. Sie alle haben ihre Reviere, sie kennen die Inseratenteile und das Kleingedruckte der hessischen oder brandenburgischen Lokalzeitungen. Sie pflegen ihre Kontakte zu den türkischen, albanischen oder moldauischen Zwischenhändlern. Sie kennen die Vor- und Nachteile des Transports über See: aus Antwerpen, Bremerhaven, Rostock nach Kaliningrad oder Klajpeda.[15]

Mehr als ein Studium der Statistik zum Export/Import von Gebrauchtwagen lehrt ein Besuch auf einem Autobasar wie dem von Marjampole. Dieser Basar ist der Haltepunkt inmitten eines Stroms, der nicht mehr abreisst. Und er ist nur einer unter vielen Haltepunkten an den vielen Strecken, an denen Europa neu zusammenwächst. Wer, sagen wir, die Strecke Tallinn – Berlin oder Kaunas – Prag zurückgelegt hat, bekommt eine Ahnung von der Wucht der Kräfte, die das neue Europa tragen. Der Strom der Trucks reisst nicht ab, geht Tag und Nacht. Besonders nachts, wenn der Berufs- oder individuelle Reiseverkehr ruht und die Strasse ganz den Trucks gehört, wird dies sinnfällig. Es sind schmale Korridore, durch die der Strom der LKWs sich zwängt. Er verläuft streckenweise über Autobahnen oder autobahnähnliche Straßen. Aber der größte Teil der Strecke führt durch Städte und kleine Marktflecken, deren Straßen in einem Jahrhundert angelegt wurden, als es noch keine Trucks gab. Überall gibt es Nadelöhre, an denen sich die ungeheure Bewegung verlangsamt, staut, zum Stillstand kommt: in den Umgehungen der grossen Städte – Riga, Warschau, Posen mit ihren zum Teil phantastischen Umleitungen und Straßenführungen – vor allem aber an den Grenzorten. So bewegt sich dieser grosse Treck Tag für Tag, Woche für Woche, Jahr für Jahr in einer unerhörten Disziplin von einem Ende Europas zum anderen und zurück und erwartet nichts sehnlicher als den endlichen Ausbau des Strassennetzes und die Beschleunigung der Bewegung. Die Bewegung hat sich ihre Umgebung geschaffen: den Korridor mit allem, was dazu gehört: Stellplätzen, Tankstellen, Raststätten, Hotels und Motels, Parkplätzen, Imbissen, Bars, Werkstätten, Straßenmeistereien, Polizeistationen. Der Tross der Trucks hat die Ortschaften verändert, durch die er ununterbrochen rollt. Der Korridor ist nachts, wenn Litauens Haine und Fluren oder die galizischen Landschaften im Dunkel ver-

15 Zum Versuch einer »dichten Beschreibung« von Basaren vgl. Schlögel (2005), *Marjampole*, S. 9–34.

sinken, hell erleuchtet. An ihm herrscht die grelle Rhetorik der *bill boards*. Glücklicherweise sind die Zeiten der Wegelagerei, als Banden mit Schutzgelderpressung, Entführungen und Überfällen weite Strecken unsicher gemacht hatten, vorbei. So stellt sich eine neue Vertrautheit mit einem bisher fremden Kontinent ein. Es gibt ein Europa, das wächst: lautlos, fast unbemerkt, unspektakulär. Es wird kaum abgebildet, hat kaum Resonanz, da es von Selbstverständlichkeiten handelt, mit denen sich Berufseuropäer und Konferenzprofis nicht abgeben. Dieses Europa hat kaum eine Stimme, weil es von Berufs wegen mit anderen Dingen beschäftigt ist: nicht mit Literatur, großen Visionen und politischen Projekten, sondern mit der Bewältigung des Alltags und den Routinen, die ein normales Leben erst möglich machen. Dieses Europa findet man in der Regel nicht auf Kongressen, sondern auf Autobahnen, in Zügen, auf Basaren, an den Grenzübergängen. Diese Europäer sind Spezialisten in Logistik, Speditionswesen, Marketing, Immobilien, Techniker, die etwas von Infrastruktur verstehen. Sie sind die wahren Konterbandisten des Ausgleichs. Sie haben noch nie einen der vielen Preise für Europäertum bekommen, obwohl sie die Pioniere des neuen Europas sind. Gelänge es, sie alle einmal zusammenzubringen, dann könnten sie etwas erzählen: von den Kriechströmen, von deren Energie sich das neue Europa speist und von denen erst die Rede sein wird, wenn sie ihre Arbeit getan haben. »Europa von unten« bringt Leute zusammen, die sich sonst eher nicht begegnen und die von Erfahrungen berichten, die man häufig als exotisch bezeichnet, obwohl sie mehr über das neue Europa sagen als Verlautbarungen in Brüssel, Paris oder Berlin.

Basare und Ameisenhändler

Die Basare im mittleren und östlichen Europa waren jene Orte, wo die Zirkulation von Gütern, Geld, Ideen, Menschen wieder in Gang gekommen ist, sie waren die Kontakthöfe und Relais des Ost-West-Verkehrs, jene Karawansereien, Verschiebebahnhöfe und Brückenköpfe, auf denen das einst geteilte Europa mit sich wieder in Verbindung getreten ist. Diese Orte waren nicht identisch mit den politischen Entscheidungsorten, an denen Verträge ausgehandelt oder unterzeichnet wurden, vielmehr waren es Orte der Wiederverknüpfung, des Ausgleichs, des Schmuggels und der Konterbande. Solche Orte hatten sich gebildet in den Hohlräumen, die die alte Macht hinterlassen hatte, und wo die Bedingungen für raschen Gelderwerb gut waren. Dafür eigneten sich die großen Plätze, auf denen nun keine Aufmärsche mehr stattfanden, die großen Stadien, die nach neuen zahlungskräftigen Kunden Ausschau hielten. So bildeten sich in den großen Stadien von Moskau oder im großen Stadion von Warschau-Praga die größten Märkte des mittleren und östlichen Europa, die selber aber nur wieder Zentren eines den ganzen Kontinent erfassenden Netzes von Märkten, Basaren und Messen waren. Auf diesen Märkten und Basaren trat das Land, das auseinandergefallen war, mit sich in Beziehung. Die Vergesellschaftung, die früher über Plan und Bürokratie veranstaltet worden war, ruhte nun auf den Schultern von Hunderttausenden von Menschen, die sich in Bewegung gesetzt hatten, um miteinander Handel zu treiben – nicht aus Abenteuerlust, sondern aus schierer Notwendigkeit und des Überlebens wegen.

Die Welt der Basare erstreckte sich von der Ostsee bis zum Schwarzen Meer, von der Westgrenze des alten Imperiums bis zum Pazifik und zur chinesischen Grenze. Es gab auf diesen Basaren alles: Möbel, Hochzeitskleider, Badewannen, fertige Wohnungseinrichtungen, Handwerkszeug, Bücher, Papierblumen, High-Tech und Kopien aller westlichen Luxusmarken, falschen georgischen Wein, chinesische Teppiche. Sie waren weit mehr als nur ökonomische Veranstaltungen. Auf ihnen wurden Sprachen erlernt und geübt. Hier konnte man Land und Leute studieren. Hinter jedem Markt stand der Überlebenswille von Hunderttausenden und eine Intelligenz, die aus der kleinsten Kursschwankung oder Währungsdifferenz einen Gewinn zu schlagen vermochte und die erschöpflich war, wenn es darum ging, den exotischsten Gegenstand zu besorgen. Man muss über die Basare vom »Siebten Kilometer« bei Odessa, bei Chmelnitzki oder in Czernowitz gewandert sein, man muss sich in den Buden- und Container-Städten in der Budapester Josefsstadt umgesehen haben, um etwas von der Kraft und Bedeutung dieser Basare im Moment des Zusammenbruchs und des Übergangs zu verstehen. Sie waren Zentren der Chaosresistenz und der Krisenbewältigung. Hinter ihrem Treiben steckte eine weitreichende und zum Teil ausgeklügelte Logistik – auf den Gleisen rollten die Container aus Shanghai bis in die Josefsstadt, also in die Budapester Innenstadt. Jeder dieser Märkte hatte ein bedeutendes, Hunderte von Kilometern weit reichendes Einzugsgebiet und Hinterland. Auf dem »Chinesenmarkt« von Budapest hörte man Slowakisch, Ukrainisch, Polnisch, Kroatisch, Slowenisch, Rumänisch. Viele der Chinesen und Vietnamesen hatten ungarische Angestellte, viele von ihnen sprachen jenes knappe Berufsungarisch, Berufsukrainisch, das man erlernt, wenn man erfolgreiche Geschäfte machen will. Und so war es auch in Belgrad, Bukarest und anderswo. Das östliche Europa, das so lange abgeschottet war, schien auf eine schon wieder fast beängstigende Weise entgrenzt, grenzenlos, offen, ungeschützt. Die neuen Händlergemeinden zählten nach Zehntausenden, das *ethnic business* breitete sich zielstrebig aus. Es bildete Netzwerke, schuf sich seine eigene Öffentlichkeit mit eigenen Restaurants, Radiosendern, Zeitungen und Heiratsmarkt. Man blieb, und das bedeutete, dass die Neubildung von gemischten Gesellschaften in einem Europa, das im 20. Jahrhundert durch Umsiedlungen, Deportationen, Völkermord ethnisch homogenisiert worden war, wieder in Gang gekommen war. Man steht nicht ohne Verwunderung auf den Boulevards von Kiew und beobachtet, dass Kiew dabei ist, eine vielsprachige, gemischte, multiethnische Stadt zu werden. Jeder kann so seine Studien treiben: in den slowakischen oder tschechischen Städten, auf deren Baustellen Ukrainer und Russen arbeiten; in den Hotels, Pensionen und Restaurants der griechischen Ägäis-Inseln, in denen Russen, Moldawier und Ukrainer arbeiten; auf den Baustellen von Berlin, Leipzig und München, wo man neben Portugiesen und Iren auch Polen und Tschechen hört. Man muss nur am Wochenende in den Zügen Berlin-Posen oder Stettin-Berlin unterwegs sein, um zu verstehen, dass Berlin und der Westen Polens längst aufeinander angewiesen sind. Ähnliche Pendelbewegungen gibt es – dank des modernen Luftverkehrs – über größere Distanzen hinweg. Im Flugzeug von Zürich nach Bukarest trifft man auf Arbeiter und junge Mädchen, die auf der Rückreise sind nach Moldawien oder in die Bukowina, wo sie mit ihrem gerade verdienten Geld anfangen Häuser zu bauen – nicht anders als die italienischen oder portugiesischen Gastarbeiter in Deutschland oder Holland vor drei Jahrzehnten auch. Auf den Fähren zwischen Tallinn und Helsinki, zwischen Riga und Stockholm, zwischen Danzig und Malmö sind längst der Berufsverkehr und der Wochenendverkehr zur Routine geworden. Niemand wundert sich mehr darüber, wo unlängst noch alle Grenzüberschreitung unterbunden war.

Wie alles hatte auch diese Bewegung lange vor der Wende angefangen, und auch hier scheinen die Polen eine Pionierrolle gespielt zu haben. Sie waren schon in den siebziger und achtziger Jahren unterwegs im Fernen Osten, in Nordkorea und in der Mongolei. Sie haben lange vor dem Fall der Mauer eine Kolonie in Istanbul aufgebaut, und viele der später erfolgreichen Unternehmungen der Nachwendezeit beruhen auf dieser frühen ursprünglichen Akkumulation von Erfahrung und Beziehungen. Der Shopping- und Business-Tourismus der späten achtziger und neunziger Jahre wartet noch auf seine Rechercheure und Historiker. Zeit- und Augenzeugen gibt es genug: es waren Hunderttausende, die unterwegs waren von Riga und Tallinn nach Istanbul, von Noworossijsk, Sotschi und Batumi nach Trabzon, von Odessa und Kiew nach Istanbul, Beirut, Alexandria und Athen, von Jekaterinburg nach Tientsin, von Taschkent und Duschanbe nach Tel Aviv.

Aus dem zerfallenden Reich des Realsozialismus ist eine neue Geographie hervorgegangen: mit neuen Entfernungen, neuen Distanzen und neuen Nachbarschaften. Die Analytiker der Transformationsperiode, die sich vielleicht zu sehr auf Statistiken verlassen haben, hätten sich besser an die Spuren der Shopping-Touristen halten sollen, um die Pfade der Entwicklung, der Vernetzung und der Globalisierung zu studieren. Es gibt auf dieser Karte einige bevorzugte Routen: Moskau – Dehli, Moskau – Singapur, Moskau oder Kiew nach Dubai und Antalya. Aber auch im Kleinen kann man studieren, wie das gerissene Netz neu verknüpft wird. Man glaubt es gar nicht, dass wöchentlich zwei Mal ein Bus vom Hauptbahnhof Kaliningrad/Königsberg nach Bremerhaven abfährt – vom Bahnhofsvorplatz –, und dass es einen regelmäßigen Bus nach Erfurt gibt. Von fast allen Städten an der Wolga – Saratow, Samara, Astrachan – gehen regelmäßige und direkte Busverbindungen in alle großen Städte in Deutschland.

Europa in Bewegung

Es ist schade, dass es keine Europa-Preise für Leistungen gibt, an denen das Wohlergehen unseres Kontinents nicht weniger hängt als an guten Büchern, großen Ideen oder politischen Taten. Ein solcher Preis müsste vergeben werden zum Beispiel an Unternehmen wie *Eurolines*, die inzwischen alle Städte des Kontinents miteinander verbinden, und die die Stagnation, wenn nicht die Schrumpfung des nationalen und internationalen Bahnsystems mehr als wettgemacht haben. Es ist eine Lust in den Fahrplänen von *Eurolines* zu blättern, sich zurechtzulegen, wie rasch Europa durchmessen werden kann: Kaunas – London, Lodz – Paris, Berlin – Bukarest, Minsk – Amsterdam. Wir sind keine Eisenbahnromantiker, wir wissen wohl, dass Geschwindigkeit im 21. Jahrhundert sich nicht über Eisenbahnstreckenkilometer, sondern über die Leistungsfähigkeit der Datenbahnen in den *metropolian corridors* definiert. Und doch ist das Ingangkommen der traditionellen, alten Verkehrswege ein wichtiger Indikator für das *comeback* Europas, das seine Einheit, die es 1914 verlor, in einem hohen Maße dem Europäischen Eisenbahnnetz verdankt hat. Keine europäische Kultur, kein *fin de siècle* ohne Eisenbahn – freilich auch kein totaler Krieg und keine Generalmobilmachung und keine Deportationen ohne sie. Fast alles, was nach der Weltkriegsepoche und dem langen Nachkrieg in Europa geschah, ist nicht mehr als die Bemühung, den Kontinent nach einem halben Jahrhundert der Selbstzerstörung wieder in Form, wieder in Ordnung zu bringen.

Verkehr ist eine Form menschlicher Vergesellschaftung, und nicht die unbedeutendste. Die neuen Wege, die neuen Netzwerke studieren, heißt sich ein Bild machen von der Kohäsion, von den Zentrifugal- und Zentripetalkräften Europas nach dem Fall der Mauer, sich einen Eindruck verschaffen von den Kräften, die Europas Einheit herstellen, sie tragen, an ihr arbeiten. Mir scheint, dass die Pfade der Ameisenhändler, der *Tschelnoki*, zu deutsch: der Weberschiffchen, die unentwegt seit zwei Jahrzehnten am Werke sind, der wichtigste, spontanste, kraftvollste Beitrag zur Wiedervereinigung des Kontinents gewesen ist – jedenfalls nicht weniger bedeutsam als die großen Proklamationen und Festtagsreden des offiziösen Europa.

Literatur

Agnew, J. A./Duncan, J. S. (Hrsg.) (1989), *The Power of Place: Bringing Together Geographical and Sociological Imaginations*, Boston.

Ash, Timothy Garton (1990), *Ein Jahrhundert wird abgewählt. Aus den Zentren Mitteleuropas 1980–1990,* München.

Barber, Benjamin (1996), *Jihad vs. McWorld: How Globalism and Tribalism Are Reshaping the World*, New York.

Dodgsohn, Robert A. (1998), *Society in Time and Space. A Geographical Perspective on Change*, Cambridge.

Faber, Karl-Georg (1982), »Zur Vorgeschichte der Geopolitik. Staat, Nation und Lebensraum im Denken deutscher Geographen vor 1914«, in: Hein Dollinger u. a. (Hrsg.), *Weltpolitik. Europagedanke, Regionalismus. Festschrift für Heinz Gollwitzer zum 65. Geburtstag am 30. Januar 1982*, Münster, S. 389–406.

Foucault, Michel (1986), »Of other spaces«, in: *Diacritics* 16, S. 22–27.

Gregory, Derek (1994), *Geographical Imaginations*, Cambridge, Oxford.

Kern, Stephen (1983), *The Culture of Time and Space, 1880–1918*, Cambridge, Mass.

Lacoste, Yves (1990), *Geographie und politisches Handeln Perspektiven einer neuen Geopolitik*, Berlin.

Lefebvre, Henri (1991), *The production of space*, Oxford, Cambridge (französisches Original von 1974).

Mackinder, Halford J. (1904), »The geographical pivot of history«, in: *Geographical Journal* 23, S. 421–444.

Maier, Charles S. (2000), »Consigning the Twentieth Century to History: Alternative Narratives for the Modern Era«, in: *American Historical Review* 105, S. 807–831.

O'Tuathail, Gearoid/Dalby, Simon (Hrsg.) (1998), *Rethinking Geopolitcs.* London, New York.

Ohne Verfasser (2004), *Projekt Migration*. Köln.

Osterhammel, Jürgen (1998), »Die Wiederkehr des Raums: Geographie, Geohistorie und historische Geographie«, in: *Neue politische Literatur* 43, S. 374–395.

Pries, Ludger (Hrsg.) (2001), *New Transnational Social Spaces. International Migration and Transnational Companies in the Early Twenty-First Century*, London, New York.

Rada, Uwe (2002), *Berliner Barbaren. Wie der Osten in den Westen kommt*, Berlin.

Ratzel, Friedrich (1903), *Politische Geographie oder die Geographie der Staaten, des Verkehres und des Krieges*, Stuttgart.

Ritter, Carl (1852), *Einleitung zur allgemeinen vergleichenden Geographie und Abhandlungen zur Begründung einer mehr wissenschaftlichen Behandlung der Erdkunde*, Berlin.

Sassen, Saskia (2000), *Migranten, Siedler, Flüchtlinge. Von der Massenauswanderung zur Festung Europa*, Frankfurt am Main.

Schlögel, Karl (1995), »Die Wiederkehr des Raumes«, in: ders. (Hrsg.), *Go East oder die zweite Entdeckung des Ostens*, Berlin, S. 17–34.

— (1998), »Die Würde des Ortes oder die Bedeutung des Raums in der Geschichte«, in: *Jahrbuch des Wissenschaftskollegs 1998/99*, hrsg. v. Wolf Lepenies, Berlin, S. 338–355.

— (2001), *Promenade in Jalta und andere Städtebilder*, München.

— (2003), *Im Raume lesen wir die Zeit. Über Zivilisationsgeschichte und Geopolitik*, München.

— (2005), *Marjampole. Oder Europas Wiederkehr aus dem Geist der Städte*, München.

Simmel, Georg (1983), »Soziologie des Raumes«, in: ders., *Schriften zur Soziologie*, hrsg. v. Heinz-Jürgen Dahme u. Otthein Rammstedt, Frankfurt am Main, S.221–242.

Soja, Edward (1989), *Postmodern Geographies: The Reassertion of Space in Critical Social Theory*, London.

— (1996), *Thirdspace: Journeys to Los Angeles and Other Real-and-Imagined Places*, Oxford.

Sombart, Nicolaus (1992), »Nachrichten aus Ascona. Auf dem Wege zu einer kulturwissenschaftlichen Hermeneutik«, in: Walter Prigge (Hrsg.), *Städtische Intellektuelle. Urbane Milieus im 20. Jahrhundert*, Frankfurt am Main, S. 107–119.

Tuan, Yi-Fu (1977), *Space and place. The perspective of experience*, Minneapolis.

Vidal de la Blache, P. (1902), »Les conditions géographiques des faits sociaux«, in: *Annales de Geographie* 11, S. 13–23.

Virilio, Paul (1994), »Im Würgegriff der Zeit«, in: *Die Zeit* v. 11. November, S. 63.

2. Allgemeine Überlegungen zum Verhältnis von Verkehr und Geschichte

Ralf Roth

Anstelle einer Einleitung

»Sehen wir nicht, wie die Angehörigen der einzelnen Nationen immer häufiger und in wachsender Zahl auf Reisen und Versammlungen, zu Geschäfts- und Kulturzwecken zusammenkommen, einander zu begreifen versuchen, voneinander lernen wollen, daß durch Niederlassung und Heirat in benachbarten Ländern die Rassen mehr und mehr durcheinandergewürfelt werden, daß kein großes Werk der Wissenschaft, der Technik und der Kunst geboren wird, welches nicht alsbald europäisches Gemeingut wird, daß das tiefe Bedürfnis nach neuem Lebensgehalt, nach neuen ethischen und religiösen Zielen die Denker der Länder gleichmäßig beschäftigt.«[1]

Die Welt ist in Bewegung. Seit über 200 Jahren nehmen die Geschwindigkeiten und Kapazitäten der Transportmittel zu, beschleunigt sich auch das Wachstum der Verkehrsnetze und es steigt die Anzahl der unterschiedlichen Verkehrs- und Kommunikationssysteme.[2] Das Phänomen betrifft nicht nur die Geschwindigkeit, sondern vor allem auch die Massenhaftigkeit der Vorgänge im Transport-, Mobilitäts- und Kommunikationsbereich. Kurz, heute vollziehen sich die allgemeinen Kommunikations- und Verkehrsprozesse im Vergleich mit früheren Zeiten in einer extrem gesteigerten Schnelligkeit und die Kommunikationsbeziehungen wurden immer komplexer und dichter.[3] Der Prozess ist nicht abgeschlossen. Es finden nach wie vor immer weitere Entgrenzungen statt und für immer neue Bereiche des alltäglichen Lebens eröffnen sich neue Horizonte, damit neue Chancen und Möglichkeiten, aber auch neue Risiken. Für immer mehr Menschen bilden die Bezugspunkte ihres Lebens, der Arbeit, der Freizeit und Erholung ein großräumiges, kontinentales, zuweilen globales Koordinatensystem.[4] Vor allem die Menschen Europas und Nordamerikas, die Angehörigen der sogenannten »westlichen Zivilisation«, leben und wirken in

1 Waltershausen, *System*, S. 421f. Vgl. auch Kaelble, »Europabewußtsein«, S. 20f.

2 Chartres, Turnbull, »Road Transport«, S. 66 u. S. 76–80. Siehe auch Möser (2008), »Prinzipielles«, S. 41.

3 Borscheid, *Tempovirus.*

4 Vgl. Larsen, Urry, Axhausen, *Mobilities.*

immer größeren Räumen. Umgekehrt erfahren sie dabei die Welt als einen schrumpfenden Raum.

Es handelt sich dabei um einen dynamischen Prozess, auf der Grundlage sich beständig verändernder technologischer Verkehrs- und Kommunikationsnetze. Das 19. Jahrhundert war gleich von einer ganzen Serie von Verkehrsrevolutionen begleitet, die sich in mehreren Etappen vollzogen. Am Anfang standen in neuerer Zeit der moderne Straßenbau – die Chausseen Trésaguets, Telfords und McAdams – und das System der Eilposten, dicht gefolgt von der modernen Dampfschifffahrt auf den Flüssen Europas und Nordamerikas. Mit dem Aufbau eines Netzes von Eisenbahnen folgte ein weiterer großer Sprung. Auf diesem setzte wiederum die Telegrafie auf, während die Hochseeschifffahrt mit dem dampfbetriebenen Eisenvollschiff ebenfalls gewaltige Steigerungen in der Schnelligkeit und den Transportkapazitäten zuließ. Das 19. Jahrhundert endete nicht ohne die Grundlagen für die Verkehrs- und Kommunikationsrevolution des 20. Jahrhundert gelegt zu haben. Die ersten motorbetriebenen Kutschen und verschiedene Techniken des Fliegens bereiteten den Siegeszug des motorisierten Individual- und Flugverkehrs vor. Das Telefon und der Massen-Briefverkehr etablierten sich, und die Technik des Funkverkehrs stand mit den Experimenten Marconis kurz vor dem Durchbruch.

Weiterhin hatte sich bereits im 19. Jahrhundert mit der Telegrafie der Informationsaustausch von den Transportmedien abgekoppelt, rückte nahe an die Kommunikation in »Echtzeit« heran, die dann mit dem Telefon und später mit der Kombination von Computer und Telefonnetz zum Internet erreicht wurde. Die Welt ist heute auf vielen Ebenen vernetzt. Trotz großer Lücken, die weltweit noch bestehen, hat das Folgen, die auf allen Ebenen des gesellschaftlichen Prozesses zu verorten sind. Eine der ersten Konsequenzen dieser Verkehrsrevolution(en) waren nicht nur drastische Zeitverkürzungen, sondern gerade auch in letzter Zeit erhebliche Kostensenkungen. Seit dem 19. Jahrhundert verminderten sich der Aufwand und die Kosten für die Durchführung einer größeren Reise auf einen Bruchteil der vorherigen Erfordernisse.[5]

Aufgrund des minimierten Aufwands im Reise- und Kommunikationssektor erfassten die Veränderungen im Kommunikations- und Verkehrssektor bereits in der zweiten Hälfte des 19. Jahrhunderts Millionen von Menschen,

5 Ein Beispiel mag den raschen Wandel demonstrieren. Von den Unterhaltungskosten des Frankfurter Bankhauses der Rothschilds im Jahre 1831 in Höhe von 330.000 Gulden entfielen mehr als ein Drittel auf Kurierdienste (130.000 Gulden). Die Vernetzung Europas kostete. Drei Jahrzehnte später ersetzte die Telegrafie einen Großteil der durch Kuriere ausgetauschten Informationen zu einem Bruchteil des finanziellen Aufwandes. Vgl. Liedtke, »Auftrag«, S 157–185.

Tab. 2.1: Transport- und Kommunikationskosten 1920 bis 2005

	Telekommunikation*		Seefracht*		Lufttransport*	
	Index 1930 = 100	US-Dollar	Index 1930 = 100	US-Dollar	Index 1930 = 100	US-Dollar
1920	–	–	158,3	95	–	–
1930	100,0	244,7	100,0	60	100,0	0,68
1940	77,1	188,5	105,0	63	67,7	0,46
1950	21,8	53,2	56,7	34	44,1	0,30
1960	18,8	45,9	45,0	27	35,3	0,24
1970	12,9	31,6	45,0	27	23,5	0,16
1980	1,9	4,8	40,0	24	14,7	0,10
1990	1,4	3,3	48,3	29	16,2	0,11
2000**	0,4	0,9	35,0	21	11,8	0,08
2005	0,1	0,3	–	–	–	–

*Index (1930 = 100) und in absoluten Zahlen, in konstanten Preisen (US-Dollar 1990), 1920 bis 2005. Erläuterungen: * Kosten eines 3-minütigen Telefongespräches von New York nach London / durchschnittliche Seetransportkosten und Hafengebühren für Import- und Exportfracht pro short ton (907,17 kg) / durchschnittlicher Lufttransportumsatz pro Passagier und Meile. ** 1998 bei Seefracht und Lufttransport*

Quelle: Busse, Transaktionskosten, und Bundesverband der Deutschen Industrie, Außenwirtschafts-Report.

ließen sie in den Räumen wandern, brachen die lokale und regionale Selbstgenügsamkeit auf, dynamisierten die räumlichen Bezugspunkte ihres Lebens, führten zu großen Wanderungsbewegungen von der ländlichen Region in die Städte, zwischen den Regionen, ja zwischen den Kontinenten. Die Leistungsfähigkeit der Verkehrsinfrastruktur, die zunehmend aus mehreren Netzen mit immer größerer Kapazität bestand, erreichte im 19. und 20. Jahrhundert ganz neue Dimensionen.[6]

Mit den modernen Straßen und der Eroberung des Luftraums wurden die Verkehrsnetze im 20. Jahrhundert noch dichter, die Räume noch verfügbarer und die vom Atlantik und Pazifik getrennten Kontinente rückten erst bis auf eine Tagesreise und dann auf wenige Stunden zusammen. Verkehr wirkte und wirkt sich als gigantische sozialkulturelle Verschiebung der Räume aus.

6 Die Ströme von Menschen, Gütern und Informationen wie wir sie ungleich verstärkt ab dem 19. Jahrhundert feststellen können hatten die mittelalterlichen und frühneuzeitlichen Kommunikations- und Verkehrsnetze zur Voraussetzung. Daran schlossen sich immer effizientere Transportsysteme und Verkehrsnetze an. Die Handelskarawanen etablierten bereits im frühen Mittelalter die ersten Verkehrsnetze in Europa. Flußschifffahrt und Postgesellschaften sowie der spätere Kanalbau ergänzten das System der Landstraßen, das seit dem späten 17. Jahrhundert Stück für Stück modernisiert wurde. Vgl. Roth, *Jahrhundert*, Kapitel III.2, u. Roth, »Movilidad«, S. 59–78. Zu den Problemen der Quantifizierung von Transportgeschichte vgl. Möser (2008), »Prinzipielles«, S. 73ff. Zum Verfall der Transportpreise im 19. Jahrhundert vgl. Ville, *Transport*, S. 9.

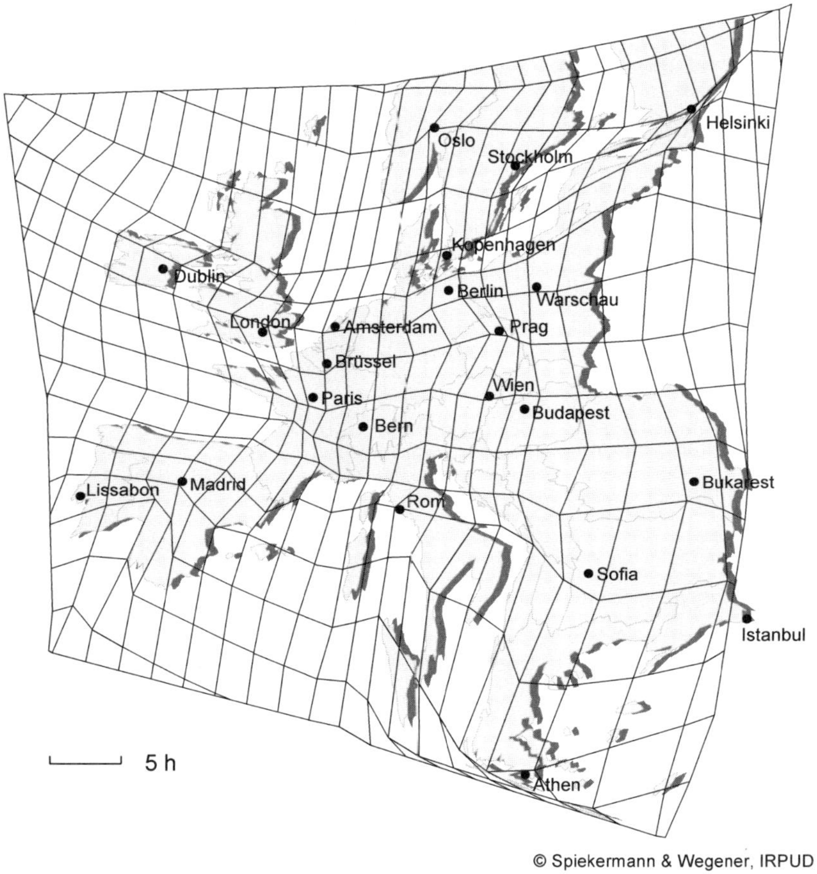

Abb. 2.1: Europas Reisezeitkoordinaten 1993

Quelle: Spiekermann, Wegener, Zeitkarten, S. 459–487. Vgl. auch Wegener, Kunzmann, Spiekermann, Wachsendes Europa, S. 28–33, u. Spiekermann, Wegener, Shrinking Continent, S. 653–673.

Wie sehr sich die Raumhorizonte verschoben haben, demonstrieren isometrische Karten, die nicht die geographische Realität des Raumes, sondern die Reisezeiten – etwa der Eisenbahnen – widerspiegeln. Der Ausbau der Hochgeschwindigkeitsnetze in den achtziger und neunziger Jahren des 20. Jahrhunderts hat unabhängig von den Flugverkehrsverbindungen und dem europäischen Fernstraßennetz die Regionen Europas enger miteinander verbunden. Gegenüber einer Zeitkarte mit durchschnittlichen Reisegeschwindigkeiten von 60 Stundenkilometern, wie sie etwa um 1900 üblich waren, werden auf der Zeitkarte von 1993 die bisher am Rande gelegenen Regionen auf der iberischen Halbinsel, auf dem Balkan und in Osteuropa »dichter« an das Zentrum Europas angebunden. Man kann diese Zeit-Raum-Verschiebungen unter Berücksichtigung der fundamentalen Kommunikationsprinzipien auch umgekehrt

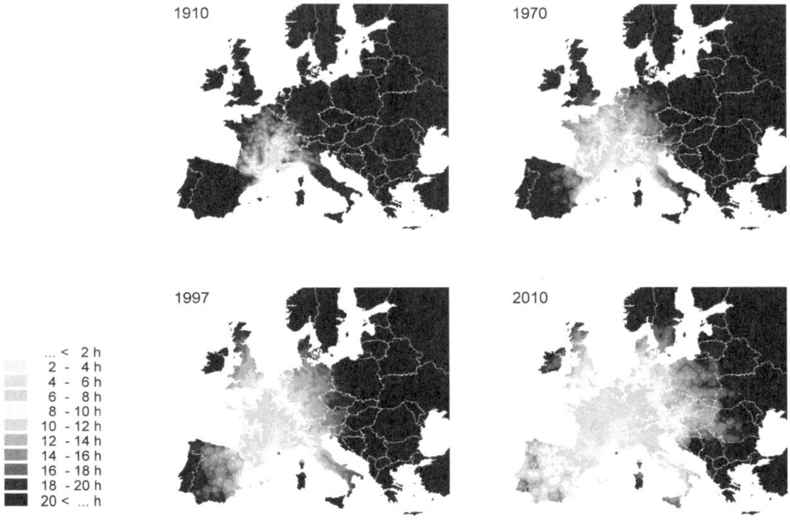

Abb. 2.2: Bahnreisezeiten von Marseille ausgehend in den Jahren 1910 bis 2010

Quelle: Spiekermann (1999), Visualisierung, S. 22f.

als Ausstrahlung der Städte in den Raum deuten, deren Wirkungen in wirtschaftlicher, sozialer, politischer und kultureller Hinsicht umso weiter reichen, je einfacher und effizienter die Verkehrs- und Kommunikationsnetze werden.

Das Verhältnis von Verkehr und Geschichte in Europa und seine Probleme

Angesichts der weitreichenden Folgen der auf Verkehr und Kommunikation begründeten wirtschaftlichen, sozialen wie politischen und kulturellen Beziehungen der europäischen Gesellschaften (und über sie hinaus vieler Gesellschaften in der Welt) stellen sich zwei Fragen: Ist die Geschichtswissenschaft auf die sich vor aller Augen vollziehenden Vorgänge der Vernetzung der Welt vorbereitet und was bedeutet dies für die Interpretation der Vorgänge im europäischen Raum?[7] Im Allgemeinen kann man die erste Frage mit einem »Ja« beantworten. Zu den Ursprüngen der Geschichtswissenschaft gehört gerade im Kulturkreis Europa die Tradition der Universalgeschichte. Geschichte wurde am Anfang nicht anders als transnational betrachtet, wobei transnational im 18. und 19. Jahrhundert mit der Geschichte des Abendlandes identisch gesetzt wurde. Montesquieu verfasste sein geschichtsphilosphisches Grundlagenwerk »Vom Geist der Gesetze« natürlich als ein Buch, in dem »die Gesetze zum Aufbau jeder Regierung, zu den Sitten, dem Klima, der Religion, dem Handel« beschrieben sind.[8] Johann Gottfried Herder leitete seine Ideen zur Philosophie der Geschichte der Menschheit mit dem Satz ein: »Mich dünkt, so gibt es eine Erziehung des Menschengeschlechts und eine Philosophie seiner Geschichte so gewiß, so wahr es eine Menschheit d. i. eine Zusammenwirkung der Individuen gibt, die uns allein zu Menschen macht.«[9] Auch Immanuel Kants fundamentaler Beitrag zur Geschichtswissenschaft ist ganz eindeutig und klar überschrieben »Ideen zu einer allgemeinen Geschichte in weltbürgerlicher Absicht«. Darin führt er zwar aus, dass die Verwirklichung der Freiheit und damit des Endzwecks des Menschen nicht im geschichtlichen Fortschritt der Menschheit im Ganzen zu einem utopischen Glücksziel auf Erden, sondern als das praktische Postulat der Vernunft im Menschen selbst liegt, das heißt in jedem einzelnen Menschen. Aber immerhin gesteht er zu, dass der Fortschritt der Menschheitsgeschichte im Ganzen ein Naturzweck ist, der in der »Vermehrung der Legalität der Sitten« unter der Idee einer »weltbürgerlicher Vereinigung« besteht, die selber ein Gleichnis der Hoffnung und Zeichen des Glaubens an die eine Wahrheit ist, in dem die Freiheit jedes einzelnen Menschen sich gründet.[10] Der Aufbau und die Entwicklung der supranationalen Organisationen in Europa und in der Welt des 20. Jahrhunderts sind eine glänzende Bestätigung dieser Antizipation.

Friedrich Schiller setzte diesen Ansatz Kants in seiner Antrittsvorlesung an der Universität Jena aus dem Jahre 1789 fort: »Was heißt und zu welchem Ende studiert man Universalgeschichte«. Schillers Begriff der Universalgeschichte bildete eine Konkretisierung der Freiheitslehre von Kant und bezieht sich dezidiert auf die Idee einer sich der weltbürgerlichen Vereinigung annähernden Geschichte. Seiner Ansicht nach war es die freie menschliche Vernunft, die erst »einen vernünftigen Zweck in den Gang der Welt und ein teleologisches Prinzip in die Weltgeschichte« bringt. Wie auch immer, der Ansatz

7 Vgl. Brecher, Costello, *Global Village*.

8 Montesquieu, *L'Esprit des Loix*.

9 Herder, »Ideen zur Philosophie«, Bd. 13, S. 343–353.

10 Kant, »Ideen zu einer allgemeinen Geschichte«, S. 42f.

war weit gefasst und universal.[11] Genauso weit gefasst wie Friedrich Schiller verfolgte auch Wilhelm von Humboldt, der Konzeptionalist der modernen deutschen Universität am Beginn des 19. Jahrhunderts, einen universalistischen Geschichtsansatz. In seinen »Betrachtungen über die bewegenden Ursachen der Weltgeschichte« hat Humboldt sowohl den Raum wie die leitende Idee der empirischen Geschichtsforschung bestimmt. Wie die alles Geschehen in Geschichte verwandelnde und als Geschichte wirkende Sprache die selbsttätige universale »Offenbarung der menschlichen Geisteskraft« ist, so hat die Geschichte die Verwirklichung der Idee des Menschen nach allen Seiten zur Absicht und Aufgabe. Das Begreifen der Weltbegebenheiten, die sich nach Humboldt auf drei Ursachen zurückführen lassen: »die Natur der Dinge, die Freiheit des Menschen und die Fügung des Zufalls«, ist deshalb niemals in einem vorausgewissbaren Endzustand abschließbar. In diesem Sinn aufgefasst ist die Geschichte die Verwirklichung der durch die Menschheit selber »darzustellenden Idee nach allen Seiten hin und in allen Gestalten, in welchen sich die endliche Form mit der Idee zu verbinden vermag.«[12]

Schließlich war es Friedrich Wilhelm Joseph Schelling, der es unternahm, »Die Weltalter« zu skizzieren.[13] Und Georg Wilhelm Friedrich Hegel betrachtete die »Weltgeschichte« dann zusammenfassend als »die Erscheinung der einen Vernunft, eine der besonderen Gestalten, in denen sie sich offenbart, ein Abbild des Urbildes, das sich einem besonderen Elemente, in den Völkern, darstellt.« Seine philosophische Weltgeschichte »beschäftigt sich nicht mit einzelnen Situationen, sondern mit einem allgemeinen Gedanken, der sich durch das Ganze hindurchzieht.« Er unterschied – befangen im Kulturkreis des Abendlandes – vier welthistorische Reiche: »1. das orientalische, 2. das griechische, 3. das römische, 4. das germanische« und legte damit die Einteilung fest, der bis in das 20. Jahrhundert hinein die Abhandlungen zur Weltgeschichte folgten.[14]

Vor allem folgte ihm einer, Leopold Ranke, der Begründer der eigentlichen Geschichtswissenschaft in Deutschland. In seiner Vorrede zu seinem Monumentalwerk, die »Weltgeschichte – die Geschichte der abendländischen Welt« in zwei Bänden führte er durchaus zukunftsweisend aus, was eine Weltgeschichte ausmacht und was nicht: »Die Völker waren geschieden und standen in mannigfaltigen Beziehungen untereinander; sie besaßen Anfänge der Kultur, lange bevor die Schrift erfunden war«. Die Geschichte aber beginne erst, »wo die Monumente verständlich werden und glaubwürdige schriftliche Aufzeich-

11 Schiller, »Was heißt«, Bd. 15, S. 17–35.

12 Humboldt, »Ursachen«, Bd. 3, S. 360–366.

13 Schelling, »Weltalter«, S. 3–9.

14 Hegel, »Weltgeschichte«, Bd. 18, S. 26–49.

nungen vorliegen«. Dann aber sei ihr Gebiet ein unermessliches. So gesehen umfasst »Weltgeschichte die Begebenheiten aller Nationen und Zeiten«. Aber er warnt: »Eine Sammlung der Völkergeschichten in engerem oder weiterem Rahmen« mache noch »keine Weltgeschichte« aus. »Sie würde den Zusammenhang der Dinge aus den Augen verlieren«. Eben darin aber bestehe »die Aufgabe der welthistorischen Wissenschaft, diesen Zusammenhang zu erkennen, den Gang der großen Begebenheiten, welche alle Völker verbindet und beherrscht, nachzuweisen.« Und er war sich ganz sicher: »Daß eine solche Gemeinschaft stattfindet, lehrt der Augenschein.«[15] Im Folgenden füllte er dann Hegels großen Plan mit Leben, beginnt bei Baal, Jehova und dem Alten Ägypten, um über die Griechen, Perser und Römer bei den Römisch-germanischen Königreichen zu enden.

Setzte Ranke auf die Reiche und ihre Macht, so ging sein Zeitgenosse Jakob Burckhardt in seinen »Weltgeschichtlichen Betrachtungen« auf komplexere Zusammenhänge ein, die eine Weltgeschichte im Blick behalten müsse. Nach ihm existierten mindestens »drei große Potenzen Staat, Religion und Kultur«, die zur »Betrachtung der beschleunigten Bewegung des ganzen Weltprozesses« gehörten.[16] Was Jacob Burckhardt für die Schweiz, das waren Karl Lamprecht und das Leipziger Institut für Kultur- und Universalgeschichte für Deutschland. Die erkenntnisleitende Frage »Wie kann man Weltgeschichte schreiben?« rückte als zentrale Fragestellung in den Mittelpunkt des von Lamprecht ins Leben gerufenen Instituts und seiner Nachfolger, die sich bald als ein Zentrallaboratorium deutscher, europäischer und internationaler Universalgeschichtsschreibung mit beträchtlichem Wirkungsradius erwiesen.[17] Sie waren deshalb von großer Bedeutung, weil sie die im 19. Jahrhundert immer stärkere Einengung der Geschichte auf Nationalgeschichte zu sprengen versuchten und sich in diesem Kontext ein immer stärkerer Bezug zur universitär etablierten Osteuropäischen Geschichte herausbildete. Tatsächlich wurde im Umfeld der Lamprecht-Schule 1917 das Südosteuropa- und Islam-Institut gegründet, welches 1922 in Osteuropa- und Islam-Institut und schließlich 1923 in Osteuropa-Institut umbenannt wurde. Von dort führen die Pfade dann in die Weltherrschaftsambitionen des Dritten Reiches.[18]

Die kulturhistorisch universalistisch angelegte Geschichtsschreibung war allerdings spätestens am Ende des 19. Jahrhunderts in allen europäischen Ländern eine Minderheitenposition. Wenn sie auch unterschwellig immer fortexistierte und wichtige Forschungsergebnisse erzielte, an die die transnationale

15 Ranke, »Vorrede zur Weltgeschichte«, Bd. 1, S. 5f.
16 Burckhardt, *Weltgeschichtliche Betrachtungen*, S. 9.
17 Middell, *Weltgeschichtsschreibung*.
18 Behrendt, »Osteuropahistoriographie«, S. 183–194.

Geschichtswissenschaft heute wieder anknüpft.[19] Die große Mehrheit der deutschen und europäischen Historiker jedoch rückte mit dem Aufstieg des Nationalstaats dessen historische Beschreibung in den Mittelpunkt ihrer Untersuchungen.[20]

Das änderte sich erst wieder am Ende des 20. Jahrhunderts. In den späten achtziger Jahren brach die Abschottung der Nationalgeschichtsschreibungen auf breiter Front zusammen. Es wurden zahlreiche wissenschaftliche Publikationsreihen und Zeitschriften aus der Taufe gehoben, die begannen, sich verstärkt einer europäischen Geschichte zuzuwenden. Heute richtet sich der Blick der Historiker immer mehr auf transnationale Ansätze. Doch oft handelt es sich nur um summarische Zusammenstellungen und Aneinanderreihungen von nationalen beziehungsweise regionalen Geschichtsschreibungen. Was fehlt, ist der verbindende Zusammenhalt. Womit in einem gewissen Sinn die universalistischen Ansätze und Problemstellungen vom Beginn des 19. Jahrhunderts wieder aktuell wurden. Was macht eine europäische Geschichte also aus, die sich wirklich als eine Geschichte der Menschen in diesen Räumen fern ihrer nationalen und kulturellen Eigen- und Sondermilieus versteht? Nicht das Trennende, sondern das Verbindende sollte bei den universalistischen Ansätzen der Frühzeit in den Mittelpunkt gerückt werden. Aber wo manifestiert sich dies? Wenn wir die welt- und europahistorischen Prozesse der letzten 200 Jahre in den Blick nehmen, so lautet die Antwort: in den länderübergreifenden Kommunikations- und Austauschprozessen auf allen Ebenen der historischen Entwicklung. Dazu gehören die Folgen der internationalen wirtschaftlichen Arbeitsteilung und der kontinentalen und darüber hinaus der weltweiten Kapitalströme, die kontinentalen Personenverkehre und Gütertransporte sowie natürlich die komplexe Kommunikation und die kulturellen Austauschprozes-

19 Insbesondere gilt dies für die Wirtschaftsgeschichte, für die die Weltwirtschaft ein zentraler Begriff blieb. Bedeutende Vorarbeiten leistete in Deutschland Werner Sombart mit seinem »Modernen Kapitalismus«. Sombart, *Kapitalismus*. Zu nennen ist auch Immanuel Wallerstein, dessen Studien zum Thema ungewöhnlich breit und kontrovers rezipiert worden sind. Vgl. etwa Nolte, *Weltgeschichte*. Zu Wallerstein selbst vgl. die kritischen Bemerkungen von Torp, »Weltsystemtheorie«, S. 229ff.

20 Diese Festlegung war bis in die Zeit nach dem Zweiten Weltkrieg so dominant und so selbstverständlich, dass jede Idee, die auch nur entfernt an den universalistischen Geist der Gründerväter der neuzeitlichen Geschichtsschreibung anknüpften, als absurd betrachtet wurde und Vorstöße auf den Internationalen Historikertagungen, etwa Fernand Braudels historiographische Studien des Mittelmeerraums für eine transatlantische Geschichte nutzbar zu machen, brüsk zurückgewiesen wurden. Ein Vorstoß von Jaques Godechot und Robert R. Palmer erntete 1955 nur Kritik. Das Thema sei unsinnig und Eric Hobsbawm verstieg sich sogar zur Aussage, eine solche Thematik dürfe nie wieder auf einem Historikerkongreß diskutiert werden. Aus. Vgl. Eckert, »Großraum Atlantik«.

se.[21] Diese Reihe von Problemfeldern bezieht sich auf gesellschaftliche Vorgänge, die heute, am Beginn des 21. Jahrhunderts, eine gewaltige Dimension erreicht haben. Sie beschreiben – wenn auch oft unzulänglich – grundsätzliche Seiten des Prozesses, in dem sich die Menschheit in immer größeren Räumen organisiert und in kontinentalen Räumen, ja teilweise über die Kontinente hinaus zu einer Weltgesellschaft zusammenschließt. Mit anderen Worten: Kommunikation, Verkehr, Transport, Mobilität, Migration, Transfer und Austausch sind die zentralen Kategorien einer Geschichtswissenschaft, die kontinentale und transnationale Prozesse beschreiben will.

Allgemeine Geschichte und Verkehrsgeschichte

Eine methodisch wie inhaltlich breit angelegte Untersuchung über die Rolle von Verkehr und Kommunikation für die Entstehung, Zerstörung und partiellen Restauration der »europäischen« Gesellschaft im 19. und 20. Jahrhundert verspricht wegen ihres grundsätzlichen Charakters und des hohen Stellenwerts, den Mobilität im allgemeinen Sinn in Wirtschaft, dem Sozialsystem, der Politik und der Kultur einnimmt, umfassende Antworten auf zahlreiche Fragestellungen zu liefern.

Dies deckt sich jedoch nicht mit der Aufmerksamkeit, die die historische Forschung diesem Komplex bisher beigemessen hat. Wir finden insgesamt eine Zweiteilung vor. Zum einen gibt es allgemeine Abhandlungen zur Geschichte, in denen Fragen des Verkehrs und der Kommunikation nur eine untergeordnete Rolle spielen. In wichtigen Handbüchern zur europäischen Geschichte ist das Thema Verkehr und Kommunikation ein Nicht-Thema. Jörg Fisch widmet von seinen 504 Seiten lediglich 14 explizit der Wirtschaft und davon entfallen gerade einmal vier auf die Eisenbahn, das Automobil und Telegrafie wie Telefon.[22] In anderen Handbüchern zur europäischen Geschichte im 20. Jahrhundert fehlen die Themenbereiche Verkehr und Kommunikation vollständig, und das gilt im übrigen auch für zahlreiche Grundlagenwerke der jeweiligen Nationalgeschichten. Walther L. Bernecker äußert sich in seinen 570 Seiten für die Zeit von 1914 bis 1945 auf immerhin 25 Seiten zur Wirtschaft, aber nicht zu Verkehr und Kommunikation. Hartmut Kaelble, der sich um die Sozialgeschichte Europas und um Konvergenzprozesse in der

21 Vgl. Woodruff, »Entstehung«, S. 435–473; Pinder, »Europa«, S. 377–412, u. Kierzkowski, *Europe*.

22 Vgl. Fisch, *Europa*, S. 236–250.

zweiten Hälfte des 20. Jahrhunderts bemüht, äußert sich auf elf von seinen 437 Seiten zwar zur sozialen Mobilität, nicht aber zu den Folgen von Mobilität im Allgemeinen, und geht zwar auf immerhin 27 Seiten auf die Rolle der Migration ein, ohne allerdings zu erwähnen, wie sie sich vollzog und noch heute vollzieht. Harold James hat eine Geschichte Europas im 20. Jahrhundert verfasst, in der er sich auf einer einzigen Seite (von insgesamt 576 Seiten) mit der Mobilität beschäftigt, und äußert sich dort nur sehr allgemein zur Migration. Selbst bei dem Thema »Blitzkrieg« erfährt der Leser nichts zu den Transport- und Verkehrsvoraussetzungen. Auch die Erfolgsstudie von Tony Judt zur Geschichte Europas in der zweiten Hälfte des 20. Jahrhunderts schweigt auf 1024 Seiten zu den verbindenden Netzwerken Europas. Selbst in einem Vergleich zwischen dem alten und neuen Europa wird kein Wort über die Rolle des Verkehrs verschwendet. Schließlich präsentiert Carl Gasteyger auf 575 Seiten zur Geschichte Europas nach dem Zweiten Weltkrieg zwar zahlreiche Dokumente, Übersichten und Karten, aber keinen einzigen Hinweis auf die Struktur des europäischen Verkehrsraums, geschweige denn eine Karte mit den Hauptverkehrslinien, und genauso verhält es sich mit dem Buch von Tom Buchanan. Von den 356 Seiten wird selbst in dem Kapitel »Building Europe« keine Bemerkung fallen gelassen, dass dies etwas mit den Verkehrsverknüpfungen zu tun haben könnte.[23]

Auch die neuere deutsche Geschichtsschreibung, die für sich in Anspruch nimmt, ein in Europa eingebettetes Deutschland darzustellen, weist die gleichen blinden Flecken auf. Hans-Ulrich Wehlers »Deutsche Gesellschaftsgeschichte« etwa gliedert sich nach einer kurzen demographischen Einleitung in die Strukturbedingungen und Entwicklungsprozesse der Wirtschaft, der sozialen Ungleichheit, dann der politischen Herrschaft und schließlich der Kultur. Die Ausführungen zur Wirtschaft konzentrieren sich zum überwiegenden Teil auf den Bereich der Produktion und den konjunkturellen Entwicklungen. Verkehr, Distribution, Transport und Kommunikation rangieren ganz an der Peripherie und werden lediglich in vereinzelten Paragraphen und Fußnoten abgehandelt. Auch Thomas Nipperdey gliedert seine »Deutsche Geschichte« in auffallender Parallelität, wenn er auch die Schwerpunkte in den Ausführungen deutlich anders setzt. Das Standard-Nachschlagewerk »Geschichtliche Grundbegriffe« kennt, ganz dieser Logik folgend, zwar den Terminus »Produktion« und »Produktivität«, aber Verkehr, Transport, Mobilität und Kommunikation

23 Vgl. Bernecker, *Europa*, S. 335–360; Kaelble, *Sozialgeschichte Europas*, S. 227–266; James, *Geschichte Europas*, S. 26f. u. S. 188–190; Judt, *Geschichte Europas*; Gasteyger, *Europa*, u. Buchanan, *Europe's Troubled Peace*, S. 273–278.

gehören nach Ansicht der Herausgeber nicht zum Kanon der historischen Grundbegriffe.[24]

Auf der anderen Seite konzentrieren sich verkehrshistorische und technikgeschichtliche Arbeiten vor allem auf Details, ohne eine Einbettung in die allgemeine Geschichte zu versuchen, obgleich Historiker wie Hans-Jürgen Teuteberg, Helmuth Trischler oder Christoph M. Merki bereits vor einiger Zeit zu einer Modernisierung der Transportgeschichte aufgerufen haben.[25] Das ist erstaunlich, denn bereits bei der älteren Verkehrsforschung gehörte der Blick über die engen Grenzen des Verkehrsthemas zu den erklärten Absichten und es wurden bereits in den sechziger Jahren grundsätzliche Überlegungen über den Zusammenhang von Transport und Verkehr auf die allgemeine Wirtschaftsgeschichte diskutiert.[26]

Nach dieser Doppelgleisigkeit von Geschichte und Verkehrsgeschichte besteht das zweite Problem in der Fragmentierung und Zergliederung der Forschung. Die reiche neuere Literatur zur Kartographie, welche reale und »mentale« Karten Europas und anderer Regionen der Welt beschreibt, vernetzt sich beispielsweise nur selten mit der Geschichte des Verkehrs, dem diese Karten in aller Regel dienen sollten.[27] Eine Ausnahme bildet hier Karl Schlögels fulminanter Beitrag »Im Raume lesen wir die Zeit«.[28] Hier werden in fruchtbarer Weise Kartographie und Kulturgeschichte mit grundsätzlichen Reflektionen über die Bedeutung der Verkehrs- und Kommunikationsnetze vereint. Statt ähnlicher Synthesen hebt die verkehrshistorische Forschung vor allem auf einzelne Verkehrssysteme mit ihren jeweiligen Besonderheiten ab. Im Vordergrund stehen dabei seit geraumer Zeit Untersuchungen zum Thema Automobil, welche eine ganze Reihe von interessanten Studien zu den Bedingungen der Implementierung des Autos, seinen Beziehungen zu anderen Verkehrsträgern, insbesondere zur Eisenbahn, zu seinen »amerikanischen« Wurzeln, seiner Rolle als Massenverkehrsmittel und seiner Zukunft im 21. Jahrhundert hervorgebracht haben. Gemeinsam ist den Arbeiten allerdings, dass sie die Entwicklung und den Ausbau der europaweiten Straßennetze, die parallel zum Eisenbahnnetz errichtet wurden, nicht im Blick haben. Es ist jedoch gerade dieser

24 Vgl. Wehler, *Gesellschaftsgeschichte*; Nipperdey, *Deutsche Geschichte 1800–1866.*, u. Nipperdey, *Deutsche Geschichte 1866–1918*, sowie Brunner u. a., *Geschichtliche Grundbegriffe.*

25 Vgl. Teuteberg, »Bedeutung und Methodik«, S. 3–42, Trischler, »Transport history«, S. 54–73, u. Merki, »Wege«, S. 444–457. Siehe auch die Forschungsüberblicke von Hascher, Zeilinger, »Verkehrsgeschichte Deutschlands«, S. 165–183.

26 Im Ergebnis widmeten sich die älteren Arbeiten vor allem den wirtschaftlichen Folgen der Verkehrssysteme. Vgl. etwa Voigt, *Verkehr*, oder die Fogel/Fishlow Kontroverse. Zusammenfassend, Möser (2008), »Prinzipielles«, S. 55f.

27 Vgl. Schneider, *Macht der Karten.*

28 Schlögel (2003), *Im Raume.*

Teil der modernen Verkehrsinfrastruktur, der das verbindende transnationale Element darstellt. Hier besteht noch ein großes unbestelltes Forschungsfeld.[29]

Im Vergleich zu der Flut von Veröffentlichungen zum Automobil liegt zum Wasserverkehr wenig vor. Allerdings treten hier die Anstrengungen, die europäische Dimension, das heißt das Netz der europäischen Wasserstraßen, in den Forschungsblick zu bekommen, deutlicher hervor.[30] Wesentliche Fortschritte konnten in den letzten Jahren auch auf dem Gebiet der Eisenbahngeschichte erzielt werden. Nach der Erstellung von statistischen Handbüchern, nach der wirtschaftsgeschichtlichen Exploration des Themas und Studien mit einer sozialhistorischen Perspektive rückt in der letzten Zeit immer mehr die Rolle der Eisenbahn für die allgemeine gesellschaftliche Entwicklung in den Vordergrund.[31] Die Rolle des Flugverkehrs in der Geschichte ist ein vergleichsweise junger Zweig der Verkehrsgeschichte. Neuere Untersuchungen zu dem Thema nähern sich den Problemen mit unterschiedlichen Ansätzen und von verschiedenen Disziplinen her. Neben anthropologischen dominieren jedoch immer noch technikhistorische Ansätze.[32]

Insgesamt findet sich in allen Sparten wenig zu grenzüberschreitenden Themen- und Fragestellungen oder gar zur gesamteuropäischen Ebene und wenn doch, handelt es sich meist um Pionierstudien, die mehr Fragen aufwerfen, als Antworten geben.[33] Die europäischen Netzwerke, von Sartorius von Waltershausen bereits 1907 in ihrer Bedeutung hervorgehoben, zerfallen im Verständnis der Historiker noch immer in nationale Fragmente. Kein Wunder also, dass die Folgen für Europa nicht begründet und wissenschaftlich fundiert beschrieben werden können.[34]

Obgleich also sowohl in der allgemeinen Geschichte als auch in der Disziplin der Verkehrs- und Technikgeschichte beziehungsweise der *Transport History* erhebliche Defizite zu verzeichnen sind, so gibt es doch Bewegung. Bei den Forschungen zur Geschichte des Verkehrs und der Kommunikation hat sich

29 Vgl. etwa Haubner, *Nervenkitzel*; Schmucki, »Automobilisierung«, S. 582–598; Zatsch, *Staatsmacht*; Kühne, »Massenmotorisierung«, S. 196–229; Sachs, *Liebe zum Automobil*; Pohl, Brüninghaus, *Einflüsse*; Edelmann, *Luxusgegenstand*; Canzler, Knie, *Ende des Automobils*; Boch, *Geschichte*, u. Möser (2002), *Geschichte des Autos*.

30 Vgl. Eckoldt, *Flüsse und Kanäle*, u. Kunz, *Statistik*.

31 Vgl. Fremdling, Federspiel, Kunz, *Statistik der Eisenbahnen*; Fremdling, *Eisenbahnbau*; Gall, Pohl, *Eisenbahn*, u. Roth, *Jahrhundert der Eisenbahn*.

32 Vgl. Bauer, Behringer, *Fliegen und Schweben*, u. Behringer, Ott-Koptschalijski, *Traum vom Fliegen*. Siehe auch Asendorf, *Super Constellation*.

33 Zur Problematik einer europäischen Verkehrsgeschichte vgl. Roth, »Introduction«, S. xxiiif, u. Roth, Dinhobl, »Introduction«, S. xxiii–xxxviii. Vgl. auch Kill, *Erfolgsstrategien*, u. Mitchell, *Great Train Race*.

34 Waltershausen, *System*, S. 421f.

das Themenspektrum bei allen Begrenzungen in den letzten Jahren doch stark ausgeweitet und immer öfter werden allgemeine Fragen der Geschichte mit einbezogen.[35] Das birgt auf der einen Seite große Chancen, die multidimensionalen Eigenschaften und komplexen Folgewirkungen von technischen Netzwerken, zu denen Verkehrs- und Kommunikationsanlagen im weiteren Sinne gehören, besser in den Griff zu bekommen, neue Fragestellungen und Problemfelder auszuloten und mit sachgerechten Methoden zu Antworten auf die zahlreichen Fragen zum Mobilitätsverhalten in der Vergangenheit und ihre Folgewirkungen zu gelangen. Das bringt jedoch auch die Gefahr mit sich, sich in den Mythenwelten und Imaginationen, die den Verkehrssystemen zugeschrieben werden, zu verlieren, oder dass die angestrebten Erkenntnissynthesen in kaleidoskopartige Erkenntnissplitter zerfallen.[36] Trotz dieser Imponderabilien rechtfertigen die bisherigen Erträge, die aus der Kombination von Verkehrs- und Sozialgeschichte sowie den Kulturwissenschaften erwachsen sind, durchaus eine Ermutigung zur Fortsetzung derartiger synthetischer Ansätze. Mehr noch, es ist dringend angebracht, auf diesem Weg voranzuschreiten und die Dimension Verkehr und Mobilität weitaus stärker als bisher in der allgemeinen Geschichte zu verankern.

Literatur

Asendorf, Christopher (1997), *Super Constellation – Flugzeug und Raumrevolution. Die Wirkung der Luftfahrt auf Kunst und Kultur der Moderne*, Vienna.

Bauer, Reinhold/Behringer, Wolfgang (Hrsg.) (1996), *Fliegen und Schweben. Ein interdisziplinäres Phänomen*, München.

Behrendt, Lutz-Dieter (2005), »Die Osteuropahistoriographie in der DDR. Das Beispiel Leipzig«, in: Dittmar Dahlmann (Hrsg.), *Hundert Jahre Osteuropäische Geschichte. Vergangenheit, Gegenwart und Zukunft*, Stuttgart, S. 183–194.

Behringer, Wolfgang/Ott-Koptschalijski, Constance (1991), *Der Traum vom Fliegen. Zwischen Mythos und Technik*, Frankfurt am Main.

Bernecker, Walther L. (2002), *Europa zwischen den Weltkriegen 1914–1945,* Handbuch der Geschichte Europas, Bd. 9, Paderborn u. a.

Boch, Rudolf (Hrsg.) (2001), *Geschichte und Zukunft der deutschen Automobilindustrie*, Stuttgart.

35 Es entstanden in rascher Folge einige Arbeiten, in denen die Autoren dem Trend hin zu kulturgeschichtlichen Themen folgend, den Kreis der Fragestellungen im Vergleich zur traditionellen Verkehrsgeschichte erheblich ausweiteten. Vgl. Dienel, Schmucki, *Mobilität für alle*, Dienel, Trischler, *Geschichte*. Siehe auch Rieger, *Technology*, und den Beitrag von Divall und Dienel in diesem Band.

36 Vgl. Roth, »Synthesen«, S. 318.

Borscheid, Peter (2005), *Das Tempo-Virus. Eine Kulturgeschichte der Beschleunigung*, Frankfurt am Main.

Brecher, Jeremy/Costello, Tim (1994), *Global Village or Global Pillage. Economic Reconstruction from the Bottom up*, Boston.

Brunner, Otto u. a. (Hrsg.) (1982), *Geschichtliche Grundbegriffe. Historisches Lexikon zur politisch-sozialen Sprache in Deutschland*, 7 Bde., Stuttgart.

Buchanan, Tom (2006), *Europe's Troubled Peace, 1945–2000*, Oxford.

Bundesverband der Deutschen Industrie (BDI) (Hrsg.) (2002), *Außenwirtschafts-Report: Globalisierung gestalten vom 15. April 2002*, o. O.

Burckhardt, Jacob (o. J.), *Weltgeschichtliche Betrachtungen. Über geschichtliches Studium*, Basel.

Busse, Matthias (2001), *Transaktionskosten und Wettbewerbspolitik. HWWA Discussion Paper 116*, Hamburg.

Canzler, Weert/Knie, Andreas (1994), *Das Ende des Automobils. Fakten und Trends zum Umbau der Autogesellschaft*, Heidelberg.

Chartres, John A./Turnbull, Gerard L. (1983), »Road Transport«, in: D. Aldcroft/M. Freeman (Hrsg.), *Transport in the Industrial Revolution*, Manchester, S. 64–99.

Dienel, Hans-Liudger/Schmucki, Barbara (Hrsg.) (1997), *Mobilität für alle. Geschichte des öffentlichen Personennahverkehrs in der Stadt zwischen technischem Fortschritt und sozialer Pflicht*, Stuttgart.

Dienel, Hans-Liudger/Trischler, Helmuth (Hrsg.) 1997), *Geschichte der Zukunft des Verkehrs. Verkehrskonzepte von der Frühen Neuzeit bis zum 21. Jahrhundert*, Frankfurt am Main, New York.

Eckert, Andreas (2005), »Großraum Atlantik. Eine neue methodische Idee der Geschichtswissenschaft«, in: *Frankfurter Allgemeine Zeitung* v. 15. Juni.

Eckoldt, Martin (Hrsg.) (1998), *Flüsse und Kanäle – Die Geschichte der deutschen Wasserstraßen. Die Entwicklung der Wasserwege unter dem Einfluß von Recht, Politik, Wirtschaft, Verwaltung, Wasserbau und Schiffahrt*, Hamburg.

Edelmann, Heidrun (1989), *Vom Luxusgegenstand zum Gebrauchsgegenstand. Die Geschichte der Verbreitung von Personenwagen in Deutschland*, Frankfurt am Main.

Fisch, Jörg (2002), *Europa zwischen Wachstum und Gleichheit 1850–1914*, Handbuch der Geschichte Europas, Bd. 8, Paderborn u. a.

Fremdling, Rainer (1985), *Eisenbahnbau und deutsches Wirtschaftswachstum, 1840–1879. Ein Beitrag zur Entwicklungstheorie und zur Theorie der Infrastruktur*, Dortmund.

Fremdling, Rainer/Federspiel, Ruth/Kunz, Andreas (Hrsg.) (1995), *Statistik der Eisenbahnen in Deutschland 1835–1989*, St. Katharinen.

Gall, Lothar/Pohl, Manfred (Hrsg.) (1999), *Die Eisenbahn in Deutschland. Von den Anfängen bis zur Gegenwart*, München.

Gasteyger, Carl (2005), *Europa zwischen Spaltung und Einigung. Darstellung und Dokumentation 1945–2005*, Bonn.

Hascher, Michael/Zeilinger, Stefan (2001), »Verkehrsgeschichte Deutschlands im 19. und 20. Jahrhundert. Verkehr auf Straßen, Schienen und Binnenwasserstraßen. Ein Literaturüberblick über die jüngsten Forschungen«, in: *Jahrbuch für Wirtschaftsgeschichte*, H. 1, S. 165–183.

Haubner, Barbara (1998), *Nervenkitzel und Freizeitvergnügen. Automobilismus in Deutschland 1886–1914*, Göttingen.

Hegel, Georg Wilhelm Friedrich (1955), »Die philosophische Weltgeschichte: Ihr allgmeiner Begriff. Einleitung zur Philosophie der Weltgeschichte«, in: ders., *Sämtliche Werke. Neue kritische Ausgabe*, hrsg. v. Johannes Hofmeister, 20 Bde., Hamburg, Bd. 18, S. 26–49.

Herder, Johann Gottfried (1887), »Ideen zur Philosophie der Geschichte der Menschheit«, in: ders., *Herders Sämtliche Werke*, hrsg. v. Bernhard Suphan, Berlin, Bd. 13, S. 343–353.

Humboldt, Wilhelm von (1902), »Über die bewegenden Ursachen der Weltgeschichte«, in: ders., *W. v. Humboldts Gesammelte Schriften*, hrsg. v. Albert Leitzmann und Bruno Gebhardt, Berlin, Bd. 3, S. 360–366.

James, Harold (2004), *Geschichte Europas im 20. Jahrhundert. Fall und Aufstieg 1914–2001*, München.

Judt, Tony (2006), *Geschichte Europas von 1945 bis zur Gegenwart*, München, Wien.

Kaelble, Hartmut (1995), »Europabewußtsein, Gesellschaft und Geschichte. Forschungsstand und Forschungschancen«, in: Rainer Hudemann/Hartmut Kaelble/Klaus Schwabe (Hrsg.), *Europa im Blick der Historiker*, Historische Zeitschrift Beiheft 21, München, S. 1–29.

— (2007), *Sozialgeschichte Europas. 1945 bis zur Gegenwart*, Bonn.

Kant, Immanuel (1959), »Ideen zu einer allgemeinen Geschichte in weltbürgerlicher Absicht«, in: Kurt Rossmann (Hrsg.), *Deutsche Geschichtsphilosophie von Lessing bis Jaspers*, Birsfelden, Basel, S. 42–64.

Kierzkowski, Henryk (Hrsg.) (2002), *Europe and Globalization*, Basingstoke.

Kill, Heinrich Hermann (1991), *Erfolgsstrategien von Verkehrssystemen: Eine evolutionsorientierte Analyse der europäischen Verkehrsentwicklung*, Berlin.

Kühne, Thomas (1996), »Massenmotorisierung und Verkehrspolitik im 20. Jahrhundert. Technikgeschichte als politische Sozial- und Kulturgeschichte«, in: *Neue Politische Literatur* 41, S. 196–229.

Kunz, Andreas (Hrsg.) (1999), *Statistik der Binnenschiffahrt in Deutschland 1835–1989*, 2 Bde., St. Katharinen.

Larsen, Jonas/Urry, John/Axhausen, Kay (2006), *Mobilities, Networks, Geographies*, Aldershot.

Liedtke, Rainer (2009), »Im Auftrag der Banken. Agenten als Träger europaweiter Kommunikationsnetze für den Kapitalverkehr im 19. Jahrhundert«, in: Ralf Roth (Hrsg.), Städte im europäischen Raum. Verkehr, Kommunikation und Urbanität im 19. und 20. Jahrhundert, Stuttgart, S. 157–185.

Merki, Christoph M. (1995), »Die verschlungenen Wege der modernen Verkehrsgeschichte. Ein Gang durch die aktuelle Forschung«, in: *Schweizerische Zeitschrift für Geschichte* 45, S. 444–457.

Middell, Matthias (2005), *Weltgeschichtsschreibung im Zeitalter der Verfachlichung und Professionalisierung, Das Leipziger Institut für Kultur- und Universalgeschichte 1890–1990*, 3 Bde., Leipzig.

Mitchell, Allan (2000), *The Great Train Race. Railways and the Franco-German Rivalry, 1815–1914*, New York.

Montesquieu (1965), *De L'Esprit des Loix. Vom Geist der Gesetze. Oder über den Bezug, den die Gesetze zum Aufbau jeder Regierung, zu den Sitten, dem Klima, der Religion, dem Handel etc. haben müssen*, Stuttgart.

Möser, Kurt (2002), *Geschichte des Autos*, Frankfurt am Main, New York.

— (2008), »Prinzipielles zur Transportgeschichte«, in: Rolf Peter Sieferle (Hrsg.), *Transportgeschichte*, Der Europäische Sonderweg, Bd. 1, Münster, S. 39–78.

Nipperdey, Thomas (1984), *Deutsche Geschichte 1800–1866. Bürgerwelt und starker Staat*, 2. Aufl., München.

— (1990), *Deutsche Geschichte 1866–1918*, 2 Bde., München.

Nolte, Hans-Heinrich (2005), *Weltgeschichte. Imperien, Religionen und Systeme, 15.–19. Jahrhundert*, Wien, Köln, Weimar.

Pinder, John (1980), »Europa in der Weltwirtschaft 1920–1970«, in: Carlo M. Cipolla/Knut Borschardt (Hrsg.), *Europäische Wirtschaftsgeschichte*, Bd. 5: *Die europäischen Volkswirtschaften im zwanzigsten Jahrhundert*, New York, S. 377–412.

Pohl, Hans/Brüninghaus, Beate (Hrsg.) (1988), *Die Einflüsse der Motorisierung auf das Verkehrswesen 1886–1986*, Stuttgart.

Ranke, Leopold (o. J.), »Vorrede zur Weltgeschichte«, in: ders., *Weltgeschichte. Die Geschichte der abendländischen Welt von den ältesten historischen Völkergruppen bis zu den Zeiten des Übergangs zur modernen Welt*, 2 Bde., Essen, Bd. 1, S. 5–6.

Rieger, Bernhard (2005), *Technology and the Culture of Modernity in Britain and Germany, 1890–1945*, Cambridge.

Roth, Ralf (2002), »Wohin führen uns die neuen Synthesen aus Verkehrs- und Stadtforschung sowie den Kulturwissenschaften? Ein Literaturbericht«, in: *Rheinisch-westfälische Zeitschrift für Volkskunde* 47, S. 305–318.

— (2003), »Introduction: The City and the Railway in Europe«, in: Ralf Roth/Marie-Noëlle Polino (Hrsg.), *The City and the Railway in Europe*, Aldershot, S. xxxiii–xliv.

— (2004), »Movilidad ferroviaria en la Alemania del siglo XIX: de la visión a la realidad«, in: *Transportes, Servicios y Telecomunicationes* 7, S. 59–78.

— (2005), *Das Jahrhundert der Eisenbahn. Die Herrschaft über Raum und Zeit 1800–1914*, Ostfildern.

Roth, Ralf, Dinhobl, Günter (Hrsg.) (2008), *Across the Borders. Financing the World's Railways in the Nineteenth and Twentieth Centuries*, Aldershot.

Sachs, Wolfgang (1984), *Die Liebe zum Automobil. Ein Rückblick in die Geschichte unserer Wünsche*, Reinbek.

Schelling, Friedrich Wilhelm Joseph von (1946), »Die Weltalter, Fragmente. In den Urfassungen von 1811 und 1813«, in: ders., *Schellings Werke*, hrsg. v. Manfred Schröter, München, Nachlaßbd., S. 3–9.

Schiller, Friedrich (o. J.), »Was heißt und zu welchem Ende studiert man Universalgeschichte«, in: ders., *Schillers Werke*, hrsg. v. W. von Maltzahn, Berlin, Bd. 15, S. 17–35.

Schlögel, Karl (2003), *Im Raume lesen wir. Über Zivilisationsgeschichte und Geopolitik*, München, Wien.

Schmucki, Barbara (1995), »Automobilisierung. Neuere Forschungen zur Motorisierung«, in: *Archiv für Sozialgeschichte* 35, S. 582–598.

Schneider, Ute (2006), *Die Macht der Karten. Eine Geschichte der Kartographie vom Mittelalter bis heute*, 2. Aufl., Darmstadt.

Sombart, Werner (1902), *Der moderne Kapitalismus. Historisch-systematische Darstellung des gesamteuropäische Wirtschaftslebens von seinen Anfängen bis zur Gegenwart*, 2 Bde., Leipzig.

Spiekermann, Klaus/Wegener, Michael (1993), »Zeitkarten für die Raumplanung«, in: *Informationen zur Raumentwicklung* 7, S. 459–487.

— (1994), »The Shrinking Continent: New Time Space Maps of Europe«, in: *Environment and Planning B: Planning and Design* 21, S. 653–673.

Spiekermann, Klaus (1999), *Visualisierung von Eisenbahnreisezeiten. Ein interaktives Computerprogramm. Abschlußbericht des gleichnamigen Projekts für das Verkehrshaus in Luzern*, Dortmund.

Teuteberg, Hans-Jürgen (1992), »Zur Bedeutung und Methodik verkehrsgeschichtlicher Forschung«, in: Deutsche Verkehrswissenschaftliche Gesellschaft (Hrsg.), *Verkehrshistorischer Workshop*, Bergisch Gladbach, S. 3–42.

Torp, Cornelius (1998), »Die Weltsystemtheorie Immanuel Wallersteins. Eine kritische Analyse«, in: *Jahrbuch für Wirtschaftsgeschichte*, H. 1, S. 217–241.

Trischler, Helmuth (2004), »Transport history in Germany: An annotated bibliographical overview of recent literature«, in: *COST 340 – Towards a European Intermodal Transport Network: Lessons From History. A Critical Bibliography*, Paris, S. 54–73.

Ville, Simon P. (1990), *Transport and Development of the European Economy, 1750–1918*, Basinkstoke.

Voigt, Fritz (1965–1973), *Verkehr*, 4 Bde., Berlin.

Waltershausen, Sartorius von (1907), *Das volkswirtschaftliche System der Kapitalanlage im Auslande*, Berlin.

Wegener, Michael/Kunzmann, K. R./Spiekermann, Klaus (1994), »Wachsendes Europa – schrumpfender Kontinent«, in: *arch+* 122, S. 28–33.

Wehler, Hans-Ulrich (1987–2008), *Deutsche Gesellschaftsgeschichte*, 5 Bde., München.

Woodruff, William (1977), »Die Entstehung einer internationalen Wirtschaft 1700–1914«, in: Carlo M. Cipolla/Knut Borschardt (Hrsg.), *Europäische Wirtschaftsgeschichte*, Bd. 4: *Die Entwicklung der industriellen Gesellschaften*, New York, S. 435–473.

Zatsch, Angela (1993), *Staatsmacht und Motorisierung am Morgen des Automobilzeitalters*, Konstanz.

3. Changing Histories of Transport and Mobility in Europe

Hans-Liudger Dienel and Colin Divall

This essay explores what needs to be done to ensure that recent intellectual developments in transport history, and particularly debates about the so-called »cultural turn«, lead to a broadly based discipline which can help to shape both the cultures and practices of mobility in modern Europe. In particular, it looks at the present state of European transport historiography, its research networks, journals and associations, and concludes with a proposal for a new pan-European research project aimed at understanding the many ways in which users of public transport have historically been understood and treated.

The history of transport and mobility does not yet exist as a fully established academic discipline in Europe. Although it is dangerous to generalise about a continent as intellectually and organisationally as diverse as Europe, as far as we know there are no professorial chairs so named, and only a handful of other established university positions and teaching programmes. Indeed, until quite recently in many European countries the disciplinary perspectives of transport history were shaped by the social and physical sciences of contemporary transport. As a consequence academic transport historiography rarely reached beyond the theoretical boundaries defined by transport engineering, economics or planning. The history of transport and mobility does, however, thrive quite well in other ways: firstly, as a rather traditional history of transport technology; secondly as economic or business history of transport systems; and thirdly – and most relevantly from our point of view – as a rapidly developing multi-disciplinary field of research drawing together scholars from a range of different historical and social sciences.

Traditional history of transport technology was, and is, carried out by a large community which is only partly academic in character but often has impressive levels of specialist knowledge, albeit mainly about technical and operational details. It undoubtedly makes up one of the largest fields of voluntary historical activity in Europe, particularly when one includes activities such as preserving the heritage of transport systems.[1] Retired engineers and other

---

1 On this last aspect, see Divall, Scott, *Histories*, esp. S. 1–38, and 159–188.

transport workers are an important group within this kind of history of transport, although in some countries with strong voluntaristic traditions, such as the United Kingdom, participants come from a far wider range of occupations. Across Europe, thousands of volunteers gather in hundreds of often very localised history and heritage associations, although some, such as the Railway and Canal Historical Society (RCHS) in the United Kingdom, have a national reach and others, such as FEDECRAIL, the European Federation of Museum and Tourist Railways, operate on a European scale.[2] The RCHS is also an exception to the rule that most amateur groups focus on a single transport mode.[3] While some socio-cultural aspects are implicit in their activities, and are sometimes examined in a critical fashion, questions of interest to academics, such as intermodality, competition and cooperation of transport systems, are usually lacking in this world. Neither are issues such as users' behaviour and customer participation, the interactions between transport systems and the environment, climate change, gender, globalisation, regional development, migration, innovation, or demographic change – in short, the relations between transport systems, individual mobility and present-day political, environmental and social problems – generally a feature of this approach to the history of transport.

The situation, however, is changing. Some of the national associations, particularly those like the RCHS and the UK's Roads and Road Transport History Association which have always sought to maintain links with academics, try to encourage their members to look beyond the older ways of understanding transport.[4] Similarly, some of the great number of transport museums in Europe are fundamentally changing their strategies for research and display as they seek to communicate with bigger and wider audiences. During the last decade, a number of new exhibitions have begun to present a socio-cultural perspective on transport, supplementing or replacing the old transport halls which looked – depending on mode – like railway sidings, car-parking lots, bus garages or aircraft hangers.[5] Such trends echo – and in some cases anticipate –

2 Accessed 23 September 2008, http://www.fedecrail.org/en/index_en.html.

3 Accessed 23 September 2008, http://www.rchs.org.uk. Its remit spreads beyond the two modes in its title.

4 Accessed 23 September 2008, http://www.rrtha.org.uk.

5 Divall, Scott, *Histories*, S. 39–113. The *Journal of Transport History* regularly reviews transport exhibitions in Europe and elsewhere. Major new transport exhibitions which try to influence cultures of mobility in present-day Europe included the Centre for Transport at the Deutsches Museum in Munich (three halls on the greening of transport technologies, leisure transport, and urban transport), and the New Start: Mobility without Oil exhibition at the Deutsches Technikmuseum in Berlin (November 2007). The UK's National Railway Museum is planning a complete redisplay of its main site in York, using historical examples to encour-

the activities of academic historians of technology who for several decades have integrated cultural and social history perspectives into their analyses of transport technologies.[6]

In economic and business history, transport has always been an issue. But again, its prestige and status as an academic topic was often shaped by theoretical considerations derived from economics. There was a particular problem with the rise of neo-classical theories, with their rigid insistence on the superiority of the »free market«. For proponents of this outlook, the provision of public goods (which includes most transport infrastructure) could be something of an embarrassment, implying a failure of the market; hence those scholars who chose to study transport economics at all were sometimes regarded as trying to question the market system. Such attitudes spilt over into economic and business history, arguably discouraging research on transport infrastructure. However, not all economists and economic historians took this line. In the 1960s and 1970s, famous scholars in the USA such as the Nobel laureate Robert W. Fogel, and Pulitzer Prize Winner, Alfred D. Chandler undertook pioneering work which, from contrasting perspectives, emphasised the importance of transport for industrialised societies.[7] Later generations of economic and business historians of transport systems and companies, including some who work within a broadly neo-classical framework, have continued to take at least some of the their inspiration from economic and business theory and the research themes generated by this.[8]

This was the situation up to a decade or so ago. Since then, it is fair to say that the approach both of the contemporary transport sciences and of transport historiography has fundamentally changed in style and quality. In particular, both have increasingly broadened their intellectual reach to include social and cultural factors. Transport studies, the cross-disciplinary field most concerned to use a range of theoretical perspectives to serve policy-makers, has increasingly incorporated such insights derived from geography, law, anthropology and psychology into its efforts to understand individual and collective aspirations about when, where, how frequently and by what mode to travel, the decisions whether or not to do so, and the patterns of mobility that follow

age visitors to think about the ways in which choices about mobility in the present are shaped by past policies and practices.

6 The field is considerable. The journal *Technology & Culture* is a good place to start for English-language essays.

7 Fogel, *Railroads*, and Chandler, *Visible Hand.*

8 See for example Fremdling, *Eisenbahnen*, Gourvish (1986), *British Railways*, Gourvish (2002), *British Rail*, Caron, *Histoire*, or Leunig, »Time is money«, S. 635–673.

from such choices.[9] Some analysts argue that knowledge of these differentiated »cultures of mobility« can help to shape policies aimed at changing attitudes, choices and practices.[10] Fiona Rajé's study of the cultures of socially marginalised groups in a number of British cities gives an indication of what might be achieved.[11] A number of other recent works have focussed on leisure transport, where the cultural influence on travel choice is most obvious.[12] And while a direct appeal to history is as yet rare, this emerging paradigm does implicitly acknowledge temporality.[13] Observations such as there is a »certain social inertia built into transport systems that [...] is difficult to change« recognise that mobility cultures and patterns build over decades, with some aspects becoming more sedimented than others.[14]

Parallel moves amongst historians of transport and mobility – the very name is suggestive of new ways of thinking – signal the real possibility of these scholars contributing to such studies and hence to policy.[15] Geoff Vigar provides a rare example. Inspired by the sociological »new institutionalism« which conceives institutions as nodes in evolving formal and informal networks, he analyses how political and policy bodies operating at various geographical scales and levels of governance in Britain since 1945 have shaped the struggle between the dominant »predict-and provide« approach to official transport policy and various alternatives. In this way he starts to identify those forms of organisation and other factors that might fruitfully be developed in the pursuit of demand management and other non-traditional measures intended to achieve equitable and sustainable mobility.[16]

To sum up, the last few years have witnessed a »cultural turn« in both the transport sciences and the history of transport and mobility. This shift not only brings together social sciences and humanities, but gives the historical sciences of transport and mobility a much more important function for the applied transport sciences than ever before. There is now a real window of opportunity for historians to help shape an interdisciplinary field of policy-orientated transport studies. However, a word of warning: whilst other historical disci-

9 Stern, Richardson, »A New Research«, S. 144, and 157f., Freudendal-Pedersen, »Structural Stories«, S. 29–45.

10 Nielsen, »Reflexive Mobility«, S. 47–64.

11 Rajé, *Transport.*

12 Sheller, Urry, *Tourism Mobilities.*

13 Hickman, Banister, »Reducing Travel«, S. 102–119.

14 Donaghy, Poppelreutter, Rudinger, »Introduction«, S. 9.

15 Divall, Revill, »Cultures of transport«, S. 99–111. A revised and expanded version (in French) is forthcoming in Flonneau, Guigueno, *De l'histoire.*

16 Vigar, *Politics*, esp. S.42–65, 189–220.

plines have attempted this fundamental transformation of approaches, some of them have been ill-prepared to learn from the experience.[17]

There is a second reason why the history of transport and mobility is today at a crossroads. Its organisational development is comparable to that of the (academic) history of technology in the late 1950s.[18] Fifty years ago, few scholars were interested in moving beyond banalities about the importance of technology for the historical development of industrial societies. Historians of science were said to be particularly dismissive of the claims of technology to be anything more than the mere application of science. This, at least, is part of the founding myth of the Society for the History of Technology (SHOT), the US-based body which can be seen as an arguably older, and certainly a bigger and more established sister to the history of transport and mobility. When SHOT was founded in 1957, it had to insist on a difference between its activities and those of the older History of Science Association (HSS). In the following two decades, it therefore focussed on building a distinction between »technology« and »science«, and understood their mutual relations as those of »mirror-image twins«. This overarching research programme gave SHOT coherence, identity and a reason to exist.[19]

In order to underline that the history of science was not enough to understand technology, SHOT founded a new journal called »Technology and Culture«. Science was reduced to just one important factor in technology. Economic history, business history, social and cultural history often played a more crucial role in understanding technological change, the impact and use of technologies. However, by thus focussing on the relationship between science and technology, SHOT for at least two decades remained, and to some extent still remains, bound to the scientific dimension of technology, even if in an antagonistic form.[20]

The position in the history of transport is only partly analagous. There was no dedicated learned society until the formation of the International Association for the History of Transport, Traffic and Mobility (T^2M), in 2003. On the other hand, the Journal of Transport History (JTH), founded in 1953, five years before Technology and Culture, has long given English-language authors the opportunity to define the field. Nevertheless, much (but by no means all)

17 Siegenthaler, »Geschichte«, S. 276–301.

18 Teuteberg, »Entwicklung«, S. 173–194, Merki, »Wege«, S. 444–457, and Dienel, *Verkehrsgeschichte*, Bd. 1, S. 15–25.

19 Staudenmaier, *Storytellers.*

20 As proof of the continuing influence of the science-technology relationship in SHOT, consider the packed roundtable discussion of Paul Forman's recent article on the topic at the 50th-anniversary SHOT conference. Forman, »The primacy of science«, S. 1–152.

of the work that was published there was defined by the kind of theoretical parameters derived from other disciplines which we have already discussed. Reviewing the field's development up to 1995, the then-editor of the Journal suggested that transport history was in need of intellectual rejuvenation.[21] He might have added that the provision of some kind of institutional focus along the lines of SHOT would enhance the chances of intellectual renewal.

New Organisations for the European History of Transport and Mobility

Small academic disciplines, as for instance Byzantine studies or medieval archaeology, are much more dependent on tightly bound supranational networks and cooperation than huge disciplines like organisational sociology or transport planning. The history of transport and mobility is such a fairly small academic field, though one with many tentacles reaching out to other academic disciplines, and is therefore prepared institutionally to work and think internationally. Over the last decade it has eagerly embraced the opportunity for intellectual modernisation presented by various new approaches and organisational initiatives at the European level. These include COST 340 (COST means European Cooperation in the field of Scientific and Technical Research), Tensions of Europe (ToE), Gesellschaft für Unternehmensgeschichte (GUG), T²M and Cosmobilities, all of which we now briefly discuss.

COST 340: Towards an European Intermodal Transport Network: Lessons from History

In 1999, the COST Transport Programme, one of the biggest and longest-running funding instruments for supporting cooperation among scientists and other researchers across Europe, decided to fund a network of transport historians, political scientists and transport scientists from 13 European countries.[22]

21 Armstrong, »Transport history«, S. 103–121.

22 COST is an intergovernmental organisation which is scientifically completely self-sufficient. COST Transport is one of nine scientific Domain Committees. COST now has 35 member-countries and enables scientists to collaborate across a wide spectrum of activities in research

During the project another five countries joined the action. For the first time in the history of COST, a network dominated by historians received funds. Their task was to come up with »lessons from history« for European intermodal transport networks.[23] The meetings, workshops, conferences and joint publications of the large number of historians, geographers, economists and engineers which formed the network were funded by the European Union. A large number of smaller national research projects which were attached to the network benefited from funding by the participating states.

The reason for funding COST 340 was quite simple: the strengthening of intermodal transport networks was a high-priority objective of the EU, and one to which it has dedicated studies, legislation and very considerable funds.[24] The problems and potentials of intermodal cooperation was an ideal topic by which to convince engineers, economists and planners to accept historical perspectives as an important policy tool; history might be able to support efforts to find new ways of supporting intermodality. From the point of view of both transport economics and engineering, good intermodal connections are attractive and desirable especially for public transport systems, because weak connectivities are an important reason for not abandoning private modes. Both public passenger and freight transport systems, however, suffer from unreliable, slow, and uncomfortable links and junctions. These failings can only be explained by cultural, institutional and organisational factors operating over the long-term. The railways, for instance, dominated land transport over any distance in their many decades of maturity, and for this reason were often tardy about creating and developing easy access to and from other transport modes. New initiatives to support the capacity of institutions, organisations, and customers to create, maintain and use intermodal transport networks can follow from understanding such factors in a historical, cultural and social comparative light. The specific objectives of the COST Action were to:

- evaluate historically various European and national projects and public decision making concerning transport networks
- explore the factors favourable to the establishment of transnational and intermodal infrastructures transport networks integrated at all the Euro-

and technology. The scientific quality control is the main responsibility of the COST scientific Domain Committees.

23 Chair is Michèle Merger, and Vice-Chairs are Colin Divall and Hans-Liudger Dienel, see COST 340: Towards a European Intermodal Transport Network: Lessons from History, accessed 23 September 2008, http://cordis.europa.eu/cost-transport/src/cost-340.htm.

24 European Commission, DG-Energy and Transport *Transport Research in the European Research Area*, accessed 23 September 2008, http://www.eurosfaire.prd.fr/7pc/doc/1124348436transport_research_2004.pdf.

pean, national and regional European levels and obstacles, which hindered or even excluded these factors
- analyse the actors' strategies in different case studies of transnational network building with special emphasis on transport administration, the private sector, the strategy of professional organisations and interest groups representing different transport modes
- show, if possible, the benefits of intermodality in a context characterised by a continuous growth of transport demand and by the current integration of Europe
- demonstrate how these benefits could help make the governments and international or national organisations in charge of representing the different modes of transport at the European level, come to a better network cooperation.

COST 340 produced a number of applied diagnostic methods, comparative synopses, and creative suggestions for the future organisation of transnational transport networks. Publications included the first European-wide critical bibliography on the history of transport and mobility, and three books documenting the results of international conferences on interoperability and intermodality: one volume on the intermodality of traffic junctions, another on the history and future of intermodal transport networks in Italy, and a third volume on road history.[25] Further publications are in press or planned.

The improvement of Europe's transport networks should take into account the lessons to be learned from a thorough analysis of the lengthy history to integrate them. Earlier research completed by the COST 340 Action members and their correspondents in several COST member countries had already demonstrated the historical importance of the concepts of intermodality, interconnection and interoperability. The project was thus based on the postulate that detailed knowledge and rigorous historical analysis of the various transport policies, envisaged or put into effect since 1945, could significantly improve understanding of current issues involved in the improvement of a European intermodal transport network, of the conditions that would make this possible, and of the obstacles encountered today. The network therefore complemented existing knowledge with new historical research, summarising and extending an established problematic in order to establish a solid basis for the improvement of Europe's intermodal transport networks. It aimed at observing and presenting – independent of political ideology and without theoretical preconceptions (but not without theory) – the successive realities of the

25 See Merger, Polino, *European Intermodal Transport Network*, Dienel, *Transport Networks*, Giuntini, Pavese, *Reti, Mobilità, Trasporti*, and Mom, Tissot, *Road History*.

development of trans-European connections and of inter-modal transport, two major factors in the integration of transport networks within Europe. In this way, COST 340 provided both a framework of analysis that should act as a guide for decision-making in transport policies, and a set of recommendations that will help, thanks to the lessons learnt from history, to establish the priorities to be given to different projects involving trans-European connections and intermodal transport.

Perhaps even more important in the longer term than the direct research results of COST 340 were the indirect side effects: it established a strong network of European historians of transport and mobility. Around 20 international meetings, workshops or conferences (including organisational work) within the COST framework pulled together the network which became an important impetus to found T²M.

GUG: German Transport History network and other national associations and networks

Because of the importance of Germany's transport industry, transport history has for decades been a field of business history there. Since 1991, the corporate heritage unit of Mercedes-Benz in Stuttgart has run a conference series on classical transport business and automobile history, from racing sport to freight transport.[26] A much more social- and cultural-history approach shapes a book series on transport from Munich's *Deutsches Museum*, edited by Helmuth Trischler, Christopher Kopper, and Hans-Liudger Dienel. The ten volumes so far published represent the best historical transport studies in Germany.[27] The German Business History Association (GUG, *Gesellschaft für Unternehmensgeschichte*) operates a number of special interest groups, and in 1998 founded a new group for transport history. Since then, it has met about once a year, mostly hosted by one major German transport company, holding a thematic workshop or conference. At the moment, 71 members belong to this network.[28] In recent years it has met to discuss the history of leisure transport and

26 *Stuttgarter Tage zur Automobil- und Unternehmensgeschichte.* Six volumes have been published so far.

27 Kopper, *Die Bahn*, Hascher, *Politikberatung*, Gundler et al., *Unterwegs*, Gall, *Gute Straßen*, Dienel, *Transport Networks*, Zeilinger, *Wettfahrt*, Zeller, *Straße, Bahn, Panorama*, Schmucki, *Traum*, König, *Bahnen*, and Dienel, Trischler, *Geschichte*.

28 A short introduction is given at the website of the GUG. Accessed 22 January 2008, http://www.unternehmensgeschichte.de. See »Arbeitskreise« and then »Arbeitskreis Verkehrsgeschichte«.

tourism, the history of shipping agencies, and the history of roads. It is an open forum to discuss research findings, with more time than normally is available at international conferences. During the last ten years, the network has moved the history of transport and mobility in Germany in the direction of a social and cultural history with close ties to classical economic history and the history of technology. In 2002, the network was one actor in founding the International Association of the History of Transport, Traffic and Mobility.

There are, of course, many more activities in continental Europe. Here we mention only a few. Now over 20 years old, the Association pour l'histoire des chemins de fer en France in Paris has become a major driving force for modern transport history with some impressive publications focussing on railways which include contributions from lay scholars as well as professional historians.[29] While the huge and well-established *Fundación de los Ferrocarriles Españoles* in Madrid still follows a more traditional approach, it does so with great success, publishing several books and running a conference series.[30] The first conference of the International Railway History Association (IRHA) in 2004 inaugurated another outlet. In the UK, the Institute of Railway Studies and Transport History has since 1995 provided a focus for a range of research programmes, conferences, symposia and seminars on all forms of civil transport.[31] In 2002, Monika Burri and David Gugerli in Zürich organised an impressive conference on the international dimension of railways.[32] These various initiatives reflect the historical dominance of railways as a subject of study. But this volume records the achievements of the international conference, *Neue Wege in ein neues Europa* – organised by Ralf Roth and Karl Schlögel and funded by the *Zeit-Stiftung Ebelin und Gerd Bucerius* – in promoting a comparative social and cultural approach towards transport and mobility more generally in Europe.[33] It would be wonderful to have a Graduate School on European Transport Axis running across several locations, as proposed by Ralf Roth and others during the conference.

29 Accessed 23 September 2008, http://www.ahicf.com/.

30 Accessed 23 September 2008, http://www.ffe.es.

31 Accessed 23 September 2008, http://www.york.ac.uk/inst/irs/.

32 Burri et al., *Internationalität.*

33 See conference announcement from Cornelius Gröschel, »Konf: Neue Wege in ein neues Europa – Berlin 03/07«, accessed 22 January 2008, http://hsozkult. geschichte.hu-berlin.de/termine/id=6622.

ToE: Mobility History Groups of the Tensions of Europe Network

In the late 1990s, a group of European and American historians founded the ToE network in order to understand European integration from the perspective of the history of technology. They received funds from the European Science Foundation.[34] The overarching hypothesis and research focus of ToE is that the move towards integration (and indeed disintegration) of Europe is closely linked to technological developments over the last hundred years. These processes should therefore be examined and explained through three analytical frameworks: of the circulation of artefacts, of knowledge, and of the ways in which these are linked and delinked. By using these three prisms, ToE seeks to integrate the history of technology into a broader social, political, cultural and economic history of Europe.

In its first phase from 2000 to 2003, ToE was limited to a number of conferences and – more importantly – a series of thematic workshops. ToE members organised their networking mainly around a number of themes and thematic groups of about 15–20 researchers each. One of these was the Mobility research group, which held its first European Mobility Workshop under the auspices of ToE in Turin, Italy during November 2001.[35] The title of the workshop »Automobile European Scenarios«, referred to the group's desire to understand European mobility and European integration by analysing different historical scenarios. It concentrated on automobiles (cars, motor cycles, motor buses, vans and trucks), because it seemed to the group that globally after 1945 automobiles had shaped the transnational communication of people and goods on a continental scale far more than any other transport mode. On the other hand, it also seemed to be unclear whether – and if so, how – the specific economic, political, social and cultural particularities of individual continents shaped the automobile's character. Can one speak of a European automobilism, a European road network, a European car technology or a European culture of the car? In any case, the conference proved a great success, and the group quickly expanded beyond the envisioned number of 15 members. It therefore began to look for a new format for studying European history of transport and mobility; this in turn became another impetus to found T^{2}M.[36]

---

34 Tensions of Europe. Technology and the making of 20th century Europe.

35 Automobile European Scenarios, accessed 23 September 2008, http://www.histech.nl/Tensions/Projecten/EM/workshops/Final_program_T.rtf.

36 See for example Vleuten, Kaijser, *Networking Europe.*

In the second phase, starting in 2004 (specific projects did not start before 2007), ToE applied for much larger funds to enable jointly conducted projects exploring more speculative questions about the integration of Europe from the perspective of the history of technology. The history of transport and mobility group is an integral part of ToE in this phase, although no project on the history of transport and mobility has started yet. Two projects on the history of European tourism and of travelling in Europe by bus still await funding.

T²M: the International Association for the History of Transport, Traffic and Mobility

The three networks mentioned so far – COST 340, GUG and ToE – consequently became the three founding organisations of the International Association for the History of Transport, Traffic and Mobility. In 2002, the European Mobility History Document Centre at the Technical University Eindhoven and its programme director Gijs Mom asked representatives of these three organisations to support a conference to launch an international association.

All three networks enthusiastically supported the idea and, fully convinced that transport history and mobility studies would benefit from such an interdisciplinary body, jointly held an international conference in Eindhoven in September 2003. It was made clear that the conference should be open to other cultural and social sciences, and to participants from planning sciences, economics and engineering, but that the meeting and the future association should have a historiographical *nucleus*. This dichotomy, of an interdisciplinary association with a disciplinary foundation and heart, has inevitably produced organisational and intellectual tensions, although it has paid generous dividends by expanding the breadth and depth of the field.

The association was founded with the support of the great majority of 80-plus participants at the conference, with Gijs Mom installed as the first president.[37] Since 2003, six very successful annual meetings have been held (in Eindhoven, Detroit, York, Paris, Helmond and Ottawa) with attendance growing to more than 160 participants. This new international forum has worked hard to establish a novel culture of communication and discussion, at least as far as historians are concerned.[38] All papers of the annual conferences, for

37 Accessed 23 September 2008, http://www.t2m.org/en.

38 Details of the conferences can be found at »Conferences«, accessed 23 September 2008, http://www.t2m.org/en/index.php?option=com_content&task=view&id=20&Itemid=37.

example, are circulated to the participants in advance so that the sessions offer much more time for discussion and critique than in comparable international meetings.

As well as encouraging new forms of discussion at its international conferences, T²M became a major force for the renewal of the JTH. Although the editorial board was by the late 1990s well aware of the need to change the journal's content and style, it was finding it hard to break out of the journal's heartland in the world of English-speaking scholars, and particularly those working within older, single-mode research traditions.[39] T²M helped the journal to broaden its horizons, intellectually and geographically, and to grow towards becoming acknowledged as a first-class, peer-reviewed international journal. An individual subscription to JTH is part of the package of benefits for T²M members, and there is a considerable overlap between T²M's Executive Committee and the JTH's Editorial Board. Indeed Gijs Mom became editor of the journal for four issues from 2005 to 2008, whilst one sign of the growing international presence he encouraged was that the number of non-English books reviewed in JTH rose by a factor of three.[40]

Although there are very few academic positions established as such in the history of transport and mobility, many members of and participants in T²M are either senior scholars in other, older and arguably more respected fields such as history, anthropology, cultural studies, political or social sciences, or they are at an early stage of their career. T²M therefore serves not only as an international forum for discussion but as a pressure group for the establishment of more posts in historical mobility studies. This function will become ever-more important in the coming years in order to attract promising young scholars into the field, and to make sure that they do not leave it having become frustrated by a lack of career opportunities.

At the same time as T²M's foundation, social scientists of mobility founded a second international network, Cosmobilities. This also includes planners, engineers, and other researchers interested in questions of technology, knowledge and the philosophy of science of mobility. It is even more interdisciplinary than T²M.[41] Cosmobilities is not yet a formal institutional association but it is on track to become one. It has close ties to the journal Mobilities, which includes historical studies within its purview, but the network's members do

39 Armstrong, »Transport history«, S. 103–121, and Mom, »transport history«, S. 121–138. One of us (Divall) has been a member of the editorial board since 1997, the other (Dienel) since 2004.

40 Accessed 23 September 2008, http://www.manchesteruniversitypress.co.uk/journals/ journal.asp?id=4.

41 Accessed 23 September 2008, www.cosmobilities.net.

not automatically receive the journal.[42] Cosmobilites, like T^2M, is interested in contributing to practical measures designed to change the cultures of im/mobility in Europe. Its existence is a clear sign that the mobility studies have a growing audience and resonance across the continent.

Shaping changing cultures of mobility in Europe by joint research

After the successful creation of national and European networks for the history of transport and mobility, we urgently need internationally comparative, multi-perspectival and long-lasting joint research projects that will generate findings helping both to change Europe's cultures of mobility and to continue the establishment of the new techno-cultural history of transport and mobility. The European Science Foundation's (ESF) and the European Commission's (EC) European Framework Programme are ideal sponsors of such activities. It is clear especially to the EC that a major challenge facing Europe is to produce balanced and sustainable solutions to the task of simultaneously making the continent more mobile and less congested whilst reducing the burden of travel on individuals and the environment. To this end, its proposed Common Transport Policy to 2010 »places users' needs at the heart of its strategy«. But, as the Commission acknowledges, much more research is needed on transport policy and practice within the European Research Area (ERA), as well as a much more effective exchange of existing knowledge and expertise, both between nations and between researchers and other stakeholders.[43]

We therefore propose a research network which contributes to these aims by enhancing Europe's capacity to appreciate the benefits to public-transport users of a fuller understanding of the historical development of the cultures of mobility that influence consumers' choices about mobility. Although, as we have reviewed, there is a growing interest in the contemporary dimensions of such matters across the ERA, much less has been done about the historical aspects. What little research there is usually focuses on individual countries and, generally speaking, only then on a small number of regional or local cases. There has been little systematic attempt to draw together the scattered knowledge and data, either to enhance the quality of further work carried out at the

42 Accessed 22 January 2008, http://www.tandf.co.uk/journals/titles/17450101.asp.

43 European Commission, *Sustainable Surface*, S. 5–9, and European Commission, *Europe on the move*.

national level or to open up the possibility of analysing how historically cultures of mobility have operated at the pan-European level. For the reasons we have had already outlined, it is important for policy-makers to understand how and why long-term continuities developed in Europe's cultures of mobility, and what caused them to break down (for instance, with the shift to mass automobility after 1945). It is becoming increasingly clear, for example, that an understanding of inter-generational continuities and shifts within families regarding attitudes towards mobility would help to identify those aspects that might be amenable to change in the short-term and those which are more deeply embedded and thus subject to change only in the longer term.[44] Our proposal would provide a network through which transport researchers and policy-makers can meet with social scientists to develop the intellectual framework for a social science of mobility that is useful for policy because it is sensitive to historico-cultural factors.

This task is made manageable by the research network's focus on public transport for passengers by land. More specifically, our proposal would assist the providers of inter- and intra-urban public transport (buses and coaches, trams and trains) in developing their services in ways that not only better meet the aspirations and desires of existing users but also address those of consumers who either do not travel as much as they might or who prefer to use private means. It would do this, for example, by analysing the ways in which historically governments and public-transport operators' policies have been shaped by particular cultures of mobility. It also assesses the strengths and weaknesses of attempts to incorporate cultural factors into planning, such as by including passengers (and would-be passengers) into decision-making. Where appropriate, however, to the pursuit of its principal aims in the realm of public transport by land, the programme would also address how cultures of mobility influence users' aspirations and choices with regard to other modes of passenger transport.

At this stage of the development of a policy-relevant historical social science of mobility, the emphasis has to be on reviewing the existing level of understanding within the ERA and cognate countries, and creating the conditions for an intellectual synthesis that can push analysis to a pan-European level – from regional to European cultures of mobility. The COST framework is probably the most appropriate vehicle for this task. We suggest that an Action within the programme, emphasising »soft« factors, would complement the more behavioural focus of funded Actions such as COST 355, which focussed on changing individual behaviour towards a more sustainable transport system.

---

44 See for example Pooley, Turnbull, Adams, *A Mobile Century?*

The main objective of our project is therefore to enhance the attractiveness of land-based public passenger transport in Europe by increasing knowledge of how over the long-term everyday cultural factors influence users' choice of public provision. But there are secondary objectives, namely to:

– develop an intellectual framework appropriate to the task of comprehending how cultural factors over the long-term shape patterns of mobility from the regional to the European level.
– provide public authorities and public-transport providers with a better understanding of the potential for influencing modal choice through the use of cultural mechanisms such as advertising and peer-pressure.
– assess the long-term success or failure of the social institutions, processes and techniques intended to integrate users into the planning, delivery and usage of public-transport services by land within Europe and
– improve understanding of inter-generational shifts and attitudes towards public transport.

The project should focus on three major and inter-related tasks: first, the passenger's experiences and behaviour; secondly, the provider companies' activities; and thirdly, the legal framework to integrate the passenger into public-transport policy.

The first task includes Travel Experiences (for instance, travel experiences from a psychological perspective; the romance of travel: travel experiences from a philological perspective; typologies of travel milieus: a cultural sociological perspective), Travel Activities (for example, thinking, reading, sleeping, flirting, and decision making en route; history of dining cars; of events on board; thematic journeys) and Travel Behaviour (for instance, biographical and generational approaches to understand travel behaviour; social network approaches; transitory phases with long term effects on travel behaviour).

The second task focuses on the passenger from the perspective of transport companies and tackles, for example, Transport Vehicle Design (for example, railway, car, bus, ship, and aircraft intereriors, emotional factors of public transport systems, emotional factors of transport systems).

The third task should analyse the legal framework designed to integrate the passenger into public transport policy and tackle, for instance, passenger organisations and passenger rights (passenger information provision, user representation and involvement in transport companies, and, by way of comparison, in other business sectors; complaints handling in public transport), User Participation in Transport policy (participative tools; legal framework in a European comparative perspective) and User Participation in Vehicle Construction (usability labs; participative actions).

Concluding remarks

However one defines the »New Europe«, there is no doubt that its advocates see an enhanced, if selective, mobility of people and things as a key element. The Maastricht Treaty (1992) required the EC to promote Trans-European Networks (TEN) for transport along with those for communication and energy, and this has remained an important – indeed arguably an increasingly important – imperative as the Union has grown.[45] History matters to this process, for this desire for transnational transport routes and networks is far from new, at least amongst European elites.[46] For much of the last two hundred years, the goal of integration across national borders has underpinned not only the vision but sometimes the development of infrastructures such as navigable waterways, motorways, railways and sea- and air-ports. Such projects were always contested, sometimes to the point where military force, or the threat of it, was needed to secure physical developments and the concomitant standardisation of technological, regulatory, legal and commercial regimes. Even in the arguably more peaceful decades since 1945, efforts to facilitate (some kinds of) movement across borders have been characterised by tensions, contradictions, ambivalences and ambiguities, reflecting the priorities of social actors representing many different interests and operating at various levels – supranational, national, even sub-national.

By virtue of their scale and scope, these transnational networks grab the political limelight, and, as we have shown in this essay, they increasingly demand academics' attention. But the European continent is not the only geographical scale at which enhanced levels of mobility and the interconnectedness that is presumed to follow are – or have been – widely perceived as beneficial. From global, or at any rate intercontinental, flows through intracontinental ones on various scales (meso-regional, bilateral), down to national and subnational regional and local connectivity, mobility stands as a *sine qua non* of contemporary European expansion, integration and renewal.

This much we know. But there is much more that is presently obscure – the known unknowns of European historiography! – not least concerning the contested and negotiated character of network building at all geographical scales. For once shorn of its ideological characterisation as the »free« movement of ideas, goods and people, »mobility«, as discourse and practice, always takes on specific meanings for particular social actors. Illicit transnational trades in entities such as people, drugs and arms, for example, cast a different

45 See the contribution of Michèle Merger in this volume.

46 Vleuten, Kaijser, *Networking Europe*.

light on the meaning of the »free market« as defined by the dominant neo-liberal orthodoxies of Europe, and elsewhere.[47] Even for a given group of actors, »mobility« can be an ambivalent category and practice, simultaneously, for example, promising freedom from one kind of spatio-temporal regime whilst at the same time imposing another. Exploring themes such as these through the history of transport and mobility deserves renewed professional networks, conferences, and associations, and it needs large joint projects as the one proposed here if we are to have a realistic chance of (re-)shaping the cultures of mobility in modern Europe. We look forward to working on this and related proposals together with interested scholars across the continent and beyond.

Literature

Anonymous (2004), *Transport Research in the European Research Area: A Guide to National Programmes and Other Research Activities*, Luxembourg.

Armstrong, John (1998), »Transport history, 1945–1995: the rise of a topic to maturity«, in: *Journal of Transport History* 19, 3rd series, S. 103–121.

Bhattacharyya, Gargi (2005), *Traffick: The Illicit Movement of People and Things*, London, Ann Arbor.

Burri, Monika et al. (Hrsg.) (2003), *Die Internationalität der Eisenbahn, 1850–1970*, Zürich.

Caron, François (1997), *Histoire des chemins de fer en France*, Paris.

Chandler, Alfred D. (1977), *The Visible Hand: The Managerial Revolution in American Business*, Cambridge, MA.

Dienel, Hans-Liudger (Hrsg.) (2004), *Unconnected Transport Networks, European Intermodal Traffic Junctions, 1800–2000*, Frankfurt am Main.

— (2007), »Verkehrsgeschichte auf neuen Wegen. Einführung«, in: *Jahrbuch für Wirtschaftsgeschichte*, Bd. 1, S. 15–25.

Dienel, Hans-Liudger/Trischler, Helmuth (Hrsg.) (1997), *Geschichte der Zukunft des Verkehrs, Verkehrskonzepte von der Frühen Neuzeit bis zum 21. Jahrhundert*, Frankfurt am Main.

Divall, Colin/Revill, George (2005), »Cultures of transport: representation, practice and technology«, in: *Journal of Transport History* 26, 3rd series, H. 1, S. 99–111.

Divall, Colin/Scott, Andrew (2001), *Making Histories in Transport Museums*, London, New York.

Donaghy, Kieran P./Poppelreutter, Stefan/Rudinger, Georg (2005), »Introduction and Overview«, in: Kieran P. Donaghy/Stefan Poppelreutter/Georg Rudinger (Hrsg.), *Social Dimensions of Sustainable Transport: Transatlantic Perspectives*, Aldershot, Burlington, VT, S. 1–13.

European Commission (2006), *Europe on the move, EU Surface Transport Research*, Luxemburg.

47 Bhattacharyya, *Traffick*.

European Commission (2007), *Sustainable Surface Transport, Research Technological Development and Integration*, Luxemburg.

Flonneau, Mathieu/Guigueno, Vincent (Hrsg.) (2009), *De l'histoire des transports à l'histoire de la mobilité ?*, Rennes.

Fogel, Robert W. (1964), *Railroads and American Economic Growth: Essays in Econometric History*, Baltimore, MD.

Forman, Paul (2007), »The primacy of science in modernity, of technology in postmodernity, and of ideology in the history of technology«, in: *History and Technology* 23, S. 1–152.

Fremdling, Rainer (1985), *Eisenbahnen und deutsches Wirtschaftswachstum 1840–1879. Ein Beitrag zur Entwicklungstheorie und zur Theorie der Infrastruktur*, 2. Aufl., Dortmund.

Freudendal-Pedersen, Malene (2005), »Structural Stories, Mobility and (Un)freedom«, in: Thyra U. Thomsen/Lise D. Nielsen/Henrik Gudmundsson (Hrsg.), *Social Perspectives on Mobility*, Aldershot, Burlington, VT, S. 29–45.

Gall, Alexander (2005), *Gute Straßen bis ins kleinste Dorf! Verkehrspolitik in Bayern zwischen Wiederaufbau und Ölkrise*, Frankfurt am Main.

Giuntini, Andrea/Pavese, Claudio (Hrsg.) (2004), *Reti, Mobilità, Trasporti. Il sistema italiano tra prospettiva storica et innovazione*, Milano.

Gourvish, Terry R. (1986), *British Railways, 1948–73: A Business History*, Cambridge.

— (2002), *British Rail 1974–1997: From Integration to Privatisation*, Oxford.

Gundler, Bettina u. a. (Hrsg.) (2006), *Unterwegs und mobil, Verkehrswelten im Museum*, Frankfurt am Main.

Hascher, Michael (2006), *Politikberatung durch Experten, Das Beispiel der deutschen Verkehrspolitik im 19. und 20. Jahrhundert*, Frankfurt am Main.

Hickman, Robin/Banister, David (2005), »Reducing Travel by Design: What About Change Over Time?«, in: Katie Williams (Hrsg.), *Spatial Planning, Urban Form and Sustainable Transport*, Aldershot, Burlington, VT, S. 102–119.

König, Wolfgang (2001), *Bahnen und Berge. Verkehrstechnik, Tourismus und Naturschutz in den Schweizer Alpen 1870–1939*, Frankfurt am Main.

Kopper, Christopher (2007), *Die Bahn im Wirtschaftswunder, Deutsche Bundesbahn und Verkehrspolitik in der Nachkriegsgesellschaft*, Frankfurt am Main.

Leunig, Tim (2006), »Time is money: A re-assessment of the passenger social savings from Victorian British railways«, in: *Journal of Economic History* 66, H. 3, S. 635–673.

Merger, Michèle/Polino, Marie-Noëlle (Hrsg.) (2004), *Towards a European Intermodal Transport Network, Lessons From History. A Critical Bibliography*, Paris.

Merki, Christoph Maria (1995), »Die verschlungenen Wege der modernen Verkehrsgeschichte. Ein Gang durch die aktuelle Forschung«, in: *Schweizerische Zeitschrift für Geschichte* 45, S. 444–457.

Mom, Gijs (2004), »What kind of transport history did we get? Half a century of JTH and the future of the field«, in: *Journal of Transport History* 24, 3rd series, H. 2 (Sep.), S. 121–138.

Mom, Gijs, Tissot, Laurent (Hrsg.) (2005), *Road History, Planning, Building, and Use*, Neuchatel.

Nielsen, Lise D. (2005), »Reflexive Mobility – A Critical and Action Oriented Perspective on Transport Research«, in: Thyra U. Thomsen/Lise D. Nielsen/Henrik Gudmundsson (Hrsg.), *Social Perspectives on Mobility*, Aldershot, Burlington, VT, S. 47–64.

Pooley, Colin/Turnbull, Jean/Adams, Mags (2005), *A Mobile Century? Changes in Everyday Mobility in Britain in the Twentieth Century*, Aldershot, Burlington, VT.

Rajé, Fiona (2004), *Transport, Demand Management and Social Inclusion: The Need for Ethnic Perspectives*, Aldershot, Burlington, VT.

Schmucki, Barbara (2001), *Der Traum vom Verkehrsfluss. Städtische Verkehrsplanung seit 1945 im deutsch-deutschen Vergleich*, Frankfurt am Main.

Sheller, Mimi/Urry, John (Hrsg.) (2004), *Tourism Mobilities: Places to Play, Places in Play*, London.

Siegenthaler, Hansjörg (1999), »Geschichte und Ökonomie nach der kulturalistischen Wende«, in: *Geschichte und Gesellschaft* 25, S. 276–301.

Staudenmaier, John (1985), *Technology's Storytellers: Reweaving the Human Fabric*, Cambridge, MA.

Stern, Eliahu/Richardson, Harry W. (2005), »A New Research Agenda for Modelling Travel Choice and Behaviour«, in: Kieran P. Donaghy/Stefan Poppelreutter/Georg Rudinger (Hrsg.), *Social Dimensions of Sustainable Transport: Transatlantic Perspectives*, Aldershot, Burlington, VT, S. 144–163.

Teuteberg, Hans-Jürgen (1994), »Entwicklung, Methoden und Aufgaben der Verkehrsgeschichte«, in: *Jahrbuch für Wirtschaftsgeschichte*, Bd. 1, S. 173–194.

Vigar, Geoff (2002), *The Politics of Mobility: Transport, Environment and Public Policy*, London, New York.

Vleuten, Erik van der/Kaijser, Arne (Hrsg.) (2006), *Networking Europe: Transnational Infrastructures and the Shaping of Europe 1850–2000*, Sagamore Beach, MA.

Zeilinger, Stefan (2003), *Wettfahrt auf der Schiene. Die Entwicklung von Hochgeschwindigkeitszügen im europäischen Vergleich*, Frankfurt am Main.

Zeller, Thomas (2002), *Straße, Bahn, Panorama, Verkehrswege und Landschaftsveränderung in Deutschland von 1930 bis 1990*, Frankfurt am Main.

4. Writing »Europe«: The Dutch Case

Gijs Mom

Introduction

In the summer of 2007 a conference of newspaper editors from Central and Eastern Europe was held in Prague where the »European« nature of the »public sphere« within the twenty-seven members of the European Union was discussed. Although keynote speaker Adam Krzeminski, of the Polish weekly *Polityka*, referred pessimistically to the linguistic difficulties in the exchanges between the member states' newspapers, enabling the anglophone newspapers to dominate the debate in the world, his compatriot Marek Magierowski from *Rzeczpospolita* painted an optimistic counter-future, in which the posession of cheap plane tickets was more important than the journals' involvement in intellectual debates. Ylva Tivéus of Sweden, Director of Communication, Media and Services of the European Commission, revealed that she received a big pile of clippings every day, most of them dealing with political issues, and none reflecting culture or people's daily lives.[1]

These contributions at the Prague conference represent three possible approaches which can also be applied to the questions addressed in this contribution. Writing about »Europe« can take the »public sphere« as its point of departure; or, alternatively, can find it as a tacit expression of popular transnationalism; or, thirdly, one can look at the role of intermediary actors in between the dichotomy of top-down and bottom-up approaches.

Whatever angle one chooses, however, up to now the role of mobility in the unification of Europe has been largely unquestioned by historians, politicians and experts alike.[2] Despite the controversies in the historiography of mobility about the role of transport in national economic growth or in the location and growth of cities, the myth of a monocausal relationship seems to have been simply transfered to a higher level of governance during the last

1 Bossema, »Stapels«, S. 3.

2 On the difference between a transport history and a mobility history see Mom (2003), »What kind of transport «, S. 121–138, and Mom (forthcoming), »Inventer l'Histoire«.

half-century. Whether politician, expert or mobility historian, everyone seems convinced that transport and mobility are the life blood, the very skeleton of modern society. Only a minority, largely hidden by mainstream scholarship, now and then utters some scepticism.[3]

Far from pretending to resolve this controversy once and for all, this contribution focuses upon the material unification and the parallel international mobility user culture, a practice that took place from the bottom up, so to speak, and started well before politicians discovered »Europe«. From this perspective, the construction of European transport unification can be analysed as an effort to influence and steer what was already going on, and the question of the initial »failure« of a common transport policy – from the 1950s to the 1980s – can be seen in a new light.[4] Once European stakeholders started to design genuine »European« transport and infrastructure projects, their expectations, fantasies and visions were at least as important (if not more so) as the actual implementation of these projects. And, even more important, these expectations were formed in a previous phase that reaches back into the nineteenth century.

Also, this contribution argues that the dichotomy between a top-down and a bottom-up approach should be revised. When dealing with »Europe«, however defined, we are looking at three different levels of governance as well as culture: »European«, national and regional/local. What is »bottom-up« at one level can be analysed as »top-down« at a lower level. Also, what is regional in one large country can have the size of an entire small nation. This scale effect, and its related geological and socio-geographical aspects, should not fall in between transnational comparisons.[5] Actors, and especially bureaucrats and experts, are themselves highly mobile, travelling back and forth between these levels. Judgments about »success« and »failure« of these projects should therefore be based on a three-pronged analysis of the co-construction of material infrastructures, the simultaneously constructed promises and ideologies about a future »Europe«, and the additional role of intermediary and »nomadic« actors. In other words, while large new transport networks were »invented«, »Europe« was invented in the same vein, and differently so at different levels and time periods.

Several case studies could be used to elucidate this thesis, such as: the creation of a common European air space for aviation, or the construction of a European »railway regime« for international passenger and freight mobility, but

3 Offner, »effets structurants«, S. 233–242.

4 Stevens, *Transport Policy*.

5 See for a comparison between the emergence of the French, German and British railroads from the point of view of geological constraints Auphan, »Obsolescence«.

the emphasis in this contribution will be put on the creation of a »European« automobility and its road network.[6]

Defining »Europe«: early European transport or not?

It is difficult to identify the start of a »European« form of transport, not only because the definition of »Europe« differs by period and by country, but also because it is unclear whether (and if so: in how far) all efforts to enable or shape international transport should be called European or not. Europe can be defined geographically, economically, politically and culturally. The social-constructivist solution – to keep these questions unresolved and, instead, simply »follow the historical actors« and look whether they called some activities European or not – does not seem very satisfactory, because it would block from our view all those activities that we would call European in hindsight, even though contemporary actors did not see it as such. For instance: were the young men from the British bourgeois elite who visited Italy during their *Grand Tour* in the eighteenth century taking part in a European form of travel? Were the German *Hessenwagen*, full of merchandise and drawn by large teams of horses between several Northern and Eastern European Hanseatic towns, part of a »European freight transport system«? And what about the passenger carriages of the *Thurn und Taxis* network? Or the inland navigation system between the Low Countries and the northern part of France? Certainly, the Dutch merchant Willem de Clercq, who travelled from Amsterdam to Saint Petersburg in 1816, had not much trouble finding, in nearly every town of some size until far into what is now called Poland, a group of people whose

6 See Henrich-Franke, »Mobility«, S. 64–82, and Anastasiadou, »Networks«, S. 172–191. The research on »European« automobility and its road network has been funded by the Dutch Ministry of Traffic and Water Management as a follow-up of a previous five-year project resulting in a handbook on Dutch mobility history. See Filarski, Mom, *transport*. The new project intends to compare mobility policies in seven countries (six European and the USA) in cooperation with a large number of international transport and mobility historians. See Gijs Mom, Ruud Filarski, *Dutch Mobility in a European Context; A Comparison of two Centuries of Mobility Policy in Seven Countries. Research project 2007–2008, funded by the Dutch Ministry of Traffic and Water Management.* The research also benefits greatly from a research project on the history of European infrastructures, led by Johan Schot at Eindhoven University of Technology. See for road infrastructures within this project Schipper (2008), *Europe*. Also see Schot, »Introduction«, S. 167–171, and Schot, Lagendijk, » Internationalism«, S. 196–217.

culture he easily could recognise as his; he even noted down in his diary some concerns about the future of »Europe« after the Napoleonic wars.[7]

And what to think of the clear efforts to establish international cooperation between railway companies of the *Verein Deutscher Eisenbahnverwaltungen* (Association of German Railway Administrations), which in the last quarter of the nineteenth century not only managed to synchronise time schedules and standardise some basic equipment, but also introduced international trains, such as the Trans-Siberian Railway in 1903?[8] When the first Dutch motorists crossed the German border, many of them saw their trips as part of a »European« movement, as the travel reports in their club journal testify. »Nothing gives such a feeling of a certain equally spread common civilisation, as the meeting of automobiles at places far from our own country, far from the core of the European society«, one of them wrote in the magazine of the *Nederlandsche Automobiel Club* (NAC, Dutch Automobile Club), in the same stroke of his pen revealing that for him and his peers there existed a »European core« and a periphery where »common civilisation« had not spread.[9] In 1907 the Dutch club joined the Association Internationale des Automobile-Clubs Reconnus (AIACR), which had been founded three years previously.[10] Together with a comparable international organisation founded in 1899 by some European touring clubs, they tried successfully to enable easier border crossing through the lucrative distribution among its members of so-called »tryptiques« and »carnets de passage«.[11]

The way this international culture came about formed the impulse to this investigation. One of the most remarkable phenomena in the early European motorisation history is the quick development, in all urban centres of the Old Continent, of an adventurous elite motoring culture, a phenomenon spreading so rapidly that it hardly can be explained as an example of classic diffusion of both culture and technology, unless one assumes that in all these dozens (if not hundreds) of places, something of a common basic cultural expectation existed which made the spread of this phenomenon so easy and rapid, and so remarkably uniform, despite its local flavours. The answer to this question no doubt can be found in the preceeding bicycle culture.

7 Clercq, *Karos*, S. 70.

8 Veenendaal, *Spoorwegen*, S. 238.

9 For a proposal formulated by the French economist Francis Delaisi to distinguish between two »Europes«, an industrial »Europe A« and an agricultural »Europe B« (and the railroad network plan meant to interconnect these two Europes), see Anastasiadou (2009), *Search*, S. 73–74.

10 Anonym (1910), »Automobilisme«, S. 333; Stephan, »Auto-praatje«, S. 904–907.

11 Filarski, Mom, *transport*, Bd. 2.

Looking at it from the supply side a little later, in 1935 a German analyst compared the Dutch car market with the car markets of a host of other European countries, trying to find out why in one country German cars were readily accepted, while in other countries they were not.[12] Whatever one thinks of the large differences between these countries, it can hardly be denied that by that time a »European car« was in the making (in a host of national varieties), clearly different from an »American car«. If it is true that what people use is somehow an expression, a materialisation of their culture, and if looked upon from a distance (for instance: from the other side of the ocean), it goes without saying that the underlying »European car culture« really existed, a fact no American automotive engineer of the time would have denied. On the European continent, however, the great variety among European countries was stressed, revealing an interesting mix of real technological and cultural differences on the one hand and national stereotypes on the other. [13]

So how far should unification in culture, technical standardisation, and political cooperation have advanced before one can speak of »European«? And does such a qualification refer to something intrinsically present, or is it only perceived by others who send it back to the subjects themselves? Clearly, this question cannot be answered by pointing at the post-war emergence of institutions that call themselves »European« and claim to be the true heirs of the Roman Empire. If one realises that early local car cultures in two countries often looked more alike than the cultures in two regions of the same country, then it becomes clear that national borders are perhaps not the right framework for analyzing a phenomenon which transcended these borders from the very moment it emerged, both at the supranational and the subnational, regional and local levels.[14] In my opinion, a history of mobility that treats the nation as its *alpha* and *omega*, can not be defended anymore on conceptual terms. And as to the practical problem of having to master the skill of reading two or more foreign languages: There exist several roads around this problem, either through collaborative forms of scholarship or by analysing one's own »national« sources as a lens through which to view the linguistic »other«.

In other words: the local and regional should be seen from a »European« perspective rather than a national one. Local experiences form a part of (and

---

12 Stisser, *Automobilexport*.

13 Mom (2007), »Diffusion«, S. 67–82. See for an effort to work out the Dutch »specificities« of the early mobility culture Mom (2007), »Mobility«, S. 30–68, and for the main distinction with the American culture see Mom (2009), »Transporting mobility«. For comparable analyses on Italy and France see, respectively Buchanan, »»Good Morning«, S. 217–240, and Dupuy, »The automobile«, S. 21–36.

14 Merki, *Siegeszug*.

function historically at) all levels, including the national, into which they have been aggregated so often by historical actors and historians alike.

Writing »Europe«: bottom-up, top-down or sideways?

This raises the question of how best to write a history of »European« mobility. In the recent past, three possible approaches to such a history have been proposed, more or less similar to the points of view expressed at the conference cited in the beginning of this contribution. The first identifies lacunae in mainstream general history and nurtures the ambition to »rewrite« this history, more or less with the same tools. The implicit claim of this approach is that without integrating mobility into general history, key phenomena and trends cannot be satisfactorily explained. Often, such approaches have a counterfactual implication: suppose, for instance, a Holocaust without centrally controlled railways, but with tens of thousands of individual trucks; such a Holocaust would have been known among a much larger part of the population and might have led to a different outcome. Although perfectly defensible, the question arises why other disciplines should not be integrated, too, such as the history of medicine or design. Nevertheless, in the case of »European« history, it seems that such an approach primarily addresses the quintessential issue of why mainstream European history should be written as a political and diplomatic history in the first place.

A second trajectory is closely related to the first. It consists of following the actors from the perspective of a history of technology, which would bring us automatically to transnational organisations. It would easily lead to a »techno-political«, top-down history of European transport,[15] and subsequently would invite historians to investigate its »prehistory« into the years before the Second World War when there did not yet exist any official political organisation at the European level. This popular trajectory meanwhile took the form of a two-pronged approach, where a »political«, top-down narrative is set in opposition to a bottom-up narrative involving the »users« as well as decentralised (national) system builders.[16] The ambition of this fledgling research tradition is to construct a story of material unification *preceding* and *parallel to* the official, political unification. It would also lead to a different history of Europe,

15 Henrich-Franke, »Mobility«, S. 64–82.

16 See the case of Turkey in Schipper (2007), »Changing«, S. 211–228, or the Romanian efforts to co-construct parts of the London to Calcutta road in Badenoch, »Touring«, S. 192–210.

emphasising the importance of technology in general, and material infrastructures in particular, especially those infrastructures enabling transnational movement of people and goods.

Although the first and second trajectory promise to yield, or have yielded, interesting results, this contribution follows a third trajectory, based upon the principle of »localizing Europe«. This principle takes as its basis the experiences and expectations of users (consumers) and is derived from recent developments in Mobility History.[17] In general, it relates to an insight among historians that history is made locally, and that issues of wider scope should therefore be studied through the lens of smaller units, such as a European medieval village, as has been done by LeRoy Ladurie or Main Street as *pars pro toto* of twentieth century American urban culture.[18] In the former case, the village of Montaillou is considered to be »typical« for a certain kind of mediaeval living community. In the latter case, a kind of average picture is drawn up by constructing a nonexistant Main Street from elements taken from many existing urban main streets. Apart from these two approaches (which I call Archetype and Ideal Type, respectively) a more quantitative approach is conceivable, resulting in an Average Type.[19] Although there are several weaknesses in these approaches (not the least one being the question of generalisation), historians of Europe have the advantage over their American colleagues that many national histories already exist, thus avoiding the construction of a history which is so general that it tends to hide important differences between geographically distinct subcultures, as tends to be the case in the United States. A disadvantage is that if such national histories do not exist for every relevant nation (as is the case with the relatively young field of Mobility History), then we have to start with those countries where such histories do exist, or are in the process of being formulated, and the general character of their findings can be easily questioned.

In the following pages, such a »European« history of Dutch automobility will be attempted, based upon research done during the previous eight years. I will focus upon one mobility mode, road transport. First I will analyse transnational mobility practices during the Interbellum, then move to the post-war years. In the conclusion I will come back to the original questions formulated in this and the previous section.

17 Mom (2008), »future«, S. 31–58. Also see Mom (forthcoming), »Inventer«.

18 Ladurie, *Montaillou*, and Atherton, *Main Street*. For an effort to see »the global in the local« see Seigel, »Compare«, S. 63, and Clavin, »Transnationalism«, S. 437.

19 Mom (forthcoming), »Inventer«.

Discovering »Europe«: cross-border mobility in a small country

It seems logical that »Grand Tourism« (first on bicycles, then on motorcycles and in passenger cars) in a small country soon after its emergence would take on an international character, but other small countries (such as Denmark, which has a much larger number of cars per capita) do not seem to have developed such a culture, at least as far as we know. Before the First World War, Dutch bicyclists were already crossing the borders, among them the feminist Aletta Jacobs, who cycled all the way to Switzerland.[20] No doubt this international orientation was related to the history of the Dutch touring club *Algemene Nederlandse Wielrijders Bond* (General Dutch Wheelriders Association, ANWB), which as early as 1897 took the initiative for a conference of eleven European bicycle clubs, first three days in Amsterdam, then a last day in Brussels. ANWB president Edo Bergsma had to mobilise all his rhetorical talent (he fulminated, in French, against »the mighty but blind locomotive that had killed all poetry« and he called upon the cosmopolitanism of his colleagues »without giving up one inch of our love for the fatherland«) to convince his colleagues that reciprocity in member support would be necessary, a proposal which was not accepted mainly because of tensions between the French and the Germans. Nevertheless, a year later a *Ligue Internationale des Associations Touriste* (LIAT) was founded, and the ANWB became its secretariat.[21]

After World War One, an unprecedented growth in international tourism took place in the Netherlands, mostly by train. The flow did not decrease during the world crisis. On the contrary, in 1936 about 350,000 Dutch tourists crossed the borders, a quarter of a million of these to Germany.[22] Although much less important in absolute figures, and difficult to interpret, a conservative estimate of cross-border tourism by car results in a figure of about 30,000 to 50,000 ANWB members who annually took part in international tourism, many of them staying in the border regions, and a quarter of them being inhabitants of Amsterdam. Between 1923 and 1932 on the road between Nijmegen and Kleve (15 kilometres apart on both sides of the Dutch-German border) the annual number of Dutch cars increased from 10,000 to 90,000. In 1933, the largest group of international tourists in Germany (30,000) were

---

20 Vos, »Bernardus Antonius Jansen«, S. 76, and for *Groot Toerisme* see Schilperoort, »Brieven van de blauwe kust«, S. 29.

21 Archives of the Algemene Nederlandse Wiuelrijders Bond (ANWB, The Hague), box 292, folder »LIAT/AIT 1897 Amsterdam, Brussel«. My translation.

22 P., »Reizen«, S. 2329 (table).

from the Netherlands and in the summer of 1929, 86,428 Dutch tourists travelled to Switzerland, the largest contingent per capita of any nation of origin. Although most of them probably came by train, about half of all Dutch motorists annually visited a foreign country by car.[23]

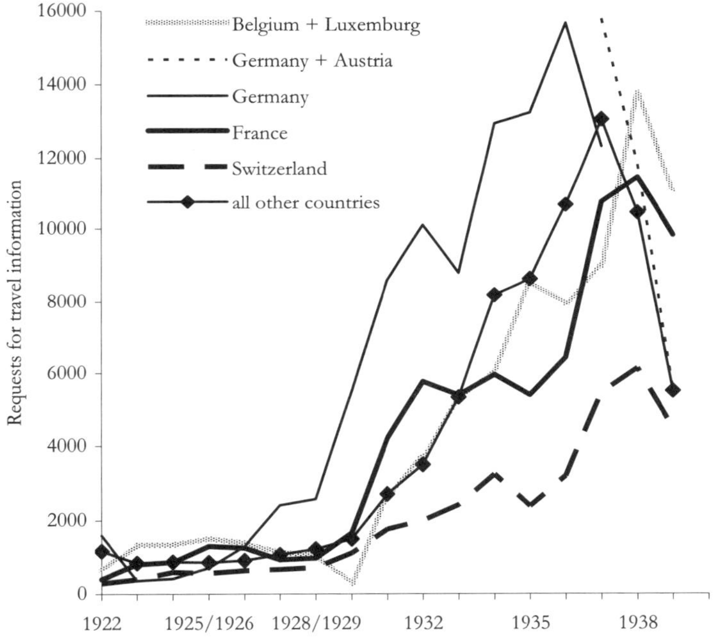

Abb. 4.1: Trip information requested by members at ANWB's The Hague headquarters per country, 1922–1939

Quelle: ANWB Jaarverslag (Annual report) for the years under investigation see ANWB archives.

The beginning of the 1930s saw the start of international bus tourism. By the time the World Exhibition opened in Brussels in 1935, Dutch touring car companies boasted that they organised tours into France, Spain, Switzerland, Austria, Hungary, Italy and »even« (because of the ferry) England. Shortly before the Second World War this international »folk tourism« of »Europe

23 Linders-Rooijendijk (1989), *Gebaande*, S. 392 (table XXI.A), Ma., »Uitbreiding«, S. 377–379, Anonym (1933), »Hoeveel auto's«, S. 4331–4334, »Conseil Central du Tourisme International, 7e Assemblée Générale – 28-29-30 Mai 1931, Établissement de la statistique du mouvement touristique«. ANWB archive, box 295, 14–15.

trips« (as the ANWB called them) reached its zenith, when bus companies had regular services to Sweden, Germany, France and Switzerland.[24]

The adventurous character of this early tourism culture was not limited to bicycle, car and bus. International road freight transport, too, developed an adventurous culture from its start in the early 1930s. Road hauling of vegetables and fruit to Belgium, the Ruhr area and Hamburg and Bremen took off in 1929. However, during the latter part of the 1930s, when the German government made it more difficult for long-haul road transporters to acquire licenses, it became largely confined to Belgium, where more than 80 per cent of the produce from the Dutch »Westland«, such as lettuce and tomatoes, was imported by truck.[25] Despite its negligible role in a quantitative sense, trade journals sang the song of heroism of the international »truck sport« (often during the night) in terms reminiscent of Dutch international shipping, as in the case of an adventurous transport of very heavy glass plates from Czechoslovakia on (Krupp) trucks (with special DAF trailers) that easily reached mileages of 130,000 kilometres.[26]

Conquering »Europe«: postwar liberalism on a highly regulated national foundation

The immediate post-war years of international mobility history were, from a Dutch perspective, less characterised by the passenger car (in this respect the Netherlands were a follower of the normal pattern of other European countries) and more by the truck. Here, a shrewd combination of a severe national regulation (including coordination between road, rail and water) and an assertive international liberalism, brought about by close cooperation between the national government and the trucking sector, led to early efforts to conquer a road freight niche left vacant by the war devastation in rail and waterway transport in neighbouring countries. Also, the Dutch modal split between »professional road transport« and transport done by the production and service sector itself (transport »on own account«) led to much more activity for the former mode than in any other European country (or the United States,

24 K., »autobus-ondernemer«, S. 155–157, and T. (1935), »Ontwikkeling«, S. 687 and 691.

25 T. (1933), »Waarheen«, part I, S. 576f., part II, S. 612f., part III, S. 652f., part IV, S. 783ff., part V, S. 943f.

26 Anonym (1932), Internationale transportlijnen«, S. 264–268, 285–289, 312–314, 351–354, and 382–384, Anonym (1934, »Dertienhonderd kilometer«, S. 770–773, and Anonym (1933), »Langs de wegen van Europa«, S. 958.

for that matter), which enabled it to conquer a large part of this market, much more than its quantitative share in terms of vehicles would have seemed to allow.

Initially, the same spirit of adventure reigned supreme, as in the trips through devastated Germany to Czechoslovakia, described by a well-known Dutch novelist who referred to the Dutch Golden Age and explicitly placed this in a »European« context.[27] As early as the end of 1945, a lobbyist from the Dutch electrotechnical multinational Philips, Ernst Spat, founded the International Road Transport Enterprise named *Nationale en Internationale Wegvervoer Organisatie*, or NIWO. The NIWO did not possess its own trucks, but functioned as a monopolistic license bureau, heavily backed by the government, to allow Dutch transporters to bring American humanitarian aid from the Rotterdam harbour to the European hinterland.[28] In 1948, Spat became the first president of the International Road Transport Union (IRU) in Geneva. When a year later some countries started to establish bilateral transport agreements, the release of licenses for international road transport – the Carnet *Transport International de Marchandises par la Route* (TIR) – was entrusted to the IRU.[29]

The annual statistics of TIR illustrate the initial success of this coordinated struggle for the European road freight market. While France and other large European countries struggled to protect their national (or nationalised) railways, the Dutch managed to negotiate a share of 60 per cent of road transport towards Germany in 1955, a year in which the German trucking industry had recovered so far that the Dutch share started to decrease. In 1953, a thousand trucks made about 165,000 trips abroad; ten years later, in the middle of the post-war boom, the Dutch share within the European Economic Community (EEC) was one third, another ten years later one quarter, only to stay around that value until the end of the century. This is still quite large if one relates this to the share of only five per cent within the Union's Gross National Product (GNP).[30]

Meanwhile, just as in other European countries, Dutch car tourism started to grow in earnest. In 1961 the five-day work week was introduced, which boosted weekend trips. Five years later, a general paid holiday law passed Parliament, including a »holiday bonus« of four per cent of the annual salary. By

27 Spat, »Oprichting«, S. 120, Dankers, Verheul, *Twee eeuwen*, S. 101, Anonym (1957), »Met kisten en kasten«, 964ff., and Anonym (1953), »Nederland«, 1295ff.

28 Camijn, *Wegvervoer*, S. 21–31, and Anonym (1945), »De eerste zes vrachtwagens«, S. 26.

29 Union Internationale des Transports Routiers, »Défis«, S. 20, and Anonym (1951), »Hoe staat 't met het Carnet«, S. 258f.

30 Jongma, *Geschiedenis*, 176, and Van Haaren, »Enorme groei«, S. 1702ff.

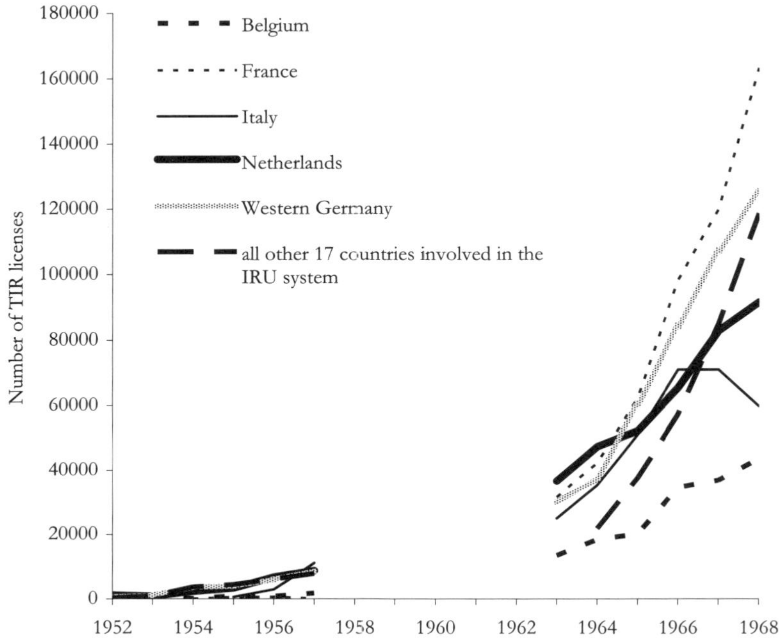

Abb. 4.2: TIR licences for European truck owners, per country, 1952–1968

Quelle: Beroepsvervoer 28, No. 4, from 21 February 1963, S. 310; 24, No. 14 from 3 July 1964, S. 952, and 21, No. 8 from 14 April 1968, S. 378.

that time more than one-third of the urban population left their cities on summer days, and 40 per cent of all holidays were spent abroad. In 1970, mingling with 60 million European holiday makers, the Dutch started their annual massive migration to the South of Europe, most of all Spain, taking part in France's notorious Black Saturday in July, with hundreds of kilometres of traffic jams and many accidents.[31]

The increase in holidays abroad was the strongest during the first half of the 1960s, followed by a spectacular growth of winter sport holidays during the 1970s. Starting in 1977, the foreign holiday dominated in the leisure spectrum of the Dutch, costing only about as much as a domestic holiday. In 1980

31 Hessels, *Vakantie*, S. 92f. and 247; *Jaarverslag ANWB 1961* (Annual report over 1961), S. 8, 15, Ro., »Handtekeningen«, S. 533; Spain, »Steeds«, S. 133, and Oudhof, Stoop, *Vakantiebestemmingen*, S. 7 and 18 (table 3).

the holiday participation of the Dutch population was 61 per cent (8.6 million people who, on average, enjoyed 1.4 holidays per year).[32]

To support the growing army of holiday-goers, the ANWB had initiated a »travel and credit letter« in 1956, to protect the Dutch tourist against financial calamities, technical breakdowns and illness. It was an immediate success and henceforth the increase of holders of the letter ran exactly parallel with the increase of ANWB members: in 1980, 1.23 million Dutch (half of the ANWB membership) purchased the letter. A survey in 1963 revealed that ANWB members were very fond of traveling: they went abroad thrice as much as the average Dutch family, and the proportion of holiday makers who went by car was exceptionally high. What had begun as a bicycle touring club had now clearly become a car touring club.[33] The breakdown patrols, started in 1946 as a copy of the AA patrols of the British sister club, also functioned as an example for other European clubs, such as the Belgian (1949), the German (1954) and the Danish. These formed the basis for the later international system of mutual technical assistance in Europe.[34]

Immediately after the war, the urge to travel, especially abroad, was so strong that the touring car sector boomed, from two million travellers in 1946 to 6.6 million five years later. The national railway (*Nederlandse Spoorwegen*, NS) conquered a large share of this market, especially when it managed to cooperate with other national railway companies in the setting up of an international network of bus lines. Spat became president of a newly founded Association of Trans-European Buslines (ATEB).[35] The history of the immediate post-war European bus lines is still to be written; the same applies to the Euroline cooperation scheme between many European bus companies of a later period.

32 Hessels, *Vakantie*, S. 102f., 233f. and 243, Philips, »Recreatie«, S. 39 and 41, Ours, *Gezinsconsumptie*, S. 108f, and Jaarverslag ANWB 1975 (Annual report over 1975), S. 15.

33 Linders-Rooijendijk, *Gebaande wegen II*, S. 570f., 673, 678f., 739, and 1010 (table XXVI); Jaarverslag ANWB 1960 (Annual report over 1960), S. 1; Jaarverslag ANWB 1964 (Annual report over 1964), 41; Anonym (1964), »Tweeënzestig van elke 100 gezinnen met vakantie«, in: *Toeristenkampioen* 27, 1964, S. 405–406.

34 Jaarverslag ANWB 1946 (Annual report over 1946), S. 4f., and Jaarverslag ANWB 1947 (Annual report over 1947), S. 19.

35 Van Marle, *Het binnenlands*, S. 61f., Fuchs, *Onderweg*, S. 189–195, and Anonym (1946), »Onze voorzitter«, S. 559.

Enabling »Europe«: building an infrastructure for European mobility

Elsewhere, I have analysed the emergence of the Dutch road network against a European background, stressing the importance of national road networks often more or less finished by the beginning of the 1930s; and the initiatives, especially in nations with an authoritarian regime, of a supernetwork of limited access roads explicitly intended for the support of tourist travel.[36] Such construction practices were the result of efforts by an intermediary layer of engineers, experts and bureaucrats who managed to reach unofficial consensus on the basic legal, financial and technical characteristics of such networks within the transnational Permanent International Association of Road Congresses (PIARC) organisation, while others agreed on a standardised set of road signs within the transit commission of the League of Nations.[37] Although the traffic signs were not implemented Europe-wide before the war, the »set« was ready at the moment mass motorisation exploded after the war. Others have analysed how after the war, the E-road network was slowly built from bottom-up (by assigning routes that had to be filled in by national governments) in a period when every road engineer looked in awe to the United States for inspiration.[38] Others have shown that such »Americanisation« of »European« automobility was always adapted to each local situation, resulting in different solutions in different countries, but with enough commonalities to set the »European« system clearly apart from the American example. In the diffusion of »Americanised« traffic engineering knowledge throughout Europe, the Dutch touring club again played a pivotal role, as it started to organise international courses for non-academic traffic experts during the 1960s.[39]

European car manufacturers, too, standardised vehicle characteristics (maximum dimensions, brakes, emissions), guided by a system of technical standards developed by experts from national government within technical commissions of the EC and the United Nations Economic Commission for Europe.[40] During the 1990s, cooperating national touring clubs initiated a common safety test as part of a general consumer movement, a test which was

---

36 Mom (2007), »Constructing«, S. 33–62; on the paving technology of these roads see Mom (2004), »Inter-artefactual Technology«, S. 3–23.

37 Mom (2007), »Automobile System« (on CD-ROM). On road traffic regulation within the League of Nations see Schipper, *Europe.* On the League of Nations in general see for instance Steiner (2005), *Lights*, S. 40ff.

38 Schipper, *Europe.*

39 Mom, Filarski, *mobiliteitsexplosie.*

40 Toursel (2008), »Defining«, S. 67–80.

so powerful that a new Chinese car, introduced in Europe, was quickly pulled from the market. Such standardisation, and the buying habits of the »Europeans« in general, led to the emergence of a distinctive »European« car, compact, with a »sporty« high-revving and fuel-efficient engine, a rather stiff suspension system and without the automatic transmission so characteristic of the »comfortable« American car. All these activities, indeed, clearly show that a material and (mobility-)cultural integration was well underway during the so-called »failure« of the politicians to formulate a common transport policy before the 1980s. While a common European transport policy was hardly formulated, let alone implemented, vehicles which every consumer immediately recognised as »European« were purchased by the millions every year.

Conclusions

This contribution shows that it is possible to write a »European mobility history« from a local vantage point, in this case the Netherlands. As indicated before, because comparable histories for other European countries have not yet been written, the »Europeanness« of the Dutch case still has to be established in detail. If this history had been written from the viewpoint of another country, the result would no doubt have been different, although common characteristics would set this culture apart from, say, an American culture (or an East-Asian one, for that matter). The writing of such stories would also help to work out the specificities of the Dutch case more clearly, such as the early dominant role of international travel and the pioneering role of a small country which considered itself to be so dependent for its survival on a free exchange of people and goods across its borders.

In this version of a »European Dutch history«, the emphasis was on cross-border phenomena, stressing the role of the country as a »gateway to Europe«. For a European history of mobility, however, this is by no means necessary. A focus on, say, the construction by the local Amsterdam elite of early motorisation would be perfectly defendable as a true European history, as long as it did not use the nation state as a unquestioned framework of analysis, and instead questioned the »nationalisation« of this history and work out the commonalities with local cultures in other countries. Such a story would emphasise the absence of a large aristocratic element in the Dutch movement (as was the case in Paris and London), but it would also stress the remarkably high number of chauffeurs which set the London, Paris and Amsterdam car cultures apart from the American example.

Literature

Anastasiadou, Irene (2007), »Networks of powers: railway visions in inter-war Europe«, in: *The Journal of Transport History* 28, S. 172–191.

— (2009), *In Search of a Railway Europe: Transnational Railway Developments in Interwar Europe*, Amsterdam.

Anonym (1910), »Automobilisme op reis«, in: *De Auto*, S. 333–334.

— (1932), »Zijn Internationale transportlijnen van uit ons land mogelijk?«, in: *Bedrijfsauto* 12, S. 264–268, 285–289, 312–314, 351–354, 382–384.

— (1933), »Hoeveel auto's zijn er in Duitschland?«, in: *Autokampioen* 27, S. 4331–4434.

— (1933), »Langs de wegen van Europa (…) tegen het einde van de nacht«, in: *Bedrijfsauto* 13, S. 958.

— (1934), »Dertienhonderd kilometer in 48 uur geregeld transport«, in: *Bedrijfsauto* 14, S. 770–773.

— (1945), »De eerste zes vrachtwagens, in bedrijf bij de Nieuwe Internationale Wegvervoer Onderneming, beginnen hun taak«, in: *Beroepsvervoer* 5, H. 15/16, S. 26.

— (1946), »Onze voorzitter, Mr. F. E. Spat, vijftig jaar!«, in: *Bedrijfsvervoer* 25, H. 24, S. 559.

— (1951), »Hoe staat't met het Carnet T.I.R.?«, in: *Beroepsvervoer* 11, H. 17/18, S. 258–259.

— (1953), »Nederland in het Europese verkeer«, in: *Bedrijfsvervoer* 32, H. 50, S. 1295–1297.

— (1957), »Met kisten en kasten naar Lissabon«, in: *Beroepsvervoer* 17, H. 35/36, S. 964–966.

— (1964), »Tweeënzestig van elke 100 gezinnen met vakantie«, in: *Toeristenkampioen* 27, S. 405–406.

— (1998), *Le transport routier à l'aube du 21e siècle*, Geneva.

ANWB (Hrsg.) (1992), *De ANWB van vereniging naar instituut 1937–1983*, 's-Gravenhage.

Atherton, Lewis (1954), *Main Street on the Middle Border*, Bloomington.

Auphan, Étienne (no year), »Obsolescence ou renaissance. Des réseaux ferrés pour le transport de voyageurs en Europe occidentale? France, Grande-Bretagne, Allemagne Fédérale«, Diss. Université d'Aix-Marseille II.

Badenoch, Alexander (2007), »Touring between war and peace: imaging the ›transcontinental motorway‹, 1930–1950«, in: *The Journal of Transport History* 28, S. 192–210.

Bossema, Wim (2007), »Stapels knipsels over de EU, maar waar blijft het Europagevoel?«, in: *De Volkskrant* of 7 July.

Buchanan, Andrew (2008), »›Good Morning, Pupil!‹ American Representations of Italianness and the Occupation of Italy, 1943–1945«, in: *Journal of Contemporary History* 43, S. 217–240.

Camijn, Aart (1996), *Wegvervoer, een grensverleggende activiteit. 50 jaar Stichting NIWO, Nationale en Internationale Wegvervoer Organisatie*, no place of publication.

Clavin, Patricia (2005), »Defining Transnationalism«, in: *Contemporary European History* 14, S. 421–439.

Clercq, Willem de (no year), *Per karos naar St.-Petersburg; Reisdagboek van de Amsterdamse graanhandelaar Willem de Clercq uit het jaar 1816*, Lochem.

Dankers, Joost, Verheul, Jaap (1996), *Twee eeuwen op weg. Van Gend & Loos 1796–1996*, Den Haag.

Dupuy, Gabriel (1995), »The automobile system: a territorial adapter«, in: *Flux* 21, S. 21–36.

Filarski, Ruud/Mom, Gijs (2008), *Van transport naar mobiliteit; De transportrevolutie (1800–1900)*, Zutphen.

Fuchs, J. M. (1981), *Onderweg. Een eeuw personen- en goederenvervoer in Nederland* (Uitgegeven in 1981 ter gelegenheid van het honderdjarig bestaan van de Koninklijke Nederlandse Vereniging van Transport-Ondernemingen KNVTO).

Henrich-Franke, Christian (2008), »Mobility and European integration: politicians, professsionals and the foundation of the ECMT«, in: *The Journal of Transport History* 29, S. 64–82.

Hessels, Aaltje (1973), *Vakantie en vakantiebesteding sinds de eeuwwisseling; Een sociologische verkenning ten behoeve van de sociale en ruimtelijke planning in Nederland*, Assen.

Jongma, Johan W. D. (1992), *Geschiedenis van het Nederlandse wegvervoer*, Drachten, Leeuwarden.

K., E. A. (1928), »De Nederlandsche autobus-ondernemer, de Olympiade – algemeen toerisme«, in: *Bedrijfsauto* 8, Heft 9, S. 155–157.

Ladurie, Emmanuel Le Roy (1978), *Montaillou: The Promised Land of Error*, New York.

Linders-Rooijendijk, Mathea Francisca Antonia (1989), *Gebaande wegen voor mobiliteit en vrijetijdsbesteding. De ANWB als vrijwillige associatie 1883–1937*, Heeswijk.

— (1992), *Gebaande wegen voor mobiliteit en vrijetijdsbesteding II. De ANWB van vereniging naar instituut 1937–1983*, 's-Gravenhage.

Ma. (1934), »Uitbreiding van het Rijnlandsche wegennet; Autowegen voor snelheden tot 200 km«, in: *Autokampioen* 28, S. 377–379.

Merki, Christoph Maria (2002), *Der holprige Siegeszug des Automobils 1895–1930. Zur Motorisierung des Strassenverkehrs in Frankreich, Deutschland und der Schweiz*, Wien etc.

Mom, Gijs (2003), »What kind of transport history did we get? Half a century of JTH and the future of the field«, in: *The Journal of Transport History* 24, S. 121–138.

— (2004), »Inter-artefactual Technology Transfer: Road Building Technology in the Netherlands and the Competition between Bricks, Macadam, Asphalt and Concrete«, in: *History and Technology* 20, S. 3–23.

— (2007), »Building an Automobile System. PIARC and Road Safety (1908–1938)«, in: Proceedings of the PIARC conference, Paris, 17–23 September, Paris (on CD-ROM).

— (2007), »Constructing Multifunctional Networks: Road Building in the Netherlands, 1810–1980«, in: Gijs Mom/Laurent Tissot (Hrsg.), *Road History;Planning, Building and Use*, Lausanne, S. 33–62.

— (2007), »Diffusion and technological change. Culture, technology and the emergence of a ›European car‹«, in: *Jahrbuch für Wirtschaftsgeschichte*, Bd. 1, S. 67–82.

— (2007), »Mobility for Pleasure; A Look at the Underside of Dutch Diffusion Curves (1920–1940)«, in: *TST Revista de Historia; Transportes, Servicios y Telecomunicaciones* 12, S. 30–68.

— (2008), »›The future is a shifting panorama‹: The role of expectations in the history of mobility«, in: Weert Canzler/Gert Schmidt (Hrsg.), *Zukünfte des Automobils; Aussichten und Grenzen der autotechnischen Globalisierung*, Berlin, S. 31–58.

— (2009), »Transporting mobility. The emergence of two different car societies in a transatlantic perspective«, in: Hans Krabbendam/Cornelis A. van Minnen/Giles Scott-Smith (Hrsg.), *Four Centuries of Dutch-American Relations*, Amsterdam, Albany.

— (2009), »Inventer l'Histoire de la mobilité; Prolégomènes pour un virage paradigmatique«, in: Mathieu Flonneau, Vincent Guigueno (Hrsg.), *De l'histoire des transports à l'histoire de la mobilité?*, Paris.

Mom, Gijs/Filarski, Ruud (2008), *Van transport naar mobiliteit. De mobiliteitsexplosie (1895–2005)*, Zutphen.

Offner, Jean-Marc (1993), »Les ›effets structurants‹ du transport: mythe politique, mystification scientifique«, in: *L'espace géographiqu* 3, S. 233–242.

Ours, Jan Cornelis van (1986), *Gezinsconsumptie in Nederland; 1951–1980*, Meppel.

P., H. J. (1937), »Reizen in cijfers«, in: *Autokampioen* 31, S. 2328–2329.

Philips, J. F. R. (1995), »Recreatie en toerisme, spiegelbeeld of reactie?«, in: K. P. C. de Leeuw/Mathea Francisca Antonia Linders-Rooijendijk/P. J. M. Martens (Hrsg.), *Van ontspanning en inspanning; Aspecten van de geschiedenis van de vrije tijd*, Tilburg, S. 35–62.

Ro. (1971), »Handtekeningen voor ons milieu«, in: *Toeristenkampioen* 34, H. 17, S. 533.

Schilperoort, Tom (1924), »Brieven van de blauwe kust«, in: *Auto-Leven* 12, S. 29.

Schipper, Frank (2007), »Changing the face of Europe: European road mobility during the Marshall Plan years«, in: *The Journal of Transport History* 28, S. 211–228.

— (2008), *Driving Europe: Building Europe on Roads in the Twentieth Century*, Amsterdam.

Schot, Johan (2007), »Introduction; Building Europe on transnational infrastructures«, in: *The Journal of Transport History* 28, S. 167–171.

Schot, Johan, Lagendijk, Vincent (2008), »Technocratic Internationalism in the Interwar Years: Building Europe on Motorways and Electricity Networks«, in: *Journal of Modern European History* 6, S. 196–217.

Seigel, Micol (2005), »Beyond Compare: Comparative Method after the Transnational Turn«, in: *Radical History Review* 91, S. 62–90.

Spain, Ch. N. (1971), »Steeds meer Nederlanders gaan met vakantie«, in: *Toeristenkampioen* 34, H. 5, S. 133.

Spat, F. E. (1945), »Oprichting eener Internationale Wegtransport-Onderneming«, in: *Bedrijfsauto* 24, H. 15/16, S. 120–121.

Steiner, Zara (2005), *The Lights that Failed; European International History 1919–1933*, Oxford.

Stephan, Bruno (1913), »Auto-praatje«, in: *De Auto*, S. 904–907.

Stevens, Handley (2004), *Transport Policy in the European Union*, Houndsmill, New York.

Stisser, Reinhold (1938), *Der deutsche Automobilexport unter besonderer Berücksichtigung des niederländischen Kraftfahrzeugmarktes*, Kiel.

T., H. (1935), »Ontwikkeling van het touringcar-wezen«, in: *Bedrijfsauto* 15, H. 44, S. 687–691.

T., H. (1933), »Waarheen onze groenten en fruit gaan, part I«, *Bedrijfsauto* 13, part I, S. 576f., part II, S. 612f., part III, S. 652f., part IV, S. 783ff., and part V, S. 943f.

Toursel, Marine Moguen (2008), »Defining a European Vehicle: Community Standards as Integration Tools or Trade Barriers for European Enterprises?«, in: Harm G. Schröter (Hrsg.), *The European Enterprise*. Berlin, S. 67–80.

Union Internationale des Transports Routiers (IRU) (Hrsg.) (1998), *IRU 1948–1998. »Défis d'hier et d'auhourd'hui«. Le transport routier à l'aube du 21e siècle*, Genève.

Van Haaren (1966), »Enorme groei van goederenvervoer tussen E.E.G.-landen«, in: *Beroepsvervoer* 26, H. 23, S. 1702–1704.

Van Marle, Th. M. B. (1953) *Het binnenlands vervoer na de bevrijding 1944/45–1952*, 's Gravenhage.

Veenendaal, Guus (2004), *Spoorwegen in Nederland van 1834 tot nu*, Amsterdam.

Vos, Aart (1985), »Bernardus Antonius Jansen in de ›versnelling‹ de entrée van de fiets «, in: *Bossche bouwstenen* 8, S. 71–86.

II.
Die Geschichte Europas im 20. Jahrhundert als Verkehrsgeschichte

5. Die Eisenbahn und der europäische Möglichkeitsraum, 1870–1914

Hans-Liudger Dienel

Einführung

Zeitgleich zu den großen Entdeckungsreisen nach Afrika, Asien und insbesondere nach Amerika und parallel zur Ausformung des neuen ozeantauglichen Schiffstyps der Karavelle veränderte sich an der Wende zur Neuzeit, so der berühmte Aufsatz »Wunschräume und Wunschzeiten« von Alfred Doren, auch der Traum vom gesamtgesellschaftlichen Glück.[1] Aus Wunschzeiten, der Hoffnung auf das kommende Paradies und den jüngsten Tag wurden Wunschräume, die Hoffnung auf ein irdisches Paradies, wie sie Roger Bacon nach Nova Atlantis, Thomas Campanella in den Sonnenstaat oder Johann Andreä nach Christianopolis verlegten.[2] Was in fernen Orten jenseits des großen Meeres bereits existierte, war, so die implizite Botschaft, auch in Europa möglich.

Der Saarbrücker Historiker Wolfgang Behringer sieht für die Zeit 200 Jahre später eine ähnlich grundlegende verkehrstechnische und europapolitische Evolution, nämlich den Fahrplan, den innereuropäischen Verkehr nach festen Zeitplänen. Mit ihm wurden Würzburg, Köln, aber auch Brüssel oder Paris zu zeitlich kalkulierbaren Entfernungsgrößen. Dies veränderte, so Behringer, das Raum-Zeit-Gefühl der reisenden Mittel- und Oberschichten durchgreifend und beförderte das europäische Bewusstsein.[3]

Dieser einleitende Beitrag fragt nach dem Einfluss einer weiteren verkehrstechnischen Revolution, der Einführung der Eisenbahnen, auf das bürgerliche Europagefühl und nach den Wechselwirkungen zwischen dem Bau der großen transnationalen Fernstrecken ab 1860 und einer bürgerlich-europäischen Identität in Deutschland bis zum Vorabend des Ersten Weltkriegs.[4] Vergleichend

1 Doren, »Wunschräume«, S. 158–205.

2 Nipperdey, »Utopia«, S. 119–146, u. Oexle, »Wunschräume«, S. 33–83.

3 Behringer, »Fahrplan«, S. 40–57, u. ders., »Welt«, S. 424–433.

4 Carreras, *European Networks*. Grundsätzlich wichtig, aber noch ohne verkehrshistorische Schwerpunkte sind die wirtschafts- und technikhistorischen Arbeiten im *Tensions of Europe Netzwerk*, das den Einfluss von Technik und technischen Systemen auf die Gestaltung Euro-

werden einige Aussagen zu den Wirkungen der Eisenbahn auf transnationale Identitäten und Visionen in ländlichen und städtischen Unterschichten gemacht. Zugleich skizziert der Beitrag die strategischen Planungen, Verhandlungen und Verträge der Eisenbahnen, ihrer Verbände und der politischen Verkehrsverwaltungen zur Integration und Standardisierung des entstehenden europäischen Eisenbahnnetzes. Diese engagierten Bemühungen der Bahnen in den Jahrzehnten vor dem Ersten Weltkrieg werden abschließend mit der hinhaltenden, verzögernden und wenig erfolgreichen Bahnverkehrspolitik nach dem Zweiten Weltkrieg verglichen.[5]

Mit den europäischen Fernstrecken wurde Europa, so die Hauptthese dieses Beitrags, geschäftlich und touristisch, nicht aber politisch, ein Teil des bürgerlichen Möglichkeitsraums in Deutschland. Zwar formulierten bürgerliche Kreise mit Verweis auf die Eisenbahnen durchaus auch den Traum eines befriedeten europäischen Wirtschaftsraums, aber es entstand keine Schubkraft zu einer politischen Umsetzung – nicht einmal ansatzweise. In der Zeit nach dem Zweiten Weltkrieg war dies in mehrfacher Hinsicht ganz anders. Diese These wird im Folgenden in drei Schritten entfaltet und begründet. In einem ersten Schritt werden »Erfahrungen« Europas mit der Bahn im wörtlichen Sinne geschildert, der zweite Schritt analysiert die Gestaltungskraft der nun entstehenden europäischen Eisenbahninstitutionen und der abschließende dritte Abschnitt blickt vergleichend auf das Europa der Eisenbahnen im 20. und 21. Jahrhundert.

Der Begriff des Möglichkeitsraums beschreibt die potenzielle, vorstellbare Zukunft und damit die möglichen Handlungsoptionen von Menschen. Möglichkeitsräume sind nur zum Teil durch äußere Rahmenbedingungen geprägt, sie sind vielmehr eine sehr subjektive Reaktion auf äußere Möglichkeiten, gespeist durch individuelle, biografische Vorerfahrungen und das persönliche Selbstbewusstsein.[6] Angesichts gleicher Rahmbedingungen können unterschiedliche Menschen daher ganz verschiedene eigene Möglichkeitsräume entwickeln. Das gilt in kollektivbiografischer Weise auch für Gruppen, Regionen und Nationen. Ein kleiner Witz aus der touristischen Geschichte der späten sechziger Jahren kann dies verdeutlichen: Ein junges, ländliches Ehepaar aus Deutschland macht seine erste Auslandsreise nach Spanien, ans Meer, auf die Insel Mallorca. Die junge Frau schreibt an ihre Mutter: »Es ist hier wunderschön, wir haben einen Blick aus dem Fenster, direkt aufs Meer, und ein Bade-

---

pas im 20. Jahrhundert untersucht. Vgl. die website des Netzwerks http://www.histech.nl/tensions.

5 Für wertvolle Anregungen und Hinweise danke ich Gerold Ambrosius, Christian Henrich-Franke und Cornelius Neutsch.

6 Canzler, Knie, *Möglichkeitsräume.*

zimmer ganz für uns alleine. Was meinst Du, wie ich mich auf Samstag freu'!« Auch das deutsche Bürgertum fand, um im Bild zu bleiben, die Eisenbahnen und den Blick aus den Fenstern ihrer Waggons wunderschön, aber entwickelte kaum politische europäische Visionen, die trugen, oder doch?

Europa erfahren: Touristische, wirtschaftliche und politische Erfahrungen

Immerhin, die Idee von Europa als Wirtschaftsraum, als (touristischem) Erfahrungsraum, aber auch als Verwirklichungsraum für bürgerliche Identität gegen den noch monarchisch und aristokratisch geprägten Staat und dessen politische und militärische Eliten, wurde durch die Eisenbahn sehr viel sichtbarer und das bürgerliche Selbstbewusstsein massiv gefördert. Bereits vor dem Bau der ersten Eisenbahnen in Deutschland wurde im Hinblick auf die Eisenbahnen die Vision eines bürgerlichen europäischen Friedensreiches verkündet. So dichtete 1835 der Nürnberger Bürger Jakob Schnerr zur Eröffnung der Eisenbahn nach Fürth:

> »Mit Schienen, Freunde, webet ohne Bangen, ein Netz von Pol zu Pol. Sieht sich Europa einst darin gefangen, dann wird es ihr erst wohl.« Und Friedrich List prognostizierte 1837: »Wie schnell werden bei den cultivirten Völkern Nationalvorurtheile, Nationalhass und Nationalselbstsucht besseren Einsichten und Gefühlen Raum geben, wenn die Individuen verschiedener Nationen durch tausend Bande der Wissenschaft und Kunst, des Handels und der Industrie, der Freundschaft und Familienverwandtschaft mit einander verbunden sind.«[7]

Das war acht beziehungsweise sechs Jahre, bevor die erste transnationale Eisenbahn in Europa 1843 vom preußischen Aachen zur belgischen Stadt Lüttich gebaut wurde, überwiegend privat finanziert, ohne preußische Unterstützung, aber mit großen Erwartungen des rheinischen und belgischen Wirtschaftsbürgertums verbunden.

Blicken wir einleitend kurz auf das entstehende Netzwerk: In den fünfziger Jahren des 19. Jahrhunderts verknüpfte sich der bis dahin regionale und nationale Flickenteppich der Bahnen zu einem europäischen Eisenbahnnetz. Die großen Fernverbindungen zwischen den europäischen Metropolen kamen zumeist erst nach 1860. Der berühmteste europäische Fernreisezug, der Orientexpress von Paris nach Istanbul, wurde 1884 eröffnet.[8]

---

7 Jakob Schnerr, zit. n. Glaser, *Soviel Anfang war noch nie*, S. 13, u. List, »Eisenbahn und Kanäle«, S. 660. Siehe auch Löper, *Stammbuch*.

8 Cars, Caracalla, *Orientexpress*.

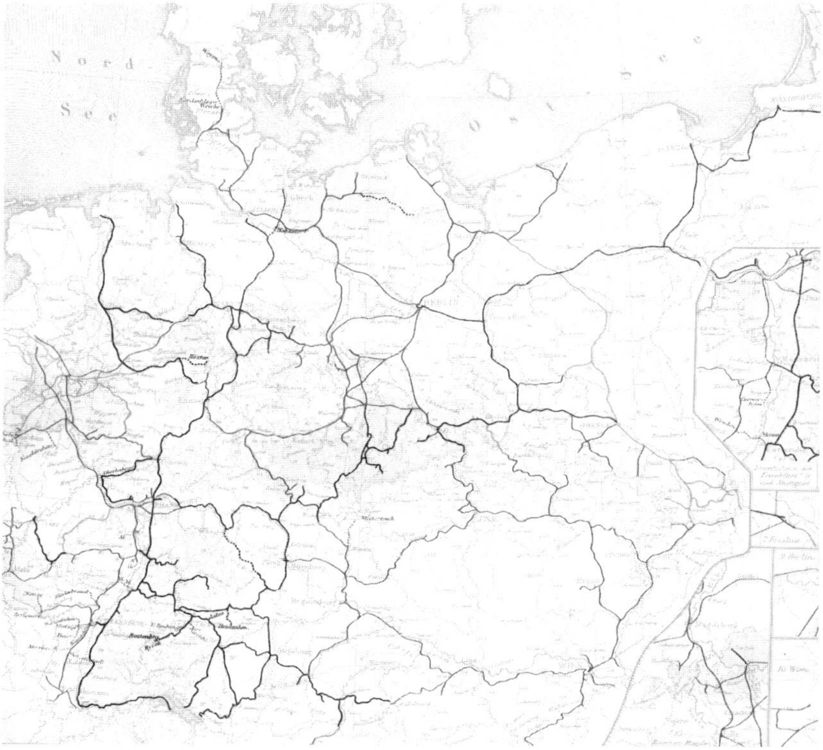

Abb. 5.1: Das Eisenbahnnetz in Mitteleuropa im Jahre 1864

Quelle: Kühn, Entwicklung, Karte 1864.

Seit 1867 fuhren Bahnen über den Brenner. Es folgten ab 1871 die großen Alpentunnel, zuerst der Mont Cenis Tunnel, 1882 der Gotthard- und 1906 der Simplontunnel. Die ersten internationalen Schlafwagen, auch eine Vorbedingung für das europäische Eisenbahnnetz, fuhren in Europa ab 1874.

Wolfgang Schivelbuschs berühmte *Geschichte der Eisenbahnreise* beschreibt, wie sich durch den Übergang von der Postkutsche auf die Eisenbahn der Blick aus dem Fenster weitete, vom Blick auf die Blume am Weg nun zu einem panoramatischen Blick in die Ferne, vom höher gelegten Bahndamm und rüttelfreien Waggon.[9] Die Bahn ermöglichte aber allein dadurch, dass es sie gab, einen panoramatischen Blick zweiter Ordnung, wie ich ihn nennen möchte, auf ferne Landschaften, Kulturen und Nationen, der schon anlässlich des

9 Schivelbusch, *Eisenbahnreise.*

Baus der ersten Eisenbahnen, und noch vor der Einführung der europäischen Fernstrecken, vorwegnehmend sichtbar wurde. In einer bekannten, immer wieder zitierten Briefpassage blickte Heinrich Heine im November 1843 aus Paris auf Europa und fragte: »Wie wird das erst gehen, wenn die Linien nach Belgien und Deutschland ausgeführt und mit den dortigen Bahnen verbunden seyn werden?« Er freute sich: »Mir ist, als kämen die Berge und Wälder aller Länder auf Paris angerückt. Ich rieche schon den Duft der deutschen Linden, vor meiner Thüre brandet die Nordsee.«[10] Heine beschreibt eine geradezu sinnliche Erfahrung deutscher Wälder und des Meeresrauschens durch die Eisenbahn. Abstrakter gesprochen, konnte sich Heine in Paris im Wissen um die schnellen Eisenbahnverbindungen seiner deutschen Heimat näher fühlen. Für den reisenden Geschäftsmann und den Touristen war dies 20 Jahre später Realität. Man konnte wirklich innerhalb eines Tages von Paris nach Deutschland und an die Nordsee reisen und tat dies auch.

Der typische Tourist im 18. Jahrhundert war ein reicher junger Engländer, der vor Beginn seiner beruflichen Karriere zu Bildungszwecken eine mehrmonatige *Grand Tour*, die wiederum Vorbilder in den Adelsreisen der frühen Neuzeit hatte, durch Europa unternahm. Nun, im 19. Jahrhundert, nahm der Tourismus einen großen quantitativen Aufschwung und veränderte zugleich sein Gesicht, die Touren wurden zeitlich kürzer und öffneten sich für alle Altersstufen. Es ging in die Schweiz, an die Riviera, nach Italien. Für bürgerliche Kreise waren solche Reisen nun möglich und erschwinglich und gehörten auch für diejenigen, die nicht reisten, zu ihrem Möglichkeitsraum.[11]

Der Zürcher Verkehrsforscher Kai Axhausen hat gemeinsam mit dem Berner Institut »ViaStoria« für die Schweiz Erreichbarkeitskarten seit dem 19. Jahrhundert gezeichnet und ist in einem Projekt damit beschäftigt, ähnliche Karten für ganz Europa erstellen zu lassen.[12] Diese Karten verdeutlichen, dass und wie Europa schrumpfte. Man kann das Phänomen aber auch andersherum beschreiben: Für den einzelnen europäischen Bürger wuchs der Möglichkeits- und Erfahrungsraum dramatisch an. Immer mehr Bürger/innen hatten eigene Auslandserfahrungen, touristisch oder geschäftlich, hatten in Deutschland ein französisches oder englisches Kindermädchen, lasen in der Zeitung europäische Nachrichten, verglichen – als Jungen – die Zahl und Kampfstärker der europäischen Flotten und Landstreitkräfte, »fühlten« die Konkurrenz der europäischen Staaten in den Kolonien oder hatten zeitweise im europäischen Ausland gelebt oder gearbeitet. Mein Urgroßvater, aus einer ländlichen, schle-

10 Heine, *Schriften*, S. 78.

11 Tissot, *Naissance*.

12 Vgl. Kai Axhausen, Entwicklung der Reisezeiten in der Schweiz, Zugriffsdatum 4.12.2008, http://www.ivt.ethz.ch/vpl/publications/atlas/Gesamtposter.pdf.

sischen Lehrer- und Kantorenfamilie stammend, hatte seinen Durchbruch als berühmter Musiker in den achtziger Jahren des 19. Jahrhunderts in London, meine Großmutter ging 1913 für ein Jahr in den Haushalt einer englischen Generalsfamilie ebenfalls nach London, kaum vorstellbar für die Generationen zuvor. Der Kältemaschinenpionier Carl Linde, ein Landpastorensohn, ging 1864 zum Studium an das Zürcher Polytechnikum und verkaufte ab 1873, inzwischen Professor an der Münchner Technischen Hochschule, Lizenzen für seine Kältemaschinenpatente sofort an sechs Unternehmen in Frankreich, Belgien, Russland, Österreich und England sowie den Vereinigten Staaten. Einmal pro Jahr bereiste er seine europäischen Lizenznehmer. Mehr als die Hälfte der ersten 50 Mitarbeiter seiner 1879 gegründeten Aktiengesellschaft, der Gesellschaft für Linde's Eismaschinen, arbeitete im europäischen Ausland. Wichtigster Kapitalgeber war ein in Paris lebender, jüdischer Bankier deutschen Ursprungs, Baron Moritz von Hirsch, der sein Geld mit Eisenbahnen verdient hatte.

Das schnell wachsende Genre der Reiseführerliteratur, allen voran der Baedeker, bediente diese Zielgruppe, die Anregungen für einen erweiterten »panoramatischen Blick« suchte, nicht nur den von Wolfgang Schivelbusch identifizierten Blick aus dem Abteilfenster, sondern den Blick auf und in die Sehenswürdigkeiten am Weg. Justus Perthes verlegte die Buchreihe *Rechts und links der Eisenbahn* mit Dutzenden von Bändchen, welche die Kulturgeschichte und kulturellen Besonderheiten der durchfahrenen Landschaft beschreiben.[13] An diesen Reiseführern orientierten sich im 20. Jahrhundert die vielen Autowanderführer, etwa der Polyglott. Bei allen Anregungen, Vorschlägen und Tipps ging es nicht selten um Abgrenzung von der Masse der Touristen: Wer mehr weiß, sieht mehr.

Im Vergleich zu der Zeit nach dem Ersten Weltkrieg und – mehr noch – der Zeit des Kalten Kriegs, waren die Grenzen zwischen 1870 und 1914 offen. Die von Jules Verne beschriebene Reise in 80 Tagen um die Welt hatte viele Widrigkeiten – geschlossene Grenzen gehörten nicht dazu. Seit 1871 stellte das Deutsche Reich den Reisepass *for all countries* aus. Natürlich gab es Grenzkontrollen, Wartezeiten, die unvermeidlichen Schikanierungen, aber grundsätzlich stand Europa – und nicht nur das – den Reisenden offen. 1942 beschrieb Stefan Zweig rückblickend und melancholisch die Offenheit des alten Europas vor dem Ersten Weltkrieg.[14]

Auch die wirtschaftliche Integration Europas wuchs beeindruckend. Zeitgleich mit den großen Fernstrecken setzten sich volkswirtschaftlich die Prota-

---

13 Langhans, *Rechts und links der Eisenbahn.*

14 Zweig, *Welt.*

gonisten von Freihandelszonen europaweit durch. Auf den Cobden-Chevalier-Vertrag von 1860 zwischen Frankreich und England folgten viele ähnliche Verträge in Europa, die fast immer Meistbegünstigungsklauseln enthielten, also die Bestimmung, dass sich die Vertragspartner automatisch alle Handelsvergünstigungen gaben, die sie irgendeinem anderen Land gewährt hatten. Dadurch kam es zu einem kumulativen Abbau der Zölle und anderer Handelsbeschränkungen. Allerdings machten die Schutzzollprotagonisten ab 1870, insbesondere im agrarischen Bereich, wieder einigen Boden gut.[15] Der Internationalisierungsgrad der westeuropäischen Volkswirtschaften von 1913 sank nach Kriegsbeginn stark ab und wurde erst Mitte der sechziger Jahre wieder erreicht.[16]

Die Wirkung von internationalen Eisenbahnverbindungen auf das Europabewusstsein hat Ralf Roth am Beispiel der 1897 eröffneten Eisenbahnverbindung mit Fährschiffen über Sassnitz nach Schweden beschrieben. Diese Verbindung sowie die »Nordlandfahrten« des Kaisers per Schiff führten in Deutschland zu einer allgemeinen Begeisterung für Skandinavien und auch einer politischen Annäherung zwischen dem Deutschen Reich und den skandinavischen Ländern.[17]

Blicken wir nun vergleichend auf die ländlichen Unterschichten und das städtische Proletariat und ihre Visionen von Europa. Für die bäuerlichen Unterschichten war die Eisenbahn das verheißungsvolle Tor zu neuen Lebenswelten, die Möglichkeit der Flucht und das Versprechen einer Alternative zum gegenwärtigen kargen Leben, und nicht eine Vision für ein wirtschaftlich prosperierendes Europa. Die europäische Binnenmigration vom Land in die Städte erfolgte im 19. Jahrhundert vor allem über die Bahn. Natürlich war das überwiegend eine Wanderung innerhalb des Landes, aber keinesfalls ausschließlich: Die polnischen Emigranten nach Berlin und ins Ruhrgebiet, aber auch die deutschen »Hollandgänger« kamen per Bahn. Die Arbeitsmigration nahm vor dem Ersten Weltkrieg ein Ausmaß an, das durchaus mit den Wanderungsströmen in der Europäischen Union heute zu vergleichen ist. Besonders in den letzten zwei Jahrzehnten vor dem Ersten Weltkrieg waren es in einigen europäischen Ländern über eine Millionen europäischer Ausländer, die in der Landwirtschaft, im Bergbau, auf dem Bau, im Verkehrs- und Dienstleistungsgewerbe Arbeit fanden.[18] Quantitativ ebenso bedeutend war die russische

15 Ambrosius, Petzina, Plumpe, *Wirtschaftsgeschichte*.

16 Ambrosius, »Institutioneller Wettbewerb«, S. 545–575. Allgemeiner Williamson, O'Rourke, »When did Globalization begin?«, S. 23–50, und diess., »Once More«, S. 109–117.

17 Roth, »Implikationen«, S. 130–148.

18 Williamson, »Evolution«, S. 191, Ambrosius, »Ausländerbeschäftigung«, S. 27–45, u. Bade, *Europa*.

Migration in die umgekehrte Richtung: Die 1891 (und später) eingeweihte Transsibirische Eisenbahn brachte bis 1914 fünf Millionen russische Auswanderer, größtenteils bäuerlichen Ursprungs aus der Ukraine und Zentralrusslands nach Sibirien. Nahezu kostenloser Transport, zwanzigjährige Steuerbefreiung und Landgeschenke ließen diese Menschen nach Osten ziehen. Quantitativ sowie als Leitbild noch wichtiger waren die Auswandererströme nach Nord- und Südamerika, die in der Regel mit einer Bahnreise begannen. Die Bahn war Möglichkeit und Garant dafür, nicht nur die regionale Heimat, sondern auch den Kontinent Europa verlassen zu können.

Zeitgleich entstanden Ideologien einer internationalen Zusammengehörigkeit der Arbeiter. Dieses Gespenst, wie Karl Marx sich schon 1849 ausdrückte, ging um »in Europa«, aber es war ein internationalistisches Gespenst, kein europäisches.[19] Der Internationalismus der Arbeiterbewegung war allerdings nur bei wenigen Funktionären durch eigene Anschauung getragen, war bahn- und schiffsbasierte bloße Idee. Während die Eisenbahn in bürgerlichen Mittelschichten eine Vision eines bürgerlichen Europas als einer wirtschaftlichen Einheit und eines gemeinsamen geschäftlichen und touristischen Lebens- und Erfahrungsraums nicht nur beförderte, sondern auch durch Erlebnisse anreicherte, führte sie in den europäischen Arbeiter- und ländlichen Unterschichten zu einer Vision des selbst bestimmten Lebens außerhalb der eigenen Heimat, in der fernen Stadt und in anderen Kontinenten.

Verwaltung und Gestaltung: Die europäischen Eisenbahninstitutionen

Die europäische Gemeinschaft nach dem Zweiten Weltkrieg entstand bekanntlich aus einer Wirtschaftsgemeinschaft, deren erster Nukleus die deutsch-französischen Vereinbarungen zu Kohle und Stahl waren. Die Eisenbahnen waren ohne Frage die wichtigste Industrie der zweiten Hälfte des 19. Jahrhunderts. Welche übergreifenden Institutionen entstanden nach 1870 im Eisenbahnbereich, und wie beeinflussten sie die europäische Integration? Und vorwegnehmend gefragt: Wieso hatten diese oft bis in die Gegenwart erfolgreich arbeitenden Institutionen nicht ähnliche politische Wirkungen wie die Vereinbarungen zu Kohle und Stahl nach 1945?

Blicken wir zunächst auf den Integrationsgrad der Infrastrukturen und Verkehrsdienstleistungen in Europa. Neben der technischen Standardisierung

19 Lyons, *Internationalism*, S. 48–52, und Roth, *Weltökonomie*.

(von Spurweiten bis zu Kupplungen) ist damit die Abstimmung von Fahrplänen, die Vereinheitlichung von Fahrkarten, Frachtbriefen, Abrechnungsmodalitäten und Versicherungen gemeint. Erfolgte die Infrastrukturintegration vorwiegend über einen Wettbewerb der Standards, über die informelle oder formelle Zusammenarbeit der Verkehrsbetriebe oder über die Kooperation der Regierungen oder in gemischter Form? Zu welchen Institutionen führte das europäische Eisenbahnnetz im späten 19. Jahrhundert?

Wir beginnen mit einem Blick auf die Bahnunternehmen selbst. Die privaten und staatlichen Eisenbahnunternehmen nahmen sofort nach der physischen Netzberührung die Gründung von übergreifenden, bald supranationalen, sprich europäischen Institutionen in Angriff. So, wie die Eisenbahnen ein Produkt des 19. Jahrhunderts waren, sind es bis heute auch die europäischen Eisenbahninstitutionen. Dazu gehörte der Verein Deutscher Eisenbahnverwaltungen (1846), dem sich auch die österreichisch-ungarischen, niederländischen, luxemburgischen und rumänischen Eisenbahnen anschlossen. 1929 benannte sich der Verband in Verein Mitteleuropäischer Eisenbahnverwaltungen um, nachdem ihm auch die skandinavischen Eisenbahnen beitraten; 1945 wurde er aufgelöst.[20] 1872 begannen die Internationalen Fahrplankonferenzen, an denen sowohl Eisenbahngesellschaften als auch europäische Regierungen teilnahmen. Zwanzig Jahre später folgte die Europäische Reisezug-Fahrplankonferenz, insbesondere für europäische Fernstrecken, und erst 1930 das Pendant für den Güterverkehr, die Europäische Güterzug-Fahrplankonferenz.

Technische Standardisierungsfragen waren Voraussetzung beziehungsweise Hindernis für internationale Verkehre. In diese Aufgabe schalteten sich von vornherein staatliche Verkehrsverwaltungen ein. Schon seit 1874 verhandelte auf Anregung des Schweizer Bundesrats eine Reihe von europäischen Regierungen mit Unterstützung der vieler Bahngesellschaften über technische Standards, die 1886 nach zwölfjährigen Verhandlungen als Technische Einheit kodifiziert wurden. Der Schweizer Bundesrat übernahm (bis heute) die Geschäftsführung des aus den Konferenzen hervorgegangen Zentralamts für den internationalen Eisenbahnverkehr (*Office Central des Transports Internationaux Ferroviaires*, OCTI).[21] 1893 folgte das Berner Übereinkommen über den Eisen-

20 Vgl. die Zeitung des Vereins Mitteleuropäischer Eisenbahnverwaltungen, 1861–1945.

21 Puffert, *Economics*.

Abb. 5.2: Europäische Bahnurlaubsziele. Das 1882 eröffnete Südbahnhotel am Semmering

Quelle: http://upload.wikimedia.org/wikipedia/commons/5/5e/Suedbahnhotel1.jpg.

bahnfrachtverkehr, die *Convention Internationale Concernant Ie Transport des Marchandises par Chemins de Fer* (CIM). Es regelte die internationale Frachtbeförderung aufgrund eines einzigen Frachtbriefs.[22] 1902 gründeten die Vertragsstaaten des Berner Übereinkommens (die sogenannten IÜ-Staaten) das Eisenbahntransportkomitee (*Comité Internationale des Transports par Chemins de Fer*, CIT), wiederum mit Sitz in Bern, 1911 nahmen sie Verhandlungen für ein Übereinkommen zu Personen und Reisegepäck auf, dass aber erst 1923 unterzeichnet wurde (das Internationale Übereinkommen über den Eisenbahn-Personen- und Gepäckverkehr (*Convention Internationale concernant le Transport des Voyageurs et des Bagages*, CIV).[23]

Schon seit 1885 hatten auf der wissenschaftlich-technischen und verkehrspolitischen Ebene 24 Regierungen und 136 Eisenbahnverwaltungen die Internationale Eisenbahn-Kongress-Vereinigung ins Leben gerufen. Die jährlichen Mammutkonferenzen hatten meist über 1.000 Teilnehmer. Das Sekretariat übernahmen die belgischen Bahnen.

Neben diesen Bahninstitutionen gab es eine breite Gründungsbewegung weiterer europäischer Institutionen, die bahnbezogen entstanden. Im engeren

---

22 Eger, *Übereinkommen.*

23 Klenner, *Eisenbahnpolitik.*, und Gall, »Eisenbahnen«, 13–70.

Sinne gehört dazu die institutionelle Standardisierung der Zeit über die Bahnzeiten, die in Deutschland in der Einführung der Mitteleuropäischen Zeit 1893 kulminierte. Es entstanden internationale touristische Organisationen, kapitalseitig oft mit Beteiligung der Bahnen, etwa der Südbahn in Österreich, die prächtige Erholungshotels an den *Beauty-Spots* ihrer Bahnstrecken errichten ließ, etwa das 1882 eröffnete Südbahnhotel am Semmering, das 1903 erweitert wurde (siehe Abb. 5.2).

Im weiteren Sinne ein Effekt der Bahnverbindungen war die nach 1870 in Europa einsetzende Gründungswelle internationaler wissenschaftlicher, kultureller und wirtschaftlicher Dachorganisationen. Durch Eisenbahnenverbindungen war es nun möglich, (regelmäßig) zusammenzukommen, zu tagen, Beschlüsse zu fassen und ihre Umsetzung zu kontrollieren. In Paris, der »Hauptstadt Europas«, wie sie nun oft genannt wurde, nahmen bis 1914 über 100 neu gegründete europäische oder sogar weltweite Organisationen ihren Sitz. Auch auf der staatlichen Ebene verdichtete sich das europäische Netzwerk. Zwischen 1815 und 1850 wurden in Europa nur zwölf multilaterale innereuropäische Wirtschaftsverträge geschlossen. Ihre Zahl stieg von 1851 bis 1880 auf 45 und für die Jahre danach von 1881 bis 1910 auf 129. Mit 450 nichtregierungsamtlichen und 30 regierungsamtlichen Institutionen wuchs in Europa ein dichtes Kooperationsnetzwerk, es entstanden aber keine starken supranationalen Organisationen. Gerold Ambrosius führt dies auf die noch unterentwickelte nationalstaatliche Politikkompetenz (zumindest in Deutschland) zurück. »Da die nationalstaatliche Politikkompetenz noch unterentwickelt war, brauchte auch keine überstaatliche zu entstehen.«[24]

Der Erste Weltkrieg ließ viele Institutionen kollabieren, andere wurden nach dem Krieg aufgelöst. Einige dieser europäischen Institutionen wurden nach dem Krieg ohne Deutschland neu gegründet. Deutschland durfte dann ab 1924 sukzessive wieder mitmachen. Dazu gehörten im Bahnbereich der 1922 gegründete Internationale Eisenbahnverband, die *Union Internationale des Chemins de Fer* (UIC) als Weltverband und der ein Jahr später folgende Internationale Personen- und Gepäckwagenverband (*Regolamento Internationale Carozze*, RIC). Die neuen europäischen Dachinstitutionen arbeiteten im späten 19. Jahrhundert effektiv und sorgten dafür, dass die nationalen Bahnen, etwa in Deutschland, internationalen europäischen Flair ausstrahlen konnten. Die europäischen Fernzüge wurden Aushängeschilder ihrer Bahngesellschaften und sichtbares Zeichen des europäischen Zusammenwachsens. Die großen Bahnhöfe atmeten internationalen Geist, etwa durch die Anzeigetafeln mit den Endhaltepunkten der Fernbahnen, die ausländischen Zeitschriften, das interna-

24 Ambrosius, »Institutioneller Wettbewerb«, S. 559.

tionale Publikum, aber auch die mehrsprachigen Schilder in den Fernzügen. Noch für mich waren die viersprachigen Hinweisschilder »Nicht hinauslehnen« in den Nahverkehrszügen meiner Kindheit eine Erstbegegnung mit dem Italienischen und Vorgeschmack auf die weite europäische Welt. Einige Bahnhöfe zeigten das Liniennetz der Fernbahnen auf großen Plakaten oder sogar, wie in Manchester, als gekacheltes Kunstwerk.

Als machtpolitische Akteure aber waren die Dachorganisationen gegenüber den Bahngesellschaften schwach und auch von der Zahl der Mitarbeiter und Budgets her gesehen Winzlinge. Sie waren in der Lage, europäische Fernverkehre zu organisieren, aber nicht in der Lage, eine europäische Verkehrspolitik zu machen, ja nicht einmal, den nationalen Bahngesellschaften Vorschläge für die europäische Netzpolitik zu unterbreiten. Dass sie in der großen Mehrheit nicht europäisch, sondern weltweit angelegt waren, machte in der konkreten Arbeit (wohl aber im langfristigen Anspruch) keinen großen Unterschied.

Auf unternehmerischer Ebene bildeten sich kaum europäische Institutionen aus, von wenigen Ausnahmen abgesehen. 1874 gründete der Belgier Georges Nagelmackers nachdem er in den Vereinigten Staaten die Pullmann Schlafwagen kennengelernt hatte, die *Compagnie Internationale des Wagons-Lits* (CIWL) die er ab 1884 mit dem Zusatz *et des Grands Express Européens* versah. Diese Gesellschaft firmierte in den verschiedenen europäischen Ländern jeweils unter nationalen Namen, im Deutschen Reich als Internationale Schlaf- und Speisewagengesellschaft (ISG) und war nahezu Monopolist im europäischen Schlafwagen- und Luxuszugverkehr. Der Erste Weltkrieg beendete fürs Erste die Integrationsleistung dieses europäischen Unternehmens. Im Deutschen Reich und in Österreich wurde 1916 die Mitropa gegründet, die der nun als belgisch geltenden CIWL national und international Konkurrenz machen sollte. Die CIWL musste ihre sämtlichen Schlaf- und Speisewagen in Deutschland und Österreich für 2,4 Millionen Mark Entschädigung abtreten. Nach dem Weltkrieg scheiterte die CIWL in Deutschland mit dem Versuch, ihre alten Rechte wiederzuerlangen, und einigte sich mit der Mitropa nach mehrjährigen Rechtsstreitigkeiten im Jahr 1925 auf eine Koexistenz. Weitere europäische Bahnunternehmen entstanden nicht. Auch nach dem Zweiten Weltkrieg wurden nur wenige europäische Bahnunternehmen gegründet, diesmal als Gemeinschaftsunternehmen der nationalen Bahngesellschaften, so 1949 die Interfrigo, 1956 die Eurofima, 1970 die *International Union of Combined Road-Rail Transport Companies* (UIRR) und 1971 der internationale Schlafwagenpool Trans-Euro-Nacht.[25]

---

25 Die Europäische Gesellschaft zur Finanzierung von rollendem Material (Eurofima) ist ein Gemeinschaftsunternehmen der europäischen Eisenbahnen mit Sitz in Basel. Geschäftszweck

Ausblick: Wann kommt Bahn-Europa?

Die plötzliche Transformation der im bürgerlichen Milieu breit verankerten Vision eines friedlichen Europas im wirtschaftlichen Wettstreit sowie des im Arbeitermilieu vertretenen Ideals der internationalen Solidarität in einen mehrjährigen, äußerst engagiert ausgefochtenen Kampf der Nationen im Ersten Weltkrieg entwertet nicht die europäischen Visionen der vorangegangenen Jahrzehnte. Sie wirft jedoch die Frage auf, wieso die neuen Verkehrswege nicht zu einer stärkeren Europäisierung geführt und – um den Buchtitel aufzugreifen – mit dazu beigetragen haben, einen Weg zu einem neuen Europa zu finden.

Auf diese zentrale Frage für das 20. Jahrhundert sind bereits viele Antworten gegeben worden. Für Deutschland hat Hans-Ulrich Wehler auf das Auseinanderfallen verschiedener Modernisierungen im Kaiserreich hingewiesen, und damit versucht, die außenpolitische Aggressivität seiner politischen Führung zu erklären.[26] Für Deutschland mag das angehen, aber für das ebenfalls kriegsbereite Frankreich haben diese Argumente weniger überzeugt. In Frankreich hieß modern sein seit der französischen Revolution auch national sein. Das galt, von Frankreich ausgehend, im 19. Jahrhundert in unterschiedlichen Nuancen für alle europäischen Völker. Natürlich diente die Eisenbahn daher auch als Vehikel für Fantasien nationaler Überlegenheit, technisch, wirtschaftlich, strategisch.

Neben diesen Interferenzen von nationalen und europäischen Träumen steht das allgemeine Unbehagen an der Moderne. In Deutschland war dieses Unbehangen besonders groß, verkörpert in der Nervosität oder in der romantischen Natursehnsucht, die etwa im »Wandervogel« ihren Ausdruck fand. Thomas Mann hat im *Zauberberg* versucht, das Unbehagen als Krankheit einzufangen. Für Hans Castorp ordnete der Beginn des Weltkriegs die Verhältnisse. Er war wieder gesund und zog in den Krieg.

Der Soziologe Leopold von Wiese hat in seinen Arbeiten zur Soziologie der Gruppe ausgeführt, dass Gruppenidentität vor allem durch Abgrenzung und gemeinsame Gegner entsteht.[27] Europa aber hatte im letzten Drittel des 19. Jahrhunderts keinen gemeinsamen Gegner, so dass die europäischen Länder sich gegenseitig bekämpften. Das Zusammenwachsen des europäischen Eisenbahnnetzwerks in der zweiten Hälfte des 19. Jahrhunderts führte deshalb nicht zu einem friedlichen Europa, weil der gemeinsame Gegner fehlte, wie ihn

---

ist die Finanzierung neu beschaffter Triebfahrzeuge und Wagen, insbesondere Reisezugwagen für den internationalen Verkehr, in größeren Aufträgen. Vgl. die Website von Eurofima, Zugriffsdatum 4.12.2008,.www.eurofima.org,. Zum UIRR vgl. Wenger, *30 Jahre UIRR*.

26 Wehler, *Kaiserreich*.

27 Wiese, *System*, u. ders., *Mitmensch*.

Westeuropa nach 1945 dann hatte. Heute führt Europa mehrere Kriege, aber nicht in Europa. Die latente Konkurrenz zu den Vereinigten Staaten war bis 1914 nicht kräftig genug, um eine europäische Solidarität zu erzeugen, wie sie in den sechziger Jahren die europäische Gemeinschaft durchaus befördert hat. Hinzu kamen 1914 überkommene und daher falsche Vorstellungen vom Krieg. Man erwartete ihn kürzer, ritterlicher und weniger blutig, als er wirklich wurde, nachdem er seine Eigendynamik entfaltet hatte. Der technische Fortschritt ermöglichte einen ganz anderen, totaleren Krieg und gerade die Eisenbahnen vergrößerten eben auch den militärischen Möglichkeitsraum, wie dieser Sammelband an anderer Stelle deutlich macht. Mitnichten wird aber alles, was möglich ist, auch realisiert. Möglich wäre auch schon das wirtschaftlich eng vernetzte, friedliche Europa gewesen, wie es nach 1945 im Westen und nach 1990 dann in ganz Europa entstand. Die Eisenbahnen waren für dieses neue Europa aber schon keine notwendige Bedingung mehr, wohl aber die enge verkehrliche und wirtschaftliche Vernetzung.

Im späten 19. Jahrhundert mischten sich der Europagedanke und die Europaerfahrung mit dem Erleben nationalen Aufstiegs und nationaler Stärke. Aus der Sicht der meisten Kriegsteilnehmer ging es im Ersten Weltkrieg auch um die Zukunft ihres Europas, die ihnen wichtig war und für die sie deshalb die Hegemonie des eigenen Nationalstaats beziehungsweise Machtblocks wünschten. Erst die massive Schwächung Europas und seine Kränkung durch die zwei Weltkriege haben die Koordinaten der Europabegeisterung verschoben, insbesondere bei den Verlierern, wie Deutschland, und bei den kleinen Ländern, etwa den Benelux-Staaten. Europa war nun der letzte Trumpf.[28]

Wieso kam es dann nach 1945 zu keiner durchgreifenden Reform der europäischen Eisenbahnen, vergleichbar den europäischen Lösungen im Bereich von Kohle und Stahl? Die Aussichten für eine europäische Integration im Verkehrsbereich wurden nach den Verträgen von Rom 1957 jedenfalls sehr positiv bewertet.[29] Im Bereich der zivilen Luftfahrt entstand mit der Air Union sogar eine Europäische Fluggesellschaft, welche die nationalen »Flag Carrier« aufsaugen und den amerikanischen Marktführern Paroli bieten sollte.[30] Die Ursache für die Passivität im Bahnbereich liegt meines Erachtens nach darin, dass sich das Selbstbild der Eisenbahnunternehmen und die Erwartung an die Eisenbahnen grundsätzlich verschoben hatten. Während die europäischen Eisenbahnen zwischen 1870 und 1914 hochprofitable Wirtschaftsunterneh-

28 Peter Krüger hat darauf hingewiesen, dass diese Haltung in Deutschland schon nach dem Ersten Weltkrieg einsetzte. Krüger, *Europabewusstsein*, S. 31–53.

29 Klaer, *Verkehr*, Rohde, *Methoden*, Frerich, Müller, *Europäische Verkehrspolitik*, u. Schulz, Ebert, »Binnengüterverkehrspolitik«, S. 83–92.

30 Dienel, Lyth, *Flying the Flag*, S. 25.

men waren, durchaus in Staatsbesitz, aber zugleich wirtschaftlich, wachstumsorientiert und daher international denkend, haben wir es in der Nachkriegszeit mit subventionierten Staatsbetrieben zur Erfüllung nationaler Interessen (etwa in der Daseinsvorsorge) zu tun. Diese Betriebe waren nicht mehr in der gleichen Lage und teilweise auch nicht mehr wirklich interessiert, europäisch zu denken. Vielmehr waren sie den nationalen Verkehrsverwaltungen und Regierungen viel stärker als im 19. Jahrhundert ausgeliefert, auf »Gesundschrumpfung« ausgerichtet und von staatlichem Schutz durch Kontingentierung und Tarifierung vor der stärkeren Konkurrenz auf der Straße und der Luft abhängig.[31] Kilian Elsasser hat dies am Beispiel der gewollten und politisch gleichwohl gescheiterten automatischen Kupplung für den europäischen Bahnfrachtverkehr wunderbar nachgezeichnet.[32] Ein Vergleich zwischen den internationalen Zügen 1880 und 1980 macht diesen Unterschied deutlich. 1880 waren die internationalen Züge die schnellsten, modernsten und wichtigsten Züge, die vordringlich abgefertigt wurden. 1980 standen die internationalen Züge als veraltete, morsche D-Züge auf dem Wartegleis, während die nationalen Intercityzüge vorbeirauschten.

Eine wichtige Ursache für das Ausbleiben einer Europäisierung auf Unternehmensebene nach 1945 vor dem eigentlich günstigen Hintergrund der entstehenden europäischen Wirtschaftsgemeinschaft war die Verstaatlichung der Bahngesellschaften in den meisten europäischen Ländern am Ende des 19. Jahrhunderts, in Preußen zwischen 1879 und 1882. In fast allen europäischen Ländern war die jeweilige lange Debatte über Verstaatlichung oder staatliche Regulierung zugunsten der Verstaatlichung entschieden und damit den privaten – potenziell eher supranational denkenden – Unternehmen, auch dort, wo es sie gab, der Boden entzogen worden.[33] Auch die privaten englischen Bahngesellschaften konnten in Deutschland im 20. Jahrhundert keine Tochtergesellschaften errichten. Vor dem Hindergrund der zunehmenden Konkurrenz durch andere Verkehrssysteme (Auto, Bus, Flugzeug) und andere Unternehmen reagierten die staatlichen Bahngesellschaften überall mit dem Versuch der Sicherung eines schrumpfenden Markts durch Konzessionierung und Tarifierung.

Nicht immer muss die staatliche Kontrolle europäische Perspektiven verhindern. Am Ende des 19. Jahrhunderts tat sie es weniger als in den sechziger Jahren des 20. Jahrhunderts. Colin Divall hat in einem Aufsatz über *Railway Imperialism, Railway Nationalism* darüber nachgedacht, warum in den Kolonien

31 Dienel, *Transport Networks*.

32 Elsasser, »Kupplung«, S. 285–293.

33 Ziegler, *Eisenbahnen*.

die Eisenbahnen kaum über die jeweiligen kolonialen Grenzen hinauskamen, während in Europa das transnationale Eisenbahnnetz entstanden war.[34] Eine der Ursachen liegt, so Divall, darin, dass in den Kolonien die Eisenbahnen nationale, staatsabhängige Institutionen waren. Sie waren und sind in ihrer Staatsabhängigkeit vergleichbar mit den national verengten Eisenbahnen der sechziger Jahre des 20. Jahrhunderts in Europa, nicht aber mit den wirtschaftlich gesunden Unternehmen der achtziger Jahre des 19. Jahrhunderts. Der Wirtschaftshistoriker Rainer Fremdling hat aus diesem Grund 2002 in einem Überblick über die europäischen Eisenbahnen gefordert, eine Stärkung der internationalen Eisenbahnverbindungen durch eine »Rückkehr zu den Wurzeln wirtschaftsliberaler staatlicher Verkehrspolitik« zu ermöglichen.[35] Es waren allerdings die Eisenbahnunternehmen selbst, welche die staatliche Interventionspolitik ermöglichten, ja herbeisehnten. Erst die Erfolge mit den Intercityverbindungen und dann den Hochgeschwindigkeitstrassen gaben den europäischen Bahnen seit den siebziger Jahren ein neues Selbstbewusstsein und den Mut zu europäischen Visionen von *Interrail* bis zum europäischen Hochgeschwindigkeitsnetz. Langsam entstehen, vorerst in einzelnen Marktsegmenten (Nachtzüge, Autoreisezüge, Cargo), europäische Unternehmen mit einer europäischen Identität und einem polyzentralen, europäischen Verkehrsnetz. Ähnliches passiert auch in der Luftfahrt, wo die Billigflieger *Easyjet* und *Ryanair* auf vielen Destinationen die Vormachtstellung der alten europäischen *Flag Carrier* gebrochen haben, die sich wiederum durch Fusionen und strategische Allianzen ebenfalls neu aufstellen. Doch das ist ein neues Thema.

Literatur

Ambrosius, Gerold (1982), »Ausländerbeschäftigung und Strukturentwicklung der deutschen Wirtschaft seit dem Ende des 19. Jahrhunderts«, in: *Scripta Mercaturae. Zeitschrift für Wirtschafts- und Sozialgeschichte* 16, S. 27–45.

— (2001), »Institutioneller Wettbewerb im europäischen Integrationsprozess seit dem 19. Jahrhundert«, in: *Geschichte und Gesellschaft* 27, S. 545–575.

— (2005), *Regulativer Wettbewerb und koordinative Standardisierung zwischen Staaten, Theoretische Annahmen und historische Beispiele.* Wiesbaden.

Ambrosius, Gerold/Petzina, Dietmar/Plumpe, Werner (Hrsg) (2006), *Moderne Wirtschaftsgeschichte, Eine Einführung für Historiker und Ökonomen*, 2. Aufl. München.

34 Divall, »Railway Imperialisms«, S. 197.

35 Fremdling, *European Railways*, Groningen. Zugriffsdatum 7.12.2008, www.eco.rug.nl/ggdc/.

Bade, Klaus J. (2000), *Europa in Bewegung. Migration vom späten 18. Jahrhundert bis zur Gegenwart*, München.

Behringer, Wolfgang (1997), »Der Fahrplan der Welt. Anmerkungen zu den Anfängen der europäischen Verkehrsrevolution«, in: Hans-Liudger Dienel/Helmuth Trischler (Hrsg.), *Geschichte der Zukunft des Verkehrs, Verkehrskonzepte von der Frühen Neuzeit bis zum 21. Jahrhundert*, Frankfurt am Main u. a., S. 40–57.

— (2002), »Die Welt in einen anderen Model gegossen‹. Das frühmoderne Postwesen als Motor der Kommunikationsrevolution«, in: *Geschichte in Wissenschaft und Unterricht* 53, S. 424–433.

Canzler, Weert/Knie, Andrea (1998), *Möglichkeitsräume: Grundrisse einer modernen Mobilitäts- und Verkehrspolitik*. Wien.

Carreras, Albert et al. (Hrsg.) (1994), *European Networks, 19th – 20th Centuries. New Aproaches to the Formation of a Transport and Commuications System. Proceedings of the 11th international Econonomic History Congress*, Milan.

Cars, Jean/Caracalla, Jean-Paul (1984), *100 Jahre Orientexpress*, Zürich.

Dienel, Hans-Liudger (Hrsg.) (2004), *Unconnected Transport Networks, European Intermodal Traffic Junctions, 1800–2000*, Frankfurt am Main u. a.

Dienel, Hans-Liudger/Lyth, Peter J. (1998) (Hrsg.), *Flying the Flag, European Commercial Air Transport since 1945*, London u. a.

Divall, Colin (2003), »Railway Imperialisms, Railway Nationalisms«, in: Monika Burri/Kilian T. Elsasser/David Gugerli (Hrsg.), *Die Internationalität der Eisenbahn 1850–1970*, Zürich, S. 195–209.

Doren, Alfred (1927), »Wunschräume und Wunschzeiten«, in: *Vorträge der Bibliothek Warburg 1924/25*, Berlin, S. 158–205.

Eger, Georg (1894), *Das internationale Übereinkommen über den Eisenbahn-Frachtverkehr*, Berlin.

Elsasser, Kilian T. (2003), »Die Einführung der automatischen Kupplung erfordert langfristige Planung, Eine Geschichte des Scheiterns der europäischen Bahnen«, in: Monika Burri/Kilian T. Elsasser/David Gugerli (Hrsg.), *Die Internationalität der Eisenbahn, 1850–1970*, Zürich, S. 285–293.

Fremdling, Rainer (2002), *European Railways. An Overview*, Research Memorandum GD-54, Groningen.

Frerich, Johannes/Müller, Gernot (2004), *Europäische Verkehrspolitik, Von den Anfängen bis zur Osterweiterung der Europäischen Union.* Bd. 1: *Politisch-ökoomische Rahmenbedingungen, Verkehrsinfrastrukturpolitik*, München u. a.

Gall, Lothar (1999), »Eisenbahnen in Deutschland. Von den Anfängen bis zum Ersten Weltkrieg«, in: der./Manfred Pohl (Hrsg.), *Die Eisenbahn in Deutschland, Von den Anfängen bis zur Gegenwart*, München, S. 13–70.

Glaser, Hermann (1984), *Soviel Anfang war noch nie. Deutscher Geist im 19. Jahrhundert. Ein Lesebuch*, Frankfurt am Main.

Heine, Heinrich (1854), *Vermischte Schriften*, Amsterdam.

Klaer, Werner (1961), *Der Verkehr im Gemeinsamen Markt für Kohle und Stahl, Beiträge zur europäischen Verkehrspolitik*, Baden-Baden.

Klenner, Markus (2002), *Eisenbahnpolitik in Europa 1758–1914. Vom Verhältnis der europäischen Staaten zu ihren Eisenbahnen*, Wien.

Krüger, Peter (1995), »Europabewusstsein in Deutschland in der ersten Hälfte des 20. Jahrhunderts«, in: Rainer Hudemann/Hartmut Kaelble/Klaus Schwabe (Hrsg.), *Europa im Blick der Historiker* (Historische Zeitschrift, Beiheft 21), München, S. 31–53.

Kühn, Ernst (Bearb.) (1882), *Die historische Entwicklung des Deutschen und Deutsch-Oesterreichischen Eisenbahn-Netzes von 1838 bis einschließlich 1881*, II. Theil: *Die graphische Darstellung*, Berlin.

Langhans, Paul (Hrsg.) (1894ff.), *Rechts und links der Eisenbahn!, Neue Führer auf den Hauptbahnen im Deutschen Reiche und in den Grenzländern*, Gotha.

List, Friedrich (1837), »Eisenbahn und Kanäle, Dampfboote und Dampfwagentransport«, in: Carl von Rotteck/Carl Welcker (Hrsg.), *Staatslexikon, oder Enzyclopädie der Staatswissenschaften*, Altona, Bd. 4, S. 650–778.

Löper, Carl (Hrsg.) (1881), *Stammbuch der neueren Verkehrsmittel, Eisenbahnen, Dampfschiffe, Telegraphen und Luftschiffe, Eine Sammlung von Liedern und Gedichten, Aufsätzen und Schilderungen*, Lahr (Reprint Heidelberg 1984).

Lyons, Francis S. L. (1963), *Internationalism in Europe, 1815–1964*, Leyden.

Nipperdey, Thomas (1975), »Die Utopia des Thomas Morus und der Beginn der Neuzeit«, in: Thomas Nipperdey, *Reformation, Revolution, Utopie*, Göttingen, S. 119–146.

Oexle, Otto G. (1994), »Wunschräume und Wunschzeiten, Entstehung und Funktionen des utopischen Denkens im Mittelalter, Früher Neuzeit und Moderne«, in: Jörg Calließ (Hrsg.), *Die Wahrheit des Nirgendwo, Zur Geschichte und Zukunft des utopischen Denkens*, Rehberg-Loccum, S. 33–83.

Puffert, Douglas J. (1991), *The Economics of Spatial Network Externalities and the Dynamics of Railway Gauge Standardization*, Diss. Stanford University.

Rohde, Dieter (1957), *Methoden und Wirkungen der Integration im innerkontinentalen westeuropäischen Verkehr*, Diss. Mainz.

Roth, Bernhard (1984), *Weltökonomie oder Nationalökonomie? Tendenzen des Internationalisierungsprozesses seit der Mitte des 19. Jahrhunderts*, Marburg.

Roth, Ralf (2003), »Wirtschaftliche, politische und kulturelle Implikationen der Eisenbahn im deutsch-skandinavischen Raum – 1870 bis 1914«, in: Monika Burri/Kilian T. Elsasser/David Gugerli (Hrsg.), *Die Internationalität der Eisenbahn 1850–1970*, Zürich, S. 130–148.

Schivelbusch, Wolfgang (1977), *Geschichte der Eisenbahnreise, Zur Industrialisierung von Raum und Zeit im 19. Jahrhundert*, München u. a.

Schulz, Günter, Ebert, Volker (2007), »Europäische Binnengüterverkehrspolitik seit 1945, Wege und Hindernisse der Harmonisierung«, in: *Jahrbuch für Wirtschaftsgeschichte*, Bd. 1: Verkehrsgeschichte auf neuen Wegen/Transport infrastructure and politics, S. 83–92.

Tissot, Laurent (Hrsg.) (2000), *Naissance d'une industrie touristique, L'Angleterre et la Suisse au XIXe siècle*, Lausanne.

Wehler, Hans-Ulrich (2000), *Das Deutsche Kaiserreich 1871–1918*, 10. Aufl., Göttingen.

Wenger, Hans (Hrsg.) (2000), *30 Jahre UIRR. Geschichte der Internationalen Vereinigung der Gesellschaften für den kombinierten Verkehr Schiene-Straße (UIRR) und des kombinierten Güterverkehrs Schiene-Straße in Europa, 1970–2000*, Brüssel.

Wiese, Leopold von (1927), *System der allgemeinen Soziologie als Lehre von den sozialen Prozessen und den sozialen Gebilden der Menschen. Beziehungslehre*, München.

— (1967), *Der Mitmensch und der Gegenmensch im sozialen Leben der nächsten Zukunft*, Köln.

Williamson, Jeffrey G. (1995), »The Evolution of Global Labor Markets since 1830. Background, Evidence, and Hypotheses«, in: *Explorations in Economic History* 32, S. 141–196.

Williamson, Jeffrey G./O'Rourke, Karin (2002), When did Globalization begin?, in: *European Review of Economic History* 6, S. 23–50.

— (2004), »Once More: When did Globalisation begin?« in: *European Review of Economic History* 8, S. 109–117.

Ziegler, Dieter (1996), *Eisenbahnen und Staat im Zeitalter der Industrialisierung. Die Eisenbahnpolitik der deutschen Staaten im Vergleich*, Stuttgart.

Zweig, Stefan (1942), *Die Welt von Gestern. Erinnerungen eines Europäers*, Stockholm.

6. Eisenbahnen und Dampferlinien

Hans-Heinrich Nolte

Ich gehe von der einleitenden Überlegung Karl Schlögels aus, dass es notwendig ist, »die Rolle des Verkehrs als Produzent von sozialem Raum [...] in den Blick zu nehmen«.[1] Ich möchte die Überlegung an einigen historischen Beispielen erörtern und gehe in fünf Abschnitten vor:

- die verkehrstechnische Überformung von Räumen durch Eisenbahnen und Dampferlinien,
- die Entstehung von zwei Typen von Eisenbahnnetzen – dem Gitter in föderal aufgebauten Staaten wie den USA und der Radnabe mit in die Ferne weisenden Speichen in zentralistischen Staaten Europas,
- dem imperialistischen Bild mehrere europäischer Nationen als jeweiligen Zentren des Weltverkehrs,
- der Konstituierung von Nähe im Rahmen der Nationen durch Isochronenkarten (Schaffung nationaler Räume), und
- Beschleunigung und Globalisierung als umfassende Vorgänge.

Überformung von Räumen

Kaum eine Utopie wurde schneller in die Wirklichkeit umgesetzt, als Jules Vernes »In 80 Tagen um die Welt«. 1873 erschien das Buch, in Stielers Weltatlas von 1905 zeigt ein Kartenblatt »Schnellste Weltreiselinien« gleich mehrere Möglichkeiten, mit Eisenbahn und Liniendampfern die Frist deutlich zu unterbieten: Von Berlin mit der Transsibirischen Eisenbahn ans Gelbe Meer 16 Tage, von Dalny nach Londonderry mit der Canadian Pacific 33, von Londonderry nach London zwei und von dort nach Berlin ebenfalls zwei – also insgesamt 55 Tage. Etwas weniger Zeit kostete es, von Berlin nach Cherbourg

1 Schlögel, *Im Raume*, ist ja schnell zu einem Standardwerk in dieser Diskussion geworden. Ich danke Gerhard Schmidt für eine kritische Durchsicht dieses Textes.

(zwei Tage) und von dort nach New York (sechs Tage), von da mit der Union Pacific nach San Francisco in fünf und vom Golden Gate über Honolulu nach Yokohama in 17 Tagen, und zurück nach Berlin über Dalny und die *Transsib* in 18, zusammen also 50 Tage.[2]

Die Verkehrserfindungen des 19. Jahrhunderts – hier seien Eisenbahn und Dampfschiff herausgegriffen – hatten außerordentliche Folgen für Wirtschaften und Gesellschaften.[3] Innerhalb weniger Jahre »wurde die Transportgeschwindigkeit gegenüber den bis dahin vorherrschenden Antriebsarten um den Faktor Drei bis Fünf« multipliziert, und »hinsichtlich der Eisenbahnen lag am Anfang des 20. Jahrhunderts die Transportsteigerung sogar beim Zehnfachen«.[4] Pferdeeisenbahnen, bis zu Stephenson das schnellste öffentliche Fortbewegungsmittel, erreichten bis zu acht Stundenkilometer; die *Rocket* erreichte schon 1830 60 Stundenkilometer und 1848 überschritt zum ersten Mal ein Zug 100 Stundenkilometer. Zwischen 1882 und 1889 bauten britische Ingenieure die *Firth of Forth* – Brücke, welche nicht nur die Strecke zwischen Edinburgh und Aberdeen enorm verkürzte, sondern auch schon auf 100 Stundenkilometer Durchschnittsgeschwindigkeit angelegt war.[5] Diese Geschwindigkeiten waren so erschreckend, so ungewohnt, dass in London zwischen 1865 und 1896 ein Arbeiter mit einer roten Fahne vor den Lokomotiven hergehen musste und auch auf dem Land niedrige Höchstgeschwindigkeiten vorgeschrieben wurden, zeitweise 17 Stundenkilometer.[6]

Aber solche Einschränkungen konnten die Vorteile nicht dauerhaft in Frage stellen. Schon 1890 umfasste das Eisenbahnnetz in Europa 223.714 Kilometer. Die Frachtverkehrsleistung stieg, in Tonnen je Kilometer gemessen, zwischen 1850 und 1913 von 302 auf 61.744 im Jahr; die Kosten sanken dabei in derselben Periode von 10,2 Pfennig auf 3,6 je Tonnenkilometer. 1850 kostete der Tonnenkilometer per Bahn in Belgien die Hälfte des Straßentransports, obgleich Belgien ein gutes Straßensystem besaß, und um 1860 in England – das im Straßenbau führend war – nur noch ein Zwanzigstel.[7]

Gegen einen derartigen Vorsprung an Verkehrsleistung konnte (in dieser Periode und der entsprechenden Entfernung) auf Dauer kein anderes Verkehrsmittel konkurrieren. Es gab ja zu diesem Zeitpunkt schon ein vielfältiges Verkehrssystem in Europa auf Flüssen, Kanälen und Straßen, das die Teile des Kontinents in einem Gitter verband. Der Güteraustausch zwischen den Teilen

2 *Stielers Weltatlas*, Kartenblatt Nr. 4.

3 Smil, *Creating*.

4 Wolf, *Eisenbahn*, S. 33.

5 Lay, *Trampelpfad*, S. 156, u. Barret, Carss, *Zeit*, S. 60–61 (mit Bild).

6 Ebd. S. 159.

7 Fischer, Wirtschaft, S. 155–167, u. O'Brien, »Transport«, S. 257.

Europas wurde sprunghaft vervielfältigt, über die tradierten Mengen hinaus, und vor allem wurden auch Massenwaren aus Gebieten konkurrenzfähig, welche nicht an Wasserwegen lagen und deshalb bis dahin nur in geringem Umfang in den Handel mit Massenwaren integriert waren. Sehr schnell entstand ein Gitter, das den gesamten Kontinent umspannte; wie die »New Cambridge Modern History« zeigt[8]:

Dies Gitter-Netz entsprach der regionalen Grundstruktur Europas. Seit dem Hohen Mittelalter ist das europäische System durch ein vielfältiges Verkehrsnetz gekennzeichnet, das den Gesamtraum überzieht. Allerdings ist die Verteilung der Wegenetze nicht gleichmäßig, sondern innerhalb des Systems gibt es Stufungen durch unterschiedliche Dichte des Netzes. Diese Grundstruktur wiederholte sich im Eisenbahnbau. Man kann drei Großregionen unterscheiden: Zentrum, Halbperiphere und Periphere Räume.[9]

- Zentral war ein Streifen, der sich vom Arno bis zur Themse hinzieht – hier bestand die größte Dichte an Städten, Wegen etc., aus den nahe liegenden geographischen Gründen nur von den Alpen unterbrochen. Hier wurden im 19. Jahrhundert auch die meisten Eisenbahnstrecken je Quadratkilometer gebaut; Belgien, das als einziges größeres Land ganz zu diesem zentralen Raum gehört, hatte auch die größte Eisenbahndichte.
- Deutlich weniger dicht mit Eisenbahnen erschlossen als die »europäische Banane« war der umliegende Kreis von Irland über Frankreich bis zu den Pyrenäen und Italien bis Sizilien bis zur Grenze an der Leitha, also den Grenzen des deutschen Bundes bzw. Preußens im Osten. Südlich der Pyrenäen, jenseits der Donau, östlich von Kutno und nördlich von Stockholm schlossen sich halbperiphere Gebiete an, in denen die Eisenbahndichte noch weiter nachließ.
- Jenseits der Wolga und des Ural, jenseits des Mittelmeeres gab es bis 1914 eigentlich nur – zum Teil allerdings riesige – Stichbahnen – über den ganzen asiatische Kontinent hinweg führte die Transsib, zum Irak die Bagdad-Bahn. Über den afrikanischen Kontinent hinweg führte keine Bahn (Kap-Kairo und Dakar-Djibuti waren bloße Ideen), hier führten nur Stichbahnen von Häfen ins Innere (2.740 Kilometer deutsche, 2.395 Kilometer französische und 2.346 Kilometer britische Kolonialbahnen im Jahr 1913.[10]

Verbunden sind die Stichbahnen mit den Kolonialmächten bzw. deren Häfen durch die neuen billigen Massentransporte zur See. Das Dampfschiff brachte

8 Darby, *New Cambridge Modern History*, Kartenblatt 89.

9 Nolte (2005), *Weltgeschichte*, S. 161–182. Vgl. auch ders. (1991), *Internal Peripheries*; ders. (1997), *Peripherien*, und ders. (2002), Innere Peripherien in Ost und West.

10 Lee, »Incorporation«, S. 160.

eine ähnlich radikale Veränderung der Transportkosten zur See wie die Eisenbahn zu Lande. Der Anteil der Transportkosten an den Preisen sank entschieden. Differierten die Preise für ein *Bushel* Weizen zwischen Chicago und Liverpool im Jahr 1850 zwischen 60 und 140 Cent, so hatten sie sich 1913 um 100 Cent eingependelt.[11] Die Nachfrage in den USA war gestiegen, das Angebot in Liverpool differenziert worden, die Frachtkosten waren gesunken. Die Frachtkosten zwischen Odessa, New York und Liverpool sanken zwischen 1852 und 1913 auf ein Drittel. Immer mehr Länder wurden in den globalen Getreidehandel einbezogen – konkurrierten 1850/54 Süd-Russland, die Donauhäfen und die USA um den britischen Weizenmarkt, so kamen bis 1913 Kanada, Indien, Australien und Argentinien hinzu. Die Weizenimporte Großbritanniens wurden in derselben Periode von 5,1 Millionen *Quarter* auf 77,9 Millionen vervielfältigt.[12] Indien wurde übrigens Weizenexporteur, obgleich die Transportkosten zwischen Calcutta und Liverpool nur auf zwei Drittel fielen, weil die britische Regierung die indische Konkurrenz mit politischen Mitteln aus diesem Geschäft fernhielt.[13]

Gitter und Wagenräder

Bringt man diese Angaben in eine Skizze, dann ergibt sich das Bild eines Wagenrads mit England als Radnabe, als Zentrum. Dieser Effekt entsteht hier aber einfach daraus, dass die zitierte Statistik nur nach den Importen Englands fragte. Gewiss war England der wichtigste Markt, aber 1913 importierten auch Österreich-Ungarn, Dänemark, Frankreich, Deutschland, Italien, Spanien und Schweden mehr Getreide, als sie exportierten.[14] Dass ein Exporteur von Agrarprodukten wie Dänemark zugleich ein wichtiger Importeur von Getreide war, macht die Differenzierung auch innerhalb des Weltagrarmarkts deutlich. Da auch China seit dem 18. Jahrhundert Getreide importierte, wird klar, dass auch für den Getreidemarkt 1913 das Bild des Spinnennetzes eher missverständlich ist und es sich um ein gitterförmiges Netzwerk handelte.[15]

Bei den Eisenbahnen wird der Charakter des Gitters im amerikanischen Fall besonders deutlich, sowohl im agrarisch potentiell sehr ertragreichen Os-

11 Zum *Bushel* vgl. Trapp, Wallerus, *Handbuch*, S. 128.

12 Ein *Quarter* sind 12,7 Kilogramm. Vgl. ebd., S. 129. Vgl. weiterhin Knick Harley, *Integration*, Bd. 1, S. 235–259, Bd. 2, S. 277–309.

13 Najar, »Power«, S. 45.

14 Mitchell, *Statistics*, S. 392–398.

15 Schottenhammer, »Entwicklungen«, S. 139–158.

ten wie im Westen.[16] Bekanntlich hat nach dem Bau des Eriekanals New York als wichtigster Hafen der Atlantikküste Philadelphia überholt. Trotz dieser Zentrumsfunktion und trotz des großen Kapitals im Eisenbahngeschäft wurde New York aber nicht zur Spinne im Netz entwickelt. Vielmehr wurden viele Bahnlinien von vielen Häfen am Atlantik über die Alleghenies nach Westen gebaut und andere Linien quer dazu zu Häfen an der Golfküste oder an den großen Seen. Nicht eine, sondern drei oder sogar vier parallele Transkontinentallinien führten zu den pazifischen Häfen weiter. Auch wenn die Dichte der Linien im Westen deutlich abnahm, blieb auch im Westen die gitterförmige Netzwerkstruktur erhalten. Zwar gab es wieder Speichen rings um eine Nabe wie etwa Chicago, wichtig genug aber letztendlich nur mit regionaler Bedeutung.[17]

Diese Struktur war politisch gewollt, da viele Bundesstaaten, selbst kleinere, darauf achteten, gute und billige Bahnverbindungen zu bekommen. Die Struktur war ökonomisch durchsetzbar, nicht nur der großen landwirtschaftlichen Produktionskapazität besonders im Osten der USA wegen, sondern auch, da sich vielfältiges lokales Kapital fand, das in kleinere Linien investiert wurde. Nicht, als ob die Union keine Rolle spielte – sie schuf einen anderen Teil der Voraussetzungen, indem sie den Bahngesellschaften *landgrants* gab. Insgesamt erhielten die Gesellschaften zwischen 1850 und 1871 131 Millionen Acre. Die Bahngesellschaften schufen sich ihre Kunden selbst, indem sie Familienvätern Land für Farmen in der Nähe der Linien verkauften. Die Illinois Central begann 1854 mit dieser Politik. Die Gesellschaft hatte besondere Büros – *Development agencies* – welche die Ansiedlung von Kunden und die Vermehrung der Waren betrieben, zum Beispiel indem sie den Verkauf von Zuchtbullen oder den Tomatenanbau im Süden von Illinois für den Markt in Chicago und Gary förderte. Noch 1962 gab es über 1.000 *Development-Agents* bei den Linien.[18]

Die amerikanischen Eisenbahnen waren also in einem Ausmaß die Schöpfer des Raumes, durch den sie gelegt wurden, wie das im alten Europa nicht möglich war. Die Kosten trugen in den USA vor allem die Vorbewohner, oder – wie die Zeitschrift *Commercial West* 1904 meinte: »One by one the various

16 Nolte (2006), *Geschichte*, S. 63–69.

17 Vgl. zum Stand der Bahnen bis circa 1860 Darby, *Atlas*, Blatt 204a, und um 1900 *Stielers Handatlas*, Blatt 85. Für die Angaben zur USA vgl. ebd. Blatt 86ff.

18 Bei den *landgrants* handelte es sich um Land, das die Regierung den Bahngsellschaften schenkte, meist entlang der Bahnlinien. Die Angaben zum Umfang der Schenkungen bezieht sich auf die Angabe von Scott, *Railroad Developments Programs*, S. 8. 131 Millionen Acre (ein Acre hat 4046,9 Quadratmeter). Siehe Trapp, *Maße*, S. 125.

Indian reservations [...] are surrendered to the demands of civilisation, and are giving up their lands to the care of the white man [...].«[19]

Zentren des Weltverkehrs?

Nicht nur, weil man in Europa in einem zumindest im Vergleich zum Westen der USA dicht besiedelten Raum baute, sondern auch, weil Fürsten und Territorialherren mehr Einfluss auf die Linien nehmen konnten als Sioux oder Cheyennen unterschieden sich die Linienführungen. Kennzeichnend für die einzelnen Länder war die Struktur des Wagenrads mit der jeweiligen Hauptstadt als Radnabe. Allerdings gab es Ausnahmen. So veranlassten Absprachen zwischen den Bundesstaaten Hannover und Braunschweig, dass die Kreuzung zwischen der Nord-Süd und Ost-West Linie nicht in die Hauptstadt des Königreichs kam, sondern in ein Dorf im Osten davon, nach Lehrte. Als dann nach der Annexion Hannovers durch Preußen eine schnelle direkte Bahnverbindung nach Berlin gebaut wurde, endete diese entsprechend im Lehrter Bahnhof.[20] Oder man folgte so weit irgend möglich den Grenzen kleiner Staaten, etwa des Herzogtums Braunschweig, um eine Bahnlinie Magdeburg – Paderborn unter Vermeidung hannöverschen Territoriums zu bauen, was – da man nun die Egge durchqueren musste – bei dem Dorf Altenbeken Großbauten im Mittelgebirge erforderte. Andernorts entschied die Linienführung über die Stadtgeschichte – Konstanz zum Beispiel verlor seine alte Funktion für den Nord-Süd-Handel und wurde peripher.[21] Oder man sah im Russischen Reich strategische Gründe, eine Bahnlinie weiter östlich zu bauen, als die alte Nord-Süd-Verbindung verlief, so dass das Dorf Baranowitsche zum Knotenpunkt wurde, während das frühere Handelszentrum Slonim plötzlich weitab lag.[22] Auch änderte in Russland die Instrumentalisierung des Bahnbaus für die Industrialisierung des Landes durch die Regierung die Kontexte.[23]

---

19 Scott, *Railroad Developments Programs*, S. 20.

20 Vgl. Schmidt, *Regionalgeschichte*, S. 145–150, u. Meschkat-Peters, *Eisenbahnen*, S.75–82, und S. 127–140.

21 Zang, »Region«, S. 217–231.

22 Mit der Folge, dass Slonim bis 1941 in größerem Ausmaß ein *jiddisches Shtetl* blieb, als andere Städte des Gebietes im Kontext der Urbanisierung des 19. und 20. Jahrhunderts. Vgl. Abramowitsch, Nolte, *Leere*, S. 28–31.

23 Einführend Nolte (2003), *Geschichte Russlands*, S. 150–152.

Vor allem aber trafen die Bahnbauer in Europa nicht auf föderale, sondern auf zentralistische Politikstrukturen – gleich ob imperialistisch oder nationalistisch.[24]

Kehren wir zu dem Kartenblatt »Schnellste Weltreiselinien« von 1905 zurück. Wenn man genauer hinsieht, fällt auf, dass es nicht der Sinn der Karte war, zu zeigen, wie schnell man um die Welt reisen konnte, sondern wie schnell man mit planmäßigen Verkehrsmitteln in die deutschen Kolonien kam. Nach Yap zum Beispiel brauchte man über Neapel und Hongkong 31 Tage, nach Sansibar von Neapel aus 18, nach Herbertshöh (der Hauptstadt von deutsch Neu-Guinea, falls jemand das vergessen haben sollte) von Brindisi aus und quer durch den indonesischen Archipel 42 Tage.

Velhagen und Klasings »Neuer Volks- und Familienatlas« von 1901 zeichnet die deutschen Dampferlinien rot, so dass die deutschen Nordseehäfen zu Spinnen im Netz von roten Linien werden, welche Deutschland mit der Welt verbinden: durch die Feuerlandstrasse bis Valparaiso und andersherum wieder bis Saypan und Jalut.[25] »Noch« konnte man nicht allein mit deutschen Linienschiffen um die Welt fahren – eine transpazifische Linie fehlt sozusagen. Aber mit deutschen Dampfern von Hamburg nach New York brauchte man acht Tage, bis Callao, dem wichtigsten Hafen Perus, 65 und nach Sydney um das Kap herum 63.

Das Vorbild für solche Spinnennetze nationaler Dampferlinien um die Welt bot, wie man erwarten würde, Großbritannien. 1886 veröffentlichte der kanadische Lehrer George Parkin eine entsprechende Karte, die in 10.000-facher Ausführung gedruckt wurde; Ute Schneider hat sie publiziert.[26]

Dampferlinien verbinden Großbritannien mit allen Teilen des Empire. Sie überqueren auch den Pazifik, sowohl von Vancouver nach Hongkong wie um Feuerland herum nach Australien. Das Zentrum bilden eindeutig die »British Islands«, auf sie läuft alles zu. Britannia sitzt, den Dreizack in der Hand, auf dem Globus, den Atlas trägt – Symbol der Weltherrschaft. Die Attribute von Reichtum und Macht sind um Britannia ausgebreitet – Elefant und Tiger, ein Indianerhäuptling und eine barbusige Australnegerin mit Bumerang sowie ein wackeres rothaariges australisches Siedlerpaar. Querlinien gibt es nicht. Selbstverständlich ist dem Kenner deutlich, dass sehr wichtige Teile der Dampferlinien der Welt ausgeblendet sind, und gerade dem Kanadier sind die USA ja präsent. Das Bild der Zentralität Großbritanniens beruht also auf der Aus-

24 Der Begriff meint hier, dass es sich nicht um Imperien handelte, welche »eine Welt« unter einer Herrschaft vereinten, sondern dass die globalen Expansionen der europäischen Nationalstaaten von Anfang an innerhalb eines Konkurrenzsystems stattfanden.

25 Scobel, *Volks- und Familienatlas*, Blatt 5/6.

26 Schneider, *Macht*, S. 120f.

blendung vor allem der USA sowie auch der kontinentaleuropäischen Konkurrenten.

Aus französischer Sicht liegt mir ein entsprechendes Kartenbild nur für eine spätere Zeit vor – in Jacques Boussards Atlas von 1957.[27] Um die Zentralität Frankreichs als Nabe der Speichen der französischen Dampferlinien zu betonen, wurden die Fernverkehrslinien der Air France von 1956 hinzugefügt. Die Einheit des Hexagons wird durch die vier Karten zur Entwicklung des Eisenbahnnetzes verdeutlicht, und auch hier wurden die (Inlandsfluglinien) der Air-France aufgeführt, um die Zentralität von Paris zu verdeutlichen.

Nähe in der Nation

Neben solchen Karten, welche die imperialen Räume zeigten, entstanden für alle Nationalstaaten auch Eisenbahnkarten, welche die Einheit des Territoriums auch kartographisch zur Anschauung brachten. Die unterschiedliche Dichte der Strecken an der Grenze zu Polen bildete sowohl nach 1918 wie nach 1945 ins Auge fallende Differenzen zwischen Kernpolen beziehungsweise den jeweils neu erworbenen polnischen West- beziehungsweise verlorenen deutschen Ost-Gebieten (Diercke Schulatlanten). Wie am Beginn des 19. Jahrhunderts teilweise noch disparate Räume durch die Eisenbahn zur Nation zusammengefasst wurden, machte man sich mit »Isochronenkarten« besonders gut deutlich.[28]

Auf dieser Karte wurde gezeigt, in welcher Zeit man günstigstenfalls mit der Bahn von Berlin an die Reichsgrenzen kommen konnte – nach Breslau dauerte es zwischen drei und fünf Stunden, über Kattowitz nach Myslowitz an der Grenze zum Russischen Reich zehn bis fünfzehn – aber die Grenze war selbstverständlich in Kutno schneller zu erreichen, nämlich in acht Stunden. In Posen konnte man von Berlin aus in fünf Stunden sein, so wie in Stralsund, Hamburg, Hannover, Erfurt, Dresden und Schneidemühl. In zehn Stunden konnte man in München sein, so wie in Straßburg und Köln beziehungsweise Holland und Belgien. Gebiete, in welche die Reise etwa einen Tag dauerte, gab es nur wenige – das Jeverland, der Bodensee und das Allgäu, der Hunsrück und das Land beidseits der Grenzen der Regierungsbezirke Metz und Straßburg, also der elsässisch-lothringische Teil des Saartales, von Saarunion über Saarburg bis zur französischen Grenze.

---

27 Boussard, *Atlas Historique*, S. 163.

28 Hettner, *Handatlas*, S. 38.

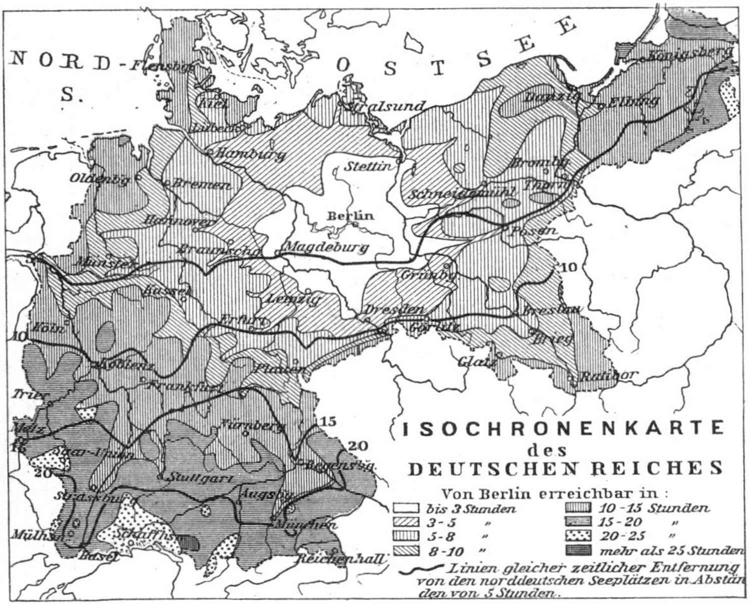

Abb. 6.1: Isochronenkarte des Deutschen Reiches

Quelle: Hettner, Spamers Grosser Hand-Atlas, S. 38, Fig. 5.

Deutschland war (im Wesentlichen) von Berlin aus in einem Tag zu erreichen. Ergänzt wurde diese Angabe durch Linien gleicher Zeitentfernung von den deutschen Nordseehäfen, wo der Leser der Karte den Anschluss zu den weltweiten deutschen Dampferlinien finden konnte. Ähnliche Isochronenkarten gab es auch für andere Länder, zum Beispiel für Österreich-Ungarn.[29]

Noch meine Großeltern kannten die Wege, auf denen man billig und das hieß weithin zu Fuß oder im »Bimmelzug« in das geliebte Kassel kommen konnte. Nun, am Anfang des 20. Jahrhunderts, konnte man in zehn Stunden in das ungeliebte Berlin fahren, wenn man das Geld dazu hatte. Meine Großeltern waren hessische Pfarrersleute, sie hatten sechs Kinder und nie Geld, schon gar nicht für eine Reise nach Berlin. Sie kauften sich aber einen der Atlanten, aus denen ich Ihnen vorgetragen habe, und reisten »mit dem Finger«, wie wir das auch nach dem Zweiten Weltkrieg noch nannten. Sie machten »Möglichkeitsreisen«.[30] Für die Großeltern besaßen die Isochronenkarten in dem Atlas einen virtuellen Charakter. Sie machten deutlich, dass Berlin jetzt

29 Vgl. Hárs u. a., *Zentren*, abgedruckt auf dem Titelblatt.

30 Vgl. die Beiträge von Liudger Dienel und Dirk van Laak in diesem Band.

auch für Hessen nah war. Der Reisende mit dem Finger konnte sogar lernen, dass Königsberg genauso viele Stunden von der Hauptstadt entfernt war wie das Städtchen Rauschenberg bei Kirchhain, in dem meine Großeltern sich zur Ruhe setzten. Aber der nationale Raum war für meines Vaters Generation (geb. 1905) fest geprägt: Kassel war ein Provinzkaff und Berlin die dynamische Hauptstadt; aus einem »Hessenkind« war ein Preuße geworden. Selbstverständlich war Königsberg für ihn ein Teil Deutschlands. Meine Generation (geb. 1938), – wir hatten zwei Tage gebraucht, um im Januar 1946 mit der Eisenbahn von Zerbst nach Detmold, und wieder zwei Tage, um von Detmold nach Rauschenberg zu kommen – meine Generation musste dann in den sechziger Jahren neu lernen, dass es doch nicht dazu gehörte.[31]

Auch für Frankreich zeigt »Spamers Handatlas« eine ähnliche Karte – auf ihr schrumpft Frankreich entsprechend den Zeiten, die man brauchte, um 1650 mit der Eilpost oder 1887 mit der Eisenbahn einen Ort zu erreichen – für Marseille von 359 auf 14 Stunden, für Toulouse von 330 auf 15 Stunden, für Belfort von 182 auf sieben Stunden 15 Minuten und für Calais von 123 auf vier Stunden und eine halbe.[32] Nach den Zeitmassen hat Frankreich 1887 kaum noch die Größe der *Isle des France* im Jahr 1650, mit anderen Worten: man brauchte am Ende des 19. Jahrhunderts etwa dieselbe Zeit, um von Paris nach Marseille zu kommen, wie man im 17. Jahrhundert benötigte, um Rambouillet zu erreichen. So eindrucksvoll die Beschleunigung damit belegt wurde – bei dieser Art der Darstellung blieb außen vor, dass im 17. Jahrhundert Paris nicht in dem Ausmaß Zentrum des Personenverkehrs in Frankreich war, wie am Ende des 19. Jahrhunderts – das nationale Spinnennetz der (damaligen) neuesten Zeit wurde in die Vergangenheit projiziert.

Das von den europäischen Nationalstaaten verbreitete Bild ihrer Hauptstädte als Radnaben, von denen Speichen in alle Ecken der Nation führten, stand in der Tradition der europäischen Wallfahrtswege des Mittelalters (»alle Wege führen nach Rom« oder auch: alle Wege führen nach Santiago di Compostela); nur dass die säkularen Hauptstädte an die Stelle der Wallfahrtsorte traten. Die zentralisierten Bilder unterschieden sich damit deutlich von den realen Fracht- und Personenaufkommen, die immer noch entlang der Rhein-

31 Vgl. den Beitrag von Hans Lemberg in diesem Band, u. Rehbein, *Oder/Neiße-Debatte.*

32 Hettner, *Handatlas*, S. 67.

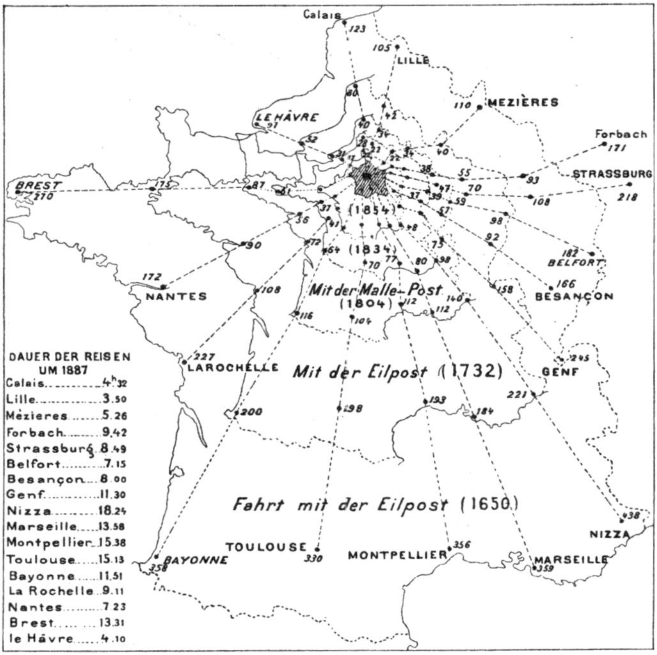

Abb. 6.2: Beschleunigung des Reisens in Frankreich seit 1650

Quelle: Hettner, Spamers Grosser Hand-Atlas, S. 67, Fig. 2.

Schiene am größten waren. Fügte man die nationalen Netze zusammen, entstand auch 1914 ein europäisches Netzwerk; die nationalen, in den Atlanten vorgestellten Bilder waren jedoch Spinnennetze mit den jeweiligen Hauptstädten als Zentren. Diese Bilder unterschieden die europäischen Nationalstaaten deutlich von dem Selbstbild der USA, welche auch nach ihrem Selbstbild durch ein Netzwerk erschlossen wurden.

Geht die Interpretation zu weit, wenn man dieses Denken in strahlenförmigen Linien von der Hauptstadt aus auch für viele Militärs der Zeit unterstellt? Die preußische Armee war stolz darauf, dass sie in den Einigungskriegen einen effektiveren Gebrauch von der Eisenbahn gemacht hatte, als die Gegner – zum Beispiel 1866 die strategische Niederlage der hannöverschen Armee bei Langensalza nicht zuletzt dadurch erreicht hatte. 1870/71 gründete Preußen Eisenbahntruppen, 1874 wurde die erste Militäreisenbahn gebaut – von Berlin nach Zossen. 1914 gab es drei Regimenter und zwei Bataillone Verkehrstruppen. »Vorbereitungen der Mobilmachung und Fragen des Heeresaufmarsches bearbeitet die Eisenbahnabteilung des Großen Generalstabs, der auch die

Linien-Kommandanten bei den Reichsbahndirektionen unterstanden.«[33] Der ganze Schlieffenplan setzte ja voraus, dass es möglich sein würde, mit Hilfe der Eisenbahn schnell in Richtung auf Paris vorzustoßen und anschließend, sei es hinter (wie von Schlieffen geplant) sei es vor der Festung Paris einzubiegen und die französischen Armeen im Rücken ihrer eigenen Festungen in einem riesigen Cannae zu vernichten.[34]

Wie das Konzept des strahlenförmigen Vormarschs von Belgien aus durchaus nahe legte, wurde die Relevanz der Querverbindungen, die (der Planung entsprechend) länger unter dem Kommando des Gegners blieben, unterschätzt. So entstand zwischen dem Vormarsch der 1. und der 2. Armee Ende August 1914 bekanntlich eine Lücke. Die Folgen einer weiteren Verkehrsrevolution, der Erfindung der Luftfahrt mit Geräten, die schwerer waren als Luft, machten es der Heeresleitung der französischen Armee möglich, diese Lücke mit Sicherheit zu erkennen: Maschinen des britischen *Royal Flying Corps* bestätigten das Auseinanderklaffen der deutschen Armeen an der Marne.[35] Und nun gelang es der französischen Armee, unter Ausnutzung der Querverbindungen und mit Hilfe eines weiteren Produkts der Verkehrsrevolution, des Automobils, einen Gegenangriff zu beginnen und beide deutschen Armeen zu einem schnellen Rückzug zu zwingen.

Beschleunigung

Fassen wir zusammen: Die außerordentliche Mehrleistung der neuen Verkehrsmittel bildete eine Grundlage für eine neue Globalisierungswelle im 19. Jahrhundert.[36] Die interregionale Arbeitsteilung wurde verschärft – russisches Getreide musste nicht nur mit amerikanischem, sondern auch mit argentinischem und australischen konkurrieren. Vorhandene Peripheriebildungen wurden vermehrt. Dabei gingen die politischen Strukturen der Mächte vielfältig in die Linienführungen ein - in den USA entstand bei der Verwandlung der Territorien in moderne Ackerbaustaaten, die auch von den Eisenbahnlinien selbst vorangetrieben wurde, ein Gitterwerk neuer Verkehrswege, die der föderalen Struktur der Politik und den ökonomischen Möglichkeiten der Territorien entsprachen. Die Vorbewohner in den USA besaßen nicht genug Macht, um irgendwelche eigenen Interessen gegen ihre Einbeziehung wahren zu kön-

33 Matuschka, »Organisationsgeschichte«, S. 181.

34 Nolte, *Cannae-Mythos*, S. 41–63.

35 Roeder, *Bombenflugzeuge*, S. 22.

36 Nolte (1982), *Welt*, S. 78–92.

nen. In Europa wurden solche Gitter, nationalstaatlichen Konzepten folgend, durch Wagenräder oder Spinnennetze überformt, welche die jeweilige Hauptstadt in das Zentrum rückten. Sieht man aber auf Europa insgesamt, also auf die Verbindungen zwischen den nationalen Wagenrädern, dann entstand aber auch in Europa ein Gitterwerk, dessen weiterer Ausbau allerdings durch die Machtmöglichkeiten bestehender oder neuer, fürstlicher oder militärischer Herrschaft mit strukturiert wurde.

Eisenbahnen und Dampferlinien wurden so zu Teilen nationaler Selbstdarstellungen. Isochronenkarten schufen Nähe innerhalb der Nationen, sie verdeutlichten, wie schnell man in die Hauptstadt reisen konnte – schufen so nationalen Raum. Noch lange war das Bewusstsein von Raum in Deutschland an den Staaten, den Fürstentümern orientiert. Noch lange ging man zu Fuß, wenn man kein Geld hatte, etwa die Hollandgänger aus dem »katholischen Westfalen« (also zwischen Rhein, Weser und Ems).[37] Die Veränderung bestand in der Herstellung von nationalem Raum. Darin lagen Fehlinformationen, weil der Charakter der Veränderungen nicht nationalen, sondern globalen Charakter hatte – wenn auch mit sowohl zwischen Zentren, halbperipheren Räumen und Peripherien in der Welt als auch innerhalb der Nationen oder Imperien sehr unterschiedlichen Entwicklungen von Zentren und inneren Peripherien.[38] Es entstanden, wie Shmuel Eisenstadt formuliert hat, »vielfältige Modernen«.[39]

Reinhard Wittram hat in der Göttinger Vorlesung 1955/56 Beschleunigung und globale Dimension als das Neue am »Geschichtslauf« seiner Lebensspanne – er wurde 1902 in Riga im damaligen Russländischen Imperium geboren – herausgestellt, das nach dem Zweiten Weltkrieg unübersehbar »zutage getreten ist«.[40] Dass der Mensch sich in anthropologischer Hinsicht nicht innerhalb einer Generation verändert, ist unbestritten, es ist aber zu fragen, wie weit anthropologische Dispositionen politisches und soziales Handeln bestimmen. Ob die durch Beschleunigung und Globalisierung notwendigen Veränderungen in politischen und sozialen, intellektuellen und religiösen, habituellen und wirtschaftlichen Lebenswelten sowie Einrichtungen und Institutionen in

37 Bölsker-Schlicht, »Saisonarbeiter«, S. 52–66.

38 Vgl. Wallerstein, *Weltsystem*, und die Arbeiten von Nolte (1991), *Peripheries*; Nolte (1997), *Peripherien*, u. Nolte (2002), *Peripherien in Ost und West.*

39 Eisenstadt, »Modernen«, S. 9–34.

40 Vollständig lautet das Zitat: »Das Neue, das in unseren Tagen am Geschichtslauf zutage getreten ist, kann nicht wegdiskutiert werden: die Beschleunigung aller äußeren Verläufe (samt der damit verbundenen Vergesslichkeit des Menschen) und die unaufhebbar gewordenen globale Dimension. Dass das Tempo der Ereignisse sich erhöht hat, ist schwerlich nur ein subjektives Empfinden, und dass alles auf der Welt in interkontinentalen Reaktionen aufeinander wirkt, macht das Wesen der neuen Weltgeschichte aus.« Wittram, *Interesse*, S. 93.

angemessenen Fristen erfolgen (werden), war ein Thema der Diskussionen mit ihm.[41]

Verkehrsgeschichte macht sowohl Beschleunigung wie Globalisierung in besonderem Maß augenfällig. Innerhalb einer Generation wurden Reisegeschwindigkeiten und Frachtkosten dezimiert. Politik und Sozialstruktur beeinflussten die Art, in welcher diese Veränderungen durchgesetzt wurden, die konkurrierenden Nationalstaaten des (immer weniger: europäischen) Weltsystems schufen sowohl im Innern nationale Räume (oder banden sie enger zusammen, wo diese schon bestanden) wie nach außen imperialistische, den Globus umspannende Extensionen bis Herbertshöhe und Honolulu. Zugleich wurde Fortbewegung für immer größere Kreise zur Faszination, bis zu »Möglichkeitsreisen« und »Möglichkeitsschlachten« wie dem Schlieffenplan (oder dem Ostfeldzug 1941/42). Möglichkeitsschlachten insofern, als weder der Schlieffenplan (Vernichtung der französischen Armeen westlich der Grenzfestungen) noch der Plan für den Ostfeldzug (Vernichtung der sowjetischen Armeen vor der Wolga) realisiert werden konnte.

Fraglos veränderten Beschleunigung und Globalisierung die konkreten Bedingungen des Handelns. Bleiben wir beim politischen System. Unzureichend berechnete Eroberungspläne hat es zu allen Zeiten gegeben oder umgekehrt: sowohl Alexander der Große wie Dschingis Khan, aber auch die Portugiesen haben mit viel weniger effizienten Verkehrstechniken die Logistik beherrscht, um riesige Entfernungen erfolgreich und dauerhaft zu überbrücken. Limites und Chinesische Mauern, Maginot-Linie und Westwall waren zu allen Zeiten nicht mehr wert als ihre Verteidiger. Aber die Globalisierung zum Beispiel des Weltgetreidemarkts im Kontext der Durchsetzung des Dampfschiffs erforderte Veränderungen im internationalen System. Da es (durch Beschleunigung und Erweiterung der Reichweite der Blockadeschiffe) möglich war, die deutsche Getreideversorgung zwischen den Orkneys und Norwegen zu unterbrechen – war es dann legitim, die Regel zu brechen, dass Blockadeschiffe in der Nähe der blockierten Häfen stationiert werden müssen? Da immerhin denkbar war, England durch U-Boote von seiner Getreideversorgung abzuschneiden – war es dann legitim, Frachtschiffe (oder gar Waffen transportierende Passagierschiffe) zu versenken, bevor die Rettungsboote zu Wasser gelassen waren? Eine neue und kodifizierte Fassung des Seekriegsrechts war unternommen, die Einrichtung einer Institution, die internationales Recht hätte durchsetzen kön-

41 Als Nichtsoziologe verwende ich den Terminus »Institution« in einem umfassenden Sinn ohne mich auf eine der Interpretationsrichtungen zwischen Luhmann und Parsons festzulegen.

nen, jedoch verhindert worden und die verkehrstechnische Entwicklung war der Haager Seekriegsordnung »davongelaufen«.

Mehr noch als die Entwicklung des Land- und Seeverkehrs wurde die Entwicklung der Luftwaffen zum verkehrsgeschichtlichen Ansatzpunkt für die Infragestellung der im 18. Jahrhundert entwickelten Trennung von Zivilisten und Militärs. Die Diskussion der Zwischenkriegszeit um Giulio Douhet und um den Sinn von Volksheeren machte die Veränderung deutlich.[42] Eine Alternative zum totalen Krieg (zur Rückkehr zu den Verwüstungsfeldzügen des Mittelalters) konnte nur über die Einrichtung einer globalen Ordnung für Politik, Recht und Ökonomie gesucht werden – wozu aber nur wenige bereit waren.

Es blieb also (mindestens bis 1918) ein Hiatus zwischen der verkehrsgeschichtlich besonders konkret fassbaren Beschleunigung und Globalisierung der ökonomischen und sozialen Verhältnisse einerseits und der Langsamkeit sowie nationalstaatlichen Struktur in den Veränderungen von globaler Politik und Rechtsordnung.[43]

Literatur

Abramowitsch, Ljuba/Nolte, Hans-Heinrich (2005), *Die Leere in Slonim*, Dortmund.

Anonym (1905), *Stielers Weltatlas*, Berlin.

Barret, André, Carss, Jean des (o. J.) *Die große Zeit der Eisenbahnen*, Frankfurt am Main.

Bölsker-Schlicht, Franz (1996), »Deutsche Saisonarbeiter in den Niederlanden bis zum 19. Jahrhundert«, in: Hans-Heinrich Nolte (Hrsg.), *Deutsche Migrationen*, Münster, S. 52–66, 228.

Boussard, Jacques (1957) (Hrsg.), *Atlas Historique et Culturel de la France*, Paris.

Darby, H. C. (Hrsg.) (1970), *The New Cambridge Modern History*, vol. 14, Cambridge.

Eisenstadt, Shmuel Noah (2001), »Vielfältige Modernen«, in: *Zeitschrift für Weltgeschichte* 2, H. 1, S. 9–34.

Fischer, Wolfram (1985), »Wirtschaft und Gesellschaft Europas 1850–1914«, in: ders. (Hrsg.), *Europäische Wirtschafts- und Sozialgeschichte von der Mitte des 19. Jahrhunderts bis zum Ersten Weltkrieg*, 6 Bde., Stuttgart, Bd. 5, S. 10–208.

Hárs, Endre u. a. (Hrsg.) (2006), *Zentren, Peripherien und kollektive Identitäten in Österreich-Ungarn*, Tübingen.

Hettner, Alfred (Hrsg.) (o. J.), *Spamers Grosser Hand-Atlas in 150 Kartenseiten nebst alphabetischem Namensverzeichnis*, Leipzig.

42 Vgl. Strachan, *War and Society*, und Showalter, »*Plans*«, S. 35–81.

43 Der meines Erachtens allerdings bis in die achtziger Jahre und darüber hinaus bis heute dauert. Vgl. Nolte (1982), *Welt*, S. 147–151.

Knick Harley, C. (Hrsg.) (1996), *The Integration of the World Economy 1850–1914*, 2 Bde., Cheltenham.
Lay, Maxwell G. (1994), *Vom Trampelpfad zur Autobahn*, Frankfurt am Main.
Lee, Richard (1998), »The Incorporation of West-Africa«, in: Paul S. Ciccantell/Stephen G. Bunker (Hrsg.), *Space and Transport in the World-System*, Westport/Conn., S. 152–168.
Matuschka, Edgar Graf von (1983), »Organisationsgeschichte des Heeres 1890–1918«, in: *Deutsche Militärgeschichte*. Begründet von Hans Meier-Welcker, 6 Bde., Herrsching, Bd. 3, S. 157–282.
Meschkat-Peters, Sabine (2001), *Eisenbahnen und Eisenbahnindustrie in Hannover 1835–1914*, Hannover.
Mitchell, B. R. (1992) (Hrsg.), *International Historical Statistics. Europe 1750–1988*, 3. Aufl., London.
Najar, Baldev Raj (1998), »Power and the Shaping of Markets«, in: Paul S. Ciccantell/ Stephen G. Bunker (Hrsg.), *Space and Transport in the World-System*, Westport/Conn., S. 36–60.
Nolte, Hans-Heinrich (1982), *Die eine Welt*, Hannover.
— (Hrsg.) (1991), *Internal Peripheries in European History*, Göttingen.
— (Hrsg.) (1997), *Europäische innere Peripherien im 20. Jahrhundert*, Stuttgart.
— (Hrsg.) (2002), *Innere Peripherien in Ost und West*, Redaktion Klaas Bähre, Stuttgart.
— (2003), *Kleine Geschichte Russlands*, 3. Aufl., Stuttgart.
— (2005), *Weltgeschichte. Imperien, Religionen und Systeme*, Wien.
— (Hrsg.) (2006), *Geschichte der USA*, Teil I, Schwalbach.
Nolte, Heinrich (1991), *Vom Cannae-Mythos*, Göttingen.
O'Brien, Patrick (1994), »Transport and Economic Development in Europe 1789–1914«, in: ders. (Hrsg.), *The Industrial Revolution in Europe*, 2 Bde., London, Bd. 1, S. 253–280.
Rehbein, Klaus (2005), *Die westdeutsche Oder/Neiße-Debatte. Hintergründe, Prozess und das Ende des Bonner Tabus*, Münster.
Roeder, Jean (1990), *Bombenflugzeuge und Aufklärer*, Koblenz.
Schlögel, Karl (2006), *Im Raume lesen wir die Zeit*, Neuausgabe Frankfurt am Main.
Schmidt, Gerhard (1994), *Regionalgeschichte als Heimatgeschichte*, Hannover.
Schneider, Ute) (Hrsg.) (2004, *Die Macht der Karten*, Darmstadt.
Schottenhammer, Angela (2004), »Landwirtschaftliche Entwicklungen in Ostasien«, in: Sepp Linhart/Susanne Weigelin-Schwiedrzik (Hrsg.), *Ostasien 1600–1900*, Wien, S. 139–158.
Scobel, A. (Hrsg.) (1901), *Velhagen und Klasings Neuer Volks- und Familienatlas*, Bielefeld.
Scott, Roy V. (1985), *Railroad Developments Programs in the Twentieth Century*, Ames/Iowa.
Showalter, Dennis (2003), »Plans, Weapons, Doctrines. The Strategic Cultures of Interwar Europe«, in: Roger Chickering/Stig Förster (Hrsg.), *The Shadows of Total War*, Cambridge, S. 35–81.
Smil, Vaclav (2005), *Creating the Twentieth Century, Technical Innovations of 1867–1914 and their lasting Impact*, Oxford.
Strachan, Hew (2003), *War and Society in the 1920s and 1930s*, in: Roger Chickering/Stig Förster (Hrsg.), *The Shadows of Total War*, Cambridge, S. 35–81.
Trapp, Wolfgang/Wallerus, Heinz (2006), *Handbuch der Maße, Zahlen, Gewichte und der Zeitrechnung*, 5. Aufl., Stuttgart.

Wallerstein, Immanuel (1986–2004), *Das moderne Weltsystem*, 3 Bde., Frankfurt am Main, Wien.

Wittram, Reinhard (1963), *Das Interesse an der Geschichte*, 2. Aufl., Göttingen.

Wolf, Winfried (1992), *Eisenbahn und Autowahn*, Neuausgabe Hamburg.

Zang, Gert (1982), »Eine Region wird peripher. Stadt und Kreis Konstanz in der zweiten Hälfte des 19. Jahrhunderts«, in: Pankraz Fried (Hrsg.), *Probleme der Integration Ostschwabens in den bayrischen Staat*, Sigmaringen.

7. Verkehr und Infrastruktur in der Zeit der beiden Weltkriege

Dirk van Laak

Im historischen Rückblick auf das 20. Jahrhundert wird die Zwischenkriegszeit immer stärker auf einheitliche Merkmale hin durchmustert. Von einem »Zweiten Dreißigjährigen Krieg« ist die Rede, von einer Epoche der »Weltbürgerkriege«, von den »Krisenjahren der klassischen Moderne«. Eine unheimliche Dynamik zeichnete die Jahre zwischen 1914 und 1945 aus, zugleich eine Suche nach neuen, zu Extremen neigenden Ordnungsentwürfen, so dass Stefan Zweig 1942 in seinem Rückblick auf »Die Welt von gestern« feststellte, keine Generation zuvor hätte je unter solchem Wandlungsdruck gestanden und solche Unsicherheit an Überzeugungen, aber auch an Leib und Leben erfahren.[1]

Dem »Verkehr« kam in dieser Phase eine zentrale, aber auch fundamental ambivalente Bedeutung zu – er wurde zur Signatur einer ganzen Epoche. Fast alles geriet in Fluss. Verkehrsträger griffen weiter aus und integrierten mehr Raum als je zuvor, doch waren die Wirkungen dieses Prozesses zugleich unklarer denn je. Der Faszination für die neuen Möglichkeiten der Raumerschließung standen bei allen, die noch von der »Homogenität« politischer Einheiten ausgingen, Befürchtungen einer schädlichen »Durchmischung« von Gebieten, Gesellschaften und Kulturen entgegen. In der Konsequenz siegte die Eigendynamik des Verkehrs jedoch in den meisten Fällen gegen alle Versuche, ihn in seinen Wirkungen und Folgen zu beschränken. Doch erreichte er erst nach dem Zweiten Weltkrieg wieder eine Geschwindigkeit und einen Umfang, die der »Weltverkehr« vor dem Ersten Weltkrieg schon einmal erreicht hatte.[2]

1 Vgl. das Vorwort zu Zweig, *Welt.*

2 Vgl. Laak (2008), »Hochstraßen«.

Diffuse Raumbilder

In der Perspektive einer Globalisierung stellt sich die Zeit von 1914 bis 1945 aber nur insofern als eine retardierende Phase dar, als der optimistische Glaube an eine weltwirtschaftliche Integration seit dem Ersten Weltkrieg und zusätzlich nach der Weltwirtschaftskrise deutlich abgedämpft wurde. Neue, stärker regional und national ausgerichtete Raumbilder entstanden.[3] Ob dies auf der Ebene konkreter grenzüberschreitender Verkehrsvernetzung einen Rückschritt bedeutete, ist eine andere Frage, die aus technikhistorischer Sicht wohl eher verneint werden muss.[4] Der Befund eines sich stetig ausweitenden Verkehrs ist aber Ausgangspunkt für das Bemühen gewesen, die Wirkungen des Verkehrs, ob positive oder negative, einer stärkeren *politischen* Kontrolle zu unterwerfen und sie enger an nationale Interessen rückzubinden.

Technisch erschien die Zwischenkriegszeit als eine Phase der buchstäblich unbegrenzten Möglichkeiten. Natürliche Hürden schienen mittlerweile durch Überbrückungen und Untertunnelungen jederzeit überwindbar zu sein, bis man ernsthaft über Erdtangenten-Bahnen nachdachte, um das letzte an Beschleunigung herauszuholen. Bernhard Kellermanns Roman »Der Tunnel« hatte 1913 ein Muster für die Phantastik (verkehrs-)technischer Großtaten geprägt und damit den Primat der Humangeographie gegenüber der physischen Geographie postuliert.[5] Wo immer »die Politik« technischen Experten Spielräume schuf, sich zu erproben, wurden diese meist begeistert ergriffen. Aber auch populäre Imaginationen waren von den Möglichkeiten und Gefahren der Energie- und Rohstoffversorgung wie der Verkehrsentwicklung affiziert, kaum etwas schien technisch unmöglich. Zu Ikonen der modernen Möglichkeiten wurden Bilder wie aus Fritz Langs Film »Metropolis« von 1926, in denen sich Visionen einer mehrschichtigen, von unterschiedlichen Verkehrsträgern durchzogenen Großstadtlandschaft einprägten.

Zunehmend war nun von einer »Verkehrswissenschaft« die Rede, die im »Weltverkehr« den maßgeblichen Agenten globaler Veränderungen wahrnahm

---

3 Charakteristisch für die Erwartung neuer Raumbilder Haushofer, Vogel, *Weltwirtschaftsdämmerung*.

4 Hierzu die Forschungsgruppen »Tensions of Europe« bzw. »Transnational Infrastructures and the Rise of Contemporary Europe«. Exemplarisch: Vleuten, Kaijser, *Networking*, und Vleuten, Anastasiadou, Lagendijk, Schipper, »Europe's System Builders«, S. 321–347. Vgl. auch den Beitrag von Gijs Mom über »Writing »Europe«: The Dutch Case« in diesem Band.

5 »Die Verkehrstechnik besonders, die an den Ländergrenzen nicht halt macht, hat aber auch die hohe Mission zu erfüllen, die Völker einander näher zu bringen und gegenseitiges Verständnis und Achtung zu wecken.« Römer, *Wunder*, S. 9f.

Die Verkehrsmittel der Zukunft.

In den Lüften das Riesenfernflugzeug, für den Landverkehr der diesel-elektrische Stromlinienzug und der „Windhund“ der Autobahnen, ein Einspurfahrzeug mit einziehbarem Hilfsfahrwerk. Im Wasser der Expreßgleiter. (Zeichnung: H. u. B. von Römer.)

Abb. 7.1: Schneller, höher, weiter – Die Verkehrsmittel der Zukunft machten den Menschen zu Insassen einer rasanten Raumbewältigung

Quelle: Roemer, Technische Wunder, Vorsatz.

und politischen Entscheidungsinstanzen zuarbeitete.[6] Auch Raumordnung und Raumplanung erkannten in Kommunikations- und Verkehrsträgern ihre primären Steuerungsinstrumente, und die Wirtschaftswissenschaften gingen über die bis dahin eher statischen Standorttheorien sowie die Unterordnung des Verkehrs unter die »fixen Kosten« langsam hinaus.[7] Dass »öffentliche Arbeiten« wie der Kanal- oder Straßenbau zusätzlich als beschäftigungspolitische Instrumente einer staatlichen Konjunkturförderung aufgewertet wurden, gehörte dann vor allem zu den Reaktionen auf die Weltwirtschaftskrise.[8]

Namentlich die politisch aufgeladene Erdkunde jedoch, die sich in Deutschland nach dem Versailler Vertrag zu geopolitischen Spekulationen größten Ausmaßes steigerte, begriff den Raum nicht länger als etwas Statisches, sondern als etwas ungemein Dynamisches, das es in seinen Bewegungsgesetzen zu verstehen galt. Der Verkehr bildete einen zentralen Agenten der »Raumbewältigung«, die von Friedrich Ratzel ausgehend zu einem »Gesetz der wachsenden Räume« emporwuchs, um schließlich bei Halford Mackinder und Karl Haushofer als eine Weltgeschichte der »raumüberwindenden Mächte« interpretiert zu werden.[9] Dabei wurde im Zuge nationaler Rivalität ein Gegensatz konstruiert zwischen »raumgebundenen« sowie »raumunabhängigen« Völkern. Oft wurde konstatiert, den Engländern ginge es bei ihrer Außenpolitik vor allem um die Sicherheit ihrer weltweiten Verkehrswege.[10] Andere verglichen Großbritannien gar mit einer Spinne, die von London aus ein weltweites Netz kontrolliere.[11]

Die wohl am meisten verbreitete Auffassung über die Wirkungen des Verkehrs charakterisierte der Ingenieur Georg Sinner folgendermaßen:

»Der Verkehr bestimmt die Richtung, die die Besiedlung nehmen wird, und bereitet auch der Kultur den Weg. Eine Folgerung daraus ist, dass er über die Volkswirtschaft eines Landes hinausgreift, die weltwirtschaftliche Verflechtung der Völker herbeiführt, Kulturkreise und Erdteile einander näher bringt und somit auch ein Faktor der hohen Politik wird. Wäre es einzelnen Völkern oder Rassen möglich, sich eine verkehrstechnische oder verkehrswirtschaftliche Überlegenheit dauernd zu erhalten, dann wäre auch ihre Herrschaft stets gewährleistet. Wir sehen diese Erkenntnis durch Geschichte und Politik bestätigt – manchmal aber

---

6 Nach den Pionieren der Verkehrswissenschaft wie Friedrich List, Karl Knies und Emil Sax waren für die Zwischenkriegszeit charakteristisch etwa die Schriften Blums, *Weltverkehr* oder Hennigs, *Wege des Verkehrs*.

7 Vgl. Wiedenfeld, »Einfluss«, S. 1–28.

8 Hier wurden vor allem unerschlossene Gebiete innerhalb und außerhalb der nationalen Territorien angesteuert, vgl. Karstedt, *Bekämpfung*, und Schäfer, »Weltverkehr«.

9 Hesse, »Gesetz«, S. 1–4. Vgl. auch Murphy, *Heroic Earth*, sowie Diekmann, Krüger, Schoeps, *Geopolitik*.

10 Schmitt (1939), *Großraumordnung*.

11 Rein, »Grundzüge«, S. 611f.

auch deren Umkehrung: Verkehrsmittel werden geschaffen zur Festigung der eigenen Macht, oder man sucht die gefährlichen verkehrsmäßigen Verknüpfungen und ›geopolitischen Einheiten‹ durch Schutzzonen und Mauern, durch Paßschikanen, Schutzzölle und Devisensperren zu lösen oder zu unterbinden.«[12]

In der Tat war die Zwischenkriegszeit weniger von der Utopie transkontinentaler oder gar weltumspannender Verkehrswege geprägt, wie noch vor dem Ersten Weltkrieg, sondern sehr viel stärker von dem Bemühen, die Fließrichtungen des Verkehrs auf überschaubare und tendenziell autarke Räume zu beschränken.[13] Hier stand die Erfahrung des Ersten Weltkriegs im Hintergrund, also die Möglichkeit zu einer Blockade des transnationalen Verkehrs, vor allem der Rohstoff- und Warenströme. Der Autarkiegedanke überblendete den Verkehr zugleich mit organischen Metaphern. Verkehrsströme wurden gern als »Venen« oder »Arterien« beschrieben, die einen arbeitsteiligen Volks- und Wirtschaftskörper gleichsam »durchbluten«. Infrastrukturen wurden in der Formulierung des österreichischen Publizisten Anton Zischka zu »Lebensadern der Gemeinschaft«.[14]

Folglich galt auch die strategische Aufmerksamkeit zunehmend solchen »Hauptschlagadern« des Weltverkehrs. Nicht zuletzt aus diesem Grund war die 1940 von den Briten fertig gestellte Bagdad-Bahn den Deutschen im Ersten Weltkrieg entwunden worden, um die »Aorta des britischen Empire«, den Suezkanal, vor unliebsamer Konkurrenz zu schützen.[15] Allzu bewusst war man sich, dass verkehrstechnisch erschlossene Territorien über den Verkehr codiert und über »imperiale Infrastrukturen« auf das eigene technische und kulturelle System geeicht werden konnten.[16] Die Erwartungen an Verkehrsträger als »trojanische Pferde« der westlichen Zivilisation waren weitreichend, gerade in den europäischen Kolonien beobachtete man aufmerksam, wie sich die »heimlichen Lehrpläne« des Technologietransfers entfalteten und wie rasch sich die einheimischen Bevölkerungen an »den stärksten und überzeugendsten Träger moderner Kultur« – gemeint war hier die Eisenbahn – gewöhnten.[17]

12 Sinner, *Europa*, S. 114.

13 Vgl. exemplarisch Daitz, »Richtungsänderung«, S. 60–68, wo er prognostiziert, die neue europäische Ordnung unter deutscher Führung laufe auf eine Wiederherstellung des alten kontinentaleuropäischen Wirtschafts-, Verkehrs- und Kulturkreislaufs hinaus, welcher der hansische gewesen sei (S. 66f.).

14 Zischka, Anton (1944), *Lebensadern der Gemeinschaft*, unveröffentlichtes Manuskript im Nachlass Anton Zischka, Archiv des Deutschen Museums München (NL 184).

15 Vgl. Hartig, »Bagdadbahn«, S. 543–547. Einen weiteren Grund stellte der Zugriff auf die für das Verkehrswesen immer wichtiger werdenden Erdölvorkommen des Nahen Ostens dar.

16 Hierzu Laak, *Infrastruktur*.

17 Hennig, *Hauptwege*, S. 180.

Die vitalistische Aufladung der Begrifflichkeit signalisierte aber auch die Möglichkeit neuer Gefahren. *Unerwünschter* Verkehr konnte die Homogenität eines Raums und einer Gesellschaft bedrohen, er war schwer kontrollierbar und schien eine Reihe von »ungesunden« Folgen zu zeitigen. Die kulturkritische Wahrnehmung der Zwischenkriegszeit konstatierte eine zunehmende »Entwurzelung« des modernen Massenmenschen, der sich ungebunden im Raum zu bewegen, in der Masse zu verschwinden und im Verborgenen sein Unwesen zu treiben vermag. Dass sich diese Vorstellung antisemitisch aufladen konnte, weil sie an überlieferte Bilder – etwa vom »wandernden Juden« – anknüpfen konnte, liegt auf der Hand. In der Konsequenz war man in Deutschland nach 1933 darum bemüht, »Gemeinschaftsfremden« den Zugang zu freiem Verkehr und zu öffentlichen Verkehrsmitteln so schnell wie möglich zu beschneiden. Umgekehrt blieb die freie Fahrt über politische Grenzen hinweg vorerst gutsituierten Abenteurern sowie professionellen Weltvermittlern möglich. Reiseschriftsteller und »rasende Reporter« stillten das populäre Bedürfnis nach Weltläufigkeit gleichsam stellvertretend; den einfachen Bürgern blieben vorerst imaginäre Möglichkeitsreisen über Kursbücher und Fahrpläne.[18]

Feinerschließung

Die organische Umschreibung des Verkehrs war nicht das einzige, vielleicht nicht einmal das vorherrschende Vokabular dieser Jahre. Daneben etablierte sich eine betont sachliche, an Effizienz-Kriterien orientierte Sprache der technischen Eliten. Beide Redeweisen konstatierten fasziniert, wie sich unterschiedliche Verkehrsträger seit dem ausgehenden 19. Jahrhundert zunehmend mehrdimensional vernetzten und sich zu großtechnischen Systemen der Raumüberwindung und der Logistik ausweiteten. Diese Entwicklung folgte im Einzelnen den Erfordernissen der Verkürzung und der Beschleunigung, war aber keineswegs ein gradliniger, einem Masterplan folgender Prozess. Wie bei anderen Infrastrukturen, etwa der Elektrizitätswirtschaft, wurde in der Zwischenkriegszeit auch für die Verkehrsträger fortgesetzt diskutiert, wer für die Bereitstellung und den Betrieb überhaupt zuständig sei: öffentliche, private oder gemischtwirtschaftliche Unternehmen.[19] Für die deutsche Eisenbahn entschied sich die Organisationsfrage nach 1918 schließlich zugunsten des

18 Zur Rolle des Kursbuches vgl. Krajewski, *Restlosigkeit*, S. 32ff.
19 Hughes, *Networks*.

Staates. Die Deutsche Reichsbahn wurde in der Folge zum größten Arbeitgeber sowie zum »most valuable asset of the Reich«.[20]

Hiermit einher ging die Feinerschließung urbaner Zentren durch den öffentlichen Nahverkehr.[21] Seit der Eröffnung der ersten Untergrundbahn in London im Jahr 1863 rivalisierten europäische Städte miteinander um das Prestige eines solchen Verkehrsträgers. Nach dem Ersten Weltkrieg erregten zunächst Madrid und Barcelona, dann aber vor allem die 1935 fertiggestellte Moskauer Metro Aufsehen. Das stalinistische Vorzeigeprojekt ist bis heute die meistgenutzte U-Bahn der Welt.[22] Weniger reiche oder beherzte Kommunen bauten auf die Straßenbahn oder einen öffentlichen Omnibusverkehr, der meist auch das Umland urbaner Zentren mit erschloss. Bahn und Bus verweisen dabei auf den sich abzeichnenden Dauerkonflikt zwischen Schiene und Straße, zwischen leitungsgebundenem und motorgetriebenem Verkehr, der heftige Rivalitäten und Verdrängungswettbewerbe zur Folge hatte und bis heute unentschieden geblieben ist. Der öffentliche Nahverkehr erweiterte aber die Einzugsbereiche des Handels- und Reiseverkehrs und gestaltete auch die Stadtplanung nachhaltig mit. Weit vor der automobilen Diffusion in eine suburbane Schnittmenge begann sich hierdurch der traditionelle Stadt-Land-Gegensatz weiter einzuebnen. Zentral vorgehaltene Verkehrsmittel bildeten darüber hinaus den Kern dessen, was in dieser Zeit als »Versorgungsbetrieb« bzw. als *public utility* und später, vor allem in der Boomphase der Nachkriegsjahre – mit fortgesetzter Tendenz zur Ausweitung staatlicher Zuständigkeit – als »Infrastruktur« bezeichnet wurde.[23]

Schneller, höher und weiter

Trotz dieser Tendenz zur staatlichen Regulierung am eindrucksvollsten vollzog sich in der Zwischenkriegsphase der Aufstieg des Individualverkehrs. Er konzentrierte sich zunächst auf Fahrräder und, vor allem in Deutschland, auf motorgetriebene Zweiräder. Dann jedoch rückte er rasch das Automobil ins Zentrum der Entwicklung und – was vielleicht noch wichtiger ist – ins Zentrum der populären Begehrlichkeit.[24] Der weltweite Kraftwagenbestand explodierte von rund 2,2 Millionen Kraftfahrzeugen im Jahr 1914 auf über 63 Milli-

20 Mierzejewski, *Asset.*

21 Vgl. Dienel, Schmucki, *Mobilität.*

22 Neutatz, *Moskauer Metro.*

23 Vgl. Zwicky, *Utilities*, S. 9, und Laak (1999), »Infrastruktur«, S. 280–299.

24 Sachs, *Liebe.*

onen im Jahr 1950.[25] Die USA war in Bezug auf den Fahrzeugbestand das unbestrittene Pionierland, hier fuhren im Jahr 1938 schon über acht Millionen Fahrzeuge, während es zur gleichen Zeit in Großbritannien erst 2,5 Millionen, in Frankreich 2,3 Millionen und in Deutschland lediglich 1,7 Millionen waren. Die Dramatik der steigenden Zahlen erhellt schon aus dem Umstand, dass es im Deutschen Reich im Jahr 1921 erst gut 92.000 Fahrzeuge gewesen waren.[26] Die Fahrzeuge eroberten sich rasant das öffentliche Wegenetz, wobei hier vor allem auch der Überhang an Lastkraftwagen einzubeziehen ist, der seit dem Ersten Weltkrieg produziert wurde, um in der Folge zu zivilen Zwecken »umgenutzt« zu werden. Sie ermöglichten eine starke Ausweitung der Warenströme, dabei verlängerten – und anonymisierten – sie die Verbindungen zwischen Produzenten und Konsumenten.

Das Automobil wurde zu einem Alltagsphänomen mit buchstäblich platzgreifenden Effekten. Pferde und Kutschen verschwanden immer mehr aus der Öffentlichkeit – sie hielten dem steigenden Verkehrstempo nicht Stand. Auch Fußgänger wurden auf »Gehwege« verbannt. Die 1926 erlassene und 1934 noch einmal revidierte reichseinheitliche Straßenverkehrsordnung sprach den Verkehrsteilnehmern eigene Straßensegmente zu – freilich mit einem deutlichen Primat für das Kraftfahrzeug. Wandern und Spazierengehen verlagerte sich fortan in die Naturreservate, das Flanieren beschränkte sich immer stärker auf Boulevards und auf Einkaufszentren. Widerstände gegen den Sog zum Individualverkehr schienen zwecklos – auch wenn der Schweizer Kanton Graubünden den Kraftverkehr noch bis ins Jahr 1925 zu verbieten vermochte.

Die nachhaltigste Innovation der Zeit zwischen dem Ersten und dem Zweiten Weltkrieg war jedoch der aus der Idee des individuellen Kraftverkehrs erwachsende ökonomisch-technisch-soziale Komplex. Die industrielle Entwicklung stellte sich immer stärker auf den Fahrzeugbau ein, der sich zusammen mit der Mineralölwirtschaft in vielen europäischen Ökonomien zum Leitsektor entwickelte. Neue Fertigungskonzeptionen, etwa das Fließband, setzten sich nach dem Ersten Weltkrieg auch in Europa rasch durch. Als hierzu passende Wirtschafts- und Gesellschaftslehre etablierte sich der »Fordismus« als ein sich selbst verstärkender Marktkreislauf, der die Produzenten eines Fahrzeuges – zumindest potentiell – gleichzeitig zu dessen Abnehmern machte und Erwartungen an einen Konsum schürte, der mit sozialem Aufstieg konnotiert wurde.

Fortgesetzte Innovationen im Technischen sowie sich rasch ablösende Moden im Design oder bei der Ausstattung trieben das stetige Wachstum

25 Napp-Zinn, *Verkehrswissenschaft*, S. 75.
26 Braun, *Energiewirtschaft*, S. 109.

dieses Wirtschaftszweiges ebenso voran wie neue Methoden der Bewerbung und der Weckung des Bedarfs. Dabei wurden Fords T-Modell, Opels »Laubfrosch« oder der Austin Seven zwar zu Initialzündern der Massenmotorisierung, langfristig aber auch zu marktwirtschaftlichen Sackgassen, weil die langsame Sättigung der Märkte zu einer immer stärkeren Diversifizierung des Angebotes drängte.[27] Die Luxussegmente des Fahrzeugmarktes blieben durch die Nachfrage nach Besonderheiten, Unikaten und maßgeschneiderter Handarbeit geprägt, der Breitengeschmack durch die Nachfrage nach gleichsam absinkenden Luxusgütern – ein sich selbst verstärkender Kreislauf der Moden und Innovationen.[28]

Die individuelle Verheißung einer raschen Erweiterung der Bewegungsradien sowie der Erfahrungshorizonte verlangte zugleich nach buchstäblich grundlegenden Fundamenten. Spätestens seit der Eröffnung der Avus im Jahr 1921 gab es in Deutschland, Italien und den USA durchaus koordinierte Initiativen zu einem Fernstraßenbau, dessen Finanzierung und Betrieb aber zwischen öffentlichen und privaten Trägern national jeweils unterschiedlich aufgeteilt wurde.[29] Die Mythen des Autobahnbaus sind inzwischen weitgehend erhellt.[30] Sinnfällig für die Zwischenkriegszeit war, dass hier ein Verkehrsträger nicht nur *ahead of demand*, also vorgängig zu jeder Nachfrage erstellt wurde, um den Verkehr gleichsam magnetisch anzuziehen. Zudem wurde der Straßenbau in seinen regulativen Funktionen für die Ordnung von Raum und Gesellschaft eingesetzt, obwohl der Besitz und der Betrieb von Kraftfahrzeugen weiterhin eine weitgehend private Angelegenheit war.

Im Ansatz stecken blieb dagegen bis zum Ausbruch des Zweiten Weltkrieges, vor allem wegen der eingeschränkt bleibenden Kaufkraft, der Massentourismus. Das mit dem Verkehr korrelierende Ausflugswesen begann jedoch zu einem wichtigen Freizeitfaktor zu werden, bevor in den dreißiger Jahren des 20. Jahrhunderts ein fester Jahresurlaub die gezielte Planung von Erholungsreisen ermöglichte. Reisebüros appellierten zunehmend an das Fernweh, organisierte Fahrten sollten »Kraft durch Freude« spenden und erreichten ansatzweise schon die norwegische Küste und das Mittelmeer. Auch dieser Reiseverkehr zeitigte weitreichende Folgen: Neben der Anlage von Wegen, Tankstellen, Motels oder Restaurants erforderte er auch die touristische Erschließung potenzieller Zielgebiete. Freilich gerieten alle Urlaubsmagneten dadurch in den

27 Ebd. S. 107.

28 Zur Bedeutung des Luxuskonsums vgl. die zeitgenössischen Theorien von Veblen, *Theorie*, sowie Sombart, *Liebe*.

29 Vgl. etwa die Beiträge zum »Netzwerk Autobahn« in: WerkstattGeschichte, H. 21 (1998).

30 Schütz, Gruber, *Mythos*. Vgl. auch den Beitrag von Rainer Ruppmann über »Das System der Autobahnen und ihre kulturellen Mythen« in diesem Band.

bis heute unlösbaren Widerspruch, einerseits authentische Fremdheit, andererseits die Bequemlichkeit infrastruktureller Vertrautheit sowie »mitteleuropäische« Komfortstandards bieten zu müssen.[31]

Entgrenzungen

Wenn auch in der Zwischenkriegszeit die technische Entwicklung keineswegs stagnierte, so wandelte sich dennoch die verkehrstechnische Bedeutung des Schiffsverkehrs. Schien ihm für den aufziehenden Massentourismus noch einmal eine große Zukunft bevorzustehen, konnte es der Passagierverkehr über See jedoch ansonsten mit dem Flugzeug langfristig immer weniger aufnehmen. Für die Fischerei und den Gütertransport blieben Schiffe essentiell, während sie auch in Bezug auf die Militärstrategie den Höhepunkt ihrer Bedeutung bereits überschritten hatten. Noch immer jedoch wurde die Flottenpolitik als Ausweis staatlicher Macht und globaler Einsatzfähigkeit verstanden, und der »Navalismus« der Vorkriegszeit wirkte durchaus nach.[32] Im Übrigen zeigte sich auch für den maritimen Verkehr das verbreitete Bild evolutionären technischen Fortschritts: Die Fracht- und Passagierschiffe wurden größer und schneller, das Segeln reduzierte sich demgegenüber immer mehr zu einem Freizeitsport. Im Zweiten Weltkrieg spielte die Marine wie schon im Ersten eine zwar nicht unerhebliche, aber keine kriegsentscheidende Rolle mehr. Schiffe blieben als Transportfahrzeuge dennoch von lebenswichtiger Bedeutung, nicht zuletzt für die Ströme an Flüchtlingen und Auswanderern. Dass unter der formellen Leitung des Großadmirals Karl Dönitz das Deutsche Reich unterging, mag man – wie manch anderes Ereignis in der Geschichte der Seefahrt – symbolisch nehmen.[33]

Der vielleicht revolutionärste Verkehrsträger dieser Jahre, das Flugzeug, stellte sich schon rein sprachlich in die Tradition des Schiffsverkehrs. Von Flug*häfen* war die Rede, von Flug*kapitänen*, von der Luft*hansa*, die eine *Flotte* an Maschinen aufbaute. Die Analogien stachen zunächst für den Zeppelin ins Auge, dessen Manövrierfähigkeit in der Tat großen Schiffen ähnelte. Die Konjunktur der Zeppeline endete freilich schon 1937 im amerikanischen Lakehurst

31 Spode, *Reiseweltmeister*. Vgl. auch den Beitrag von Thomas Zeller über »Die Herstellung von Landschaft« in diesem Band.

32 Laak (2000), *Alfred T. Mahan*, S. 257–282.

33 Ebenso sinnfällig waren die Selbstversenkung der deutschen Flotte vor Scapa Flow, der Angriff der japanischen Luftwaffe auf die amerikanische Flotte in Pearl Harbor sowie der Untergang des deutschen Segelschulschiffs »Pamir« im Jahr 1957.

– wie ein Vierteljahrhundert zuvor im Falle der Titanic – mit einer symbolischen Katastrophe. Sie gab konkurrierenden Verkehrsträgern die Chance, durchzustarten. Das Flugwesen tat dies mit der technisch vielleicht einzig wirklich nachhaltigen Innovation dieser Phase, der Gasturbine, mit der sich das Zeitalter des Düsenantriebs und des Raumflugs abzeichnete.[34]

Vorerst war die Zwischenkriegszeit jedoch noch immer eine Experimentier- und Pionierphase des Flugverkehrs mit zahlreichen Hybridentwicklungen: Flugboote, Schienenzeppeline, Katapultflugzeuge und schwimmende Flughäfen. In der Luft schien die Welt noch einmal neu verteilt zu werden.[35] Hier galt es, Stützpunkte zu errichten, Flugbahnen zu beschreiben und jenseits jeder »Erdraumlogik« neue Netzwerke zu knüpfen. Die dritte Dimension machte viele der geopolitischen Spekulationen über terrestrische oder maritime Lebensweisen obsolet. In seinem sentimentalischen Rückblick auf die vergehende Epoche des Gegensatzes zwischen »Land und Meer« sprach Carl Schmitt 1942 daher von einer »Raumrevolution«.[36] Und der amerikanische Präsidentschaftskandidat Wendell Willkie meinte im Jahr darauf nach einer Weltreise, aus dem Flugzeug heraus die *eine*, unteilbare Welt gesehen zu haben, in der sich über kurz oder lang alles miteinander verschränke. Die moderne Verkehrstechnik erlaube daher keinen politischen Isolationismus mehr.[37]

Aus eben diesem Grund weitete sich daher wie schon der Erste auch der Zweite rasch zu einem Weltkrieg aus. Die Versuche zu einer Behinderung feindlichen Verkehrs durch Hürden wie die Maginot-Linie oder den Westwall erschienen nun wie hilflose Bemühungen einer vergangenen verkehrstechnischen Epoche. Die »totale Mobilmachung« und der »Blitzkrieg« setzten auf die Überwältigung des Gegners mit Hilfe rascher »Raumbewältigung« und einem gezielten Einsatz von Material. Die im Ersten Weltkrieg gewonnenen Erkenntnisse hatten zu einem Wettrüsten der militärisch nutzbaren Innovationen in sämtlichen Verkehrs- und Kommunikationssektoren geführt. Jede zivile, vor allem technologische Entwicklung bekam aus dem Blickwinkel der »Wehrhaftmachung« auch einen strategischen Aspekt. Hinter dem zeitgenössischen Schlagwort der »Autarkie« verbarg sich nicht zuletzt der Wunsch nach einer »Blockadesicherheit« im Konfliktfall. Spätestens mit Ausbruch des Zweiten Weltkrieges wurde jeder Verkehr von Material und Information militärischen Kalkülen unterworfen. Mit dem 1. September 1939 begann ein Wettlauf um die Besetzung strategischer Knotenpunkte und Rohstoffquellen, um eine Überwältigung durch Geschwindigkeit und die Kontrolle der »Schlagadern«

34 So die These von Smil, *Creating.*

35 Vgl. Fritzsche, *Nation.*

36 Schmitt (1942), *Land.*

37 Willkie, *Welt.*

des Verkehrs. Die Folge war eine Entgrenzung der Kriegführung auf vielerlei Ebenen, zu der das Transportwesen Entscheidendes beitrug.

Ob die Probleme der Logistik, der Material- und Rohstoffversorgung letztlich kriegsentscheidend waren, ist eine Frage der Interpretation. Auch der Bombenkrieg zielte auf die »Achillesfersen« des Verkehrs, um die Mobilität eines deutschen Aggressors zu lähmen. Der stellte nach seinen anfänglichen Erfolgen inzwischen jede historisch gewachsene Struktur in Europa zur Disposition:

»In ihren Zukunftsentwürfen sahen die Planer Verkehrsadern, Rohstoffreserven, Gebiete und Menschen als gleichrangige ›Faktoren‹. Transportprobleme, ›Ernährungsengpässe‹ und die Beseitigung der ›Überbevölkerung‹ stellten aus ihrer Perspektive gleichermaßen Sachzwänge dar, die mit den Mitteln moderner, rationeller Planung und Verwaltung zu bewältigen seien. Die bürokratische und wissenschaftliche Versachlichung des Massenmords ließ moralische Skrupel gar nicht erst aufkommen.«[38]

Dass die allgemeine Unsicherheit an Leib und Leben, von der Stefan Zweig 1942 schrieb, dem Verkehr während und nach dem Zweiten Weltkrieg bei Deportationen, Vertreibungen und Fluchtbewegungen eine so existenzielle Bedeutung verlieh, hatte bis dahin wohl niemand für möglich gehalten.[39]

Neue Horizonte

Zusammenfassend kann festgestellt werden, dass der Verkehr in der Zeit der beiden Weltkriege eine entscheidende Durchgangsphase erlebte – im Krieg wie im Frieden sowie in jedem politischen System. Aufgrund der expandierenden Verkehrs- und Kommunikationsträger wurde der Raum immer weniger als Begrenzung erfahren, vielmehr wurde er in Europa offensiver denn je gestaltet. Neue Verflechtungen und neue Raumbilder entstanden, wobei die politischen, sozialen und kulturellen Dimensionen des Verkehrs bereits offen diskutiert wurden. Ökonomen, Techniker und Politiker legten die zentralen Gestaltungselemente der räumlichen Integration aber unterschiedlich aus und unterwarfen sie der jeweils unterschiedlichen Rationalität des möglichst ungebremsten Warenflusses, der Effizienz, der Sicherheit oder des machtpolitischen Kalküls.

38 Aly, Heim, *Vordenker*, S. 484. Vgl. auch die Beiträge von Ralf Roth sowie von Alfred Gottwaldt in diesem Band.

39 Vgl. hierzu den Beitrag von Hans Lemberg über »Das Ende des Krieges – Evakuierung, Flucht, Vertreibung, Zwangsaussiedlung. Verkehrsgeschichtliche Aspekte« in diesem Band.

In technischer Hinsicht wurden ältere Verkehrsträger weiter optimiert und durch neue herausgefordert, die einen scheinbar irreversiblen Trend zur Individualisierung und Vermassung beförderten. Das Tempo stieg – nach subjektiven wohl noch stärker als nach objektiven Kriterien und avancierte zu einem Selbstzweck.[40] Zwar versuchten sich die Verkehrs- und Kommunikationsträger wechselseitig zu über- bzw. unterbieten, absorbierten in der paradoxen Konsequenz aber auch immer mehr an (Lebens-)Zeit. *Unterwegs* zu sein wurde geradezu emblematisch für den Zustand der mobilisierten Gesellschaft und für ein neues Lebensgefühl, auch wenn der Verkehr in dieser Phase noch weniger als Möglichkeit verstanden wurde, um fortzustreben, sondern vielmehr, um zusammenzukommen. Rennfahrer und Piloten waren die Helden der Epoche, aber auch der Alltag beschleunigte sich merklich. Horizonte öffneten sich, andere rückten näher. Die Lebensradien vieler Menschen erweiterten sich enorm, auch wenn zwischen der Pflicht und der Neigung zu Reisen weiterhin ein starkes soziales Gefälle verblieb, das sich erst nach dem Zweiten Weltkrieg nivellierte. Zugleich entstand in der Zwischenkriegszeit die Erwartung an eine möglichst zentral vorgehaltene Versorgung mit Infrastrukturen aller Art.[41] Sie bezog ihre Dynamik aus dem fortgesetzten Vergleich unterschiedlicher Entwicklungsniveaus in den europäischen Gesellschaften und wies bereits auf den Ausbau des modernen Wohlfahrtsstaates in der ökonomischen Boom-Phase der Nachkriegszeit voraus.

Literatur

Aly, Götz/Heim, Susanne (1993), *Vordenker der Vernichtung*, Frankfurt am Main.

Blum, Otto (1921), *Der Weltverkehr und seine Technik im 20. Jahrhundert*, 2 Bde., Stuttgart, Berlin.

Braun, Hans-Joachim (1992), *Energiewirtschaft, Automatisierung, Information seit 1914*. Propyläen-Technikgeschichte, Bd. 5, hrsg. von Wolfgang König, Berlin.

Daitz, Werner (1943), »Die Richtungsänderung der deutschen Verkehrswirtschaft (1936) sowie: Die Verkehrsidee im mitteleuropäischen Raum (1937)«, in: ders., *Der Weg zur völkischen Wirtschaft, europäischen Großraumwirtschaft und gerechten Weltordnung*, Teil II: *Der Weg zur europäischen Großraumwirtschaft*, Dresden, S. 60–68.

Diekmann, Irene/Krüger, Peter/Schoeps, Julius H. (Hrsg.) (2000), *Geopolitik. Grenzgänge im Zeitgeist*, Bd. 1.1: *1890 bis 1945*, Potsdam.

40 Vgl. den Beitrag von Peter Borscheid in diesem Band.

41 Vgl. Forsthoff, *Verwaltung*.

Dienel, Hans-Liudger/Schmucki, Barbara (Hrsg.) (1997), *Mobilität für alle. Geschichte des öffentlichen Personennahverkehrs in der Stadt zwischen technischem Fortschritt und sozialer Pflicht*, Stuttgart.

Forsthoff, Ernst (1938), *Die Verwaltung als Leistungsträger*, Stuttgart, Berlin.

Fritzsche, Peter (1992), *A Nation of Fliers. German Aviation and the Popular Imagination, Cambridge*, London.

Hartig, Paul (1940), »Die Bagdadbahn – Idee und Verwirklichung«, in: *Zeitschrift für Geopolitik* 17, S. 543–547.

Haushofer, Karl/Vogel, Walther (1934) (Hrsg.), *Weltwirtschaftsdämmerung. Festschrift zum zehnjährigen Bestehen des Weltwirtschafts-Instituts der Handels-Hochschule Leipzig*, Stuttgart.

Hennig, Richard (1913), *Die Hauptwege des Weltverkehrs*, Jena.

— (1939), *Wege des Verkehrs*, Leipzig.

Hesse, Fritz (1924), »Das Gesetz der wachsenden Räume«, in: *Zeitschrift für Geopolitik* 1, H. 1, S. 1–4.

Hughes, Thomas P. (1988), *Networks of Power. Electrification in Western Society, 1880–1930*, 2. Aufl., Baltimore, London.

Karstedt, Oskar (1931), *Internationale Bekämpfung der Arbeitslosigkeit durch Erschließung überseeischer Gebiete. Zugleich ein Beitrag zum Problem der Vergrößerung des Welthandelsvolumens*, Berlin.

Krajewski, Markus (2006), *Restlosigkeit. Weltprojekte um 1900*, Frankfurt am Main.

Laak, Dirk van (1999), »Der Begriff »Infrastruktur« und was er vor seiner Erfindung besagte«, in: *Archiv für Begriffsgeschichte* 41, S. 280–299.

— (2000), »Von Alfred T. Mahan zu Carl Schmitt. Das Verhältnis von Land- und Seemacht«, in: Irene Diekmann/Peter Krüger/Julius H. Schoeps (Hrsg.), *Geopolitik. Grenzgänge im Zeitgeist*, Bd. 1.1, *1890 bis 1945*, Potsdam, S. 257–282.

— (2004), *Imperiale Infrastruktur. Deutsche Planungen für eine Erschließung Afrikas, 1880 bis 1960*, Paderborn u. a.

— (2009), »Auf den Hochstraßen des Weltwirtschaftsverkehrs. Zur europäischen Ideologie der »Erschließung« im ausgehenden 19. Jahrhundert«, in: *Comparativ* (erscheint demnächst).

Mierzejewski, Alfred C. (1999), *The Most Valuable Asset of the Reich. A History of the German National Railway*, Bd. 1: *1920–1932*, Chapel Hill.

Murphy, David Thomas (1997), The Heroic Earth: Geopolitical Thought in Weimar Germany, 1918–1933, Kent, Ohio, London.

Napp-Zinn, Anton Felix (1968), *Verkehrswissenschaft*, Heidelberg.

Neutatz, Dietmar (2001), *Die Moskauer Metro. Von den ersten Plänen bis zur Großbaustelle des Stalinismus (1897–1935)*, Köln u. a.

Rein, Gustav Adolf (1924), »Grundzüge der Weltpolitik der letzten hundert Jahre«, in: *Zeitschrift für Geopolitik* 1, H. 10, S. 605–612.

Römer, Botho und Hans von (1935), *Technische Wunder von heute und morgen*, Minden.

Sachs, Wolfgang (1990), *Die Liebe zum Automobil. Ein Rückblick auf die Geschichte unserer Wünsche*, Reinbek.

Schäfer, Hans (1931), »Weltverkehr gegen Weltarbeitslosigkeit«, in: *Vossische Zeitung* v. 5. Juli.

Schmitt, Carl, (1939), *Völkerrechtliche Großraumordnung mit Interventionsverbot für raumfremde Mächte. Ein Beitrag zum Reichsbegriff im Völkerrecht*, Berlin.

— (1942), *Land und Meer. Eine weltgeschichtliche Betrachtung*, Leipzig.

Schütz, Erhard/Gruber, Eckhard (1996), *Mythos Reichsautobahn. Bau und Inszenierung der »Straßen des Führers« 1933–1941*, Berlin.

Sinner, Georg (1932), *Gefährdetes Europa. Schlote rauchen im Urwald. Ein Bild von der Zukunft Europas im Rahmen der Weltwirtschaft*, Stuttgart.

Smil, Vaclav (2005), *Creating the Twentieth Century. Technical Innovations of 1867–1914 and Their Lasting Impact*, Oxford, New York.

Sombart, Werner (1983), *Liebe, Luxus und Kapitalismus. Über die Entstehung der modernen Welt aus dem Geist der Verschwendung*, Berlin (zuerst 1912).

Spode, Hasso (2003), *Wie die Deutschen »Reiseweltmeister« wurden. Eine Einführung in die Tourismusgeschichte*, Erfurt.

Veblen, Thorstein (1971), *Theorie der feinen Leute. Eine ökonomische Untersuchung der Institutionen*, München.

Vleuten, Erik van der, u. a. (2007), »Europe's System Builders: The Contested Shaping of Transnational Road, Electricity and Rail Networks«, in: *Contemporary European History*, Bd. 16, H. 3, S. 321–347.

Vleuten, Erik van der/Kaijser, Arne (Hrsg.) (2006), *Networking Europe. Transnational Infrastructures and the Shaping of Europe, 1850–2000*, Sagamore Beach.

Wiedenfeld, Kurt (1908), »Der volkswirtschaftliche Einfluss der modernen Verkehrsmittel und die deutsche Volkswirtschaftslehre des 19. Jahrhunderts«, in: *Die Entwicklung der deutschen Volkswirtschaftslehre im neunzehnten Jahrhundert. Festgabe für Gustav Schmoller*, 2. Teil, Leipzig, S. 1–28.

Willkie, Wendell L. (1943), *Unteilbare Welt*, Stockholm.

Zweig, Stefan (2006), *Die Welt von gestern*, Frankfurt am Main.

Zwicky, J. Friedrich (1937), *Public Utilities*, Jena.

8. Geteilte Welt? Verkehr in Europa im Zeichen des Kalten Krieges, 1945–1990

Helmuth Trischler

Im Zuge der Wiedervereinigung sah sich die Bundesregierung mit der Aufgabe konfrontiert, die Neuen Bundesländer im Osten Deutschlands durch den Ausbau der Verkehrsnetze möglichst rasch und effizient an die alte Bundesrepublik im Westen Deutschlands anzubinden. Unter dem programmatischen Dach der »Verkehrsprojekte Deutsche Einheit« (VDE) beschloss die Bundesregierung im April 1991 insgesamt 17 Verkehrsprojekte: 9 für den Schienenverkehr, 7 Autobahnprojekte und ein Projekt im Bereich der Wasserstraßen. Die Gesamtkosten für diesen Ausbau der Transportinfrastruktur, der die Folgen der Teilung der Welt im Kalten Krieg für den mitteleuropäischen Raum überwinden helfen soll, werden auf 38 Milliarden Euro geschätzt.[1]

Die Tatsache, dass heute, über eineinhalb Jahrzehnte nach diesem Beschluss, ein nicht geringer Teil dieser Projekte noch nicht abgeschlossen ist, verweist auf die Langlebigkeit von Verkehrsprojekten und Verkehrssystemen. Verkehrsnetze haben aufgrund ihrer enormen Ressourcenintensität ein hohes Beharrungsvermögen. So bilden die Eisenbahnverbindungen, die sich in allen größeren europäischen Staaten bis zum Ersten Weltkrieg herausgebildet haben, auch heute noch das Rückgrat der jeweiligen Schienennetze; und auch die Tatsache, dass die Autobahnen in Deutschland, die teilweise bereits in der Weimarer Republik konzipiert und dann im »Dritten Reich« gebaut wurden, alle ohne Ausnahme bis heute im Betrieb sind, verweist auf die Persistenz von Verkehrsnetzen als Infrastruktursysteme.[2]

Die 1991 unter enormem Handlungsdruck aufgelegten »Verkehrsprojekte Deutsche Einheit« verweisen aber auch darauf, dass es im Europa des 20. Jahrhunderts eine Phase gab, in der die Kontinuität und Persistenz von Verkehrssystemen abgebrochen wurde: nämlich das Ende des Zweiten Weltkriegs, der beinahe übergangslos in den Kalten Krieg mündete, als die Welt in zwei sich feindlich gegenüberstehende Hemisphären geteilt wurde. In keinem Land

---

1 Wikipedia, Verkehrsprojekte Deutsche Einheit, Zugriff am 20.11.2007, http://de.wikipedia.org/wiki/Verkehrsprojekte Deutsche_Einheit.

2 Vgl. dazu allgemein Laak (2001), »Infra-Strukturgeschichte«, S. 367–393, und Laak (2006), »Garanten«, S. 167–180.

Europas war diese Teilung manifester, in keinem wirkte sie sich massiver aus als in Deutschland, und im Zentrum dieses Elementes von historischer Diskontinuität stand Berlin. Wie Burghard Ciesla in seiner exzellenten Studie zur Deutschen Reichsbahn der DDR in Westberlin gezeigt hat, lässt sich die Geschichte der Desintegration und partiellen Reintegration Europas nach 1945 besonders instruktiv am Beispiel Berlin erzählen, Hauptschauplatz der Teilung der Welt und Bühne des Kalten Krieges.[3]

In diesem Spannungsfeld von infrastrukturell geprägter Kontinuität und politisch induziertem Bruch lässt sich die Verkehrsgeschichte Europas im Zeitalter des Kalten Krieges verorten. Um dieses Spannungsfeld auszuloten, wird im Folgenden zunächst die Teilung der Welt im Lichte der (partiellen) Reintegration der jeweiligen nationalen Verkehrssysteme in Westeuropa und in Osteuropa, das heißt entlang der Trennlinie des »Eisernen Vorhangs«, betrachtet. Anschließend werden die gravierenden Veränderungen der Verkehrssysteme und Verkehrsströme in Mitteleuropa als Folge der Teilung der Welt skizziert. Auf einen Begriff gebracht, lassen sich diese als eine Achsenverschiebung von der West-Ost- in die Nord-Süd-Richtung darstellen, in deren Folge der historisch gewachsene europäische Verkehrsraum stark deformiert wurde. Gleichwohl existierten, wie bereits das erwähnte Beispiel der Berliner Reichsbahn exemplarisch zeigt, Löcher im Eisernen Vorhand, die sich in Folge der Entspannungspolitik der frühen siebziger Jahre zu weiten schienen. Hier wird der Frage nachzugehen sein, inwieweit die Entwicklung der europäischen Verkehrsströme von den politischen Konjunkturen des Ost-West-Konflikts geprägt wurde. Diese Frage ist von umso höherer Relevanz, als gerade die Wissenschafts-, die Technik- und die Wirtschaftsgeschichte als Bezugs- und Nachbardisziplinen der Verkehrsgeschichte in den letzten beiden Jahrzehnten herausgearbeitet haben, wie tiefgehend und fundamental gerade Wissenschaft, Technik und Wirtschaft nicht nur in den USA und der Sowjetunion, sondern auch in Europa vom Kalten Krieg beeinflusst wurden.

Lässt sich also auch der Verkehr in das dominante historische Narrativ einfügen, das die Teilung der Welt in zwei antagonistische politische Hemisphären beschreibt? Oder trägt vielmehr das Bild eines spezifischen »Eigensinns« des Verkehrs, der gestützt auf seine Langlebigkeit als Infrastruktursystem und großtechnisches Netzwerk Verknüpfungen zwischen den politisch geteilten Welten ermöglichte? Um dieser Frage nachzugehen, ist ein Perspektivwechsel erforderlich. Es gilt, die kulturellen Muster der Nutzung und Erfahrung europäischer Verkehrsinfrastrukturen in den Blick zu nehmen. Das Fazit resümiert

3 Ciesla, *Osten*.

die Bedeutung des Verkehrs als Infrastruktursystem für die Teilung der Welt und deren partielle Überwindung im geopolitischen Raum des Kalten Krieges.

Desintegration und partielle Reintegration der Verkehrssysteme im Westen und Osten Europas

Als sich nach dem Zweiten Weltkrieg der Eiserne Vorhang über Europa senkte, wurde ein Gutteil der Verkehrsverbindungen zerschnitten, die seit der Mitte des 19. Jahrhunderts entstanden waren. In Westeuropa und hier zumal in der Bundesrepublik, die unter Bundeskanzler Konrad Adenauer die politische, wirtschaftliche und gesellschaftliche Integration in den Westen mit höchster Priorität betrieb, mochte man sich einstweilen noch Illusionen hingeben – vor allem der Illusion, dass diese Unterbrechung der historisch gewachsenen Verkehrsnetze im unmittelbaren Gefolge des Krieges ähnlich wie 1918 schon bald wieder aufgehoben werden würde. Die Zeitgenossen erinnerten sich, dass die Ausgrenzung Deutschlands nach dem Ersten Weltkrieg und die damit einhergegangenen Blockaden und Unterbrechungen ab Mitte der zwanziger Jahre mit den Genfer Abrüstungsverhandlungen wieder beseitigt worden waren. Eine ähnlich zügige Reintegration blieb nach 1945 freilich aus. Vielmehr geriet der Verkehr in den Sog des Kalten Krieges.

In der Endphase des Zweiten Weltkrieges waren die alliierten Nachkriegsplanungen noch von anderen Zielen bestimmt worden. Es waren dabei vor allem die USA, die die Gründung der »European Inland Transport Organisation« angeregt hatten. Als sich im Oktober 1944 die Vertreter fast aller europäischer Regierungen, mit Ausnahme von Deutschland naturgemäß, in London an einen Tisch setzten, um den Vertrag zur Gründung einer solchen europäischen Verkehrsorganisation zu fixieren, gaben die USA das Ziel vor: Die Organisation benötige für ihre umfassende Aufgabe eine »unrestricted freedom of action«.[4]

In London, und mehr noch in den alliierten Konferenzen von Jalta und Potsdam, zeichnete sich bereits die kommende »Teilung der Welt«« ab. Die Sowjetunion blockierte die amerikanischen Pläne einer transnationalen Verkehrsintegration als Voraussetzung für den wirtschaftlichen Wiederaufbau Europas. Vor allem opponierte sie gegen jegliche Eingriffe im Bereich der Donau-Schifffahrt. Dem Kreml galt die Donau als sowjetische Einflusssphäre,

4 Hierzu um zum Folgenden Brabers, »failure«, S. 62.

Abb. 8.1: Blockade Berlins 1948

Quelle: ullstein bild – Schirner X, Bildnr. 00565650.

und die Sowjetführung wurden dabei unterstützt von Frankreich, Belgien und den Niederlanden, die im Gegenzug an der im 19. Jahrhundert verankerten Freiheit der Rhein-Schifffahrt festhielten. Es dauerte dann bis zum September 1945, ehe die European Central Inland Transport Organisation (ECITO) endlich ins Leben gerufen werden konnte.

Die ECITO konnte von ihrer ursprünglich weit gespannten Aufgabenstellung einer umfassenden Regulierung des europäischen Verkehrsraums freilich wenig umsetzen. Neben der Blockadepolitik der Sowjetunion und ihrer Satellitenstaaten war für dieses Scheitern auch die Konkurrenz der westeuropäischen Staaten auf den sich entwickelnden Verkehrsmärkten verantwortlich. Die westeuropäischen Regierungen erwiesen sich hier als nachhaltige Bewahrer der jeweiligen nationalen Interessen. Die Nachfolge-Organisation der ECITO, das International Transport Committee (ICT) der OEEC, wurde von den osteuropäischen Staaten dann bereits obstruiert. Sie erschienen zu den Verhandlungen einfach nicht mehr.

Die Berliner Luftbrücke, die in Reaktion auf die Blockade Berlins durch die Sowjetunion nach der Währungsreform vom Juni 1948 eingerichtet und bis zum Abbruch der Blockade im Mai 1949 aufrecht erhalten wurde, zeigte auf spektakuläre Weise die hohe Bedeutung von Infrastrukturen des Verkehrs für Politik und Gesellschaft. Im kollektiven Gedächtnis der Berliner und darüber hinaus der Westdeutschen hat sich die Luftbrücke tief eingegraben. Sie ist zu einem deutschen, europäischen, ja transatlantischen Erinnerungsort geworden.[5] Die Berliner Blockade steht für die Zementierung der Teilung der Welt und die Luftbrücke ihrerseits für die Sinnhaftigkeit einer Zukunftssicherung des entstehenden westdeutschen Staates durch seine Integration in den Westen.

Einen vorläufigen Höhepunkt erreichte die Teilung der Welt in eine westliche und eine östliche Hemisphäre im Koreakrieg, der im Juni 1950 begann. Vor diesem weltpolitischen Hintergrund ist die Initiative des französischen Politikers und späteren Verkehrsministers Edouard Bonnefous zu sehen, der im August 1950 das groß angelegte Konzept einer Europäischen Verkehrsbehörde entwickelte. Wie zeitgleich Robert Schumann und René Pleven entwickelte er den hochfliegenden Plan einer supranationalen europäischen Koordinationsinstanz, in diesem Fall für den Verkehr. Sie sollte institutionell dem Europarat zugeordnet sein und sich primär der Aufgabe widmen, das »Chaos« im Verkehr Europas zu beseitigen, wie Bonnefous argumentierte.[6] Die französische Initiative scheiterte nicht nur am Britisch-Skandinavischen Widerstand gegen einen solchen supranationalen Dirigismus, sondern auch daran, dass ihm die Unterstützung durch eine mächtige Interessenorganisation des Verkehrs fehlte.

Die Tatsache, dass Bonnefous nicht zuletzt auch darauf abzielte, Westeuropa durch den Aufbau effizienter Verkehrssysteme wirkungsvoller gegen militärische Attacken des Ostblocks zu schützen, unterstreicht noch einmal, dass politische Initiativen zur Verknüpfung Europas durch transnationale Verkehrssysteme spätestens seit den fünfziger Jahren in den Denkkategorien und Handlungsschemata des Kalten Krieges verliefen. Bilanziert man freilich die ersten beiden Jahrzehnte nach dem Zweiten Weltkrieg, so fällt auf, wie weit politischer Anspruch und technisch-ökonomische Realität im Bereich des Verkehrs auseinanderklafften. Einer schier unüberschaubaren Fülle von internationalen Organisationen zur Regulierung und Integration des Verkehrs in Europa standen bis Ende der sechziger Jahre im Grund nur geringe Effekte der politischen transnationalen Bemühungen um eine grenzüberschreitende Verknüpfung gegenüber.

Diese negative Bilanz ist umso bemerkenswerter, als aus der Sicht der Akteure in der Nachkriegszeit der Verkehr auf der Liste der Felder, die für eine

5 Vgl. Provan, *Big lift*; u. Huschke, *Rosinenbomber*.
6 Gerbert, *Naissance*, S. 66.

Integration reif waren, ganz oben gestanden hatte, und dann auch im EWG-Vertrag vom 25. März 1957 als europäisch auszugestaltendes Politikfeld neben Landwirtschaft und Handel geführt wurde.[7] Die politisch Handelnden ließen sich zu diesem Zeitpunkt noch von der durchaus richtigen Überlegung leiten, dass die Harmonisierung der Verkehrsträger und die Integration der nationalen Verkehrssysteme eine wichtige Voraussetzung für politische, wirtschaftliche und kulturelle Integration seien. Vor dem Hintergrund des Scheiterns dieser und zahlreicher nachfolgender Initiativen ist die Geschichte der Verkehrsintegration Westeuropas bis heute als eine Geschichte verpasster Optionen und Chancen geschrieben worden.[8]

Demgegenüber steht die Entwicklung der Verkehrsnetze im östlichen Teil Europas. Auf den ersten Blick gelang die Integration der Verkehrssysteme den COMECON-Staaten besser und zeitigte größere Effekte. Das eindrucksvollste Beispiel ist dabei der Luftverkehr. Bis in die späten achtziger Jahre hinein bestanden die Flotten der nationalen Fluggesellschaften der COMECON-Staaten fast ausschließlich aus sowjetischen Flugzeugen. Dies erleichterte die technische Standardisierung des Flug- und Bodenbetriebs sowie der Flugpläne. Sämtliche Fluglinien des Ostblocks operierten in einem gemeinsamen Pool, der von der Sowjetunion dominiert wurde.[9] Wie weit der sowjetische Arm reichte, zeigt unter anderem der Versuch der DDR, in den fünfziger und sechziger Jahren mit hohem Ressourcenaufwand eine eigene Flugzeugindustrie aufzubauen. Dieser Versuch wurde von den Sowjets torpediert, die ihre ursprüngliche Abnahmezusage zurückzogen und diesem Prestigeprojekt der DDR damit den Garaus machten.[10]

Aus politiktheoretischer Perspektive erscheint die Verkehrsintegration des Ostblocks nicht weiter verwunderlich. Sozialistische Systeme gelten als infrastrukturstark. Der Durchgriff auf die gesamten nationalen Ressourcen ermöglicht es der sozialistischen Planwirtschaft weitaus besser als der Marktwirtschaft liberaldemokratischer Systeme, die Aktivitäten der verschiedenen Verkehrsträger zu koordinieren und den Ausbau der Kapazitäten zu steuern. Hinzu kommt die spezifische Handlungsrationalität des COMECON, dessen oberster Ziel es war, die wirtschaftliche Unabhängigkeit vom Westen zu errei-

---

7 Art. 74–84 des EWG-Vertrags; vgl. Woelker, »Integrationsbestrebungen«, S. 35–49.

8 Brabers, »failure«. Vgl. auch die in der Bilanz schonungslos kritische Bestandaufnahme von Voigt, Witte, *Integrationswirkungen*, die im Anschluss an die Untätigkeitsklage gegen den EG-Rat in Bezug auf das Zustandekommen einer gemeinsamen Verkehrspolitik, die das Europäische Parlament im Januar 1983 beim Europäischen Gerichtshof eingereicht hatte, erstellt wurde.

9 Dienel, Lyth, *Flying the Flag.*

10 Vgl. Michels, Werner, *Luftfahrt*, u. Dienel (1996), »Wirtschaftswunder«, S. 341–373.

chen. Die Autarkie gegenüber dem Westen sollte durch die wirtschaftliche und handelspolitische Verflechtung der COMECON-Staaten untereinander erzielt werden, und dies bedeutete eine Umlenkung der Güterströme und damit der Verkehrswege. Auf den zweiten Blick relativiert sich die These von der gelungenen Verkehrsintegration des Ostens. Auch die Ständige Kommission für den Verkehr des Ostblocks, die COMECON-weit den Ausbau und die Integration der Verkehrssysteme lenken sollte, litt an den systemspezifischen Problemen sozialistischer Planwirtschaft – die großen Strukturprobleme der Eisenbahnen in der »Zweiten Welt« liefern dafür ein besonders beredtes Beispiel. Letztlich blieb auch die Integration und Harmonisierung der Verkehrssysteme des Ostens trotz ihrer hohen politischen Priorität bis zum Ende des Kalten Krieges ein Torso.[11]

Achsenverschiebung: Die Teilung der Welt und ihre Rückwirkungen auf die europäischen Verkehrsnetze

Wie wirkte sich die politische Teilung der Welt auf die verschiedenen Verkehrsträger und Verkehrsnetze in Europa aus? Ein mit sehr groben Strichen gezeichnetes Bild zeigt ein Europa, in dem sich die Achsen verschoben. *Ceteris paribus* wurde die West-Ost-Achse durch den Eisernen Vorhang gekappt und stattdessen die Nord-Süd-Achse verstärkt. Als Folge dieser Achsenverschiebung wurden der historisch gewachsene europäische Verkehrsraum stark deformiert und die räumliche Verknüpfung Europas in der West-Ost-Richtung auf das Niveau des Voreisenbahnzeitalters zurückgeworfen. Im Folgenden sollen jedoch nicht die Eisenbahnverbindungen, die gerade im Osten Deutschlands durch den Rückbau des zweiten Gleises als Teilmaßnahme sowjetischer Reparationspolitik massiv beeinträchtigt wurden, sondern das Netz der Wasserstraßen und die Autobahnen exemplarisch näher beleuchtet werden.[12]

Wasserstraßen

Im Bereich der Wasserstraßen veränderten die Grenzziehungen nach dem Zweiten Weltkrieg das deutsche Wasserstraßennetz entscheidend. Die östli-

11 Vgl. dazu resümierend Gumpel, »Integration«, S. 212–218, sowie weitere Fallstudien in diesem Band. Vgl. auch Tismer, Ambler, Symons, *Transport.*

12 Vgl. Ciesla, Trischler, »Verkehrsnot«, S. 153–192, u. allgemein Karlsch, *Allein bezahlt.*

chen Wasserwege einschließlich der Oder fielen vollständig an Polen bzw. an die Sowjetunion, und die Bedeutung der Elbe als Grenzfluss wurde stark beeinträchtigt. Das gleiche galt für den von der innerdeutschen Grenze bei Rühen durchschnittenen Mittellandkanal, der auf dem Territorium der DDR den Status einer Transitstrecke nach West-Berlin hatte.

Auch die nach 1945 durchgeführten Wasserbaumaßnahmen erklären sich im Wesentlichen aus der Teilung der Welt. In der BRD wurde 1976 der Elbe-Seiten-Kanal eröffnet, der eine direkte Verbindung zwischen dem Mittellandkanal und dem Industriegebiet um Salzgitter zur Elbe und damit nach Hamburg herstellte. Die DDR hatte ihrerseits 1951–52 den Havelkanal erbaut, um die durch West-Berliner Gebiet führende Strecke der Havel zu umgehen.[13]

Der Hamburger Hafen verlor erheblich an Bedeutung. Sein »natürliches« Hinterland im Osten wurde weitgehend stillgelegt, der tschechoslowakische Elbetransit ging erheblich zurück. Von den Bemühungen des COMECON zur Umleitung der Verkehrsströme in die Häfen ihre »volksdemokratischen« Mitgliedsstaaten profitierten im Gegenzug die Ostseehäfen Rostock, Danzig und vor allem Stettin, zudem, wenn auch weniger stark, der jugoslawische Adriahafen Rijeka und die Donau- und Schwarzmeerhäfen Bulgariens, Rumäniens und der Sowjetunion. Bereits Ende der fünfziger Jahre wurden rund 78 Prozent der tschechoslowakischen Ausführgüter über die Häfen des Ostblocks verschifft.[14] Auch der Großteil des ungarischen Güterverkehrs, der bis 1945 über Hamburg abgewickelt worden war, wurde nun nach Rostock verlagert, obwohl diese Verlagerung aus der Sicht der Experten »verkehrswirtschaftlichen Gesichtspunkten« völlig widersprach.[15]

Wenn der COMECON auf seiner XX. Sitzung 1959 in Sofia auf Drängen der Sowjetunion beschloss, Stettin mit massivem Einsatz zum größten Ostseehafen und zu einem maritimen Drehkreuz des Ostblocks auszubauen, so war dies letztlich der verzweifelte Versuch, mit dem wirtschaftlichen Wachstum und dem daraus erwachsenden Bedarf an Verkehrsleistungen Schritt zu halten. Wie sehr der Ostblock hier an seine Grenzen stieß, zeigt das Wachstum des tschechoslowakischen Transithandels über Hamburg nach 1960. Diese Kehrtwendung entsprang nicht etwa einem politischen Strategiewechsel der tschechoslowakischen Regierung oder gar des COMECON, sondern der wirtschaftlichen Zwangslage, den ansteigenden Transitverkehr Ostblock-intern nicht mehr bewältigen zu können.[16]

13 Kunz, *Statistik*, S. 8.

14 Jakubec, *Schlupflöcher*, S. 181. Vgl. allgemein Gumpel, *Seehafen- und Schiffahrtspolitik*.

15 Petersen, »Verkehrsentwicklung«, S. 3.

16 Jakubec, *Schlupflöcher*, S. 186.

Autobahnen

Für die Bürger der Bundesrepublik waren die Autobahnen der DDR die Manifestation des Kalten Krieges und der deutschen Teilung. Die langen Warteschlangen und die schikanösen Kontrollen der DDR-Grenzsoldaten ließen die Teilung ganz unmittelbar »erfahrbar« werden. Die zu Kriegsende zerstörte und dann nicht wieder aufgebaute Autobahn-Grenzbrücke über die Saale bei Hirschberg wurde gar zum politisch aufgeladenen Symbol für den Eisernen Vorhang.[17] Ihre Ruine bot ein beliebtes Motiv für die antikommunistische Propaganda des Westens im Kalten Krieg.

Viele Straßen- und Schienenverbindungen wurden spätestens nach 1952 durch die DDR-Regierung gesperrt. Signifikant für die Teilung der Welt ist hierfür die seit den dreißiger Jahren projektierte Autobahn Hamburg-Berlin. Ihr Weiterbau stand ursprünglich noch auf der Liste der DDR-Verkehrsplaner für die Zeit nach der Wiedervereinigung. Als sich die Teilung verfestigte, wurde diese Verbindung aus der Planung genommen und stattdessen die Destination von Berlin nach Rostock gebaut. Die Verbindung an die Grenze zu Polen nach Frankfurt an der Oder galt der DDR gar als materieller Beweis der stabilen Freundschaft zu Polen und als Anerkennung der von der Bundesrepublik bekämpften »Oder-Neiße-Friedensgrenze«. »Begrenzte Mobilität« hat Axel Doßmann bezeichnenderweise seine Studie zum Autobahnbau in der DDR betitelt, und diese Begrenzung galt sowohl für die DDR-Bürger als auch für den deutsch-deutschen Grenzverkehr, der auch nach dem Transitabkommen zwischen der BRD und der DDR 1972 in sehr engen, von der DDR-Führung kontrollierten Bahnen verlief.[18] Wie massiv sich die Sperrung der Straßen- und Schienenstrecken durch die DDR auf historisch gewachsene Raumbeziehungen auswirkten, illustriert auch das Beispiel der engen Raumbeziehung zwischen der Metropole Berlin und der Ostsee-Insel Usedom. Diese im ausgehenden 19. Jahrhundert etablierte »Raumpartnerschaft« wurde durch die deutsche Teilung für den Westteil der Stadt völlig abgebrochen. Sie konnte erst nach 1990 allmählich wiederaufgebaut werden.[19]

Im Gegenzug wurde auch auf der Straße die Nord-Süd-Achse erheblich verstärkt. Die Autobahnen sind dabei ein signifikantes Beispiel dafür, dass der Wiederaufbau Europas spätestens im Gefolge des Koreakrieges entlang der Frontlinien des Kalten Krieges verlief. Als sich im Juli 1948 Vertreter aus Belgien, Dänemark, Frankreich, Großbritannien, Italien, den Niederlanden,

---

17 Fässler, »Brückenschlag«, S. 981–999.

18 Doßmann (2003), *Begrenzte Mobilität*; vgl. Doßmann (1988), »Auto-Suggestionen«, S. 65–85.

19 Heinickel, Dienel, »Kontrasträume«, S. 47–56.

Polen, Schweden, Schweiz, der Tschechoslowakei und der USA trafen, um unter dem Dach der United Nations Economic Commission for Europe den Bau eines transnationalen Autobahnnetzes zu projektieren, dachten sie noch in gesamteuropäischen Dimensionen. Wenig später beteiligten sich weitere sieben Staaten, darunter auch die Bundesrepublik, an den Planungen für dieses Netz, das aus geografischen, aber auch aus politischen Gründen Berlin als Zentrum vorsah. Vier Verbindungen in Nord-West-Richtung und drei in West-Ost-Richtung mit einer Gesamtlänge von 42.000 Kilometern sollten Europa verknüpfen. Als dessen Promotoren 1950 ihren revidierten Plan vorlegten, war das Netzwerk auf 23.000 Kilometer geschrumpft und Osteuropa aus den Planungen verschwunden. Ein System von sogenannten Europastraßen (E-Straßen) sollte die reichen Industrieregionen Westeuropas von London über Rotterdam, Antwerpen und das Ruhrgebiet bis Norditalien verbinden. Bis Anfang der siebziger Jahre gelang es, mehr als 18.000 Kilometer fertig zu stellen und auch die European Investment Bank zur Finanzierung von grenzüberschreitenden Projekten zu gewinnen. Bis zum Ende der achtziger Jahre wuchs das Netz der Europastraßen auf eine Gesamtlänge von rund 40.000 Kilometern an, wobei der gesamte Ostblock, aber auch europäische Peripheriestaaten wie Griechenland nicht integriert waren.[20]

Das Projekt der Europastraßen spiegelt den Charakter europäischer Verkehrsintegration im Zeichen des Kalten Krieges wider. Nicht nur war es als gesamteuropäisches Projekt gestartet, um bald schon auf Westeuropa zu schrumpfen. Es stand auch ganz unter amerikanischer Führung und entwickelte sich rasch zu einem Vehikel der Amerikanisierung Westeuropas unter technokratischen Vorzeichen. Ganze Kohorten europäischer Verkehrsplaner und Verkehrsingenieure wurden an der Yale University ausgebildet, um nach der Rückkehr in ihre Heimatländer als überzeugte Multiplikatoren des amerikanischen Konzepts der Massenmotorisierung zu wirken, das durch den Bau technisch anspruchsvoller Straßen befördert werden sollte.[21] Jedes Jahr von neuem wurde in den Sommermonaten für Millionen von Touristen Europa insbesondere auch über das Netz von Europastraßen im wahrsten Sinne des Wortes erfahrbare Wirklichkeit.

Zwei Fragen schließen diese Betrachtung der Achsenverschiebung im europäischen Verkehrsraum ab. Erstens: Wie nahm die zeitgenössische Verkehrswissenschaft die Folgen der Teilung der Welt wahr? Aufschlussreich ist hier die Bestandaufnahme der Akademie für Raumforschung und Landespla-

---

20 Mom, »Roads«, S. 745–772.

21 Vgl. Östby, »Educating«, S. 247–268, Lundin, »American Numbers«, S. 303–334, u. Blomkvist, »Roads«, S. 161–186.

nung Mitte der fünfziger Jahre, die historisch weit ausgreifend eine systematische Erfassung der Gründe für die Verlagerung von Verkehrsströmen vorlegte. In der Reihe der Bedingungsfaktoren firmierten »politische Umwälzungen aller Art« eher am Ende, für deren Auswirkungen aber war »die strenge Absperrung der östlichen Grenzen in der Bundesrepublik« ein »schlagender Beweis«. Die Verkehrswissenschaft beobachtete ein starkes Wachstum der Verkehrsströme auf der Nord-Süd-Achse, während den gekappten Verkehrsströmen in West-Ost-Richtung nur mehr geringe Bedeutung zukam. Für die Verkehrwissenschaft erwuchs aus diesen politisch induzierten Veränderungen die staatliche Verpflichtung, »die entlang der Zonengrenze verkehrsungünstig gelegenen und wirtschaftsschwachen Gebiete durch geeignete Maßnahmen zu unterstützen«.[22]

In der Tat wurde die Zonenrandförderung in der Bundesrepublik zu einem hoch priorisierten Handlungsfeld staatlicher Ordnung und Interventionspolitik. Auf diesem Feld wirkten Wirtschafts- und Verkehrspolitik zusammen und zielten darauf ab, gerade in den Zonenrandgebieten »gute Straßen bis ins kleinste Dorf« zu bauen.[23] Wie das Beispiel des Freistaates Bayern zeigt, der von der Teilung der Welt besonders betroffen war, beschleunigte diese strukturpolitische Intervention die säkulare Verschiebung der wirtschaftlichen Gewichte in der Bundesrepublik, die ab den siebziger Jahren unter dem Begriff des »Nord-Süd-Gefälles« die politischen Diskurse um den Föderalismus beherrschte.

Zweitens stellt sich die Frage nach dem Zusammenhang zwischen internationaler Entspannungspolitik und europäischer Verkehrsintegration. Hier lohnt es sich insbesondere, die neue Ostpolitik der Bundesregierung während der Kanzlerschaft Willy Brandt unter der Perspektive ihrer Rückwirkungen auf die gesamteuropäische Verknüpfung des Verkehrs über den Eisernen Vorhang hinweg zu betrachten. Auf den ersten Blick läutete auch für den europäischen Verkehr das politische Tauwetter eine neue Ära ein. Der Moskauer, der Warschauer und der Prager Vertrag setzten die Strategie des »Wandels durch Annäherung« von Egon Bahr gegenüber der Sowjetunion, Polen und der Tschechoslowakei in politisches Handeln um. Das Transitabkommen und der Grundlagenvertrag zwischen der Bundesrepublik und der DDR aus dem Jahr 1972 verbesserten dann auch die deutsch-deutschen Beziehungen. Diese Veränderung der politischen Großwetterlage ließ die Hoffnungen auf eine Intensivierung von Wirtschaft und Handel und damit auch des Verkehrs in West-Ost-Richtung ins Kraut schießen. Als sich auf Einladung der Deutschen Ver-

---

22 Linden, »Verlagerung«, S. 5 u. 25.

23 Siehe dazu Gall, *Gute Straßen*.

kehrswissenschaftlichen Gesellschaft im April 1973 in Hamburg Verkehrspolitiker, Verkehrswissenschaftler und Verkehrspraktiker aus Ost und West trafen, um die neuen Möglichkeiten der Kooperation im Güterverkehr auszuloten, herrschte allenthalben nicht nur verhaltener, sondern geradezu hochfliegender Optimismus vor. Es blieb dem Vertreter der Spediteure vorbehalten, die gleichsam an der Front des West-Ost-Verkehrs standen, Wasser in den Wein zu gießen. Man könne noch keineswegs »von einem goldenen Zeitalter ost-westlicher Transportverbrüderung auf dem ost-westlichen Divan sprechen«. Vielmehr müsse es zunächst einmal darum gehen, »Misstrauen abzubauen«.[24]

Verdeckte Wege der Verknüpfung von Ost und West

Wie das Beispiel des automobilen Individualverkehrs in der DDR gezeigt hat, wirkten die Infrastrukturen des Verkehrs als Stachel im Fleisch der Teilung der Welt. Sie konnten auf der kulturell-gesellschaftlichen Ebene eine hohe Wirkungsmacht entfalteten. Die auf den grauen Bändern der Transitautobahnen in der DDR rollenden Automobile des Westens und die entlang dieser Bänder gebauten Intershops ließen für den DDR-Bürger die westliche Konsumgesellschaft handfest und greifbar werden. Nicht von ungefähr hatten die Bürger der ehemaligen DDR nach dem Ende des Kalten Krieges kaum etwas Eiligeres zu tun, als ihre »begrenzte Mobilität« zu überwinden, indem sie sich mit West-Autos eindeckten. Sie hoben die auch in Ostdeutschland bereits seit den siebziger Jahren ansteigende Nutzung des Automobils für die Gestaltung der Freizeit auf das hohe Niveau Westdeutschlands an.[25]

Damit ist die eingangs aufgeworfene Frage verbunden, inwieweit der Verkehr sich in das historische Narrativ einer Teilung der Welt in zwei antagonistische Hemisphären einfügt oder eher die Annahme eines spezifischen »Eigensinns« des Verkehrs nahe legt, der gestützt auf seine Langlebigkeit als Infrastruktursystem und großtechnisches Netzwerk Verknüpfungen zwischen den politisch geteilten Welten ermöglichte? Dieser Frage nachzugehen, erfordert einen Perspektivwechsel. Im Anschluss an neuere Ansätze zur technik- und gesellschaftshistorischen Erforschung des Prozesses der Europäisierung im 20. Jahrhundert im Spannungsfeld von Integration und Desintegration lässt sich dabei von einer »hidden integration of Europe« sprechen; sie manifestiert sich in einer wachsenden Zirkulation von Personen, Gütern und Wissensbe-

24 Wanckel, »Speditionsfragen«, S. 175.
25 Vgl. Dienel (1997), »Ins Grüne«, S. 221–249.

ständen und wird als säkularer Prozess von der Nutzung technischer Infrastruktursysteme angetrieben.[26] Es gilt mithin, die kulturellen Muster der Nutzung und Erfahrung europäischer Verkehrsinfrastrukturen in den Blick zu nehmen.

Das Beispiel der bulgarischen Lastwagenfahrer, die Woche für Woche von neuem den Eisernen Vorhang durchquerten, kann dabei als thematische Sonde dienen.[27] Die staatssozialistische Propaganda des Ostblocks feierte den bulgarischen Lastkraftwagen-Fahrer gegen Ende der siebziger Jahre als Helden der Arbeit beim Aufbau einer kommunistischen Gesellschaft;[28] sie verkannte dabei, dass just dieser Akteur sich zu einem der zentralen Mediatoren zwischen den geteilten Welten Europas entwickelte und damit das politisch-gesellschaftliche Fundament des Ostblocks zu unterminieren begann.

Die zentrale Position Bulgariens im europäischen Gütertransport als Brücke nicht nur zwischen Ost- und Westeuropa, sondern auch darüber hinaus als Scharnier zwischen Europa und Vorderasien geht auf die Zwischenkriegszeit zurück. Das Speditionsunternehmen Schenker & Co, das 1931 von der Deutschen Reichsbahn übernommen worden war, gründete 1934 in Sofia eine Tochtergesellschaft, die vor allem von österreichischem und bulgarischem Kapital getragen wurde.[29] Das bulgarische Tochterunternehmen expandierte rasch und wuchs bis zum Ende des Zweiten Weltkriegs in die Position eines Monopolisten hinein, der fast den gesamten Export-Import und den Transithandel in die Türkei kontrollierte. Nach der kommunistischen Machtübernahme wurde das Unternehmen von der Sowjetunion übernommen und 1949 an die bulgarische Regierung verkauft. In den fünfziger Jahren verfügte SOMAT (Стопанско обединение международен автомобилен транспорт – International Road Transport Corporation) als bulgarisches Monopolunternehmen bereits über einen Fuhrpark von 2.840 Lastkraftwagen und 390 Bussen, der bis in die achtziger Jahre hinein auf über 4.200 hochmoderne Lastkraftwagen von Mercedes-Benz, Volvo und Renault anwuchs und auch eine Flotte von Frachtschiffen integrierte. Es gelang der bulgarischen Regierung, zunächst über zahlreiche bilaterale Abkommen mit westeuropäischen Staaten und dann im Rahmen der transnationalen Verkehrsorganisation Transports Internationaux Routieres (TIR), SOMAT als starken wirtschaftlichen Akteur

26 Misa, Schot, »Inventing Europe«, S. 1–19; siehe auch Vleuten, Kaijser, »Networking Europe«, S. 21–49, Trischler, Weinberger, »Engineering Europe«, S. 49–83.

27 Das Folgende nach Karaboeva, »Networking Eurasia«. Ich danke Emiliya Karaboeva (Eindhoven und Sofia) für die Überlassung dieses Manuskripts, das Zwischenergebnisse ihres laufenden Dissertationsvorhabens formuliert.

28 Milchev, *distinctions*.

29 Vgl. allgemein Rohde, *Transportmodernisierung*; u. Matis, Stiefel, *Grenzenlos*.

mit einem Marktanteil von weit über der Hälfte des gesamten Transithandels zwischen Europa und Vorderasien zu etablieren.

Abb. 8.2: Grenzöffnung in Bayern 1989

Quelle: ullstein bild – Raupach, Bildnr. 00766135.

Durch die grenzüberschreitenden Aktivitäten des Unternehmens bildete sich ein rasch wachsendes, transnationales Infrastruktursystem heraus, das eine Fülle von ost- und westeuropäischen Akteuren und Institutionen verknüpfte. Der internationale Transitverkehr erforderte die transnationale Regulierung von Zoll- und Handelsbestimmungen, die Einigung auf komplexe Vertragswerke und die Standardisierung von technischen Parametern wie Fahrzeuggrößen, Ladekapazitäten und Sicherheitsbestimmungen für den Transport gefährlicher Güter, aber auch von sozialen Parametern wie Arbeitszeiten und Pausen. Selbst auf dem Höhepunkt des Kalten Krieges bildete der den Eisernen Vorhang durchquerende Transitverkehr ein expandierendes Regime politischer, wirtschaftlicher und sozialer Verknüpfung Osteuropas und Westeuropas.

Die bulgarischen Lastkraftwagen-Fahrer transportierten jedoch nicht nur Güter, sondern auch Mentalitäten und Wertvorstellungen über die geopolitischen Barrieren des Kalten Krieges hinweg. Parallel zum autorisierten Transportnetzwerk des Transithandels entstand dabei ein unautorisiertes, aber gerade deshalb besonders weitgespanntes Netzwerk des Schmuggelhandels. Für die aus dem Nahen Osten nach Westeuropa geschmuggelten Zigaretten und Spirituosen tauschten die bulgarischen Lastkraftwagen-Fahrer westliche Konsumartikel ein, die sie in Osteuropa vertrieben. Auf diesem Wege verbreiteten sich westliche Kleidung, Zeitungen und Zeitschriften sowie technische Konsumgüter der Unterhaltungselektronik (Kameras, Fernsehgeräte, Videorecorder etc.) und mit ihnen westliche Lebensstile. Der Ostblock scheiterte an den systemimmanenten Problemen staatssozialistischer Planwirtschaft und des Warenmangels, worauf der ungarische Ökonom János Kornai immer wieder hingewiesen hat.[30] Der Ostblock scheiterte aber auch daran, dass mit der westlichen Konsumgesellschaft eine attraktive Alternative zur östlichen Mangelwirtschaft existierte, die über Mediatoren wie die bulgarischen Lastkraftwagen-Fahrer – oder auch die Vielzahl westlicher Touristen, die in den Ländern des Ostblocks Jahr für Jahr ihren Urlaub verbrachten – ihre Wirkung auch östlich des Eisernen Vorhangs entfaltete.[31]

Fazit

Unsere Betrachtung der Bedeutung des Verkehrs als Infrastruktursystem für die Teilung der Welt und deren partielle Überwindung im geopolitischen Raum des Kalten Krieges lässt zwei Lesarten zu, die sich jedoch nicht ausschließen, sondern komplementär zu verstehen sind.

Die erste Lesart unterstreicht aus einer primär politisch-wirtschaftlichen Perspektive das Element der Teilung der Welt. »Schlupflöcher im Eisernen Vorhang« hat der tschechische Wirtschaftshistoriker Ivan Jakubec jüngst seine Studie zur Elbeschifffahrt und zum Eisenbahnverkehr im Kalten Krieg betitelt. Die Studie zeigt, dass allein die Elbe als geografisch vorgegebener Korridor ein solches Schlupfloch von nennenswerter Bedeutung war, das die Verkehrsnetze in West- und Osteuropa über den Eisernen Vorhang hinweg partiell verband. Zwar wuchs der Umsatz des Außenhandels der BRD mit der Tschechoslowakei im Kontext der Entspannungspolitik an, blieb aber auf dem Höchststand von 1971 noch unter dem Niveau von einem Prozent, um im Laufe der siebziger und achtziger Jahre weiter abzusinken. In die gleiche Richtung weisen die Zahlen zum Transitverkehr zwischen der Tschechoslowakei und dem Elbehafen Hamburg, der absolut gesehen leicht anstieg, relativ aber erheblich an Bedeutung verlor. Wie randständig der Ost-Westverkehr aus

30 Kornai, *System*.

31 Vgl. Mergel, »Europe«, S. 139–146.

ökonomischer Sicht war und auch nach der partiellen Aufhebung der »Teilung der Welt« durch die Ostverträge blieb, zeigt sich insbesondere auch in dem vergeblichen Bemühen der Bundesregierung, weitere Grenzübergänge in den Ostblock für den Eisenbahn- und Automobilverkehr zu schaffen. Die Tschechoslowakei etwa reduzierte die Zahl der Grenzübergänge, und dies nicht nur zur BRD, sondern auch zur DDR, um eine möglichst scharfe Waren- und Personenkontrolle zu gewährleisten.[32] Und auch das Beispiel des Autobahnbaus in der DDR zeigt allenfalls, dass die DDR im verzweifelten Bestreben, Devisen zu erwirtschaften, einige Zugeständnisse an die Bundesrepublik machte, im Grunde aber ihr Verkehrssystem an den von der Sowjetunion im Rahmen des COMECON vorgegebenen Zielstellungen orientierte.

Die Intensität der Teilung war dabei in einem bemerkenswerten Maße unabhängig von den politischen Konjunkturen des Kalten Krieges. Darauf verweist insbesondere auch die historische Scharnierstelle der »Neuen Ostpolitik«, deren Rückwirkungen auf den Verkehr sehr begrenzt und weit hinter den Hoffnungen der Zeitgenossen zurück blieben. Einmal mehr zeigt sich hier die relative Entkoppelung des Verkehrs als Infrastruktursystem von politisch-gesellschaftlichen Einflussfaktoren.

Die zweite Lesart hebt primär auf die Vielfalt der Formen der Nutzung von Verkehrswegen ab und betont die daraus resultierenden Wirkungen auf der gesellschaftlich-kulturellen Ebene. In Anknüpfung an neuere Arbeiten zur Europäisierung als Prozess einer wachsenden Zirkulation von Personen, Konsumgütern und Informationen geraten dabei vermehrt die verdeckten Wege europäischer Integration über die Frontlinien des Kalten Krieges hinweg in den Blick. Das Beispiel des von Bulgarien aus operierenden internationalen Transitverkehrs verweist auf besonders instruktive Weise darauf, dass die Nutzung von Verkehrswegen gerade in Osteuropa den kollektiven Erfahrungsraum erweiterte und nichtintendierte Folgen zeitigte, die in langfristiger Perspektive für die Regime des Ostblocks destabilisierend wirkten. Lange bevor Ende der achtziger Jahre der Eiserne Vorhang fiel, hatte der Verkehr westliche Lebensstile in den Osten Europas transportiert und maßgeblich dazu beigetragen, den Möglichkeitsraum für eine Überwindung der Teilung der Welt zu erweitern.

32 Jakubec, *Schlupflöcher*, S. 69f., 218f. u. 231.

Literatur

Blomkvist, Pär (2006), »Roads for Flow – Roads for Peace: Lobbying for a European Highway System«, in: Erik von der Vleuten/Arne Kaijser (Hrsg.), *Networking Europe. Transnational Infrastructures and the Shaping of Europe, 1850–2000*, Sagamore Beach, S. 161–186.

Brabers, Jan (1993), »The failure of European transport integration«, in: Gilbert Trausch (Hrsg.), *Die Europäische Integration vom Schumann-Plan bis zu den Verträgen von Rom. Pläne, Initiativen, Enttäuschungen und Misserfolge*, Baden-Baden, S. 57–73.

Ciesla, Burghard (2006), *Als der Osten durch den Westen fuhr. Die Geschichte der Deutschen Reichsbahn in Westberlin*, Köln.

Ciesla, Burghard/Trischler, Helmuth (1999), »Die andere ›Verkehrsnot‹. Verkehrspolitik und Leistungsentwicklung des ostdeutschen Verkehrssystems«, in: Lothar Baar/Dietmar Petzina (Hrsg.), *Deutsch-Deutsche Wirtschaft 1945 bis 1990: Strukturveränderungen, Innovationen und regionaler Wandel. Ein Vergleich*, Berlin, S. 153–192.

Dienel, Hans-Liudger (1996), »Das wahre Wirtschaftswunder‹. Flugzeugproduktionen, Fluggesellschaften und innerdeutscher Flugverkehr im West-Ost-Vergleich 1955–1980«, in: Johannes Bähr/Dietmar Petzina (Hrsg.), *Innovationsverhalten und Entscheidungsstrukturen. Vergleichende Studien zur wirtschaftlichen Entwicklung im geteilten Deutschland 1945–1990*, Berlin, S. 341–373.

— (1997), »Ins Grüne und ins Blaue: Freizeitverkehr im West-Ost-Vergleich. BRD und DDR 1949–1990«, in: Hans-Liudger Dienel/Barbara Schmucki (Hrsg.), *Mobilität für alle. Geschichte des öffentlichen Personennahverkehrs in der Stadt zwischen technischem Fortschritt und sozialer Pflicht*, Stuttgart, S. 221–249.

Dienel, Hans-Liudger/Lyth, Peter (Hrsg.) (1998), *Flying the Flag. European Commercial Air Transport since 1945. London*, New York.

Doßmann, Axel (1998), »Auto-Suggestionen. Zur Autobahnplanung in der DDR bis 1961«, in: *WerkstattGeschichte* 7, S. 65–85.

— (2003), *Begrenzte Mobilität. Eine Kulturgeschichte der Autobahnen in der DDR*, Essen.

Fässler, Peter E. (2001), »Der ›Brückenschlag‹. Die Verhandlungen über den Wiederaufbau der Autobahnbrücke Saale/Hirschberg (1963–1966) als Paradigma deutsch-deutschen Interessenausgleiches«, in: *Zeitschrift für Geschichte* 49, S. 981–999.

Gall, Alexander (2005), *»Gute Straßen bis ins kleinste Dorf!« Verkehrspolitik in Bayern zwischen Wiederaufbau und Ölkrise*, Frankfurt am Main, New York.

Gerbert, Pierre (1987), *La Naissance du Marché Commun*, Brüssel.

Gumpel, Werner (1963), *Die Seehafen- und Schiffahrtspolitik des COMECON. Ihre Auswirkungen auf den Hafen Hamburg*, Hamburg.

— (1980), »Integration of the COMECON Transport Systems«, in: Bogdan Mieczkowski (Hrsg.), *East European Transport. Regions and Modes*, Boston, London, S. 212–218.

Heinickel, Gunter/Dienel, Hans-Liudger (2004), »Frühe Kontrasträume zwischen Berlin und Brandenburg«, in: Hans-Liudger Dienel u. a. (Hrsg.), *Die neue Nähe. Raumpartnerschaften verbinden Kontrasträume*, Stuttgart, S. 47–56.

Huschke, Wolfgang J. (1999), *Die Rosinenbomber. Die Berliner Luftbrücke 1948/49, eine Geschichte der Menschen und Flugzeuge*, Berlin.

Jakubec, Ivan (2006), *Schlupflöcher im »Eisernen Vorhang« – Tschechoslowakisch-deutsche Verkehrspolitik im Kalten Krieg. Die Eisenbahn und Elbschiffahrt 1945–1989*, Stuttgart.

Karaboeva, Emiliya (2007), *Networking Eurasia: Bulgarian international truck transport during the Cold War era 1959–1989*, Ms. Dezember.

Karlsch, Rainer (1993), *Allein bezahlt? Die Reparationsleistungen der SBZ/DDR 1945–1953*, Berlin.

Kornai, János (1992), *Das sozialistische System. Die politische Ökonomie des Kommunismus*, Baden-Baden.

Kunz, Andreas (Hrsg.) (1999), *Historische Statistik von Deutschland, Bd. 18/1. Statistik der Binnenschiffahrt 1835–1989*, St. Katharinen.

Laak, Dirk van (2001), »Infra-Strukturgeschichte«, in: *Geschichte und Gesellschaft* 27, S. 367–393.

— (2006), »Garanten der Beständigkeit. Infrastrukturen als Integrationsmedien des Raumes und der Zeit«, in: Anselm Doering-Manteuffel (Hrsg.), *Strukturmerkmale der deutschen Geschichte des 20. Jahrhunderts*, München, S. 167–180.

Linden, Walter (1957), »Verlagerung von Güter-Verkehrsströmen«, in: *Forschungs- und Sitzungsberichte der Akademie für Raumforschung und Landesplanung*, Bd. II, Bremen-Horn, S. 5–27.

Lundin, Per (2004), »American Numbers Copied! Shaping the Swedish Post War Car Society«, in: *Comparative Technology Transfer and Society* 2, S. 303–334.

Matis, Herbert/Stiefel, Dieter (2002), *Grenzenlos. Die Geschichte der internationalen Spedition Schenker von 1931 bis 1991*, Frankfurt am Main und Wien.

Mergel, Thomas (2007), »Europe as Leisure Time Communication: Tourism and Transnational Interaction since 1945«, in: Konrad H. Jarausch/Thomas Lindenberger (Hrsg.), *Conflicted Memories. Europeanizing Contemporary Histories*, New York, Oxford, S. 133–153.

Michels, Jürgen/Werner, Jochen (Hrsg.) (1994), *Luftfahrt Ost 1945–1990. Geschichte der deutschen Luftfahrt in der Sowjetischen Besatzungszone (SBZ), der Sowjetunion und der Deutschen Demokratischen Republik (DDR)*, Bonn.

Milchev, Georgi (1979), *The distinctions oblige*, Sofia.

Misa, Thomas J./Schot, Johan (2005), »Inventing Europe: Technology and the Hidden Integration of Europe«, in: *History and Technology* 21, S. 1–19.

Mom, Gijs (2005), »Roads without rails. European highway-network building and the desire for long-range motorized mobility«, in: *Technology and Culture* 46, S. 745–772.

Östby, Per (2004), »Educating the Norwegian Nation. Traffic Engineering and Technological Diffusion«, in: *Comparative Technology Transfer and Society* 2, S. 247–268.

Petersen, Uwe (1974), »Die Verkehrsentwicklung in West- und Osteuropa – Möglichkeiten der Ost-West-Kooperation im Gütertransport«, in: ders. (Hrsg.), *Gütertransportprobleme und Verkehrspolitik in Ost und West. Möglichkeiten der Kooperation*, Köln, S. 1–9.

Provan, John (1998), *Big lift. Die Berliner Luftbrücke, 26. Juni 1948 – 30. September 1949*, Bremen.

Rohde, Heidi (1999), *Transportmodernisierung contra Verkehrsbewirtschaftung. Zur staatlichen Verkehrspolitik gegenüber dem LKW in den 30er Jahren*, Frankfurt am Main.

Tismer, Johannes F./Ambler, John/Symons, Leslie (Hrsg.) (1987), *Transport and Economic Development. Soviet Union and Eastern Europe*, Berlin.

Trischler, Helmuth/Weinberger, Hans (2005), »Engineering Europe: Big Technologies and Military Systems in the Making of 20th Century Europe«, in: *History and Technology* 21, S. 49–83.

Vleuten, Eric van der/Kaijser, Arne (2005), »Networking Europe«, in: *History and Technology* 21, S. 21–49.

Voigt, Fritz/Witte Hermann (Hrsg.) (1985), *Integrationswirkungen von Verkehrssystemen und ihre Bedeutung für die EG*, Berlin.

Wanckel, A. (1974), »Speditionsfragen im Ost-West-Verkehr«, in: Uwe Petersen (Hrsg.), *Gütertransportprobleme und Verkehrspolitik in Ost und West. Möglichkeiten der Kooperation*, Köln, S. 169–175.

Woelker, Christian (1985), »Die Integrationsbestrebungen der europäischen Verkehrspolitik. Bewertung und Konsequenzen«, in: Fritz Voigt/Hermann Witte (Hrsg.), *Integrationswirkungen von Verkehrssystemen und ihre Bedeutung für die EG*, Berlin, S. 35–49.

9. Europäischer Verkehrsraum nach 1989 – die Epoche der zweiten Globalisierung

Wolfgang Kaschuba

Verkehrsräume stehen schon begrifflich nicht unbedingt im Zentrum ethnologischer Forschung. Das schafft gewisse Kompetenzprobleme, eröffnet zugleich aber auch Chancen. Chancen möglicherweise auf »andere«, auch subjektivere Zugänge und akteursnähere Blicke. Im Sinne dieser Hoffnung kann ich zunächst einmal immerhin behaupten, den Eintritt Europas in die »Epoche der zweiten Globalisierung« an zentraler Stelle miterlebt und auch verkehrsmäßig erfahren zu haben – allerdings in ganz eigener und wenig globaler Sicht.

Im Oktober 1989 war ich nämlich im Rahmen des Kulturabkommens zwischen der BRD und der DDR für einige Wochen an die Humboldt-Universität nach Berlin eingeladen, um dort zum ersten Mal Vorlesungen auch vor Studierenden zu halten. Zugleich erlebte und beobachtete ich in diesen Tagen den vielfach fremden Alltag in Ostberlin – einen Alltag, der mir in vielen Straßen entlang der Mauer überdies noch als ein Leben in Nischen und Sackgassen erschien. Dort fiel das gar nicht sonderlich auf, weil man längst gewohnt war, die Mauer stets im Rücken zu halten und nicht im Kopf. Nur ich als Fremder und Flaneur sah offenbar noch versperrte Wege und Ausblicke.

Nach meiner Ausreise am Tag des Rücktritts von Erich Honecker vergingen einige Monate, bis ich erneut nach Berlin kam. Im April 1990 war die Mauer längst durchlässig und bereits mit Personalausweis sofort passierbar. Wie im Oktober hätte ich also rasch auf einen Sprung ins Operncafé »Unter den Linden« gehen können, um dort Bekannte zu treffen. Nun aber eben bereits von Westberlin aus, direkt durchs Brandenburger Tor! Die neue Zeit hatte also schon begonnen – wenn man seinen Personalausweis dabei hatte. Eben dies hatte ich jedoch versäumt. Wohl weil ich noch in »Mauerzeiten« dachte und mir einen Zugang nach Ost-Berlin wie bisher nur mit Visum und Zwangsumtausch über den Bahnhof Friedrichstraße vorstellen konnte. Weil mich also – pointiert formuliert – die Geschichte überholt hatte, obwohl ich doch ihr unmittelbarer Augenzeuge gewesen war.

Um diese Episode nun ins Exemplarische zu heben und damit für mein Thema nutzbar zu machen: Die zweite Globalisierung begann für mich also an einer zentralen Nahtstelle im neuen europäischen Politik- und Verkehrsraum.

Allerdings erlebte ich sie eben nicht in ihrer globalen Dramatik, sondern nur in lokaler Prosa – vielleicht als Folge zu großer Nähe. Und sie begann für mich logistisch keineswegs als Aufbruch in eine europäische Verkehrsvision, sondern ganz altmodisch: als Flaneur in einer Stadt, aus der die Mauer zwei Welten gemacht hatte, die ich brav auf beiden Seiten betrachtete – auch dann noch, als der Fall der Mauer die Stadt Berlin bereits zum neuen Schau-Platz europäischer Geschichte wie europäischer Zukunft hatte werden lassen.

Was im Jahr 1990 so für Berlin galt, galt offenbar für ganz Europa. Nach dem Ende des Sozialismus musste Europa zunächst als Wirtschafts- und Verkehrsraum zusammenwachsen. Dann konnte es auf dieser erneuerten infrastrukturellen und räumlichen Basis gewiss auch seine politische und kulturelle Integration entwickeln. Darüber schien weithin Konsens zu bestehen. Nichts spiegelt diesen Gedanken wohl sinnfälliger wider als die damals so oft geäußerte Vorstellung, dass nun die durch den »Eisernen Vorhang« quer durch Europa zerstörten Straßen, Eisenbahnlinien und Brücken wiederhergestellt, dass West und Ost dadurch endlich und ganz praktisch wieder verbunden würden. Auf diese Vision nahmen sowohl die ambitionierten »Verkehrsprojekte Deutsche Einheit« als auch die noch großformatigeren EU-Projekte rasch und unmittelbar Bezug.

Erst allmählich kamen Zweifel: War diese Vorstellung überhaupt plausibel und richtig? Würden sich die beiden Hälften Europas und die losen Enden ihrer durchtrennten Autobahnen und Gleise wirklich einfach restituieren lassen? Könnten sie, indem sie als technisches System zusammenwachsen, auch getrennte Gesellschaften einfach wieder verbinden? – In der Tat hat die europäische Trennung im Raum auch eine dramatische Trennung in der Zeit bedeutet. Denn damit haben sich die kontinentalen Hemisphären in ihren Entwicklungen entlang der Zeitachse verschoben und dabei ihre Gesellschaftsprofile und Raumbezüge gravierend verändert. Daher passen die Schnittfläche von Ost und West nun nicht mehr umstandslos zueinander, sondern müssen umgearbeitet werden. Und das braucht Zeit – jene Zeit, die als Speicher kultureller Prozesse in der Gesellschaftsgeschichte wie in der Verkehrsgeschichte stets eine Hauptrolle spielt. Dies musste und muss man in Berlin wie in Deutschland und auch in Europa gegenwärtig schmerzlich lernen.

So wäre mein erster Eindruck der von einer besonderen Ambivalenz unserer europäischen Wahrnehmungen am Beginn dieser zweiten Globalisierung. Auf der einen Seite wurden Mauer und »Eiserner Vorhang« vor 1989 als ein ebenso radikales wie brutales Instrument der Trennung, ja der Amputation europäischer Menschen- und Kulturlandschaften erlebt, als eine tiefe Zäsur vor allem auch im Blick auf Mobilität und Kommunikation. Zurück blieb auf beiden Seiten ein Phantomschmerz, der wenigstens noch die Erinnerung an die wechselseitigen Verluste wach hielt. Als die Mauer dann fiel, zeigte sich jedoch, dass dieser Schmerz nicht einfach durch die Rekonstruktion des alten Körpers zu heilen war. Dass er vielmehr auch Glieder Europas betroffen hatte, die längst vergessen waren, an deren Existenz und Funktion man sich kaum mehr erinnerte – auch kaum mehr erinnern mochte. Zwar gab es nunmehr endlich die Möglichkeit zu deren Regeneration. Doch weshalb sollte man sie nutzen, wenn man sie ohnehin nicht mehr vermisste? – Auch daran erinnerte man sich nun also plötzlich wieder: dass gerade der Osten schon lange vor dem »Eisernen Vorhang« bereits ein vielfach vergessener Horizont Europas gewesen war. Und dass das Verschwinden dieses Vorhangs dieses Problem nicht einfach lösen würde. Dies bestätigt nun überdeutlich die schwierige Integration Europas auf der Basis der Europäischen Union.

Auf der anderen Seite und dennoch: Nach der einstigen »Teilung« der Welt verkörpern die Jahre nach 1989 nun deren »Vereinigung«, gerade im Spannungsfeld Deutschland und am Brennpunkt Berlin. Deshalb muss dies der Beginn einer wirklichen Neugestaltung des europäischen Raumes sein: eines Europa als einer sich erneuernden globalen Kontakt- und Verdichtungszone. Und es muss dabei insbesondere auch um die Einbindung Osteuropas in ein europäisches Raum- und Mobilitätssystem gehen, welches sich nachhaltig verändert durch diesen historischen Prozess und seine globalen Rahmenbedingungen. Dabei steht diese überfällige Erneuerung Europas vor allem unter den Vorzeichen einer Öffnung und Integration des Raumes, in dem nun Grenzen überwunden, Verbindungen erneuert und Kommunikationsprozesse angestoßen werden sollen durch Verkehr, Kontakt, Mobilität. Kein Wunder also, dass deshalb die Zeit der Visionen gilt und mit Slogans wie »multi-track« und »multi-speed« einer neuen europäischen Mobilität das Wort geredet wird. Viele Wege und hohe Geschwindigkeiten sollen nun die inneren Gräben überbrükken und die Binnenräume des Kontinents enger verbinden helfen.[1] Und es ist kein Zufall, dass für diese Entwürfe räumlich-zeitliche Metaphern gewählt werden: Europa wird vor allem in neuen Konzepten von Mobilität und Tempo, von Handel und Markt gedacht.

Nun bin ich Kulturwissenschaftler, kein Verkehrswissenschaftler. Verkehr verstehe ich deshalb ganz naiv zunächst als allseitige Bewegung von Menschen und Dingen, von Wissen und Ideen im Raum. Gewiss mit sehr unterschiedlichen Zwecken, doch stets in absichtsvollen Richtungen und mit praktischen Bezügen. Ob im Sinne von Neugier und Genuss oder im Dienste von Arbeit und Gewinn: In jedem Fall sind es Bewegungen im Rahmen von räumlichen

1 Vgl. Shore, »Metaphors«, S. 144.

Ordnungen und sozialen Logiken, die ihre eigene Plausibilität besitzen.[2] Diese Ordnungen und Logiken vor allem interessieren mich und ich will die Entwicklungen des europäischen Verkehrs am Ende des 20. Jahrhunderts daher gerne in zweierlei Hinsicht zu sortieren versuchen: einerseits hinsichtlich »harter« Infrastrukturen und Systeme: Was ist im europäischen Verkehr nach 1989 nun wieder oder weiter zusammengewachsen, auf Grund welcher Konzepte, Streckenführungen und Verkehrsmittel? Andererseits mit Blick auf »weiche« Praxen und Perspektiven: Welche neuen Bewegungs- und Kommunikationsformen der Menschen ziehen seit den neunziger Jahren welche Verkehrsformen und welche Raumbezüge nach sich? Lassen sich neue Muster der kognitiven Aneignung, der symbolischen Gestaltung, der medialen Vermittlung wie der praktischen Nutzung dieser »Landschaft Europa« erkennen?

Europäische Infrastrukturen

Zunächst eine statistische Momentaufnahme des »Verkehrskontinents« Europa um die Jahrtausendwende, mit seinen rund 700 Millionen Menschen und seinen geschätzten 250 Millionen Autos. In den neunziger Jahren hat der Verkehr sowohl hinsichtlich seines Aufkommens wie seiner Verdichtung dramatisch zugenommen. Bezogen auf die Transportleistung finden im Jahr 2000 über 70 Prozent des europäischen Güterverkehrs auf der Straße statt, 15 Prozent auf der Schiene und 13 Prozent zu Wasser.[3] Der Personenverkehr in der EU wickelt sich sogar zu 79 Prozent auf der Straße ab, zu sechs Prozent per Zug und zu fünf Prozent im Flugzeug.[4] Während sich die Mobilität in Europa pro Person und Tag im Jahr 1970 noch auf 17 Kilometer belief, sind es nun bereits 35 Kilometer, also mehr als das Doppelte, zugleich hat sich die Zahl der Autos in Europa im selben Zeitraum verdreifacht.[5]

Regional sind die Verkehrsfrequenzen freilich sehr unterschiedlich verteilt und diese Disparität scheint sich zu verstärken. Wegen ihrer hohen Bevölkerungsdichte, aber auch durch ihren starken Industriebesatz und durch ihre Eigenschaft als Ziele des Massentourismus sind der Automobil- und der Flugverkehr vor allem in West- und Südeuropa hoch verdichtet. Das dünner besiedelte Nordeuropa hingegen sowie Ost- und Südosteuropa mit ihren noch

2 Vgl. Kaschuba, *Überwindung.*
3 Rommerskirchen, »Motor«, S. 9.
4 European Commission, *White Paper*, S. 11.
5 Ebd. S. 11f.

Abb. 9.1: Ohne Titel von Joachim Huhn

Quelle: Joachim Huhn, www.photocase.de/photocaseg2csf5f642dj.jpg.

wesentlich geringeren Autodichten weisen zwar ebenfalls hohe Zuwachsraten auf, jedoch einen in der Fläche noch wesentlich geringeren Motorisierungsgrad. Prägend ist überall bereits der Individualverkehr, also der Besitz wie die Benutzung eines PKWs. Die verschiedenen Gründe dafür sind bekannt: die weitere Individualisierung des Mobilitätsverhaltens, der Trend zum familiären Autostandard sowie zum Zweit- und Drittwagen, auch die Ausdünnung ländlicher Versorgungsstrukturen oder die Zunahme suburbaner Siedlungen, die ohne Auto oft zum Getto werden, weil städtische Zentren weder durch öffentlichen Nahverkehr noch zu Fuß oder mit Fahrrad erreichbar sind. Die deutschen Zahlen sind hier sprechend: Von den rund 100 Milliarden längeren Wegstrecken, die wir pro Jahr zurücklegen, werden nur rund ein Viertel zu Fuß und gar nur ein Zehntel per Fahrrad unternommen; hingegen über die Hälfte mit dem Auto, ein gutes Zehntel mit dem öffentlichen Nahverkehr und kaum zwei Promille mit dem Flugzeug.[6]

Dabei spielt die Eisenbahn als Pendlersystem wie als Verkehrsmittel im Nahtourismus eine ambivalente Rolle. Einerseits wird mit der Privatisierung von Eisenbahngesellschaften und mit der Ausdünnung von Streckensystemen vor allem in ländlichen Räumen der Umstieg in den Individualverkehr geradezu erzwungen. Dies gilt insbesondere auch für osteuropäische Gesellschaften, in denen die staatliche Grundversorgung rationalisiert und damit reduziert wird. Andererseits entwickelt sich um ein Netz europäischer Hochgeschwindigkeitsstrecken und Metropolenregionen offenbar eine neue Reisekultur mittlerer Reichweite. Bahnreisen in einem Radius von 500 bis 1000 Kilometern werden damit für Touristen wie Geschäftsreisende noch und wieder attraktiver gemacht. Immerhin ist die Reisezeit in dieser Entfernungszone bereits auf drei bis sechs Stunden gesunken und damit durchaus konkurrenzfähig mit Flugzeiten.

Auch im europäischen Flugverkehr als dem gegenwärtigen *Trendsetter* zeichnen sich diese Konzentrationen und Clusterbildungen sehr deutlich ab. Denn am engsten ist das europäische Flugnetz nach wie vor innerhalb der EU-Länder geknüpft. Dort sind im Jahr 2000 immerhin 434 Millionen Passagiere unterwegs, davon 51 Prozent innerhalb des EU-Gebietes, 16 Prozent im restlichen Europa, 13 Prozent von und nach Nordamerika und 20 Prozent im Rest der Welt. Innerhalb der EU wiederum führten 43 Prozent der Flüge von und nach Großbritannien – eine Folge wohl der Verbindung von Insellage, kolonialer Tradition und globaler Funktion wie von boomender Ökonomie. Mit deutlichem Abstand liegen daher auch die *Airports* von London, Paris, Amsterdam und Frankfurt an der Spitze des europäischen Fluggastaufkommens,

6 BVU, ifo, ITP, Planco, *Verkehrsprognose*, S. 120.

einerseits als Zugangsorte zu den zentralen europäischen Metropol- und Wirtschaftsregionen, andererseits als europäische Drehkreuze für Touristen wie Geschäftsreisende. Alle vier zusammen frequentieren im Jahr 2000 allein über 85 Millionen Passagiere, wobei die Hauptverbindungen durch den Tourismus bestimmt werden. Die intensivsten Städteverbindungen führen jeweils von London aus nach Dublin, Amsterdam, Paris und Frankfurt mit insgesamt über 13 Millionen Passagieren. Und die drei am stärksten genutzten Länderverbindungen sind die zwischen Großbritannien und Spanien, zwischen Deutschland und Spanien und zwischen Irland und Großbritannien, die allein fast ein Viertel des Flugverkehrs innerhalb der EU ausmachen.[7] Als neues Element treten seit den neunziger Jahren verstärkt Billig-Fluggesellschaften auf mit einem neuen Massenpublikum, das nicht mehr nur einmal pro Saison eine Pauschalreise bucht, sondern immer intensiver auch regelmäßige Flugverbindungen nutzt, um Verwandte, Städte oder Freizeitveranstaltungen aller Art zu besuchen. Ihre Standorte richten die Billigflieger teilweise auf den Flughäfen der europäischen Metropolen ein, teilweise bauen sie aber auch ein eigenes System metropolennaher Billigflughäfen auf.

In allen Ballungsräumen fungiert der öffentliche Personennahverkehr über die lokale Versorgungsfunktion hinaus zunehmend auch als ein regionales Verteilungssystem, das anschlussfähig ist an die Fernverkehrssysteme. Dabei bilden Bahnhöfe, Flughäfen und Häfen feste Knotenpunkte in einem immer engeren Netz, in dem sich auch die Verbindungen und Verflechtungen von privatem und öffentlichem Verkehr immer dichter gestalten.

Interessanter freilich als diese bloße Verkehrsstatistik ist ein Blick auf die europäischen Planungen, die diese Mobilität kanalisieren und auf bestimmten Routen in bestimmte Räume lenken wollen. Seit 1989 kommt dieser Planungsebene – nicht zuletzt wegen der daran gekoppelten Folgeleistungen aus den europäischen wie nationalen Haushalten – eine immer zentralere Bedeutung für die Verkehrskarte zu und damit eben auch für die Landkarte Europas. Denn dadurch werden nun in der Tat gesamteuropäisch und in großem Stile »Raum« und »Landschaft« gestaltet.

In Deutschland liegt dabei ein besonderes Augenmerk auf der Entwicklung des Ost-West-Verkehrs, insbesondere der Rekonstruktion wie dem Neuaufbau von Eisenbahn- und Autobahnverbindungen. Erste Vorzeigeobjekte im Rahmen der »Verkehrsprojekte Deutsche Einheit« sind etwa die neuen beziehungsweise ausgebauten schnelleren Eisenbahntrassen von Berlin aus nach Hamburg, nach Hannover und nach Magdeburg oder die zwischen Frankfurt und Erfurt und zwischen Dresden und Nürnberg. Bei den Autobahnen schaf-

7 Tronet, »Personenbeförderung«, S. 1ff.

fen etwa die Ostseeautobahn und der Ausbau der Strecken Berlin-Hamburg, Berlin-Leipzig oder Kassel-Eisenach die nötigen Querverbindungen über den Grenzstreifen hinweg. Die deutschen Außenverbindungen wiederum von Schiene und Straße führen vor allem in die Nachbarländer Österreich, Niederlande und Frankreich. Mit großem Abstand im Blick auf infrastrukturelle Anstrengungen wie auf Verkehrsfrequenzen kommen dahinter die Schweiz, Tschechien, Polen, Belgien und Dänemark. In dieser Hierarchie drücken sich natürlich vor allem aktive Handelsbeziehungen und touristische Verbindungen aus, sie zeigt aber auch im Falle etwa von Tschechien und Polen, zu denen bis 1933 beziehungsweise 1945 engste Austauschbeziehungen bestanden, wie schwierig und langwierig sich der Wiederaufbau abgerissener Kontakte gestalten kann.[8]

Auch im europäischen Rahmen wird ein besonderes Gewicht auf die Ost-West-Verbindungen gelegt. Als Teil des Europäischen Verkehrsnetzwerkplanes von 1993 soll dabei das Nordic-Triangle-Projekt per Eisenbahn, Straße und Schiff einen Verbindungskorridor von Oslo über Turku und Helsinki bis zur russischen Grenze vorantreiben. Davon sind Abschnitte in Schweden und in Finnland bereits realisiert. Begonnen ist auch eine Baltikum-Achse, die Prag, Warschau, Kaunas, Riga, Tallinn und Helsinki per Eisenbahn verbinden soll, flankiert von der autobahnähnlich ausgebauten *Via Baltica*. Beide Projekte forcieren also die europäische Ost-West-Mobilität. Von Berlin aus sind Stettin, Warschau und Prag bereits über teilerneuerte Eisenbahn- wie Autobahnstrecken schneller erreichbar. Dasselbe gilt für die Zuglinien und Autobahnen von Dresden nach Prag, von München über Wien nach Budapest oder von Frankfurt/Oder über Posen nach Warschau.[9]

Andere Verkehrsprojekte versuchen neue Brückenschläge zwischen anderen europäischen Regionen. Am prominentesten wohl ist das Euro- beziehungsweise Kanaltunnel-Projekt, das 1987 begonnen und 1994 eröffnet wurde. Seitdem rollen fast sieben Millionen Passagiere jährlich mit und ohne ihre Autos auf den Zügen durch den 50 Kilometer langen Tunnel – verkehrsmäßig zumindest sind sich Briten und Kontinentaleuropäer damit entschieden näher gekommen. Ähnlich ambitioniert ist die Verbindung von Kontinentaleuropa und Schweden über die Öresund-Brücke und den Großen Belt, die für den Auto- wie den Zugverkehr gebaut ist. Seit 2000 eröffnet, verkörpert sie ein europäisches Großprojekt auch deshalb, weil es um sich herum und zwischen Dänemark und Schweden eine neue europäische Metropolenregion schaffen soll. Auch der Ausbau schnellerer Eisenbahnverbindungen zwischen Frank-

8 BVU, ifo, ITP, Planco, S. 134.

9 Ebd. S. 32f.

reich und Deutschland ist begonnen und soll bis nach Osteuropa weitergeführt werden. Und die Eisenbahn-Fernverbindung von Athen über Sofia, Budapest, Wien, Prag nach Nürnberg ist in Teilabschnitten bereits ausgebaut und elektrifiziert.[10] Geplant oder bereits begonnen sind auch mehrere Tunnelprojekte in den Alpen, etwa im Verlaufe der Tauern-Autobahn bis nach Slowenien oder zwischen Deutschland, der Schweiz und Italien. Sie sollen die bisherigen Nord-Süd-Verbindungen ergänzen und entlasten.

Schließlich sollen auch die Außenverbindungen Europas gezielt gestärkt und erneuert werden. So hat unter dem Namen »Neue Seidenstraße« 1993 ein ambitioniertes EU-Projekt begonnen, das in großem Maßstab Verkehr und Kommunikation auf den historischen Spuren der großen Seidenstraße von Asien durch den Kaukasus nach Europa realisieren will. In diesem Transportkorridor sind im Jahr 2000 tatsächlich bereits 5,7 Millionen Tonnen Transitfrachtgüter unterwegs, mit nicht unerheblichen wirtschaftlichen Impulsen für die jeweiligen Anrainerstaaten. Russland, das an diesem Konzept nicht beteiligt ist, da es von der Seidenstraße nicht berührt war, betreibt seit einigen Jahren eigene Projekte, die ebenfalls Asien und Europa auf unterschiedlichen Wegen und in unterschiedlicher Weise verbinden sollen.

Für den Güterverkehr schließlich sind quer durch Europa Erweiterungen und Verbreiterungen der Schiffsverbindungen von der Nordsee bis zum Schwarzen Meer über den Rhein-Main-Donau-Kanal geplant und in Abschnitten bereits realisiert und die Havel-Oder-Wasserstraße verbindet den deutsch-polnischen Raum in der Mitte Europas. Beide Projekte dienen sowohl dem europäischen Gütertransport wie dem Transitverkehr und ihre Außenanschlüsse sollen langfristig über eine bessere Vernetzung der Nordsee- und der Ostseehäfen erreicht werden. In deren Trennung spiegelt sich im Übrigen vielleicht am deutlichsten noch die alte West-Ost-Spaltung zwischen EG und COMECON wider.

Die bisherigen Erfahrungen mit dieser europäischen Verkehrsplanung zeigen allerdings, dass auch mit erneuerten Autobahnen und Eisenbahnlinien nicht automatisch ein flächiger Integrationseffekt eintritt. Viele Regionen entlang solcher Verbindungs-Trassen verbleiben vielmehr im Status von Transiträumen. Dies gilt gerade auch für ehemalige Ost-West-Grenzregionen, die nach 1989 auf raschen Aufschwung hofften. In vielen von ihnen zieht der nun fließende Verkehr neben den üblichen Tankstellen, den Versorgungsstationen für Trucker und Touristen und der Prostitution wenig wirtschaftliche Folgewirkungen nach sich. Verstärkt noch durch Abwanderung und Städteschrumpfung entstehen so vor allem in osteuropäischen Ländern neue und wirtschaft-

10 European Commission, *Trans-European Transport Network*.

lich substanzlose Peripherien, die – von der sozialistischen Infrastruktur mittlerweile verlassen – nun ganz von der Trostlosigkeit des »Zwischenraumes« geprägt sind. Aber auch manche Regionen Westeuropas präsentieren sich nurmehr als Logistikareale aus Schlafsiedlungen und Lagerhallen, kombiniert mit Zug- und Nahverkehrsanschlüssen. Sie dienen als reine »Bereitstellungsräume« für Metropolen und Logistikzentren, für Flughäfen und Bahnhöfe und sie unterwerfen sich damit der »Just-in-Time-Logik« postfordistischer Produktion.

Deutlich folgt auch die Abwanderung qualifizierter Arbeitskräfte diesem Sog von den Rändern in die Zentren. Dass die EU vielfach unterschiedslos Mobilität honoriert und alimentiert, gleichgültig ob es sich um Schweinehälften oder Studierende handelt, forciert diese Scherenentwicklung zusätzlich. Europäische Zentralregionen einerseits und Transitregionen andererseits driften damit weiter auseinander. Dem versuchen zwar Konzepte wie das der »Euroregionen« oder der »Strukturschwachen Gebiete« entgegenzusteuern, allerdings offenbar nur mit begrenzt nachhaltigem Erfolg. So wird weiter zu beobachten sein, ob die begonnene EU-Erweiterung nach Osten nun andere Impulse zu setzen vermag.

Europäische *Scapes* und *Flows*

Damit bin ich bei meinem zweiten Teil: Wie bedienen sich Menschen dieser europäischen Verkehrsinfrastruktur und weshalb? Und wie hat dieses »neue Europa« nach 1989 seine Bewegungen und Wahrnehmungen, seine Räume und Horizonte verändert?

Wenn wir in der Ethnologie über räumliches Verhalten in der Spätmoderne nachdenken, sprechen wir mittlerweile häufig von *Scapes* und von *Flows* also von neuen, sich global erstreckenden Landschaften und Strömungen, die aus neuen strukturellen Zusammenhängen wie kulturellen Deutungen entstehen und in denen sich auch neue physische wie symbolische Muster unserer Mobilität abspielen: *spaces* und *places* werden so durch Migration, Tourismus und Kapitalfluss in eine neue Topografie gebracht.[11] Gemeint sind damit insbesondere auch »hybride« Mobilitätsformen, die vielfältige und vor allem kulturelle Ursachen und Erscheinungsformen besitzen, die neue Muster der Deutung und Nutzung des Raums entwickeln und die dabei vor allem auch elektronische wie imaginative Erweiterungen unserer Raum- und Mobilitätsvorstellun-

11 Appadurai, *Modernity at Large.*

gen einbeziehen. Flug- und Fahrsimulatoren haben ja bereits mechanisch und physisch einen Weg vor-geebnet, auf dem sich Mobilität und Reise nun auch optisch wie akustisch in eigenen *Cyberspaces* durchführen lassen. Dabei ähneln die Dauer und die Erlebnisintensität des *Surfens* per Computer im *World Wide Web* durchaus bereits manchen Erfahrungen der physischen Reise. Seitdem weltweite Netzwerke und entsprechende *Software* Bildorte und Bildwelten aufbauen können, scheint es möglich, sich tatsächlich in ihnen zu bewegen. Ihre virtuelle Topik jedenfalls fesselt inzwischen die Phantasie wie die Physis der Reisenden manchmal kaum weniger als die Realtopografie, denn auch die Orte im Netz können längst eine »auratische« Wirkung entfalten.

Eine zentrale Rolle bei der Entwicklung, der Verbreitung und der Aneignung solcher Wahrnehmungsmuster spielen Kunst- und Medienprojekte, die den Raum ästhetisch neu kodieren. Oder es sind die neuen Netz-Projekte, jene *Second Worlds*, die uns eigene Alltagswelten wie Reisewelten zur virtuellen Er-Fahrung anbieten. So ergeben sich durch mediale Vermittlung tatsächlich neue Perspektiven. Räume und Landschaften, die vorher weit auseinander lagen und die wir nicht einmal zusammen »denken« konnten, sehen und erleben wir nun als zusammengehörig. Wir sind an »Fern-Verbindungen« gewöhnt, weil sich geografische Distanz visuell wie kommunikativ überwinden lässt. Und wir leben ganz selbstverständlich mit unserer eigenen medialen Ko-Präsenz im Raum, wenn materielle und virtuelle Mobilität ineinander übergehen, wenn uns *Notebook* und Handy am Heimat- wie am Urlaubsort jeweils beliebige Mischungen von Nähe und Ferne, von »daheim« und »unterwegs« ermöglichen.

Nimmt man diese Perspektive der *Scapes* und *Flows* also auf und blickt damit auf europäische Mobilitätsprofile und Raumstrukturen, dann werden auch die Innenseiten und die Akteursperspektiven dieser Prozesse etwas transparenter. Denn Europa stellt sich dann nach 1989 in der Tat als eine »Landschaft in Bewegung« dar. Als ein Raum, in dem in neuer Weise Grenzen überschritten und Distanzen überbrückt werden und in dem unterschiedlichste Akteure aus unterschiedlichsten Motiven auch zwischen entfernten Orten und Regionen neue Raumbezüge und neue Verbindungen herstellen. So wird ober- wie unterhalb der nationalstaatlichen Ebene ein intensiver kultureller und wissensförmiger Integrationsprozess Europas sichtbar, der wesentlich vom Verkehr getragen wird und der vielfach unabhängig vom Fahrplan der offiziellen EU-Erweiterung verläuft.

Denn der wichtigste Mobilitäts- wie Integrationsmotor ist am Ende des 20. Jahrhunderts bekanntlich der Tourismus – weltweit drittwichtigster Industriezweig und Beschäftigungssektor mit weiterhin hohen Zuwachsraten. Mehr als fünf Milliarden Reisende sind jährlich unterwegs, 220 Millionen Menschen arbeiten in der Tourismusindustrie und ständig sind rund 500.000 Menschen per Flugzeug in der Luft unterwegs.[12] Ein Zentrum dieser Reiseaktivitäten mit höchster Verdichtung ist Europa und hier wiederum dominiert das Reisen innerhalb des Kontinents. Einerseits werden dadurch entscheidende Effekte ökonomischer und infrastruktureller Art ausgelöst. Denn Autobahnen, Zug- und Flugverbindungen sind vor allem auf dieses eine Ziel hin orientiert und organisiert: als Transportbänder des europäischen Tourismus zu dienen. Andererseits und vor allem werden dadurch aber auch kognitive und kulturelle Lernprozesse bewirkt. Denn Reisen produziert Austausch untereinander und Wissen voneinander. Und trotz aller Probleme gilt dieser Integrationsbefund gerade auch im Blick auf die Entwicklung der meisten osteuropäischen Gesellschaften.

Allerdings hat dies gravierende Voraussetzungen wie Folgen. Denn dieser Tourismus organisiert sich längst überall industriell, er breitet sich quantitativ wie räumlich immer weiter aus und er baut Landschaft systematisch um bezie-

Abb. 9.2: Ohne Titel von Thomas Egger

Quelle: Thomas Egger, www.photocase.de/photocaser52ma5vaapnu.jpg.

hungsweise als »regionaltypische« Urlaubskulisse auf. So konstruiert die Tourismusindustrie durch die Erschließung neuer Urlaubsregionen innerhalb wie

12 Shaw, »Fahrrad«, S. 8.

außerhalb Europas in der Tat den Raum neu. Indem sie attraktive Bilder touristischer Landschaft medial vermarktet, indem sie durch gezielte Straßenführung regelrechte »Aussichtslandschaften« schafft, indem sie den zuliefernden Flugverkehr und vor allem Billigfluglinien verstärkt, indem sie das Gelände von Küsten- wie Bergregionen touristisch um- und aufbaut, indem sie diese möglichst ganzjährig nutzbar macht, indem sie die Einwohner zu unsichtbaren »dienstbaren Geistern« umschult – indem sie dies alles tut und zwar flächendeckend auf allen Kontinenten und arbeitsteilig in ausdifferenzierten Tourismusindustrien organisiert, schafft sie buchstäblich »Welt-Raum« auf der Erde: eine überall gleiche globale Infrastruktur des Versorgt-Werdens und Erlebens – verhängt nur mit unterschiedlichen touristischen Kulissen.

Es ist der Mallorca-Effekt, der nach den Adria- und Costa-Brava-Kampagnen der sechziger und siebziger Jahre nun quantitativ wie qualitativ nochmals in neue Dimensionen vorstößt. Kein Wunder, dass gleich nach den vier großen europäischen Flugdrehkreuzen bereits Palma de Mallorca auf dem siebten Platz der europäischen Rangliste der Flughäfen erscheint mit 13,7 Millionen Passagieren im Jahr 2000 und dass die europäische Flugverbindung mit der höchsten Zuwachsrate von Liverpool nach Palma de Mallorca führt.[13] Zahlenmäßig wie sozial gesehen verkörpert der Tourismus längst die zentrale europäische Mobilitätsform im Fernverkehr.

Ähnlich nicht in absoluten Zahlen, jedoch in ihrer Wirkung und Bedeutung tritt daneben die Migration. Das Spektrum der Akteure und Motive wie der Routen regionaler wie globaler Wanderung hat sich nach 1989 dramatisch erweitert – und Europa ist ihr häufigster Zielkontinent. Entscheidend wächst dabei vor allem die informelle und illegale Migration. Sie reicht vom polnischen Touristen, der mit einem Besuchervisum für drei Monate zwischen Warschau und Berlin pendelt und schwarz arbeitet, über die »hereingeheiratete« thailändische Haushaltshilfe oder Altenpflegerin bis zum ukrainischen oder afrikanischen Flüchtling, den »Schleuser« über die europäischen Außengrenzen in die EU bringen. Zugleich sind damit eine Fülle neuer migrantischer Räume und Praxen entstanden, innerhalb Europas, vor allem aber an den Außengrenzen der EU: in der Ukraine oder in Albanien, in Rumänien oder in Marokko. Von dort aus wird entweder legal nach Europa eingependelt oder auf die Gelegenheit zur illegalen Einwanderung gewartet. Denn das Schengener Abkommen aus dem Jahr 1990 verschließt durch die stärkere Kontrolle an der europäischen Außengrenze manche alte Migrationsroute, für die nun Ersatz gesucht und gefunden wird.

13 Tronet, »Personenbeförderung«, S. 1.

Gegen diese illegale Zuwanderung wird zugleich ein Grenzregime errichtet, das an der europäischen Süd- und Ostgrenze die »Festung Europa« gegen die nun befürchtete »Migrantenflut« verteidigen soll. Allerdings hält sich diese Flut längst in Grenzen: Im Jahr 2003 sind rund 24 Millionen Menschen in europäischen Staaten als »Ausländer« registriert, knapp 4,5 Prozent der europäischen Bevölkerung (in Osteuropa nur 0,4 Prozent). Dabei sind die nationalen Ausländerquoten ohnehin sehr unterschiedlich (abhängig auch von der Einbürgerungspolitik): die Schweiz gibt 20 Prozent an, Deutschland und Österreich neun Prozent, Frankreich und England fünf Prozent.[14]

Neu und bemerkenswert scheint dabei, dass Tourismus und Migration in Europa immer mehr Hand in Hand gehen. Durch die Veränderung sowohl der juristisch-ökonomischen Rahmenbedingungen als auch der sozial-kulturellen Mobilitätsformen sind beide häufig nicht mehr scharf voneinander abzugrenzen. Touristische Praktiken werden vielmehr zu migrantischen und umgekehrt. Denn auch hier sind es hybride Formen von Mobilität, die praktiziert werden. Denn Tourismus und Migration finden längst vor einem gemeinsamen und weltweiten Horizont von Wanderungsbewegungen statt, die auch gemeinsame soziale Räume und Praxen haben entstehen lassen. So wird der russische Tourist mit Visum durch Schwarzarbeit zum Migranten auf Zeit. Die bulgarische Händlerin pendelt mit ihrem Koffer voll echter Uhren oder falscher Armani-Shirts im Express zwischen Warschau, Berlin, Kiew und Istanbul. Andere Händler nutzen touristische Billigflüge und Motels als logistische Infrastruktur für ihre Verkaufstourneen durch europäische Städte oder entlang europäischer Strände. Englische Mallorca-Touristen wiederum sind schon vor oder spätestens nach ihrer Verrentung Migranten, indem sie ganze Jahres- oder Lebensabschnitte am Mittelmeer verbringen. Immerhin besitzen fast 700.000 Briten eine Immobilie allein in Spanien.[15] Und deutsche Pensionäre erwerben über Strohmänner Sommerhäuser in Mittelschweden oder Bauernhöfe in Ungarn. – Wer von ihnen allen nun wo und wann tatsächlich Tourist oder Migrant, Händler oder Schwarzarbeiter, Pendler oder Student ist, geht häufig ineinander über und lässt sich im Einzelfall kaum mehr beurteilen.

Im Rahmen solch globaler *Scapes* und *Flows* entstehen tatsächlich auch »neue« Orte. So repräsentierte ein Warschauer Fußballstadion voller Verkaufsbuden Mitte der neunziger Jahre immerhin das viertgrößte Kaufhaus Polens, schlammige Flohmärkte in Litauen oder Tschechien werden zu zentralen europäischen Umschlagplätzen von Unterhaltungselektronik und landsmannschaftlich organisierter Schmuggeltourismus verbindet Verwandtschaftsbesuch

---

14 Salt, *Trends*, S. 17ff.

15 Holert, Terkessidis, *Fliehkraft*, S. 12 u. S. 181.

mit Geschäft. Umgekehrt mutieren Flughäfen und Bahnhöfe in Westeuropa zu *Shopping Malls* mit Gleisanschluss beziehungsweise Landebahn. Und Städte wie Barcelona oder Bologna werden zum Pilgerort von Studierenden und Jugendkulturen, weil sie attraktive Bilder einer Stadtkultur vermitteln, in der sich Arbeit und Leben, Geschichte und Architektur, Popkultur und Kunstevent in idealer Weise zu mischen scheinen. Solche Städte sind die Zielorte eines europäischen Mobilitätsprogramms, das über Videoclips, Filme und Internet europaweit als »hip« klassifiziert und kommuniziert wird.

Neu entstehen daraus freilich auch Begegnungen und Konfrontationen ganz anderer Art. Wenn etwa afrikanische Flüchtlinge an spanischen und italienischen Stränden auf deutsche und britische Touristen treffen, die einen als *boat people*« mit dem geradezu »archaischen« Verkehrsmittel Fischerboot gestrandet, die andern mit dem Düsenjet eingeflogen. Oder wenn unrentable touristische Hotelanlagen zu Asylanten- und Flüchtlingsheimen umgenutzt und umgekehrt die Asylanten von den exklusiven Touristenstränden abgedrängt werden.

Vor allem verschmelzen in diesem Prozess zunehmend die Migrationsrouten und die touristischen Routen. Das ist nicht neu: Bereits in den sechziger Jahren inspirierten italienische Gastarbeiter bekanntlich den deutschen Tourismus an den »Adria-Grill«. Doch haben sich mittlerweile auch die Briten auf ihre Verbindungen nach Gibraltar, Nordafrika und Mallorca besonnen, die Deutschen entdecken über ihre ungeliebten Türken die Türkei als gastfreundliches und billiges Reiseland, Italiener zieht es nach Tunesien, in die Heimat ihrer Hausangestellten, und wohlhabende Russen suchen in der Schweiz Banken auf und Après-Ski statt Lenins Spuren. Auch hier vermischen sich die Zwecke und die Formen von touristischer Charterreise mit Auswandererflügen, von Kultur-Tourismus mit Verwandtschaftsbesuchen, von Selling-Praxen mit Shopping-Aktivitäten.

Ausschlaggebend dafür ist, dass sich Tourismus und Migration längst auch über bestimmte Wissensmodi und in gemeinsamen Wissenskulturen verbinden. Dies geschieht über Erfahrungen und Konzepte einer Mobilität, die immer stärker Züge modernen Nomadentums zeigt. Sei es in Gestalt der Migration von Niedriglohnarbeitern, die sich teuere Standorte wie Manhattan oder London nicht mehr »leisten« können. Sei es in jener so genannten »kreativen Klasse«, die sich neue und angesagte Arbeits- und Lebensstandorte sucht. Oder seien es jene »Kulturmigranten«, die in wechselnden Städten und *Lofts* unterschiedlich lange Lebensabschnittsbeziehungen mit Opernhäusern, Kunstmuseen oder urbanen Partymilieus eingehen.

Obwohl diese Phänomene quantitativ bislang noch überschaubar sind, beschreibe ich sie hier relativ ausführlich, weil sich Mobilität und Verkehr zukünftig immer mehr an dieser multifunktionalen Art der »Produktion« von Orten, Räumen und Routen orientieren werden. Wo sie möglicherweise an Grenzen stoßen, weil Mobilitätsbedarf »gesättigt« sein oder Innenstädte »unbezahlbar« werden könnten, wird sich zeigen.

Ein gutes Beispiel dafür bildet die Mobilität zwischen europäischen Metropolen: Einerseits befinden sie sich im harten Konkurrenzkampf, um möglichst große Anteile an den globalen Strömen von Kapital und Tourismus in die eigene Region umzulenken. Clusterkonzepte versuchen daher eine regionale Verdichtung von Verkehrs-, Wirtschafts- und Wissensräumen herzustellen, denn Metropolenregionen sind immer stärker auf die doppelte Attraktivität sowohl ihrer Ökonomie wie ihrer Kultur angewiesen.[16] Und sie benötigen zudem ein spezifisches Profil als *global city*, wenn sie Anleger und Residenten, Arbeitskräfte und Touristen für sich gewinnen wollen.[17] Andererseits können sie diese *Champions League* der Metropolen nur gemeinsam bilden und verkörpern. Nur durch gegenseitige Anerkennung und wechselseitigen Verweis gelingt der Nachweis der Zugehörigkeit zu den besonderen, gleichsam »auratischen Orten« – geadelt durch Größe und Bedeutung, durch Geschichte und Kultur, aber auch durch Schicksal und Mythos. Nur dann wird jeder dieser inszenierten Stadträume zur Bühne von Anlässen und Akteuren, die sich allesamt als *Urban Players* darstellen wollen und müssen: als Repräsentanten der »großen Orte« und der »großen Events«.

Die in den letzten Jahren gewachsene Attraktivität von Städten wie Barcelona, Berlin, St. Petersburg oder Edinburgh ist ohne diesen Wirkungszusammenhang von Metropolendiskurs und Metropolentourismus, von urbanen Szenen und ethnischen Milieus, von künstlerischer und akademischer Mobilität, von *Medienspots* und Internet-Portalen, von Architektur- und Kunstevents, von Festivals und *Highlights* des Zuschauersports, von Städtetickets und Billigfliegern nicht erklärbar. Eine nicht unwichtige Rolle spielen dabei im Einzelfall auch urbane Fankulturen ganz unterschiedlicher Art: etwa die Techno-Gemeinde in Berlin, die Fußball-Hooligans des AS Rom, die MOMA-Kunstgemeinde in New York oder kleiner, aber bereits klassisch die Wagnerianer in Bayreuth. Teils sind es mobile, teils lokale »Event-Gemeinschaften«, die so den lokalen Mythos pflegen und verbreiten.[18]

Ergänzend zum Besuchertourismus hat sich dabei längst auch ein »innerer« Tourismus der Metropolen herausgebildet, in dessen Rahmen die Bewohner die »fremden Welten« in der eigenen Stadt entdecken und sie wie Touristen

16 Florida, *Cities*.

17 Zukin, *Cultures*.

18 Vgl. Zingerle, »Kunsterlebnis«, S. 187.

genießen: Tourismus *at home*, per U-Bahn statt Flugzeug. Hier, in den Metropolen, zeichnet sich damit auch eine Konfrontation unterschiedlicher sozialer »Scapes« ab. Denn auf der einen Seite sollen die »hippen« Orte Exklusivität verkörpern, vorbehalten den Angehörigen von Eliten und Jetset. Londoner Mode und Pariser Nachtleben können an einem Tag nur dann verbunden und genossen werden, wenn die Verkehrsmittel schnell sind und die Konsumräume entsprechend exklusiv bleiben: globale *Scapes* eben der Paris Hiltons, der Beckers und der Becketts. Wer teuer konsumiert, kann sich so Mailand und Moskau in eins denken – als eine zusammengehörende Mode- und Club-Szene in der Nachbarschaft für den späten Nachmittags-Jet. Und wer ohne Geld- und Jobsorgen studiert, verbindet Bologna, Berlin und Barcelona ebenso locker in seiner akademischen Biografie wie in seinem sozialen Lebensstil. Auf der anderen Seite stehen jedoch andere *City-Hopper* bereit, die ein ganz anderes soziales Milieu verkörpern und einen ganz anderen Lebensstil: *Backpacker* und Fußballfans, Mobil-Senioren und Musikfans, Kaffee-Flieger und Kampftrinker. Sie haben spezifisch andere Interessen, nutzen dafür europäische Preisgefälle, Billigfluglinien und Hostels, beanspruchen aber nicht selten dieselben urbanen Räume wie die Eliten. Und oft genug sind sie es, die das »urbane Leben« selbst aktiv mit verkörpern: als unverzichtbare Komparsen jener bedrohlich-exotischen »Masse«, die das großstädtische Straßen- und Nachtleben bevölkert, die das begeisterte Publikum des Rockkonzerts spielt oder die Fankurve im Fußballstadion mimt. Ohne die »durch Masse« generierten Bilder, Atmosphären, Situationen und *Sounds* fehlt dem Urbanen sonst vielfach seine Aura.

Dieser neue damit *topographical turn* wird also zu einer sehr konkreten und massenhaften Praxis, wenn die Billigflieger in den Metropolen sich ihr »Europa der Orte« erobern. Hier vor allem, in den Metropolen und ihren urbanen Milieus, wird die neue Mobilität einer Jugendkultur sichtbar, die insgesamt sehr »beweglich« daherkommt. Denn ihr Umgang mit Geschmack und Lebensstil, mit Raum und Verkehr, mit Freizeit und Sport trägt sehr viel weniger Züge lokaler Zugehörigkeit als früher. Vielmehr scheint durch die neuen Verkehrs- wie Kommunikationsmittel ihr lebensweltlicher Horizont und geografischer Radius sehr viel weiter gespannt als bei früheren Jugendgenerationen. Mobilität ist für sie in vielfältiger Weise offenbar bereits eine Selbstverständlichkeit – und zwar in beiden Dimensionen: im materiellen Raum wie im virtuellen Raum. Dem stehen die »Senioren« allerdings kaum nach, deren Kulturreisen und Kreuzfahrten jedoch einem gemächlicheren Takt folgen.

Diese enge Korrespondenz von Verkehrsnetzen und Kommunikationsnetzen, von physischer und virtueller Mobilität ist wohl zum prägenden Kennzeichen der Bewegung im und Aneignung von Raum am Ende des 20. Jahrhunderts geworden. Und in dieser Korrespondenz treffen sich wiederum touristische mit migrantischen Praxen, weil beide den Umgang mit Verkehrsmitteln zunehmend in der Art einer »User-Kultur« gestalten. So gehen die Reisenden zur »Telematisierung« ihrer Flüge und Fahrten über, indem sie Online-Reiseplanungen und mobile Navigationssysteme benützen und ihren Reisezielen im Netz einen Vor-Besuch abstatten. Und die Orte werden ihrerseits im Raum mobil, indem die Städte sich über ihre Bilder im Netz ausbreiten.

Letztlich wird die mediale Repräsentation zur entscheidenden Voraussetzung materieller Existenz und sozialer Präsenz: für die Akteure wie für die Orte. Dadurch wiederum weiten sich Räume und Prozesse der Mobilität aus. Sie verlieren ihre lokale Begrenzung durch ihre Einbeziehung in überlokale Wahrnehmungs- und Praxisformen und sie erscheinen damit als Repräsentanten globaler »Scapes« und »Flows«: als »Orte in der Welt«. Umgekehrt erfolgt dadurch gleichzeitig aber auch die Verwandlung von Orten in Nicht-Orte, in uniforme Shopping- und Transiträume, deren Allerweltsinfrastrukturen und Allerweltsarchitekturen nurmehr Ortlosigkeit ausdrücken.[19]

Spacing ist eines der Schlagworte in den gegenwärtigen Raum- und Mobilitätsdebatten: »Raum machen«. Bereits ein wenig abgegriffen, vermag dieses Wort als Denkfigur vielleicht dennoch jene materielle und virtuelle Doppelstrategie auszudrücken, die in dieser Perspektive auf den Verkehrsraum Europa sichtbar wird. Denn hier meint Verkehr in der Tat eine komplexe und systematische Veränderung des Raumes durch neue Mobilität, also durch neues räumliches Wissen, durch neue mediale Räumlichkeit und durch neue räumliche Praxen. Mehr denn je gehen dabei physische und imaginative Formen der Mobilität Hand in Hand. Und sie gestalten den Verkehrsraum Europa letztlich deshalb um und neu, weil sie ihn anders »denken« und nutzen. Dieses neue Denken gilt letztlich generell für die wirtschaftliche und industrielle Entwicklung: Die Tendenz zum Leichten und Mobilen ist auch dort unübersehbar. Neue Technologien in der Mikroelektronik, in der Informationstechnologie, in der Bio- oder der Gentechnologie werden längst im virtuellen wie im materiellen Raum entwickelt und auch in beiden Sphären verkauft.

Spacing schließt dann jedoch auch unsere Ambivalenzen im Umgang mit solcher Mobilität ein. Denn gerade die beiden Hauptformen des Fernverkehrs, Tourismus und Migration, werden in Europa einerseits zwar als demographische, ökonomische und kulturelle Ressource wahrgenommen. Ohne sie können die meisten Gesellschaften und Volkswirtschaften schlechterdings nicht mehr vernünftig funktionieren. Andererseits und zugleich jedoch erscheinen beide auch als Auslöser von kultureller Befremdung, von ökologischen Prob-

19 Augé, *Orte*.

lemen und von terroristischer Bedrohung – nicht erst seit dem Elften September von New York, aber spätestens seitdem.

Und spätestens seitdem sollen es vor allem auch die Verkehrssysteme sein, die ganz praktisch dafür zu sorgen haben, dass unter den Bedingungen globaler Mobilität die Balance von Offenheit und Sicherheit in unseren Gesellschaften erhalten bleibt. Dazu werden neue Grenzregimes im Inneren wie nach Draußen errichtet, unsichtbarer als der »Eiserne Vorhang«, aber kaum weniger wirkungsvoll. Es ist die elektronische Kontrolle, die den Verkehr zur »Überwachungsschleuse« werden lässt. Videokontrollen in den Bahnhöfen und Flughäfen, in den Innenstädten von London und Moskau, in Zügen und Flugzeugen: Wer reist, wird erfasst. – Auch dies ist europäischer Verkehr am Ende des 20. Jahrhunderts!

Mein Resümee: Wenn es zu Beginn des 20. Jahrhunderts vor allem Militärstrategien und Industriepolitik waren, welche die Entwicklung des europäischen Verkehrsnetzes lenkten, so sind es an seinem Ende offenbar vor allem die Markt-, Wissens- und Erlebniskulturen, die den Raum mit ihren Netzen überziehen und die Mobilitätsmuster strukturieren. Zwar kommt es dabei zunächst noch zu keiner dramatischen Verschiebung der zentralen europäischen Verkehrsachsen, lediglich zu Ergänzungen und Erweiterungen – auch nach Osten. Doch die Mobilitätsformen der neunziger Jahre verändern sich vor allem unter dem Einfluss von Tourismus und Migration nachhaltig. Beide vermischen sich und sie bewirken dabei beides: Sie folgen den sich verändernden Verkehrsformen wie sie ihrerseits selbst neue Verkehrsformen nach sich ziehen. Bei diesen Veränderungen wiederum spielen die mediale Vermittlung wie die Steuerung wie die Überwachung von Mobilität eine zentrale Rolle. Denn Bewegung und Raum werden in einem Verhältnis zueinander wahrgenommen, das Europa gleichsam in spezifische »Nutzungslandschaften« gliedert. Nähe und Distanz werden damit in neuer Weise definiert – auch in sozialer Hinsicht, abhängig von Statusposition und Lebensstil.

Schließlich wird der Trend zur Europäisierung des europäischen Raumes durch touristische und migrantische Praxen entschieden verstärkt. Ein vereinheitlichender Kode strukturiert Landschaft und Leute entsprechend den Prinzipien von touristischer Technik und Logistik, von exotischen Bildern und Wissensfragmenten, von westlicher Ästhetik und Mentalität, von Lebens- und Freizeitstilen. Mit unseren Museen und Hotelzimmern werden auch wir uns ähnlicher. Und dieses Europa wird größer, weil sich diese Europäisierung vor allem auch in den inner- wie außereuropäischen Randzonen vollzieht: an den afrikanischen Küsten des Mittelmeeres, in den Hotel-Ressorts in Ägypten oder an der Ostseeküste im Baltikum als den »europäischen« Ferienlandschaften wie Migrationsräumen.

Literatur

Appadurai, Arjun (1996), *Modernity at Large. Cultural dimensions of globalization*, Minneapolis u. a.

Augé, Marc (1994), *Orte und Nicht-Orte. Vorüberlegungen zu einer Ethnologie der Einsamkeit*, Frankfurt am Main.

BVU, ifo, ITP, Planco (2001), *Verkehrsprognose 2015 für die Bundesverkehrswegeplanung*, im Auftrag des Bundesministeriums für Verkehr, Bau- und Wohnungswesen, München u. a.

European Commission (2001), *White Paper – European transport policy for 2010: time to decide*, Luxembourg.

European Commission (2005), *Trans-European Transport Network. TEN-T priority axes and projects 2005*, Luxembourg.

Florida, Richard (2005), *Cities and the Creative Class*, New York u. a.

Holert, Tom/Terkessidis, Mark (2006), *Fliehkraft. Gesellschaft in Bewegung – von Migranten und Touristen*, Köln.

Kaschuba, Wolfgang (2004), *Die Überwindung der Distanz. Zeit und Raum in der europäischen Moderne*, Frankfurt am Main.

Rommerskirchen, Stefan (1999), »Der Motor des Verkehrswachstums läuft weiter auf Hochtouren«, in: *Der Tagesspiegel*, Nr. 16 887 v. 27. November, S. 9.

Salt, John (2005), *Current Trends in International Migration in Europe*, Strasbourg.

Shaw, Jeffrey (1999), »Auf dem Fahrrad durch die Stadt der Buchstaben«, in: *Der Tagesspiegel*, Nr. 16.873 v. 13. November, S. 8.

Shore, Cris (1997), »Metaphors of Europe: Integration and the Politics of Language«, in: Stephen Nugent/Cris Shore (Hrsg.), *Anthropology and Cultural Studies*, London, S. 126–159.

Tronet, Vincent (2003), »Internationale Personenbeförderung im Luftverkehr 1993–2000«, in: *EUROSTAT, Statistik kurz gefasst – Thema 7*, H. 2, S. 1–6.

Zingerle, Arnold (2000), »Monothematisches Kunsterlebnis im Passageraum. Die Bayreuther Richard-Wagner-Festspiele als Event«, in: Winfried Gebhardt/Ronald Hitzler/Michaela Pfadenhauer (Hrsg.), *Events. Soziologie des Außergewöhnlichen*, Opladen, S. 183–202.

Zukin, Sharon (1995), *The Cultures of Cities,* Oxford.

III.
Verkehr im Zeitalter der Katastrophen

10. Im Kampf um Recht und Ordnung: Zivilisatorische Mission und Chaos auf den Eisenbahnen im Zarenreich

Frithjof Benjamin Schenk

Eisenbahn als Zukunftsprojekt

Das Russische Reich gehörte nicht zu den Pionieren des Eisenbahnbaus im 19. Jahrhundert. Als der Reformzar Alexander II. im Jahr 1857 schließlich grünes Licht für den Bau eines systematischen Schienennetzes im europäischen Teil seines Reiches gab, sah er die Eisenbahn vor allem als ein Instrument an, um die politische, wirtschaftliche und ökonomische Macht seines Landes zu festigen. Schon früher hatten die Befürworter der Eisenbahn auf die Bedeutung des neuen Verkehrsmittels für die territoriale Konsolidierung Russlands hingewiesen. Der konservative Publizist Michail Katkov, ein Bewunderer der Eisenbahnpolitik des Deutschen Reiches, brachte diese Position im Jahre 1883 in der von ihm herausgegebenen Zeitung *Moskovskie vedomosti* auf den Punkt: »Für die Herstellung der nationalen Einheit brauchen wir zuerst das Bajonett und dann die Eisenbahn.«[1]

Die Fürsprecher des Dampfrosses im Russischen Reich erblickten im neuen Verkehrsmittel jedoch nicht nur ein wirtschafts- und machtpolitisches Instrument. Gleichzeitig betrachteten die westlich orientierten Bürokraten und Ingenieure die Eisenbahn als ein probates Mittel, um die Errungenschaften der Zivilisation in die letzten Winkel des Reiches und zu den niedersten Schichten der Bevölkerung zu tragen. Das verheißungsvolle Credo der fortschrittsgläubigen Verkehrsplaner lautete: »Die Eisenbahnen wirken in Russland in den Gegenden, die von ihnen erfasst werden, als Vermittler und Pioniere der Kultur und Entwicklung«.[2] Von diesem Fortschritt sollte zunächst das europäische Russland erfasst werden. Mit der Ausweitung des Eisenbahnnetzes nach Sibirien und Zentralasien im späten 19. Jahrhundert wurde die Dampfmaschine später auch als Instrument der russischen *mission civilisatrice* in der asiatischen Peripherie des Reiches beschworen. Dort, wo dampfende Lokomotiven den

1 *Moskovskie vedomosti*, Nr. 214 v. 4.8.1883, zit nach Tvardovskaja, *Ideologija*, S. 79. Zu den Anfängen des Eisenbahnbaus in Russland vgl. Haywood (1969), *Beginnings*, ders. (1998), *Russia*.

2 *Železnodorožnoe delo* 17, Nr. 27–28, 1898, S. 358.

Raum eroberten, würde sich nicht nur ökonomischer Wohlstand, sondern zugleich Kultur und Zivilisation verbreiten, so die optimistische Vision der Petersburger Verkehrsplaner und Ingenieure.[3]

Die in die Eisenbahn gesetzten Zukunftserwartungen nahmen, aus heutiger Perspektive, mitunter rührende Formen an. So phantasierte beispielsweise ein Bahn-Enthusiast im Herbst 1837, kurz nach der Einweihung der ersten Eisenbahnlinie in Russland zwischen St. Petersburg und den Zarenresidenzen von Pavlovsk und Carskoe Selo, dass überall dort, wo die Eisenbahn auftauche, auch das Räuberwesen aussterben werde. Mit Blick auf den technischen Fortschritt prophezeite der Visionär das Ende der Wegelagerei des Postkutschenzeitalters: »Was kann eine Räuberbande gegen eine ganze Armee von Reisenden ausrichten, die von der Maschine so schnell fortbewegt wird?« Alles was den Übeltätern bleiben werde, so der Autor, sei, Steinchen auf die Gleise zu werfen und sich der zivilisierenden Macht des Fortschritts zu beugen.[4] Dass das neue Verkehrsmittel auch Kriminellen neue Aktionsfelder eröffnen würde, dieser Gedanke kam dem Eisenbahnfan des Jahres 1837 offenbar noch nicht.

Wie auch in anderen Ländern, waren die Anhänger des neuen Verkehrsmittels in Russland von der Idee fasziniert, auf der Eisenbahn ließe sich gleichsam eine perfekte soziale Ordnung verwirklichen. In dieser utopischen, in »Klassen« organisierten Welt trugen Bahnbeamte leuchtende Uniformen und behandelten die Fahrgäste zuvorkommend und höflich; an diesem idealen Ort verkehrten die Züge fahrplanmäßig, die Bahnhöfe waren mit Palmen und anderen exotischen Pflanzen geschmückt; Herrscherbüsten aus Marmor adelten die Tempel der Mobilität als Orte staatlicher Repräsentation.[5] Diese Utopie war zweifelsohne kein russisches Spezifikum. In der Tat wurde auch in anderen Ländern im 19. Jahrhundert die Eisenbahn als Projektionsfläche für leuchtende Zukunftsentwürfe genutzt und als System idealer Ordnung imaginiert.[6] Allerdings hat es den Anschein, dass die Idee von der zivilisatorischen beziehungsweise zivilisierenden Kraft des neuen Verkehrsmittels im russischen Eisenbahndiskurs besonders stark ausgeprägt war. Der Glaube an die Eisenbahn als Heilsbringer der Entwicklung kann in Russland dabei als eine neue Spielart des traditionsreichen Projekts der westlich orientierten Elite des Zarenreiches interpretiert werden, die eigene Bevölkerung auf den Pfad von

3 Witte, *Vorlesungen*, S. 67.

4 Anonym (1837), »Buduščnost'«, S. 483.

5 Schenk (2007), »Bahnhöfe«, S. 141–157.

6 Zur Beschreibung des Eisenbahnabteils als geordneter Raum, beziehungsweise »Verwirklichung einer rationalen Utopie«. Vgl. De Certeau, *Kunst*, S. 209. Zur Kritik an De Certeau vgl. Beaumont, *Railway Mania*, S. 151. Vgl. auch Freeman, *Railways*, u. Schivelbusch, *Geschichte*.

Zivilisation und Fortschritt zu führen.[7] Aus dieser Perspektive betrachtet fügt sich das Vorhaben, mit Hilfe der Eisenbahn moderne Ordnungsvorstellungen bis in den letzten Winkel des Vielvölkerreiches zu tragen, in die lange Reihe all jener staatlichen Modernisierungsversuche ein, die vom Umbau von Staat und Gesellschaft unter Peter dem Großen bis zu den großen Reformen Alexanders II. reicht.

Wie kaum ein anderes Reformvorhaben des 19. Jahrhunderts lässt sich der Aufbau des Eisenbahnwesens in Russland als sozialräumliches Ordnungsprojekt lesen. In den Augen ihrer russischen Befürworter verkörperte die Eisenbahn den wirtschaftlichen, gesellschaftlichen und kulturellen Fortschritt. Dabei ging es nicht nur darum, dass die Schienenstränge der Eisenbahn Verbindungen zwischen den einzelnen Regionen des Landes schufen, das Zarenreich mit den Verkehrsnetzen Europas und Asiens verband und so den Transport von Waren und Personen erleichterte. Gleichzeitig wurde die Eisenbahn als ein Kosmos beschworen, dessen Ordnungsprinzipien auf das von den Schienen erschlossene Territorium und die von ihm erfassten Menschen abstrahlen sollten. Bahnhöfe und Züge fungierten in dieser Perspektive nicht nur als funktionale Orte des Personen- und Güterverkehrs, sondern zugleich als Kristallisationspunkte des Fortschritts und der Zivilisation. Hier kamen die Menschen in Kontakt mit einer Welt, in der Raum, Zeit und Gesellschaft anders strukturiert waren, als in der ihnen bekannten Umgebung. Die Eisenbahn organisierte das Territorium mit Hilfe des Denkbildes der »kürzesten Verbindung«, machte aus Menschen unterschiedlicher Herkunft Passagiere einer Betriebsordnung, unterteilte die Gemeinschaft der Reisenden gemäß ökonomischer Kriterien in »Klassen« und passte die Verkehrsrhythmen an eine einheitliche, landesweit gültige Eisenbahnzeit an.

Die Begegnung des vormodernen Menschen mit der geordneten Welt der Eisenbahn führte jedoch nicht zwangsläufig zur Verfeinerung der Sitten und der Hebung des allgemeinen zivilisatorischen Niveaus. Das Problem bestand bereits darin, dass sich die hochtrabenden Visionen von der »wohlgeordneten Eisenbahngesellschaft« nur sehr schwer in die gelebte Praxis umsetzen ließen. Dieses Spannungsverhältnis von Erwartung und Realität, von Vision und Wirklichkeit der Eisenbahn als Ordnungsraum im Zarenreich steht im Zentrum dieses Aufsatzes. Ausgangspunkt ist die Frage, inwiefern das System der Eisenbahn in Russland in der zweiten Hälfte des 19. Jahrhunderts als ein Ort von »Recht und Ordnung« vorgestellt wurde. Im Anschluss wird erörtert, in welcher Form die soziale Praxis diese Vision unterlief und welche Maßnahmen die Administration des Zarenreiches ergriff, um der Idee von der »wohlgeord-

7 Baberowski, »Suche«, S. 482–504, u. Ėtkind, »Bremja«S. 265–299.

neten Eisenbahngesellschaft« doch noch zum Durchbruch zu verhelfen. Fluchtpunkt der Argumentation ist die These, dass die Neuorganisation sozialer Räume in Russland im Eisenbahnzeitalter als ein ambivalenter Prozess zu beschreiben ist, der nicht nur ordnende Kräfte freisetzte, sondern zugleich neue Formen sozialer Desorganisation und Instabilität entstehen ließ.

Das System der Eisenbahn und die Idee von der idealen Ordnung

Dass die Welt der Eisenbahn in Russland im 19. Jahrhundert von der zaristischen Bürokratie als eine Sphäre nahezu perfekter sozialer Ordnung imaginiert wurde, daran kann kaum ein Zweifel bestehen. Offensichtlich träumten die Beamten im Petersburger Verkehrsministerium davon, das Verhalten von Passagieren und Eisenbahnpersonal in Bahnhöfen und Zügen bis ins kleinste Detail zu reglementieren. Bei der Lektüre entsprechender Verordnungen, die das Leben an diesen modernen Orten des öffentlichen Raums regeln sollten, springt einem das Wort »Ordnung« (*porjadok* beziehungsweise *blagočinie*) fast in jedem zweiten Satz ins Auge. Die »Allgemeinen Bestimmungen für den Transport von Passagieren, Gepäck und Hunden« (*Obščija pravila dlja perevozki passažirov, bagaža i sobak*), die die rechtlichen Grundlagen für den Personenverkehr auf den russischen Eisenbahnen Anfang der siebziger Jahre des 19. Jahrhunderts bildete, wiesen zum Bespiel darauf hin, dass Passagieren, die sich in den Zügen oder auf den Bahnhöfen nicht an die »allgemeingültige Ordnung« hielten, das Recht auf Beförderung entzogen werden könne. Diese Regelung zielte insbesondere darauf ab, Fahrgäste, die betrunken waren oder »andere Passagiere belästigten«, aus der »wohlgeordneten Eisenbahngesellschaft« auszuschließen. Genauso unerwünscht wie alkoholisierte Fahrgäste waren in der Traumwelt der Eisenbahnjuristen bestechliche oder unfreundliche Bahnbedienstete. »Die Angestellten der Eisenbahnen sind angewiesen«, so die Verordnung, »sich gegenüber den Fahrgästen höflich und zuvorkommend« zu benehmen. »Für ihre Ordnungsdienste« sollten die Angestellten von den Fahrgästen keine Bezahlung erhalten.[8] In der Wunschwelt der Eisenbahn war kein Platz mehr für die in Russland weit verbreiteten Laster Trunkenheit und Korruption.

Eine im Mai 1873 erlassene Verordnung zielte darauf ab, die soziale Ordnung auf Bahnhöfen des Zarenreiches zu regeln. Das Verkehrsministerium

8 Anonym (1872), »Obščija«, S. 6–7.

Abb. 10.1: Saal 1./2. Klasse des Bahnhofs von Kazatin in den achtziger Jahren des 19. Jahrhunderts

Quelle: Al'bom. Novaja stancija Kazatin'. Jugo-Zapadnaja Železnaja Doroga 1887–1891, o.O. o.J.

unterstrich in diesem Gesetzestext, dass die Organisation von »Bällen, Picknicks und anderer Festivitäten« an Bahnhöfen verboten sei und dass der Aufenthalt von Menschen, die nicht auf einen Zug warten, andere Passagiere störe und somit als eine Verletzung der »Bahnhofsordnung« geahndet werde.[9] Aus diesen Formulierungen spricht die nicht unberechtigte Angst, dass sich Bahnhöfe zu schwer kontrollierbaren Orten des öffentlichen Lebens entwickeln könnten, an denen Menschen nicht nur deshalb zusammenkommen, um gemeinsam auf einen Zug zu warten, sondern um zum Beispiel den Ort als einen Schauplatz für Feste oder politische Agitation zu nutzen. Eine andere Instruktion, die 1874 vom Verkehrsministerium erlassen wurde und den Betrieb von Cafés und Restaurants in russischen Bahnhöfen regelte, wird das Bild einer perfekten Gaststätte entworfen, in der korrekt gekleidete Ober die Gäste »freundlich und zuvorkommend« behandeln und das verzinnte Kupfergeschirr in »makellosem Glanz« erstrahlt.[10] Ausländische Besucher, die das Zarenreich

9 Anonym (1873), »Ministerskoe postanovlenie«, S. 172–173.
10 Anonym (1874), »Pravila soderžanija«, S. 2–4.

in der zweiten Hälfte des 19. Jahrhunderts mit der Eisenbahn bereisten, waren von Ordnung und Sauberkeit russischer Bahnhöfe, sowohl in den Hauptstädten, als auch in der Provinz, tatsächlich zum Teil tief beeindruckt. Als beispielsweise der amerikanische Journalist George Kennan auf seiner berühmten Reise nach Sibirien im Jahr 1885 den Ural überquerte, machte er am Bahnhof der Stadt Nižnij Tagil Station. Der an der Grenze von Europa und Asien gelegene Bahnhof begeisterte den amerikanischen Reisenden geradezu:

»Der Bahnhof von Nishni Tagil am asiatischen Hang des Gebirges [gelegen] [...] hätte der besten Eisenbahn in den Vereinigten Staaten zur größten Ehre gereicht. Das solide, mindestens hundert Fuß lange Bahnhofsgebäude [...] stand inmitten eines großen, kunstvoll angelegten Parks und Gartens, dessen glatte, samtene Grasnarbe von blühenden Blumenbeeten unterbrochen [...] wurde; [...] die Luft war erfüllt vom Duft wilder Rosen und dem murmelnden Geplätscher eines aus einem dünnen Strahl sprudelnden, glitzernden Springbrunnens. Der Speisesaal des Bahnhofs hatte ein gebohnertes Eichenparkett in symmetrischen Mustern, eine breite Täfelung aus dunkler Holzschnitzerei, eine Tapete mit Eichenmaserung und einen Sims aus Stuckrelief. Die Mitte des Saals nahm der ganzen Länge nach die gedeckte Tafel ein: auf ihr geschmackvolles Porzellan, schlohweiße Servietten, hohe gläserne Tafelaufsätze und Kristallleuchter, dazu als Schmuck Topfblumen, [...] Flakons mit gefärbtem Wasser und ein Aquarium voller Fische. [...] an einem Ende des Zimmers befand sich eine kostbare Uhr [...] und an dem anderen Ende ein riesiger bronzierter Ofen, der dem Saal im Winter Wärme spendete. Die Kellner waren alle im Frack, mit tief ausgeschnittener Weste, fleckenloser Hemdbrust und weißer Binde [...] gekleidet [....] Ich kann ohne Übertreibung sagen, dass dies einer der saubersten, geschmackvollsten und ansprechendsten öffentlichen Speisesäle war, die ich je in irgendeinem Teil der Welt betreten habe; und während ich mir das gut zubereitete und gut servierte Mittagessen von vier Gängen schmecken ließ, wollte es mir einfach nicht in den Kopf, dass ich mich hier in dem gottvergessenen Bergarbeiternest Nishni Tagil auf der asiatischen Seite des Uralgebirges befand.«[11]

Die Gefährdung der perfekten Ordnung

Es liegt auf der Hand, dass die tatsächlichen Verhältnisse auf den meisten Bahnhöfen im Russischen Reich etwas anders aussahen, als in den erwähnten Verordnungen des Verkehrsministeriums skizziert oder im Reisebericht Kennans beschrieben. Wie in anderen Ländern, wurden auch in Russland die Eisenbahnen von Menschen aller Klassen und sozialer Schichten genutzt. Dementsprechend war das Leben auf Bahnhöfen und in Eisenbahnwaggons facettenreich und von einer Vielfalt von Konflikten und abweichendem sozialen

11 Kennan, »... und der Zar ist weit«, S. 53–54.

Verhalten geprägt, die typisch für öffentliche Orte dieser Art waren und sind. Wie die Idee von Recht und Ordnung auf den russischen Eisenbahnen bedroht wurde und wie die Behörden versuchten, auf diese Herausforderungen zu reagieren, soll an zwei Themenfeldern exemplarisch erörtert werden: dem Problem politischer Propaganda auf Bahnhöfen und Zügen und der Gefahr von Kriminalität und Gewalt auf der russischen Eisenbahn um die Jahrhundertwende.

Die Eisenbahn als Bühne politischer Propaganda

Wie in anderen Ländern, diente das wachsende Schienennetz der russischen Eisenbahnen in erster Linie dem Transport von Waren, Passagieren und Soldaten. Die wachsende Vernetzung des Landes trug zu einer Intensivierung von Mobilität und Kommunikation innerhalb des Reiches bei und erleichterte die Verwaltung und staatliche Kontrolle im größten Kontinentalreich der Erde.[12] Gleichzeitig entdeckten die Gegner des Zarenregimes jedoch relativ schnell, dass sich das neue Verkehrs- und Kommunikationsmittel auch gut für die eigenen politischen Zwecke nutzen ließ. Im Juli 1875 unterrichtete ein Mitarbeiter der »Dritten Abteilung«, das heißt der politischen Geheimpolizei des Zaren, die Kollegen der Eisenbahngendarmerie in einem geheimen Zirkular, dass man in der Nähe des Bahndammes der Bahn von St. Petersburg nach Moskau ein Bündel Flugblätter »alarmierenden Inhalts« gefunden habe. Ein vergleichbarer Zwischenfall, so der Autor des Schreibens, habe sich kürzlich an der Eisenbahnlinie zwischen den Städten Moršansk und Sysran' an der Wolga ereignet. »Diese Vorkommnisse«, so der Polizeioffizier, »deuten darauf hin, dass politische Agitatoren versuchten, neue Methoden anzuwenden, um ihre regierungsfeindliche Propaganda in der Bevölkerung zu verbreiten.« Die Kollegen der Eisenbahngendarmerie wies er an, besonders aufmerksam auf Zwischenfälle dieser Art zu achten. Eine Instruktion sollte an alle Bahnbediensteten versandt werden, in der auf die unbedingte Notwendigkeit hinzuweisen sei, verdächtiges Schriftgut jeder Art, das in Zügen oder entlang der Bahnanlagen gefunden wird, sofort der Polizei zu übergeben.[13] Sechs Jahre später, im Dezember 1881, informierte der Direktor des Polizeidepartements im Russischen Innenministerium, Vjačeslav Pleve, die Kollegen der Eisenbahngendarmerie in einem geheimen Memorandum darüber, dass Mitglieder »sozial-revolutionärer Organisationen« in naher Zukunft planten, einige Bahn-

12 Schenk (2005), »Raumerschließung«, 33–45.

13 Gosudarstvennyj Archiv Rossijskoj Federacii (GARF) f. 126, op. 1, ed. chr. 23, ll. 6–6ob.

hofsrestaurants unter ihre Kontrolle zu bekommen und diese für ihre revolutionären Ziele zu nutzen. Wie in Rumänien, wo emigrierte Revolutionäre bereits mit gewissem Erfolg eine ähnliche Strategie angewandt hätten, würden politisch suspekte Personen nun auch in Russland versuchen, Gastronomiebetriebe in Bahnhöfen für die Finanzierung der eigenen Aktivitäten und für die Agitation unter den Bahnangestellten und -arbeitern zu nutzen. Die Polizei des Zarenreiches habe von Informanten vertrauliche Nachrichten über geplante Machenschaften dieser Art erhalten und warnte nun ihrerseits die Kollegen vor Ort.[14]

Die Pläne revolutionärer Organisationen, die Belegschaft der Eisenbahnen zu unterwandern und eigene Kämpfer in das Personal der strategisch wichtigen Bahngesellschaften einzuschleusen, stellten in der Tat eine ernst zu nehmende Gefahr für die Sicherheit im Zarenreich im Allgemeinen und das Leben des russischen Kaisers im Speziellen dar. Dies wurde spätestens bei der Untersuchung des Bombenanschlags auf den Hofzug Alexanders II. bei Moskau im November 1879 deutlich. Im Vorfeld der Reise des Zaren von der Krim nach Moskau hatte die terroristische Gruppe »Volkswille« (*Narodnaja volja*) an zwei verschiedenen Orten Bomben unter dem Gleisbett der Strecken deponiert, die der Hofzug seiner Majestät passieren sollte. Zudem war es der Terrorgruppe gelungen, eines ihrer Mitglieder als Streckenwärter in einem kleinen Dorf in der Nähe Odessas in die Mannschaft der entsprechenden Bahngesellschaft einzuschleusen. Als eine der Bomben in der Nähe von Moskau am 19. November detonierte, kam es einem Wunder gleich, dass der Zar den Anschlag unverletzt überlebte. Die Explosion hatte »nur« zur Entgleisung jenes Zuges geführt, in dem das Gefolge des Kaisers reiste und in diesem einige Diener verwundet.[15] Der Anschlag auf den Hofzug des Zaren machte der Regierung zweierlei deutlich: Erstens konnte kein Zweifel mehr daran bestehen, dass sich die Gegner der Autokratie, die mit Dynamit Eisenbahnschienen sprengten, neuester Formen des terroristischen Kampfes bedienten. Zweitens legte dieser Vorfall offen, dass sich die Eisenbahn längst von einem erhofften Ort idealer Ordnung zu einem zwischen dem Regime und seinen Gegnern heftig umkämpften Teil des öffentlichen Raums entwickelt hatte.

Die Kritiker und Feinde des Zarenregimes versuchten nicht nur die Belegschaften der Eisenbahnkompanien zu unterwandern und mit revolutionärem Gedankengut zu infiltrieren. Gleichzeitig entdeckten oppositionelle Gruppen die Bahnhöfe der russischen Eisenbahnen als geeignete Bühnen für politische

---

14 GARF f. 126, op. 1, ed. chr. 23, l. 12.

15 Vgl. Figner, *Memoirs*, S. 77–81, Ulam, *Name*, S. 336ff., Rutkowski, *Bewegung*, S. 394–397, u. Obolenskij, »Nabroskij vospominanij«, S. 270–279.

Demonstrationen. Anlässe boten unter anderem die Ankunft oder Abfahrt politischer Gefangener. Im April 1878 wurde beispielsweise ein Zug mit inhaftierten Studenten aus Kiew am Kursker Bahnhof in Moskau von 150 Sympathisanten enthusiastisch begrüßt. Die Mitglieder des revolutionären »Empfangskomitees« riefen »Hurrah!« sowie »Für Freiheit, Gleichheit und Brüderlichkeit!« und versorgten die politischen Häftlinge mit Geld, Tee und warmer Kleidung.[16] In den kommenden Jahren setzte die Reichsregierung alles daran, Zwischenfälle dieser Art zu unterbinden. Im März 1901 unterrichtete zum Beispiel der Oberpolizeimeister von Moskau seine Kollegen der Eisenbahngendarmerie über die geplante Verlegung einer Gruppe gefangener Studentinnen aus einem Moskauer Gefängnis an einen anderen Ort. Um einen reibungslosen Ablauf der Verladung der Gefangenen in den Zug zu gewährleisten, wurde die Polizei auf dem Nikolaj-Bahnhof angewiesen, die Häftlinge zunächst in einen separaten Gebäudeteil der Station zu bringen und sie erst unmittelbar vor der Abfahrt des Zuges auf den Bahnsteig zu führen. Auf diese Art und Weise wollte man jede Form politischer Demonstration durch Sympathisanten auf dem Bahnhof unterbinden.[17]

Ungeachtet dieser vielfältigen Anstrengungen der Polizeikräfte des Zarenreiches blieb die Eisenbahn jedoch eine wichtige Bühne regierungskritischer Propaganda. Dies wurde insbesondere während der Revolution von 1905/06 deutlich.[18] In den Archiven der russischen Eisenbahngendarmerie lassen sich zahlreiche Berichte über politische Aktivisten finden, die während der ersten russischen Revolution in Eisenbahnwaggons regierungskritische Flugblätter verteilten und versuchten, mitreisende Passagiere durch hitzige Reden für die revolutionäre Sache zu begeistern.[19] Exemplarisch kann man auf den Fall von Vladimir Meisner hinweisen, ein Student adliger Herkunft aus Novgorod, der auf seiner Heimreise von St. Petersburg am 21. Dezember 1906 vor Mitreisenden in einem Waggon Dritter Klasse anarchistisch-revolutionäre Proklamationen verlas. Meisner wurde von einem regierungstreuen Passagier angezeigt und noch während der Fahrt von einem Unteroffizier der Eisenbahngendarmerie festgenommen. In einem St. Petersburger Gefängnis verbüßte der junge Agitator eine Haftstrafe von drei Monaten.[20]

16 GARF f. 109, op. 1a, ed. chr. 1606, l. 1–2ob.

17 GARF f. 126, op. 1, ed. chr. 31, l. 17–17ob.

18 Zur Bedeutung der Eisenbahn in der Revolution von 1905/06 vgl. Schenk (2007), »Kommunikation«, S. 47–67, u. Reichman, *Railwaymen*.

19 GARF f. 126, op. 1, ed. chr. 37, l. 118-120 and f. 77, op. 1, ed. chr. 35, l. 7, 19, 20–21, 58, 69; ed. chr. 7–7ob, 20–20ob, 31–31ob.

20 GARF f. 126, op. 1, ed. chr. 129, ll. 22–36.

Abb. 10.2: Eisenbahnarbeiter, die während des Generalstreiks vom Oktober 1905 eine Lokomotive vor Moskau stoppen

Quelle: Zeichnung von P. Tiria, aus: Niva, Nr. 45 v. 12.11.1905, S. 887.

Eisenbahn und Kriminalität

Recht und Ordnung wurden auf den russischen Eisenbahnen aber auch in ganz »konventioneller« Art und Weise in Frage gestellt. An Bahnhöfen und in Eisenbahnwaggons kreuzten sich die Wege zahlreicher Menschen unterschiedlicher sozialer Herkunft. Auch in Russland boten die hoch frequentierten und schwer zu kontrollierenden öffentlichen Orte Dieben, Betrügern und anderen Kleinkriminellen ein ideales Betätigungsfeld. Obwohl nur wenige Kriminalberichte der Eisenbahngendarmerie in russischen Archiven erhalten sind, kann angenommen werden, dass sich Bahnhöfe in Russland, wie in anderen europäischen Ländern, schnell zu Orten mit einer erhöhten Kriminalitätsrate entwickelten.[21] Allerdings mag es überraschen, dass sich Vorfälle schwerer Kriminalität, wie zum Beispiel Raubüberfälle oder Morde, offensichtlich erst gegen Ende des 19. Jahrhundert zu einem ernsten Problem auf den russischen Eisenbahnen entwickelten. Als im Jahr 1895 ein Unbekannter in einem Waggon Zweiter Klasse einen Fahrgast betäubte und ausraubte, wurde gleich das Verkehrsministerium in St. Petersburg aktiv und sandte Rundschreiben an alle Eisenbahngesellschaften. In diesem wurde darauf hingewiesen, dass die Schaffner der Züge der Sicherheit der Passagiere größere Aufmerksamkeit schenken sollten.[22] Abgesehen von diesem Schreiben wurden jedoch offenbar keine weiteren Schritte unternommen, die Sicherheit der Passagiere auf ihren zum Teil sehr langen Reisen im Russischen Reich zu verbessern. So blieb das Reisen auf den Bahnen im Zarenreich, insbesondere bei Nacht und in Waggons der Ersten Klasse ein relativ gefährliches Unterfangen.

Im Sommer 1900 versetzte schließlich der Serienmörder P. Malyšev, der sich auf Raub und Mord alleinreisender Frauen in Abteilen der Ersten Klasse spezialisiert hatte, die russische Öffentlichkeit in Angst und Schrecken. Der Übeltäter stammte aus einer Eisenbahnerfamilie und hatte sich des Nachts mit Hilfe eines speziellen Schlüssels Zugang zu verriegelten Abteilen in Zügen der Süd-West-Bahn beziehungsweise der Moskau-Nižnij-Novgorod-Bahn verschafft. Er drang in die Abteile alleinreisender Damen ein, betäubte diese mit einer chemischen Substanz und raubte sie anschließend aus. In zwei Fällen fand man die weiblichen Passagiere am kommenden Tag tot in ihren Coupés auf. Malyšev wurde schließlich im Juni 1901 gefasst, in Odessa vor Gericht gestellt und dort zum Entzug sämtlicher Personenrechte sowie zu lebenslänglicher Strafarbeit verurteilt. Die erste Reaktion des Verkehrsministeriums auf die

21 Zum Thema der Kriminalität in Zügen in anderen Ländern vgl. Schivelbusch, *Geschichte*, S. 76, Beaumont, »Railway Mania«, S. 132ff., u. Carter, *Railways*, S. 202–239.

22 Brjul' (1900), *Sistematičeskij sbornik*, S. 690.

Nachricht vom Furcht einflößenden Eisenbahnmörder illustriert die Ratlosigkeit der Petersburger Beamten, wie dieser neuartigen Gefährdung von Recht und Ordnung auf den russischen Eisenbahnen zu begegnen sei. In einem Memorandum vom 11. Dezember 1900 rief die Zentrale Eisenbahnverwaltung im Verkehrsministerium die verschiedenen Bahngesellschaften des Landes auf, Maßnahmen zu ergreifen, um die Sicherheit ihrer Passagiere zu erhöhen. Die Behörde empfahl erstens, vor der Abfahrt eines Zuges zu kontrollieren, ob sich eine verdächtige Person im Waggon oder auf dem Dach des Zuges verstecke. Zweitens wurde vorgeschlagen, bei nächtlichen Zwischenhalten des Zuges Schaffner mit der Bewachung der Türen an beiden Seiten der Waggons zu beauftragen. Drittens sollten die Bahngesellschaften, die Anzahl der Kondukteure in den Zügen erhöhen und dadurch gewährleisten, dass ein Zugbegleiter nicht mehr als zwei Waggons unter seiner Aufsicht hat. Schließlich wurde der Rat erteilt, alle Abteile mit Alarmknöpfen auszustatten, um in Gefahrensituationen Hilfe zu rufen. All diese Maßnahmen waren jedoch nur als Vorschläge formuliert. Jede Bahngesellschaft sollte individuell prüfen, welches Instrument ihnen für die Verbesserung der Sicherheit ihrer Fahrgäste sinnvoll und umsetzbar erschien.[23] Dies führte aller Wahrscheinlichkeit nach dazu, dass sich an den Reisebedingungen in russischen Zügen zu Beginn des 20. Jahrhunderts wenig zum Besseren änderte.

Die Sicherheit der Fahrgäste auf den russischen Eisenbahnen war aber ohnehin ein viel zu wichtiges Thema, als sich hier allein auf den Gesetzgeber in St. Petersburg zu verlassen. So entzündete sich an der Frage, wie man auf den Fall Malyšev zu reagieren habe, in den Jahren 1900 und 1901 eine intensive gesellschaftliche Debatte in russischen Zeitungen und Zeitschriften.[24] Eine der ersten längeren Abhandlungen zu diesem Thema stammt aus der Feder von Otto Fomič Glinka, der seine Gedanken in der Zeitschrift *Inžener*, die von der Kiewer Abteilung der Russischen Technischen Gesellschaft herausgegeben wurde, veröffentlichte.[25] Glinka, offenbar selbst ein Eisenbahningenieur, wies in seinem Artikel darauf hin, dass man die Bediensteten der Eisenbahnen nicht für die Verbrechen der vergangenen Monate verantwortlich machen könne. Unter Hinweis auf die »Allgemeinen Verordnungen der Russischen Eisenbahnen« aus dem Jahre 1886 führte er aus, dass der Schutz der Sicherheit der Fahrgäste nicht in den Zuständigkeitsbereich der Bediensteten der entsprechenden Bahngesellschaften falle, sondern allein die Aufgabe der staatlichen Eisenbahngendarmerie sei.[26] Er erinnerte seine Leser an die Diskussion in

23 Anonym (1900), »O merach k obezpečeniju«, S. 870–871.
24 Unter anderen *Novoe vremja*, Nr. 8728 v. 16.6.1900, u. *Novosti*, Nr. 174 v. 25.6.1900.
25 Glinka, *K voprosu*.
26 Glinka, *K voprosu*, S. 6.

Regierungskreisen in den achtziger Jahren des 19. Jahrhunderts über die Frage, ob man das Begleitpersonal der Züge nicht mit Polizeivollmachten in begrenztem Umfang ausstatten sollte. Diesen Vorschlag hatte der damalige Innenminister, Graf Tolstoj vehement zurückgewiesen. Für Glinka war es daher keine Frage, wer die Verantwortung für die jüngsten Gewaltverbrechen auf den russischen Eisenbahnen trage: »Ist es nicht merkwürdig«, so der Autor, »dass jede Form der Versammlung am Tage in Städten, Kirchen oder auf Messen die Anwesenheit von Polizeikräften erfordere, um über die öffentliche Ordnung und die Sicherheit der Menschen zu wachen. Ähnliche Ansammlungen von Menschen auf der Eisenbahn, die manchmal die Zahl von 1.000 Passagieren in einem Zug übersteigt, bleibt dagegen ohne jede Form von [staatlichem] Schutz.«[27] Genauso wie Besitzer von Hotels oder Mietshäusern keine Verantwortung für Leben und Gesundheit ihrer Gäste und Mieter trügen, wären auch die Eisenbahngesellschaften nicht für den Schutz ihrer Fahrgäste zuständig. Dies sei einzig und allein die Aufgabe des Staates, das heißt der Eisenbahngendarmerie.[28]

Die Aufrechterhaltung von Recht und Ordnung: Wessen Aufgabe?

Der Vergleich der Eisenbahn mit anderen halböffentlichen beziehungsweise halbprivaten Räumen in Hotels und Mietshäusern legt eine zentrale Frage der Debatte über die Aufrechterhaltung von Recht und Ordnung auf den russischen Eisenbahnen offen: die Frage, wessen Aufgabe es letztlich sei, die Bahnanlagen und Züge zu überwachen und zu schützen. Auf den ersten Blick war die Antwort einfach: Wie in einem Handbuch für niedere Dienstgrade der russischen Eisenbahngendarmerie aus den späten siebziger Jahren des 19. Jahrhunderts dargelegt, handelte es sich bei den Eisenbahnen zweifelsfrei um einen Teil des öffentlichen Raumes (*publičnye mesta*). Folglich standen die Bahnanlagen und Züge unter der Aufsicht staatlicher Stellen.[29] Andererseits waren zahlreiche Eisenbahnen, insbesondere in den ersten Jahrzehnten des Eisenbahnbaus in Russland in der Hand privater Aktiengesellschaften, die mitunter den Anspruch erhoben, selbst über die eigenen Anlagen zu wachen. Die Frage des Machtmonopols in öffentlichen Räumen, deren Territorium sich in privatem

27 Glinka, *K voprosu*, S. 16.
28 Glinka, *K voprosu*, S. 10.
29 Petrov, *Praktičeskoe rukovodstvo*, S. 49.

Besitz befindet, kennen wir aus heutigen Debatten um sogenannte *private cities* und die Arbeit privater Wachschutzunternehmen in Einkaufszentren oder U-Bahn-Stationen. Auch in Russland war nicht von Anfang an geklärt, wer die Kontrolle über Recht und Ordnung auf dem Gebiet der Eisenbahnen ausüben dürfe, die sich Teils in privater, teils in staatlicher Hand befanden. Die allmähliche Durchsetzung des staatlichen Gewaltmonopols auch in diesem Teilbereich des öffentlichen Raumes kann gut mit Blick auf die Geschichte der Eisenbahngendarmerie im Zarenreich nachvollzogen werden.

Die Geschichte der russischen Eisenbahngendarmerie

Die Gründung der russischen Eisenbahngendarmerie lässt sich in die Frühphase des Eisenbahnbaus im Russischen Reich, das heißt in die vierziger und fünfziger Jahre datieren. Im Zuge der Konzessionierung einer neuen Eisenbahnlinie beziehungsweise -gesellschaft erfolgte in der Regel auch die Gründung einer entsprechenden Bahngendarmerie. Die einzelnen Polizeiverbände unterstanden dabei zunächst der staatlichen Verkehrsbehörde, aus der später das russische Verkehrsministerium entstand. Gleichzeitig konnten jedoch auch die, zum Teil privaten Eisenbahngesellschaften auf ihre Dienste zurückgreifen.[30] 1861 wurden die Verwaltungen der Gendarmerien der Petersburg-Warschau-Bahn und der Moskau-Nižnii-Novgorod-Bahn unter einem Dach vereinigt. In diesem Zusammenhang definierte der Gesetzgeber auch die Rechte und Pflichten der Bahngendarmerie neu: Die Polizeieinheiten waren nun mit drei unterschiedlichen Aufgabenfeldern betraut, die sich in der Praxis nicht immer problemlos miteinander vereinbaren ließen. Erstens sollten die Gendarmen überwachen, ob die Arbeiter und Auftragsnehmer der Eisenbahngesellschaften ihren Aufgaben ordnungsgemäß nachkamen. Zweitens hatten sie für Recht und Ordnung auf Bahnhöfen zu sorgen und bei Konflikten zwischen Passagieren, Bediensteten und Anwohnern der Bahnanlagen einzugreifen. Schließlich war es ihre Aufgabe, Beschwerden von Passagieren und Eisenbahnarbeitern zu sammeln und an die entsprechenden Stellen weiterzuleiten.[31] Der Umstand, dass die Gendarmen einerseits Weisungen von den jeweiligen Eisenbahngesellschaften erhalten konnten und gleichzeitig für Recht und Ordnung auf den Bahnhöfen und in Zügen sorgen sollten, wurde von der Regierung bald als Problem identifiziert. Hintergrund war die Erfahrung, dass sich die Eisenbahngesellschaften beziehungsweise deren Bedienstete selbst zu

30 Timofeevič, *Spravočnaja kniga*, S. 1–3, u. Peregudova, *Političeskij sysk*, S. 115–116.
31 Anonym (1861), »Položenie o policejskich upravlenijach«, S. 406–413.

einem Problem staatlicher Sicherheit entwickeln konnten. Dies hatte sich vor allem während des polnischen Januaraufstandes im Jahre 1863 gezeigt.

In den Beratungen über die die *Allgemeinen Verordnungen der Russischen Eisenbahnen* erinnerte Anfang der achtziger Jahre Innenminister Graf Tolstoj seine Kollegen daran, dass es der Gendarmerie der Petersburg-Warschau-Bahn während des Januaraufstandes nicht gelungen war, »gravierende Ordnungsverstöße« auf der Bahn zu unterbinden. Die Eisenbahnpolizei habe, und das war der zentrale Punkt, die Augen vor der Beteiligung von Bahnbediensteten an der polnischen Erhebung verschlossen und entsprechende Informationen nicht an die Sicherheitsbehörden in St. Petersburg weitergeleitet.[32] Die Nähe der Gendarmerie zur Bahngesellschaft bzw. zu deren Belegschaft hatte sich in diesem Fall als sicherheitspolitisches Problem von staatlicher Bedeutung entpuppt. Als die Regierung im Jahre 1866 dem Verkehrsministerium die Verantwortung für die Eisenbahngendarmerie entzog und diese der Aufsicht des Chefs der Gendarmerie (*šef žandarmov*) unterstellte, zog sie offenbar die Konsequenzen aus den Ereignissen in Polen im Jahre 1863. Ab 1866 unterstand sie der gleichen Behörde, die auch die »Dritte Abteilung der Kaiserlichen Kanzlei« verwaltete.[33] Ziel der Reform war es offenbar, in Zukunft die Gendarmerie am kürzeren Zügel zu führen und besser kontrollieren zu können. Die Behörden des Zarenreiches hatten die strategische Bedeutung der Eisenbahnen erkannt und betrachteten die Kontrolle über das neue Verkehrsmittel immer stärker als eine exklusive Aufgabe des Staates. Aus diesem Grund lehnte Graf Tolstoj in den achtziger Jahren auch den Vorschlag ab, das Personal der zum Teil privaten Eisenbahngesellschaften mit begrenzten Polizeivollmachten auszustatten und ihnen das Recht einzuräumen, im Dienst Waffen zu tragen. Die Idee, Schaffner und anderes Begleitpersonal der Züge zu bewaffnen und dadurch die Sicherheit auf den russischen Bahnen zu erhöhen, hatten Vertreter von Eisenbahngesellschaften in die Diskussionen der so genannten Baranov-Kommission eingebracht, die Anfang der achtziger Jahre an der Formulierung *Allgemeinen Verordnungen der Russischen Eisenbahnen* arbeitete.[34] Als Vorbild dienten hier offensichtlich die Eisenbahnen im Deutschen Reich, die im Gegensatz zu den russischen Bahnen jedoch bereits mehrheitlich in staatlichem Besitz waren.

32 »Obščij ustav Rossijskich železnych dorog«, Sankt Peterburg [o.J.], in: *Rossija. Gosudarstvennyj Sovet. Materialy*, Bd. 158, (Russische Nationalbibliothek, St. Petersburg, Sign.: 135/286.158), S. 525. Zur Bedeutung der Eisenbahn St. Petersburg-Warschau für den Januaraufstand siehe Miljutin, *Vospominanija*, S. 46, 54–58. Zur Bestrafung der beteiligten Eisenbahner vgl. GARF f. 109, op. 2a, ed. chr. 775, ll. 1–2ob.

33 Reent, *Policija*, S. 176.

34 *Moskovskie vedomosti*, Nr. 179 v. 2.7.1901, S. 4.

Nach 1866 wurde die Eisenbahngendarmerie nicht nur unter strengere staatliche Aufsicht gestellt, sondern zugleich ihr Zuständigkeitsbereich ausgedehnt. 1867 erfolgte die Angleichung ihrer Aufgaben an jene der gewöhnlichen Polizei. In Bahnhöfen, Zügen und entlang der Gleisanlagen sollte die Eisenbahngendarmerie nun für Recht und Ordnung sorgen. Die Beteiligung zahlreicher Eisenbahner an den revolutionären Unruhen der Jahre 1905 und 1906, die zum temporären Erfolg des Generalstreiks im Oktober 1905 maßgeblich beitrug, führte zu einer weiteren Ausdehnung des Tätigkeitsprofils der Bahngendarmen. Ab 1906 wurde den Ordnungskräften der Eisenbahn die Aufgabe übertragen, die Geheimpolizei mit Berichten über regierungsfeindliche Aktivitäten der Bahnbedienteten zu versorgen und dafür Strukturen geheimer Überwachung aufzubauen.[35] Spätestens zu diesem Zeitpunkt hatte sich die Eisenbahngendarmerie, die anfangs auch den Bahngesellschaften zu Diensten stand, in ein Instrument staatlicher Kontrolle der Bediensteten dieser Gesellschaften entwickelt.

Sicherheitsmaßnahmen der Bahngesellschaften und Passagiere

Die oben beschriebenen Vorfälle regierungsfeindlicher Propaganda auf Bahnhöfen oder gewaltsamer Kriminalität in Zügen verdeutlichen, dass die russische Eisenbahngendarmerie offenbar erhebliche Probleme hatte, mit den immer größer werdenden Gefährdungen von Recht und Ordnung in ihrem Tätigkeitsbereich fertig zu werden. Die Eisenbahngesellschaften und die Passagiere sahen sich daher mit der Aufgabe konfrontiert, auch selbst aktiv zu werden, um die Sicherheit der reisenden Bevölkerung zu erhöhen. Ein Mittel, um beispielsweise die Sicherheit allein reisender Frauen auf russischen Bahnhöfen und in Zügen zu erhöhen, war die Einrichtung spezieller Wartebereiche und Abteile für alleinreisende Frauen, in denen sie vor unerwünschten männlichen Kontakten oder Angriffen geschützt waren.[36] Die Abtrennung geschützter Sphären im öffentlichen Raum, die alleine Frauen vorbehalten waren und die in Russland nach europäischem Vorbild erfolgte, muss offenbar als Innovation des Eisenbahnzeitalters angesehen werden.[37] Allerdings ist für den russischen Fall einschränkend zu betonen, dass zunächst nur Frauen der wohl-

35 Peregudova, *Političeskij sysk*, S. 116, u. Reent, *Policija*, S. 179.

36 Anonym (1874), »Ob ustrojstve«, S. 127. Vgl. auch Anonym (1875), »O raspredelenii«, S. 176–178, u. Anonym (1891), »Pravila pol'zovanija«, S. 174.

37 Zur Einrichtung von Frauenabteilen auf Eisenbahnen anderer Länder vgl. Röll., *Enzyklopädie des gesamten Eisenbahnwesens*, Bd. 4, S. 204–205, Beaumont, Freeman, *Railway and Modernity*, S. 38 u. Drummond, »Impact«, S. 237–256.

habenden Gesellschaftsschichten, das heißt weibliche Passagiere der Ersten und Zweiten Klasse in den Genuss dieser geschützten Räume kamen. Erst relativ spät erfolgte die Einrichtung von Damenabteilen in Waggons Dritter Klasse. Die Vierte Klasse, in der um die Jahrhundertwende immer mehr bäuerliche Wanderarbeiter und Kolonisten reisten, blieb von dieser Innovation dagegen bis zum Untergang des Zarenreiches unberührt.

Aber auch die Fahrgäste selbst unternahmen immer wieder Versuche, um sich auf den zum Teil langen Eisenbahnreisen auf den russischen Bahnen vor Überfällen zu schützen. Dies zeigt zum Beispiel die Berichterstattung über den Fall des Serienmörders Malyšev in den Jahren 1900 und 1901 und dessen Folgen. Im Juli 1901 berichtete die Zeitung *Moskovskie vedomosti* zum Beispiel:

»Die Raubmorde [der vergangenen Monate] [...] und zahlreiche Fälle von schwerem Diebstahl in Eisenwaggons haben die Passagiere in große Panik versetzt. Mittlerweile errichten Fahrgäste, die alleine in Coupés Erster Klasse reisen, in den Zügen nicht nur Barrikaden aus Regenschirmen, Stöcken und Gepäckriemen, sondern binden sich immer häufiger mit Seilen an die Türen des Abteils, um aufzuwachen, wenn ein ungebetener Gast versucht, einzutreten.«[38]

Die Eisenbahnen als moderner Raum von Unordnung und Chaos

Die Aufgabe, Bahnreisende vor kriminellen Übergriffen wirksam zu schützen, war nicht nur deshalb schwer zu bewerkstelligen, weil sich der Aktionsradius der Einheiten der Eisenbahngendarmerie zum Teil bis zu 2.000 Werst umfasste. Gleichzeitig wirkten bestimmte technische Instruktionen und Regeln des Personenverkehrs auf der Eisenbahn hier kontraproduktiv. Da das Innere von Eisenbahnwaggons nicht nur Charakterzüge privater, sonder auch öffentlicher Räume trug, wäre es dysfunktional gewesen, Abteile der Ersten Klasse, wie Schiffskabinen, mit von innen zu verriegelnden Türen zu versehen. Dies hätte den rechtmäßigen Zugang des Eisenbahnpersonals und anderer Fahrgäste zu diesen Räumen unterbunden.[39] Auch die 1906/07 im Verkehrsministerium diskutierte Idee, die Türen zwischen den Waggons in so genannten »gemischten Zügen« (bestehend aus Waggons unterschiedlicher Klassen) während der Fahrt zu verriegeln, und so den Übertritt von Kriminellen aus einem Wagen

38 *Moskovskie vedomosti*, Nr. 179 v. 2.7.1901, S. 4.

39 Anonym (1881), *Doklad*, S. 155, u. *Železnodorožnoe delo* 20 (1901), S. 424. Ein Werst waren 1,067 Meter.

einer niederen in den einer besseren Klasse zu verhindern, wurde vom Verkehrsministerium ebenfalls verworfen. In diesem Fall wollte man die Vorgaben der Feuerpolizei respektieren. Diese legten fest, dass die Waggontüren während der Fahrt als Fluchtwege unversperrt bleiben müssen.[40] Diese beiden Beispiele machen deutlich, dass sich das Ziel, auf den Eisenbahnen für Recht und Ordnung zu sorgen, in der Praxis nicht immer leicht realisieren ließ. Das moderne Verkehrsmittel der Eisenbahn hatte nicht nur neue Sicherheitsprobleme geschaffen, sondern zugleich durch seine technisch bedingten Betriebsverordnungen die Grenzen für die Bekämpfung dieser neuen Gefahren eng gesteckt.

Der ambivalente Charakter der Eisenbahn als Hort gesellschaftlicher Ordnung einerseits und Quelle von Unordnung andererseits lässt sich abschließend am changierenden Bild des russischen Eisenbahners verdeutlichen. Wie oben bereits erwähnt, dauerte es nicht lange, bis die Bediensteten der Eisenbahnen selbst von der Regierung und von Reisenden als eine potentielle Gefahrenquelle identifiziert wurden. Eisenbahner wurden nicht nur verdächtigt, regierungsfeindliche Aktivitäten zu unterstützen, wie im Januar 1863 in Polen oder während des Generalstreiks von 1905 geschehen. Die russische Öffentlichkeit wurde zudem von Berichten über kriminelle Schaffner und andere Bahnbedienstete verängstigt, die auf den Eisenbahnen ihr Unwesen trieben. In der Debatte um den Serienmörder Malyšev, der selbst der Sohn eines Eisenbahners und daher mit dem Bau und den technischen Details von Eisenbahnwaggons bestens vertraut war, wies ein Journalist darauf hin, dass die Beteiligung von Eisenbahnern an Verbrechen jeder Art legendär sei. Besonders häufig seien Diebstahlsdelikte von Gepäck durch Bahnbedienstete, aber auch ernstere Verbrechen seien keine Seltenheit.[41] Als russische Zeitungen in den Jahren von 1907 bis 1910 immer wieder von gewalttätigen Schaffnern berichteten, die allein reisende Mädchen und Frauen in Zügen vergewaltigt hatten, war der gute Ruf der adrett gekleideten Beamten, die vormals als Agenten des Zivilisationsprojektes der Eisenbahnmoderne gesehen worden waren, definitiv dahin.[42] Berichte über gewaltsame Eisenbahner widersprachen deutlich den hoffnungsvollen Visionen, die ihnen von den Fürsprechern des neuen Verkehrsmittels im utopischen Eisenbahndiskurs einst zugeschrieben worden waren.

Das Bild, das russische Zeitungen um die Jahrhundertwende vom Leben auf russischen Bahnhöfen zeichneten, hatte nur noch wenig mit den leuchten-

---

40 Rossijskij Gosudarstvennyj Istoričeskij Archiv (RGIA), f. 273, op. 12, ed. chr. 145.

41 *Novoe vremja*, Nr. 9083 v. 19.6.1901.

42 *Russkoe slovo* v. 15.7.1907, *Peterburgskaja gazeta kopejka* v. 8.8.1908 u. v. 1.11.1908, u. *Russkoe slovo* v. 2.10.1910. Ich danke Alexandra Oberländer für den Hinweis auf diese Quellen.

den Wunschbildern des frühen Eisenbahndiskurses zu tun. Die goldenen Zeiten des frühen Eisenbahnbaus seien eindeutig vorbei, konstatierte zum Beispiel im Oktober 1909 ein Autor in der Tageszeitung *Novoe vremja*. Mit ihrem Schmuck und ihrem Prunk hätten die Wartesäle und Bahnhofsbüffets früher zur Läuterung und Besserung jener Menschen beigetragen, die hierher kamen. Stück für Stück habe dann jedoch der Verfall eingesetzt, die gläsernen Spiegel seien mittlerweile stumpf, die Bronzeleuchter matt geworden. Heute präsentiere sich beispielsweise der Rjazaner Bahnhof in Moskau als dreckiger und überfüllter Ort:

»Auf den nackten und dreckigen Böden der Bahnsteige schläft dicht an dicht gedrängt das graue Volk. Die Wartesäle bieten einen unansehnlichen und traurigen Anblick. Sie sind bar jeder Schönheit und jedes Komforts, ein Ort der Trostlosigkeit. Von hier möchte man nur noch flüchten, fortlaufen, ohne sich umzusehen.« Von den Menschen, die sich hier am Bahnhof drängten, wandte sich der Beobachter angewidert ab: »hier stoßen die Passagiere auf schlaftrunkene, ungewaschene Gestalten mit zerzaustem Haar und staubigem Gewand, die rote Stiefel tragen und einen Haufen Bündel, Körbe und Gläser mit Eingemachtem mit sicht tragen.«[43]

Das Bild, das sich dem Reisenden an anderen großstädtischen Bahnhöfen zu Beginn des 20. Jahrhunderts bot, unterschied sich kaum von dieser Schilderung. Auch die einstige Vorzeigestation der Nikolaj-Bahn in St. Petersburg, an der die Züge aus Moskau eintrafen, glich um die Jahrhundertwende eher einem bäuerlichen Marktplatz:

»angesichts fehlender Gebäude kauert das Publikum mit Kind und Kegel auf seinen Bündeln auf dem ganzen Bahnhofsgelände. Hier werden – mit Genehmigung des Ministeriums – auf unbeschreiblich dreckigen Bahnsteigen das aus der Provinz herbeigeschaffte Schlachtfleisch und Nutzvieh umgeladen. Tierblut fließt in Bächen über die Fliesen und wird von den Passagieren im ganzen Bahnhofsgebäude verteilt.«[44]

Bilder dieser Art erinnern mehr an ein modernes »Sodom und Gomorra« als an einen perfekt organisierten sozialen Raum. Mit der wohlgeordneten Welt der hauptstädtischen Stationen, die in Russland voller Optimismus entworfen worden waren, hatte das alltägliche Chaos auf den Bahnhöfen um die Jahrhundertwende nur noch wenig gemein. Die Eisenbahn, die von der verwestlichten Elite des Zarenreiches als Instrument beschworen worden war, um die »rückständige« russische Gesellschaft zu zivilisieren, brachte nicht Ordnung in die Provinz, sondern das Chaos ins Zentrum. Das moderne Verkehrsmittel, das eingeführt worden war, um die Wirtschaft zu beleben, die militärische Schlagkraft zu festigen und das Land territorial zu einen, hatte

43 *Novoe vremja*, Nr. 12054 v. 2.10.1909. (RGIA, f. 273, op. 10, ed. chr. 312, l. 382).

44 *Novoe vremja*, Nr. 12012 v. 21.8.1909. (RGIA f. 273, op. 10, ed. chr. 312, l. 220 u. 240).

schwer zu kontrollierende Räume geschaffen, die sich immer häufiger als Orte latenter Unordnung und Quellen der Gefahr präsentierten. Spricht man von den prachtvollen Speisesälen in den Warteräumen Erster Klasse in Nižnij Tagil und den herrschaftlichen Salonwagen der Transsibirischen Eisenbahn auf der Weltausstellung von Paris, sollte diese andere Seite der Modernisierung des Zarenreiches im Eisenbahnzeitalter nicht vergessen werden.

Geschichte Russlands als Eisenbahngeschichte

Nicht nur in Russland führte die Einführung der Eisenbahn im 19. Jahrhundert zu einer tief greifenden Transformation sozialer Räume. Auch in anderen Ländern wurde das neue Verkehrsmittel als ordnende Kraft wahrgenommen, die eine Integration politischer und ökonomischer Räume bewirkte, Menschen unterschiedlicher sozialer Herkunft in Passagiere eines rational organisierten Verkehrssystem verwandelte und zu einer Standardisierung der Vorstellungen von Raum und Zeit beitrug. Fast überall wurde die Eisenbahn schnell von ihrem eigenen Erfolg eingeholt. In kurzer Zeit entwickelte sich das neue Verkehrsmittel von einem Transportmedium für Luxusgüter und gut betuchte Fahrgäste zu einem des modernen Massenverkehrs. Mit den damit verbundenen Herausforderungen für die Aufrechterhaltung von Recht und Ordnung auf der Eisenbahn waren nicht nur die Sicherheitskräfte des Zarenreiches konfrontiert.

Dessen ungeachtet lässt sich der angedeutete Wandel sozialer Räume im »Jahrhundert der Eisenbahn« (Ralf Roth) am russischen Beispiel besonders gut untersuchen. In kaum einem anderen Land Europas hat das Dampfross in vergleichbarer Weise zu einem Wandel räumlicher Ordnungsvorstellungen beigetragen und neue Praktiken der Raumaneignung und der Raumüberwindung geprägt. Dies hat mehrere Gründe. Zum einen eröffnete die Eisenbahn gerade in einem so großen Land wie dem Zarenreich bislang unbekannte Möglichkeiten, große Distanzen schnell und unabhängig von Jahreszeit und Witterung zu überbrücken und entfernte Regionen in einem Verkehrsraum zusammen zu schließen. Zum anderen verfügte das Zarenreich zum Zeitpunkt des Aufbaus eines systematischen Eisenbahnnetzes nicht über eine vergleichbare Dichte von Kanälen und befestigten Straßen und Chausseen, wie sie zum Beispiel in Frankreich oder den deutschen Teilstaaten existierte. Überspitzt gesprochen ermöglichte die Eisenbahn im Zarenreich somit den Sprung vom Zustand der sprichwörtlichen »Wegelosigkeit« in das Zeitalter des modernen, maschinenbetriebenen Verkehrs. Da Russland schließlich erst relativ spät soziale und ökonomische Strukturen der feudalen Ordnung, wie zum Beispiel die Leibeigenschaft überwand, fiel hier die Konfrontation einer mehrheitlich vormodern geprägten Gesellschaft mit den Chancen und Herausforderungen der technischen Moderne besonders drastisch aus. Natürlich brachte nicht die Eisenbahn allein das Maschinenzeitalter ins bäuerliche Russland. Da das Schienennetz jedoch ab den späten sechziger Jahren des 19. Jahrhunderts mit wachsendem Tempo in alle besiedelten Regionen des Zarenreiches vordrang und so die Lebenswelten der Stadt und des Dorfes sowie der unterschiedlichen ethnischen und religiösen Gruppen zunehmend miteinander verband, eignet sich der von der Eisenbahn geschaffene soziale Raum besonders gut als Untersuchungsgegenstand für die umfassenden sozialen und kulturellen Wandlungsprozesse, die das Zarenreich seit den fünfziger Jahren durchlief. Die Eisenbahn war gleichsam eine Bühne, auf der sich vor den Kulissen des modernen Maschinenzeitalters die Dramen neuer sozialer Wirklichkeit und Konflikte des 19. Jahrhunderts abspielten. Diese Wandlungsprozesse hatten, wie oben angedeutet, sowohl eine alltagshistorische, als auch eine eminent politische Dimension.

Vermutlich lässt sich in kaum einem Land die Eisenbahn in vergleichbarer Weise als Schauplatz politischer Auseinandersetzungen und Kämpfe untersuchen wie in Russland. Im Zarenreich wurde 1879 der erste terroristische Anschlag auf einen Herrscherzug unternommen. Russische Züge und Bahnhöfe dienten seit den siebziger Jahren als Orte politischer Demonstrationen und Propaganda. Die Eisenbahner verhalfen dem Generalstreik im Oktober 1905 und damit der ersten russischen Revolution zu einem temporären Erfolg.[45] Über das Schienen- und Telegrafennetz der Eisenbahn verbreitete sich die Kunde von der Erhebung wie ein Lauffeuer im ganzen Land. Bahnhöfe in der Provinz waren während der Unruhen von 1905/06 Anziehungspunkte für die ländliche Bevölkerung, die sich von Durchreisenden neueste Informationen über das Geschehen in anderen Landesteilen erhofften.[46] Gleichzeitig diente die Eisenbahn jedoch auch der Zarenregierung als wirksames und schlagkräftiges Instrument, um politische und revolutionäre Unruhen im Vielvölkerreich zu unterdrücken. 1863 entsandte das Regime über die Bahnlinie von Sankt Petersburg nach Warschau loyale Truppen zur Niederschlagung des Januaraufstandes im Königreich Polen und den westlichen Gouvernements des Zarenreiches. Über die Gleise der Transsibirischen Bahn rollten Anfang 1906 die Züge der berühmt-berüchtigten Strafbataillone der Generäle Paul von Rennenkampf und Alexander Meller-Zakomel'skij, die in der aufrührerischen

45 Schenk (2005), »Raumerschließung«, S. 33–45.
46 Schenk (2007), »Kommunikation«, S. 47–67.

»Republik von Čita« und in anderen Regionen Sibiriens die autokratische Ordnung wieder herstellten.[47]

Auch in Russland musste man bald erkennen, dass die Eisenbahn in zunehmendem Maße auch über den Ausgang von Kriegen im Industriezeitalter entschied. Der Zarenregierung wurde dies bereits währen des Krimkriegs, später im russisch-japanischen Krieg und schließlich während des Ersten Weltkrieges deutlich vor Augen geführt. In gewissem Maße entschied sich auf den Gleisen der russischen Eisenbahnen auch das Schicksal der russischen Monarchie. Das Chaos im Schienenverkehr trug maßgeblich zum Ausbruch der Februarrevolution im Jahr 1917 bei. Wie bereits 1905 verbreitete sich 1917 die Kunde vom politischen Umschwung in Petrograd und Moskau über die Telegrafen- und Schienenverbindungen der Eisenbahn wie ein Lauffeuer über das ganze Land.[48] Die Tatsache, dass Nikolaus II. am 2. März 1917 seine Abdankungsurkunde in einem Eisenbahnwaggon unterzeichnete, erscheint vor diesem Hintergrund besonders symbolträchtig.

Eine Geschichte der Eisenbahn im Zarenreich kann sich daher nicht auf die Beschreibung der Planung, des Baus und der Finanzierung des Streckennetzes im größten Kontinentalreich der Erde und dessen Bedeutung für die ökonomische Entwicklung des Landes beschränken, wie dies die Forschung im Bereich der Verkehrsgeschichte lange Zeit getan hat. Vielmehr gilt es, die Welt der Eisenbahn im Zarenreich als einen wichtigen Bestandteil sozialer Wirklichkeit und als Schauplatz der tief greifenden politischen, sozialen und kulturellen Umbrüche zu beleuchten, die das Land auf seinem Weg in die Moderne erlebte und zu denen die Einführung des neuen Verkehrsmittels in erheblichem Maße beigetragen hat.

Literatur und gedruckte Quellen

Anonym (1837), »Buduščnost' železnych dorog«, in: *Moskovskij nabljudatel'* 11, S. 475–483.

— (1861), »Položenie o policejskich upravlenijach S. Peterburgo-Varšavskoj i Moskovsko-Nižegorodskoj železnych dorog, 27.7.1861«, in: Ministerstvo Putej Soobščenija (Hrsg.) (1867), *Sbornik svedenij o železnych dorogach v Rossii*, Sankt Peterburg, S. 406–413.

— (1872), »Obščija pravila dlja perevozki passažirov, bagaža i sobak«, in: Anonym (1872), *Putevoditel' po rossijskim železnym dorogam*, Moskva, S. 5–11.

— (1872), *Putevoditel' po rossijskim železnym dorogam*, Moskva.

47 Korelin, *Pervaja revoljucija*, S. 381–382, u. Trotzki, *Ergebnisse*, S. 43.

48 Pethybridge, *Spread*, S. 15.

— (1873), »Ministerskoe postanovlenie Nr. 45, 31.5.1873«, in: Nikolaj L'vovič Brjul' (Hrsg.) (1889), *Sistematičeskij sbornik dejstvujušich na russkich železnych dorogach uzakonenii i rasporjaženii pravitel'stva, a takže položenii, pravil, instrukcii i soglašenii, izdannych ili odobrennych pravitel'stvom*, Bd. 1: [...] s 1860 g. po 1 ijunja 1889 g, Sankt Peterburg, S. 172–173.

— (1874), »Pravila soderžanija bufetov i vsjakogo naimenovanija s'estnych zavedenii na stancijach železnych dorog, Ministerskoe povelenie Nr. 50, 23.3.1874«, in: Anonym (1877), *Sbornik ministerskich postanovlenij i obščich pravitel'stvennych rasporjaženij Ministerstva Putej Soobščenii po železnym dorogam*, Bd. 2, Sankt Peterburg, S. 2–4.

— (1874), »Ob ustrojstve, v vagonach pervych dvuch klassov, otdelenij dlja dam. Cirkuljar Techničesko-Inspektorskago Komiteta železnych dorog Nr. 5563 23.9.1874«, in: Anonym (1877), *Sbornik ministerskich postanovlenij i obščich pravitel'stvennych rasporjaženij Ministerstva Putej Soobščenii po železnym dorogam*, Bd. 2, Sankt Peterburg, S. 127.

— (1875), »O raspredelenii železnych dorog na razrjady v otnošenii ustrojstva v vagonach osobych otdelenij dlja dam i dlja nekurjaščich. Cirkuljar Techničesko-Inspektorskago Komiteta železnych dorog Nr. 5401, 24.9.1875«, in: Anonym (1877), *Sbornik ministerskich postanovlenij i obščich pravitel'stvennych rasporjaženij Ministerstva Putej Soobščenii po železnym dorogam*, Bd. 2, Sankt Peterburg, S. 176–178.

— (1877), *Sbornik ministerskich postanovlenij i obščich pravitel'stvennych rasporjaženij Ministerstva Putej Soobščenii po železnym dorogam*, Bd. 2, Sankt Peterburg.

— (1881), *Doklad o passažirskom dviženii*, Sankt Peterburg.

— (1891), »Pravila pol'zovanija passažirskimi pomeščenijami železnodorožnych stancii (1891), § 9«, in: Sergej Ivanovič Fedorov (1903), *Spravočnaja knižka dlja nižnich činov žandarmskich policejskich upravlenij železnych dorog*, 2. Aufl., Sankt Peterburg, S. 174.

— (1900), »O merach k obezpečeniju bezopasnosti passažirov i ich imuščestva v poezdach. Cirkular' Upravlenii železnch dorog (po ekspl. otd.), 11.12.1900, Nr. 56825«, in: Anonym (1904), *Sistematičeskij sbornik uzakonenij i obščich rasporjaženij, otnosjaščichsja do postrojki i ėkspluatacii železnych drog kaznoj i častnymi obščestvami i posledovavšich v period vremeni s 1 ijulja 1899 g. po 31 dekabrja 1902 g. vključitel'no*, Bd. 1 (1904), Sankt Peterburg, S. 870–871.

— (1900), *Sistematičeskij sbornik uzakonenij i obščich rasporjaženij, otnosjaščichsja do postrojki i ėkspluatacii železnych dorog kaznoju i posledovavšich v period vremeni s načala 1881 g. po 31 maja 1898 g. vključitel'no*, Bd. 1 (1900), Sankt Peterburg.

— (1904), *Sistematičeskij sbornik uzakonenij i obščich rasporjaženij, otnosjaščichsja do postrojki i ėkspluatacii železnych drog kaznoj i častnymi obščestvami i posledovavšich v period vremeni s 1 ijulja 1899 g. po 31 dekabrja 1902 g. vključitel'no*, Bd. 1 (1904), Sankt Peterburg

Baberowski, Jörg (1999), »Auf der Suche nach Eindeutigkeit: Kolonialismus und zivilisatorische Mission im Zarenreich und in der Sowjetunion«, in: *Jahrbücher für Geschichte Osteuropas* 47, S. 482–504.

Beaumont, Matthew (2007), »Railway Mania. The Train Compartment as the Scene of a Crime«, in: ders./Michael Freeman (Hrsg.), *The Railway and Modernity. Time, Space, and the Machine Ensemble*, Oxford, S. 125–153.

Beaumont, Matthew/Freeman, Michael (Hrsg.) (2007), *The Railway and Modernity. Time, Space, and the Machine Ensemble*, Oxford.

Brjul', Nikolaj L'vovič (Hrsg.) (1889), *Sistematičeskij sbornik dejstvujušich na russkich železnych dorogach uzakonenii i rasporjaženii pravitel'stva, a takže položenii, pravil, instrukcii i soglašenii, iz-*

dannych ili odobrennych pravitel'stvom, Bd. 1: [...] s 1860 g. po 1 ijunja 1889 g, Sankt Peterburg.

Carter, Ian (2001), *Railways and Culture in Britain. The Epitome of Modernity*, Manchester.

De Certeau, Michel (1988), *Kunst des Handelns*, Berlin.

Drummond, Diane (2003), »The Impact of the Railway on the Lives of Women in the Nineteenth-Century City«, in: Ralf Roth/Marie-Noëlle Polino (Hrsg.), *The City and the Railway in Europe*, Aldershot, S. 237–256.

Ėtkind, Aleksandr (2002), »Bremja britogo čeloveka«, in: *Ab Imperio*, H. 1, 2002, S. 265–299.

Fedorov, Sergej Ivanovič (1903), *Spravočnaja knižka dlja nižnich činov žandarmskich policejskich upravlenij železnych dorog*, 2. Aufl., Sankt Peterburg.

Figner, Vera (1991), *Memoirs of a Revolutionist*, DeKalb.

Freeman, Michael (1999), *Railways and the Victorian Imagination*, New Haven, London.

Glinka, Otton Fomič (1900), *K voprosu ob ochrane bezopasnosti passažirov v poezdach*, Kiev.

Haywood, Richard M. (1969), *The Beginnings of Railway Development in Russia in the Reign of Nicholas I., 1835–1842*, Durham, N.C.

— (1998), *Russia Enters the Railway Age, 1845–1855*, New York.

Kennan, George (1981), »... *und der Zar ist weit«. Sibirien 1885*, 3. Aufl., Berlin.

Korelin, Avenir P. (Hrsg.) (2005), *Pervaja revoljucija v Rossii. Vzgljad čerez stoletie*, Moskva.

Miljutin, Dmitrij A. (2003), *Vospominanija general-fel'dmaršala grafa Dmitrija Alekseeviča Miljutina. 1863–1864*, Moskva.

Ministerstvo Putej Soobščenija (Hrsg.) (1867), *Sbornik svedenij o železnych dorogach v Rossii*, Sankt Peterburg.

Obolenskij, D. D. (1894), »Nabroskij vospominanij knjazja D. D. Obolenskogo«, in: *Russkij Archiv* 10, S. 251–286.

Peregudova, Zinaida I. (2000), *Političeskij sysk Rossii (1880–1917 gg.)*, Moskva.

Pethybridge, Roger (1972), *The Spread of the Russian Revolution. Essays on 1917*, London.

Petrov (1878), *Praktičeskoe rukovodstvo dlja unter-oficerov žandarmskich policejskich upravlenij železnych dorog pri ispolnenii služebnych objazannostej po zakonu 19 maja 1871 goda*, Sankt Peterburg.

Reent, Jurij Arsenovič (2001), *Obščaja i političeskaja policija Rossii (1900–1917)*, Rjazan'.

Reichman, Henry (1987), *Railwaymen and Revolution. Russia 1905*, Berkeley.

Röll, Victor (Hrsg.) (1914), Enzyklopädie des gesamten Eisenbahnwesens, 10 Bde., Berlin, Wien.

Roth, Ralf (2005), *Das Jahrhundert der Eisenbahn. Die Herrschaft über Raum und Zeit. 1800–1914*, Ostfildern.

Rutkowski Ernst R. (1956), »Die revolutionäre Bewegung und die inneren Verhältnisse des Zarenreiches von 1877 bis 1884 im Urteil österreichisch-ungarischer Diplomaten«, in: *Mitteilungen des Österreichischen Staatsarchivs* 9, S. 348–483.

Schenk, Frithjof Benjamin (2005), »Imperiale Raumerschließung. Beherrschung der russischen Weite«, in: *Osteuropa*, H. 3, S. 33–45.

— (2007), »Bahnhöfe. Stadttore der Moderne«, in: Karl Schlögel/Frithjof Benjamin Schenk/Markus Ackeret (Hrsg.), *Sankt Petersburg. Schauplätze einer Stadtgeschichte*, Frankfurt am Main, S. 141–157.

— (2007), »Kommunikation und Raum im Jahr 1905. Die Eisenbahn in Krieg und Revolution«, in: Martin Aust/Ludwig Steindorff (Hrsg.), *Russland 1905 – Perspektiven auf die erste Revolution im Zarenreich*, Frankfurt am Main, S. 47–67.

Schivelbusch, Wolfgang (2002), *Geschichte der Eisenbahnreise. Zur Industrialisierung von Raum und Zeit*, 2. Aufl., Frankfurt am Main.

Timofeevič, Lev (1908), *Spravočnaja kniga dlja činov Žandarmskich Policejskich Upravlenij železnych dorog po žandarmsko-policejskoj časti Obščija objazanosti žandarmskoj železnodorožnoj policii*, Sankt Peterburg.

Trotzki, Lew (1971), *Ergebnisse und Perspektiven. Die permanente Revolution*, Frankfurt am Main.

Tvardovskaja, Valentina A. (1978), *Ideologija poreformennogo samoderžavija. M. N. Katkov i ego izdanija*, Moskva.

Ulam, Adam Bruno (1998), *In the Name of the People. Prophets and Conspirators in Prerevolutionary Russia*, New Brunswick, N.J.

Witte, Sergej (1913), *Vorlesungen über Volks- und Staatswirtschaft*, Bd. 2, Stuttgart.

11. Der Erste Weltkrieg als Eisenbahnkrieg

Christopher Kopper

Welche Bedeutung hatte die Eisenbahn für die Führung des modernen Kriegs? Von der militärstrategischen Bedeutung der Eisenbahn zeugen heute noch die Brückenköpfe an der Mainzer Rheinbrücke, die an die Bedeutung der Bahn für die Heranführung von Truppen an die deutsch-französische Grenze erinnern. Der Zweite Weltkrieg wird wegen der großen Bedeutung der Panzerwaffe für Angriffsoperationen fälschlicherweise oft als der erste motorisierte Krieg angesehen, obwohl der größte Teil der deutschen Transportoperationen mit der Eisenbahn durchgeführt wurde und ein großer Teil der Truppen noch nicht motorisiert war. Auch in den populären dokumentarischen Rückblicken auf den Ersten Weltkrieg wird die Rolle der Eisenbahn als dem dominierenden Transportmittel selten in Frage gestellt. Die gefilmten Bilder der deutschen Mobilmachung von 1914 zeigen den Aufbruch in den Krieg als fröhliche Abschiedsszenen auf Bahnhöfen. Die deutsche Kriegseuphorie der Augustwochen zeigt sich sinnfällig in populären Aussprüchen wie »Weihnachten 1914 in Paris«, die mit Kreide auf die Waggonwände geschrieben wurden.

Wer die Rolle der Eisenbahnen während des Ersten Weltkriegs untersuchen will, läuft anders als im Zweiten Weltkrieg kaum Gefahr, sich durch ein nicht repräsentatives zeitgenössisches Photo- und Filminventar über die dominierende Rolle der Eisenbahn zu täuschen. Schon im deutsch-französischen Krieg von 1870/71 hatte die Eisenbahn als Transportmittel für die mobilisierten Truppen eine erhebliche Rolle gespielt. Selbst in diesem noch gänzlich unmotorisierten Krieg beeinflussten die Geschwindigkeit und die Zahl der Mobilisierungstransporte die Schlagkraft und vor allem die Schnelligkeit von Angriffsoperationen ganz erheblich. Auch 1870 wäre es ohne die Eisenbahn nicht möglich gewesen, in wenigen Wochen mehrere hunderttausend Soldaten von den Garnisonen in der Mitte und an der Ostgrenze Preußens an Preußens Westgrenze zu verlegen.[1]

Der Erste Weltkrieg war daher nicht der erste Krieg, in dem ein großer Teil der Truppen und des Nachschubs mit Zügen in die Nähe der Frontlinie ge-

---

1 Bremm, *Von der Chausee zur Schiene.*

bracht wurde. Doch die Truppentransporte per Bahn erreichten im August 1914 eine Dimension, welche die Dimension des Krieges von 1870/71 weit überstieg. Während 1870 für den Aufmarsch der deutschen Truppen 1.300 Züge genügt hatten, fuhren allein in Deutschland während der ersten drei Wochen des August 1914 32.000 Züge an die Westfront und an die Ostfront.

Der wichtigste Grund für die quantitative Explosion des militärischen Transportbedarfs war dabei nicht die Vergrößerung des stehenden Heeres und des Ersatzheers, sondern die Technisierung der Kriegsführung. Im Vergleich zu 1870 hatte sich nicht nur die Zahl der Feldgeschütze und ihr Durchschnittsgewicht deutlich erhöht, sondern auch der Munitionsbedarf der Artillerie. Die Einführung des Maschinengewehrs ließ auch den Transportbedarf für die Infanterie deutlich steigen, da weitaus größere Mengen an Gewehrmunition verbraucht wurden und an die Front befördert werden mussten. Auch das Transportvolumen der Pioniere stieg erheblich. Die Pioniertruppen führten nunmehr vorgefertigte Brückenelemente mit, die viel Zeit beim Bau von Hilfsbrücken ersparten, aber den Transportbedarf deutlich erhöhten. Der Ausbau von aufwändigen Stellungen im Stellungskrieg erforderte umfangreiche Lieferungen an Baumaterial, die nicht im Hinterland der Front verfügbar waren.[2]

Die Bewältigung von täglich 1500 Militärzügen während des Aufmarschs setzte eine wahrsten Sinne des Wortes generalstabsmäßige Vorbereitung voraus. Die Eisenbahnabteilung im Großen Generalstab hatte in den Jahren vor 1914 mit den militärischen Linienkommandanten bei den Eisenbahndirektionen und den zivilen Eisenbahnern minutiöse Militärfahrpläne für die ersten drei Wochen der Mobilisierung und des Aufmarsches aufgestellt, die in den Safes der militärischen Stäbe und der Eisenbahndirektionen bereit lagen und mit großer Präzision an die aktuellen Aufmarschplanungen des Generalstabs angepasst wurden.[3] Die Eisenbahnabteilungen der Heeresstäbe und die Direktionen der Länderbahnen erarbeiteten sogar geheime Anweisungen, in denen die Erweiterung der Gleisanlagen und Verladerampen und der Umbau der Güterwagen für Truppentransporte im Mobilisierungsfall detailliert festgelegt wurden.[4] In gemeinsamen Stabsübungen mit der Eisenbahnabteilung des Generalstabs und bei der Organisation des Truppentransports nach den großen Kaisermanövern bereiteten sich beide Seiten für den Kriegsfall vor. Die enge Kooperation zwischen dem Militär und den deutschen Staatseisenbahnen wurde auch durch personelle Verschränkungen zwischen der Eisenbahn und

2 Sarter, *Eisenbahnen*, S. 95f.
3 Groener, *Lebenserinnerungen*, S. 132f.
4 Sarter, *Eisenbahnen*, S. 42ff.

dem Heer erleichtert. Viele höhere Eisenbahnbeamte hatten selbst in den Eisenbahnabteilungen des Heeres gedient, während Offiziere der Eisenbahnabteilungen gelegentlich in den höheren Dienst der Königlich Preußischen Eisenbahnverwaltung (KPEV) wechselten.

Das Preußische Ministerium für öffentliche Arbeiten – das die KPEV als Regiebetrieb leitete – und die Eisenbahnabteilung des Heeres stimmten die Infrastrukturplanung der Eisenbahn eng mit den militärischen Interessen ab. Die Königlich Preußische Eisenbahnverwaltung hatte in den zehn Jahren vor Kriegsbeginn den Wünschen des Generalstabs Rechung getragen und ihre Streckenkapazitäten in Ost-West-Richtung über den mittelfristigen Transportbedarf im Frieden hinaus ausgebaut. Zu diesem militärisch erwünschten, aber betriebstechnisch und betriebswirtschaftlich überflüssigen Investitionen gehörte beispielsweise der Ausbau der sogenannten Kanonenbahn vom mitteldeutschen Raum durch Nordhessen nach Koblenz und der Bau einer zusätzlichen Rheinbrücke bei Bingen, für die in Friedenszeiten keine Notwendigkeit bestand. In einer 1906 verfassten Denkschrift strebte die Eisenbahnabteilung des Generalstabs in Zusammenarbeit mit den Ländereisenbahnen sogar an, jedem Armeekorps im Kriegsfall für den Aufmarsch nach Westen eine zweigleisige Bahnstrecke zur Verfügung zu stellen – ein Projekt, das bis zum Kriegsbeginn noch nicht vollendet war.[5]

Bei einer Kapitalrendite von sechs Prozent fiel es dem Preußischen Ministerium für öffentliche Arbeiten als dem Eigentümer der Bahn nicht schwer, die kostspieligen Sonderwünsche des Generalstabs zu berücksichtigen. Obwohl die KPEV nach dem Willen der preußischen Regierung möglichst stetige Gewinne an den Fiskus ausschütten sollte, stellte die Regierung die Mehrkosten für militärische Sonderwünsche in keinem Fall in Frage. Zwischen beiden Seiten bestand ein stillschweigendes Einverständnis, den Wünschen des Heeres weitgehend Rechnung zu tragen. Da der Haushalt der KPEV nicht dem Budgetrecht des Preußischen Abgeordnetenhauses und des Herrenhauses unterworfen war und die Parlamentarier Wünsche nach niedrigeren Tarifen zwar äußern, aber nicht erzwingen konnten, konnten diese Mehrausgaben in der parlamentarischen Öffentlichkeit auch nicht in Frage gestellt werden. Darüber hinaus trug das Reichsschatzamt einen Teil der Sonderaufwendungen auf Wunsch des Generalstabs: Von 1887 bis 1909 flossen 280 Millionen Mark aus dem Heeresetat in den Eisenbahnbau.[6]

Bei Deutschlands Kriegsgegner Frankreich lagen die Verhältnisse anders: Die französischen Eisenbahngesellschaften waren das Eigentum privater An-

5 Sarter, *Eisenbahnen*, S. 39ff., u. Groener, *Lebenserinnerungen*, S. 131f.

6 Mitchell, *Train Race*, S. 231f.

leger und damit primär der Rentabilität verpflichtet. Mehrausgaben aufgrund militärischer Anforderungen für den Mobilisierungsfall standen im Widerspruch zu den wirtschaftlichen Unternehmensinteressen und ließen sich nur schwer vor den Aktionären begründen. Angesichts der teilweise unterschiedlichen technischen Standards bei Bremsen und Lichtraumprofilen war ein freizügiger Einsatz des Lok- und Wagenparks zur konzentrierten Versorgung der Front erschwert[7]. Die *Compagnie des Chemins de Fer de l'Est* im grenznahen Ostfrankreich gehorchte jedoch dem Veto der französischen Armee und verzichtete in mehr als einem Fall auf den Bau von Strecken, die im Kriegsfall dem Vormarsch deutscher Streitkräfte genützt hätten. Auch die planerischen Vorbereitungen der Generalstäbe in Deutschland und Frankreich ähnelten sich. Die französischen Eisenbahngesellschaften erhielten für den Mobilisierungsfall versiegelte Umschläge mit detaillierten Instruktionen, wie der Verkehr zu führen war. Die militärischen Prioritäten des deutschen Generalstabs in der Mobilisierung der Eisenbahn spiegelten sich deutlich im Militärfahrplan wider. Die Truppentransporte an den nördlichen, den rechten Flügel der Westfront besaßen wegen des Angriffsschwerpunktes gegen Belgien ein besonders starkes Gewicht.

Die beiden ersten Tage der Mobilmachung, der 2. und 3. August 1914, dienten noch der Vorbereitung für den eigentlichen Truppenaufmarsch. In diesen beiden Tagen wurden Zivilisten zu ihren Heimatorten und einberufene Reservisten zu ihren Garnisonen befördert. Am 3. August, dem 3. Tag der Mobilmachung trat der Militärfahrplan in Kraft, worauf fast der gesamte zivile Güter- und Personenverkehr für die Dauer von 16 Tagen zugunsten der Militärzüge eingestellt wurde.

Die Geschwindigkeit des Aufmarsches besaß eine entscheidende Bedeutung für den deutschen Feldzugsplan im Westen. Die Heranführung der Truppen im Westen dauerte von der Verkündung der Mobilmachung bis zum ihrem Abschluss immer noch 18 Tage. Aus der Sicht des Generalstabs besaß der zeitliche Vorsprung vor den Verteidigern eine erhebliche strategische Bedeutung für eine erfolgreiche Angriffsoperation gegen Belgien und Frankreich. Um den Vorteil der numerischen Überlegenheit auf den Angriffsachsen möglichst lange gegen die Verteidiger behaupten zu können, war aus militärischer Sicht ein früher Beginn des Aufmarsches geboten, so dass der Generalstab auf eine schnelle Mobilmachung drängte. Der zeitliche Vorlauf für die Mobilmachungstransporte war ein wichtiger Grund, weshalb die Militärs die politischen Entscheidungsträger drängten, in den letzten Tagen keine Versuche zu einer diplomatischen Lösung der Julikrise zu unternehmen.

---

7 Ebd. S. 204–212

Abb. 11.1: Deutscher Truppentransport auf dem Bahnhof Lida an der Ostfront im Jahre 1915

Quelle: ullstein bild – Haeckel, Bildnr. 00880845.

Dennoch gab es keinen zwingenden transporttechnischen Grund, weshalb die geplante Angriffsoperation gegen Frankreich und Belgien nicht noch in letzter Stunde zu stoppen gewesen wäre. Am 1. und noch am 2. August hatte der Aufmarsch an die Westfront noch gar nicht begonnen. Folgt man den Erinnerungen des damaligen Chefs der Eisenbahnabteilung im Generalstab, Generalmajor Wilhelm Groener, hätte der Generalstab die Aufmarschrichtung noch drehen und den Großteil des Heeres an die Ostgrenze anstatt in den Westen transportieren können. Obwohl sich die Kriegsszenarien des Generalstabs kaum mit einem Hauptangriff gegen Russland beschäftigt hatten und es daher keine fahrplantechnischen Vorbereitungen für eine große Angriffsoperation an der Ostgrenze gab, waren die logistischen Weichen nicht zwangsläufig für einen Angriff im Westen gestellt.[8] Eine diplomatische Lösung der Krise und eine Vermeidung des Kriegs gegen Frankreich und Belgien wären nicht an der Starrheit der militärischen Transportplanung und an dem Automatismus der Aufmarschplanungen gescheitert. Der Generalstab war aber gar nicht daran

8 Groener, *Lebenserinnerungen*, S. 145.

interessiert, einen Krieg im Westen in letzter Minute zu verhindern. Jede Verzögerung des Aufmarschs gegen Frankreich und Belgien hätte die Erfolgschancen des Angriffskriegs geschmälert.

Die deutschen Eisenbahnen waren für den Aufmarsch im Westen gut gerüstet. So standen für die Truppentransporte über den Rhein insgesamt 18 Eisenbahnbrücken zur Verfügung, genug, um mehr als 10.000 Militärzüge in 18 Tagen in Richtung Westfront zu befördern.[9]

Folgt man der 1930 erschienenen eisenbahnoffiziösen Darstellung des Reichsbahn-Direktionspräsidenten Adolph Sarter »Die deutschen Eisenbahnen im Kriege«, so »verlief der gesamte Aufmarsch, abgesehen von einigen geringfügigen örtlichen Störungen, glatt«. Bald sollte sich jedoch zeigen, dass die materiellen Ressourcen der deutschen Länderbahnen auf Dauer nicht ausreichten, um den Transportbedarf in den besetzten Gebieten im Westen und im Osten und in der Heimat zu decken. Die Erwartung, eine größere Zahl an »Beuteloks« für den Verkehr im besetzen Westen zu nutzen, sollte sich nicht erfüllen, da diese Erwartung auf eine unerfüllbare Grundannahme aufgebaut war: Die schnelle Kapitulation Frankreichs. Die Evakuierung des rollenden Materials aus der Kriegszone gelang schneller als der Vormarsch des deutschen Heeres. So reichten die erbeuteten Loks in Belgien und Ostfrankreich nur für etwas mehr als die Hälfte des zivilen und militärischen Transportbedarfs im besetzten Westen aus. Bei den Güterwagen und Personenwagen war der Bedarf an Fahrzeugen aus der Heimat noch höher: Fast 80 Prozent aller Wagen im besetzten Westen mussten aus dem Reichsgebiet mobilisiert und von den Länderbahnen abgegeben werden.

Trotz ihrer guten Kapitalausstattung waren die deutschen Eisenbahnen weder organisatorisch noch von ihren Kapazitäten für einen längeren Verschleißkrieg (*war of attrition*) an zwei Fronten gerüstet. Vor dem Krieg hatte die Eisenbahnabteilung des Generalstabs unter der Leitung von General Wilhelm Groener mit Planungen für die wirtschaftliche Mobilmachung angefangen, kam aber nicht über erste organisatorische Vorbereitungen hinaus. Während des Winters 1916/17 und während der Schlacht von Verdun zeigten sich zum ersten Mal gravierende Transportmängel an der Heimatfront infolge des Mangels an Waggons und Lokomotiven. Als im Januar 1917 eine Urlaubssperre für Frontsoldaten von zunächst vier Wochen verhängt wurde, war dafür nicht die militärische Lage an den Fronten, sondern das Transportproblem der Eisenbahn verantwortlich. Wegen der eingeschränkten Transportkapazitäten der Eisenbahnen im Personenverkehr wurde der Urlauberverkehr von der Front in

9 Sarter, *Eisenbahnen*, S. 80ff.

die Heimat auch nach der Aufhebung der Urlaubsperre im Februar 1917 um die Hälfte reduziert.[10]

Man kann sich die Folgen dieser Urlaubsbeschränkung auf die Stimmung unter den Soldaten und in der Heimat unschwer vorstellen. Die Einschränkung des Heimaturlaubs senkte die Moral unter den Soldaten und ihren Angehörigen und erhöhte den körperlichen und den psychischen Verschleiß in der kämpfenden Truppe. So ging die zunehmende Kriegsmüdigkeit in der Truppe und in der Heimat indirekt auch auf das Konto der Transportprobleme. Während der Mangel an Transportraum die ohnehin gegebene Knappheit an Lebensmitteln weiter verschärfte, beeinträchtigte die Verweigerung des Heimaturlaubs den Durchhaltewillen der Fronttruppen.

Die Transportschwierigkeiten für Soldaten auf Heimaturlaub hätten sich durch organisatorische Eingriffe in den Personenverkehr zwar nicht verhindern, aber doch verringern lassen. Die Eisenbahnverwaltungen lehnten es bis Kriegsende ab, die Benutzung der wichtigsten Schnellzugverbindungen in West-Ost-Richtung durch Zulassungskarten für zivile Benutzer zu regulieren und so die Transportkapazitäten für Fronturlauber zu erhöhen. Stattdessen bedienten sich die Eisenbahnverwaltungen der Fahrpreise als Regulierungsmittel und verdoppelten im Oktober 1917 ihre Tarife für D-Züge und Eilzüge. Der gewünschte preisliche Lenkungseffekt wurde erreicht: Mindestens 50 Prozent aller zivilen Schnellzugpassagiere wurden durch die hohen Fahrpreise von der Schnellzügen ausgeschlossen. Sie wanderten notgedrungen auf die immer stärker überfüllten Personenzüge aus. An der Heimatfront verstärkte dies nur den Eindruck, dass die kriegsbedingten Versorgungsschwierigkeiten vor allem die kleinen Leute trafen, während Großverdiener und Kriegsgewinnler verschont blieben.[11]

Die Betriebsprobleme der deutschen Eisenbahnen stiegen mit der zunehmenden Dauer des Kriegs. Allein im Reichsgebiet stieg die Verkehrsleistung der Eisenbahn von 1913 bis 1917 um 15 Prozent. Schon in Friedenszeiten hätte eine solche Steigerung der Verkehrsnachfrage erhöhte Neuinvestitionen in Fahrzeuge erforderlich gemacht. Dem steigenden Fahrzeugbedarf in der Heimat stand jedoch kein Zuwachs an Loks und Waggons gegenüber. Neben dem Bedarf der Heimat mussten die deutschen Länderbahnen 1917 circa 4.000 Lokomotiven – etwa ein Achtel ihres gesamten Lokparks – für den Verkehr in den besetzten Gebieten im Westen und Osten abgeben. Durch die Transportbedürfnisse innerhalb und außerhalb des Reiches erhöhte sich der Bedarf an Lokomotiven und Waggons erheblich. Die Neubeschaffungen von Lokomoti-

10 Ebd. S. 98f. u. 128f.

11 Ebd. S. 194f.

ven verharrten dagegen auf Vorkriegsniveau, während sich die Neubeschaffungen von Güterwagen trotz des stetig steigenden Bedarfs sogar halbierten.[12]

Was waren die Gründe für die unzureichenden Investitionen in das rollende Material? Finanzielle Engpässe spielten bis 1917 keine Rolle, da die deutschen Eisenbahnen bis in das vierte Kriegsjahr noch Überschüsse erwirtschafteten und in der Lage gewesen wären, Zusatzinvestitionen aus dem Betriebsgewinn zu finanzieren. Obwohl ein funktionierendes Eisenbahnwesen kriegswichtig war, wurden die Eisenbahnen und die Eisenbahnzulieferer auch nach dem Beginn des rüstungswirtschaftlichen »Hindenburg-Programms« im Jahre 1916 nur nachrangig bei Stahl- und NE-Metalllieferungen berücksichtigt. Da die Tarife im Güterverkehr und im Personenverkehr bis 1917 stabil blieben und sich die Gewinne der Länderbahnen bei höheren Kosten verringerten, konnten die Eisenbahnen im Preiswettbewerb um die Zulieferer nicht mit dem Heer mithalten.

So zeigten die Zulieferer der Eisenbahnen wenig Interesse, sich die Eisenbahnen als Kunden zu erhalten. Wegen der unzureichenden Preiskontrollen und der hohen Gewinnspannen für Rüstungsgüter wurden die Zulieferer der Eisenbahnen sogar ermutigt, Heeresaufträge anzunehmen und die Produktion von Eisenbahnmaterial zu vernachlässigen. Der Preußische Eisenbahnminister Paul Breitenbach beschwerte sich im Januar 1918 energisch, aber vergeblich bei der Obersten Heeresleitung (OHL) über die exzessiven Preisforderungen der Waggonfabrikanten, die ihre Preise innerhalb von sechs Monaten um 35 Prozent erhöht hatten. Angesichts der hohen Nachfrage des Heeres konnten es sich die Waggonfabrikanten leisten, ihre Stammkunden von der Eisenbahn zu verprellen. Die Oberste Heeresleitung ignorierte die Investitionswünsche der Eisenbahnen mit Rücksicht auf die vermeintlich dringlicheren Lieferungen von Munition und Waffen, ohne die langfristigen Folgen von Transportengpässen zu berücksichtigen.[13] Obwohl der OHL die militärische Bedeutung eines funktionierenden Transportapparats für die Versorgung der Truppe und der Kriegswirtschaft bekannt war, wurden Lokomotiven und Waggons nicht als »dual use«-Güter anerkannt. In Ludendorffs zeitgenössischem Konzept des »totalen Krieges« hatte das Verkehrswesen keinen angemessenen Platz.

Die mangelhafte Zulieferung mit Lokomotiven beeinträchtigte die Leistungsfähigkeit der Eisenbahnen ab 1916 erheblich. Der Vergrößerung des Verkehrsgebiets im Westen wie im Osten verlängerte die durchschnittliche Transportweite für Güter um ein Drittel und erhöhte den Bedarf an Triebfahrzeugen. Für den Bahnbetrieb im Reichsgebiet standen jedoch nicht mehr,

12 Ebd. S. 113, 118f.

13 Feldman, *Disorder*, S. 72f.

sondern weniger Lokomotiven zur Verfügung als vor dem Krieg. Wegen des Mangels an Lokomotiven mussten Züge deutlich länger als üblich auf die Lokbespannung warten. Dieser Mangel an Lokomotiven führte dazu, dass sich die Umlaufdauer eines Waggons von 1913 bis 1917 von durchschnittlich drei (3,10) auf fünf Tage (5,06) verlängerte. Da die Zahl der Waggons von 1913 bis 1917 nur um 20 Prozent stieg, verringerte sich der verfügbare Laderaum erheblich. Der Mangel an Loks schlug sich in zunehmenden Transportengpässen nieder.

Es gab noch weitere Mängel in der kriegswirtschaftlichen Planung und Lenkung des Verkehrswesens. So gab es seitens des Kriegswirtschaftsamtes und seitens des Preußischen Ministeriums für öffentliche Arbeiten keine Versuche, Gütertransporte vom überlasteten Schienenverkehr auf die Binnenschifffahrt zu verlagern. Während die Eisenbahnen Rekordleistungen im Güterverkehr erbringen mussten, war die Binnenschifffahrt weniger ausgelastet als vor dem Krieg. Eine gezielte Umlenkung von Massenguttransporten auf den Binnenschiffverkehr unterblieb. Das Ministerium für öffentliche Arbeiten setzte weder preisliche Hebel wie eine Tariferhöhung im Eisenbahn-Güterverkehr noch dirigistische Mittel wie Transportgebote für Massengüter per Schiff ein, obwohl eine systematische Verlagerung von Massenguttransporten von der Bahn auf das Binnenschiff auf zahlreichen Transportrelationen entlang der schiffbaren Flüsse und der größeren Kanäle möglich war. Die Bahn wurde überlastet, obwohl die Transportkapazitäten im Binnenschiffverkehr brach lagen.[14] Selbst eine gemeinsame Generalbetriebsleitung der Länderbahnen zur Koordinierung des Eisenbahnverkehrs kam nicht zustande, da die nichtpreußischen Länderbahnen keine Weisungskompetenzen an das Generalverkehrsamt abgeben wollten, das 1916 im Preußischen Ministerium für öffentliche Arbeiten eingerichtet wurde.[15]

Auch eine Rationalisierung des Transportwesens zur Vermeidung überflüssiger und unnötig langer Transporte fand nur in Ansätzen statt.[16] So hätte eine bessere Koordinierung der Kohletransporte zwischen dem Reichskohlekommissar, den Kohlesyndikaten und den Eisenbahnverwaltungen gegenläufige Kohletransporte verhindern und unnötig lange Lieferwege für Kohle vermeiden können, welche die Eisenbahnverwaltungen erheblich belasteten.

Es erwies sich als ein entscheidender Fehler, dass die Eisenbahnen nicht in die kriegswirtschaftliche Planung des »Hindenburg-Programms« integriert wurden und ihnen nicht der Status von kriegswichtigen Betrieben zuerkannt wur-

---

14 Sarter, *Eisenbahnen*, S. 133f.
15 Ebd. S. 51f.
16 Ebd. S. 135f.

de.[17] Die durchaus vermeidbaren Transportengpässe wirkten sich zunächst in der Versorgung der Zivilbevölkerung aus, während die Nachschubversorgung der Front bis zur Frühjahrsoffensive 1918 weitgehend funktionierte. Während des Höhepunkts der Frühjahrsoffensive benötigte das Heer an der Westfront täglich 430 Züge für Truppenverstärkungen, Munition, Verpflegung und sonstigen Nachschub, während nur etwa 340 Züge pro Tag gestellt wurden. So war der zunehmende Nahrungsmittelmangel an der Front nicht einem absoluten Mangel an Lebensmittelzuteilungen für das Heer geschuldet, das gegenüber der Zivilbevölkerung weiterhin vorrangig versorgt wurde, sondern resultierte aus Transportproblemen. Die Transportkrise während der Frühjahrsoffensive 1918 fand ihren Niederschlag in zahlreichen Berichten, dass die hungrigen deutschen Soldaten bei der Einnahme der feindlichen Schützengräben zuerst nach Nahrungsmitteln suchten.

Der *war of attrition* hatte auch langfristige Auswirkungen auf die Finanzen und auf die technische Leistungsfähigkeit der Eisenbahnen. Der Mangel an Werkstattarbeitern sowie an Stahl, Kupfer und Ersatzteilen führte zu einem Instandhaltungsrückstand und damit zu einer sinkenden Zahl von fahrbereiten Loks und Waggons. Während 1913 im Jahresdurchschnitt nur 19 Prozent aller Loks wegen Wartungsarbeiten und Reparaturen nicht für den Betrieb nutzbar warten, erhöhte sich die Schad- und Reparaturquote der Lokomotiven bis 1918 auf 34 Prozent.[18] Dieser signifikante Anstieg der Reparaturquote senkte die Zahl der verfügbaren Loks im Betrieb um ein weiteres Siebtel. Da seit Kriegsbeginn die Instandhaltung der Gleise, Signale und Weichen stark zurückgefahren wurde, häuften sich ab 1918 Betriebsstörungen durch Schienenbrüche, Weichendefekte und Signalstörungen, wodurch die Leistungsfähigkeit der Eisenbahnen weiter abfiel. Während die kurzfristige Vernachlässigung der Instandhaltung während der Aufmarschphase keine längerfristigen Folgen für den Eisenbahnbetrieb verursacht hätte, erzwang der kumulierte Instandhaltungsrückstau von fünf Jahren ab 1920 ein längerfristiges Investitions- und Reparaturprogramm, das sich wegen des chronischen Defizits der Reichseisenbahnverwaltung nur durch die Neuverschuldung des Reiches finanzieren ließ.

Im Unterschied zu Belgien, Frankreich und Polen hatten die Eisenbahnen des Deutschen Reiches keine Schäden durch Kriegshandlungen auf dem eigenen Territorium zu verzeichnen.[19] Da sich das Betriebsgebiet der französi-

17 Ebd. S. 115ff.

18 Mierzejewski, *Asset of the Reich*, S. 4.

19 So waren im besetzten Frankreich fast alle größeren Brücken und zahlreiche Tunnels vor den anrückenden deutschen Truppen zerstört worden. Vgl. Sarter, *Eisenbahnen*, S. 84. Die verhältnismäßig geringen Kriegsschäden, die im August und September 1914 während der Schlacht

schen Eisenbahnen während des Krieges durch die zeitweiligen territorialen Verluste in Nordfrankreich sogar etwas verkleinerte, verlängerten sich die durchschnittlichen Transportentfernungen in Frankreich nicht. Die Beanspruchung der mobilen Kapitalressourcen wie Loks und Waggons wurde durch den Krieg wenig verändert.

In Belgien führte die Überbeanspruchung der Ost-West-Linien und des Eisenbahnknotenpunktes Lüttich durch deutsche Militärtransporte dazu, dass von 1915 bis 1917 eine neue Hauptbahn zwischen Aachen und der flämischen Stadt Tongeren gebaut wurde, die den Engpass Lüttich umging. Diese Linie besitzt noch heute eine wichtige Bedeutung für den Güterverkehr zwischen Deutschland und Belgien. Doch der Bau dieser technisch aufwändigen und teuren Bahn unter Aufsicht deutscher Militäreisenbahner war nur eine materiell unzureichende Kompensation für die Kriegsschäden am belgischen Eisenbahnnetz, die im Zuge des deutschen Vormarschs entstanden waren.[20]

Unterschiedlich waren die Folgen für die Republik Polen, die mehr als 100 Jahre nach den polnischen Teilungen aus den ehemals deutschen, österreichischen und russischen Territorien wieder gegründet wurde: Auf der einen Seite hatte der Krieg an der Westfront zu zahlreichen Brückensprengungen an Weichsel, Narew und Bug geführt, die von deutschen und österreichischen Pionieren bis zum Ende des Krieges meist nur als provisorische Hilfsbrücken wiederhergestellt wurden.[21] Andererseits hatten deutsche Eisenbahnpioniere in Polens Osten und in Litauen einige Schmalspur- und auch Normalspurstrecken neu gebaut, um das dünne Eisenbahnnetz im Westteil des russischen Reiches zur Verbesserung der Nachschublieferungen zu ergänzen. So »erbte« die neugegründete Republik Litauen eine 124 Kilometer lange normalspurige Eisenbahnstrecke von Laugszargen im Memelland nach Siauliai (Schaulen), die 1915 bis 1916 unter der Leitung der Militäreisenbahndirektion erbaut wurde und zum ersten Mal den Südwesten Litauens für den Bahnverkehr erschloss.[22] 1916 entstand eine weitere, 92 Kilometer lange vollspurige Bahn, welche die litauische Stadt Siauliai mit der lettischen Stadt Jelgava (Mitau) verband und zugleich die einzige Direktverbindung zwischen der litauischen Hauptstadt Kaunas und der lettischen Hauptstadt Riga war. In diesen Fällen führten die logistischen Anforderungen des modernen Kriegs zu einer infrastrukturellen Entwicklung, die ohne den Krieg erst mit Verzögerung stattgefunden hätte.

---

an den Masurischen Seen im südlichen Ostpreußen entstanden, können wegen ihrer geringen Bedeutung vernachlässigt werden.

20 Knipping, *Eisenbahnen*, S. 244ff.

21 Sarter, *Eisenbahnen*, S. 85.

22 Knipping, *Eisenbahnen*, S. 165f., u. Groener, *Lebenserinnerungen*, S. 270.

Der zunehmende Verschleiß des rollenden Materials und der Gleise hatte auch längerfristige politische Folgen für die Organisation der deutschen Eisenbahnen. Während des Krieges hatte das föderalistisch organisierte deutsche Eisenbahnwesen eine effiziente Kooperation bei der Neubeschaffung von Loks und Waggons und bei der Instandhaltung des Materials durch institutionelle Reibungsverluste erschwert. Angesichts der zunehmenden Knappheit an finanziellen Mitteln und Anlagekapital erschien die Übertragung der Länderbahnen in Reichsbesitz als ein unabdingbarer Schritt zur Rationalisierung des Eisenbahnwesens. So war die Entscheidung der Nationalversammlung, die Länderbahnen bis 1921 in Reichsbesitz zu überführen, vor allem auf die schwere Betriebs- und Finanzkrise der Eisenbahnen im letzten Kriegsjahr und nach der Kapitulation zurückzuführen. Die wachsenden unitaristischen Tendenzen in der Politik konnten den institutionellen Wandel der Eisenbahnpolitik allein nicht erklären. Das zunehmende und letztlich kriegsbedingte Haushaltsdefizit der Länderbahnen führte dazu, dass die Länder die Verreichlichung ihrer Länderbahnen zur Reichsbahn bereits 1920 vollzogen.[23]

Im Ersten Weltkrieg waren die Eisenbahnen nicht nur ein Mittel der militärischen und der wirtschaftlichen Kriegsführung, sondern auch ein Instrument der Reparationspolitik. Die alliierten Siegermächte erkannten, dass die deutschen Länderbahnen mehr wertvolle mobile Kapitalgüter als alle anderen deutschen Unternehmen besaßen und daher besonders als Objekte ihrer Reparationspolitik geeignet waren. In den Waffenstillstandsverhandlungen mit dem Deutschen Reich setzten die Alliierten die Ablieferung von 4.500 Lokomotiven, 7.600 Passagierwagen und 117.000 Güterwagen durch. Da die Reichsbahn das wertvollste und zugleich das ertragreichste Anlagevermögen des Deutschen Reiches darstellte, war es nur folgerichtig, dass die Alliierten die Reichsbahn mit der Neuregelung der Reparationsverpflichtungen im Dawes-Plan zur wichtigsten Quelle der Reparationsleistungen erhoben. Von 1925 bis 1930 leistete die Reichsbahn mit einer jährlichen Reparationsabgabe von 660 Millionen Reichsmark den wichtigsten Einzelbeitrag, um Deutschlands Reparationszahlungen an Belgien und Frankreich zu decken.[24]

Die Ablieferung jeder siebten Lok und jedes sechsten Güterwaggons traf den ohnehin verschlissenen Fuhrpark der Länderbahnen besonders hart, da sie ihre leistungsfähigsten Fahrzeuge abgeben mussten. Die neu gegründete Reichsbahn kompensierte diese schweren Verluste mit einem großen Beschaffungsprogramm, das die Lücken durch Unterinvestitionen und Reparationen bis 1925 schließen sollte. Der große Instandhaltungsrückstand des Gleisnetzes,

---

23 Pohl, »Staatsbahnen«, S. 79f.

24 Mierzejewski, *Asset of the Reich*, S. 3–18.

der während des Krieges angelaufen war und sich während der ersten Nachkriegsjahre weiter erhöhte, konnte erst in den »goldenen« Jahren der Reichsbahn zwischen 1924 und 1930 aufgeholt und »abgearbeitet« werden.[25] Schon 1928, zehn Jahre nach Kriegsende, war die Reichsbahn moderner und leistungsfähiger als die deutschen Länderbahnen im Jahre 1914. Die Eisenbahn in Deutschland überwand die kurz- und mittelfristigen Kriegsfolgeschäden verhältnismäßig schnell. Dank ihres umfassenden Modernisierungsprogramms in den zwanziger Jahren gehörte die Bahn längerfristig sogar zu den Nutznießern des Kriegs und der Reparationen. Im Vergleich mit den Siegermächten Frankreich und Großbritannien stand die Reichsbahn hinsichtlich ihrer technischen Modernität, ihrer Wirtschaftlichkeit und Leistungsfähigkeit nicht zurück.

Literatur

Bremm, Klaus-Jürgen (2005), *Von der Chaussee zur Schiene. Militärstrategie und Eisenbahnen in Preußen von 1833 bis zum Feldzug von 1866*, München

Feldman, Gerald D. (1993), *The Great Disorder. Politics, Economics, and Society in the German Inflation 1914–1924*, Oxford.

Groener, Wilhelm (1957), *Lebenserinnerungen. Jugend-Generalstab-Weltkrieg*, hrsg. von Friedrich Frhr. Hiller von Gaertringen, Göttingen.

Knipping, Andreas (2004), *Eisenbahnen im 1. Weltkrieg*, Freiburg.

Mierzejewski, Alfred C. (1999), *The Most Valuable Asset of the Reich. A History of the German National Railway*, Bd. 1: *1920–1932*, Chapel Hill.

Mitchell, Allan (2000), *The Great Train Race. Railways and the Franco-German Rivalry*, New York, Oxford

Pohl, Manfred (1999), »Von den Staatsbahnen zur Reichsbahn 1918–1924«, in: Lothar Gall/Manfred Pohl (Hrsg.), *Die Eisenbahn in Deutschland. Von den Anfängen bis zur Gegenwart*, München, S. 71–107.

Sarter, Adolph (1930), *Die deutschen Eisenbahnen im Kriege*, Stuttgart.

25 Ebd. S. 195–237.

12. Wenn sich Kommunikations- und Transportsysteme in Destruktionsmittel verwandeln – die Reichsbahn und das System der Zwangsarbeit in Europa

Ralf Roth

Vernunft wird Unsinn, Wohltat Plage
(Mephisto in Faust von Johann Wolfgang von Goethe)

Einführung in eine grundsätzliche Problemstellung

Gemeinhin wird die Einführung neuer technischer und organisatorischer Systeme oder größere Innovationen im Verkehrs- und Kommunikationsbereich mit großen Vorschusslorbeeren bedacht – und zwar unabhängig davon, um welches System oder welche Innovation es sich handelt, wie sie im Einzelnen funktionierten und in welcher Zeit oder unter welchen gesellschaftlichen Umstände sich die Erneuerung vollzieht. Der Tenor ist immer gleichlautend, egal, ob es sich um eine schnaubende Dampfeisenbahn oder das lautlose und unsichtbare *world wide web* handelt. Diese magische Wirkung wurde sogar schon den Postkutschen zugeschrieben, etwa in Ludwig Ernst Posselts Schrift über das Postwesen von 1785.[1] Noch enthusiastischer als Posselt urteilte rund ein halbes Jahrhundert später der Nationalökonom Friedrich List über die zukünftige Rolle der Eisenbahn:

»Was die Dampfschiffahrt für den See- und Flußverkehr, ist der Eisenbahn-Dampfwagentransport für den Landverkehr, ein Herkules in der Wiege, der die Völker erlösen wird von der Plage des Kriegs, der Theuerung und Hungersnoth, des Nationalhasses und der Arbeitslosigkeit, der Unwissenheit und des Schlendrians; der ihre Felder befruchten, ihre Werkstätte und Schachte beleben und auch den Niedrigsten unter ihnen Kraft verleihen wird, sich durch den Besuch fremder Länder zu bilden, in entfernten Gegenden Arbeit und an fernen Heilquellen und Seegestaden Wiederherstellung ihrer Gesundheit zu suchen.«[2]

List stand hier nicht allein. Er sprach nur aus, was viele dachten. Unter den Vielen wäre etwa der so nüchtern kalkulierende Großkaufmann David Hansemann zu nennen, der vom Textilgroßhandel zur Eisenbahnfinanzierung wechselte und unter anderem der Vision eines frei fluktuierenden Arbeitskräf-

1 Vgl. Posselt, *Postwesen*, S. 298.
2 List, *National-Transport-System*, S. 6.

teheeres nachjagte, also Arbeitern, die mit billigen Eisenbahnfahrkarten versehen, ihr Recht auf freie Wahl des Arbeitsplatzes einlösen könnten.

»Es tritt daher mit jeder Verminderung des Aufwandes an Zeit und Geld eine neue und zahlreiche Klasse von Personen in den Fall, reisen zu können. [...] Kommt es dahin, daß eine Person 36 Meilen Weges in sechs Stunden für Einen Thaler, oder in 18 Stunden für 15 Sgr. zurücklegen kann, dann werden tausende von Arbeitern bei besondern Veranlassungen, oder zu gewissen Jahreszeiten, viele Meilen reisen, um nützlicher oder gewinnreicher beschäftigt zu werden, als es in der Heimath möglich war.«[3]

Mit nicht weniger hoffnungsfrohen Lobeshymnen bedachte die New Yorker Handelskammer die Rolle der Telegrafie und schrieb von einem Kabel, das »einen Gürtel der Liebe um die Erd'« rolle, nachdem am 5. August 1858 das erste transatlantische Überseekabel in Betrieb genommen worden war.[4] Vom Telegrafennetz zum Internet war es nicht nur semantisch ein kleiner Sprung, auch in der positiven Konnotation besteht kaum ein Unterschied. Rollt das eine einen »Gürtel der Liebe um die Erde«, so ist das andere ein »Medium zur Erweiterung unserer intellektuellen und emotionalen Identität«.[5] Transport und Informationsmedien dienen der Kommunikation, sie verbinden die Menschen und befördern damit den kulturellen Austausch beziehungsweise die Fortentwicklung der Gesellschaften. Sie sind die Grundlage der Völkerverständigung und damit die Voraussetzungen einer friedlichen Zukunft. So oder so ähnlich lauten die vergangenen wie die aktuellen Zuschreibungen, mit denen die Maschinen und Drähte zur Überwindung des Raums charakterisiert werden. Die positive Bewertung von Kommunikation, Austausch, Transfer, Mobilität ist jedoch prinzipiell falsch, genauer, sie ist einseitig. Denn genauso richtig ist das Gegenteil. Die verschiedenen Medien, mit denen die Verbindungen zwischen den verschiedenen Gesellschaften auf unserem Globus hergestellt werden, haben durchaus Effekte und Wirkungen in die ihnen zugeschriebene Richtung. Sie wirken jedoch ebenso in die entgegengesetzte Richtung. Die Verkehrs- und Kommunikationsmittel zur Überwindung des Raums sind auch ungeheure Destruktionsmittel.

Die von den Postgesellschaften beförderten Depeschen dienten der Informationsgewinnung über die Anderen und somit auch der Ausspionierung eines Landes und sie halfen Kriege vorzubereiten. Die Eisenbahnen wurden von Anfang an, noch bevor der erste Zug überhaupt fuhr, als militärische

3 Hansemann, *Eisenbahnen*, S. 35. »Jedoch soll der unteren Volksklasse auch durch den Transport mit mäßiger Geschwindigkeit das Mittel geboten werden, für einen außerordentlich niedrigen Pries von einem Ort nach dem andren sich begeben zu könne.« Ebd. S. 18.

4 Zit. n. Sandage, *Viktorianische Internet*, S. 90–92.

5 Vgl. Dyson, *Relase 2.0*, S. 13 u. 52, Rötzer, *Weltentwürfe*, S. 227, u. Runkehl, *Sprache*, S. 206f. Vgl. auch Mitchell, *City of the Bits*, u. Wertheim, *Himmelstür.*

Instrumente gesehen, kaum waren sie ins Leben getreten, wälzten sie die gesamte Militärstrategie um.[6] Das Flugzeug verbindet nicht nur, es zerstört auch, und ebenso dient das *world wide web* der propagandistischen Aufrüstung in den aktuellen Konflikten, es polarisiert oder es wird sogar so umfunktioniert, dass es über Nacht gewaltige Schäden anrichten kann.[7] Man muss nicht lange suchen, um in der Weltgeschichte markante Beispiele für die Destruktionskraft von Kommunikations- und Transportnetzen zu finden. Die Handelsschiffe und Lastkarawanen der Venetier bildeten im 14. Jahrhundert das Transportmedium, über das sich der »Schwarze Tod« von Asien kommend in wenigen Jahren in Europa ausbreitete und ein Drittel der europäischen Bevölkerung auslöschte.[8] Die Hochseeschiffe der Spanier, die »großen Hügel, die sich auf dem Meere fortbewegen«, wie sie von den Azteken genannt wurden, waren die logistische und technologische Grundlage der europäischen Expansion in die bis dahin von der eurasisch-afrikanischen Welt getrennten und unverbundenen Erdteile, in deren Folge 95 Prozent der präkolumbianischen indianischen Kulturen untergingen.[9]

Die technischen Mittel für Transport und Kommunikation sind von Menschen geschaffene technische Systeme. Ihr Charakter hängt sehr davon ab, wie sie jeweils genutzt werden. Für die Mobilität gilt, was generell auf die Technologie zutrifft: Sie ist weder gut noch schlecht, aber sie ist auch nicht neutral.[10] Deshalb sind Verbindung, Austausch, Transfer auf wirtschaftlichem, politischem und kulturellem Gebiet keineswegs nur unter dem Aspekt des Friedens und Fortschritts zu betrachten, sondern ebenso des Krieges und der Destruktion, und welche überaus vernichtende Funktion die Fähigkeit zur raumgreifenden Mobilität hatte, zeigt gerade das 20. Jahrhundert.

---

6 Bremm, *Chaussee*.

7 Vgl. Carr, *Switch*.

8 Vasold, »Ausbreitung«, S. 304. Es sollte bis zur Mitte des 16. Jahrhunderts dauern, bis die Bevölkerungszahl von 75 Millionen, die es 1350 in Europa gegeben hatte, wieder erreicht wurde. Vgl. Livi-Bacci, *History*, S. 9–12.

9 Vgl. Galeano, *Adern*, S. 26f., León-Portilla, *Visión*, u. Diamond, *Arm und Reich*, S. 83.

10 »Technology is neither good nor bad nor neutral«. Vgl. Pedersen, »determinism«, S. 61–65, u. Winner, »Artifacts«, S. 19–39.

Ein effizientes Transportsystem in den Händen des Nationalsozialismus

Vor den gewaltigen Untergangsszenarien des späten Mittelalters und der Frühen Neuzeit könnte man die Katastrophen des 20. Jahrhunderts – also des Ersten und Zweiten Weltkriegs, der Verluste des russischen Bürgerkriegs, der Stalinschen Gewaltorgien und des von einem unbändigen Expansionsdrang gekennzeichnete Weges des nationalsozialistischen Regimes in und durch den Zweiten Weltkrieg – als vergleichsweise harmlos ansehen, wären uns diese Schrecken auch nach drei Generationen nicht so nah. In allen diesen Katastrophen spielte der Transport, die Bewältigung großer logistischer Aufgaben eine bemerkenswerte Rolle und das hat deutliche Spuren im Kulturgut hinterlassen. Die von Friedrich List als Friedensengel eingeschätzten Eisenbahnen, der »Herkules in der Wiege, der die Völker erlösen wird von der Plage des Kriegs«, verwandelten sich auch im 20. Jahrhundert, nach ihrem militärischen Einsatz in der Revolution 1848, im Krimkrieg, im amerikanischen Bürgerkrieg, im deutsch-deutschen Bruderkrieg und im deutsch-französischen Krieg, wieder einmal in *armored trains*, wie Gino Sevirini sie 1917 so eindrucksvoll gemalt hat.[11]

Der *armored train* als Symbol für die kriegerische und zerstörerische Seite der Eisenbahn blieb auch für den Zweiten Weltkrieg von zentraler Bedeutung. Es ist viel über die auf der hohen Mobilität von Panzern und Flugzeugen basierenden militärischen Strategie des »Blitzkrieges« diskutiert worden, und es fehlte nicht an Hinweisen, dass das militärisch logistische Netz des Krieges dabei nach wie vor auf dem kontinentalen Netz der Eisenbahn beruhte.[12] Doch es waren nicht die militärischen Ressourcen allein, die es dem Regime ermöglichten, einen sechs lange Jahre dauernden Krieg gegen den Rest der Welt zu führen. Eine der größten logistischen »Herausforderungen« des Zweiten Weltkriegs bestand für das Regime des Nationalsozialismus in der Substitution von Millionen deutscher Arbeitskräfte, die zur Armee eingezogen wurden, durch Kriegsgefangene, Insassen von Zuchthäusern und Konzentrationslagern sowie durch ausländische Arbeiterinnen und Arbeiter. Dabei wurde nur in

11 List, *National-Transport-System*, S. 6. Vgl. das Bild von Gino Severini *Armored Train in Action 1917*. The Museum of Modern Art New York. Zum Verhältnis von Eisenbahn und Revolution beziehungsweise Krieg vgl. Roth, Gall, *Eisenbahn*, Wernekke, »Mitwirkung«, S. 930–958, u. Junkelmann, »Eisenbahn«, S. 241ff. Zur Rolle der Eisenbahn im Ersten Weltkrieg vgl. Heineck, »Eisenbahnen, S. 493–534, Sarter, *Eisenbahnen*, S. 276ff., u. die Beiträge von Dirk van Laak und Christopher Kopper in diesem Band.

12 Vgl. Messenger, *Blitzkrieg*, Raudzens, »Blitzkrieg«, S. 77–94, Hughes, »Blitzkrieg«, S. 377–381, Frieser, *Blitzkrieg-Legende*, u. Fanning, »Origin«, S. 283–302.

einem geringen Maß auf Freiwilligkeit vertraut, sondern auf Zwang gesetzt – bis hin zu den verbrecherischen Maßnahmen der Rassenpolitik und die im großen Stil von der SS organisierte Sklavenarbeit, die den Tod durch Arbeit für als minderwertig eingestufte Menschengruppen vorsah.[13] Zwangsarbeit an sich war nicht die »Innovation«, Zwangsarbeit hatte es bereits im Ersten Weltkrieg gegeben. Der Großteil der Ersatzarbeitskräfte für die zum Kriegsdienst eingezogenen Soldaten wurde in Deutschland damals zwar mit Hilfe der Frauen und Rentner aus der eigenen Bevölkerung rekrutiert, doch neben Kriegsgefangenen setzte man auf deutscher Seite auch belgische und polnische Zivilisten ein. Während Frankreich und Großbritannien auf das Arbeitskräftereservoir ihrer Kolonien zurückgreifen konnten, gelang es in Deutschland, den Arbeitskräftemangel insgesamt nur unvollkommen zu beheben.[14] Das wirkte sich unter anderem in der Landwirtschaft aus und bildete neben der Blockadepolitik der *Entente* einer der Gründe für die mangelhafte Lebensmittelversorgung der Bevölkerung. Diese Mangelversorgung trug erheblich zur wachsenden Kriegsmüdigkeit in den letzten beiden Kriegsjahren bei und führte im Januar 1918 direkt zu Hungeraufständen und zu den großen Streiks in der Metallindustrie, was wiederum eine gefährliche Krise für die Rüstungs- und Kriegswirtschaft heraufbeschwor.[15] Daraus wurden bei dem zweiten Großangriff auf Europa die Lehren gezogen. Das Regime des Nationalsozialismus ließ alle weiteren zivilisatorischen Beschränkungen und Zurückhaltungen bei der Rekrutierung von Ersatzarbeitskräften fallen und ging mit Kriegsausbruch, spätestens jedoch nach dem Angriff auf die Sowjetunion Ende 1941 und Anfang 1942 dazu über, die verwaisten Stellen in Industrie und Landwirtschaft in großem Stil durch Kriegsgefangene und freiwillig oder zwangsweise rekrutierte ausländische Arbeitskräfte zu ersetzen.[16] Zur Umsetzung dieser Absicht war ein erheblicher logistischer Aufwand erforderlich. Vor allem wurde ein Transportnetz benötigt, das die nach Hunderttausenden und Millionen zählenden Arbeitskräfte von allen Enden des Kontinents in das Herz des Reiches deportieren konnte. Als Hauptinstrumentarium und Rückgrat für die Versklavung von Millionen von Menschen bot sich die Deutsche Reichsbahn und der logis-

---

13 Als Zwangsarbeit wird in rechtlich-normativer Hinsicht Arbeit bezeichnet, zu der ein Mensch unter Androhung einer Strafe, gegen seinen Willen, gezwungen wird. Zur Definition vgl. Spoerer, *Zwangsarbeit*, S. 89ff. Das Programm der Zwangsarbeit fügte sich nahtlos in das Programm Heinrich Himmlers zur Dezimierung der slawischen Völker um circa 30 Millionen Menschen. Vgl. Rössler, Schleiermacher, »*Generalplan Ost*«.

14 Vgl. Bade, *Europa*, S. 239–243, u. Spoerer, *Zwangsarbeit*, S. 22f.

15 Vgl. Feldman, *Armee*, S. 361–364, u. Boebel, Wentzel, *Streiken*.

16 Vgl. Spoerer, *Zwangsarbeit*, S. 89f.

tische Verbund mit den Bahnen in den besetzten Gebieten oder befreundeten Staaten an.

Die Reichsbahn war rasch in das System des Nationalsozialismus integriert und wieder Teil des Verkehrsministeriums geworden, nachdem sie in der Weimarer Republik für ein paar Jahre unter dem Namen »Deutsche Reichsbahngesellschaft« als weitgehend selbständiges Unternehmen operiert hatte. Die Einbindung begann mit dem Treuebekenntnis ihres Generaldirektors Julius Dorpmüller in seinem Aufruf vom 24. März 1933. Nur wenige Wochen später folgte die verbindliche Übernahme des »Deutschen Grußes«.[17] Der Preis, den die Bahn für die zweite »Verstaatlichung« zu bezahlen hatte, war hoch, denn es blieb nicht bei Schwur und Gruß. Der nächste Schritt der Integration in den NS-Staat folgte bereits am 18. April 1933 – Adolf Hitler war gerade sechs Wochen an der Macht – mit der Übernahme der Bestimmungen des Gesetzes zur Wiederherstellung des Berufsbeamtentums, was zahlreiche Entlassungen von Reichsbahnern aus politischen und rassischen Gründen zur Konsequenz hatte.[18] Mit dem Gesetz zur Ordnung der Arbeit vom 20. Januar 1934 wurde auch bei der Deutschen Reichsbahn das Führerprinzip eingeführt und das Betriebsrätegesetz außer Kraft gesetzt.[19] Am 10. Februar 1937 erfolgte dann auch juristisch die Übernahme der Reichseisenbahn in die unmittelbare Reichsverwaltung. Die Aufgaben des Generaldirektors und des Reichsverkehrsministers wurden nun von Dorpmüller in Personalunion wahrgenommen und den Dienststellen der Reichsbahn die Eigenschaften von Reichsbehörden verliehen. Zu dieser Zeit bezeichnete sich die Deutsche Reichsbahn mit 655.000 Beschäftigten als das größte Unternehmen der Welt, sie war auch längst zu einer militärischen Maschine und einem Werkzeug für die expansionistischen Ziele des Regimes mutiert.[20] In dieser Rolle kann sie durchaus als eine Vorbedingung für den Krieg angesehen werden. Denn wenn im Zweiten Weltkrieg auch die Verwendung von motorisierten Einheiten deutlich zunahm, so blieb die Eisenbahn doch das Rückgrat für die kriegerischen Aktivitäten in Europa. Einige Zahlen verdeutlichen dies: Zur Sicherung der Aufmärsche der Wehrmacht wurde am 27. August 1939 erstmalig der sogenannte »Höchstleistungsfahrplan« eingeführt, der es ermöglichte, allein im Rahmen der Mobilmachung innerhalb kürzester Frist rund drei Millionen Soldaten, 400.000 Pferde und 200.000 Fahrzeuge, verteilt auf knapp 15.000 Züge mit 185.400 Eisenbahnwaggons zu den Aufstellungsorten an der Grenze zu transportieren. Beim Angriff auf die Sowjetunion 21 Monate später haben die Deutsche Reichsbahn

17 Vgl. Dorpmüller (1933), »Aufruf«, S. 257–258, u. Dorpmüller (1971), »Einführung«, S. 112.
18 Vgl. Anonym (1971), »Entlassungen«, S. 104, u. Gottwaldt, »Fahren«, S. 161.
19 Anonym (1971), »Führerprinzip«, S. 128.
20 Vgl. Deutsche Reichsbahn, *Hundert Jahre*.

und die Ostbahn dann den größten Truppenaufmarsch in der Geschichte des militärischen Transportwesens überhaupt gefahren. Dazu waren allein 33.800 Züge erforderlich.[21] Im Krieg transportierten die Eisenbahnen schließlich Soldaten, Verwundete und Fronturlauber, aber auch alle Arbeitskräfte, die entsprechend den Anforderungen der Kriegswirtschaft hochmobil zwischen den Arbeitsplätzen und Produktionsstandorten ausgetauscht wurden. Später kamen weitere Transportfelder hinzu, so zum Beispiel die Kinderlandverschickung, der Transport der Ausgebombten in die Dörfer ländlicher Gegenden, die weniger vom Krieg betroffen waren und viele weitere Verkehrsaufgaben einer Gesellschaft, die kriegsbedingt in den Zustand einer permanenten Mobilität versetzt worden war.

Durch den Krieg wuchs die deutsche Eisenbahn zu einem gigantischen Verkehrsmoloch heran. Die Eingliederung der Bahnen der eroberten Länder erfolgte dabei nach keinem einheitlichen Schema. Nach der Kapitulation Polens am 25. September 1939 wurden einige Gebiete in das Deutsche Reich eingegliedert und der verbleibende Teil bis zur russischen Demarkationslinie in ein Generalgouvernement mit einer Zivilverwaltung verwandelt. Die Strecken wurden unter dem Namen »Ostbahn« zusammengefasst. Die Generaldirektion der Ostbahn hatte ihren Sitz zunächst in Lodz, später in Krakau, dem Sitz der Regierung des Generalgouvernements.[22] Bei dem raschen Ablauf des Westfeldzuges dagegen, der am 10. Mai 1940 begonnen hatte, spielte die Reichsbahn eine etwas andere Rolle. Während des Vormarsches wurden die beschädigten Strecken der *Société Nationale des Chemins de fer Français* (SNCF) und der belgischen Staatsbahnen *Société Nationale des Chemins de fer Belges* (SNCB) behelfsmäßig wieder hergestellt, ohne sie jedoch in das Netz der Reichsbahn einzugliedern.[23] Im Zuge der weiteren Eroberungen im Osten wurden wiederum vier provisorische Haupteisenbahndirektionen gebildet, die später in Riga, Minsk, Kiew und Dnjepopetrowsk stationiert waren. Als übergeordnete, betriebsleitende Stelle entstand in Warschau die »Betriebsleitung Osten beim Chef des Transportwesens«. Aus ihr entstand die »Zweigstelle Osten des Reichsverkehrsministeriums« und Ende 1942 die »Generalverkehrsdirektion

21 Vgl. Wehner, »Räder«, S. 161, u. Anonym (1972), »Eisenbahn- und Eisenbahnereinsatz«, S. 158–160.

22 In dieser Konstellation diente sie nach dem Polenfeldzug von 1939 auch den gewaltigen Umsiedlungsaktivitäten, die den Eroberungen folgten – etwa die Überführung von mehreren Hunderttausend Volksdeutschen (Wolhyniendeutsche) aus der Sowjetunion in die Reichsgebiete oder die Transporte von deutschen Aussiedlern in für die Kolonisierung geräumten Gebiete in Polen wie um Lublin im Jahre 1940/41. Vgl. Gottwaldt, »Fahren«, S. 170, u. Wasser, »Germanisierung«, S. 271–293.

23 Kreidler, *Eisenbahnen*, S. 56.

Osten«.[24] Die Macht dieser imperial aufgeblähten Reichsbahn erreichte im Dezember 1941 ihren Höhepunkt. Danach begann der Niedergang, nachdem der deutsche Angriff in den Vororten von Moskau gestoppt worden war. Alles in allem hatte sich das Streckennetz der Reichsbahn damals verdreifacht und die Zahl der Reichsbahner war bis auf 1,5 Millionen angestiegen. Jeder 18. Deutsche arbeitete bei der Reichsbahn.[25] Zu diesem Netz sind die Bahnen der verbündeten Länder, also Italiens, Finnlands und etlicher Balkanstaaten hinzuzählen. Nicht zu dem System gehörten die Bahnen der Schweiz, Schwedens und Spaniens, da sich diese Länder in dem großen europäischen Kriegstheater für neutral erklärt hatten. Doch auch ohne sie entstand in kürzester Zeit eine europaweite Kommunikations- und Verkehrsstruktur, die keineswegs dem Fortschritt, der Humanität oder der Völkerverständigung und dem Frieden diente, wie dies die Eisenbahnenthusiasten des 19. Jahrhunderts propagiert hatten, sondern der Destruktion, dem Krieg und der Versklavung und Vernichtung von Millionen von Menschen.

Transport als Destruktion

Zu nennen ist hier als erstes ihre Nutzung für den Holocaust. Mit der Ausweitung des Krieges im Osten im Juni 1941 wurde die Reichsbahn nicht nur tief in den Vernichtungskrieg gegen Russland und der Entvölkerung von weiten Gebieten in Osteuropa für die deutsche Besiedlung einbezogen, sondern auch in die grauenhafte Umsetzung des Holocausts. 1941 war auch das Jahr des Beginns verstärkter Deportationen von Juden aus ganz Europa in die großen Vernichtungslager im Osten.[26] Außerdem – und weit weniger beachtet – ermöglichte dieses europäische Eisenbahnnetz dem Regime ein System von Zwangsarbeit aufzubauen, wie es die Welt bis dahin noch nicht gesehen hatte. Es umfasste mit Ausnahmen der Staaten Schweden, Schweiz und Portugal ganz Europa. Von den 20 Millionen Verfolgten des Nationalsozialismus wurden mehr als zwölf Millionen aus den von den Deutschen besetzten Gebieten deportiert und in mehr als 22.000 Lagern gefangen gehalten.[27] Zu nennen sind hier als erstes die Kriegsgefangenen, dann Zivilpersonen und schließlich KZ-

---

24 Pottgießer, *Deutsche Reichsbahn*, S. 24ff.

25 Roth, »German State Action«.

26 Siehe die Beiträge von Alfred Gottwaldt und Marie-Noëlle Polino in diesem Band, u. natürlich Hilberg, *Sonderzüge*, S. 42 u. 89.

27 Vgl. Herbert, *Geschichte*, S. 273 u. 302, u. Spoerer, *Zwangsarbeit*, S. 219–223. Siehe auch Bundesarchiv, *Zwangsarbeit im NS-Staat*, Zugriff 6.12.08, http://www.bundesarchiv.de/zwangsarbeit/.

Häftlinge. Die Anzahl der Kriegsgefangenen, die zu Arbeitseinsätzen herangezogen wurden, belief sich im Gesamtzeitraum von 1939 bis 1945 auf 4,6 Millionen. Darunter befanden sich auch die polnischen Kriegsgefangenen, die ab 1940 zwangsweise in den Status von Zivilarbeitern überführt wurden.[28] Die Russen bildeten mit den Polen die größte Gruppe, aber es gab auch rund eine Million Franzosen, die das Regime als Pfand gegenüber Vichy Frankreich in Gefangenschaft behielt. Später, als Mussolini gestürzt wurde und Italien die Front wechselte, kamen die italienischen »Militärinternierten« hinzu. Die Anzahl der ausländischen »Zivilarbeiter« wird auf sechs Millionen geschätzt. Die Hälfte von ihnen waren auch hier Polen und Russen. Schließlich speiste sich das Heer der Zwangsarbeiter aus den deutschen und ausländischen, politisch und rassistisch Verfolgten, die die Konzentrationslager bevölkerten. Von ihnen wurden 1,7 Millionen Personen in das System der Zwangsarbeit gepresst. Unter den Zwangsarbeitern waren auch Jugendliche oder Kinder, die häufig ihren Eltern entrissen oder verschleppt und in großer Zahl dem Hungertod preisgegeben wurden.[29]

Die Nationalsozialisten nannten die Zwangsarbeiter abschätzig »Fremdarbeiter« oder, wenn sie aus der Sowjetunion und hier vor allem aus der Ukraine oder Russland kamen, »Ostarbeiter«. Letztere wurden noch schlechter behandelt als die polnischen, italienischen und französischen Zwangsarbeiter, da sie in der Hierarchie der Nationalsozialisten als »Untermenschen« galten. Für sie wurde der »Ostarbeitererlass« verabschiedet, durch den sie weitestgehend entrechtet wurden. Die Unterbringung erfolgte in Zwangsarbeiterlagern. Dabei handelte es sich um Ansammlungen von Baracken oder alten Schuppen und Gebäuden, die mit Stacheldraht eingezäunt wurden. Vorgesehen war eine minimale Versorgung, die bei den »Ostarbeitern« oder russischen Kriegsgefangenen nur 300 Gramm Brot am Tag und »hin und wieder etwas Suppe mit schwachem Fleischgeschmack« vorsah.[30] Abgesehen von der Unterversorgung war Leib und Leben der Zwangsarbeiter von einem ganzen Bündel weiterer Gefahren bedroht. Die Lager wurden von bewaffneten Mannschaften bewacht. Drakonisch war das Register der Strafen für Verstöße gegen die auferlegte Arbeitsordnung oder gegen Anweisungen der Deutschen, das bis zur Einweisung in ein »Arbeitserziehungslager« – in denen KZ-ähnliche Zustände herrschten – oder auch direkt in ein Konzentrationslager reichte. Allein im ersten Halbjahr 1943 wurden 193.000 »Fremdarbeiter« in Konzentrationslager

28 Vgl. Spoerer, *Zwangsarbeit*, S. 221, u Eisenbahnabteilung im Reichsverkehrsministerium an Reichsbahndirektionen betr. Freilassung polnischer Kriegsgefangener v. 22.6.1940. Bundesarchiv Koswig R005/023124, Bl. 88.

29 Vgl. Spoerer, *Zwangsarbeit*, S. 205–209.

30 Reitlinger, *Haus*, S. 138.

eingeliefert.[31] Weiterhin drohten von den unhygienischen Zuständen in vielen Lagern Epidemien. So brach etwa im Juli 1942 im Berliner Reichsbahnlager Friedrichsfelde eine Fleckfieberepidemie aus, die sich rasch ausbreitete und zu einer »Entwesung« des gesamten Lagers zwang.[32] In dem Ostarbeiterlager auf der Wegscheide bei Bad Orb brach eine Ruhr- und Typhusepidemie aus, »der in den folgenden Monaten bis zum Frühjahr annähernd 1.400 Kriegsgefangene zum Opfer« fielen.[33] Spätestens von 1943 an waren die Lagerinsassen zudem immer häufiger ungeschützt den Bombenangriffen der Alliierten ausgesetzt. Wie ernst diese Gefahr war, zeigt der Umstand, dass von den 28 Berliner Reichsbahnlagern jedes vierte im Laufe der letzten beiden Kriegsjahre völlig zerstört wurde.[34]

Unter dem Druck des Krieges und unter dem Druck, die Wirtschaftsleistung drastisch steigern zu müssen, wurde das Zwangsarbeitssystem Ende 1942 etwas gelockert, die Verpflegungssätze wurdenangehoben, der Stacheldraht um viele Lager beseitigt, die Ausgehbestimmungen erleichtert und auch die »Ostarbeiter« in die Krankenversorgung einbezogen.[35] Dennoch galt für Zwangsarbeiter kein Arbeitsschutz, so dass sie am Arbeitsplatz allen gesundheitlichen Gefahren ausgesetzt waren. So wurden russische Zivilarbeiterinnen bedenkenlos im Bergbau unter Tage eingesetzt, weil für sie »die Arbeitsschutzbestimmungen nicht [..] gelten« und unterstellt wurde, dass »die Frau in Sowjetrussland auch schwerste Arbeiten verrichtet«.[36] Zwangsarbeiterinnen und -arbeiter wurden in der Landwirtschaft und faktisch allen Bereichen der Industrie eingesetzt. Sie wurden häufig demütigend behandelt, schlecht ernährt und erhielten oft keinerlei Lohn.

»Die Fahrt in die Nacht des untergehenden Hitlerreiches«

Für die Zwangsarbeiter war der Generalbevollmächtigte für den Arbeitseinsatz, Fritz Sauckel, zuständig, während die Verwaltungen in den besetzten Gebieten die Rekrutierung organisierten. Doch sie hätten nichts ausrichten

31 Ebd. S. 320.

32 Vgl. Landesarchiv Berlin, SU 18649.

33 Schönborn, *Kriegsgefangene*, S. 31f.

34 Und zwar Karlshorst, Lichtenrade, Marienfeld, Rummelsburg, Spandau, Spindlersfeld, Staaken, Teltow und Wuhlheide. Vgl. Landesarchiv Berlin, SU 18653, 18656, 18657, 18660, 18661, 18663 u. 18666.

35 Pfahlmann, *Fremdarbeiter*, S. 147.

36 Thielecke, *Fall 5*, S. 183.

können, wenn sie nicht über ein effizientes Transportsystem verfügt hätten. Die Reichsbahn lieferte ihnen die logistische Grundstruktur für das System, und das gleich in dreifacher Hinsicht: 1. diente die Reichsbahn als Transporteur der Massen von Kriegsgefangenen und Zivilarbeitern, 2. unterhielt sie zahllose Lager für Kriegsgefangene und Zwangsarbeiter. 3. nutzte sie selbst Zwangsarbeit. Die Quellen sprechen in allen drei Bereichen eine deutliche Sprache. Die Reichsbahn und die kollaborierenden Bahnen in den besetzten Gebieten sorgten für den Transport sämtlicher Kriegsgefangenen und ausländischen Arbeitskräfte zu den Produktionsstätten. Deshalb gehörte zu den ersten Erfahrungen, die die Zwangsarbeiterinnen und -arbeiter mit den Deutschen machten, eine Eisenbahnfahrt mit der Reichsbahn. Über die grausamen Transportbedingungen, die dort herrschten, liegen zahlreiche Berichte vor.

Am Anfang standen die mehr oder weniger gewaltsame, nur in seltenen Fällen freiwillige Rekrutierung und dann der Weg zum Bahnhof und die Abfahrt mit einem Zug der Reichsbahn. Im Allgemeinen wurden bei der Rekrutierung von Arbeitskräften im Westen, also in Frankreich, Belgien und Holland, etwas mehr zivilisatorische Standards eingehalten. Doch auch hier kam es, je mehr sich der Krieg dem Ende zuneigte, zur Anwendung nackter Gewalt. Ein Beispiel liefert die Antwort der deutschen Besatzungsmacht auf einen versuchten Verkehrsstreik der Holländer:

> »Jetzt ging man brutal dazu über, massenweise die männlichen Niederländer festzunehmen und teilweise unter erheblichen Repressalien zwangsweise mit Schiffen, Bahn oder Fahrzeugen ins Reich zu transportieren, um sie dort in der deutschen Kriegswirtschaft auszubeuten.«[37]

Was in den besetzten Ländern im Westen erst am Ende des Krieges zunahm, gehörte in den Ostgebieten von Anfang an zu den Umgangsformen des Besatzungsregimes. Hier spielten sich tagtäglich menschenverachtende Szenen kaum vorstellbaren Ausmaßes ab. Einen ersten Höhepunkt erlebten die Menschen dort im Zusammenhang mit den chaotischen Zuständen nach dem als »Blitzkrieg« begonnenen und bereits im Dezember gescheiterten Unternehmen »Barbarossa«. Die deutsche Wehrmacht lag vor Moskau fest und die Rote Armee ging zum Gegenangriff über. Dennoch wurde Ende 1941 beschlossen, die russischen Kriegsgefangenen aus dem Kriegsgebiet nach Deutschland zu holen, um sie »in Befolgung der neuen Erlasse Hitlers in Deutschland arbeiten zu lassen«. In welchem Zustand sich diese »Arbeitskräfte« befanden, die kaum versorgt, dem Hungertod näher waren als dem Leben, interessierte die Ver-

37 Heuzeroth (1993), *Dreck*, Bd. 4/1, S. 127.

Abb. 12.1: Transport von Zwangsarbeiter(innen) aus der Sowjetunion, Juni 1942

Quelle: Bundesarchiv, B 6-05/S-242.

antwortlichen wenig. Im Februar 1942 verließen »Eisenbahnzüge voller lebender Skelette die Sowjetunion«.[38]

Nur wenig besser erging es den zwangsrekrutierten Zivilarbeitern, von denen mit jedem Kriegsjahr mehr angefordert wurden. 1943 waren es eine Million, die allein aus Osteuropa, vor allem der Ukraine, kommen sollten. Geplant waren fünf bis zehn Züge täglich mit bis zu 10.000 Menschen, und das über mehrere Monate hinweg. Traurige Szenen spielten sich ab.[39] Von der russischen Zwangsarbeiterin Maria Kustjunina, die zu den August Engels-Werken in Dellingen deportiert wurde, sind Einzelheiten des Vorgangs überliefert:

»Denen, die nach Deutschland mußten, befahlen die Deutschen, Lebensmittel für 10 Tage und Kleidung zum Wechseln mitzunehmen. Den Eltern sagten sie, daß sie uns für die Dauer von drei Monaten mitnehmen würden. [...] Am 25. Juni lud man uns in einen Zug. Es waren Güterwagen ohne Sitzgelegenheiten. Auf dem Boden der Waggons war Stroh verteilt. Von der Schule zum Zug begleiteten immer vier bewaffnete Soldaten je vier Mädchen. Ein Weglaufen war unmöglich.«[40]

Von den Bahnhöfen in der Region ging es mit der Eisenbahn in die Sammellager in den größeren Städten und von dort erfolgte dann der Abtransport zu den Arbeitsorten im Reich, eine mehrtägigen Fahrt unter unmenschlichen Bedingungen in offenen oder gedeckten, stets verschlossenen Güterwaggons.[41] Die Berichte lauten immer gleich:

»Man schloß uns ein, und wir warteten auf grünes Licht. Zum Schluß erreichten wir Deutschland.«[42] Oder: »Die Eisenbahnwagen waren offen. Auf den Erhöhungen der Waggons saßen SS-Männer, mit Maschinengewehren bewaffnet. Anfangs zerrissen die Scheinwerfer die Dämmerung. Später erhellten sie die Nacht vollkommen. Hätte einer von uns versucht zu fliehen, er wäre sofort erschossen worden.«[43] Ein dritter lautete: »Alle (Eisenbahnzüge, R.R.) voll Gefangener. Einer war sogar voller Frauen. Hauptsächlich Gefangene aus Birkenau und Ravensbrück, die genau wie wir den Rüstungsbetrieben zur Arbeit zugeteilt gewesen waren. Wir fuhren also gemeinsam. Wir wußten auch wohin: In die Nacht des untergehenden Hitlerreiches. [...] Wir begegneten häufig ähnlichen Transporten. In offenen Waggons nur Leichen, nichts als Leichen. Manchmal hörten wir das Stöhnen der Sterbenden. Sie riefen dabei die Namen ihrer Länder und Städte. Wir wußten, dass die Leute weder Brot noch Wasser bekommen haben und ihre Waggons nicht verlassen durften. Sie kauerten

---

38 Reitlinger, *Haus*, S. 125. Siehe auch Heuzeroth (1993), *Dreck*, Bd. 4/1, S. 107.

39 Vgl. Reitlinger, *Haus*, S. 322, u. Heuzeroth (1993), *Dreck*, Bd. 4/1, S. 73.

40 Creydt, Meyer, *Zwangsarbeit*, Bd. 2, S. 189.

41 Pfahlmann, *Fremdarbeiter*, S. 47.

42 Creydt, Meyer, *Zwangsarbeit*, Bd. 2, S. 189.

43 Ebd. S. 135f.

inmitten ihrer toten Gefährten, die in ihrem eigenen Kot lagen.«[44] Und: »Frauen warfen ihre toten Säuglinge aus den Fenstern.«[45]

Am Ende der langen Fahrt stand die Ankunft, bei der sich nicht selten erschütternde Szenen abspielten. Viele Augenzeugen berichteten immer wieder die gleiche Geschichte von Tod, Hunger und Verzweiflung, von den Opfern eines außer Kontrolle geratenen Regimes, aber auch einer skrupellosen Mobilitätsmaschinerie:

»Die Ostarbeiterinnen mit Kindern und ihren ganzen Familien kamen mit Sack und Pack in geschlossenen Bahnwagen auf dem Ohmsteder Bahnhof an. [...] Es waren Elendszüge.«[46] Oder: »Auf dem Bahnhof in Sande beobachtete ich, wie ein Güterwagen voll mit russischen Kriegsgefangener geöffnet wurde. Vor Hunger hatten Gefangene einem ihrer toten Kameraden die Leber aus dem Leib geschnitten und verzehrten sie. Sie lagen oder saßen im Güterwagen neben ihren toten Kameraden. Die gänzlich heruntergekamenen Menschen wateten im Urin und Kot herum. Sie mußten schon lange in diesem Güterwagen gehaust haben.«[47] Ein dritter Bericht lautete: »Von grauenhaften Anblicken der Zustände auf dem Bahnhof Bremervörde ist hier die Rede. Danach gab es Kannibalismus unter den verhungerten Russen. Viele kamen erfroren, verhungert oder verdurstet in den Güterwagen dort an. Festgefroren und ineinander verschlungen mußte man oft die Leichen mit Anstrengung voneinander trennen.«[48]

Selbst wenn sie überlebt hatten, kamen viele in einem dermaßen erbarmungswürdigen Zustand in Deutschland an, dass sie zu Hunderttausenden als »arbeitsunfähig« in die Kriegsgebiete zurückgeschickt wurden.[49]

Mit den Transporten in die »Nacht des untergehenden Reiches« endete noch lange nicht der Beitrag der Reichsbahn zum Gesamtsystem. Diese Millionen Menschen wurden den Anforderungen der Rüstungsindustrie oder der Versorgungsindustrie beziehungsweise der Landwirtschaft entsprechend viele Male umgesetzt. Auch auf den Fahrten im Reich lauerte der Tod. Meistens kam er aus der Luft: »Der Zug fuhr langsam und es war ein schöner Tag. Auf einmal hörten wir Flugzeuge über uns und schon wurden wir durch Tiefflieger beschossen« und um die »150 Häftlinge getötet und viele verwundet«.[50] So oder so ähnlich heißt es in vielen überlieferten Berichten.[51]

---

44 Ebd.
45 Reitlinger, *Haus*, S. 317.
46 Heuzeroth (1993), *Dreck*, Bd. 4/1, S. 206.
47 Ebd. S. 253.
48 Ebd. S. 107.
49 Reitlinger, *Haus*, S. 317.
50 Heuzeroth, Szynka (1994), *Dreck*, Bd. 4/2, S. 329.
51 Vgl. etwa Creydt/Meyer, *Zwangsarbeit*, Bd. 2, S. 99 u. S. 226f.

Abb. 12.2: Ankunft der ersten für das Werk Sindelfingen bestimmten »Ostarbeiter« am Stuttgarter Hauptbahnhof

Quelle: Konzernarchiv Daimler.

Dann benötigten die Zwangsarbeiter Unterkünfte. Es wurde alles requiriert, was auch nur annähernd nach Behausung aussah – alte leerstehende Gebäude, Hütten und Schuppen, auch alte Eisenbahnwaggons, aber vor allem Barackenlager, wie sie auf Baustellen Verwendung fanden.[52] Hier verfügte die Reichsbahn über ein großes Reservoir. Als flächendeckende Infrastruktur mit einem Streckennetz von 60.000 Kilometern allein in Deutschland, mit zahlreichen Anlagen und Gebäuden in jeder Region und in tausenden Orten, Gemeinden, Städten, verfügte sie über dezentral organisierte Bauabteilungen zur Unterhaltung der großen Verkehrsanlage – die sogenannten Reichsbahnbaudirektionen. Zu diesen Bauabteilungen gehörten Hunderte von mobilen Baulagern, die rasch an den entlegendsten Orten errichtet werden konnten. Auf diese Baulager wurde in der Kriegszeit häufig zurückgegriffen, um die Millionen zwangsmobilisierten Menschen notdürftig unterzubringen. Gezählt hat die Reichs-

52 Vgl. Spoerer, *Zwangsarbeiter*, S. 116–122.

Tab. 12.1: Reichsbahnlager in Berlin, Emden, Offenburg und in der Region um Oldenburg und Wilhelmshaven

Ort	Name	Quelle
Berlin	Blankenfeld	Landesarchiv Berlin, SU 18647.
Berlin	Genshagen	Landesarchiv Berlin, SU 18648.
Berlin	Falkenhagen	Landesarchiv Berlin, SU 18650.
Berlin	Friedrichsfelde	Landesarchiv Berlin, SU 18649.
Berlin	Groß Ziethen	Landesarchiv Berlin, SU 18651.
Berlin	Grünau	Landesarchiv Berlin, SU 18652.
Berlin	Karlshorst	Landesarchiv Berlin, SU 18653.
Berlin	Köpenick	Landesarchiv Berlin, SU 18654.
Berlin	Köllnische Heide	Landesarchiv Berlin, SU 18655.
Berlin	Lichtenrade	Landesarchiv Berlin, SU 18656.
Berlin	Marienfeld	Landesarchiv Berlin, SU 18657.
Berlin	Neukölln	Landesarchiv Berlin, SU 18658.
Berlin	Rummelsburg	Landesarchiv Belrin, SU 18660.
Berlin	Spandau	Landesarchiv Berlin, SU 18661.
Berlin	Spindlersfeld	Landesarchiv Berlin, SU 18662.
Berlin	Staaken	Landesarchiv Berlin, SU 18663.
Berlin	Stahnsdorf	Landesarchiv Berlin, SU 18664.
Berlin	Teltow	Landesarchiv Berlin SU 18665.
Berlin	Wuhlheide	Landesarchiv Berlin, SU 18666.
Bremen	Rekumestraße	Heuzeroth, Szynka (1994), *Dreck*, Bd. 4/2, S. 222.
Bippen	Reichsbahnlager	Heuzeroth, Szynka (1993), *Dreck*, Bd. 4/1, S. 171.
Cloppenburg	Reichsbahnlager	Heuzeroth, Szynka (1993), *Dreck*, Bd. 4/1, S. 171.
Delmenhorst	Reichsbahnlager	Heuzeroth, Szynka (1993), *Dreck*, Bd. 4/1, S. 171.
Emden	Reichsbahnlager	Heuzeroth, Szynka (1993), *Dreck*, Bd. 4/1, S. 170.
Emden	Bahnbetriebswagenwerk	Heuzeroth, Szynka (1993), *Dreck*, Bd. 4/1, S. 170.
Emden	Königspolder	Heuzeroth, Szynka (1993), *Dreck*, Bd. 4/1, S. 144.
Emden	Norden, Hauptbahnhof	Heuzeroth, Szynka (1997), *Dreck*, Bd. 4/5, S. 99.
Emden	Oldersum	Heuzeroth, Szynka (1993), *Dreck*, Bd. 4/1, S. 144.
Hude	Reichsbahngelände	Heuzeroth, Szynka (1997), *Dreck*, Bd. 4/5, S. 83.
Hude	Eisenbahngelände	Heuzeroth, Szynka (1997), *Dreck*, Bd. 4/5, S. 83.
Jever	Reichsbahnlager	Heuzeroth, Szynka (1993), *Dreck*, Bd. 4/1, S. 170.
Kirchweyhe	Werkstättenbahnhof	Heuzeroth, Szynka (1993), *Dreck*, Bd. 4/1, S. 171.
Lathen	Reichsbahnlager	Heuzeroth, Szynka (1993), *Dreck*, Bd. 4/1, S. 170.
Offenburg	Bahnausbesserungswerk	Boll, *Fremdarbeiter*, S. 84–115.
Oldenburg	Bahnbetriebswerk	Heuzeroth, Szynka (1993), *Dreck*, Bd. 4/1, S. 170.
Oldenburg	Ledigenheim	Heuzeroth, Szynka (1993), *Dreck*, Bd. 4/1, S. 188.
Oldenburg	Stellwerk 6	Heuzeroth, Szynka (1993), *Dreck*, Bd. 4/1, S. 171.
Oldenburg	Krusenbusch	Heuzeroth, Szynka (1993), *Dreck*, Bd. 4/1, S. 192.
Oldenburg	Verschiebebahnhof	Heuzeroth, Szynka (1993), *Dreck*, Bd. 4/1, S. 171.
Oldenburg	Güterbahnhof	Heuzeroth, Szynka (1993), *Dreck*, Bd. 4/1, S. 192.
Oldenburg	Werkstattgebäude	Heuzeroth, Szynka (1993), *Dreck*, Bd. 4/1, S. 170.
Oldenburg	Bahnhof	Heuzeroth, Szynka (1993), *Dreck*, Bd. 4/1, S. 291.
Oldersum	Reichsbahnlager	Heuzeroth, Szynka (1993), *Dreck*, Bd. 4/1, S. 170.
Papenburg	Reichsbahnlager	Heuzeroth, Szynka (1993), *Dreck*, Bd. 4/1, S. 170.
Sande	Bahnhof	Heuzeroth, Szynka (1993), *Dreck*, Bd. 4/3, S. 221

Sande	Reichsbahnlager	Heuzeroth, Szynka (1996), *Dreck*, Bd. 4/3, S. 262.
Sandkrug	Bahnhof	Heuzeroth, Szynka (1997), *Dreck*, Bd. 4/5, S. 88.
Stadtoldendorf	Bahnhof	Creydt, Meyer, *Zwangsarbeit*, S. 147.
Varel	Reichsbahnlager	Heuzeroth, Szynka (1993), *Dreck*, Bd. 4/1, S. 170.
Varel	Jever	Heuzeroth, Szynka (1996), *Dreck*, Bd. 4/3, S. 229.
Varel	Moorhausweg 2	Heuzeroth, Szynka (1996), *Dreck*, Bd. 4/3, S. 262.
Wesermünde	Abstellbahnhof	Heuzeroth, Szynka (1993), *Dreck*, Bd. 4/2, S. 223.
Wesermünde	Delphinstraße	Heuzeroth, Szynka (1994), *Dreck*, Bd. 4/2, S. 224.
Wesermünde	Eisteichstraße	Heuzeroth, Szynka (1994), *Dreck*, Bd. 4/2, S. 223.
Wesermünde	Fischereihafen Halle 8	Heuzeroth, Szynka (1994), *Dreck*, Bd. 4/2, S. 223.
Wesermünde	Loxstedt	Heuzeroth, Szynka (1994), *Dreck*, Bd. 4/2, S. 223.
Wesermünde	Speckenbüttel	Heuzeroth, Szynka (1994), *Dreck*, Bd. 4/2, S. 223.
Westerstede	Lokomotivschuppen	Heuzeroth, Szynka (1996), *Dreck*, Bd. 4/3, S. 37.
Wilhelmshaven	Westbahnhof	Heuzeroth, Szynka (1994), *Dreck*, Bd. 4/2, S. 66.
Wilhelmshaven	Westbahnhof	Heuzeroth, Szynka (1994), *Dreck*, Bd. 4/2, S. 69.
Wilhelmshaven	Ledigenheim	Heuzeroth, Szynka (1994), *Dreck*, Bd. 4/2, S. 69.
Wilhelmshaven	Peterstraße	Heuzeroth, Szynka (1994), *Dreck*, Bd. 4/2, S. 69.
Wilhelmshaven	Sportplatz	Heuzeroth, Szynka (1994), *Dreck*, Bd. 4/2, S. 69.

bahnlager niemand. Aber bei der Recherche stößt man überall auf sie. Allein für die Städte Berlin, Emden, Offenburg und die Region um Oldenburg und Wilhelmshaven lässt sich die Existenz von über 70 Reichsbahnlagern nachweisen (siehe Tab. 12.1).

Aus einer Aufstellung im Landesarchiv Mecklenburg über Gemeinschaftslager der verschiedenen Reichsbahndirektionen der Deutschen Reichsbahn geht hervor, dass es in den 26 aufgeführten Reichsbahndirektionen jeweils zwischen 15 bis 80 Lager gegeben hatte. Insgesamt erwähnt die Aufstellung 546 Reichsbahnlager.[53] Doch auch diese Liste ist unvollständig und lückenhaft und lässt sich nicht mit den in der Tabelle 12.1 aufgeführten Lagern zur Deckung bringen. Überträgt man deren Zahl, die ja die Situation von nur wenigen Städten und Orten wiedergibt, auf das Streckennetz der gesamten Reichsbahn, so dürfte es noch viele Hundert mehr, wenn nicht gar Tausende von Lagern der Reichsbahn gegeben haben. Das legt den Schluss nahe, dass von den geschätzten 22.000 Lagern ein beträchtlicher Teil unter der Regie oder mit Unterstützung der deutschen Eisenbahn eingerichtet und unterhalten worden war.

Wie diese Lager aufgebaut waren, lässt sich anhand von Beschreibungen über ein Reichsbahnlager in Offenburg rekonstruieren. Ein kleineres Lager wurde dort Anfang 1943 zu einem aus 16 Baracken bestehenden Komplex ausgebaut, in dem fast 1.000 »Ostarbeiter« untergebracht wurden. Von den 16 Baracken waren zehn Wohnbaracken mit einer Länge zwischen 20 und 40 Metern. Dazu kamen eine Krankenbaracke, eine Isolierbaracke, eine Wirtschaftsbaracke, eine Waschbaracke, eine Baracke für die Wachmannschaft und

53 Vgl. Landesarchiv Schwerin, Rbd Schwerin, Akte 5327.

ein Schuppen sowie zwei Abortanlagen. Auch über die Innenausstattung geben die Quellen Auskunft:

»Die Räume waren mit Holzetagenbetten versehen, auf denen eine schmutzige, mit Stroh gefüllte Matratze sowie zwei schmutzige Decken lagen. Laken wurden nicht ausgegeben. Pro Person stand ein Schrank zur Verfügung. Die Räume boten etwa 20 Personen Platz und hatten je einen Ofen. Die Sanitäranlagen bestanden aus einer sogenannten Waschecke mit einigen Wasserkränen. Es gab kein Warmwasser, keine Heizung oder Duschen, die Toiletten waren offen.«[54]

Wie das System der Reichsbahnlager funktionierte, lässt sich am Beispiel Berlins weiter untersuchen. In den Akten des Landesarchivs Berlin zu »Gemeinschaftslager/Kriegsgefangenenlager« werden 28 Lager namentlich erwähnt.[55] Der Ursprung der meisten Lager lag in den umfangreichen Baumaßnahmen Ende der dreißiger Jahre, die wiederum im engen Zusammenhang mit dem Ausbau Berlins unter Albert Speer standen. Ab 1939 wurde ein Teil dieser Lager von der Wehrmacht beschlagnahmt und zuerst zur Unterbringung polnischer Kriegsgefangener genutzt. Auf das Reichsbahnlager Genshagen etwa griff die Wehrmacht bereits sechs Wochen nach Kriegsbeginn zu, belegte es mit polnischen, später mit englischen Kriegsgefangenen und erweiterte es dann permanent.[56] Die Eisenbahnverwaltung rief alle Reichsbahndirektionen auf, der Wehrmacht mit der Überlassung von Gelände und Gebäuden für die Kriegsgefangenen bereitwillig entgegenzukommen.[57] Aber sie sollten es nicht umsonst tun. Alles hatte seinen Preis und so forderte die Reichsbahndirektion Berlin 1943 von der Wehrmacht allein für drei Lager mit einer Kapazität von 4.000 Plätzen für die Zeit von 1939 bis 1943 eine Miete in Höhe von einer halben Million Reichsmark.[58] Das hatte seinen Grund. Der Unterhalt der Lager war mit erheblichem Aufwand verbunden. So berechnete die Berliner Reichs-

---

54 Boll, *Fremdarbeiter*, S. 102f. u. S. 91.

55 Genannt sind: Ahrensdorf I+II, Blankenfeld, Dabendorf-Süd, Falkenhagen, Friedrichsfelde Ost, Genshagen, Groß Ziethen, Großbeeren, Großschulzendorf, Grünau, Karlshorst, Karow, Köllnische Heide, Köpenick, Lichtenfelde-Süd, Lichtenrade, Marienfeld, Neukölln, Rüdnitz, Rummelsburg, Sachsendamm, Spandau-West, Spindlersfeld, Staaken, Stahnsdorf, Teltow und Wuhlheide.

56 Landesarchiv Berlin, SU 18648. Ähnlich verlief die Entwicklung in den Lagern Grünau und Karlshorst. Landesarchiv Berlin, SU 18652 u. SU 18653. Auch in den anderen Lagern nahm die Wehrmacht oder die Heerestandortverwaltung immer wieder Einfluss. Vgl. Landesarchiv Berlin, SU 18650, 18654, 18657, 18660 u. 18664.

57 Deutsche Reichsbahn Eisenbahnabteilung des Reichsverkehrsministeriums an die Generalbetriebsleitungen und Reichsbahndirektionen betr. Überlassung von reichsbahneigenen Gebäuden usw. zur Unterbringung von Kriegsgefangenen v. 1.9.1942. Landesarchiv Berlin, SU 18649.

58 Landesarchiv Berlin, SU 18650.

bahndirektion für das Jahr 1942 für sieben Lager mit 3.210 ausländischen Arbeitern einen Kostenaufwand von 0,57 Millionen Reichsmark.[59]

Nicht nur an die Wehrmacht gab die Reichsbahn Lagerkapazitäten ab, verbreitet war auch die Weitervermietung der Lager an die Deutsche Arbeitsfront und vereinzelt an die Landesarbeitsämter Berlin und Brandenburg.[60] Beide nutzten die Lager wiederum zur Unterbringung von Kriegsgefangenen oder Zivilarbeitern, die als Zwangsarbeiter eingesetzt wurden, unter anderem auch bei der Reichsbahn. In vielen Fällen nutzte die Reichsbahndirektion Berlin beziehungsweise die Reichsbahnbaudirektion ihre Lager auch direkt für die eigenen Kontingente an Kriegsgefangenen und zivilen Zwangsarbeitern.[61] Waren Kapazitäten frei, wurden die Lager zur Unterbringung der Kriegsgefangenen auch anderen Firmen zur Verfügung gestellt. Dies ist insbesondere für die Lager Friedrichsfelde, Genshagen und Marienfelde dokumentiert.[62] Der Werdegang jedes einzelnen Lagers unterschied sich deshalb sehr von den jeweils anderen. Das Reichsbahnlager Blankenfeld wurde beispielsweise erst im August 1940 auf Kosten der Reichsbahnbaudirektion Berlin eingerichtet, und zwar ausdrücklich zur Nutzung durch die Deutsche Arbeitsfront. Dennoch wurden im April 1941 erst einmal 400 Kriegsgefangene in das Lager aufgenommen. Ab Juli 1942 diente es dann als Durchgangslager für »Ostarbeiter« auf ihrem Weg in die westlichen Industriegebiete. Hier wurden unter anderem die dauernd arbeitsunfähigen Russen für den Rücktransport aussortiert.[63] Mehrer Vermietungen gab es auch an die Gestapo und die SS.[64] In mindestens einem Fall wurde ein Lager der Reichsbahn Berlin, das Reichsbahnlager Staaken, auch zur Unterbringung von KZ-Häftlingen benutzt. In dieser Zeit beaufsichtigte die Gestapo das Lager. Die insgesamt 600 Häftlinge aus dem KZ Oranienburg mussten vom 9. März bis zum 20. Juli 1943 für den Aufbau der Fahrzeugfabrik DEMAG arbeiten.[65]

---

59 Dazu gehörten neben der Verpflegung und Küchenpersonal auch die Ausgaben für private Wachgesellschaften oder eigenes Wachpersonal. 1940 wurden allein für fünf Lager 27 Personen Wachpersonal eingesetzt. Landesarchiv Berlin, SU 18651.

60 Vgl. Landesarchiv Berlin, SU 18647, 18649, 18652, 19653, 18655, 18657, 18661, 18662, 18663 u. 18666.

61 Siehe Landesarchiv Berlin, SU 18648, SU 18649, SU 18651, SU 18652, SU 18654 u. SU 18666.

62 Landesarchiv Berlin, SU 18648, SU 18649 u. 16657.

63 Landesarchiv Berlin, SU 18647. Vermietung gab es auch an anderen Standorten wie etwa bei den Lagern im Reichsbahnausbesserungswerk Offenburg, das der Reichsbahndirektion Stuttgart unterstand. Dort wurden überzählige Lagerkapazitäten an andere Firmen vermietet. Außerdem wurde dort Gelände an die Stadt Offenburg für weitere Kriegsgefangenenlager verpachtet. Vgl. Boll, *Fremdarbeiter*, S. 84–115.

64 Vgl. Landesarchiv Berlin, SU 18651, 18663 u. 18654.

65 Siehe Reichsbahnbaudirektion Berlin Vermerk zu Besichtigung Lager Staaken durch Gestapo v. 9.11.1942; DEMAG Fahrzeugwerke an Reichsbahnbaudirektion Berlin betr. Mietung des

Transport und Unterbringung waren die beiden großen Komplexe, in denen die Reichsbahn in das System der nationalsozialistischen Zwangsarbeit eingebunden war. Es gab noch einen Dritten: Die Bahn forderte selbst Zwangsarbeiter an und nutzte sie mit fortschreitendem Krieg in immer größeren Kontingenten. Am Anfang, nach dem Polenfeldzug, hielt man sich eher zurück und wurde auch gerne von den Behörden übersehen. So wurde am 27. März 1940 von nicht weniger als 16 Reichsbahndirektionen beim Reichsarbeitsminister der Antrag auf Zuteilung von Tschechen und freien Polen gestellt. Doch das Arbeitsministerium entschied abschlägig. Es gibt jedoch auch Beispiele für eine frühe Nutzung von Zwangsarbeitern bei der Bahn. So gab die Reichsbahndirektion Villach an, bereits im Frühjahr 1940 nicht weniger als 1.600 ausländische Arbeiter zu beschäftigen.[66] Noch früher nutzte das Ausbesserungswerk Oldenburg Zwangsarbeiter. So hob ein Bericht hervor, dass bereits »im Herbst 1939« 30 polnische Kriegsgefangene »hier ankamen«.

»Die Polen sind von Wachleuten morgens gebracht und abends, nach 12stündiger Arbeit, wieder ins Lager abgeholt worden. Eingesetzt wurden die polnischen Kriegsgefangenen auf dem Fliesgleis bei Reparaturen an den Eisenbahnwagen. Ihre Arbeitsbereiche schirmte man mit einem Maschendraht ab.«[67]

Demgegenüber gab es bei dem Reichsbahnausbesserungswerk Offenburg erst Verzögerungen, bevor männliche und weibliche Ostarbeiter geliefert wurden: »Am 31. Mai 1942 rollte der Transport mit den ersten hundert russischen Zivilarbeitern auf das Gelände«. Sie kamen aus Galizien, waren also Ukrainer.[68] Zu dieser Zeit gab es längst kein Halten mehr. In den Unterlagen zu den Reichsbahnlagern in und um Berlin finden sich zahlreiche Hinweise auf eine direkte Nutzung durch die Eisenbahn. Das Reichsbahnlager Genshagen wurde seit 1939 mit allen Kriegsgefangenen darin direkt von der Reichsbahnbaudirektion Berlin geführt. Die Kriegsgefangenen im Reichsbahnlager Friedrichsfelde wurden ab Juli 1942 für eine Beschleunigung der Wagenumladung eingesetzt, die russischen Kriegsgefangenen der Reichsbahnlager Groß Ziethen und Grü-

Reichsbahnlagers Staaken v. 20.7.1943, u. Reichsbahnbaudirektion Berlin an Maschinentechnisches Neubauamt Falkensee Meldung über die Einzahlung der Miete für Reichsbahnlager Staaken für Häftlinge v. 28.7.1943. Landesarchiv Berlin, SU 18663.

66 Reichsverkehrsministerium an die Reichsbahndirektionen Telegrammbrief betr. Zuweisung von Tschechen und freien Polen v. 27.3.1940; Reichsverkehrsministerium an die Reichsbahndirektionen betr. Einsatz von Kriegsgefangenen und ausländischen Arbeitern v. 16.3.1940, u. Reichsbahndirektion Villach an das Reichsverkehrsministerium betr. Zuweisung von Tschechen und freien Polen v. 5.4.1940. Alle Unterlagen Bundesarchiv Koswig R005/023124, Bl. 69–71, 62, u. Bl. 73.

67 Heuzeroth (1993), *Dreck*, Bd. 4/1, S. 251.

68 Boll, *Fremdarbeiter*, S. 88.

nau schufteten auf den Baustellen der Reichsbahnbaudirektion. Der Reichsbahndirektion selbst standen in ihrem Reichsbahnlager Köpenick »Ostarbeiter« aus der Ukraine zur Verfügung. Das Reichsbahnlager Wuhlheide wiederum nahm 1940 aus dem Polizeigefängnis Häftlinge auf und setzte sie als Erdarbeiter ein. 1942 mussten dieselben die vollgestopften Berliner Güterbahnhöfe entleeren.[69] Zur gleichen Zeit rückten 400 bis 600 holländische Transportarbeiter ein.[70] Das Reichsbahnlager im Lokomotivschuppen des Bahnhofs Westerstede diente zur Unterbringung von sowjetischen Kriegsgefangenen, die bei Streckenarbeiten eingesetzt wurden. »In diesem Lokomotivschuppen waren auch Kinder von Zwangsarbeiterinnen und verschleppten Polinnen untergebracht.«[71] Andere Lager, wie etwa das Reichsbahnlager am Bahnhof Sandkrug, hielten Zwangsarbeiter für Arbeiten auf den Bahnhöfen parat.[72] Und »in Frankfurt gab es ein Gleisbau-Außenkommando, das sich nur aus freiwilligen sowjetischen Kriegsgefangenen zusammensetzte. Für Geld und Tabak reparierten sie Tag und Nacht die bombenzerstörten Gleise der Reichsbahn.«[73]

Wie die Lager in allen Gegenden Deutschlands zu finden sind, so stößt man überall in der Literatur auf Hinweise zur Nutzung von Zwangsarbeitern bei diesem gigantischen Verkehrsmoloch von europäischer Dimension. Zu dieser europäischen Dimension gehörte auch der Griff nach den Arbeitskräfteressourcen bei den Bahnen in den besetzten Gebieten. Deren Rekrutierung ist durch neuere Forschung gut untersucht.[74] Die Gesamtzahlen an Zwangsarbeitern aus diesen Ländern sind bekannt. Seit 1940 wurden 1,85 Millionen französische Kriegsgefangene in Deutschland festgehalten. Das war den Machthabern noch nicht genug. Seit Oktober 1942 waren prinzipiell alle Männer im Alter zwischen 18 und 50 sowie alle unverheirateten Frauen im Alter von 21 bis 35 als Reservoir für Zwangsarbeit vorgesehen. Ähnliche Bestimmung bestanden für Holland und Belgien. Das waren noch einmal etwas mehr als eine Million Menschen.[75] Nach diesen Anordnungen wurden allein bei den belgischen Bahnen 8.660 Arbeiter ausgewählt, entweder freiwillig nach Deutschland zu gehen oder nach dorthin verschleppt zu werden. Durch hinhaltenden Widerstand erreichte die belgische Bahnverwaltung, dass 1943 nur 3.904 belgische Eisenbahnarbeiter nach Deutschland abtransportiert wurden. Das waren rund vier Prozent der 95.000 Bahnbeschäftigten. Für die französischen Bah-

69 Zum Lager Wuhlheide vgl. Roßberg, *Forschungsbericht*. Bundesarchiv, 87 A 309.

70 Landesarchiv Berlin, SU 18648, SU 18651, SU 18652, SU 18654 u. SU 18666.

71 Heuzeroth, Szynka (1996), *Dreck*, Bd. 4/3, S. 37, u. Heuzeroth (1993), *Dreck*, Bd. 4/1, S. 170.

72 Heuzeroth, Szynka (1997), *Dreck*, Bd. 4/5, S. 88.

73 Schönborn, *Kriegsgefangene*, S. 23f.

74 Polino, Heesvelde, *Forced-labour*.

75 Spoerer, *Zwangsarbeiter*, S. 66.

nen hat Georges Ribeill herausgefunden, dass auch hier von den rund 25.000 angeforderten französischen Eisenbahnarbeitern zwischen Oktober 1942 und März 1943 nur 10.065 Frankreich verlassen hatten, um in Deutschland unter Zwang zu arbeiten.[76] Immerhin kamen allein aus diesen beiden Ländern 15.000 spezialisierte Facharbeiter, die ausschließlich bei der Reichsbahn Verwendung fanden.

Das wirft die Frage nach dem Gesamtumfang der Zwangsarbeit bei der Reichsbahn auf. Legt man die Nachrichten aus den Lagern in und um Berlin zugrunde, so haben allein im Raum Berlin etwa 30.000 bis 40.000 Zivilarbeiter und Kriegsgefangene der verschiedensten Nationen die Reichsbahnlager bevölkert. Ein beträchtlicher Teil davon arbeitete zwangsweise bei der Reichsbahn oder Reichsbahnbaudirektion. Die Statistik der Kriegsgefangenen nennt noch konkretere Zahlen. Von den 1,7 Millionen Kriegsgefangenen, die hier bis September 1942 aufgelistet sind, waren ungefähr 100.000 im Verkehrs- und Transportbereich eingesetzt.[77] Das waren rund sechs Prozent der damaligen Kriegsgefangenen. Legt man diesen Prozentsatz auf alle zwölf Millionen Zwangsarbeiter um, dann erhöht sich die Anzahl der Zwangsarbeiter im Verkehrs- und Transportbereich auf bis zu 720.000. Der größte Teil davon dürfte wiederum auf die Reichsbahn entfallen. Doch die sechs Prozent beziehen sich auf die Situation am Anfang des sich rasant ausbreitenden Zwangsarbeitersystems. Je mehr der Krieg sich in seiner ganzen Dimension und Schrecken den Grenzen des Reiches näherte, um so mehr gerieten die Verkehrsanlagen ins Visier der alliierten Bomberflotten und umso mehr Arbeitskräfte wurden benötigt, die Zerstörungen an der Maschinerie, von der alles abhing, zu beseitigen. Berichte wie die von Siegfried Schönborn fügen sich gut in dieses Bild:

> »In den Monaten Januar und Februar 1945 wurden 100.000 Kriegsgefangene im Fußmarsch in die Zentren des Bombenkrieges geschickt, um dort die zerstörten Bahnhöfe und Gleisanlagen wieder instand zu setzen, damit Eisenbahntransporte, die der operativen Kriegsführung dienten, nicht zum Erliegen kamen.«[78]

Das deutet darauf hin, dass die Zahl der Zwangsarbeiter, die 1943 und 1944 bei der Reichsbahn geschuftet haben, eventuell sogar höher lag als die geschätzten 720.000 von 1942.

76 Vgl. die Tabelle *SNCF Staff required to work in Germany*, in: Polino, Heesvelde, *Forced-labour*.
77 Vgl. Pfahlmann, *Fremdarbeiter*, S. 137.
78 Schönborn, *Kriegsgefangene*, S. 23f.

Zusammenfassung

Die deutsche Eisenbahn war in dreifacher Weise in das gigantische System der Zwangsarbeit inkorporiert – und damit wesentlicher Teil der militärischen wie »zivilen« Seite der Kriegsführung. Sie bildete den Kern einer europaweiten logistischen Struktur, die es dem nationalsozialistischen Regime überhaupt erst ermöglichte, mit Hilfe der Zwangsmobilisierung und Unterwerfung von Millionen Menschen aus Ost- und Westeuropa den Krieg gegen die Welt sechs Jahre lang durchzuhalten. Der Schaden, der dabei entstand, ist in seiner Dimension viel größer einzuschätzen, als nur die physische Zerstörung von technischem Material, wie sie oft als besondere Tragik des großen nationalsozialistischen Kriegs genannt und beziffert wird.[79] Der wirkliche Schaden, der mit Hilfe des Kommunikations- und Transportsystems Reichsbahn angerichtet wurde, umfasst die körperliche Vernichtung von Millionen sowie die physische wie psychische Schädigung von weiteren Millionen, die das Glück hatten zu überleben. David Hansemanns Vision, mit dem Aufbau eines Eisenbahnnetzes auch den Arbeitern die Freiheit der Mobilität zu geben, um sich als freie Menschen auf die Suche nach Arbeit begeben zu können und damit das Recht auf freie Wahl des Arbeitsplatzes praktisch umzusetzen, war die eine Seite der Medaille. Die Geschichte zeigt, dass die Mobilitätsmaschine auch andersherum funktionierte und die Menschen zwang, an Orten zu arbeiten, wo sie freiwillig niemals hingegangen wären, und unter Bedingungen, die sie das Leben kosteten oder an deren physischen und psychischen Folgen sie den Rest ihres Lebens zu Leiden hatten.

Literatur

Anonym (1971), »Entlassungen und Zurücksetzungen aus rassistischen und politischen Gründen«, in: Hugo Strößenreuther (Hrsg.), *Dokumentarische Enzyklopädie*, Bd. 3: *Eisenbahnen und Eisenbahner zwischen 1931 und 1935*, Frankfurt am Main, S. 104.

— (1971), »Führerprinzip im Betrieb«, in: Hugo Strößenreuther (Hrsg.), *Dokumentarische Enzyklopädie*, Bd. 3: *Eisenbahnen und Eisenbahner zwischen 1931 und 1935*, Frankfurt am Main, S. 128.

79 »Nach sechs schweren Kriegsjahren bot die einst weltweit angesehene und von den Gegnern im Krieg wegen ihren organisatorischen Leistungen oft bewunderte Reichsbahn ein trostloses Bild. Die Schäden bzw. Zerstörungen bei der Deutschen Reichsbahn wurden mit 9.000 Lokomotiven, 100.000 Güterwagen, 3.500 Kilometer Gleis, 13.000 Weichen, 2.472 Eisenbahnbrücken, 30 Tunnel, 1.500 Stellwerken und 110.000 Kilometer Fernmeldefreileitungen beziffert.« Anonym (1973), »Reichsbahn«, S. 153.

— (1972), »Eisenbahn- und Eisenbahnereinsatz in der Kriegszeit und Vorkriegszeit«, in: Hugo Strößenreuther (Hrsg.), *Dokumentarische Enzyklopädie*, Bd. 4: *Eisenbahnen und Eisenbahner zwischen 1936 und 1940*, Frankfurt am Main, S. 158–160.

— (1973), »Und so sah die Reichsbahn bei der Kapitulation aus«, in: Hugo Strößenreuther (Hrsg.), *Dokumentarische Enzyklopädie*, Bd. 5: *Eisenbahn und Eisenbahner zwischen 1941 und 1945*, Frankfurt am Main, S. 153.

Bade, Klaus J. (2000), *Europa in Bewegung. Migration vom späten 18. Jahrhundert bis zur Gegenwart*, München.

Boebel, Chaja/Wentzel, Lothar (Hrsg.) (2008), *Streiken gegen den Krieg. Die Bedeutung der Massenstreiks in der Metallindustrie vom Januar 1918*, Hamburg.

Boll, Bernd (1988), *Fremdarbeiter in Offenburg, 1940–1945*, unveröff. Ms., Offenburg.

Bremm, Klaus-Jürgen (2005), *Von der Chaussee zur Schiene. Militärstrategie und Eisenbahnen in Preußen von 1833 bis zum Feldzug von 1866*, München.

Carr, Nicholas (2009), *»The Big Switch«. Der große Wandel. Die Vernetzung der Welt von Edison bis Google*, Heidelberg.

Creydt, Detlef/Meyer, August (1994), *Zwangsarbeit für die Rüstung im südniedersächsischen Bergland 1939–1945. Solling, Hils, Ith, Vogler*, Bd. 2, Braunschweig.

Deutsche Reichsbahn (Hrsg.) (1935), *Hundert Jahre deutsche Eisenbahnen. Jubiläumsschrift zum hundertjährigen Bestehen der deutschen Eisenbahnen*, Berlin.

Diamond, Jared (1998), *Arm und Reich. Die Schicksale menschlicher Gesellschaften*, Frankfurt am Main.

Dorpmüller, Julius (1933), »Aufruf des Generaldirektors«, in: *Die Reichsbahn* 13, S. 257–258.

— (1971), »Einführung des Deutschen Grußes«, in: Hugo Strößenreuther (Hrsg.), *Dokumentarische Enzyklopädie*, Bd. 3: *Eisenbahnen und Eisenbahner zwischen 1931 und 1935*, Frankfurt am Main, S. 112.

Dyson, Esther (1998), *Relase 2.0. Die Internet-Gesellschaft – Spielregeln für unsere digitale Zukunft*, München.

Fanning, William J. Jr. (1997), »The Origin of the Term ›Blitzkrieg‹: Another View«, in: *The Journal of Military History* 61, H. 2, S. 283–302.

Feldman, Gerald D. (1985), *Armee, Industrie und Arbeiterschaft in Deutschland 1914 bis 1918*, Berlin, Bonn.

Frieser, Karl-Heinz (2005), *Blitzkrieg-Legende*, 2 Bde., 3. Aufl., München.

Galeano, Eduardo (1981), *Die offenen Adern Lateinamerikas. Die Geschichte eines Kontinents von der Entdeckung bis zur Gegenwart*, 2. Aufl., Wuppertal.

Gottwaldt, Alfred (1995), »›Fahren für Deutschlands Sieg‹. Julius Dorpmüller und die Deutsche Reichsbahn«, in: Museum für Verkehr und Technik (Hrsg.), *Ich diente nur der Technik. Sieben Karrieren zwischen 1940 und 1950*, Berlin, S. 153–184.

Hansemann, David (1837), *Die Eisenbahnen und deren Aktionäre in ihrem Verhältnis zum Staat*, Leipzig, Halle.

Heineck, Kurt (1921), »Die europäischen Eisenbahnen und der Krieg«, in: *Archiv für Eisenbahnwesen* 44, S. 493–534.

Herbert, Ulrich (1986), *Geschichte der Ausländerbeschäftigung in Deutschland 1880 bis 1980. Saisonarbeiter, Zwangsarbeiter, Gastarbeiter*, Bonn.

Heuzeroth, Günter (1993), *Die im Dreck lebten. Dargestellt an den Ereignissen in Weser-Ems 1939–1945.* Unter der Gewaltherrschaft des Nationalsozialismus 1933–1945, Bd. 4/1, Osnabrück, Oldenburg.

Heuzeroth, Günter/Szynka, Peter (1994), *Die im Dreck lebten. Dargestellt an den Ereignissen in Weser-Ems 1939–1945.* Unter der Gewaltherrschaft des Nationalsozialismus 1933–1945, Bd. 4/2, Osnabrück, Oldenburg.

— (1996), *Die im Dreck lebten. Ausländische Zwangsarbeiterinnen und Zwangsarbeiter, Kriegsgefangene und die Lager in den Landkreisen Ammerland, Wesermarsch und Friesland. Ereignisse, Augenzeugenberichte und Dokumente. Eine Spurensicherung.* Unter der Gewaltherrschaft des Nationalsozialismus 1933–1945, Bd. 4/3, Osnabrück, Oldenburg.

— (1995), *Die im Dreck lebten. Ausländische Zwangsarbeiterinnen, Kriegsgefangene und die Lager in Ostfriesland, in den Landkreisen Wittmund, Aurich und Leer sowie der kreisfreien Stadt Emden. Ereignisse, Augenzeugenberichte und Dokumente. Eine Spurensicherung.* Unter der Gewaltherrschaft des Nationalsozialismus 1933–1945, Bd. 4/4, Osnabrück, Oldenburg.

— (1997), *Die im Dreck lebten. Ausländische Zwangsarbeiterinnen und Zwangsarbeiter, Kriegsgefangene und die Lager in den Landkreisen Oldenburg, Cloppenburg, Vechta. Ereignisse, Augenzeugenberichte und Dokumente. Eine Spurensicherung.* Unter der Gewaltherrschaft des Nationalsozialismus 1933–1945, Bd. 4/5, Osnabrück, Oldenburg.

Hilberg, Raul (1987), *Sonderzüge nach Auschwitz*, Frankfurt am Main.

Hildebrand, Klaus (1999), »Die Deutsche Reichsbahn in der nationalsozialistischen Diktatur 1933–1945«, in: Lothar Gall/Manfred Pohl (Hrsg.), *Die Eisenbahn in Deutschland. Von den Anfängen bis zur Gegenwart*, München, S. 165–243.

Hughes, Daniel J. (1993), »Blitzkrieg«, in: Trevor N. Dupuy (Hrsg.), *International and Military Encyclopdia*, 6 Bde., Washington, Bd. 1, S. 377–381.

Junkelmann, Marcus (1985), »Die Eisenbahn im Krieg. Militärische Theorie und Kriegsgeschehen bis zum Ausbruch des Ersten Weltkrieges«, in: Harm-Hinrich Brandt u. a. (Hrsg.), *Zug der Zeit. Zeit der Züge. Deutsche Eisenbahn 1835–1985*, 2 Bde., Berlin, Bd. 1, S. 233–245.

Kreidler, Eugen (1975), *Die Eisenbahnen im Machtbereich der Achsenmächte während des Zweiten Weltkrieges*, Göttingen.

León-Portilla, Miguel (1967), *Visión de los vencidos*, Mexiko.

List, Friedrich (1988), *Das deutsche National-Transport-System in volks- und staats-wirtschaftlicher Beziehung*, Leipzig 1838, ND Berlin.

Livi-Bacci, Massimo (2001), *A Concise History of World Population*, 3. Aufl., Oxford.

Messenger, Charles (1980), *Blitzkrieg. Eine Strategie macht Geschichte*, Bergisch Gladbach.

Mitchell, William (1997), *City of the Bits. Leben in der Stadt des 21. Jahrhunderts*, Basel u. a.

Pedersen, Jens (2001), »Technological determinism and the school«, in: *Journal of Educational Enquiry* 2, H. 1, S. 61–65.

Pfahlmann, Hans (1964), *Fremdarbeiter und Kriegsgefangene in der deutschen Kriegswirtschaft 1939–1945*, Diss., Würzburg.

Polino, Marie-Noëlle/Heesvelde, Paul Van (2007), *Forced-labour behind a mask: French and Belgian railwaymen in the Reich, 1942–1945*, unveröff. Ms.

Posselt, Ludwig Ernst (1785), *Über das Postwesen, besonders in Teutschland, dessen Geschichte, Recht und Mängel*, o. O.

Pottgießer, Hans (1975), *Die Deutsche Reichsbahn im Ostfeldzug 1939–1944*, Neckargemünd.

Raudzens, George (1989), »Blitzkrieg Ambiguities: Doubtful Usage of a Famous Word«, in: *War and Society* 7, S. 77–94.

Reitlinger, Gerald (1962), *Ein Haus auf Sand gebaut. Hitlers Gewaltpolitik in Rußland 1941–1944*, Hamburg.

Roßberg, Kurt (Bearb.) (1978), *Forschungsbericht über das faschistische Gestapo-Lager Wuhlheide*, Berlin.

Rössler, Mechthild/Schleiermacher, Sabine (Hrsg.) (1993), *Der »Generalplan Ost«. Hauptlinien der nationalsozialistischen Planungs- und Vernichtungspolitik*, Berlin.

Roth, Ralf (2009), »German State Action and Railway Policy during the 20th Century«, in: *Revista de Historia Actual* 17, special issue: *State Action and Railway Policies in Europe during the 20th century*.

Roth, Ralf/Gall, Lothar (1999), *Die Eisenbahn und die Revolution 1848*, Berlin.

Rötzer, Florian (1998), *Digitale Weltentwürfe*, München.

Runkehl, Jens u. a. (1998), *Sprache und Kommunikation im Internet*, Wiesbaden.

Sandage, Tom (1999), *Das Viktorianische Internet. Die erstaunliche Geschichte des Telegraphen und der ersten Online-Pioniere des 19. Jahrhunderts*, St. Gallen, Zürich.

Sarter, Adolf (1926), *Die deutschen Eisenbahnen im Kriege*, Berlin.

Schönborn, Siegfried (1990), *Kriegsgefangene und Fremdarbeiter in unserer Heimat 1939–1945*, Gelnhausen.

Siegfried, Klaus-Jörg (1987), *Rüstungsproduktion und Zwangsarbeit im Volkswagenwerk 1939–1945. Eine Dokumentation,* Frankfurt am Main, New York.

Spoerer, Mark (2001), *Zwangsarbeit unter dem Hakenkreuz. Ausländische Zivilarbeiter, Kriegsgefangene und Häftlinge im Deutschen Reich und im besetzten Europa 1939–1945*, Stuttgart, München.

Thielecke, Karl-Heinz (1965), *Fall 5. Anklageplädoyer, ausgewählte Dokumente, Urteil des Flick-Prozesses mit einer Studie über die »Arisierung« Flick-Konzerns*, Berlin.

Vasold, Manfred (2003), »Die Ausbreitung des Schwarzen Todes in Deutschland nach 1348«, in: *Historische Zeitschrift* 277, S. 281–308.

Wasser, Bruno (1993), »Die ›Germanisierung‹ im Distrikt Lublin als Generalprobe und erste Realisierungsphase des ›Generalplan Ost‹«, in: Mechthild Rössler/Sabine Schleiermacher (Hrsg.) *»Der Generalplan Ost« – Hauptlinien der nationalsozialistischen Planungs- und Vernichtungspolitik*, Berlin, S. 271–293.

Wehner, Heinz (1985), »Räder mußten rollen für den Krieg«, in: Elfriede Rehbein (Hrsg.), *Deutsche Eisenbahnen 1835–1985*, Berlin, S. 146–180.

Wernekke (1912), »Die Mitwirkung der Eisenbahnen an den Kriegen in Mitteleuropa«, in: *Archiv für Eisenbahnwesen* 35, S. 930–958.

Wertheim, Margaret (2001), *Die Himmelstür zum Cyberspace. Eine Geschichte des Raumes von Dante bis zum Internet*, Frankfurt am Main u. a.

Winner, Langdon (1986), »Do Artifacts Have Politics?«, in: Langdon Winner, *The Whale and the Reactor. A Search for Limits in an Age of High Technology*, Chicago, S. 19–39.

13. Die »Logistik des Holocaust« als mörderische Aufgabe der Deutschen Reichsbahn im europäischen Raum

Alfred Gottwaldt

Das Tor von Birkenau

Ohne die Eisenbahn wäre der millionenfache Mord an den europäischen Juden nicht möglich gewesen. Unbestritten ist die Beteiligung der staatlichen deutschen Bahnverwaltung und ihrer Beschäftigten am Judenmord, die sich durch zahllose Transporte in die einzelnen Vernichtungslager vollzog: Zwischen Oktober 1941 und April 1945, während eines Zeitraums mit fast 1.250 Tagen, rollten weit mehr als eintausend Sonderzüge mit Juden aus Berlin und Frankfurt am Main, von Drancy bei Paris und von Malines bei Brüssel, aus Westerbork in Holland, von Saloniki oder Rom, aus Berehovo und Bilke in den Karpaten und aus Białystok. Die Namen ihrer Zielbahnhöfe sind zu eigenen Begriffen für die systematische Judenvernichtung geworden: Bełżec, Sobibór, Treblinka, Riga, Minsk, Lublin und Auschwitz.[1]

Von den sechs Millionen Menschen, die während des Zweiten Weltkriegs als Juden ermordet wurden, fand etwa die Hälfte den Tod unmittelbar an ihren Wohnorten. Sie wurden vor allem seit Sommer 1941 in der Sowjetunion und 1942 in Polen von Polizisten und Soldaten eigenhändig an Gruben erschossen, die man in der Nähe ihrer Heimatorte ausgehoben hatte. Dagegen mussten weitere drei Millionen Menschen ihre letzten Tage zwangsweise in Eisenbahnwagen verbringen, ehe sie zentralisierte und spezialisierte Mordstätten erreichten. Diese Zahlenangaben sind mühsam bei personen- und tatbezogenen Recherchen für die umfangreichen Strafverfahren vor den Schwurgerichten in Bonn (zum Thema Chełmno), Düsseldorf (Sobibór, Treblinka, Majdanek) und

1 Die folgenden Überlegungen beruhen vor allem auf der Veröffentlichung bei Gottwaldt, Schulle, *»Judendeportationen«*, und ferner auf den Ergebnissen des Ausstellungsprojekts Deutsches Technikmuseum, *Judendeportationen*. Die dort erarbeiteten Angaben finden sich zugleich in der Tabelle zu den Deportationen der jüngsten Veröffentlichung des Bundesarchivs Koblenz, *Gedenkbuch*, Bd. 4, S. XVII–XXXVI.

Abb. 13.1: Das Tor mit dem Wachgebäude am Vernichtungslager Auschwitz-Birkenau. Es wurde 1943/44 über dem Gleisanschluss errichtet. Die Aufnahme der Gedenkstätte entstand im April 2008

Quelle: Foto Karolin Steinke.

Frankfurt am Main (Auschwitz) von ermittelnden Juristen und sachverständigen Historikern gefunden worden.[2]

Baumaterialien zu einem Konzentrations- und Vernichtungslager wie Birkenau in Ostoberschlesien wurden aus der näheren Umgebung auf der Straße gebracht, weitere Ausrüstungsgegenstände über größere Entfernungen mittels der Eisenbahn herangeschafft. Die Öfen der Krematorien kamen zum Beispiel aus Erfurt. Nach den Plänen der SS-Zentralbauleitung sollte das »Tor von Birkenau« nicht mehr wie der Eingang zum Konzentrationslager Buchenwald über der Straße stehen, sondern sich über einem Gleisanschluss erheben. Der Bau in Birkenau bildete also eine logistische Aufgabe, und damit ist die Frage zu stellen: War es auch der Betrieb, wenn dort mit Menschen das Unmenschliche geschah?

Hier sollen Grundzüge einer logistischen Beteiligung der Eisenbahn am Massenmord beschrieben werden. Man kann die Fragestellung mit der Be-

2 Vgl. Rückerl, *NS-Vernichtungslager.*

gründung kritisieren, sie sei zu technokratisch formuliert, doch muss sie im Kontext einer Geschichte des Verkehrswesens gestellt werden. Es gilt als hervorstechendes Merkmal des Holocaust, dass er in einem hoch arbeitsteiligen Prozess durchgeführt wurde. Es hieße, einen fundamentalen Tatbeitrag zu übersehen, wollte man die logistische Mittäterschaft ausblenden. Sieht man Logistik nach einer gängigen Definition als »die Versorgung von Fabriken mit Material und die Versorgung von Geschäften mit Ware« an und betrachtet als Grundoperationen der Logistik die Schritte von »Transport, Lagerung und Umschlag zwischen Verkehrsträgern oder zwischen einem Verkehrsträger und einem Lagerhaus oder einem Bedarfspunkt (Fabrik, Laden)«, so sind Menschen und Arbeitskräfte davon nur auf den ersten Blick nicht betroffen.[3]

Nach dem Krieg bildete die Mitwirkung der Deutschen Reichsbahn am Holocaust kaum Gegenstand der öffentlichen Wahrnehmung. Der amerikanische Historiker Raul Hilberg (1926–2007) hat aber bereits in seinem Standardwerk *The Destruction of the European Jews* von 1961 und sodann mit seinem Text *The Role of* the *German Railroads in the Destruction of the Jews* im Jahre 1976 darauf aufmerksam gemacht, welche Rolle die Reichsbahn im Holocaust spielte.[4] Zwar sagten Bahnbeamte noch im Frankfurter Auschwitz-Prozess von 1962 als Zeugen aus, doch seit dem Düsseldorfer Treblinka-Verfahren von 1964 schwiegen sie beredt. Während der 1973 aufgenommenen Gerichtsverhandlung gegen Albert Ganzenmüller, den einstigen Staatssekretär im Reichsverkehrsministerium, hätten die Transporte ein zentrales Thema sein sollen, doch musste der Prozess wegen Krankheit des Angeklagten eingestellt werden. Bereits 1991 hat der Berliner Zeithistoriker Wolfgang Benz zu historischen Sachverständigen in den Düsseldorfer Strafverfahren bemerkt, dass »an deren erster Stelle Wolfgang Scheffler (1929–2008) zu nennen ist, dem die wesentlichen heute gültigen Zahlenangaben für die Vernichtungslager zu verdanken sind«.[5]

Die Literatur zum Thema ist überschaubar geblieben.[6] Als vor fast zwanzig Jahren der Sammelband zur »Dimension des Völkermords« erschien, enthielt er bereits einige Tabellen von Transporten. Zu einer detaillierten Zusammenstellung sämtlicher Transporte aus dem Deutschen Reich ist es gleichwohl vor 2005 nicht gekommen. Jüngstens wurde die Frage aufgeworfen, ob ein Plan Hitlers zur Austreibung der Juden aus Deutschland schon auf den Herbst 1938

3 Vgl. Vahrenkamp, *Logistik*, S. 1–9.

4 Vgl. Hilberg, *Sonderzüge*, u. den Abdruck seiner Studie aus dem Jahr 1976 unter dem Titel »German Railroads«, S. 162–174.

5 Benz, *Dimension des Völkermords*, S. 17.

6 Vgl. Lichtenstein, *Reichsbahn*, Mierzejewski, *Asset*, u. Engwert, Kill, *Sonderzüge*.

oder doch erst auf den Sommer 1941 zu datieren wäre.[7] Selbst angesichts einer Zahl von weit mehr als eintausend »größeren« Transporten mit jeweils mehr als 700 Insassen in Europa während der Zeit von 1941 bis 1944 ist noch zu erkennen, dass bei der Gestapo jede neue »Aktion« – wie sie es nannte – anders verlief als die vorangegangenen. Die These dieser Ausarbeitung lautet demnach, dass fast jede dieser Sonderzugfahrten ihre individuelle Charakteristik hatte.

Markieren, enteignen und konzentrieren

Die Beteiligung der Deutschen Reichsbahn und ihrer Beamten an der Judenpolitik des nationalsozialistischen Staates nach 1933 war nicht ungewöhnlich, sondern gehörte zum Wesen einer verwaltungsähnlichen Organisation. Man hatte sich stets an die Politik des Dritten Reiches angelehnt: Die Entlassung jüdischer Eisenbahner, teilweise schon 1933 und endgültig 1935, der Boykott jüdischer Lieferanten, bestimmte Reiseverbote für Juden auf der Eisenbahn ab November 1938 und zuletzt ab September 1941, schließlich auch die Zwangsarbeit der deutschen und polnischen Juden bei der Eisenbahn seit 1939 lassen sich heute als Vorboten der Massendeportation ansehen.[8]

Einzelne typische Schritte des Prozesses, welcher die Vernichtung der Juden ausmachte, hat Hilberg schon 1961 beschrieben: Von der »Markierung« mittels Zwangsnamen oder Sternkennzeichen führte dieser Weg zur systematisch-bürokratischen oder zur plötzlichen Enteignung der Juden, worauf eine »Konzentration« der Menschen folgen sollte; mitunter in anderer Reihenfolge. Unter Konzentration sei die Einrichtung von »Judenhäusern«, die Verbringung der Juden in Sammellager und danach ihre Deportation zu verstehen.[9] Hieran schlossen sich in spezialisierten Lagern entweder rasch der organisierte Massenmord oder die schleichende Tötung durch Zwangsarbeit.[10]

Die auf dem Land lebenden Juden hat man während der Jahre 1941 und 1942 vor der Abfahrt von vielen der rund einhundert großen Transporte aus den Städten des »Altreichs« (in den Grenzen von 1937) in speziellen Sammellagern zusammengezogen und sie erst einige Tage später in Sonderzüge der Reichsbahn getrieben. Um die Menschen zu konzentrieren, wurden mitunter Kraftwagen, Omnibusse und städtische Straßenbahnen verwendet, wobei an

7 Vgl. Gruner, »Kollektivausweisung«, S. 21–62, u. Pohl, »Deportation«, S. 57–72.
8 Vgl. Gottwaldt, Schulle, *»Juden«*.
9 Vgl. Hilberg, *Destruction*, S. 43, 54 u. 106.
10 Vgl. Spoerer, *Zwangsarbeit*.

Kosten für Straßenfahrzeuge gespart werden sollte. Für die ländlichen Gebiete am Niederrhein, in Mainfranken, Württemberg und Hessen ist zum Beispiel belegt, dass zu diesem Zweck immer wieder bestellte Personenwagen in Regelzügen der Reichsbahn zwischen den Wohnorten der Juden und den Sammellagern in Düsseldorf, Würzburg, Stuttgart oder Kassel benutzt wurden. Bisher hat niemand sie gezählt.

Transporteure der Sicherheitspolizei

Was Adolf Hitler und Heinrich Himmler an judenfeindlichen Maßnahmen in aufeinander folgenden Schritten entschieden hatten, wurde im Berliner Reichssicherheitshauptamt von Reinhard Heydrich – ab 1943 von seinem Nachfolger Ernst Kaltenbrunner – und dem Gestapochef Heinrich Müller nacheinander für einzelne Gruppen und Gebiete in »Aktionen« umgesetzt. Als Referent Himmlers für »Räumung und Judenfragen« war seit Ende 1939 bekanntlich der SS-Sturmbannführer Adolf Eichmann (1906–1962) zuständig. Wenn zudem die Arbeitskraft der deportierten Juden ausgeplündert werden sollte, war in Berlin auch das Wirtschaftsverwaltungshauptamt unter Oswald Pohl beteiligt. Oftmals wurden »Zigeuner« auf ähnliche Weise deportiert und vernichtet.[11]

Eichmann besaß am Beginn der Massendeportationen aus dem Reich am 15. Oktober 1941 bereits hinreichende Erfahrungen bei der Zusammenarbeit mit der Reichsbahn.[12] Schon im Herbst 1939 konnte er die ersten, eher planlos wirkenden Deportationen von Juden aus Wien und Mährisch-Ostrau nach Nisko am San bei Lublin erzwingen und dabei grundlegende Erkenntnisse sammeln; zugleich waren viele Polen aus den neu zum Reich gekommenen Gebieten in das »Generalgouvernement Polen« verschleppt worden. Himmler hatte nach diesen teilweise chaotisch abgelaufenen Umsiedlungen und Deportationen von Juden und Nichtjuden im Winter 1939/40 verfügt, dass bei der Staatsbahn künftig die politisch intendierten Transporte der Polizei zur »Umvolkung« allein über das Büro Eichmanns in der Berliner Kurfürstenstraße bestellt werden durften. Bei der Deportation von Juden aus Stettin und Schneidemühl in den Distrikt Lublin im Februar 1940 sowie bei der Deportation von mehr als siebentausend badischen und rheinpfälzischen Juden nach Gurs in Südfrankreich im Oktober 1940 hatte er sich abermals der Mithilfe der

11 Vgl. Longerich, *Politik*, u. Browning, *Entfesselung*.

12 Zu den frühen Transporten aus dem Deutschen Reich zwischen 1938 und 1941 vgl. Gottwaldt, Schulle, *Judendeportationen*, S. 26–51.

Eisenbahn bedient. Gleiches gilt für die ersten Transporten von Wien nach dem Distrikt Lublin im Februar und März 1941, ehe die Vorbereitung des Russlandfeldzuges diese »Aktion« unterbrach.[13]

Im Stab Eichmanns arbeitete der SS-Hauptsturmführer Franz Novak (1913–1983) mit, der vielleicht aufgrund persönlicher Herkunft – sein Vater war Zugführer bei der österreichischen Südbahn gewesen – besonders geeignet schien, Fahrpläne zu lesen und beständig mit dem Reichsverkehrsministerium über Massentransporte zu verhandeln.[14] Tatsächlich waren neben dem Reichssicherheitshauptamt noch andere Funktionäre der Sicherheitspolizei im »Reichsgau Wartheland«, im Generalgouvernement und in der besetzten Sowjetunion bei der »Endlösung der Judenfrage« federführend. An zahlreichen Stellen wollte man »dem Führer entgegen arbeiteten«, indem regional eigene Strategien entwickelt wurden.[15]

Verkehrsmittel der Deportation

Bei dem ersten Blick auf eine »Logistik des Holocaust« ist nach den damals verfügbaren Verkehrsmitteln zu fragen. Wegen des Umfangs der Transportaufgabe in Europa konnte es allein die Eisenbahn sein, welche eine Rolle im staatlich organisierten Massenverbrechen übernahm. Flugzeuge schieden von vornherein aus. Es mangelte den Tätern aber auch an einer genügenden Anzahl von Straßenfahrzeugen, und es fehlte ihnen seit dem Herbst 1941 an Treibstoff, so dass Lastkraftwagen und Omnibusse nur in Einzelfällen eingesetzt wurden.

Die Wahl des Transportmittels war pragmatisch bestimmt. Noch kurz zuvor, bei der Ermordung der Insassen von Irrenanstalten unter dem euphemistischen Begriff »Euthanasie« in den Jahren 1939 bis 1941, hatte man Omnibusse der Reichspost für ungezählte Transporte von behinderten Menschen in die Mordstätten benutzt.[16] Als schließlich mobile Gaslastwagen entstanden, war deren Zweck nicht in erster Linie Transport, sondern Mord.[17] Der jüdische Romanist Victor Klemperer (1881–1960) konnte sehen, wie Polizei und SS im Juli 1942 auf der nur etwa 50 Kilometer langen Strecke von Dresden nach Theresienstadt kleinere Gruppen älterer Juden mit Lastwagen und Anhängern

13 Vgl. Schüler, *Logistik*.
14 Vgl. Pätzold, Schwarz, *»Auschwitz«*, S. 29–43.
15 Vgl. Kershaw, *Hitler*.
16 Vgl. Klee, *»Euthanasie«*, S. 124–140.
17 Vgl. Beer, »Entwicklung«, S. 403–418.

verschleppten.[18] In einigen Landkreisen des Warthelandes wurde 1941/42 die Überlandstraßenbahn benutzt, um polnische Juden aus den Dörfern in das Ghetto Litzmannstadt zu bringen. Als im Sommer 1942 die Bahnstrecke zum Vernichtungslager Sobibór im Distrikt Lublin wegen Bauarbeiten stillgelegt war, trieb man die in der Nähe lebenden Juden zu Fuß und mit Pferdewagen vor das Tor der Mordfabrik.

Gelegentlich sind sogar Schiffe für Deportationen benutzt worden, zum Beispiel bei den Transporten norwegischer Juden über die Ostsee von Oslo nach Stettin im November 1942 und Februar 1943. Anschließend wurden diese Opfer mit Zügen der Reichsbahn vom Hafenbahnhof Stettin nach Berlin und weiter bis Auschwitz befördert.[19] Aus einigen Gebieten Bulgariens hat man im März 1943 die »neubulgarischen« Juden Thraziens auf mehreren Flussdampfern von Lom die Donau hinauf bis nach Wien transportiert; sodann wurden sie von Wien Donaubahnhof mit Sonderzügen der Reichsbahn bis nach Treblinka gebracht.[20] Im Sommer 1944 wurden von den griechischen Inseln Korfu und Rhodos die letzten Juden auf Barken über das Mittelmeer bis nach Piräus verschifft, wo sie in Züge von Athen nach Auschwitz steigen mussten.[21]

Funktionen bei der Reichsbahn

Voraussetzung eines jeden Transports war für die Staatsbahn eine Bestellung durch den Auftraggeber. Innerhalb des Berliner Reichsverkehrsministeriums am Wilhelmplatz war gleichfalls eine klärende Absprache getroffen worden, wonach jedes größere Sonderzugprogramm zuerst vom Referat »Massentransporte« genehmigt werden musste, ehe sich drei Generalbetriebsleitungen der Reichsbahn und 31 regionale Reichsbahndirektionen detailliert mit der praktischen Durchführung von Fahrten befassten. Die Reichsbahndirektionen durften nur Einzelbestellungen auf Sonderzüge annehmen.

Hier ist nicht der Raum, die Organisationsgeschichte der Reichsbahn im Verlauf des Zweiten Weltkriegs darzustellen. Im Generalgouvernement verstand sich die »Ostbahn« mit ihrer Generaldirektion in Krakau als eine gegen-

18 Vgl. Klemperer, »Ich will Zeugnis ablegen«, S. 169 (Eintrag vom 14. Juli 1942).

19 Telegramm des RSHA vom 25. Februar 1943, Eichmann-Dokument Nr. 1621. Abdruck bei Hilberg, *Sonderzüge*, S. 218.

20 Wagenzettel der Reichsbahndirektion Wien vom 15. März 1943. Abdruck bei Hilberg, *Sonderzüge*, S. 221.

21 Vgl. Aly, *Volksstaat*, S. 299–308.

über dem Verkehrsministerium in Berlin weitgehend unabhängige Organisation. In den besetzten Gebieten der Sowjetunion übernahm die Reichsbahn erst nach einer Transportkrise vor Moskau im Januar 1942 den Eisenbahnbetrieb von der Wehrmacht. Daneben ist als ausgesprochen komplexer Gegenstand die organisatorische Kooperation der Deutschen Reichsbahn mit ihren Partnern in den übrigen besetzten europäischen Staaten zu beachten. Dem unterschiedlichen rechtlichen Status der einzelnen Länder entsprechend, bestanden dort mehr oder weniger selbständige Bahngesellschaften, die von Beamten der Reichsbahn angewiesen oder überwacht wurden. Es entsprach der deutschen Besatzungspolitik, diese Verkehrsorganisationen effizient für ihre Zwecke zu nutzen, wie auch die Polizeibehörden der eroberten Länder vielfach aktiv kollaborierten. Betrachtet man die an einem Zuglauf beteiligten Transporteure zum Beispiel aus dem Durchgangslager Drancy bei Paris im März 1943 zum Vernichtungslager Sobibór bei Cholm im Distrikt Lublin, so waren daran auf Bestellung der Polizei zunächst die Französische Nationalbahn, dann mehrere regionale Direktionen der Deutschen Reichsbahn sowie zuletzt die »Ostbahn« im Generalgouvernement beteiligt.[22]

Mehr als eine Million Menschen waren während des Krieges bei den deutschen Eisenbahnen beschäftigt. Die Hauptverwaltung der Reichsbahn bildete einen Bestandteil des Reichsverkehrsministeriums. Dort hatten für sämtliche Operationen der Reichsverkehrsminister und Reichsbahn-Generaldirektor Julius Dorpmüller (1869–1945) sowie sein Stellvertreter von 1933 bis Mitte 1942, der Staatssekretär Wilhelm Kleinmann (1876–1945), die Verantwortung.[23] Auf letzteren folgte dann bis Mai 1945 noch der Staatssekretär Albert Ganzenmüller (1905–1996). Die Sonderzugprogramme wurden in der Betriebsabteilung des Reichsverkehrsministeriums vom Referenten für Massentransporte, Ministerialrat Paul Schnell (1883–1958), sowie von Amtsrat Otto Stange (1882–1950) geprüft und genehmigt. Das Referat »Massentransporte« plante, teilweise ebenfalls in enger Zusammenarbeit mit Dienststellen Himmlers, gleichzeitig noch die Durchführung von Zwangsarbeiter- und Umsiedler-Sonderzügen, Transporten ausländischer »Erntehelfer« und »Volksdeutscher«, dazu Kindertransporte der Evakuierung vor Luftangriffen.[24] Ein anderes Referat räumte 50 Prozent Rabatt auf den Fahrpreis ein, wenn mindestens 400 Personen gemeinsam befördert wurden; pro Person und Kilometer waren dann 2 Reichspfennig zu entrichten. Jede Fahrt wurde minutiös abgerechnet.

22 Vgl. Gottwaldt (2001), »Eisenbahner«, S. 37–50.
23 Vgl. Gottwaldt (1995), *Julius Dorpmüller*.
24 Vgl. Deutsche Reichsbahn, *Verzeichnis*.

Ob die Reichsbahn mit den Transporten einen belegbaren Gewinn erzielt hat, lässt sich nicht ohne weiteres sagen.[25]

Die Logistik der Vernichtungslager beruhte fast ausschließlich auf ihren Gleisanschlüssen. Damit wirkten zahllose weitere namenlose Eisenbahner als Bearbeiter von Fahrplänen, als Bahnbauarbeiter und als Lokomotivführer vom ersten bis zum letzten Meter der Strecken arbeitsteilig am Tötungsprozess mit. Jeder einzelne Zug benötigte nach etwa dreihundert Kilometern Fahrweg jeweils eine frische Lokomotive, weil der Kohlenvorrat erschöpft war und das Lokpersonal, der begleitende Zugführer und seine Schaffner nach acht bis zwölf Stunden ihren Feierabend machten. Die Strecken gingen bis in die »Mordfabriken« hinein: Auf diesen regelmäßig von Eisenbahnern inspizierten Gleisen fuhren Rangierlokomotiven mit ausgesucht verschwiegenem Bahnpersonal.

Schon während der Fahrt konnten Eisenbahner etwas von der Brutalität der die Transporte begleitenden Ordnungspolizisten wahrnehmen. Als einmal zu Pfingsten 1942 die Angehörigen von SS und Polizei eine spätere Ankunft in Minsk wünschten, hielten deutsche Bahnbeamte die mit Juden aus Wien dicht besetzten Güterwagen in der glühenden Sonne über das Wochenende auf einem Vorortbahnhof an.[26] Streitigkeiten mit der Polizei am Bahnsteig gab es eher, wenn Eisenbahner den Zuginsassen unterwegs Wasser reichen wollten.[27] Je weiter nach Osten man im deutschen Machtbereich kam, umso deutlicher erkennbar wurde das Schicksal der Juden. Eisenbahner konnten klarer als andere Deutsche sehen, was geschah. Nach dem Krieg übernahmen zahlreiche Beamte aus dem einstigen Reichsverkehrsministerium und von der Reichsbahn noch Führungspositionen bei der Bundesbahn. Mit ihren Berichten beeinflussten sie die Interpretation von Vorgängen bei der Reichsbahn im Krieg maßgeblich.[28]

Typen der Waggons

Die »Judentransporte«, welche das Deutsche Reich berührten und verließen, umfassten zumeist ungefähr 1.000 Menschen pro Zug. Dabei handelte es sich um eine traditionelle Richtgröße aus dem Sonderzugverkehr während der

25 Hierzu bereitet Thomas Kuczynski in Berlin eine Veröffentlichung vor.

26 Vgl. Gottwaldt, Schulle, *Judendeportationen*, S. 235–239.

27 Vgl. das Vorwort von Adalbert Rückerl zu Hilberg, *Sonderzüge*, S. 11.

28 Vgl. Pottgießer, *Reichsbahn*, Pischel, »Generaldirektion«, S. 1–80, Strößenreuther, *Eisenbahnen*, u. Kreidler, *Eisenbahnen*.

Vorkriegszeit; in 20 Wagen sollten jeweils 50 Menschen sitzen. Die verwendeten Fahrzeuge Dritter Klasse älterer Bauarten gehörten zur »Sonderzugreserve« der einzelnen Reichsbahndirektionen und waren mit den typischen Lattensitzen ausgerüstet. Anfangs, vor allem im Deutschen Reich selbst, wurden für die fünfzig Deportationen nach Litzmannstadt, Minsk, Kauen (Kowno) und Riga stets Personenwagen verwendet, weil die Wehrmacht im Winter 1941/42 selbst großen Bedarf an gedeckten Güterwagen anmeldete. Die in Ansätzen durchrationalisierten »Umläufe« der Wagengarnituren sind teilweise bekannt. Dabei überrascht die Feststellung, dass die Personenwagen anfangs in vielen Fällen leer an ihre Heimatbahnhöfe zurückbefördert wurden, um dann erst ein weiteres Mal besetzt auf den Weg geschickt zu werden.

Als im März 1942 die – noch immer weitgehend übersehenen – Transporte aus dem Reich in den Distrikt Lublin begannen, kam allmählich die Benutzung von Güterwagen für »Judentransporte« auf. Weil Wagenmaterial knapp war, wurden seit April 1942 zugleich die zuvor mit Zwangsarbeitern aus der Ukraine besetzten »Russenzüge« auf ihrem Rückweg durch Deportationstransporte ausgelastet. Bis Mitte 1943 wurden aus dem »Altreich« etwa 102 Sonderzüge mit jeweils mehr als 700 Insassen gefahren. Mit diesen 102 »größeren« Transporten wurden zusammen bereits 87.000 deutsche Juden verschleppt. Innerhalb des Generalgouvernements wurden schon bei den Transporten seit Mitte März 1942 über relativ kurze Strecken stets Güterwagen verwendet, in welche jeweils 50 bis 150 oder sogar bis 200 Menschen gepresst wurden: Die von SS und Polizei bestellte Richtgröße für die Beladung solcher Züge mit 50 bis 58 Waggons belief sich häufig auf 5.000 Menschen aus den polnischen Ghettos. Die kollektive Erinnerung wird bestimmt von ikonisierten Bildern aus Auschwitz-Birkenau im Sommer 1944, als dort unter vielen anderen auch ein Massentransport von Juden aus Berehovo und Bilke in den zeitweise ungarischen Karpaten mit gedeckten Güterwagen ankam.[29] Weil es an Wagenmaterial für komplette Sonderzüge zeitweilig fehlte, ließen Gestapo und Reichsbahn ab Juni 1942 an vielen Tagen bestellte Einzelwagen mit jeweils 50 Menschen in fahrplanmäßigen Personenzügen von Berlin (119 »kleinere« Transporte) oder von München (28 »kleinere« Transporte) zum Durchgangsghetto Theresienstadt in Böhmen fahren. Als ab Mitte 1943 die Massentransporte von Juden zumindest aus dem Deutschen Reich in den Osten weitgehend abgewickelt waren, wurden die letzten verbliebenen Juden weiterhin in solchen »kleineren« Transporten nach Auschwitz und Theresienstadt verschleppt.[30] Allein aus dem

29 Vgl. Gutman, Gutterman, *Auschwitz-Album*, Gottwaldt (2007), »Viehwaggon«.
30 Vgl. Gottwaldt, Schulle, *Judendeportationen*, S. 459–467.

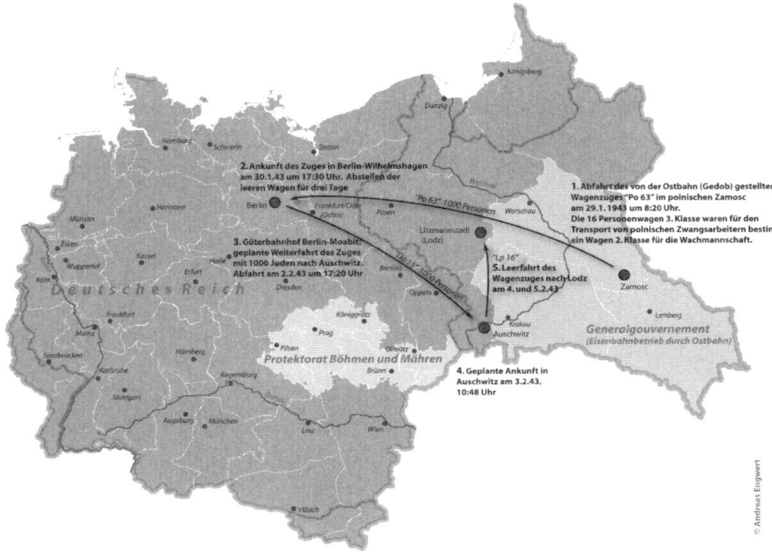

Abb. 13.2: »Umlaufplan« Nr. 127 vom 16. Januar 1943. Beispielhaft für Hunderte von Wagenumläufen für Sonderzüge zur Deportation steht der »Umlauf 127« der Generalbetriebsleitung Ost vom 16. Januar 1943. Eine Zuggarnitur aus 17 Wagen der »Ostbahn« war ab 29. Januar 1943 von Zamosc nach Berlin, Auschwitz und Litzmannstadt unterwegs.

Quelle: Grafik Andreas Engwert.

»Altreich« sind demnach 386 »kleinere« Transporte im Umfang bis zu 700 Personen nachzuweisen, mit welchen insgesamt weitere 43.000 deutsche Juden deportiert wurden. Manche Jüdinnen und Juden im Deutschen Reich, die zuvor mit den inhumanen Gesetzen des NS-Staates in Konflikt gekommen waren, hat man seit 1941 auch mit regelrechten Zellenwagen der Reichsbahn aus den Gefängnissen in Konzentrationslager transportiert, nachdem die Lager in das traditionelle »Schubsystem« für Insassen der Strafanstalten integriert waren.[31] Auf diese Weise gelangte zum Beispiel die junge Anita Lasker (geb. 1925) im Dezember 1943 von Breslau nach Auschwitz, wo sie das Cello im »Mädchenorchester« spielen musste.[32]

31 Vgl. Steinke, *Züge.*

32 Vgl. Lasker-Wallfisch, *»Ihr sollt die Wahrheit erben«*, S. 108–130.

Durchgangslager und Ghettos

Stand vor dem Beginn eines jeden Transports für Juden zunächst ihre Einweisung in ein Sammellager oder Ghetto, so gehörten zur Methode der Täter während einer bestimmten Phase der Judenvernichtung nicht selten die Unterbringung im »Durchgangslager« oder im »Durchgangsghetto« am Ende einer ersten Bahnfahrt. Dort hat man die Opfer für eine Weile festgehalten, ehe sie an eine spezialisierte Mordstätte weiter transportiert wurden. So sind zum Beispiel die deutschen Juden, die im Oktober und November 1941 im Ghetto Litzmannstadt eingetroffen waren, erst Monate später per Zug nach Kulmhof (Chełmno) im Regierungsbezirk Hohensalza verschleppt und dort in Gaslastwagen getötet worden.

Während einer Zeit von März bis Juni 1942 gab Eichmann, so kann vermutet werden, die Disposition der Ziele für die mehr als vierzig nächsten Transporte aus dem Reich nach dem größten Teil ihres Fahrwegs im Generalgouvernement an den Befehlshaber der Sicherheitspolizei und des SD in Krakau oder an den SS- und Polizeiführer Lublin ab. Die Zielorte wurden bei Polizei und Reichsbahn mit Wörtern wie »Trawniki« oder »Izbica« chiffriert, doch hat man die Insassen dieser Züge tatsächlich auf mehrere Landghettos im Distrikt Lublin und auf das Warschauer Ghetto verteilt. Wie die dort ansässigen polnischen Juden wurden sie nach zumeist kurzem Aufenthalt per Bahn weiter in Richtung Bełżec, Sobibór und Treblinka transportiert.

Die böhmischen und mährischen Juden aus dem »Protektorat« wurden ab November 1941 zunächst nach der ehemaligen Festung Theresienstadt gebracht, um bald darauf weiter in Vernichtungsstätten des Ostens zu gelangen. Älteren Juden aus dem Deutschen Reich hat man ab Mitte 1942 als Zielort zunächst ein »Altersghetto« in Theresienstadt vorgegaukelt, ehe sie dort mit Gewalt in weitere Züge nach Treblinka oder Auschwitz verladen wurden.[33] Über das holländische Transitghetto Westerbork wurden gleichfalls fast einhunderttausend Menschen in Vernichtungslager deportiert. Als »Durchgangslager« sollten sich schließlich auch die südfranzösischen Internierungslager bei Gurs erweisen, in denen die badischen und saarpfälzischen Juden seit ihrer Vertreibung aus dem Reich im Oktober 1940 festsaßen: 1942 wurden sie wieder nordwärts nach Paris transportiert und in die von dort nach Auschwitz gehenden Züge gepfercht.[34]

33 Vgl. Gottwaldt (2005), »Deutsche Reichsbahn«, S. 63–110.

34 Vgl. den Beitrag von Marie-Noëlle Polino in diesem Band.

Fahrtziele und Fahrzeiten

Die folgende Übersicht nennt für die Periode von Oktober 1941 bis Juni 1943 zunächst die Ziele der 102 großen Transporte aus dem »Altreich«. Eichmanns Auftrag erstreckte sich aber bereits von Anfang an auf das »Großdeutsche Reich« mit Wien und Prag. Diese 102 Züge sind daher auch enthalten in der Summe von insgesamt 189 umfangreicheren Transporten aus dem »Großdeutschen Reich«, also einschließlich der Züge aus Wien und dem »Protektorat«.

Nicht enthalten in der Übersicht sind die weiteren rund 80 Transporte innerhalb des »Protektorats«, vor allem zunächst nach Theresienstadt. Zwischen September 1941 und November 1944 wurde Auschwitz zum Ziel von Transporten mit nahezu einer Million Menschen aus fast sämtlichen Orten Europas, darunter viele aus dem Westen des Generalgouvernements und sogar aus besetzten sowjetischen Gebieten. Transporte mit Juden aus dem Deutschen Reich trafen in Auschwitz erstmals im Mai 1942 ein, erst ab Oktober 1942 in größerer Zahl.[35]

Manche Fahrwege der »Judentransporte« waren außerordentlich weit, zum Beispiel etwa 1.550 Kilometer für den Zug am 11. Dezember 1941 von Düsseldorf über Berlin nach Riga oder etwa 1.215 Kilometer für den Zug am 6. Mai 1942 von Wien über Warschau nach Maly Trostinec bei Minsk. Viele Züge waren mehr als vier Tage unterwegs, so dass nach kurzer Zeit für die Zuginsassen kein Wasser mehr zu Verfügung stand. Die Toiletten in den Personenwagen waren bald verstopft, die Kübel in den später eingesetzten Güterwagen liefen rasch über. Zum Beispiel dauerte im März 1943 der Transport des jungen jüdischen Getreidekaufmanns Estrongo Nachama (1918–2000) von der griechischen Stadt Saloniki, aus welcher mehr als 40.000 Juden verschleppt wurden, über Wien bis auf die Rampe von Auschwitz in Ostoberschlesien bei einer Wegstrecke von ungefähr 1.680 Kilometern wenigstens 110 Stunden oder fünf Tage. Versucht man, die Reisegeschwindigkeit solcher Züge einschließlich sämtlicher Zwischenhalte zu errechnen, ergibt sich ein für heutige Maßstäbe überraschend niedriger Wert: Wie die Truppentransporte der Wehrmacht, so wiesen die »Judentransporte« kaum jemals ein Durchschnittstempo von mehr als 20 Kilometern pro Stunde auf.

---

35 Vgl. Czech, *Kalendarium*.

Tab. 13.1: Ziele und Zahlen der »größeren« Transporte aus dem Deutschen Reich von Oktober 1941 bis Juni 1943

Zeitabschnitt	Fahrtziel	»Altreich«	»Groß-deutschland«
Oktober bis November 1941	Litzmannstadt	10 Züge	20 Züge
November 1941	Minsk	5 Züge	7 Züge
November 1941	Kauen (Kowno)	4 Züge	5 Züge
November 1941 bis Februar 1942	Riga*	14 Züge	20 Züge
März bis Juni 1942	Distrikt Lublin*	22 Züge	43 Züge
Mai bis Oktober 1942	Maly Trostinec*	2 Züge	17 Züge
August bis Oktober 1942	Riga und Raasiku*	5 Züge	7 Züge
Mai 1942 bis Juni 1943	Auschwitz*	17 Züge	24 Züge
September bis Oktober 1942	Treblinka*	1 Zug	11 Züge
Juni bis Oktober 1942	Theresienstadt	22 Züge	35 Züge
Summe		102 Züge	189 Züge

In der Übersicht sind diejenigen Ziele mit einem Stern (*) markiert, an denen bereits Züge aus dem »Durchgangsghetto« Theresienstadt eintrafen.

Quelle: Gottwaldt, Schulle, Judendeportationen, S. 443–467.

Ein Verbrechen besonderen Ausmaßes war der Mord an mehr als eineinhalb Millionen polnischer Juden innerhalb des besetzten Generalgouvernements binnen eines Jahres. Am Ostrand dieses Gebiets wurden – zumeist sogar auf vorhandenen Bahngleisen – seit Anfang 1942 mehrere Mordfabriken errichtet. Viele andere Juden Polens wurden an ihren Wohnorten ermordet.[36] Nach einer deutschen Funkmeldung aus Krakau waren bis zum Jahresende 1942 bereits 1.274.166 Juden in den Gaskammern der »Aktion Reinhardt« getötet worden, nämlich 434.508 Menschen in Bełżec, 24.733 in Lublin-Majdanek, 101.370 in Sobibór und 713.355 Menschen in Treblinka.[37]

Niemals wieder hat es eine Massentötung dieses Umfangs gegeben. Auf Bestellung des Befehlshabers der Sicherheitspolizei und des SD in Krakau hatte die von deutschen Bahnbeamten geleitete Generaldirektion der Ostbahn in Krakau einen speziellen Wagenpark nur für die »Aussiedlung« der Juden bereit gestellt, der in schematisch ablaufenden Programmen zwischen den Ghettos von Lemberg, Lublin, Radom, Tschenstochau und Warschau einerseits sowie den »Mordfabriken« andererseits dauernd hin und her ging. Allein aus dem Ghetto Warschau wurden vom 22. Juli 1942 bis Oktober 1942 mehr als 300.000 Menschen nach Treblinka deportiert, um sie dort systematisch in

36 Vgl. Pohl, *»Judenpolitik«*.

37 Vgl. Witte, Tyas, »Document«, S. 468–486.

Gaskammern zu ermorden. Die Strecken dieser Sonderzüge waren relativ kurz, wenn man die Entfernung von Warschau nach Treblinka mit etwa 100 Kilometern bedenkt. Als dafür ein Zug pro Tag mit etwa 5.000 Menschen in 58 Waggons nicht mehr ausreichend erschien, setzten die Verfolger von SS und Polizei gemeinsam mit der Eisenbahnverwaltung in Krakau bald einen weiteren solchen Zug täglich ein. Dutzende von Fahrplananordnungen dokumentieren, dass diese Transporte mit der Hand oder vor den Augen sämtlicher deutschen Eisenbahner bei der »Ostbahn« durchgeführt wurden – obwohl sie dies später systematisch geleugnet haben.[38]

Grenzen der Transportkapazitäten

Heinrich Himmler dürfte sich bei seinen Plänen nur selten Gedanken über Fragen der »Logistik des Holocaust« gemacht haben. Einerseits hielt man die Reichsbahn – wenigstens bis zur Transportkrise vor Moskau im November 1941 – für unbegrenzt leistungsfähig, andererseits besaß in den Überlegungen Himmlers und Eichmanns stets die »Vernichtungskapazität« oberste Priorität. Die Fragen, wo »Aufnahmemöglichkeiten« für Juden vorhanden waren und ob Männer zum Mord bereit standen, beeinflusste ihr Handeln zumeist mehr als betriebliche Schwierigkeiten der Reichsbahn. Konnten die Transportwünsche des Eichmann-Referats von der Reichsbahn kurzfristig nicht ausgeführt werden, wurden die bestellten Sonderzüge um wenige Wochen verschoben, aber nie gänzlich ausgesetzt.

Mit seinen Transporten sollte Himmler indes regelmäßig warten, wenn die Reichsbahn aus Mangel an Kapazitäten nicht transportieren konnte, weil zu Weihnachten 1941 und 1942 die vor allem von Propagandaminister Goebbels aus politischen Gründen gewünschten Wehrmachturlaubertransporte stets Vorrang hatten. Im Juli 1942 beanspruchte die Wehrmacht bei ihrer Offensive im Süden der Sowjetunion sämtliche verfügbaren Züge. Ebenso drängte Himmler im Januar 1943 den Staatssekretär Ganzenmüller, ihn beim »Abtransport der Juden« stärker zu unterstützen: »Ich muß, wenn ich die Dinge schnell erledigen will, mehr Transportzüge haben [...] Helfen Sie mir und verschaffen Sie mir mehr Züge.«[39]

38 Fahrplananordnung der Generaldirektion der Ostbahn vom 3. August 1942. Abdruck bei Hilberg, *Sonderzüge*, S. 178.

39 Schreiben Himmlers an Staatssekretär Ganzenmüller vom 23. Januar 1943. Abdruck bei Hilberg, *Sonderzüge*, S. 213–214.

Kaum verlässliche oder gar vollständige Angaben sind vorhanden über die Transporte von Häftlingen aus einem Lager zum nächsten, die sich als »Häftlingsströme« bezeichnen lassen. Die Juden wurden dabei im Verlauf der geplanten »Vernichtung durch Arbeit« nach kürzerer oder längerer Zeit an einen anderen Ort zur Zwangsarbeit verschleppt, nicht selten schließlich doch noch in ein Tötungszentrum. Als Beispiel sei auf einen Transport mit vermutlich 2.216 Insassen in rund vierzig Güterwagen hingewiesen, der am 2. November 1943 von Riga über Königsberg und Warschau bis Auschwitz geleitet wurde. Nach einem Fahrweg von rund 1.170 Kilometern traf er am Morgen des 5. November 1943 in Birkenau ein. Nur etwa 150 Menschen daraus wurden ins Lager aufgenommen, die anderen sogleich zu den Gaskammern gebracht.[40] Bekannt sind auch die Transporte von einigen zehntausend Häftlingen nach dem KZ Mittelbau-Dora bei Nordhausen im Harz oder zu den Flugzeug-Produktionsstätten bei Kaufering in Bayern.

Gegen Ende des Krieges, als sich die Rote Armee bereits den Lagern in Riga, Lublin und Auschwitz näherte, trachteten SS und Polizei danach, die noch lebenden Häftlinge nun in Richtung Westen zu transportieren. So hat man zum Beispiel Anita Lasker im November 1944 von Birkenau im Zug nach Bergen-Belsen bei Celle verlegt, wo sie endlich am 15. April 1945 von alliierten Truppen befreit wurde. Zahlreiche Angehörige der frühen Deportationen aus dem Deutschen Reich, welche als jüngere Arbeitskräfte seit Herbst 1941 die Lager von Riga überlebt hatten, wurden auf Schuten durch die Ostsee von Lettland zurück bis nach Danzig transportiert, wie es der sozialdemokratischen Politikerin Jeanette Wolff (1888–1976) noch widerfuhr.[41] Im Prozess der Auflösung sämtlicher Organisationen folgten ab Frühjahr 1945 noch disparate »Agonie-Transporte« selbst mit offenen Güterwagen und schließlich die Todesmärsche der Häftlinge auf eigenen Beinen in dem Moment, als ein funktionierendes deutsches Eisenbahnwesen nicht mehr bestand.

Zahlen der Züge

Niemand mochte sich bis heute der Aufgabe stellen, die »Judentransporte« während des Zweiten Weltkriegs unter dem Gesichtspunkt der jeweils zurückgelegten Verkehrsrelationen auf der Eisenbahn als komplexes Zahlenwerk

40 Vgl. Czech, *Kalendarium*, S. 645, Scheffler, Schulle, *Buch*, S. 39, u. Angrick, Klein, *»Endlösung«*, S. 401.

41 Vgl. Wolff, *Bibel und Bebel*, S. 48.

zusammenzustellen. Die schwierige Frage, ob die Anzahl der »Judentransporte« im weit dimensionierten Verkehrssystem der Deutschen Reichsbahn mit zwanzigtausend Zugfahrten pro Tag statistisch überhaupt eine nennenswerte Rolle gespielt hatte, wurde bereits 1973 von der Verteidigung Albert Ganzenmüllers im Düsseldorfer Strafprozess aufgeworfen. Bei der Gedenkstätte Yad Vashem in Jerusalem betreibt der israelische Forscher David Bankier ein Projekt, das ein Kalendarium sämtlicher Transporte in Europa zum Ziel hat. Der Versuch birgt ähnlich wie die Berechnungen einer »Dimension des Völkermords« immense Schwierigkeiten, denn die Dunkelziffer an Transporten erscheint für eine gesicherte Zählung zu hoch. Erhebliche Probleme der Darstellung resultieren zudem aus unterschiedlichen Grenzziehungen der europäischen Länder während des Krieges und danach.[42]

Einige Elemente der Kalkulation sollen skizziert werden. Nimmt man aus Deutschland (»Altreich«) mitsamt Luxemburg allein etwa 102 Massentransporte von jeweils mehr als 700 Insassen sowie aus Österreich etwa 50 solcher Transporte an, so wäre hier zunächst an etwa 150 größere Transporte zu denken. Daneben haben 386 kleinere Transporte mit jeweils bis zu 700 Menschen aus dem »Altreich« stattgefunden. Hinzu kommen hier noch 120 Transporte mit böhmischen und mährischen Juden innerhalb des »Protektorats« vorwiegend nach Theresienstadt, darunter fast 80 »größere« Transporte. Die Zwischensumme für das »Großdeutsche Reich« liegt damit schon bei rund 600 Transporten. Die mehr als 50 Transporte der Juden von Litzmannstadt nach Kulmhof (Chełmno) im »Reichsgau Wartheland« sowie die 65 großen Transporte von Theresienstadt zu Vernichtungsstätten im Osten wären dagegen gesondert auszuweisen, um eine doppelte Zählung dieser Opfer zu vermeiden. Gleiches gilt für die oben als »Häftlingsströme« bezeichneten Bewegungen.

Die Transporte aus Norwegen und Dänemark im Norden Europas waren mit anderen Vorgängen verbunden und sind deshalb nicht gezählt. Für die westeuropäischen Länder lässt sich mit etwa 79 größeren Transporten von Juden aus Frankreich, mit etwa 26 Transporten aus Belgien und mit etwa 100 Transporten aus den Niederlanden rechnen. Bereits ohne die Verschleppungen auf der Eisenbahn im Binnenverkehr dieser Länder zu den Sammellagern von Drancy, Malines und Westerbork ergibt sich eine weitere Zwischensumme von etwa 200 Zügen.

Aus dem Süden und Südosten Europas wären etwa 22 größere Transporte von Juden aus Griechenland, ungefähr zehn große Transporte aus Italien, ein Transport aus Albanien, etwa fünf bis acht Transporte aus bulgarischen Gebieten sowie etwa fünf bis acht Transporte aus damaligen Nachfolgestaaten Ju-

42 Vgl. Benz, *Dimension*, u. Gottwaldt, Schulle, *Judendeportationen.*

goslawiens in die Berechnung einzubeziehen. Die eigenständigen Deportationen von Juden innerhalb Rumäniens aus seinen damals neuen Gebieten Bessarabien und Nordbukowina nach Transnistrien sind hier nicht berücksichtigt. Die gleichfalls außerordentlich hohe Zahl von 437.400 Juden aus ungarischen Gebieten wurde im Sommer 1944 in etwa 147 Zügen deportiert. Bei der nächsten Zwischensumme wäre also für Süd- und Südosteuropa nochmals von mindestens 200 Zügen zu sprechen.

Im Osten Europas lassen sich zunächst für die Slowakei 57 Transporte von Juden im Jahre 1942 sowie 11 Transporte zum Jahresende 1944 nachweisen. Die Massentransporte im Generalgouvernement erfassten ungefähr 1,5 bis 1,8 Millionen Menschen; sie bedürfen weiterhin präziser Aufklärung und können nur oberflächlich auf mindestens 300 Zugfahrten geschätzt werden. Die Zahl erscheint niedrig, erklärt sich aber aus der hohen Zahl der mit einem Zug deportierten Menschen. Hinzu kommen Transporte aus besetzten vormals sowjetischen Gebieten wie Białystok und Grodno in deutsche Vernichtungslager mit etwa zehn bis fünfzehn Transporten. In der Zwischensumme wäre für Osteuropa hier an mindestens 400 Zugfahrten zu denken.

Erste Berechnungen ergeben also weit mehr als eintausendfünfhundert Zugfahrten in die Vernichtungslager; wenigstens zweitausend können es unter Einbeziehung der »kleineren« Transporte gewesen sein. Während des Zweiten Weltkriegs waren demnach an jedem einzelnen Tag täglich ein oder zwei umfangreichere »Judentransporte« auf Schienen in Europa unterwegs. Darin sind die Transporte der »Häftlingsströme« zwischen den Lagern nicht enthalten. Nach den Wünschen von Polizei und SS schrieben die Beamten der Deutschen Reichsbahn die Fahrpläne in die Vernichtungslager aus, kontrollierten den Zustand der dortigen Anschlussgleise, heizten die Lokomotiven und stellten die Weichen. Am Ende der Gleise standen damals, um es ganz direkt zu sagen, tödliche »Fabriken, die ihren Rohstoff auf der Schiene bezogen«.

Literatur

Aly, Götz (2006), *Hitlers Volksstaat. Raub, Rassenkrieg und nationaler Sozialismus*, Frankfurt am Main.

Angrick, Andrej/Klein, Peter (2006), *Die »Endlösung« in Riga. Ausbeutung und Vernichtung 1941–1944*, Darmstadt.

Beer, Mathias (1987), »Die Entwicklung der Gaswagen beim Mord an den Juden«, in: *Vierteljahrshefte für Zeitgeschichte* 35, S. 403–418.

Benz, Wolfgang (Hrsg.) (1991), *Dimension des Völkermords. Die Zahl der jüdischen Opfer des Nationalsozialismus*, München.

Browning, Christopher R. (2003), *Die Entfesselung der »Endlösung«. Nationalsozialistische Judenpolitik 1939–1942*, München.

Bundesarchiv Koblenz (Hrsg.) (2006), *Gedenkbuch. Opfer der Verfolgung der Juden unter der nationalsozialistischen Gewaltherrschaft in Deutschland 1933–1945*, 4 Bde., Koblenz.

Czech, Danuta (1989), *Kalendarium der Ereignisse im Konzentrationslager Auschwitz-Birkenau 1939–1945*, Reinbek bei Hamburg.

Deutsche Reichsbahn (Hrsg.) (1940–1944), *Verzeichnis der oberen Reichsbahnbeamten*, Bd. 36–40, Berlin.

Deutsches Technikmuseum (Hrsg.) (2005), *»Judendeportationen 1941–1945«. Ausstellung des Deutschen Technikmuseums Berlin*, Berlin.

Engwert, Andreas/Kill, Susanne (Hrsg.) (2009), *Sonderzüge in den Tod. Die Deportationen mit der Deutschen Reichsbahn*, Köln.

Gottwaldt, Alfred (1995), *Julius Dorpmüller, die Reichsbahn und die Autobahn. Verkehrspolitik und Leben des Verkehrsministers bis 1945*, Berlin.

— (2001), »Die Eisenbahner der Hauptverkehrsdirektion Paris während der Okkupationszeit in Frankreich 1940–1944. Funktionen und Funktionäre«, in: *Jahrbuch für Eisenbahngeschichte* 33, S. 37–50.

— (2005), »Die Deutsche Reichsbahn und Theresienstadt«, in: *Theresienstädter Studien und Dokumente*, S. 63–110.

— (2007), »Der deutsche ›Viehwaggon‹ als symbolisches Objekt in KZ-Gedenkstätten«, in: *Gedenkstätten-Rundbrief* 139, S. 18–31, u. 140, S. 3–19.

Gottwaldt, Alfred/Schulle, Diana (2005), *Die »Judendeportationen« aus dem Deutschen Reich 1939–1945. Eine kommentierte Chronologie*, Wiesbaden.

— (2007), *»Juden ist die Benutzung von Speisewagen untersagt«. Die antijüdische Politik des Reichsverkehrsministeriums zwischen 1933 und 1945*, Berlin.

Gruner, Wolf (2004), »Von der Kollektivausweisung zur Deportation der Juden aus Deutschland. Neue Perspektiven und Dokumente (1938–1945)«, in: Birthe Kundrus/Beate Meyer (Hrsg.), *Die Deportation der Juden aus Deutschland. Pläne – Praxis – Reaktionen 1938–1945*, Göttingen, S. 21–62.

Gutman, Israel/Gutterman, Bella (Hrsg.) (2005), *Das Auschwitz-Album. Die Geschichte eines Transports*, Göttingen.

Hilberg, Raul (1961), *The Destruction of the European Jews*, Chicago (dt. Frankfurt am Main 1990).

— (1981), *Sonderzüge nach Auschwitz*, Mainz.

— (1998), »German Railroads/Jewish Souls«, in: *Society* 35, S. 162–174.

Kershaw, Ian (2000), *Hitler 1936–1945. Nemesis*, New York.

Klee, Ernst (1983), *»Euthanasie« im NS-Staat. Die »Vernichtung lebensunwerten Lebens«*, Frankfurt am Main.

Klemperer, Victor (1995), *»Ich will Zeugnis ablegen bis zum letzten«. Tagebücher 1942–1945*, Berlin.

Kreidler, Eugen (1975), *Die Eisenbahnen im Machtbereich der Achsenmächte während des Zweiten Weltkrieges. Einsatz und Leistung für die Wehrmacht und Kriegswirtschaft*, Göttingen.

Lasker-Wallfisch, Anita (1997), *»Ihr sollt die Wahrheit erben«. Breslau – Auschwitz – Bergen-Belsen*, Bonn.

Lichtenstein, Heiner (1985), *Mit der Reichsbahn in den Tod. Massentransporte in den Holocaust 1941–1945*, Köln.

Longerich, Peter (1998), *Politik der Vernichtung. Eine Gesamtdarstellung der nationalsozialistischen Judenverfolgung*, München.

Mierzejewski, Alfred C. (2000), *The Most valuable Asset of the Reich. A History of the German National Railways*, 2 Bde., Chapel Hill.

Pätzold, Kurt/Schwarz, Erika (1994), *»Auschwitz war für mich nur ein Bahnhof«. Franz Novak – der Transportoffizier Adolf Eichmanns*, Berlin.

Pischel, Werner (1964), »Die Generaldirektion der Ostbahn in Krakau 1939–1945«, in: *Archiv für Eisenbahnwesen* 74, S. 1–80.

Pohl, Dieter (1993), *Von der »Judenpolitik« zum Judenmord. Der Distrikt Lublin des Generalgouvernements 1939–1944*, München.

— (2003), »Die Deportation von Juden aus dem Deutschen Reich 1941–1943«, in: Staatsarchiv Würzburg (Hrsg.), *Wege in die Vernichtung. Die Deportation der Juden aus Mainfranken*, München, S. 57–72.

Pottgießer, Hans (1960), *Die Deutsche Reichsbahn im Ostfeldzug 1939–1944*, Neckargemünd.

Rückerl, Adalbert (Hrsg.) (1977), *NS-Vernichtungslager im Spiegel deutscher Strafprozesse. Belzec, Sobibor, Treblinka, Chelmno*, München.

Scheffler, Wolfgang/Schulle, Diana (Hrsg.) (2003), *Buch der Erinnerung. Die ins Baltikum deportierten deutschen, österreichischen und tschechoslowakischen Juden*, München.

Schüler, Klaus A. F. (1987), *Logistik im Rußlandfeldzug. Die Rolle der Eisenbahn bei Planung, Vorbereitung und Durchführung des deutschen Angriffs auf die Sowjetunion bis zur Krise vor Moskau im Winter 1941/42*, Frankfurt am Main.

Spoerer, Mark (2001), *Zwangsarbeit unter dem Hakenkreuz. Ausländische Zivilarbeiter, Kriegsgefangene und Häftlinge im Deutschen Reich und im besetzten Europa 1939–1945*, Stuttgart.

Steinke, Karolin (2009), *Züge nach Ravensbrück. Transporte mit der Reichsbahn 1939–1945. Katalog zur Ausstellung in der Mahn- und Gedenkstätte Ravensbrück*, Berlin.

Strößenreuther, Hugo (Hrsg.) (1973), *Eisenbahnen und Eisenbahner zwischen 1941 und 1945. Dokumentarische Enzyklopädie*, Frankfurt am Main.

Vahrenkamp, Richard (2007), *Logistik – Management und Strategien*, 6. Aufl., München.

Witte, Peter/Tyas, Stephen (2001), »A New Document on the Deportation and Murder of Jews during ›Einsatz Reinhardt‹ 1942«, in: *Holocaust and Genocide Studies* 15, S. 468–486.

Wolff, Jeanette (1980), *Mit Bibel und Bebel. Ein Gedenkbuch*, Bonn.

14. Der Zusammenhang von Transport und Vernichtung – ein ungelöstes Problem für Historiker

Marie-Noëlle Polino

Raul Hilberg stellt 1976 eine Frage, die uns seltsam erscheinen mag: »Weshalb sollte sich jemand, der Nachforschungen über die Vernichtung der Juden betreibt, für die Deutsche Reichsbahn interessieren?«[1] Man könnte diese Frage unter Verweis auf Tatsachen beantworten, wie es Alfred Mierzejewski von seinem Standpunkt des Reichsbahnhistorikers aus getan hat: »Ohne die Bereitstellung von Transporten durch die Reichsbahn wäre der Holocaust nicht möglich gewesen.«[2] Es würde sich somit erübrigen, der Frage weiter nachzugehen, da sie doch anscheinend so selbstverständlich zu beantworten ist. Hilbergs eigene Antwort zeigt jedoch, dass damit noch nicht alles gesagt ist. Sie stützt sich auf zwei Argumente. Das erste ergibt sich aus einer Analyse der Natur des Totalitarismus, nach der eine Organisation, die zwar als ideologisch neutral gilt und auch nicht über politische Entscheidungsgewalt verfügt, dennoch nicht von seiner Verantwortung entlastet werden kann, wenn sie als Mittel zur Durchführung einer Straftat eingesetzt wird. Das zweite Argument ist das Ergebnis einer minutiösen Untersuchung der Art und Weise, in der die Deportationen auf dem Schienenweg durchgeführt wurden. Sie beruht auf den seinerzeit zugänglichen Quellen und ist leider seitdem weder in Gehalt noch Umfang wesentlich verändert worden.

Die Frage ist also nicht so leicht zu beantworten, wie es scheint. Die Schwierigkeit, bis sie überhaupt gestellt wurde, belegt dies ebenso wie die noch unbefriedigenden Antworten, die gegeben wurden, als es weniger um die – von einem totalitären Siegerstaat verwaltete – deutsche Eisenbahn ging als vielmehr um die französische. Wie ist der Fall der französischen *Société Nationale des Chemins de fer Français* (SNCF) zu verstehen und in all seinen Nuancen zu erfassen, die zwar ein Unternehmen des privaten Rechts war, dessen Kapital jedoch zur Hälfte vom französischen Staat gehalten wurde und die im Laufe der Zeit unterschiedlichen Sonderrechtsformen unterlag? Es unterstand zunächst – ab

1 Hilberg (1976), »Railroads«, S. 60–74. Siehe vor allem Hilberg (1981), *Sonderzüge*, S. 17.

2 Hildebrand, »Reichsbahn«, S. 165–244. Siehe insbesondere im Kap. VI: »Weichenstelle der [...] Kriegführung« und »Logistik des Holocaust«, S. 221–244. Vgl. auch die sehr detaillierte Analyse von Mierzejewski, *Asset,* Bd. 2, S. 114–128, insbesondere S. 114.

der Kriegserklärung im September 1939 – der Befehlsgewalt der französischen Armee, sodann – nach dem 22. Juni 1940 – in den von Deutschland besetzten Gebieten einem deutschen Transportleiter, in der »unbesetzten Zone« dagegen der französischen Regierung, die wiederum mit Deutschland kollaborierte. Es stellen sich somit etwas andere Fragen als im Fall der Deutschen Reichsbahn: Was wissen wir über die Transportzüge, mit denen die französischen Juden in Frankreich selbst – dem besetzten wie dem unbesetzten Teil – in Konzentrationslager in den von Deutschland besetzten Gebieten gebracht wurden? Liefen sie anders ab als die Transporte der Reichsbahn auf deren eigenem Territorium und in den besetzten Ostgebieten? Wie ist es angesichts der politischen und militärischen Zwangslage um die Schuld und die Verantwortung der französischen Bahn und ihrer Beschäftigten bestellt?

Der französische Fall ist paradox: Die französische Geschichtsschreibung hat sich bis in die neunziger Jahre anscheinend überhaupt nicht mit der Erforschung der Fakten beschäftigt, während sich die Justiz – wenn auch mit Verspätung – viel stärker dafür interessiert hat. Sie entwickelte neue Deutungen, die in der öffentlichen Meinung Verbreitung fanden, die jedoch einige historische Tatbestände außer acht ließen. Es wäre Aufgabe der historischen Forschung gewesen, diese endlich ans Licht zu bringen, doch es waren überwiegend Personen und Initiativen außerhalb der Universität, die sich dieser Aufgabe stellten. Die Verflechtung zwischen dem Handeln der Justiz, historischer Forschung, die entweder als Reaktion darauf oder als Auftragsarbeiten betrieben wurden sowie der schmerzlichen Erinnerungen der Opfer, die nach Anerkennung ihrer Leiden und innerer Befriedung verlangen, erlaubt es heutzutage nicht mehr, die Frage nach dem Ablauf der Eisenbahntransporte und der Verantwortung der Handelnden mit derselben Naivität zu stellen, mit der Raul Hilberg seine Studie – die erste, die sich jemals diesem Thema widmete – eingeleitet hat. Er fordert uns damit noch immer heraus: Unterscheiden sich die Antworten, die wir mit dem Abstand von 32 Jahren auf seine Frage geben können, von seinen eigenen?

Die Organisation der Transporte – eine deutsche Frage

Der Zug als Transportmittel

Es ist frappierend, dass die Benutzung des Schienenwegs bei der Zwangsverfrachtung von Zivilisten in Kriegszeiten nie hinterfragt wurde. Im Sommer 1940, ein Jahr nach der Mobilmachung der Armee, wurde eine Million französischer Kriegsgefangener auch per Bahn nach Deutschland gebracht; in dieser Zeit hatte die Bahn nicht nur für die Überstellung von Gefangenen von einem französischen Lager in ein anderes Sorge zu tragen, sondern auch für den Transport derjenigen, die zur Strafe nach Deutschland abgeschoben wurden (*déportés de répression*), weil ihnen vorgeworfen wurde, gegen Anordnungen der Besatzungsmacht verstoßen oder sich dieser widersetzt zu haben, sowie der aus »rassischen« Gründen Deportierten (*déportés de persécution*), die verfolgt wurden, weil sie aufgrund eines französischen Gesetzes vom 3. Oktober 1940, das am 2. Juni 1941 noch verschärft wurde, zu Angehörigen der »jüdischen Rasse« erklärt worden waren. Zugleich wurden 650.000 französische Zwangsarbeiter zwischen 1942 und 1944 per Bahn nach Deutschland transportiert. Sämtliche nach 1945 veröffentlichten Zeugenaussagen von Überlebenden erwähnen die kaum erträglichen, bisweilen extremen Bedingungen, unter denen diese Transporte vonstatten gingen.[3] Jedoch wurde weder die Wahl des Transportmittels kritisiert, noch die Frage nach der möglichen Verantwortung der Angehörigen der SNCF gestellt. Wie Georges Ribeill bemerkt, erschien es bisher nicht etwa fragwürdig, dass Personen in Güterzügen befördert, sondern dass die Transportvorschriften missachtet wurden: statt 40 Soldaten bis zu 100 Personen in einem einzigen Waggon. Auch beklagte man, dass der Transport Zivilisten galt, insbesondere Frauen, älteren Menschen und Kindern. So haben die deutschen Besatzungsbehörden in Frankreich am 26. Juni 1942 ausdrücklich nicht etwa Personenwagen der Dritten Klasse angefordert, sondern Güterwaggons, die eigentlich für die Versorgung im Krieg notwendig waren. Aber in Güterwagen ließen sich die Gefangenen leichter überwachen als in Abteilwagen, zumal viele Abteilwagen noch nicht mit einem seitlichen Gang versehen waren.[4]

Es ist noch nicht lange her, dass im Zusammenhang mit der Frage nach der Verantwortung auch die Wahl des Transportmittels in die Diskussion mit einbezogen wurde. So bezieht sich der eben erwähnte Zeitschriftenartikel von Georges Ribeill auf bestimmte Aspekte einer Auseinandersetzung um Klagen, die Opfer oder Kinder von Opfern seit 1992 gegen die SNCF angestrengt haben. Der Güterwaggon ist zum Erinnerungsort geworden, aber nicht der Kriegszeit, sondern der Deportation, und von nun ausschließlich für die Juden. Er hat in dieser symbolischen Funktion jede andere historische Bedeutung des Gegenstands überlagert.[5] Der Film *Shoah* von Claude Lanzmann, der zwischen 1974 und 1985 nach Zeugenaussagen gedreht wurde, hat mit seiner Länge von

3 Vgl. Wieviorka (1995), *Déportation*.

4 Ribeill (2008), »wagon«, S. 72–78.

5 Gottwaldt (2000), »Güterwaggon«, S. 43–53.

neuneinhalb Stunden sehr dazu beigetragen, dass diese Assoziation heute sofort hergestellt wird. Doch die Assoziationen können auch in die Irre führen. Nachdem ein Journalist der großen französischen Tageszeitung *Le Monde* wie auch ein amerikanisches Holocaust-Forschungsinstitut die Markierungen in Form eines sechszackigen Sterns, die an bestimmten Güterwaggons zur Angabe des pro Achse zulässigen Höchstgewichts (in Tonnen) angebracht waren, als Kennzeichen für den Transport von Juden interpretiert hatten, begann im Frühjahr 2006 eine polemische Debatte. Beide, die Tageszeitung und das Institut beharrten darauf, dass diese Waggons von der SNCF mit Bedacht und ausschließlich für die Deportation von Juden verwendet worden waren. Sie unterstrichen damit zugleich den symbolischen Gehalt der Waggons, in denen nichts anderes transportiert worden sein konnte als eben Juden. Diese Ansicht beruhte jedoch nicht auf der historischen Realität, sondern auf einer ziemlich freien Assoziation. Die Vertreter dieser Interpretation berück-

Abb. 14.1: Ein Waggon der SNCF als Denkmal für das einstige Konzentrationslager von Drancy bei Paris. Von Drancy aus wurden die französischen Juden zu den Vernichtungslagern im Osten transportiert. Man sieht die Markierung Hommes 40 (40 Soldaten), Chevaux en long 8 (Acht Pferde in Längsrichtung) und einen Stern, der das maximale Achsengewicht bezeichnete.

Quelle: Foto Caroline Lahaye im Auftrag der Autorin.

sichtigten nicht, dass dieses Symbol bereits in der Zwischenkriegszeit und später noch bis in die siebziger Jahre hinein verwendet wurde, und sie berücksichtigten weder die Diskretion, mit der der Transport der jüdischen Gefangenen durchgeführt wurde noch vor allem den Umstand, dass die zur Deportation bestimmten Waggons erst wenige Stunden vor Abfahrt der Züge je nach Verfügbarkeit und völlig unabhängig von der Länderzugehörigkeit zugewiesen wurden. Das war so, weil die Reichsbahn im Sommer 1942 die »beiderseitige Nutzung« der französischen Eisenbahnanlagen erwirkt hatte.[6]

Die Eisenbahn, ihre Verwaltungen, ihre Unternehmen und ihre Mitarbeiter als »Räderwerk der Vernichtungsmaschinerie«

Seit 1976 haben Raul Hilberg und die Forscher, die sein Werk weitergeführt haben, die Frage nach dem »Wie« der Deportation gestellt, das heißt nach den organisatorischen Abläufen der Eisenbahntransporte. Hilberg geht – unter Nennung der Namen – detailliert auf die Organigramme ein, beschreibt mit der höchstmöglichen Genauigkeit die innere Verfassung der Reichsbahn sowie die Entscheidungsabläufe und Handlungsketten, die dazu führten, dass ein Zug in die Vernichtungslager fuhr. Er zeigt in aller Deutlichkeit auf, wie die »Juristen und Buchhaltungsfachleuter«, die die Tarife festgelegt haben, ebenso an der Deportation mitwirkten wie die Techniker, Ingenieure, Zugführer und andere am Betrieb beteiligte Personen und fasst seine Ergebnisse in der Formel zusammen: »Die Juden wurden als Menschen verbucht und als Vieh verladen.«[7] Zugleich verweist Hilberg auf die Vergeblichkeit aller Versuche, Zugführer oder Angehörige des Betriebspersonals vor Gericht zur Verantwortung zu ziehen. Vor allem macht er durch die Betonung des Begriffs »Experten« deutlich, dass das System ein großes Ganzes bildet, in dem jedes einzelne Element ins andere greift, und geht schließlich ausführlich auf die Finanzierung des Systems ein, auf die Festsetzung der Tarife ebenso wie auf die Abrechnungsvorgänge, also Rechnungslegung, Begleichung der Rechnung, die Eintreibung sowie die Finanzierungsquellen.[8]

Von französischer Seite wurde dieses Thema erst sehr viel später behandelt. Die Untersuchungen begannen, nachdem Opfer ab 1992 Wiedergutma-

---

6 Vgl. Bachelier, *SNCF*. Siehe insbesondere Teil 5: L'Europe allemande des chemins de fer, novembre 1942 – août 1944, und Abschnitt 5.2.4: »Prélever« ou »utiliser« les ressources de la SNCF. Die Dokumentation kann auf folgender Website eingesehen werden: www.ahicf.com /ww2/rapport2/chap_5/chap_5.htm. Letzter Zugriff 20.12.2008.

7 Hilberg (1981), *Sonderzüge*, S. 41.

8 Ebd. S. 19.

chung verlangten. Sie warfen die Fragen nach den Transporten und ihrer Finanzierung auf und forderten eine Erforschung der individuellen oder kollektiven Verantwortung dafür. In den Jahrzehnten davor hatten bereits Joseph Billig und vor allem Serge Klarsfeld Untersuchungen darüber angestellt, wie die Züge bereitgestellt wurden und in welcher Weise die Gestapo in Paris diesen Vorgang bestimmte.[9] Ihre Untersuchungen fielen genau in die Zeit, als bedeutenden ehemaligen Nazi-Führern wie Franz Novak und Adolf Eichmann in Deutschland und Israel der Prozess gemacht wurde. Beide wurden 1961 verurteilt. Die Gerichtsverfahren brachten gerade in Bezug auf die Entscheidungsstrukturen Licht in das Dunkel. Es konnte zweifelsfrei rekonstruiert werden, wer die Transporte veranlasst hatte und wer für sie verantwortlich gewesen war. Es musste allerdings noch herausgefunden werden, wie sie umgesetzt worden waren.

Zur gleichen Zeit gingen Christian Bachelier und Jochen Guckes dieser Frage nach. Der Historiker Christian Bachelier gehörte damals dem *Institut d'histoire du temps présent*, einem staatlichen Forschungsinstitut an, und war somit unabhängig von der SNCF, dem Auftraggeber des angeforderten Berichts. Die SNCF stand damals unter öffentlichem Druck. Im Mai 1992 waren erstmals öffentlich Vorwürfe gegen das Unternehmen wegen seiner Rolle im Zweiten Weltkrieg erhoben worden. Deshalb wollte sie mit einer historischen Studie die eigene Vergangenheit kritisch beleuchten, einer Vergangenheit, die die damalige Leitung des Unternehmens nicht kannte. Bachelier interessierte sich für die gesamte Geschichte der SNCF in der Besatzungszeit und betrachtete insbesondere deren Beziehungen zu den deutschen Besatzungsbehörden und der französischen Regierung. Er stützte sich dabei auf die Archive des Verwaltungsrats, die einzigen Quellen, die zur Zeit seiner Untersuchung (1992–1996) erschlossen waren.

Der gesamte Vorgang – von der Entscheidung, einen Zug für die Deportation einzusetzen, über die Bestellung des Zuges bei der SNCF, der Festlegung des genauen Zeitpunkts, der Zusammenstellung und Wahl des benötigten Materials bis hin zur eigentlichen Fahrt des Zuges und seinem militärischen Geleit – erscheint somit durch die Beziehungen zwischen den deutschen Besatzungsbehörden und der französischen Regierung gefiltert.[10] Zur gleichen Zeit versucht Jochen Guckes – in der Nachfolge Hilbergs, den er ausgiebig zitiert –, den Vorgang bis in die Einzelheiten der finanziellen Abwicklung herauszuarbeiten.[11] Allerdings sind seine Quellen, was Deutschland anbelangt,

9 Klarsfeld (2001), *Shoah*.
10 Bachelier, *SNCF*.
11 Guckes, »rôle«, S. 29–110. Guckes Studie wurde im Februar 1997 abgeschlossen.

sehr dürftig. Beide Forscher beschreiben übereinstimmend die zum Teil widersprüchlichen Zwänge, denen die SNCF im Alltag unterworfen war, unabhängig von der Art der Transporte, die ihr auferlegt wurden.[12] Hilberg zufolge nahm die französische SNCF in der Befehlskette erst den dritten Rang ein, noch nach den Eisenbahnnetzen in den besetzten Gebieten Polens und der Sowjetunion, die »der Aufsicht des Reichsverkehrsministeriums unterstellt« waren. Sie bilden die erste Kategorie in einem Klassifikationsschema, an dessen anderem Ende die sogenannten »autonomen« Bahnnetze stehen.[13] Die Bestellung und Bereitstellung der Züge folgte dem Modell der Reichsbahn, da sie Bestandteil der allgemeinen Transportplanung und später der einzelnen Fahrpläne waren, die auch für die »Sonderzüge« galten.[14]

Diese Beschreibung stimmt mit dem überein, was bereits aus der Aufstellung der internationalen Fahrpläne bekannt war.[15] Die SNCF, die durch die deutschen Behörden Mitteilung über die Fahrtzeit erhielt, hatte für die Zusammenstellung eines Zuges und seine Beförderung bis an die Grenze zum Elsass zu sorgen, die zur deutsch-französischen Grenze geworden war. Aus diesem Grund war dann auch ein Vertreter der SNCF am 10. Juli 1942 im Büro des Generalkommissars für Judenfragen bei einem der Treffen zugegen, die der Vorbereitung der großen Pariser Razzia vom 16. Juli diente. An diesem Treffen nahmen auch die Auftraggeber der Transporte teil, Theodor Dannekker und sein Stellvertreter, die in Paris für die Sektion IV J des Reichssicherheitshauptamtes verantwortlich waren. Bei Personentransporten jedoch, die von der unbesetzten Zone ausgingen, bestimmte die SNCF die Fahrtzeiten entsprechend ihrer eigenen Planung selbst. Die Vertreter der SNCF bei der französischen Regierung in Vichy nahmen regelmäßig an Treffen zur Vorbe-

---

12 Georges Ribeill hat eine Übersicht der wirtschaftlichen Aktivitäten der SNCF in der Besatzungszeit und des Anteils erstellt, den die von den deutschen Behörden angeordneten Transporte dabei hatten. Vgl. Ribeill (2007), »Trafics«, S. 153–174.

13 Hilberg (1981), *Sonderzüge*, S. 37.

14 Vgl. zu den Zügen in den besetzten Gebieten Osteuropas Guckes, »rôle«, S. 71–76, und zu den Zügen aus Frankreich ebd. S. 82–83.

15 Das erste Zeugnis, das jemals von einem zu Kriegszeiten leitenden Angestellten der SNCF veröffentlicht worden ist, stammt von einem für die Fahrpläne in der Region Süd-West verantwortlichen Kollaborateur. Er war im November 1944 vom Dienst in der SNCF suspendiert worden und beteiligte sich zugunsten der Rehabilitation von Pierre Laval an einer Sammlung von Dokumenten und Zeugnissen, die seine Tochter und Schwiegersohn erstellt hatten. Laval war von Juni bis Dezember 1940 Président du Conseil sowie von April 1942 bis August 1944 Regierungschef. Er wurde im Oktober 1945 verurteilt und hingerichtet. Vgl. Girard, »SNCF«, Bd. 1, S. 321–338. Der Beitrag findet sich auch in Polino, »Les cheminots«, S. 286–309.

reitung derartiger Transporte im Juli und August 1942 teil.[16] Die SNCF war auch bei der Rechnungslegung gegenüber ihren Auftraggebern, den Präfekten und anderen betroffenen Verwaltungsinstanzen, autonom. Die Frage, ob die Transporte als Dienstleistung angeboten oder aufgrund einer Requisition durchgeführt wurden, ist nicht in allen Fällen geklärt, denn die Regelungen hatten sich in Form und Praxis zwischen 1942 und 1944 noch sehr verändert, über die Bedeutung dieser Veränderungen ist später sehr gestritten worden.[17]
Es ist sicher von Wert, die Verwaltungsarbeit, ihre Prinzipien und ihre Ausführung im Alltag richtig zu verstehen. Es geht darum, historisch einzuordnen, wie Dinge ermöglicht wurden, die als unvorstellbar galten. Eberhard Jäckel hat das Anliegen in seiner Rezension der deutschen Ausgabe von Hilbergs Werk benannt: »Man begreift nun besser, wie der Massenmord *möglich* war.«[18] Man versteht damit auch, was anders hätte sein müssen, um das Geschehene zu verhindern. Es gilt jedenfalls seither als erwiesen, dass mit der Bereitstellung der Mittel, die Handelnden auch einen Teil der Verantwortung für die Folgen übernahmen, und die Schuld nicht nur bei denen lag, die den Auftrag für die Deportationen erteilt haben. Diesem Grundsatz ist beispielsweise die unabhängige Expertenkommission *Suisse – Seconde Guerre Mondiale* gefolgt, die minutiös untersucht hat, ob Züge mit deportierten Juden oder italienischen Zwangsarbeitern nach Deutschland den Weg über die Schweiz nahmen. In diesem Fall hätte sich die Schweiz für schuldig befunden, an diesen Verbrechen mitgewirkt zu haben.[19]

Sind die Eisenbahngesellschaften für ihr Handeln verantwortlich?

Bei der Frage nach der Deportation in die Vernichtungslager kann die historische Forschung die Suche nach der Verantwortung nicht ausklammern. Hierauf hatte sich Raul Hilberg in seinem ersten Versuch bezogen. Wie ausgeführt, betrachtet er kein Werkzeug, sei es administrativer oder technischer Art, als neutral. Die Verantwortlichkeit ist unlösbar mit der Funktionsweise verbunden, jedenfalls im Kontext eines totalitären Systems, in dem jeder Einzelfall beurteilt werden muss. Man darf nicht außer Acht lassen, dass seine Untersuchung, wie auch die Analysen der anderen oben zitierten Autoren, im Umfeld

---

16 SNCF (Hrsg.), *Historique de la Délégation technique de la SNCF à Vichy,* 3 Teile: *1940–1942; 1943; 1944.* Centre des archives historiques de la SNCF, 7118 u. 7119.

17 Ribeill (2008), »enjeu«, S. 80–86.

18 Jäckel, »Reichsbahn«, S. 37–41. Der Beitrag ist auch auf der Website http://www.dumjahn.de/rezensionen_073.html, veröffentlicht. Zugriff am 20.12.2008. Hervorhebung der Verf.

19 Forster, *transit ferroviaire.*

der Justiz durchgeführt wurde. Aus gutem Grund steuerte der Staatsanwalt Adalbert Rückerl das Vorwort zu seinem Werk bei, und Hilberg dankt Rückerl ausdrücklich dafür, dass er ihm den Zugang zu Rechtsquellen ermöglichte. Auf der anderen Seite hat Hilberg mit seinen Untersuchungen die juristische Argumentation bereichert.[20] Rückerl stellt im Vorwort zwei Fragen, um die sich später, zwischen 1992 und 2007, auch die Debatten in Frankreich gedreht haben – ohne dass man sagen könnte, die Auseinandersetzungen wären wesentlich von den Überlegungen dieses Pioniers beeinflusst worden. Bei den Fragen handelt es sich zum einen um die Frage nach der Beziehung zwischen der Verantwortung der Institution und der des Individuums, und zum anderen um die Frage nach dem Beitrag des Historikers zum Gang der juristischen Ermittlungen. Die eine wie die andere Frage wird in der Folge immer wieder aufgegriffen und diskutiert.

Die Verantwortlichkeit der Eisenbahn als Organisation: Eine französische Frage

Es waren zwei amerikanische Historiker, die die Frage nach der Verantwortung der Eisenbahngesellschaften für die Deportation der Juden erstmals mit Blick auf Frankreich gestellt haben. Auf den wenigen Seiten, auf denen die Bahntransporte in ihrem Werk Erwähnung finden, stellen Michaël Marrus und Robert Paxton die Frage nach der Verantwortung der Bahngesellschaft noch vor der Frage nach deren Tätigkeit: »Eine weitere, bemerkenswerte Unterlassung lässt sich bei der staatlichen französischen Eisenbahn feststellen, die sich zwar gegen alle deutschen Ansinnen heftig gewehrt hat – nicht jedoch gegen die Deportationen in den Osten.«[21] Allerdings nahmen weder die Historiker noch die Opfer von dieser Feststellung Notiz. Die Sache kam vielmehr über einen ganz anderen Weg an die Öffentlichkeit. Kurt Werner Schaechter, ein in Frankreich lebender Österreicher, dessen Eltern aus Frankreich deportiert wurden, fotokopierte entgegen den geltenden Bestimmungen in den Archiven des *Département de la Haute-Garonne*, das in der Kriegszeit im unbesetzten Frankreich lag und in dem es mehrere Konzentrationslager gegeben hatte, einige

20 Eberhard Jäckel führt in seinem oben zitierten Bericht dazu aus: »Adalbert Rückerl, der, bis er kürzlich in den Ruhestand trat, die Zentrale Stelle der Landesjustizverwaltung zur Aufklärung nationalsozialistischer Verbrechen in Ludwigsburg leitete, stellte viele der Dokumente zur Verfügung und schrieb das Vorwort.« Jäckel, »Reichsbahn«, S. 37–41.

21 Marrus, Paxton, *Vichy*, S. 158–163. Bei der französischen Ausgabe handelt es sich um einen Übersetzung aus dem Englischen mit dem Originaltitel *Vichy France and the Jews*.

Unterlagen. Darunter befand sich insbesondere eine an den Präfekten des Departements gerichtete Rechnung. Die SNCF mahnte darin im August 1944 die Übernahme von Kosten an, die für die Ausrüstung und Beförderung von Zügen entstanden waren, in denen Juden aus der unbesetzten Zone ins Konzentrationslager Drancy bei Paris transportiert worden waren. Von Drancy aus brachten Züge, die den deutschen Behörden unterstanden, sie später nach Auschwitz. Schaechter hat diese Unterlagen im Mai 1992 in Zeitungen veröffentlichen lassen.[22] Seitdem haben immer wieder Opfer von der SNCF verlangt, sich zu ihrer Verantwortung zu bekennen, und für ihre Verfehlung um Entschuldigung zu bitten. Diesem Verlangen ist die SNCF – im Unterschied etwa zur niederländischen Staatsbahn (NS Sporwegen), die sich im Sommer 2005 als einziges Bahnunternehmen in Europa zu dieser Geste entschlossen hatte – nie nachgekommen. Aber sie hat versucht, Licht in das Dunkel zu bringen.

Die Arbeiten, die Christian Bachelier im Auftrag der SNCF ab Herbst 1992 durchgeführt hat, sollten den Grad der Verantwortung des Unternehmens anhand der verfügbaren Archivbestände klären. Bachelier sollte die Unterlagen erfassen und untersuchen. Sein Bericht, der erst im September 1996 vorlag, wurde nicht verbreitet. Das hatte verschiedene Gründe. Zum einen war er für eine vollwertige historische Untersuchung nicht zureichend genug ausgearbeitet. Zum anderen hatten seine Auftraggeber in der Zwischenzeit die SNCF verlassen, und zum Dritten gab es keine weiteren Gerichtsverfahren mehr, weshalb die neue Unternehmensleitung das Interesse an dem Gegenstand verlor. Die Klagen, die Schaechter vor französischen Gerichten angestrengt hatte, wurden von diesen als nicht zulässig zurückgewiesen, und in einem anderen Prozess, der 1997/1998 gegen Maurice Papon angestrengt worden war, kam die Rolle des Transportunternehmens nicht zur Sprache. Papon war Beamter der französischen Vichy-Regierung sowie in den sechziger Jahren Minister gewesen. Er war angeklagt worden, Massenverhaftungen und Transporte von Bordeaux nach Drancy veranlasst zu haben. Aber mittlerweile hat-

22 Der im Sommer 2007 verstorbene Kurt Werner Schaechter hat bis zu seinem Lebensende für den freien Zugang der Bürger zu den Archiven gekämpft. Er war zu seiner Erschütterung in einer der ersten Akten, die er mit Sondergenehmigung einsehen durfte, auf den Personalausweis seiner deportierten Mutter gestoßen. Seit Oktober 1997 gilt für die Akten in öffentlichen französischen Archiven aus der Zeit vor dem Zweiten Weltkrieg eine allgemeine Ausnahmeregelung, das heißt der Zugang zu ihnen wird unabhängig von dem Zeitpunkt gestattet, zu dem sie theoretisch öffentlich zugänglich würden. Allerdings muss nach wie vor ein Antrag auf Akteneinsicht gestellt werden. Die Verwaltung muss allerdings nun Ausnahmen begründen, die sie von der Freigabe macht. Die Sperrfrist von 60 Jahren, die für den Großteil der Archivalien aus dem Weltkrieg galt, ist inzwischen erloschen. Außerdem hat ein Gesetz von Juli 2008 die Sperrfrist für öffentliche Archive generell verkürzt.

ten zwei Journalisten Bacheliers Bericht in einer Bibliothek gelesen und 1999 kritische Rezensionen zunächst in einer französischen Zeitschrift, später auch in einer deutschen Tageszeitung veröffentlicht. Schließlich stellten sie Bacheliers Bericht genau in dem Augenblick ins Internet, in dem die SNCF unter dem Druck erneuter rechtlicher Schritte – diesmal von den USA aus – ein Historiker-Kolloquium einberufen wollte.[23] Auf diese Weise bildete der Bericht die Grundlage für neue Klagen und zwar sowohl in Frankreich wie in den Vereinigten Staaten. Man könnte denken, dass nun das Ziel erreicht war, das dem Autor des Berichts einmal vorgegeben worden war. Aber es ging in der neuen Auseinandersetzung weniger um die Aufklärung der Öffentlichkeit, als um die Begründung von Anklagen vor den Gerichten. Weder von der Öffentlichkeit wurden Bacheliers Ergebnisse stärker debattiert noch von der Gemeinschaft der Historiker, die ihn – von einigen Ausnahmen abgesehen – weiterhin ignorierten.

Parallel dazu entwickelt sich über die Frage der Vergütung der französischen Eisenbahn für den Transport der Juden eine Polemik, die nicht auf eingehenden historischen Untersuchungen beruhte. Die Art und Weise, in der die Rechnungen für die Transporte nach Osteuropa gestellt und beglichen wurden, ist in dem Artikel Raul Hilbergs von 1976 klar beschrieben worden. Hilberg zeigt, dass es sich bei den Deportationen um zivile Transporte handelte, deren Begleichung durch die Reichsbahn über eine ihrer Tochterfirmen vorgenommen wurde, nämlich das recht gut bekannte, 1901 gegründete Mitteleuropäische Reisebüro (MER), das die Transporte bei den Verwaltungen abrechnete, die den Auftrag gegeben hatten. Guckes bezog 1997 die französische Eisenbahn in diese Analyse ein, und stieß auf die Rolle des MER.[24] Das MER, das sich gegenüber der Regierung und den französischen Eisenbahngesellschaften auf die Reichsbahn stützen konnte, hatte spätestens seit 1930 versucht, das Monopol für die Ausstellung von Fahrkarten der französischen Gesellschaften in Deutschland zu erlangen. Nachdem die französische Seite dies mehrfach abgelehnt hatte, wurde man schließlich im März 1937 einig, und das MER eröffnete ein Pariser Büro am Opernplatz 3 – und zwar genau im Jahre 1938, als aus dem Zusammenschluss der französischen Eisenbahnen die

23 Vgl. Conan, »1940–1944«, S. 90–94, u. Altwegg, »Schaffner«, S. 44. Das 8. Kolloquium der *Association pour l'histoire des chemins de fer en France* (AHICF) mit dem Titel »Ein öffentliches Unternehmen im Krieg: die SNCF 1939–1945« fand vom 21. bis 22. Juni 2000 unter dem Vorsitz des Historikers René Rémond in der französischen Nationalversammlung statt. Es hatte insofern einen offiziellen Charakter, als die Diskussion des Forschungsstandes mit einer Stellungnahme der SNCF einherging, die sich für die Fortsetzung der Arbeiten und die Klärung der Verantwortlichkeiten aussprach.

24 Hilberg (1981), *Sonderzüge*, S. 45 u. 51. Vgl. zu den Zügen in den besetzten Gebieten Osteuropas Guckes, »rôle«, S. 91–94, und zu den Zügen aus Frankreich ebd. S. 97–98.

SNCF entstand.[25] Wahrscheinlich hatte der Boykott der französischen Gesellschaften durch die mit dem MER verbundenen Reisebüros, der schon ab Februar 1933 begann, nicht unerheblich zu dieser Entscheidung beigetragen. Der Boykott war, wie ein Zeitzeuge zu Recht schrieb, eine Antwort auf die »Sturmwelle des Nationalismus in Deutschland«.[26] Jedenfalls bestanden bereits vor dem Krieg enge Beziehungen zwischen der SNCF und dem MER. Als das MER im Juli 1942 von der Reichsbahn beauftragt wurde, die Deportationszüge in ganz Europa zu bezahlen, kam ein zuvor vereinbartes Verfahren zur Anwendung. Dabei war von vornherein klar, dass der Gläubiger der SNCF im Lager der Sieger stand und die Bedingungen diktierte.[27] Die tatsächlichen Abläufe und die Höhe der Zahlungen des MER an die SNCF sind bis heute unbekannt, weil das MER keine Aufzeichnungen hierüber geführt hat.[28]

Nun hat der Begriff »Profit« im Französischen und im Englischen nicht dieselbe Bedeutung; im Französischen ist darunter die Differenz zwischen Ausgaben und Einnahmen zu verstehen, der Nettogewinn (englisch *net income*); im Englischen dagegen nimmt er eine allgemeinere Bedeutung an (»gewinnorientierte«, »kaufmännische« Tätigkeit). Die Anschuldigung, »Profit gemacht« zu haben, verweist in beiden Sprachen also auf einen unterschiedlichen Sachver-

25 Centre des Archives historiques de la SNCF, Archives du secrétariat du conseil d'administration de la SNCF, Dossier 341: »Publicité faite par les réseaux«, sous-dossier 11a »Mesures prises en faveur du tourisme«, »Remise de billets au Mitteleuropaïsches Reisebüro« [sic], vorläufiges Aktenzeichen 42LM85. Briefwechsel zwischen dem MER (Julius Dorpmüller) und den Vertretern der französischen Eisenbahngesellschaften, 1930 bis 1937.

26 Brief des Direktors der Französischen Verkehrsbüro GmbH an Herrn Levy, Stellvertretender Leiter der kaufmännischen Abteilung [der Eisenbahngesellschaft Nord], vom 30. Januar 1933, Centre des Archives historiques de la SNCF, ebd.

27 Anweisung der Verkehrs- und Tarifabteilung der Reichsbahn an die Regionalverwaltungen der Reichsbahn, einschließlich Frankreich, vom 14. Juli 1942. Die Anweisung war Bestandteil der Anklageschrift im Fall Albert Ganzenmüller, Generaldirektor der Reichsbahn. Sie wurde von Raul Hilberg in mehreren seiner Veröffentlichungen zitiert Vgl. Gerichtssache A. Ganzenmüller, Sonderband 4, Teil 3, S. 56.

28 Das MER kommt in den zeitgenössischen Wirtschaftsunterlagen der SNCF lediglich bei der Erwähnung von Kreditlinien vor, die nicht mit bestimmten Transporten in Verbindung gebracht werden können. Denn zum einen bildeten die Deportationszüge nur einen kleinen Teil der großen Masse von »zivilen« Transporten – unter anderem von Zwangsarbeitern –, die für die deutschen Behörden durchgeführt wurden. Zum anderen wurden die Rechnungen periodisch erstellt und nicht spezifiziert. Eine den Weg eines Deportationszugs in Frankreich, und zwar von dem Bahnhof, der dem Lager Drancy am nächsten gelegenen war, zur Landesgrenze, betreffende, vom Pariser Büro des MER ausgestellte und an den Befehlshaber der Sicherheitspolizei in Paris adressierte Rechnung wurde in den Dokumentationsbänden der Gedenkstätte von Auschwitz veröffentlicht und von Serge Klarsfeld kommentiert. Die Gesellschaft, die nach dem Krieg in Deutsches Reisebüro (DER) umbenannt wurde und heute eine Tochter der REWE-Gruppe ist, gab gegenüber den Forschern, die sich danach erkundigt haben, an, nicht über Archive aus der Zeit von 1930 bis 1940 zu verfügen.

halt: es ist offensichtlich, dass die SNCF aus den erzwungenen Transporten keinen Gewinn erzielt und dass sie sie auch nicht als Handelsleistung angesehen hat, die sie einem deutschen Kunden gegenüber erbringt – selbst wenn ihre Tätigkeit einen lukrativen Charakter hatte, da ja eine Bezahlung vorgesehen war.[29] Dennoch ist die Frage der Vergütung der von der SNCF erbrachten Leistungen aus ethischen Gründen von zentraler Bedeutung; denn die Entwicklung des internationalen Rechts geht dahin, Schaden an Leib, Leben und Identität der Bevölkerung durch Ausgleichszahlungen wieder gutzumachen und nicht mehr, wie noch in der Nachkriegszeit, durch Verträge zwischen Staaten.[30] Diejenigen, die wünschten, die SNCF hätte keinerlei Bezahlung verlangt, erliegen einem historischen Irrtum, denn nach den damaligen Gewohnheiten wäre ein solcher Verzicht einem »mäzenatischen« Akt gleichgekommen, einer Schenkung, mit der das Unternehmen die Sache unterstützt hätte, so wie die SNCF etwa auf jeglichen finanziellen Ausgleich für die Beförderung von Päckchen an die französischen Kriegsgefangenen in Deutschland verzichtet hat. Wenn nun die SNCF im Kontext der juristischen Auseinandersetzungen um die Kriegsschäden auch nach Kriegsende weiterhin darauf bestanden hat, dass ihre Forderungen gegenüber der französische Regierung beglichen wurden, so ist das weder verstanden noch verziehen worden. Die Kontinuität der Bürokratie und die »Stabilität der Organisation«, die Raul Hilberg für die Reichsbahn feststellte, gelten auch für Frankreich.[31]

29 Der Oberste Gerichtshof der Vereinigten Staaten hat es aus rein juristischen Gründen abgelehnt, sich mit einer Klage gegen die SNCF zu befassen. Die heutige SNCF sei vom Standpunkt des Rechts und der Rechtsprechung der USA aus als ein Bestandteil des französischen Staates (*Etat français*) zu betrachten, der als Alliierter nicht auf amerikanischem Boden juristisch verfolgt werden könne. Der Gerichtshof hat jedoch in der Begründung seines Beschlusses vom 9. November 2004 zugleich ausdrücklich bedauert, die SNCF nicht belangen zu können. Insbesondere für ihre Gewinnorientierung bei den Transporten, sprach das Gericht eine moralische Verurteilung aus. Wortwörtlich schrieb es in der Bergründung: »We are bound by the Supreme Court's decision to defer to comity rather than to approach the situation from the perspective of the injured plaintiffs whose rights have now been altered. Accordingly, *the evil actions* of the French national railroad's *former private masters in knowingly transporting thousands to death camps* during World War II are not susceptible to legal redress in federal court today, because defendant has since become a part of the French government and is therefore immunized from suit by the Foreign Sovereign Immunities Act. *Nonetheless, the railroad's conduct at the time lives on in infamy.*« United States Court of appeals for the Second Circuit, Urteilsregister 01-9442 (Hervorhebung der Verf.). Das Urteil ist unter der Website http://caselaw.findlaw.com/data2/circs/2nd/019442pv2.pdf, veröffentlicht. Zugriff am 20.12.2008.

30 Zur Gesamtbeurteilung dieser Entwicklung unter Berücksichtigung der jüngsten Wiedergutmachungsleistungen siehe zuletzt Garapon, *l'histoire*. Eine Situationsanalyse nicht aus juristischer, sondern aus politischer Sicht findet sich bei Colonomos, *morale*.

31 »Die Reichsbahn war eine im hohen Maße stabile Organisation«. Hilberg (1981), *Sonderzüge*, S. 107.

Für die Historiker ist es eine zentrale Frage, welchen Handlungsspielraum die SNCF auf ihren verschiedenen Tätigkeitsfeldern hatte und welchen Gebrauch sie davon gemacht hat. So kommt Henry Rousso im Jahr 2000 anlässlich des von der SNCF einberufenen Kolloquiums zu dem Schluss: »Hatte die SNCF einen Handlungsspielraum? Die Frage ist mit ›Ja‹ beantwortet worden. [...] Wurde der kleine vorhandene Spielraum aber zum Handeln genutzt, als es um die Deportationszüge ging? Die Antwort ist ganz offensichtlich: ›Nein‹.«[32] Er fügt jedoch sogleich einschränkend hinzu, dass sich die Kriterien, an denen die Verantwortlichkeit einer juristischen Person – in diesem Fall: eines Unternehmens – zu messen sind, seit der Zeit der staatlich veranlassten Säuberungen nach 1944 nicht verändert haben, obwohl sie sich mit zunehmendem zeitlichen Abstand und dank der historischen Arbeiten, die seitdem durchgeführt worden sind, hätten weiterentwickeln müssen. Es scheint insbesondere, dass die Analysemethoden Hilbergs, der vor allem Spezialist auf dem Gebiet der Politischen Wissenschaften war, nicht dazu genutzt wurden, aussagefähigere Kriterien zu entwickeln, die sämtliche Standpunkte berücksichtigen und dabei die vorliegenden Beiträge der Geistes- und Sozialwissenschaften einbeziehen.[33]

In der öffentlichen Auseinandersetzung stehen die gegensätzlichen Vorstellungen von der Rolle der Akteure mittlerweile schroff gegenüber. Das Bild der französischen Eisenbahner während des Krieges schwankt zwischen unversöhnlichen Extremen: Waren sie Widerstandskämpfer oder Kollaborateure, furchtlose Helden oder feige Mörder, Retter oder Schlächter? Jochen Guckes rückte die Eisenbahner in die Nähe der Reservepolizisten, wie sie Christopher Browning und Daniel Goldhagen untersucht haben, ohne allerdings eine fundierte Untersuchung vorzulegen. Hilberg wiederum hatte, wie gesehen, eine Gesamtanalyse des Totalitarismus im Sinn, und lässt sich nur am Rande auf die französische Situation ein.[34] Es blieb einer wichtigen Strömung in der französischen Geschichtsschreibung um den Historiker Marc-Olivier Baruch vorbehalten, die Einstellung der hohen Beamten in der Vichy-Regierung zu untersu-

32 Rousso (2001) »Bilan«, S. 352. Eine Übersicht über die Beiträge des Kolloquiums findet sich auch auf der Website http://www.ahicf.com/ww2/actes.htm, Zugriff am 20.12.2008.

33 So muss beispielsweise die Kontrolle des Reichsbahn-Personals über die Organisation des französischen Eisenbahnwesens in ihren verschiedenen Dimensionen in den Blick genommen werden. Vgl. die auf demselben Kolloquium vorgetragene Analyse von Gottwaldt (2001), »cheminots«, S. 175–194. Etwas andere Akzente setzt Chevandier (2008), »Gestes«, S. 205–217.

34 Vgl. Browning, *Ordinary Men:* (dt. *Ganz normale Männer*), und Goldhagen, *Hitler's Willing Executioners* (dt. *Hitlers willige Vollstrecker*). Die Analyse von Guckes » rôle«, S. 29–110, erschien zwar kurz nach den beiden Veröffentlichungen, aber noch vor der intensiven Debatte zwischen ihnen. Im Vergleich berührt sie die Probleme doch sehr an der Oberfläche.

chen, und damit genau des Milieus, dem auch das Leitungspersonal der SNCF angehört hatte.[35] Die Forderung nach einer vertieften und nuancierten Analyse unter Berücksichtigung der besonderen Zwänge, die sich während der Besatzungszeit immer wieder veränderten, nach Region sehr verschieden war und auch von der persönlichen Geschichte und der jeweiligen, mehr oder weniger starken Beteiligung der Handelnden abhing, wäre wünschenswert. Aber sie werden sowohl von den Opfern als auch von den verschiedenen Gruppen des Bahnpersonals als Beleidigung oder Verrat aufgefasst. Nun wissen wir aber, dass das kollektive Gedächtnis als historischer Gegenstand unterschiedliche Formen annehmen kann. Bis in die siebziger Jahre hinein dominierte der starke Gegensatz zwischen Kommunismus und Gaullismus, wobei jedoch keine der beiden politischen Strömungen die Vorstellung in Zweifel gezogen hätte, dass die Eisenbahner ausnahmslos dem Widerstand angehört hatten. Später jedoch standen sich mit dem Bild des Eisenbahners als Widerstandskämpfer und dem Eisenbahner als Führer von Deportationszügen zwei ganz unterschiedliche identitätsbildende Vorstellungen gegenüber. Heute jedoch haben im kollektiven Bewusstsein nur noch die 79 Züge eine Bedeutung, mit denen französische Juden an die deutsche Grenze verbracht wurden – ganz unabhängig davon, welche wirtschaftliche und militärische Rolle die Eisenbahngesellschaften im Allgemeinen und die SNCF im Besonderen zwischen 1939 und 1945 tatsächlich gespielt haben.[36]

Geschichte, Gedächtnis und Gerechtigkeit

Es scheint folglich so zu sein, dass die französische Geschichtsschreibung über die Zeit des Zweiten Weltkriegs zwar die einseitige Sicht über die SNCF als Hort des Widerstands überwunden hat, die in den zwei Jahrzehnten nach Kriegsende vorgeherrscht hat, jedoch nach eigenem Bekunden auf der hergebrachten Idee der Autonomie der SNCF als Organisation beharrt.[37] Die französischen Historiker haben nicht viel Energie darauf verwendet, die Bedingun-

35 Baruch, *Servir l'état français*, u. Baruch, Guigueno, *Le choix*. Vgl. auch Carré de Malberg, »Les fonctionnaires«. Der Aufsatz findet sich auf der Website http://www.histoire-politique.fr/index.php?numero=02&rub=pistes. Zugriff am 20.12.2008.

36 Vgl. Chevandier (2001), »Les cheminots«, S. 305–321. Siehe auch Chevandier (2006), »Le grief«, S. 91–111.

37 Paradigmatisch ist das Werk von Paul Durand. Er war ein führender Mitarbeiter der SNCF und in der Résistance aktiv. Zudem war Durand Mitglied in den Säuberungskommissionen und hat die SNCF im Französischen Komitee für die Geschichte des Zweiten Weltkriegs vertreten. Diese Einrichtung bestand von 1951 bis 1980. Vgl. Durand, *La SNCF*.

gen aufzuklären, unter denen die Zugtransporte während des Krieges zustande kamen. Wie ausgeführt worden ist, wurde die Art und Weise der Finanzierung der Bahntransporte, wie im Übrigen auch die deutsch-französischen Finanzbeziehungen im Allgemeinen, nicht zum Gegenstand einer umfassenden Darstellung gemacht. Allem Anschein nach nehmen die französischen Arbeiten keine Kenntnis von den umfangreichen Aktenbeständen aus Dokumenten und Aussagen zur Vorbereitung von Prozessen, wie des 1977 endgültig eingestellten Verfahrens gegen den Generaldirektor der Reichsbahn, Albert Ganzenmüller (1905–1996), dessen Akten die Grundlage für die Dokumentation Hilbergs (1976) zur Frage der Eisenbahntransporte bildete. Die wenigen vorliegenden Arbeiten wurden zudem entweder von Forschern außerhalb der Universität vorgelegt, wie Georges Ribeill, der seine Erkenntnisse lieber in Eisenbahnzeitschriften als in akademischen Kontexten veröffentlicht, oder sie entstanden als Auftragsarbeiten, wie im Fall von Christian Bachelier.[38]

Als französische Besonderheit kann weiterhin gelten, dass die historische Forschung über das französische Eisenbahnwesen während des Krieges dort unauflöslich mit der Erinnerung der Opfer und der Frage nach der Verantwortung verbunden ist. Die einzigartige Stellung von Serge Klarsfeld in dieser Bewegung verdeutlicht dies. Als Historiker ist er der erste, der die Art der Durchführung der Deportationen beschrieben und bislang unbekannte Unterlagen zusammengetragen und publiziert hat, die Licht auf die einzelnen Abläufe geworfen haben. Aus der Sicht des Rechtsanwalts wiederum hält er die Rolle der SNCF, jedoch zumindest im Hinblick auf die Verantwortungskette, nach den deutschen Behörden sowie nach dem Vichy-Regimes nur für drittrangig. Als nachrangiger Täter muss sie sich zwar seiner Meinung nach zu ihrem Anteil an der Gesamtverantwortung und vor allem zu ihrer freien Entscheidung über Transportzüge in der unbesetzten Zone bekennen, sie darf jedoch nicht als hauptverantwortlicher oder gar als einzig verantwortlicher Akteur bei den Deportationen nach Deutschland stigmatisiert werden.[39] Als Vertreter der Opfer und Vorsitzender des Vereins *Fils et filles des juifs déportés de France,* den er 1979 gegründet hat, forderte Klarsfeld schließlich von der SNCF eine symbolische Wiedergutmachungen jenseits der Gerichtshöfe, etwa in Form einer Ausstellung über die deportierten jüdischen Kinder anlässlich des 60. Jahrestags der Deportationen. Sie kam tatsächlich zustande und wurde zwischen 2002 und 2004 in den französischen Bahnhöfen gezeigt.[40]

---

38 Georges Ribeill ist Forschungsdirektor an der *Ecole Nationale des Ponts et Chaussées.*

39 Klarsfeld (2001), »L'acheminement«, S. 143–158.

40 Nach einigen Auseinandersetzungen konnte sie mittlerweile auch in deutschen Bahnhöfen ausgestellt werden.

Die beiden französischen Besonderheiten erklären vielleicht die Divergenzen zwischen den Berufshistorikern und dem Vorgehen der Justiz, die sich in jüngster Zeit, also in den Jahren 2006 und 2007, stark bemerkbar gemacht haben: die Klagen, die die Familie von Georges Lipietz, vertreten durch dessen Sohn und Europa-Abgeordneten Alain Lipietz, wegen der innerfranzösischen Transporte nach Drancy gegen den Staat und die SNCF angestrengt hatten, führten 2006 erstmals zu einer Verurteilung der SNCF. Während des Prozesses gegen Maurice Papon (1997–1998) hatte es Henry Rousso im Unterschied zum amerikanischen Historiker Robert Paxton abgelehnt, als Zeuge aufzutreten, und seine Entscheidung ausführlich begründet.[41] Die Justiz hatte daraufhin von den Historikern eine Rekonstruktion der mittlerweile 55 Jahre zurückliegenden Vorgänge erbeten, von der sie sich ja ein Bild machen musste. Zehn Jahre später nehmen die Richter sich nun das Recht, über die Geschichte zu urteilen, während die Kläger den Historikern in dieser Debatte jegliche Legitimität absprechen. Dieser rasche Umschwung, nachdem für einen kurzen Moment ein Konsens erzielt worden war, verdient es, etwas genauer untersucht zu werden. Henry Rousso und Annette Wieviorka haben 2007 öffentlich Stellung bezogen, um im Unterschied zur Entscheidung der Justiz an den politischen und militärischen Kontext der Tätigkeit der SNCF zu erinnern, und dabei den Begriff des »Handlungsspielraums« verwendet, die die Verantwortlichkeit der Handelnden begründet; sie haben sich dadurch heftige Angriffe der Kläger zugezogen, die seitdem – wie die Opfer im Allgemeinen – dem Blick der Historiker auf die Vergangenheit keinerlei Bedeutung bei der Beurteilung von Rechtsfragen mehr zubilligen.[42] Die Richter selbst hatten die Arbeit von Christian Bachelier einerseits in ein zweifelhaftes Licht zu rücken versucht, da sie auf einen Auftrag der SNCF zurückging, andererseits aber mangels anderer Quellen umfangreichen Gebrauch von ihr gemacht. Alle historischen Veröffentlichungen der jüngsten Zeit stehen im Kontext dieser Polemik, die durch landesweit ausgestrahlte Fernsehsendungen und journalistische Streitschriften weiter angefacht wurde. Sie kam dann plötzlich zum Erliegen, als der Staatsrat im Dezember 2007 den Prozess beendete, die vorausgegangene Gerichtsentscheidung aufhob und dadurch die etwa 3.000 Klagen, die seit Juni 2006 gegen die SNCF erhoben worden waren, gegenstandslos gemacht hat.

41 Vgl. besonders Rousso (1998), *La Hantise*, S. 98–109, u. Rousso (2001), »Juger le passé?«. Erneut abgedruckt in Rousso (2001), *Vichy*, S. 678–710.

42 Wieviorka (2007), »La SNCF«, S. 90–99.

Schlussbemerkung

Eines ist daher sicher: Der Mangel an öffentlicher Diskussion hat bewirkt, dass die Verdächtigungen fortbestehen und das Ressentiment noch gewachsen ist, während der Schmerz der Opfer in keiner Weise gemildert wurde. Dabei hätten die Ereignisse Anlass geben können, diese Diskussion intensiver zu führen. Unter diesen Umständen kann die Schlussfolgerung nur in drei bescheidenen Feststellungen bestehen: Zum ersten ist die Organisation des Eisenbahnwesens während des Zweiten Weltkriegs in den besetzten Gebieten Westeuropas im Detail noch unzureichend erforscht. Das trifft bezogen auf Frankreich auch auf die nun schon älteren französischen Arbeiten zu, die nicht annähernd das an Erkenntnis liefern, was wir aus den Untersuchungen von Raul Hilberg, Alfred Mierzejewski, Alfred Gottwaldt und vielen anderen über die deutsche Eisenbahn wissen. Wir müssen uns allerdings auch mit Quellen zufrieden geben, deren Lückenhaftigkeit schon Hilberg beklagte und die jedenfalls ohne genaue Kenntnisse der technischen Einzelheiten und Abläufe des Eisenbahnbetriebs nicht leicht zu deuten sind. Die vorliegenden Quellen könnten jedoch durchaus weiter ausgeschöpft werden.

Zum zweiten steht außer Frage, dass die französische Eisenbahngesellschaft für die Durchführung der Deportationen, zu denen sie die Mittel bereitgestellt hat, Verantwortung trägt. Die deutschen Behörden waren auf die französische Polizei angewiesen, wenn es galt, die französischen Lager zu füllen, und auf die deutsche und französische Bahn, wenn sie wieder geleert und ihre Insassen an die Todesstätten in Osteuropa geschickt werden sollten. Diese Verantwortlichkeit ist gegeben, weil erst die Bereitstellung der Mittel die Tat ermöglicht hat. Der Grad und die Tragweite der möglichen Schuld muss erörtert und ins Verhältnis zu der der Haupttäter gesetzt werden. Diese Debatte gehört jedoch idealerweise in den Bereich der Justiz, auch wenn diese bislang nicht voll und ganz die Rolle hat spielen können, die ihr eigentlich hätte zukommen sollen.

Zum dritten ist einzigartig, aber nicht erstaunlich, dass die französischen Historiker bei der Erforschung dieses Gegenstandes wie auch auf der Bühne der Gerichte und der Medien lieber in den Hintergrund treten. Es gibt nur wenige Forscher, die sich – von der Technikgeschichte abgesehen – für die Organisation des Eisenbahnwesens interessieren, und noch weniger, die dies im Zusammenhang mit der Erforschung des Zweiten Weltkriegs tun. Beides erfordert sowohl sehr breite Kenntnisse als auch Spezialwissen. Es bleibt die schmerzliche Einsicht, dass jenseits der zahlreichen bekannten Fakten eine Gesamtinterpretation der Haltung der Eisenbahngesellschaften und ihrer Angehörigen während des Zweiten Weltkriegs weiterhin fehlt. Vielleicht kann Europa auch hier »neue Wege« beschreiten.

Literatur

Altwegg, Jürg (1999), »Französischer Schaffner, deutscher Fahrplan«, in: *Frankfurter Allgemeine Zeitung* v. 26. August 1999, S. 44.

Bachelier, Christian (1996), *La SNCF sous l'Occupation allemande, 1940–1944, Rapport documentaire*, 2 Bde. u. 2 Dokumentenbde., Paris (http://www.ahicf.com/ww2/rapport/av-propos.htm).

Baruch, Marc-Olivier (1997), *Servir l'état français. L'administration en France de 1940 à 1944*, Paris.

Baruch, Marc-Olivier/Guigueno, Vincent (Hrsg.) (2000), *Le choix des X : l'École polytechnique et les polytechniciens 1939–1945*, Paris.

Browning, Christopher R. (1992), *Ordinary Men: Reserve Police Battalion 101 and the Final Solution in Poland*, New York.

— (1993), *Ganz normale Männer. Das Reserve-Polizeibataillon 101 und die »Endlösung« in Polen*, Reinbek.

Carré de Malberg, Nathalie (2007), »Les fonctionnaires (civils) sous Vichy: essai historiographique«, in: *Histoire@politique, politique, culture, société* 2 (ohne Seitenangaben).

Chevandier, Christian (2001), »Les cheminots, la SNCF et la Seconde Guerre mondiale, 1945-2000«, in: Marie-Noëlle Polino (Hrsg.), *Une entreprise publique dans la guerre: la SNCF, 1939–1945*, Actes du 8e colloque de l'AHICF, Paris 21./22. Juni 2000, Paris, S. 305–321.

— (2006), »Le grief fait aux cheminots d'avoir, sous l'Occupation, conduit les trains de la déportation«, in: *Revue d'histoire des chemins de fer* 34, S. 91–111.

— (2008), »Gestes et discours de paix entre cheminots allemands et français pendant l'Occupation«, in: Caucanas, Sylvie/Cazals, Rémy/Offenstadt, Nicolas (Hrsg.), *Paroles de paix en temps de guerre*, Toulouse, S. 205–217.

Colonomos, Ariel (2005), *La morale dans les relations internationales. Rendre des comptes*, Paris.

Conan, Eric (1999), »1940–1944. La SNCF sous la botte«, in: *L'Express* Nr. 2483 v. 4. Februar, S. 90–94.

Durand, Paul (1968), *La SNCF pendant la guerre, sa résistance à l'occupant*, Paris.

Forster, Gilles (1999), *Le transit ferroviaire de personnes à travers la Suisse pendant la Seconde Guerre mondiale. Annexe au rapport sur la Suisse et les réfugiés à l'époque du national-socialisme*, hrsg. v. der Unabhängigen Expertenkommission Suisse – Seconde Guerre mondiale, unter der Leitung von Jean-François Bergier und Georg Kreis, Bern.

Garapon, Antoine (2008), *Peut-on réparer l'histoire? Colonisation, esclavage, Shoah*, Paris.

Girard, Pierre (1957), »La SNCF sous l'Occupation«, in: Hoover-Institute (Hrsg.), *La Vie de la France sous l'Occupation (1940–1944)*, 2 Bde., Paris, Bd. 1, S. 321–338.

Goldhagen, Daniel (1996), *Hitler's Willing Executioners: Ordinary Germans and the Holocaust*, New York.

Gottwaldt, Alfred (2000), »Der deutsche Güterwaggon: eine Ikone für den Judenmord?«, in: *Dumjahn's Jahrbuch für Eisenbahnliteratur* 16, S. 43–53.

— (2001), »Les cheminots allemands pendant l'occupation en France de 1940 à 1944«, in: Marie-Noëlle Polino (Hrsg.), *Une entreprise publique dans la guerre: la SNCF, 1939–1945*, Actes du 8e colloque de l'AHICF, Paris 21./22. Juni 2000, Paris, S. 175–194.

Guckes, Jochen (1999), »Le rôle des chemins de fer dans la déportation des juifs de France«, in: *Revue d'histoire de la Shoah. Le monde juif* 165, S. 29–110.

Hilberg, Raul (1976), »German Railroads, Jewish Souls«, in: *Society*, 14, S. 60–74.

— (1981), *Sonderzüge nach Auschwitz*, Mainz.

Hildebrand, Klaus (1999), »Die deutsche Reichsbahn in der nationalsozialistischen Diktatur 1933–1945«, in: Lothar Gall/Manfred Pohl (Hrsg.), *Die Eisenbahn in Deutschland. Von den Anfängen bis zur Gegenwart,* München, S. 165–244.

Jäckel, Eberhard (1985), »Die Reichsbahn und der Mord an den europäischen Juden«, in: *Jahrbuch für Eisenbahnliteratur* 2, S. 37–41.

Klarsfeld, Serge (2001), »L'acheminement des Juifs de province vers Drancy et les déportations«, in: Marie-Noëlle Polino (Hrsg.), *Une entreprise publique dans la guerre: la SNCF, 1939–1945*, Actes du 8e colloque de l'AHICF, Paris 21./22. Juni 2000, Paris, S. 143–158.

— (2001), *La Shoah en France*, Bd. 1: *Vichy – Auschwitz. La »solution finale« de la question juive en France*, Paris.

Marrus, Michaël/Paxton, Robert O. (1990), *Vichy et les Juifs,* Paris, neue, verb. Aufl., Paris (Originaltitel: *Vichy France and the Jews*).

Mierzejewski, Alfred C. (1999), *The Most Valuable Asset of the Reich. A History of the German National Railway,* Bd. 2: *1933–1945,* Chapel Hill, London.

Polino, Marie-Noëlle (2004), »Les cheminots dans la guerre et l'Occupation, témoignages et récits«, in: *Revue d'histoire des chemins de fer* 7, Sondernummer, 2. Aufl., S. 286–309.

Ribeill, Georges (2007), »Trafics sous contraintes et performances exceptionnelles des chemins de fer français: un bilan ambigu«, in: Marie-Noëlle Polino (Hrsg.), *Transports dans la France en guerre 1939–1945,* Rouen, S. 153–174.

— (2008), »A propos du wagon couvert K, dit ›wagon à bestiaux‹: de la réglementation militaire à ses détournements«, in: Georges Ribeill (Hrsg.), *SNCF et déportations, de l'histoire au prétoire,* Dossier, Historail, Nr. 4, Januar, S. 72–78.

— (2008), »Un enjeu juridique capital: réquisition ou non des trains de la SNCF?«, in: Georges Ribeill (Hrsg.), *SNCF et déportations, de l'histoire au prétoire,* Dossier, Historail, Nr. 4, Januar 2008, S. 34–89.

Rousso, Henry (1998), *La Hantise du passé*, Paris.

— (2001) »Bilan et perspectives«, in: Marie-Noëlle Polino (Hrsg.), *Une entreprise publique dans la guerre: la SNCF, 1939–1945*, Actes du 8e colloque de l'AHICF, Paris 21./22. Juni 2000, Paris, S. 345–357.

— (2001), »Juger le passé? Justice et histoire en France«, in: Florent Brayard (Hrsg.), *Le Génocide entre procès et histoire*, Bruxelles, Paris.

Wieviorka, Annette (1995), *Déportation et génocide. Entre la mémoire et l'oubli*, Paris.

— (2007), »La SNCF, la Shoah et le juge«, in: *L'Histoire* 316, S. 90–99.

15. Das Ende des Krieges – Evakuierung, Flucht, Vertreibung, Zwangsaussiedlung: Verkehrsgeschichtliche Aspekte

Hans Lemberg

Räder müssen rollen für den Sieg,
unnötige Reisen verlängern den Krieg.[1]

Diesen holprigen, aber eingängigen Vers aus den späten Kriegsmonaten 1944 konnte man noch vor wenigen Jahren an der renovierungsbedürftigen Wand eines nordhessischen Bahnhofs lesen.

Anforderungen an den Verkehr im Krieg

Tatsächlich wurde der Personenverkehr im Reich während des Krieges zunächst relativ wenig eingeschränkt. Private Bahnreisen waren trotz Aufrufen und Propagandasprüchen und trotz der Transport-Katastrophe an der Ostfront 1941/42 nicht allzu sehr behindert.[2] Im inneren Reichsgebiet wurden erst spät im Jahr 1944 durch einen Wandel in der Luftkriegsstrategie bei den Westalliierten die Zerstörungen auf die Verkehrswege – insbesondere Eisenbahnstrecken und Verschiebebahnhöfe – konzentriert.[3] Der private – ohnehin noch keineswegs dichte – Autoverkehr war schon stärker eingeschränkt, auch durch Beschlagnahme von Privat-PKWs.[4] Treibstoffe wurden knapper, so dass

---

1 Zunächst hat es offensichtlich nur die erste Zeile als Propagandaparole gegeben, die zweite ist wahrscheinlich eine Hinzufügung gegen Kriegsende. Vgl. Hilberg, *Sonderzüge*, S. 170f. Siehe auch die Abbildung aus dem Bahnhof Hamburg-Altona (Großes Schild mit der ersten Zeile, kleineres – wohl späteres – Schild mit der zweiten Zeile darüber), in: Nicholls, »Zusammenbruch«, zwischen S. 224 und 225.

2 Siehe Rehbein, *Eisenbahnen*, S. 171, Schüler, *Logistik*, und zu den Einschränkungen von privaten Bahnreisen siehe Kreidler, *Eisenbahnen*, S. 278–289.

3 Mierzejewski (2000), *Asset*, S. 158ff. Siehe ders. (1988), *Collapse*, passim, und auch die anschauliche Graphik auf S. 198.

4 So war im Jahr 1944 der lange Schulweg des Verf. monatelang gesäumt mit beschlagnahmten PKWs am Straßenrand.

man zunehmend mit Holzvergasern umgerüstete Fahrzeuge auf den Straßen sah.

Im Krieg gab es hohe zusätzliche Anforderungen an den Verkehr. Die anfängliche Linie, dieser Krieg könne mit Kraftfahrzeugen als Hauptbewegungsmittel der Wehrmacht gewonnen werden, scheiterte spätestens im ersten sowjetischen Winter.[5] So blieb vor allem die Eisenbahn, die mit Hochlast-Sonderfahrplänen, Militärtransporten, aber auch den berüchtigten Da-Deportationszügen (Juden ostwärts nach Theresienstadt, Auschwitz oder in andere Lager oder Ghettos; mit anderen Zugbezeichnungen polnische Zivilisten ins Generalgouvernement, Zwangsarbeiter aus dem Osten westwärts) auch schon zu den Zeiten stark belastet war, als im Reich noch kaum Zerstörungen den Bahnbetrieb behinderten.[6]

Evakuierungen im Westen des Reiches – Kinderlandverschickung

In den ersten Jahren des Krieges waren die Fronten vom Reichsgebiet recht weit entfernt. Sieht man von den sogenannten »Freimachungen«, das heißt Zwangsräumungen von Grenzregionen im Westen vor dem Angriff auf Frankreich ab, die rasch wieder rückgängig gemacht wurden, dann war es vor allem der Luftkrieg, der bald – entsprechend der Reichweite der britischen Air Force – insbesondere die westlichen Teile des Reiches, aber auch Hamburg und Berlin zu beeinträchtigen begann. So kam also eine große Evakuierungsaktion von »Bombengeschädigten« aus gefährdeten Städten in Gang, die offiziell »Umquartierung« genannt wurde.[7]

Das betraf insbesondere auch Kinder, die mit der millionenfachen »erweiterten Kinderlandverschickung« (KLV) mitsamt ihren Lehrern in »ruhigere« Gebiete des Reichs, also vorwiegend in den Osten und Südosten, transportiert wurden, von wo sie erst in den chaotischen Wochen des Kriegsendes in ihre Heimatgebiete zurückkehrten.[8] Während die eigentliche KLV nahezu ausschließlich mit der Eisenbahn bewerkstelligt wurde, erfolgte die Heimreise nur

5 Schüler, *Logistik*, u. Pottgießer, *Reichsbahn*.

6 Gottwaldt, Schulle, *Judendeportationen*. Bei Kreidler, *Eisenbahnen*, sind zwar viele Zugtypen und Sonderverwendungen für Züge zu finden, nicht aber Da-Züge. Siehe auch Hilberg, *Sonderzüge*.

7 Siehe dazu Krause, *Flucht*, S. 45–69.

8 Kressel, *Evakuierungen*.

zum Teil mit der Bahn, teils aber auch recht abenteuerlich, auf eigene Faust, zu Fuß oder wie auch immer.

Die Generalprobe: Umsiedlungen »heim ins Reich«

Evakuierungen fanden also in der ersten Kriegshälfte vor allem im Westteil des Reiches statt; zu Kriegsende, selbst beim Herannahen der Invasionsfront, war das nur noch punktuell der Fall, umso mehr aber im Osten. Mit diesem soll sich unser auf das Kriegsende konzentrierender Abriss der Verkehrsgeschichte befassen, der den Blick auf den Komplex von Evakuierung, Flucht, Vertreibung und Zwangsaussiedlung im östlichen Mitteleuropa richtet.

Hier gab es einen Vorgang, der seit 1939 in mancher Hinsicht eine friedliche Generalprobe zu dieser Millionen von Menschen erfassenden Bevölkerungsverschiebung war: die noch durch internationale Verträge geregelten Umsiedlungen von Auslandsdeutschen, den sogenannten »Volksdeutschen« unter dem Slogan »Heim ins Reich«. Sie folgten der zu Kriegsbeginn noch vorhandenen Tendenz zur Herstellung eines ethnisch möglichst homogenen deutschen Nationalstaates, des »Großdeutschen Reiches«; wo dies nicht, wie beim Anschluss Österreichs und im Münchner Abkommen, durch Grenzveränderungen zu dessen Gunsten erreicht werden konnte, dann eben durch Umsiedlungen.[9] Welche Verkehrsmittel standen hier zur Verfügung? Außer Flugzeugen war es die ganze Breite: Bei der Umsiedlung der Südtiroler meistens die Eisenbahn über den Brenner, bei den Deutschbalten die Schiffsfahrten von Riga aus nach Gdingen oder Stettin, bei den Deutschen aus Wolhynien, der Bukowina oder anderen Siedlungsgebieten in Osten aber wurde der »Treck« zum vorwiegenden Verkehrsmittel.

Der Beweggrund für diese schon Massencharakter annehmenden Umsiedlungen war die in den späten dreißiger Jahren allgemein virulente Vorstellung, eine künftige friedliche Ordnung Europas ließe sich nur durch die Homogenisierung von Nationalstaaten erreichen. Dies wurde auch zur Zielvorstellung der Alliierten für die Zeit nach dem Krieg; die Hitlerschen Umsiedlungen wurden dabei zu einer Art Präzedenzfall; Minderheiten sollte es nach dem Krieg nicht mehr geben. Dieses Prinzip wurde allerdings in Hitlers Drittem Reich vernachlässigt, als kurz nach Kriegsbeginn das Umsiedlungswesen der SS über-

9 Vgl. dazu allgemein Lemberg (1992), »Ethnische Säuberung«, S. 27–38. Wiederabdruck in Lemberg, »Mit unbestechlichem Blick«, S. 377–396.

tragen wurde, deren gigantische, inhumane Hin- und Hersiedlungen in den Massenmord der KZs und der Sonderkommandos übergingen.[10]

Typologie der Verkehrsmittel

Um – was nie ganz trennscharf und im folgenden ohnehin nur skizzenhaft möglich sein wird – den verkehrsgeschichtlichen Aspekt von Evakuierung, Flucht und Zwangsmigrationen in Ostmitteleuropa in der Ära des Kriegsendes darzustellen, wird man zunächst eine Art von Typologie der in dieser Ausnahmesituation verwendeten Verkehrsmittel aufstellen können.[11] Dabei geht es vor allem um Landverkehr. Er konnte durch Motoren, durch Zugtiere oder durch menschliche Muskelkraft bewegt werden.

Bei den motorbetriebenen Fahrzeugen standen Eisenbahnzüge (fast ausschließlich mit Dampflokomotiven) weit im Vordergrund. An die Seite der Personenwaggons traten zunehmend für den Transport von Menschen auch Güterwagen. Die Zuggarnituren, die in der Phase der Massen-Aussiedlungstransporte verwendet wurden, enthielten meist gedeckte Güterwagen (»G-Wagen«), die zeitgenössisch und in der Erinnerung von Betroffenen meist – bahntechnisch nicht ganz korrekt – als »Viehwagen« bzw. »Viehwaggons« bezeichnet wurden.[12] Sie wurden zu den eigentlichen *Lieux de mémoire* der Massenaussiedlungen nach der Potsdamer Konferenz. Es wurden aber gelegentlich auch – zum Teil für sehr lange Strecken, offene Waggons verwendet, sogenannte Kohlenwagen, in der die Menschen eng zusammengepfercht wurden, bis zu 80 Personen.[13]

---

10 Neben der SS waren auch von der SS getragenen Behörden wie Reichssiedlungshauptamt, Reichskommissar für die Festigung des Deutschtums und andere am Umsiedlungswesen beteiligt.

11 Für die skizzenhafte Typologie der Verkehrsmittel und Verkehrswege sind aus Platzgründen Einzelbelege nicht möglich; sie beruht auf weit über 100 Text- und Bildbelegen aus folgenden Publikationen: Bundesministerium für Vertriebene, *Dokumentation*; Borodziej, Lemberg, *Die Deutschen* (auch erschienen in einer parallelen polnischen Ausgabe); Mühlfenzl, Habel, *Geflohen*; Knopp (2001), *Flucht*; Knopp (o. J.), *Flucht*; Knopp (2003), *Flucht*; Frantzioch-Immenkeppel, Ratza, Reichert, *40 Jahre Arbeit*; Haus der Geschichte der Bundesrepublik Deutschland, *Flucht*; Franzen, Lemberg, *Die Vertriebenen* (Begleitbuch zur dreiteiligen Fernsehdokumentation des ARD); Böddeker, *Flüchtlinge*, Krauss, *Angekommen!*, Hofmann, *Nachkriegszeit*, und andere mehr.

12 Siehe Köhler, *Güterwagen-Handbuch*.

13 Wohl aber kaum zu 100 oder 120, wie Zeitzeugen sich zu erinnern meinen; das ergeben Auszählungen auf Fotos mit solchen Waggons.

Abb. 15.1: Der Transport mit »Viehwaggons« – eine Ikone der Zwangsaussiedlungen

Quelle: ullstein bild – dpa(85), Bildnr. 00732050.

Busse, Lastautos, PKWs, Traktoren und Motorräder sind auf Bildern dieser Zeit zwar auch zu sehen, sie waren aber in zunehmendem Maße durch Treibstoffmangel beeinträchtigt. Selten sind auch Straßenbahnen in Randbezirken der Städte eingesetzt worden.

Unter den Zugtieren hatten die Pferde fast ein Monopol; Ochsen waren zu langsam und Hunde zu schwach.[14] Pferde waren die wichtigsten Beweger der außerordentlich verbreiteten Trecks mit Evakuierten und Flüchtlingen. Diese Trecks spielen auch in der Erinnerung eine sehr große Rolle, ja sie wurden – nicht immer gerechtfertigt, denn die Eisenbahnen bewegten in der späteren Phase ungleich mehr Menschen – zum Symbol der Flucht aus dem Osten schlechthin.

14 Gleichwohl wird über von Ochsen gezogene Karren in Trecks berichtet. Vgl. zum Beispiel Holz, *Evakuierte*, S. 80 f.

Offensichtlich sind die »Trecks« – sowohl als Transportform wie auch als Begriff – erst mit den Hitlerschen »Heim-ins-Reich«-Umsiedlungen seit 1940 als Novum eingeführt und sogleich von der NS-Propaganda heroisiert worden. Der Begriff »Treck« ist – so etwa in deutschen Lexika – bis in die dreißiger Jahre nur als niederländischer Ausdruck im Sinne der Wagenzüge der Buren in Südafrika beziehungsweise aus den deutschen Kolonien bekannt gewesen.[15] Vermutlich anknüpfend an die Heroisierung des Großen Burentrecks wurde der sofort so genannte »Große Treck« »heim ins Reich« zu einer Großleistung der Betroffenen, also der bäuerlichen Volksdeutschen stilisiert, und damit auch der nationalsozialistischen Umsiedlungsorganisation, die die Trecks auslöste und begleitete.[16] Der ebenfalls schon 1940 verwendete Topos der »Völkerwanderung« sollte sich wenige Jahre später auch numerisch mit realerem Inhalt füllen.[17]

Verkehrstechnisch gesehen setzten die Trecks eine agrarische Kultur voraus, in der es genügend Pferde (meist zwei pro Gespann, aber auch Einspänner) und Bauernwagen gab, die zum Schutz gegen die Witterung mit Planächern überspannt wurden. Pferde bedurften eines hohen, fachgerechten Aufwandes an Betreuung: Sie mussten je nach Witterung mit Stollen oder Eisen beschlagen, gefüttert, getränkt (auch bei Wassermangel durch Frost) und in Frostnächten untergestellt werden. Wurde dennoch bei der Umsiedlung seit 1940 die Eisenbahn benutzt, dann meist für Städter – oder aber in der Zusammenfassung der Trecks und in ihrer Weiterleitung per Bahn oder Donauschiff.

Dass diese Trecks ausgerechnet im harten Winter 1940/1941 westwärts zogen, mag wiederum als Vorausbild derjenigen im Winter 1944/45 gelten, mit denen Flüchtlinge versuchten, der Roten Armee in weiter westlich gelegene Reichsgebiete zu entkommen, nur dass gegen Kriegsende der Wanderungsdruck, die Angst, ungleich größer war und dass beim Herannahen der Front die zunächst vorhandene Organisation immer mehr in Chaos überging.[18]

---

15 *Meyers Lexikon*, und der *Große Brockhaus*. Vgl. auch *Grimms Deutsches Wörterbuch*, Bd. 21, Sp. 1575. Hinweise auf niederdeutschen Gebrauch im Sinne von »Zug«; »im neueren kolonialdeutsch Treck reise mit dem ochsenwagen«. Rezenter, schon mit Bezug auf das Ende des Zweiten Weltkriegs: *Duden*, S. 3956.

16 »Euer großer Treck war eine der denkwürdigsten Leistungen unserer Volksgeschichte«. SS-Obergruppenführer Lorenz im Sommer 1940 an die wolhynischen Bauern. Seltmann, *Tagebuch*, S. 109. Vgl. auch Engelhardt-Kyffhäuser (1940), *Treck*. Engelhardt-Kyffhäuser (1940), *Buch*.

17 Die »größte Völkerwanderung der neueren Zeit«, SS-Standartenführer Hoffmeyer im Vorwort zu: Seltmann, *Tagebuch*, S. 6.

18 Hinderlich, *Winziger Tagebuch*. Dort auch Abbildung von Treckbegleitpapieren.

Abb. 15.2: Ein Treck in Niederschlesien. Im Treck ist eine Vielfalt von Fahrzeugen zu sehen. Darunter befindet sich sogar eine Kutsche, was nicht typisch war. Ansonsten Fahrräder, schlitten usw.

Quelle: Herder-Institut Marburg, Bildarchiv, Sign. 84570.

Zur Flucht wurden, dies sei der Vollständigkeit halber erwähnt, auch andere vierrädrige Wagen benutzt, die sich von Zugtieren bewegen ließen, beispielsweise Wohnwagen oder Kutschwagen.

Diese Phase der Verkehrsgeschichte war auch gekennzeichnet durch einen in industriell entwickelten Staaten ganz atavistisch anmutenden Aufwand an menschlicher Muskelkraft zur Fortbewegung, auch über längere Strecken. Wenn man schon systematisiert, kann man von Menschen geschobene und gezogene Lastfahrzeuge unterscheiden. Als »Schubkarren« wurden weniger die unter diesem Namen bekannten Fahrzeuge mit einem Rad verstanden, das zwischen einer Gabel läuft, sondern geschobene Kastenfahrzeuge mit meist zwei meist größeren Rädern in der Mitte. Zudem waren viele Kinderwagen wie auch Schlitten oder Fahrräder unterwegs, die mit Gepäck beladen waren.

Unter der den von Hand gezogenen kleineren oder größeren Wagen gebührt – ähnlich wie den Treckwagen und den Güterwaggons der Bahn – dem vierrädrigen Hand- oder Bollerwagen geradezu ein symbolischer Rang. Flankierend wurden aber auch ad hoc selbst gebastelte Fahrzeuge eingesetzt, wie Kisten oder Wäschekörbe auf vier Scheibenrädern oder dergleichen.

Der letzte hier zu beobachtender Typus der Fortbewegung mit Menschenkraft, meist schon als katastrophale Endstufe eines weitgehenden Verlustes auch des meisten Fluchtgepäcks nach Zusammenbruch anderer Vehikel und nach Ausplünderung oder Beraubung, war das Gehen zu Fuß, letzte Habseligkeiten im Rucksack oder mit den Händen schleppend, beziehungsweise Kinder an der Hand führend oder auf dem Arm tragend. Auch so wurden zum Teil lange Strecken zurückgelegt. An dieser Stelle darf daran erinnert werden, dass die Hauptlast dieser Phase der Transportgeschichte, der millionenfachen Fortbewegung, von Frauen getragen wurde, die sich um Kinder und Alte heldenhaft kümmerten; die Männer befanden sich meist im Wehrdienst oder in Kriegsgefangenschaft, sofern sie überhaupt überlebt hatten. So viel zum Landverkehr.

Luftverkehr hat es zu dieser Zeit auf deutscher Seite kaum mehr gegeben, er wurde allenfalls für hohe Militärstäbe oder Parteifunktionäre verwendet. Der Verkehr zu Wasser hat hingegen insbesondere an der Ostseeküste für die letzten Kriegswochen eine überragende Rolle gespielt, als durch die Kriegsmarine insbesondere aus großen oder kleineren Frontkesseln an der Küste, deren Eingeschlossenen der weitere Landweg nach Westen bereits durch die Rote Armee abgeschnitten war, Tausende über die Ostsee über kleinere oder längere Strecken in überfüllten Schiffen aller Art westwärts transportiert wurden. Die regionale Beschränkung dieses Verkehrsmittels hat nicht verhindert, dass der Untergang des torpedierten Bäderschiffes »Gustloff« in der Ostsee mit Tausenden Flüchtlingen eines der hervorragenden *lieux de mémoire*, der Signalereignisse für Flucht und Vertreibung im kulturellen Gedächtnis ist.

Die Verkehrsmittel sind nur ein Teilaspekt des hier zu behandelnden Komplexes, selbst wenn man ihn nur unter dem selektiven verkehrshistorischen Blickwinkel beobachtet. Ein weiterer sind die Verkehrswege. Im Reichsgebiet war schon vor 1914 das Schienennetz der Eisenbahn dicht ausgebaut, wohl dichter noch als die Fernstraßen, die Chausseen. Die Autobahnen befanden sich in den dreißiger Jahren erst im Anfang des Ausbaus. Wenn auch weiter östlich, im ehemaligen Russischen Reich und danach in der Republik Polen das Schienennetz weniger dicht war, standen genügend Verkehrswege zur Verfügung; allerdings wird noch davon die Rede sein, dass sie zu Ende des Krieges in schlechtem Zustand waren.

Die Flussübergänge erwiesen sich bei Kriegsende als Problemstellen. Für normale Verkehrsverhältnisse hatte es zahlreiche Brücken über die Flüsse gegeben, die jetzt von den Evakuierungs- beziehungsweise Fluchtwegen gekreuzt wurden. Dem ungeheueren Verkehrsaufkommen der Fluchttrecks und dergleichen waren sie jedoch selbst dann kaum gewachsen, wenn sie noch unzerstört waren. Gerade im Winter 1944/45 kamen jedoch zur Zeit des großen Frostes, in die gleichzeitig die Massenflucht fiel, und angesichts der zu 60 Prozent zerstörten Brücken ungewöhnliche Wege zur Überquerung von Gewässern zustande, die stark belastet wurden: die Überquerungen zugefrorener Flüsse, aber auch der Weg über das Eis des breiten Frischen Haffs. Wo möglich, konnte bei mechanischen Zerstörungen oder Verdünnungen des Eises (Einbrüche, Beschuss, Herstellung einer Fahrrinne mit Eisbrecher, einsetzendes Tauwetter) durch Wasseraufgüsse auf Strohaufschüttungen oder Bretterbrücken die Eisschicht und ihre Befahrbarkeit befestigt und gesichert werden – so lange der strenge Frost anhielt. Tauwetter und Regen machten die Überfuhr allerdings zu höchst riskanten, ja oft tödlichen Unternehmungen.

Verkehrsorganisation und Störfaktoren

In der Phase der Überrollung dieser Gebiete durch die Front (Rückzug oder Flucht der Wehrmacht, nachstossende Rote Armee) und in der Nachkriegszeit erwies sich das Problemfeld von Organisation – meist auch der Desorganisation – als geradezu entscheidend und bestimmend für den tatsächlichen Charakter des außerordentlichen Verkehrsgeschehens, das durch die bisherige Beschränkung auf die Hardware-Elemente nur schematisch dargestellt werden konnte. Es seien also in aller Kürze Organisationselemente und Störfaktoren benannt:

Die Gauleiter als »Reichsverteidigungskommissare« sowie ihnen untergeordnete Parteiinstanzen verfochten Hitlers Direktive, auch die Zivilbevölkerung habe »bis zum letzten Blutstropfen« auszuharren; sie verhinderten damit Evakuationspläne oder hielten sie zurück, wo sie dennoch erarbeitet worden waren. Dadurch wurde eine rechtzeitige organisierte Flucht weitgehend unmöglich gemacht. Wenn die Flucht dann doch begann, war es meist zu spät. Das galt für alle gezeigten Formen, auch für die Trecks, die wie der Zugverkehr ein hohes Maß an Organisation (mit Treckführern, Leitstellen und so weiter) erforderlich machten.

Das über den Zustand von Eisenbahnnetz und Straßen Gesagte galt bis in die späten Kriegsmonate. Seit Ende 1944 mehrten sich die Zerstörungen sprunghaft: Die seit dem Beginn des Rückzugs aus der Sowjetunion von der Wehrmacht angewandte Taktik der »verbrannten Erde« – wenn auch andererseits die Wehrmacht bei der Flucht der Zivilbevölkerung erhebliche Hilfe leistete –, sowie Bombardierungen und Artilleriebeschuss machten Verkehrswege, aber auch Schienen- und Straßenfahrzeuge unbrauchbar. In den deutschen Ostgebieten waren mehr als die Hälfte der Bahnstrecken zerstört.[19] So mussten große Umwege, Langsamfahrten und lange Standzeiten in Kauf genommen werden; die Fahrtzeiten vervielfachten sich daher, die oft noch erstaunlich lange eingehaltenen Fahrpläne wurden zunehmend außer Kraft gesetzt; zeitweilig wurde der Zugverkehr ganz eingestellt. Die Behinderungen wuchsen nach der sowjetischen Besetzung durch Demontage von Zweitgleisen oder ganzen Strecken, deren Schienenmaterial in die Sowjetunion gebracht wurde. Auch die Umspurung einiger Strecken auf sowjetische Breitspur wirkte für den Normalverkehr hinderlich. Es sollte viele Monate dauern, bis wieder ein geregelter Zugverkehr möglich wurde – in den Ostgebieten erst nach Übergang der Bahnverwaltung aus deutscher in polnische Hand.[20]

Der unerwartet rasche Vormarsch der Roten Armee und die nachfolgende Besitzergreifung durch polnische Organe (und hier ist exemplarisch nur von den neupolnischen Gebieten die Rede), der Einstrom von polnischen Vertriebenen aus Sowjetisch-Ostpolen und der Rückstrom von zuvor geflohenen Deutschen und von *Displaced Persons* (unter anderem Zwangsarbeitern) aus dem Westen ließen Besatzungsverhältnisse entstehen, bei denen Willkür und Terror vorherrschte, aber oft auch Konflikte zwischen sowjetischen und polnischen Organen; die Heranziehung von Deutschen zur Zwangsarbeit war weit verbreitet; erst langsam etablierte sich eine neue Rechtsordnung.[21]

Die Lebensverhältnisse, die Entrechtung der deutschen Bevölkerung, sowie der nach Kriegsende sich steigernde Mangel an Nahrungsmitteln behinderten die Menschen; schon vor den Abtransporten war die Bevölkerung in hohem Maße geschwächt und verelendet. Brennpunkte solchen Elends waren die sogenannten Sammelpunkte, Lager also, zu denen an Verlade-Bahnhöfen, von denen die Transporte ausgehen sollten, die Auszusiedelnden von nah und fern teils mit Fahrzeugen, teils zu Fuß zusammengebracht wurden. Der Aufenthalt in diesen Sammellagern konnte Tage, aber auch Monate dauern. Die hygienischen Verhältnisse waren entsetzlich, Hunger und Epidemien häufig. Das verantwortliche Polnische Repatriierungsamt (*Państwowy Urząd Repatriacyjny*, PUR) befand sich hinsichtlich dieser Lager und des Aussiedlungswesens in

19 Deutsches Büro für Friedensfragen, *Ost-Handbuch.*

20 Zum Übergang von Deutscher Reichsbahn zu den Polnischen Staatsbahnen in den ehemaligen deutschen Ostgebieten scheint noch Forschungsbedarf zu bestehen. Spezialstudien gehen meist bis zum Kriegsende oder fangen – für Polen – dort an, zum Beispiel Lijewski u. a., *Rozwój komunikacji.*

21 Hier und im Folgenden siehe die Einleitungen und die Einzeldokumente in Borodziej, Lemberg, *Die Deutschen.*

Konkurrenz mit den Wojewodschaftsämtern und anderen Instanzen; das trug nicht immer zur Besserung der Verhältnisse bei.

In der Phase der mit den Besatzungsorganen in Restdeutschland vereinbarten Massenumsiedlungen bildete sich 1946 für die Transporte nach und nach ein Standard heraus: Zuglänge 60 Waggons, in jedem Waggon 30 bis 35 Menschen samt Gepäck, ein Sanitätswaggon und ein Personenwaggon für Begleitpersonal. Dieser nie konsequent eingehaltene Standard (es gab eine vage Richtzahl von 1.750 Personen je Transport) enthielt auch die Regel, dass im Winter die Güterwaggons mit Öfen ausgestattet sein sollten, die aber oft fehlten, oder für die Brennmaterial nicht vorhanden war. Gerade die zeitweise Einstellung der *Action Swallow*, das heißt der Transporte aus Polen im Winter 1946/47, die von britischen (auch sowjetischen) Behörden in ihren Besatzungszonen übernommen wurden, war durch den Umstand bedingt, dass bei der Ankunft in den Transporten zahlreiche Erfrierungstote aufgefunden wurden. Andere monierte Mängel waren der hygienische Zustand der Waggons, die unzureichende oder fehlende Verpflegung der Vertriebenen oder ihre Beraubung während des Transports.

Wie auch bei der noch sesshaften Bevölkerung oder in den Lagern waren während der Transporte der allgegenwärtige *szaber*, der »Raub« an der Tagesordnung. Daran waren auch Eisenbahner oder Kriminelle in Eisenbahneruniformen, Angehörige der sogenannten »Bürgermiliz« oder ihrer Hilfstruppe *Ochotnicza Rezerwa Milicji Obywatelskiej* (ORMO) beteiligt, die die Züge bei verabredeten Langsamfahrstellen enterten oder wieder mit Raubgut verließen. Grenzkontrollen verliefen ähnlich, so dass Vertriebene, ihrer letzten Habseligkeiten, oft auch der Kleidung beraubt, in den deutschen Besatzungszonen ankamen.

Periodisierung und Länderspezifika

Bei dem großen ostmitteleuropäischen Vorgang, den wir hier beobachten, gab es selbstverständlich regionale Spezifika, naturräumlich, aber auch von Staat zu Staat, und das auch hinsichtlich der Periodisierung. Das gilt auch für den transportgeschichtlichen Aspekt.

Generell pflegt man nach der Phase der Flucht und Evakuierung und nach dem eigentlichen Kriegsende zwei Hauptphasen zu unterscheiden: die sogenannte wilde Vertreibung; dann – nach der Zäsur des Potsdamer Konferenz – die geregelte Zwangsaussiedlung. Das ist durch den Umstand zu relativieren, dass nirgends der Anlass für die »wilden« Vertreibungen (eher kleinräumig, grenznah, besonders brutal) allein die spontane Volkswut war, sondern dass auch hier ein großes Maß an politischen Stimuli und militärischen Befehlen dahinter stand. Eklatant war die rasche Totalvertreibung von Deutschen in einem breiten Streifen östlich von Oder und Neiße durch die polnische Armee zur Herstellung eines Militärsiedlungsstreifens, um noch vor Potsdam ein *fait accompli* für diese Grenze zu schaffen. Gemeinsam war auch, dass die Phase des in Potsdam verhängten Moratoriums für alle Aussiedlungen bis zu Vereinbarungen zwischen Polen beziehungsweise der Tschechoslowakei und den Zonen-Besatzungsorganen von beiden Staaten durch die wirksame Fiktion einer erzwungenen »freiwilligen Aussiedlung« angefüllt wurde, bei der bereits Mechanismen (und Missstände) für die etwa Anfang des Jahres 1946 überall beginnenden regulären Aussiedlungstransporte mit der Bahn vorweggenommen wurden. Die Anfang 1946 voll einsetzende Phase der Massentransporte dauerte in der ČSR bis Herbst 1946; in den polnischen Gebieten erheblich länger bis 1949/50.

Ein wesentlicher Unterschied zwischen einerseits Polen mit den deutschen Ostgebieten und andererseits der Tschechoslowakei bestand darin, dass in der ČSR die Phase von Massenevakuierung und Flucht vor Kriegsende kaum stattgefunden hat, da das Territorium fast bis Kriegsende oder noch danach nicht von alliierten Truppen besetzt worden war.[22] Es gab also keinen Anlass zur Flucht; dieses Territorium war vielmehr bis zuletzt Aufnahmegebiet für Flüchtlinge, vor allem aus Schlesien. Erst nach Kriegsende begann hier das Fortbewegen, meist schon in der Phase der »wilden Vertreibungen«. Da es in der ČSR nur relativ wenige Kriegszerstörungen gab, waren auch die Verkehrswege weitgehend intakt.[23]

Ungarn hatte insofern eine Sonderstellung, als die Trecks von Ungarndeutschen schon früh beim Herannahen der Roten Armee im Spätsommer 1944 organisiert und unbehindert durchgeführt wurden. Wie in den ostdeutschen Gebieten fuhren nach der sowjetischen Besetzung viele Züge mit Deportierten zur Zwangsarbeit in die Sowjetunion. Dass in der Potsdamer Konferenz neben der Aussiedlung der Deutschen aus Polen und der ČSR auch die aus Ungarn vereinbart wurde, hat damals Erstaunen erregt. Die Erfüllung dieser Forderung hat auch in Ungarn von 1946 bis 1948 zu einer Welle von Bahntransporten in den erwähnten Formen geführt.[24]

---

22 Borodziej, Lemberg, *Die Deutschen*, Nitschke, *Vertreibung*.

23 Zur Situation der Deutschen in der Tschechoslowakei siehe am intensivsten die Arbeiten von Tomáš Staněk; darunter die ins Deutsche übersetzten Titel Staněk, *Verfolgung*, u. Staněk, *Internierung*.

24 Tóth, *Migrationen*.

Da für Rumänien und Jugoslawien die Massentransporte von alliierter Seite nicht vorgesehen waren, hatte es dort mit Deportationen, die innerstaatlich waren oder in die Sowjetunion gerichtet, und mit bedrückenden Lager- und Zwangsarbeitszuständen sein Bewenden, es kam aber auch, so in Slowenien, zu wilden Vertreibungen von Volksdeutschen nordwärts.

Verkehrsgeschichte – nur ein Teilaspekt des Themas

Verkehrsgeschichte, selbst wenn man sie breiter als bloß im traditionellen Sinne der Technik- und Organisationsgeschichte, sondern vielmehr auch als Sozialgeschichte begreift, vermag einen wichtigen, aber eben mit dem erzwungenen Wegbewegen von wehrlosen Menschen nur *einen* Aspekt des Komplexes der Verquickung von Gewalt, Willkür, ja Tötung zu erfassen. Sicherlich haben beispielsweise auch die sogenannten Todesmärsche, lange Züge mit meist Frauen, Kindern und alten Menschen in Richtung Staatsgrenze (bekanntere wie die von Brünn und weniger bekannte) im Zusammenhang mit der Vertreibung – wie auch wenige Wochen oder Monate davor kurz vor Kriegsende die Elendsmärsche der KZ-Häftlinge aus dem Osten ins Reichsinnere – einen verkehrshistorischen Aspekt, dienten sie doch der Fortbewegung. Das gilt auch für alle die anderen Erscheinungsformen von Flucht, Vertreibung und Aussiedlung. Aber waren sie nicht vielmehr mit ihrem tausendfachen Elend, mit der ausgeübten Gewalt und den zahlreichen Todesopfern eher denn Verkehrsereignisse an erster Stelle Ausgeburten eines kaum vorstellbaren Hasses, des von vorhergehenden Greueln der NS-Okkupationsherrschaft genährten, von Staaten und Parteien ideologisch aufgeheizten Fanatismus, der Menschenverachtung und der unvorstellbaren Ferne von humaner Ethik bei vielen Tätern einschließlich solcher in Uniform? Ähnliches gilt für die buchstäblich Millionen von Menschen erfassenden Deportationstransporte in den sowjetischen GULag oder in die rumänische Bărăgan-Steppe sowie die Tausende von Aussiedlungs-Transporten in die Besatzungszonen Deutschlands. Sie waren zwar einerseits ein handfestes, ja durchaus interessantes Stück Eisenbahngeschichte, aber eben auch mehr als das, mit dem Komplex ihrer Veranlassung und der sie begleitenden Missetaten und Verbrechen, mit Hunger, Plünderungen und Gewalt gegen Frauen, mit Epidemien, Erfrierungen, Verwahrlosung, tausendfachem Tod und mit langzeitigen Folgen für alle, die »transportiert« wurden, von oft unfassbarem Jammer.

Gleichwohl haben wir es hier mit einer Epoche zu tun, deren transportgeschichtliche Aspekte vor lauter Gewalt und Elend nicht übersehen werden sollten. Für die, die es überlebt haben, reichen die wenigen, immer wieder gesehenen Bilder auf Papier und Film nicht aus. Es gibt andere, dunkle, die im Gedächtnis bleiben oder nach Jahrzehnten wieder aufsteigen, aber auch helle, wie die Sträucher am Bahndamm im Mai 1946, in der Sonne glänzend, übersät mit den jenseits nach dem Überfahren der Grenze aus den dunklen Güterwagen im Freiheitsgefühl geworfenen weißen Armbinden, der Kennzeichnung der Deutschen, oder wie der erste Gruß, die erste Mahlzeit nach dem Verlassen der Heimat, das Wissen, überlebt zu haben. Für viele blieb noch lange das Weiterziehen an der Deichsel des Handwagens, das Leben aus dem Flüchtlingsgepäck, doch stärker war das Abschütteln des Vergangenen, der »neue Weg in ein neues Europa«.

Schlussbemerkungen

Im Sinne der Verkehrsgeschichte, aber auch weit darüber hinaus, war es geradezu ironisch symbolträchtig, wenn in Polen im Jahre 1951 die Weiterführung des gesamten Aus- und Umsiedlungswesens, das bisher dem Polnischen Repatriierungsamt PUR unterstand, nunmehr an das staatliche Tourismusunternehmen Przedsiębiorstwo Państwowe ORBIS übergeben wurde, das vor allem Urlaubs- und Auslandsreisen aller Art organisierte und fortan auch »Repatriierungs- und Reemigrationsdienstleistungen« anbot.[25] Es ist nicht nur dieser Reform zu verdanken, wenn hinfort auch die sogenannten »Spätaussiedler« aus Polen nicht mehr in gedeckten Güterwagen, sondern in normalen Personenzugwaggons nach Westen fuhren. Die Ablösung des »Viehwaggons« als Transportmittel war damit insgesamt auch ein Signal für das Ende der Phase von Evakuierung, Flucht, Vertreibung, Zwangsaussiedlung – wenigstens in dieser Region und für einige Jahrzehnte, ein Signal auch für das Ende des dramatischen Einbruchs in der Kontinuität der Verkehrsgeschichte im 20. Jahrhundert.[26] Die (vor allem späten) vierziger Jahre des 20. Jahrhunderts bedeuteten in den beobachteten Regionen und darüber hinaus

- einen verkehrstechnischen Rückfall ins 19. Jahrhundert,
- eine ungeheure Verlangsamung und das Gegenteil von Komfort (*discomfort*),
- gleichzeitig – in paradoxer Weise – auch eine Beschleunigung im Sinne der gewaltsamen Bewegung von Millionen von bis dahin sesshaften Menschen mit technischen Mitteln (vor allem Eisenbahn) in kurzer Zeit,

---

25 Kochanowski, *Schicksale*, S. 76.

26 Diese Kontinuität wird in diesem Band von Gijs Mom entworfen.

– »Anreicherung« des Verkehrs durch geradezu vormoderne Elemente von Gewalt, Raub und Elend.

Man könnte allerdings die Sache auch anders herum betrachten: Dass von 1944 bis 1946 noch eine solche Masse von bäuerlichen Pferdefuhrwerken und von Handwagen in nichtbäuerlichen Familien vorhanden waren, kann auch als einer der letzten Ausläufer einer traditionellen Verkehrstechnik gesehen werden, als ihre letzte Bewährung vor ihrem Ende. Gäbe es heute eine Situation in Mitteleuropa wie 1945, käme nicht ein einziger Treck zustande; und wer von uns besitzt einen Handwagen? Mehr Menschen hatten damals auch noch Erfahrungen mit langen Fußwegen als normales Fortbewegungsmittel, nicht nur als schickes *walking*, für das man ein eigenes *outfit* braucht. Die Eisenbahn freilich hat sich auch in dieser Phase technisch hervorragend bewährt – zu welchem Zweck auch immer transportiert wurde.

Literatur

Bibliographisches Institut (Hrsg.) (1930), *Meyers Lexikon*, Bd. 12, 7. Aufl., Leipzig.

Böddeker, Günter (1995), *Die Flüchtlinge. Die Vertreibung der Deutschen im Osten*, 5., überarb. und durchges. Aufl. München u. a.

Borodziej, Włodzimierz/Lemberg, Hans (2000–2004), *Die Deutschen östlich von Oder und Neiße 1945–1950. Dokumente aus polnischen Archiven*, 4 Bde, Marburg.

Bundesministerium für Vertriebene (Hrsg.) (1954–1962), *Dokumentation der Vertreibung der Deutschen aus Ostmitteleuropa*, in Verbindung mit Adolf Distelkamp, Rudolf Laun, Peter Rassow, Hans Rothfels (und ab Bd. I/3 auch Werner Conze) bearb. von Theodor Schieder, 5 Bde. und 3 Beiheften, Bonn, ND München 1984.

Deutsches Büro für Friedensfragen (1950), *Ost-Handbuch* (Vorabdruck), H. 20, o. O.

Engelhardt-Kyffhäuser, Otto (1940), *Das Buch vom großen Treck. Mit einem Geleitwort von SS-Obergruppenführer Lorenz*, Berlin.

— (1940), *Der große Treck. Die Heimkehr der deutschen Bauern aus Galizien und Wolhynien. Studien und Skizzen. Führer durch die Ausstellung im Haus der Kunst*, Berlin.

F. A. Brockhaus GmbH (Hrsg.) (1934), *Der Große Brockhaus*, Bd. 19, 15. Aufl., Leipzig.

Frantzioch-Immenkeppel, Marion/Ratza, Odo/Reichert, Günter (Hrsg.) (1989), *40 Jahre Arbeit für Deutschland – die Vertriebenen und Flüchtlinge*. Ausstellungskatalog, Frankfurt am Main u. a.

Franzen, K. Erik/Lemberg, Hans (2001), *Die Vertriebenen. Hitlers letzte Opfer. Begleitbuch zur dreiteiligen Fernsehdokumentation des ARD*, 2. Aufl. Berlin u. a.

Gottwaldt, Alfred/Schulle, Diana (2005), *Die Judendeportationen aus dem Deutschen Reich von 1941–1944. Eine kommentierte Chronologie*, Wiesbaden.

Grimm, Jacob/Grimm, Wilhelm (1935), *Grimms Deutsches Wörterbuch*, Bd. 21, Leipzig.

Haus der Geschichte der Bundesrepublik Deutschland (Hrsg.) (2006), *Flucht, Vertreibung, Integration. Begleitbuch zur Ausstellung im Haus der Geschichte der Bundesrepublik Deutschland Bonn 3. Dezember 2005 bis 17. April 2006 im Deutschen Historischen Museum Berlin*, Berlin.

Hilberg, Raul (1981), *Sonderzüge nach Auschwitz*, Frankfurt am Main, Berlin.

Hinderlich, Ida (1995), *Winziger Tagebuch über den Fluchtweg von Treck Nr. 1078. Zeitzeugen erinnern sich an die Flucht von Bürgern aus Winzig/Schlesien nach Neufraunhofen/Niederbayern vom 22. Januar bis 24. März 1945*, Niederfraunhofen.

Hofmann, Andreas R. (2000), *Die Nachkriegszeit in Schlesien. Gesellschafts- und Bevölkerungspolitik in den polnischen Siedlungsgebieten 1945–1948*, Köln u. a.

Holz, Martin (2003), *Evakuierte, Flüchtlinge und Vertriebene auf der Insel Rügen 1943–1961*, Köln u. a.

Knopp, Guido (2001), *Die große Flucht. Das Schicksal der Vertriebenen*, München.

— (2003), *Die große Flucht. Umsiedlung Vertreibung und Integration der deutschen Bevölkerung*, incl. 4 Stunden Videoausschnitte aus der ZDF-Serie »Die große Flucht«, München.

— (o. J.), *Die große Flucht. Alle 5 Folgen plus 90 Minuten Bonusmaterial auf 2 DVDs*. Herausgegeben von Zweites Deutsches Fernsehen, München.

Kochanowski, Jerzy (2003), »Schicksale der Deutschen in Zentralpolen in den Jahren 1945–1950«, in: Włodzimierz Borodziej/Hans Lemberg (Hrsg.), *Die Deutschen östlich von Oder und Neiße 1945–1950*, Bd. 2: *Zentralpolen*, Marburg, S. 3–76.

Köhler, Gottfried (1974), *Güterwagen-Handbuch*, Berlin.

Krause, Michael (1997), *Flucht vor dem Bombenkrieg. »Umquartierungen« im Zweiten Weltkrieg und die Wiedereingliederung der Evakuierten in Deutschland 1943–1963*, Düsseldorf.

Krauss, Karl-Peter (1996), *Angekommen! – Angenommen? Flucht und Vertreibung 1945–1995*, hrsg. vom Haus der Heimat, Stuttgart.

Kreidler, Eugen (2001), *Die Eisenbahnen im Zweiten Weltkrieg. Studien und Dokumente zur Geschichte des Zweiten Weltkrieges*, Hamburg.

Kressel, Carsten (1996), *Evakuierungen und erweiterte Kinderlandverschickung im Vergleich. Das Beispiel der Städte Liverpool und Hamburg*, Frankfurt am Main u. a.

Lemberg, Hans (1992), »Ethnische Säuberung«: Ein Mittel zur Lösung von Nationalitätenproblemen?«, in: *Aus Politik und Zeitgeschichte. Beilage zur Wochenzeitung Das Parlament*, B 46/92, v. 6. November, S. 27–38.

— (1992) »Ethnische Säuberung«: Ein Mittel zur Lösung von Nationalitätenproblemen?«, in: Ferdinand Seibt u. a. (Hrsg.), *»Mit unbestechlichem Blick...«. Studien von Hans Lemberg zur Geschichte der böhmischen Länder und der Tschechoslowakei. Festgabe zu seinem 65. Geburtstag*, München, S. 377–396.

Lijewski, Teofil u. a. (1967), *Rozwój komunikacji kolejowej i autobusowej w Polsce. W okresie 1946–1965* (Die Entwicklung der Eisenbahn- und Autobus-Kommunikation in Polen in der Zeit von 1946–1965), Warszawa.

Mierzejewski, Alfred C. (1988), *The Collapse of the German War Economy, 1944–1945. Allied Air Power and the German National Railway*, Chapel Hill, London.

— (2000), *The Most Valuable Asset of the Reich. A History of the German National Railway*, Bd. 2, Chapel Hill u. a.

Mühlfenzl, Rudolf/Habel, Fritz P., *Geflohen und vertrieben. Augenzeugen berichten. Nach der Fernseh-Dokumentation »Flucht und Vertreibung« von Eva Berthold und Jost von Morr*, Königstein/Ts. 1981.

Nicholls, Anthony James (1999), »Zusammenbruch und Wiederaufbau: Die Reichsbahn während der Besatzungszeit«, in: Lothar Gall/Manfred Pohl (Hrsg.), *Die Eisenbahn in Deutschland. Von den Anfängen bis zur Gegenwart*, München, S. 245–279.

Nitschke, Bernadetta (2003), *Vertreibung und Aussiedlung der deutschen Bevölkerung aus Polen 1945 bis 1949*, München.

Pottgießer, Hans (1960), *Die Deutsche Reichsbahn im Ostfeldzug 1939–1944*, Neckargemünd.

Rehbein, Elfriede (Hrsg.) (1985) *Deutsche Eisenbahnen. 1835–1985*, Berlin.

Roth, Ralf (2005), *Das Jahrhundert der Eisenbahn. Die Herrschaft über Raum und Zeit. 1800–1914*, Ostfildern.

Schüler, Klaus A. (1987), *Logistik im Rußlandfeldzug. Die Rolle der Eisenbahn bei Planung, Vorbereitung und Durchführung des deutschen Angriffs auf die Sowjetunion bis zur Krise vor Moskau im Winter 1941/42*, Frankfurt am Main u. a.

Seltmann, Lothar von (1941), *Tagebuch vom Treck der Wolhyniendeutschen*, Potsdam.

Staněk, Tomáš (2002), *Verfolgung 1945. Die Stellung der Deutschen in Böhmen, Mähren und Schlesien (außerhalb der Lager und Gefängnisse)*, Wien u. a.

— (2007), Internierung und Zwangsarbeit. Das Lagersystem in den böhmischen Ländern 1945–1948, München.

Tóth, Agnes (2001), *Migrationen in Ungarn 1945–1948. Vertreibung der Ungarndeutschen, Binnenwanderungen und slowakisch-ungarischer Bevölkerungsaustausch*, München.

Wissenschaftlicher Rat der Dudenredaktion (Hrsg.) (1999), *Duden. Das große Wörterbuch der deutschen Sprache*, Bd. 9, 3. Aufl., Mannheim u. a.

IV.
Keine Kultur ohne Bewegung – Culture is Things on the Move

16. Fast forward: speed, streamlining and national pride, 1912–1952

Peter Lyth

In April 1912 the Titanic, a giant new ocean liner belonging to the White Star Line, struck an iceberg in the North Atlantic and sank with the loss of over 1,500 lives. Over the years since many reasons have been advanced as to why the ship hit the iceberg but one thing is pretty clear: it would have avoided it if its steam turbines had not been propelling it forward at reckless speed.[1] And it was not just the engine room which was breaking new speed records; it is ironic that once the great ship began to sink, news of the disaster was beamed around the world at a hitherto unheard of velocity by its brand new Marconi radio system. It was the beginning of a »speed century«, and both transport and global communications were accelerating. Soon the world and Europe in particular, would be intoxicated with speed to the point where it became an addiction which touched commerce, social class and the nation state itself.

This article focuses on the 40 years between the Titanic's disastrous maiden voyage and the ill-fated introduction into airline service of the world's first passenger jet aircraft, the de Havilland Comet. After a triumphant year of high-speed service in 1952, the Comet began to show a disturbing weakness in its pressure cabin and, after several of the aircraft had crashed, the problem was diagnosed as metal fatigue. What both the Titanic and Comet episodes reveal, however, is a broader technological hubris which characterised the first half of the twentieth century. These years saw the rapid development of the internal combustion engine in both cars and aircraft, and the even more path-breaking invention of the jet engine. And both contributed significantly to the »acceleration of life«; as everything got faster, speed assumed an ever greater economic and social value. Speed in transport meant time saved and as time itself acquired greater economic value, so speed meant greater profit.[2] But it was more

1 The British investigation into the sinking of the Titanic attributed the loss to »collision with an iceberg brought about by the excessive speed at which the ship was being navigated«, Board of Trade, *Report*, S. 1. New books on the Titanic seem to be published every year, if not every month. A good account of the cultural and social significance of the disaster is provided in Howell, *Myth*. For the notably different American perspective, see Biel, *Down*.

2 Adam, »Value«, S. 130.

than economics. As Lewis Mumford famously argued, speed is a function of power and the powerful have traditionally used it as a means by which they demonstrate their authority.[3] The rich have always travelled faster than the poor: they rode when poor people walked, drove when workers took the tram or train, and flew in the Concorde when the rest of us had to settle for a Jumbo Jet. Fast cars from the moment of their invention have been a means of expressing class superiority, an outlet for »conspicuous consumption«.[4]

Speed, then, was imbued with other qualities beyond mere commercial value; to be fast signified modernity, indeed it is fair to say that in the twentieth century the idea of speed became practically synonymous with progress. This paper considers one of the more striking of these qualities manifest during these years between 1912 and 1952, namely the close and intense association of speed, on land and in the air, with modern nationalism and militaristic zeal and sacrifice.

Speed in the age of the Titanic

To understand the historical context in which the modern engagement with speed took place in the early years of the twentieth century, it is necessary to consider the nature of speed in the previous century. Before 1830 human beings rarely travelled faster than 25 kilometres per hour. Urban areas were »walking cities« and beyond them some combination of wood, wind and horsepower was the basis of all transport systems. Then railways arrived, the speed of travel was doubled and the rhythms of the pre-industrial age vanished forever.[5] The revolution brought about by the railways in the second quarter of the nineteenth century made an immediate and sensational impact on the public imagination, »smashing the coaches on the trunk routes«, as Michael Robbins put it.[6] Thereafter a paradigm of »railway speed« was established in transport and by the end of the century travelling by steam train at around 85 kilometres per hour was the norm, indeed »the new principle of public life«.[7]

---

3 »Speed itself, in any operation, is a function of effective power and in turn becomes one of the chief means of ostentatiously displaying it«. Mumford, *Myth*, S. 205.

4 The term was first used by Thorstein Veblen in his The Theory of the Leisure Class, originally published in 1899.

5 The classic text here is Schivelbusch, *Railway Journey*.

6 Robbins, *Railway Age*, S. 9.

7 Alan Trachtenberg in the forward to Schivelbusch, *Railway Journey*, S. xiii.

With the beginning of the twentieth century »railway speed« began to feel the challenge of the internal combustion engine, the power source for both motorcars and aircraft. In the first decade of the new century – the years immediately before the Titanic disaster and the First World War – Henry Ford launched the »Model T« automobile and the Wright Brothers their »Flyer« aeroplane. The link between speed, mechanised transport and modernity was strengthened in wide sections of the public consciousness, even if there were as yet few people actually driving cars and even fewer flying planes. In the literature this fascination with speed has led to the idea that the invention of mechanical vehicles marked the rise of modern society, that modernity originated in the mechanical ability to accelerate movement and mobility, ultimately distorting and destroying »the pre-modern stability of the relationship between time and space«.[8]

The link between speed, modernity and transport is not, however, manifest simply in the continual and steady compression of time and space. Rather, as Dorthe Gert Simonsen has argued, speed should be seen as producing »diverse and interacting, occasionally conflicting, times and spaces«.[9] Some people were going faster certainly, but others were not – indeed they were, literally, »not keeping up«. This reflected the economic reality of time, but also speed's powerful social and cultural aspects: it was a class thing, and beyond class, speed was also a field upon which national competition was played out. In Europe these attributes of speed are clearly discernible in the Futurist movement which originated in Italy in the first decade of the twentieth century and which celebrated speed in several artistic media, including painting, sculpture, poetry, theatre and architecture. For the Futurists, modernity meant the »annihilation of time and space« and in 1909 the poet Filippo Tommaso Marinetti argued in the »Manifesto of Futurist Philosophy« that the motorcar and aeroplane were proof of the triumph of human technology over Nature.[10] Although short-lived as an artistic movement, Futurism is a useful starting point for analysis because it opens a door onto the way speed was perceived in the years immediately before the First World War. It also illuminates the connection, clearly drawn by the Futurists, between speed, nationalism, right-wing political activism and war.[11]

8 Simonsen, »Accelerating«, S. 98. See also Schivelbusch, *Railway Journey*, and the work of the sociologist Zygmunt Bauman, for whom »modernity was one continuous, unstoppable and fast accelerating effort to reach« the sky. Bauman, *Liquid Modernity*, S. 9.

9 Simonsen, »Accelerating«, S. 100.

10 Marinetti, *Futurist Manifesto.*

11 In 1914 Marinetti campaigned actively for Italian entry into the war against Austria and in the early 1920s many Futurists supported the Fascists in Italy although they later condemned Fas-

Records and racing in Europe between the wars

Just before the First World War the nascent technologies of automobile and aeronautical engineering were demonstrated and tested by a social élite of flamboyant drivers and pilots who began to race and set speed records in cars and planes. By the 1920s, with the trauma of the War still hanging over Europe, racing drivers and air aces had become the new heroes. Figures like Malcolm Campbell, Alan Cobham and the aristocratic Henry O'Neal de Hane Segrave (in Britain), Tazio Nuvolari and Achille Varzi (in Italy), and Herman Köhl (in Germany) were demigods in goggles and leather, idolised by a public anxious for peace-time heroes after the horrors of the trenches.[12] Speed in early cars and planes were thus »professionalised« by a privileged group of sportsmen (and occasionally women) in a manner which had not happened with railways or steam locomotives 70 years before. It became a national pastime and sport in Europe and America, practiced by a brave and seemingly care-free guild of modern »knights in armour«.

The first motor car race (between Paris and Bordeaux) in 1895 was followed by the first Grand Prix (also held in France) in 1906 and the first Le Mans 24 Hour race in 1923.

After a period in which land speed record attempts were dominated by the French (initially in steam or electric cars, later with internal combustion engines), the contest to see who could go fastest on land became a »Britain versus America« affair, with the British drivers Campbell and Segrave dominating in the years between 1925 and 1935.[13] Meanwhile circuit racing became a duel, with strong nationalist overtones, between the automobile manufacturers of Germany (Auto Union and Mercedes-Benz) and Italy (Alfa-Romeo, Bugatti and Maserati).

Racing and speed record attempts came to resemble contests between what we would now call »celebrities«. »Like sports heroes and film stars of their day«, racing drivers and pilots belonged to a new socio-cultural group that can best be described as »modern royalty«; traditional, pre-modern celebrities being, of course, princes and soldiers. This new elite owed its »prominence to

cism as reactionary. See Tisdall, Bozzola, *Futurism*, also Gentile, *Struggle*. Futurism's link with Fascism was first systematised in Benjamin, *Kunstwerk*.

12 For Herman Köhl see Rieger, *Technology*, S. 124.

13 The first person to surpass 100 kilometres per hours was Camille Jenatzy in the electrically powered Jamais Content at Achères in France on 29 April 1899. The 200 kilometres per hourmarker was reached shortly before the outbreak of the First World War in 1914 by the Briton L. G. Hornstead in his Benz No. 3 at the newly-built Brooklands race track in southern England.

exposure in the press, movies, and radio shows designed for an urban »mass clientele«.14 By the mid-1920s racing on land and in the air had become highly popular spectator sports, capitalising on the fact that early aircraft and racing cars were not only fast, but also very dangerous. And it was this element of danger that was celebrated as part of the romance and excitement of speed. The fact that a driver or the pilot might die at any moment in an automobile or plane crash was a large ingredient in the »intoxication« that speed imparted to both participants and spectators. People went to races to see crashes, whether or not they cared to admit it. Moreover, as Kurt Möser has shown, the organisers of races and speed record attempts on the road and in the air formed a powerful coalition with the emerging tabloid press to satisfy the appetites of sensation-seeking crowds.[15]

What is also clear from the work of Möser and others is that racing and the setting of speed records quickly acquired nationalist overtones, both for drivers and pilots and for the makers of cars and planes.[16] From the late 1920s onwards manufacturers of racing cars – Mercedes-Benz, Alfa Romeo and (somewhat later) Bentley – assumed the status of national »brands«, battling for their country. Racing and speed events became charged with nationalistic meaning and participating drivers and pilots in international competitions were national symbols who, if they crashed, became martyrs who had »died for their country«. In January 1938, when the German racing driver Bernd Rosemeyer was killed trying to raise a speed record in an Auto Union car on a newly-opened stretch of *Autobahn*, he received the kind of funeral usually reserved for war heroes and Hitler's oration compared him to soldiers »fallen in battle for the Fatherland«.[17] Meanwhile the death of aviators in Germany »invoked sacrifice with overtones of military combat [...] the term *Fliegertod* carried associations of »heroic death« in war (*Heldentod*)«.[18] Death at high speed, particularly in Germany, had become the equivalent to a soldier's death.

The link between speed, aviation and right-wing European politics in the interwar years is well-documented; indeed there are some who see a »cult of aviation« as one of the defining feature of the 1930s.[19] Nothing highlights the contrast between the old, conservative politics of Britain at that time, where

14 Rieger, *Technology*, S. 137.

15 Möser, »dark side«, S. 249.

16 Apart from Möser, see Saldern, »Cultural Conflicts«, S. 317–338.

17 Rosemeyer was trying to reach 430 kilometres per hour when he crashed on a stretch of autobahn near Frankfurt. His body was taken to Frankfurt railway station with a SS guard, and the coffin, draped in a swastika flag, was returned to Berlin by rail. »Tod bei 430 km/h«, in: *Die Zeit* of 18 December 1999, S. 82.

18 Rieger, *Technology*, S. 130. See also Fritzsche, *Nation of Fliers*, S. 133–184.

19 See Edgerton, *England*.

speed was still the province of a small circle of aristocratic drivers and pilots, and the modern fascism of Germany, than the visit paid by the British Prime Minister Neville Chamberlain to see Adolf Hitler at the time of the Sudetenland crisis in 1938. Chamberlain is seen in the archive film footage of the time as a man bewildered and out of his element, standing in his old-fashioned suit before a brand new American Lockheed Electra airliner (belonging to the newly-launched British Airways), his »hesitancy less that of age than of a man still a little wary of an unfamiliar form of transport.«[20] Hitler, by comparison, had of course relied on aeroplanes since his campaigning days in the Weimar Republic, at which time he liked to be filmed in an aviator's outfit, leaping in and out of aircraft, emphasising the modernity of his political beliefs by means of the modernity of the transport he used. And the connection between speed and Hitler is even stronger in the case of his fascination with fast cars: Hitler in his supercharged Mercedes, Hitler in headgear and goggles speeding down one of the new *Autobahnen*. For a regime which was expert in the theatrical presentation of its political message, Hitler's car or the aircraft which brought him out of the clouds to speak to the masses, was an essential prop in every appearance.[21]

Speed and streamlining

While the speed of fast cars – even the record breaking monsters driven by the likes of Campbell and Rosemeyer – was always limited by the physics of terrestrial travel,[22] speed in the air was potentially unlimited. Indeed the fact that speed is critical to aircraft is one of those scientific principles which is intuitively understood by everyone; if a plane flies too slowly it will stall and crash. Air transport therefore is the only transport mode that is physically dependent on a minimum of speed for its existence. And although this intrinsic relationship between speed and air travel was appreciated by aviators and aeronautical engineers, it was perhaps less acknowledged by the businessmen involved in the first commercial applications of flight to transport. The early transport aircraft built by companies like de Havilland, Dornier, Farman, Fokker, Handley Page and Junkers in the 1920s were in any case little faster than trains. Unlike steam railways, aviation had not begun as a faster and more efficient

20 Strobl, *Germanic Isle*, S. 105.

21 See the contribution of Reiner Ruppmann in this antholgy.

22 Even in 1947, the year the sound barrier was broken in the air, the land speed record holder John Cobb had still not reached 400 miles per hour (644 kilometres per hour).

transport system and the Wright Brothers did not invent the aeroplane to achieve greater speed in travel, rather as Orville Wright wrote later, they »had taken up aeronautics simply as a sport«.[23]

In Britain early passenger aircraft were slow and the airline entrepreneurs of the time saw little reason for them to be fast. Airlines were seen as »supplementary« to the railways, not in competition with them. The British pioneer, George Holt Thomas, for example said in 1919 that passenger services were not important. »I do not contemplate any widespread desertion [...] of land and sea travel in favour of travel by air«.[24] For Holt Thomas and other airline operators aviation meant communication rather than transport, and the first duty of aircraft was to carry the mail. Only if there were space available between the mail-bags would the occasional passenger be taken. Later in the 1920s, as larger airliners were constructed and more space was made available for passengers, British designers shunned speed in favour of comfort and luxury. Trains and oceans liners were the model for aircraft cabins, even if this made the shape of the fuselage unsuitable for high speed flight. The Handley Page HP-42 Hannibal Class airliner, for example, which was introduced by the British flag-carrier Imperial Airways in 1930, was barely 20 miles per hours faster than the Handley Page 0/400 bomber built 15 years earlier in the First World War.[25] Imperial Airways' profit-conscious manager, George Woods Humphery, saw an increase in speed as presenting unacceptable costs in terms of more powerful engines and higher fuel consumption; it was simply cheaper, and therefore more profitable, he wrote, to fly slowly. Woods Humphery felt that speed should be high only when it was necessary to compete with the railways, for example in the USA. Since Imperial Airways hardly competed with railways, or indeed any other transport system, anywhere along the path of its long, multi-stage routes to India and South Africa, there was »little need for proceeding so fast«.[26]

Interwar aviation's strong association with empire, particularly the British, may explain why manufacturers were slow to exploit the aircraft's intrinsic potential for speed. For the British, air transport lubricated the social and political mechanisms of Empire; made it quicker for colonial officials to get to and from the colonies, and made it easier to »show the flag« when there was trouble there.[27] No wonder the British were aggrieved, therefore, when they began to experience aeronautical competition in their own »back yard« from

23 Quoted in Burlingame, *Engines*, S. 422.
24 Thomas, »The Aeroplane«, S. 2.
25 Fearon, »airframe industry«, S. 249ff.
26 Humphery, » Speed «, S. 4.
27 Pirie, »Passenger Traffic«, S. 63–84. Also Edgerton, *England*, S. 21.

the Dutch airline KLM. From the early 1930s, while the British air service from England to Australia (Imperial Airways with Qantas Empire Airways) took almost two weeks with their leisurely HP-42s and similarly ponderous biplanes like the Short Scylla and Armstrong Whitworth Atalanta, KLM was flying its new American Douglas DC-2s on practically the same route (Amsterdam-Batavia) in less than half the time. To add insult to injury, even British mail was being carried to India on KLM's planes because they were faster, »being first sent to Holland to have Dutch stamps stuck on«.[28] The technological superiority of the DC-2 was convincingly demonstrated in the London to Melbourne Air Race of October 1934. Entering a standard DC-2 airliner in the race, KLM arrived in second place having taken 3 days, 18 hours and 17 minutes to reach Melbourne, being beaten only by the Race's winner – the purpose-built De Havilland DH.88 Comet racer.[29]

Why was the DC-2 so much faster than Imperial Airways' airliners (about 275 kilometres per hour compared with 160 kilometres per hour)? Was it the engines? The aircraft's new Wright Cyclone radial engines were more powerful than the British engines, but the DC-2 had only two to the HP-42's four. No, the reason was much more fundamental: the DC-2 was streamlined. In the construction of the HP.42, by the manufacturer's own admission, there had been no attempt made to reduce »drag« through the »elimination of exterior excrescences«.[30] By contrast with the DC-2, Douglas had achieved a smooth appearance with »drag« reduced by the removal of all »excrescences« such as the struts, bracing, and the fixed undercarriage which typified the HP.42. The DC-2 was also of course a monoplane.

Streamlining was by 1934 an established principle in aircraft design even if it remained suspect to the management of Imperial Airways. There was a substantial body of theoretical and practical evidence that airframes which were streamlined met less resistance and therefore moved more swiftly through the air, regardless of engine power. Interest in streamlining had begun during the First World War when scientists were interested in the so-called »compressibility effect« as propeller tip speeds approached the speed of sound. At this stage however aircraft speeds were so low that no-one was yet interested in the streamlining of airframes.[31] In the 1920s streamlining theories and techniques were developed in the United States and Europe. In California the work of aircraft designers like Jack Northrop, Gerald Vultee and the Locghead brothers had led to the first streamlined airliners in the Lockheed Vega (1929) and

28 Dierikx, »Struggle«, S. 346.

29 Jarrett, *Putnam's History*, S. 20.

30 Page, »Influence«, S. 110.

31 Becker, *High-Speed Frontier*, S. 3.

Orion (1931). And elsewhere in the United States key figures like Norman Bel Geddes, Raymond Loewy and Otto Kuhler were applying the streamlining principle to everything from cars, buses, ships and railways to gigantic flying boats like the Transoceanic Flyer. Bel Geddes, although he lacked any formal training in aeronautical engineering, noted that »the elimination of resistance-creating factors permits the same power plant to produce greater speeds, or to operate more efficiently at lower speeds«.[32] In Europe the same vital observation was made in Germany – Göttingen and Ludwig Prandtl having probably the best claim to be the original home of aerodynamic theory in the twentieth century – and in Britain by academic engineers such as B. Melvill Jones. The best practical demonstration of streamlining in aircraft at this time was being made in Germany by the Heinkel firm, whose strikingly elegant He.70 Blitz airliner of 1932 was the equal of both the streamlined Lockheed types and the racing Supermarines designed by R. J. Mitchell for the Schneider Trophy (see

Abb. 16.1: Supermarine S6b, final Schneider Trophy winner in 1931

Quelle: ullstein bild – TopFoto, Bildnr. 80068620.

below). In Britain it was probably a combination of scientific findings – Melvill Jones argued in a seminal article published in 1929 that airlines which operated

32 Geddes, *Horizons*, S. 25. For the streamlining movement in America, see Bush, *Streamlined Decade*, and Heller, Fili, *Streamline.*

streamlined aircraft would save money – with the implications of the London to Melbourne Air Race result which persuaded Imperial Airways to adopt streamlining in the 1930s and shift from boxy, wire-braced biplanes like the HP.42 to sleek stressed-skin monoplanes like the de Havilland DH.91 Albatross, which first flew in 1937.[33]

A third and possibly crucial element in the commercial shift to streamlined speed in the early 1930s was the proven value of streamlining to the racing aircraft participating in the Schneider Trophy competition which Britain contested for over a decade with Italy and the United States. The Curtiss, Macchi, Savoia-Marchetti and Supermarine seaplanes with which the three nations won the Trophy at various stages during the 1920s were not only highly streamlined in themselves but benefited from having streamlined floats instead of fixed landing wheels.[34]

By the end of the 1930s the triumph of streamlining was manifest not only in the design of aircraft but also in cars and trains, as well as a host of domestic items from toasters to espresso machines. As aircraft got smoother and faster, they presented a challenge to other transport modes in the same way – to borrow a metaphor from fluid mechanics – that a fast moving fluid tends to attract into its stream other slower moving fluids. Trains in Britain acquired a streamlined look in the Mallard, which won the steam traction speed record for the London and North Eastern Railway at over 200 kilometres per hour in 1938, and the Coronation Scot of the London Midland and Scottish Railway – the front of which bore a striking resemblance to that of the *Volkswagen* launched that year in Germany.

33 The crucial article was Jones, »The Streamline«. See also Hilton, *High Speed Aerodynamics*, S. 3–4.

34 Italy won the trophy in 1920, 1921 and 1926, the USA in 1923 and 1925 and Britain in 1922, 1927, 1928 and finally in 1931. The Supermarine S6.B's winning speed in 1931 was 547 kilometres per hour. For the details, see Jarrett, *Puttnam's History*, S. 204–207.

Abb. 16.2: Coronation Scot, 1937

Quelle: ullstein bild – Imagno, Bildnr. 00961079.

Abb. 16.3: The Volkswagen in 1938

Quelle: ullstein bild – ullstein bild, Bildnr. 00154163.

Jets and the sound barrier

War pushes technology forward with an abnormal degree of urgency and aircraft speeds rose even more precipitously during the Second World War than the land speed record had risen during the interwar years. The sporting rivalries of the Cobhams, Campbells and Köhls gave way to the military expediencies of a real international conflict. In aviation there was a major increase in the speed of piston-engined combat planes as the battle for air supremacy unfolded between the combatants. For example, the British Supermarine Spitfire, a direct descendant of the Schneider Trophy-winning seaplane, increased its top speed from 563 kilometres per hour in 1939 to 724 kilometres per hour in 1945. Far more important, however, than the increases in speed gained from bigger, heavier and ever more complicated internal combustion engines, was the speed revolution unleashed by the jet engine. With jets aircraft found their »true« power source and were released from the thermo-dynamic restrictions of the supercharged reciprocating engine, which had always been, at heart, an improvisation borrowed from the automobile industry. Jets had been developed in the late 1930s in Britain and Germany, and the pressure of war after

1940 had hastened the introduction into service of jet fighters on both sides of the conflict.[35] Although Britain just managed to get an operational fighter into service before the end of the war, the Gloster Meteor with Rolls Royce Derwent engines, it was Germany which can be said to have won the wartime jet speed race with the Messerschmitt Me.262a, powered by two Junkers Jumo 004 axial-flow turbojets. The Me.262 achieved a speed of 869 kilometres per hour in 1944 and may even have flown fast enough to break the »sound barrier' (approximately 1,230 kilometres per hour or Mach 1).[36]

With the war over and Germany out of the jet »race« in 1945, Britain chose to engage itself in another contest, this time with the United States, to see which nation could first break the »sound barrier«. Although flying at supersonic speed had obvious military benefits, the attempts to do so in Britain were seen, once more, in terms of a competition between nations, much as the Schneider Trophy races and the land speed record attempts had been in the interwar years. For some time it had been thought impossible to fly faster than the speed of sound for whenever anyone tried, the aircraft's controls went into a violent shudder and seemed to freeze up. The resistance of closely-packed shock waves immediately in front of the aircraft suggested that there was some sort of invisible wall through which an aircraft could not penetrate. In Britain this belief gained all the potency of a myth, particularly after the death in 1946 of the test-pilot Geoffrey de Havilland. He was attempting to break the sound barrier in the fast but uncontrollable de Havilland DH.108 Swallow when it broke up in mid-air over the Thames estuary at a speed of about Mach 0.9. The Americans were undeterred by de Havilland's death, however, and the Anglo-American »contest« ended the following year in October 1947 when Chuck Yeager broke the sound barrier for the first time at Mach 1.07 in the rocket-powered Bell XS-1.[37]

At the same time as de Havilland was attempting to break the sound barrier with the DH.108, they were also drawing up plans for a four-engined jet airliner to be known as the Comet. This aircraft would be Britain's »entry' in the final remaining international speed challenge (after the breaking of the sound barrier): the introduction of jet propulsion to commercial air transport.

35 The best account of the race to get the jet engine operational is still Constant II, *Origins*. See also Lyth, »Reverse Thrust«, S. 81–99.

36 Gibbs-Smith, *Aviation*, S. 205–208. A wartime Me.262 pilot, Hans Guido Mutke, claimed that he reached 1,100 kilometres per hour in a steep dive over Innsbruck in April 1945. »Flammenritt über dem Moor«, in: *Der Spiegel*, 8/2001, S. 214.

37 Yeager's achievement was the first fully documented supersonic flight on a horizontal plane. Unlike the DH Swallow, however, the Xs-1 was not an ordinary aircraft and was incapable of taking off under its own power. One Bell engineer described it as a flying fuel tank in the »shape of a .50 calibre bullet«. For the full account, see Yeager, Janos, *Yeager*.

By 1946 airliners like the Douglas DC.6 and the Lockheed Constellation L-749 were exceeding 500 kilometres per hour and there was little prospect of piston-engined transport aircraft going much faster. In Britain, now financially exhausted and overshadowed by America in most areas of technological endeavour, applying the post-war British lead in jet engine technology to commercial air transport seemed a good card to play in this latest round of the international speed contest. And it was possible because the proposed domestic customer for the Comet – the British Overseas Airways Corporation (BOAC) – was, unlike its predecessor Imperial Airways, a state-owned enterprise. The commercial pressure to cut costs and pay a dividend which had absorbed Mr. Woods Humphery in the 1930s was gone, replaced by the requirement of state-owned national airlines everywhere to »show the flag«. Prestige – and wider government economic policy – would now take precedence over immediate commercial interests.

The story of the de Havilland Comet, the world's first passenger-carrying jet aircraft, has many of the hallmarks of the nationalistic speed »race« mentality first seen with the »Blue Ribbon« Atlantic crossings of 50 years before, the mentality which contributed to the Titanic disaster of 1912. Introduced into service with BOAC in 1952 after a comparatively rapid period of development, it flew successfully (and profitably) for about a year before several of the aircraft suffered a mid-air structural collapse in 1953–1954.[38] The reason for the crashes was metal fatigue in the pressure cabin, a phenomenon of high-speed, high-altitude aeronautical engineering with which neither de Havilland nor any other aircraft manufacturer at the time was familiar. And it is ironic that the results of the exhaustive tests which the British government performed on the Comet in the months after the crashes were of considerable benefit to the Boeing and Douglas companies in their more cautious introduction of the 707 and DC.8 jet airliners in the late 1950s. With the benefit of hindsight, however it is clear that the Comet was not just ahead of its time, it was a premature birth. In the race to beat the Americans in getting a viable jet airliner into service, the quickest rather than the best solution had been adopted. Unlike the Boeing 707 which had evolved more slowly from a fully-tested military type (the B.47 bomber), and after its introduction set the standard for passenger jet aircraft for the next 30 years, the Comet was a rushed job consisting of an advanced power plant in a conventional, i. e. non-swept wing airframe. Just as the Titanic had been in a rush to get to New York 40 years before, so the Comet had, in its development, sacrificed passenger safety to the great god speed.

38 For a balanced account of the Comet episode, see Haywood, *Government*, S. 20f.

Conclusion

By way of conclusion it is worth enlisting the views of the French thinker and architect Paul Virilio, whose »dromological state« is one in which fast transport technology, having rescued us from the total immobility of the pre-modern world, has instead forced upon us a modernity ruled by »the dictatorship of constant movement«. It is a state in which speed has become a sort of religion and in which the vehicle itself, and what it represents, is more important than its utility and safety as a means of transport.[39]

In view of the history of speed between the Titanic and the Comet, sketched briefly above, a point of qualification to Virilio's thesis seems in order for the twentieth century: namely that the character of the »dromological state« fits the first half of the century better than the second. It is the argument of this paper that speed in the years up until, and shortly after the 1950s, had an obsessive quality which it no longer has today. Certainly, people – particularly in Europe – still drive fast cars, as they did in the 1930s, but because there are so many other people driving fast cars, they are no longer able to actually drive their cars at speed. Indeed it is no longer possible to effectively demonstrate power and wealth through speed – and the fact that the Concorde, the last »fast vehicle« for rich men and women, became obsolete at the beginning of the twentyfirst century suggests that we may be embarking upon a long and slow process of reversal to the twentieth century's »air speed« paradigm.

Literature

Adam, Barbara (2001), »The Value of Time in Transport«, in: Liana Giorgi/Ronald Pohoryles (Hrsg.), *Transport Policy and Research: What Future?*, Aldershot, S. 130–143.

Bauman, Zygmunt (2000), *Liquid Modernity, Polity Press*, Cambridge.

Becker, John V. (1980), *The High-Speed Frontier: Case Histories of Four NACA Programs 1920–1950, NASA, Scientific and Technical Branch*, Washington, DC.

Benjamin, Walter (1965), *Das Kunstwerk im Zeitalter seiner technischen Reproduzierbarkeit*, Frankfurt am Main.

Biel, Steven (1996), *Down with the Old Canoe: A Cultural History of the Titanic Disaster*, New York.

Board of Trade (Hrsg.) (1912), Report *on the Loss of »Titanic«*, London.

Burlingame, Roger (1976), *Engines of Democracy*, New York.

Bush, Donald J. (1975), *The Streamlined Decade*, New York.

Constant II, (Edward W.), *The Origins of the Turbojet Revolution*, Baltimore 1980.

39 See Virilio, *Speed*, S. 117, and 141f.

Dierikx, Marc L. J. (1991), »Struggle for Prominence: Clashing Dutch and British interests on the Colonial Air Routes, 1918–1942«, in: *Journal of Contemporary History* 26, S. 333–351.

Edgerton, David (1991), *England and the Aeroplane: An Essay on a Militant and Technological Nation*, Basingstoke.

Fearon, Peter (1974), »The British airframe industry and the state, 1918–1935«, in: *Economic History Review* 27, S. 249–251.

Fritzsche, Peter (1992), *A Nation of Fliers: German Aviation and the Popular Imagination*, Cambridge, MA.

Geddes, Norman Bel (1932), *Horizons*, London.

Gentile, Emilio (2003), *The Struggle for Modernity: Nationalism, Futurism and Fascism*, Praeger.

Gibbs-Smith, Charles (1970), *Aviation: An Historical Survey from its Origins to the end of World War II*, London.

Haywood, Keith (1983), *Government and British Civil Aerospace: A Case Study in Post-War Technology Policy*, Manchester.

Heller, Steven, Fili, Louise (1995), Streamline, San Francisco.

Hilton, W. F. (1952), *High Speed Aerodynamics*, London.

Howell, Richard (1999), *The Myth of the Titanic*, Basingstoke.

Humphery, George Woods (1934), »The Speed of British Commercial Aircraft«, in: *The Engineer* 16, S. 4.

Jarrett, Philip (Hrsg.) (1997), *Putnam's History of Aircraft: Biplane to Monoplane Aircraft Development, 1919–39*, London.

Lyth, Peter (2003), »Reverse Thrust: American Aerospace dominance and the British challenge in jet engines, 1941–1958«, in: Helmuth Trischler/Stefan Zeilinger (Hrsg.), *Tackling Transport, Science Museum*, London, S. 81–99.

Marinetti, Filippo Tommaso (2001), *Futurist Manifesto*, hrsg. v. B. Umbro Apollonio, Boston/MA.

Melvill, Jones, B./Maitland, C. E./Aston, R. P. (1929), »The Streamline Aeroplane«, in: *Journal of the Royal Aeronautical Society* 33, S. 357–385.

Möser, Kurt (2003), »The dark side of »automobilism«, 1900–1930: violence, war and the motor car«, in: *Journal of Transport History* 24, H. 2, S. 238–258.

Mumford, Lewis (1967), *The Myth of the Machine: Technics and Human Development*, London.

Page, Frederick Handley (1953), »The Influence of Military Aviation on Civil Air Transport«, in: *Journal of the Institute of Transport* 20, May, S. 110.

Pirie, Gordon (2004), »Passenger Traffic in the 1930s on British imperial air routes: refinement and revision«, in: *Journal of Transport History* 25, H. 1, S. 63–84.

Rieger, Bernhard (2005), *Technology and the Culture of Modernity in Britain and Germany, 1890–1945*, Cambridge.

Robbins, Michael (1962), *The Railway Age*, Manchester.

Saldern, Adelheid von (1992), »Cultural Conflicts, Popular Mass Culture and the Question of Nazi Success: The Eilenriede Motorcycle Races, 1924–1939«, in: *German Studies Review* 15, S. 317–338.

Schivelbusch, Wolfgang (1986), *The Railway Journey: The Industrialisation of Time and Space in the nineteenth century*, Leamington Spa.

Simonsen, Dorthe Gert (2005), »Accelerating modernity: Time-space compression in the wake of the aeroplane«, in: *Journal of Transport History* 26, 3rd series, H. 2, S. 98–117.

Strobl, Gerwin (2000), *The Germanic Isle: Nazi Perceptions of Britain*, Cambridge.
Thomas, George Holt (1919), »The Aeroplane in Industrial Development«, in: *Lecture to the Industrial Reconstruction Council, April 1919,* London, S. 1–12.
Tisdall, Caroline/Bozzola, Angelo (1986), *Futurism*, London.
Veblen, Thorstein (1994), *The Theory of the Leisure Class*, New York.
Virilio, Paul (1986), *Speed and Politics: An Essay on Dromology, Semiotexte*, New York.
Yeager, Charles/Janos, Leo, *Yeager: An Autobiography*, New York 1985.

17. Das System der Autobahnen und ihre kulturellen Mythen

Reiner Ruppmann

Einführung

Die Geschichte der Nachkriegsgesellschaft in Europa ist auch eine Geschichte der Massenmotorisierung und des automobilgestützten Massenkonsums. Ein prägendes Ereignis dieses von der Kraftfahrzeugentwicklung angeschobenen Zeitalters extremer Beschleunigung bildete der Bau von Autobahnen. Sie stellten die Grundbedingung und zugleich den integralen Bestandteil der Mobilitätsrevolution im 20. Jahrhundert dar, so wie die Erfindung des Schienenwegs im 19. Jahrhundert neue Grundlagen für Transport, Verkehr und Kommunikation geschaffen hatte. Umso erstaunlicher ist, dass Autobahnen und Fernstraßen als bedeutende Voraussetzung für die Entgrenzung geografischer Verkehrsräume sowohl in der verkehrshistorischen Forschung als auch in der allgemeinen Geschichtsschreibung nur am Rande oder gar nicht beachtet werden.[1] Die Autobahnen wurden in den europäischen Ländern ursprünglich rein national konzipiert; erst in der zweiten Hälfte des 20. Jahrhunderts fand Schritt für Schritt ihre Vernetzung zu einem transnationalen System statt. Die täglich darauf stattfindenden Kommunikations-, Austausch- und Transferprozesse haben die europäischen Länder in weitaus stärkerem Maße einander näher rücken lassen als dies die staatlichen Eisenbahnsysteme vermochten, deren Traditionen, unterschiedliche technische Ausstattungen und einengende Vorschriften eine Konvergenz bis heute erheblich behindern. Es ist also an der Zeit, die Autobahn aus ihrem industriekulturellen Schattendasein zu befreien und sie als folgenreiche Wirkungskraft für die Formierung Europas durch

1 Dies gilt sowohl für die deutsche als auch für die Geschichtsschreibung in anderen Ländern Europas. Länderübergreifende Studien sind bislang nur wenige veröffentlicht worden, wie zum Beispiel Merki, *Siegeszug* und Strohkark, *Wahrnehmung*. Ihre Dissertation kann über die URL: http://opus.kobv.de/udk/volltexte/2002/7/ eingesehen werden. Letzter Zugriff am 5. Oktober 2008. Eine vergleichende Untersuchung der Herausbildung von Autobahnen ab den fünfziger Jahren in den Ländern von West- und Mitteleuropa, also der Niederlande, Belgiens, Frankreichs, der Schweiz, Österreich und Italien, und deren sukzessive Vernetzung zu einem wirkungsmächtigen europäischen Verkehrswegsystem ist ein Forschungsdesiderat.

straßengebundene Transport- und Verkehrsprozesse zu verstehen, anstatt sie – wie in der deutschen Historiografie bisher üblich – allein als übrig gebliebenes Artefakt des Nationalsozialismus zu erklären. Die Untersuchung der um den deutschen Autobahnbau entstandenen kulturellen Mythen wird hier als ein möglicher Ansatzpunkt gewählt.

Die folgenden Ausführungen beziehen sich nur auf die deutsche Autobahn-Geschichte. Die Wahrscheinlichkeit ist groß, dass auch in anderen Ländern Europas, die in den letzten 50 Jahren ein nennenswertes Autobahnnetz aufgebaut haben, spezifische Narrative zu Genese, Werdegang und Folgen dieser besonderen, allein den Kraftfahrzeugen vorbehaltenen Schnellstraße entstanden sind. Soweit bekannt, gibt es hierzu bislang weder nationale noch vergleichende Untersuchungen. Die Geschichte der Autobahnen in Europa wird bedauerlicherweise noch immer im Wesentlichen auf der Ebene der einzelnen Länder erforscht. Insofern erscheint es nicht zulässig, Erkenntnisse in einem Land ohne sorgfältige Prüfung der Gegebenheiten auf ein anderes Land zu übertragen oder *pars pro toto* als europäisches Phänomen zu werten.

Als Einstieg in das Thema werden zunächst die deutschen Autobahnmythen systematisch erfasst, weil sie wegen der allgemein geringen Kenntnisse über die historische Entwicklung des deutschen Straßenwesens im zeitgenössischen Bewusstsein nicht trennscharf, sondern nur in einer diffusen, kaleidoskopartigen Mischung aus einzelnen Informationssplittern präsent sind. Zusammengenommen bilden aber die aufeinander bezogenen beziehungsweise ineinander verschränkten Mythen und Legenden den komplexen Inhalt dessen, was lange Zeit für den Weiterbau des Autobahnnetzes im Transitland Deutschland politisch und gesellschaftlich relevant war. Zwar haben sie innerhalb der letzten achtzig Jahre ihren Bedeutungsgehalt gewandelt, je nachdem, welche Schwerpunkte die jeweiligen politischen Konstellationen für das deutsche Straßenwesen setzten; doch blieb der Kern der Mythen durchgängig erhalten, wodurch politische Entscheidungen und Kommunikation maßgeblich vorstrukturiert abliefen, wie im zweiten Abschnitt zu zeigen ist.

Typologie der Autobahn-Mythen

Analog zum Eisenbahnbau im 19. Jahrhundert hat in Deutschland auch der Autobahnbau verschiedene Legenden hervorgebracht, die sich teils um den Gegenstand »Autobahn«, teils um die Akteure ranken. Ihre Ursprünge sind in den drei Entwicklungsschritten der deutschen Autobahnen zu finden: Idee und Propagierung (1926–1932), Durchsetzung und Realisierung (1933–1940), Ausbau und Konsolidierung (ab circa 1950 bis heute). Die Art der Legenden und Mythen stehen demnach im Kontext der drei wichtigen Zeitperioden der jüngeren deutschen Geschichte: Phase eins ist in der Weimarer Republik verankert; Phase zwei ist Bestandteil der Geschichte des Dritten Reiches; Phase drei ist in den beiden ersten Dekaden der »alten Bundesrepublik« zu verorten. Um den Autobahnmythen auf die Spur zu kommen, ist es somit erforderlich, die drei Phasen der Autobahngeschichte näher zu betrachten.[2]

Die konzeptionellen Zuschreibungen aus der Zeit der Autobahnidee 1926–1932

Bis zum Ersten Weltkrieg sahen Verkehrsexperten die Eisenbahn in der zentralen Rolle des Verkehrsträgers für alle Arten von Güter- und Personentransporte auf langen und kurzen Strecken. Damals war kein anderes Verkehrsmittel in der Lage, die zivilen und militärischen Transportaufgaben der Bahn zu übernehmen oder gar zu ersetzen. Rund zwei Jahre Erfahrung mit Lastkraftwagen (LKW) an der kämpfenden wie auch an der Heimat-Front, ausgelöst durch die massive Eisenbahntransport-Krise im Herbst/Winter 1916, veränderte diese Sachlage jedoch sprunghaft: Der LKW hatte innerhalb kürzester Zeit seine Bewährungsprobe unter härtestens Bedingungen bestanden. Bei der Übertragung der erkannten Vorteile des neuen, aber noch relativ leistungsschwachen, technisch unvollkommenen und störanfälligen Transportmittels auf den zivilen Sektor ab 1920 zerstörten die Vollgummireifen und die eisenbereiften Anhänger des beginnenden LKW-Verkehrs die vorhandenen, nach dem Ersten Weltkrieg noch zu 90 Prozent chaussierten Straßen Deutschlands in einem bisher nicht gekannten Ausmaß. Als ähnlich belastend erwies sich der durch Reichspost und private Unternehmer betriebene Omnibusverkehr und der zunehmende Gebrauch schnell fahrender Personenkraftwagen (PKW). Die für LKW und Busse ab 1929 bindend vorgeschriebene Luftbereifung half dem Übel kaum ab, da bis Ende der zwanziger Jahre immer noch erst etwa 30 Prozent aller stark frequentierten Hauptstraßen eine feste Fahrbahndecke aus Pflastersteinen, Teer oder Asphalt erhalten hatten. Aus Geldmangel war eine rasche Änderung dieser Straßenzustände nicht in Sicht. Die hohe Belastung der Straßen durch den Automobilverkehr konzentrierte sich allerdings auf die Städte und deren nahes Umland beziehungsweise auf die stark industrialisier-

2 Wegen der Platzbeschränkung werden die drei Phasen der deutschen Autobahngeschichte nur kursorisch mit Blick auf das gewählte Thema abgehandelt und auf erläuternde Anmerkungen so weit wie möglich verzichtet.

ten Zonen Deutschlands. Der Fernverkehr blieb wegen der noch unzureichenden Leistungsfähigkeit der LKW zunächst relativ unbedeutend, obwohl findige gewerbliche Transporteure ihren Aktionsradius zu Lasten des Eisenbahngüterverkehrs ausdehnten, indem sie die Effizienzvorteile des motorisierten Verkehrsmittels gegenüber dem vergleichsweise starren Schienenverkehr und der geringen Leistungsfähigkeit der Fuhrwerke zur Geltung brachten.

Um die Deutungshoheit, wie automobilgerechte Straßen ausgelegt werden müssten, wo Durchgangsstraßen für den Fernverkehr verlaufen sollten und welche Methoden zur Herstellung widerstandsfähiger Oberflächen zu bevorzugen seien, stritten damals drei Initiativkreise: Der von den Behörden der Straßenbauselbstverwaltung in den preußischen Provinzen beziehungsweise den übrigen deutschen Ländern gegründete Deutsche Straßenbauverband; die durch Praktiker, Wissenschaftler, Wirtschaftsunternehmen, Interessenverbände und Straßennutzer ins Leben gerufene Studiengesellschaft für Automobilstraßenbau (Stufa) und der von Städten, Gebietskörperschaften, Industrie, Schifffahrtsunternehmen und Privatleuten gegründeter Verein zur Vorbereitung einer Autostraße Hamburg – Frankfurt – Basel (HAFRABA e. V.).[3] Zwei Konzepte standen sich diametral gegenüber: Sukzessiver Um- und Ausbau vorhandener Landstraßen je nach Kassenlage zu einem Durchgangsstraßennetz, oder Errichtung neuer, allein den Kraftfahrzeugen vorbehalter Straßen mit getrennten, kreuzungsfreien und richtungsgebundenen Fahrbahnen nach dem Vorbild der Eisenbahn (sogenannte »Nur-Autostraßen« oder »Autobahnen«). Die Kontroverse wurde nach den damaligen Diskursgepflogenheiten mit Hilfe von Denkschriften, Beiträgen in Fachzeitschriften und akademischen Studien zwischen den Expertenkreisen der Straßenverwaltungen, der Ingenieur-Wissenschaften, der Wirtschaft und den zuständigen Reichsministerien in Berlin verhandelt. Die Tagespresse nahm daran ebenfalls Anteil, aber sie erregte kaum die Gemüter der breiten Öffentlichkeit, da der Kraftfahrzeugbestand in Deutschland seinerzeit mangels Kaufkraft im Vergleich zu Ländern wie USA, England und Frankreich noch niedrig war, dementsprechend das Automobil im Konsumbewusstsein der Bevölkerung nur einen geringen Stellenwert hatte. Zwar stieg der Kraftfahrzeug-Bestand im Deutschen Reich zwischen 1921 und 1932 signifikant an, doch standen dabei die Motorräder im Vordergrund; ihr Bestand erhöhte sich von 26.729 Stück auf 819.178 Stück im Jahr 1932. Mit deutlichem Abstand folgten die PKW, deren Bestand in diesem Zeitraum von 59.242 Stück auf 486.001 wuchs. Die geringste Bewegung zeigte

3 Zur Geschichte der HAFRABA siehe Kaftan (1955), *Kampf*, Kornrumpf, *HAFRABA e. V.*; Friedrich, »Tunlichst geradlinig«, S. 71–77, u. Vahrenkamp, *Autobahnbau*, S. 29–48. In der Langbezeichnung wurde »Hamburg« durch die Bezeichnung »Hansestädte« ersetzt, nachdem 1927 neben Lübeck und Bremen auch Hamburg dem HAFRABA-Verein beigetreten war.

sich beim LKW-Bestand: er veränderte sich nur um 122.153 Einheiten von 30.267 Stück (1921) auf 152.420 Stück (1932), was einem Wachstum von nur etwa 400 Prozent entspricht. Das Verhältnis PKW zu LKW veränderte sich dementsprechend von 1,9:1 im Jahr 1921 auf 3,2:1 im Jahr 1932, weil LKW als Transportmittel verhältnismäßig langsam adaptiert wurden, während PKW bei Industrie und Handel sowie Kleingewerbetreibenden und Selbstständigen zunehmend Verwendung fanden.[4]

Einwände und Bedenken zur Idee, für den ansteigenden motorisierten Verkehr »Nur-Autostraßen« zu bauen, artikulierten vorrangig die Verantwortlichen in der Straßenbauselbstverwaltung und der Bürokratie in den Reichsministerien. Der Deutsche Straßenbauverband und die Stufa waren dedizierte Gegner des von der HAFRABA vertretenen, innovativen Konzepts separater Automobilstraßen. Beide Institutionen fürchteten, die ohnedies knappen Mittel aus der seit 1922 eingeführten, zweckgebundenen Kraftfahrzeugsteuer und den staatlichen Zuschüssen aus Einkommens- und Gewerbesteuer würden durch den Bau eines zusätzlichen Straßennetzes vollständig absorbiert, so dass das bisher in die Staats-, Provinzial- und Landstraßen investierte Kapital am Ende entwertet würde, weil kein Geld mehr für Straßenbau und Straßenunterhaltung übrig bliebe.[5] Das Reichsverkehrsministerium wollte den Bau von »Nur-Autostraßen« mit allen zu Gebote stehenden Mitteln verhindern, weil es

4 Zahlen nach Statistisches Reichsamt (1921/1922), *Statistisches Jahrbuch*, S. 109 und Statistisches Reichsamt (1933), *Statistisches Jahrbuch*, S. 157. Der Kraftfahrzeugbestand (ohne Krafträder, Zugmaschinen und Anhänger) erreichte 1932 den Wert von insgesamt rund 655.000 Einheiten gegenüber rund 92.000 Kraftfahrzeuge im Jahr 1921; der Zuwachs belief sich somit auf rund 563.000 Fahrzeuge, davon annähernd 12.000 Omnibusse und rund 4.700 Sonderfahrzeuge, also Krankenwagen, Feuerlöschwagen, Müllwagen und so weiter.

5 Um so verwunderlicher ist es, dass sich der Provinzialausschuss für den Straßenbau der Rheinprovinz unter dem Vorsitz des damaligen Kölner Oberbürgermeisters Konrad Adenauer entschloss, die Provinzialstraße zwischen Köln und Düsseldorf durch den Neubau einer nur für Kraftwagen zugelassene Straße zu entlasten, anstatt die vorhandene Strecke auszubauen und mit den notwendigen Umgehungsstraßen zu versehen. Von vornherein war eine Verlängerungsmöglichkeit nach Essen und Duisburg mit konzipiert worden. Der erste, rund 20 Kilometer lange, kreuzungsfreie Abschnitt dieser »Kraftwagenstraße« von Bonn nach Köln wurde von Oktober 1929 bis Juli 1932 gebaut und am 6. August 1932 dem Verkehr übergeben. Diese Provinzialstraße gilt im Rückblick als die erste deutsche Autobahn, obwohl die beiden Richtungsfahrbahnen von nur je sechs Meter Breite mit jeweils zwei Fahrstreifen von drei Metern Breite nicht durch einen bewachsenen Mittelstreifen, sondern nur durch einen 30 Zentimeter breiten weißen Markierungsstrich voneinander getrennt waren. Fälschlicherweise wird diese Straße in der Literatur zuweilen mit dem Autobahnbau in der NS-Zeit in Verbindung gebracht, weil die Umgehungsstraße Opladen als weiterer Teilabschnitt dieser Kraftwagenbahn am 27. September 1933 von Fritz Todt eingeweiht worden war. Die Strecke von Bonn nach Köln wurde erst im April 1958 zur Bundesautobahn aufgestuft (heute A 555) und zwischen 1964 und 1967 sechsspurig ausgebaut.

das Konzept eines dezentral verwalteten Fernstraßennetzes favorisierte und die Reichsbahn vor der unliebsame LKW-Konkurrenz zu schützen trachtete. Das Reichsfinanzministerium war bestrebt, bestehendes Recht nicht durch die Genehmigung eines Entgelts für die Nutzung der »Kraftfahrbahnen« aushebeln zu lassen, denn das hätte unweigerlich weitere Autobahnbauten zwischen benachbarten Städten beziehungsweise miteinander verflochtenen Industrieregionen zur Folge gehabt und in Zeiten großer Kapitalknappheit eine Flut von Auslandsanleihen für die Baufinanzierung provoziert. Der im Jahr 1932 registrierte, im Vergleich zu Referenzländern niedrige Bestand von rund 486.000 PKW und 152.000 LKW (ohne die rund 12.000 Omnibusse) stützte die Argumentation der Autobahngegner, zweispurige Straßen mit getrennten Richtungsfahrbahnen seien purer Luxus. Der relativ schwache Fernverkehr auf den Landstraßen könne ohne weiteres mit dem automobilgerechten Um- und Ausbau des vorhandenen Verkehrsnetzes bewältigt werden. Im Umfeld besonders verkehrsreicher Städte könne es hingegen ausnahmsweise angezeigt sein, autobahnähnliche Straßen zu bauen.

Gegen diesen massierten Widerstand einer skeptischen und abwehrbereiten Mehrheit musste die privatwirtschaftlich organisierte Gemeinschaft der HAFRABA-Akteure wirkungsvolle Argumente finden, wenn sie ihre Vorstellungen durchsetzen wollte. Zum damaligen Zeitpunkt lagen keine nachhaltigen Erfahrungen über die wirtschaftlichen und gesellschaftlichen Vorteile von Autobahnen vor, sieht man einmal von dem einzigen, im Jahr 1924 unter Verkehr genommenen und deshalb immer wieder als Vorbild zitierten Referenzobjekt *Autostrade Milano – Laghi* ab.[6] Das spornte die deutschen Autobahn-Befürworter besonders an, die kritischen Fragen zur Zweckmäßigkeit des Vorhabens mit allerlei wirtschaftlichen und technischen Zukunftsprojektionen zu beantworten. Die Notwendigkeit des Autobahnbaus wurde demzufolge als irisierende Mischung aus vernunftmäßigen Erklärungen, technokratischen Nützlichkeitserwägungen, hoffnungsvollen Zuschreibungen, vaterländischer Mission und transnationalen Friedensvisionen verbreitet. Vereinfachend lassen sich die damaligen Zuschreibungen in drei Gruppen zusammenzufassen:

- Autobahnen nutzen den volkswirtschaftlichen Interessen Deutschlands, indem sie die Lücken im Eisenbahnsystem füllen, den Gütertransports rationalisieren, den technischen Fortschritt im Fahrzeugbau fördern und ganz allgemein zur »kulturellen Hebung des Gemeinwesens« beitragen.
- Autobahnen entzerren die »ungesunden« Siedlungs- und Verkehrsstrukturen der Großstädte und verbessern die Versorgung der Bevölkerung.

6 Vgl. dazu zum Beispiel Puricelli, »Wahrheit«, S. 7–9, u. Uhlfelder, »Autobahnen«, S. 9–15.

– Autobahnen fördern den Tourismus in die deutschen Staatsbäder sowie zu den deutschen Kulturgütern und tragen zur Völkerverständigung bei, weil Europa durch Autobahnen einander näher rückt.

Da diese vermuteten Resultate im Widerspruch zur herrschenden Meinung der Zeit standen beziehungsweise außerhalb des Vorstellungsvermögens vieler Zeitgenossen lagen, wurden die HAFRABA-Überlegungen als Utopien eingestuft und die Vorteile in den Bereich der Legenden verwiesen. Zum Nachweis der Richtigkeit ihrer Hypothesen strebten die Mitglieder des Vereins mit aller Kraft den Bau einer ersten Referenzstrecke zwischen den Wirtschaftsschwerpunkten Frankfurt am Main und Mannheim/Heidelberg an. Das Vorhaben scheiterte an der Gesetzeslage, am politischen Widerstand der Ministerialbürokratie und am raschen Wechsel der Präsidialkabinette in der Endphase der Weimarer Republik. Die sorgfältige Ausarbeitung der Versuchsstrecke durch die HAFRABA-Ausschüsse hatte aber die technisch-wirtschaftlichen Grundlagen für den Autobahnbau ab 1933 gelegt. Es fehlte nur eine politische Kraft, die bereit gewesen wäre, das privatwirtschaftliche Unternehmen zu fördern, oder das Vorhaben unter staatliche Obhut zu nehmen.

Die inszenierten Mythen in der Zeit des Autobahnbaus 1933–1939

Aus historisch-genetischer Sicht ist der deutsche Autobahnbau zwischen 1933 und 1943 keine isolierte, von allen politischen, technischen, gesellschaftlichen und kulturellen Entwicklungen abgekoppeltes Ereignis, auch wenn die selbstbezogene Propaganda der NS-Funktionselite etwas anderes glaubhaft machen wollte. Vielmehr handelt es sich um ein vom Crescendo der Motorisierung im 20. Jahrhundert evoziertes Glied in der langen Geschichte des deutschen Straßenwesens seit 1875.[7] Zum Durchbruch verhalf der Straßen-Innovation die vom politischem Kalkül zur Machtfestigung und Machtausbau getragene Entscheidung Hitlers im Juni 1933. Er versicherte sich allerdings nach intensiven Vorbereitungsgesprächen in den Monaten April und Mai 1933 der tätigen Mithilfe der zuständigen Ministerien und der Reichsbank sowie des zustimmenden Wohlwollens der Großindustrie. Die Anschubfinanzierung in Höhe von 50 Millionen Reichsmark leistete die Deutsche Reichsbahn-Gesellschaft (DRG), die auch das technische und Verwaltungspersonal für die Großinvestition

7 Diese perspektivische Betrachtungsweise findet sich in der gerade am Historischen Seminar der Johann Wolfgang Goethe-Universität, Frankfurt, entstehenden Dissertation des Verfassers über die »lange« Geschichte der deutschen Autobahn und den Autobahnbau im Rhein-Main-Taunus-Gebiet.

stellte. Zur Pazifizierung des Schienen-Straßen-Konflikts übertrug ihr Hitler die Führung der öffentlich-rechtlichen Gesellschaft »Reichsautobahnen«; sie nahm die Aufgabe der Bauherrin und Betreibergesellschaft der Autobahnen wahr.

Der von Hitler im Juni 1933 ernannte Generalinspektor für das deutsche Straßenwesen, Fritz Todt, hatte als Oberste Reichsbehörde die Oberaufsicht und die Entscheidungsbefugnisse über den Autobahnbau, ab 1934 auch über die Reichsstraßen und Landstraßen. Er musste sich gegen die etablierten Verwaltungen des Reichsverkehrs- und des Reichsfinanzministeriums, ferner gegen die Vorbehalte der Reichsbank und die ausgeprägten Eigeninteressen der DRG unter Führung ihres Generaldirektors Julius Dorpmüller durchsetzen. Es verwundert insofern nicht, dass Todt mit großer Zielstrebigkeit die Legende der angeblich von Hitler selbst erfundenen Autobahnen als »Straßen des Führers« propagierte, weil er während der ganzen Bauzeit den Rückhalt und die Unterstützung Hitlers benötigte, um die Finanzierung sicherzustellen und seinen Auftrag zu erfüllen. Zur Durchsetzung seiner Ziele scheute er sich auch nicht, in Denkschriften mehrfach auf die militärische Bedeutung der Autobahnen hinzuweisen, obwohl der Generalstab anderer Ansicht war. Die Personalunion Todts als Generalinspektor für das deutsche Straßenwesen und als Leiter der Organisation Todt, die sich mit dem Festungs- und Bunkerbau sowie im Krieg mit dem Straßenbau in den besetzten Gebieten befasste, stützte die Legende, Hitler habe die Autobahnen für seine Angriffskriege gebaut. Auch die Ideenskizze für ein europäisches Autobahnnetz, die im Rahmen der Tätigkeit der Gesellschaft zur Vorbereitung der Reichsautobahnen e. V. (GEZUVOR) in Frankfurt am Main gezeichnet wurde, ist kein Beleg für dieses Gerücht.[8] Hier handelte es sich vielmehr um die Fortentwicklung von Denkfiguren, mit denen sich internationale Straßenbaukongresse in der Zeit um 1930 beschäftigten.

Die intensive nationalsozialistische Propaganda inszenierte den Autobahnbau mit sorgfältig arrangierten symbolischen Handlungen (Erster Spatenstich am 23. September 1933 bei Frankfurt, Beginn der zweiten Arbeitsschlacht am 21. März 1934 an der Autobahnbaustelle Unterhaching bei München) und

8 Die GEZUVOR mit Sitz in Berlin war auf Initiative Todts im August 1933 als Nachfolgegesellschaft des HAFRABA-Vereins gegründet worden. Sie hatte die Aufgabe, Trassenvorschläge mit Alternativplanungen auszuarbeiten, die favorisierte Streckenführung wirtschaftlich zu begründen und nach ihrer Freigabe die baureife Entwurfsplanung anzufertigen. Diese wichtige Zuarbeit für den Generalinspektor für das deutsche Straßenwesen erfolgte für das Reich kostenlos, weil hierfür die Straßenbaubehörden der preußischen Provinzen, der außerpreußischen Länder und der Städte tätig waren.

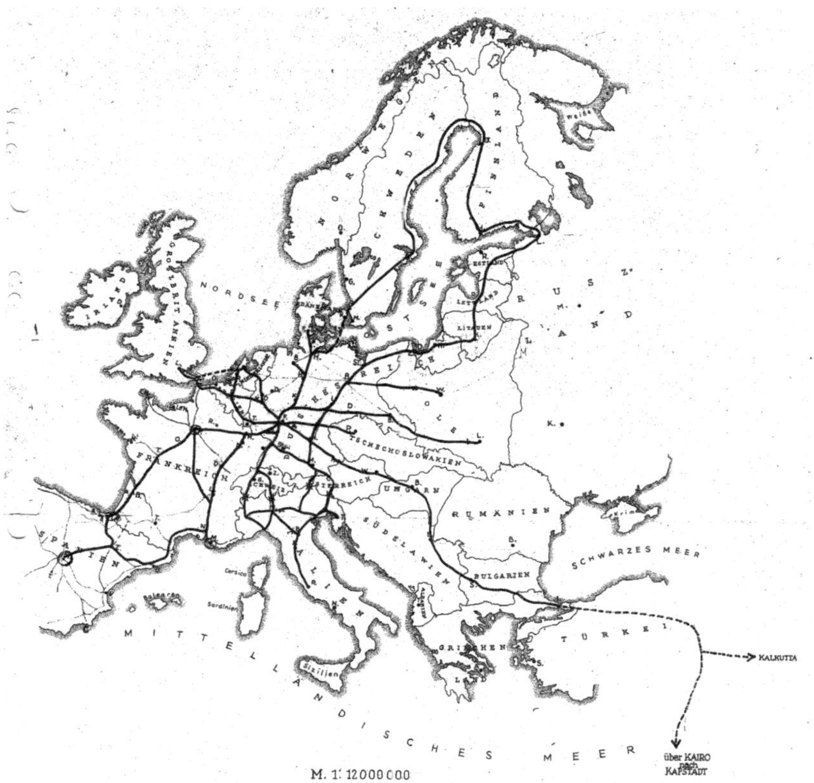

Abb. 17.1: Das Reichsautobahnnetz und europäische Anschlüsse

Quelle: Institut für Stadtgeschichte Frankfurt, Magistratsakte 6.286.

imponierenden Massenveranstaltungen (Einweihung der ersten Teilstrecke Frankfurt – Darmstadt am 19. Mai 1935; Freigabe des tausendsten Autobahnkilometers am 26. September 1936 bei Breslau). Eindrucksvolle Bilder von monumentalen Brückenbauwerken und harmonisch in die Landschaft eingebetteten »blassgrauen Bändern« taten ein übriges, um den Autobahnbau für die staunende Öffentlichkeit zu einem Symbol überlegenen deutschen Geistes und deutscher Ingenieurkunst zu stilisieren. Den Volksgenossen wurde nicht nur der Köder der Arbeitsbeschaffung (»Befreiung aus dem Joch der Arbeitslosigkeit«) vorgehalten, sondern auch suggeriert, die Errichtung der Autobahnen diene der Formierung der deutschen Volksstämme zu einer echten Volksgemeinschaft und die angestrebte Motorisierung sei von höchster Bedeutung für die Kultur der Nation. Der Nutzen des neuen Verkehrswegs käme zukünftig allen Deutschen zugute, die gemeinsam in ehrenvoller, harmonischer Arbeit am Werk des »Führers« mitwirken würden. Es sei das Ziel, der deutschen Wirtschaft neue und modernste Verkehrswege zu geben, die das Reichsgebiet weitmaschig überspannten und die entferntesten Wirtschaftsgebiete miteinander verknüpften, um das Überleben der Nation zu sichern.

Die psychologisch-propagandistische Sprachregelung überwölbte folglich die »Straßen Adolf Hitlers« mit einem Gemisch sinnstiftender Hoffnungs- und Glorifizierungselemente, die Fürsorge, Anerkennung, Geborgenheit, Belohnung und künftige Teilhabe an den Früchten entbehrungsreicher Arbeit verhießen. Parallel dazu widmete sich Todt der Aufwertung »seiner« Bauingenieure, deren schöpferischen Kräfte es zu wecken galt, damit das spezifisch deutsche »Kulturgut Autobahn« nicht als reiner Zweckbau für den Autoverkehr errichtet, sondern mit Ingenieurkunst zum »Ausdruck der Landschaft« und zum »Ausdruck deutschen Wesens« geformt würde.

Der Autobahnbau im Dritten Reich eilte dem tatsächlichen Anspruch wie auch dem Bedarf an Autofernstraßen bewusst weit voraus, um über den Vorsprung einer technisch perfekten Fahrbahn die Fahrzeugindustrie zu motivieren, ihre Produkte entsprechend den Anforderungen solcher Hochleistungsstraßen zu verbessern. Der Zuwachs im Fahrzeugbestand gegenüber der Weimarer Zeit rechtfertigte jedoch auf keinen Fall die Errichtung eines nationalen Autobahnnetzes von rund 6.900 Kilometern. Der Bestand an Kraftfahrzeugen erhöhe sich zwischen den Referenz-Jahren 1932 und 1938, ausgehend von den oben genannten 655.000 Einheiten (ohne Krafträder, Zugmaschinen und Anhänger), um mehr als eine Million Einheiten, wobei das Wachstum des PKW-Bestandes um rund 786.000 Fahrzeuge und jenes der Krafträder um rund 694.000 Einheiten erstmals übertraf. Dagegen fiel die Zunahme des LKW-Bestandes mit rund 215.000 Einheiten sehr bescheiden aus. Die auf die Volksmotorisierung ausgerichtete Politik der NS-Regierung zeigte also durchaus erste Erfolge. Die eigentlich ebenfalls angestrebte Ausstattung der Wirtschaft mit LKW zur Förderung des Straßengütertransports wurde hierüber offenbar sträflich vernachlässigt.[9]

9 Zahlen aus *Statistisches Jahrbuch des Deutschen Reiches für das Jahr 1933*, S. 157 und *Statistisches Jahrbuch des Deutschen Reiches für das Jahr 1938*, S. 231. Der Omnibusbestand erhöhte sich im Betrachtungszeitraum um rund 6.500 Einheiten.

Die adaptierten Mythen in der Nachkriegs-Ära 1950 bis etwa 1970

In etwa drei Jahre Arbeit während der Weimarer Zeit waren die technischen Standards eines beispiellosen neuen Verkehrswegs für schnell fahrende Kraftfahrzeuge entwickelt worden. Annähernd sieben Jahre Bauzeit während des Dritten Reiches genügten, um ein rund 3.900 Kilometer langes, nationales Autobahnnetz zu errichten und Deutschland die Technologie- und Meinungsführerschaft für den nach dem Zweiten Weltkrieg in den Ländern Mittel- und Westeuropas einsetzenden Bau nationaler Autobahnsysteme zu sichern. Dieser Sachverhalt führt direkt zu den adaptierten Autobahn-Mythen, die nunmehr von den Nutzern des Verkehrswegs kamen und nicht mehr von den Autobahn-Protagonisten.

In der Phase der Aneignung der westdeutschen Autobahnen ab etwa 1955, als immer mehr Bundesbürger finanziell in der Lage waren, sich einen PKW zu leisten, rezipierte das kollektive Bewusstsein der Autofahrer die vorhandenen Autobahnen unreflektiert als herausragendes Ergebnis entschiedenen Handelns der nationalsozialistischen Zeit. Mit dem damals oft zu hörenden Hinweis »aber Hitler hat doch die Autobahnen gebaut!« rechneten breite Bevölkerungsschichten bedenkenlos Taten und Untaten des Dritten Reiches gegeneinander auf. Die Autobahnen gerieten in der westdeutschen Wirtschaftswunder-Gesellschaft unversehens zum Sinnbild für das vordem unbekannte Gefühl von persönlicher Freiheit, Individualität, Unabhängigkeit, Status und selbstbestimmter Bewegung im Raum. Aus subjektiver Mobilitäts-Befindlichkeit und ungenauen Erinnerungen, vermischt mit emotionalen Elementen positiv konnotierter eigener Fahrerlebnisse, entstand die amorphe Legende von den vorausschauend errichteten »guten Autobahnen«, die mit Krieg und Untaten des NS-Regimes nichts zu tun hatten.

Ein großer Teil der während des Dritten Reiches in führenden Positionen aktiven Autobahningenieure trug zu dieser exkulpierenden Interpretation bei, weil sie ihre frühere Tätigkeit in der Bundesrepublik Deutschland (beziehungsweise in der Deutschen Demokratischen Republik) fortsetzen konnten.[10] Ihr spezifisches Fachwissen war dringend gefragt, als die einsetzende Massenmotorisierung den Ausbau des bestehenden Autobahnnetzes erforderlich machte. Die Straßenbauer nutzten die günstige Gelegenheit, für sich den Mythos der apolitischen Fach-Spezialisten aufzubauen, die allein ihrer Aufgabe verpflichtet gewesen waren, dem NS-Regime aber desinteressiert oder kritisch

10 Enge Mitarbeiter Todts gehörten auch zum Stab des ersten Verkehrsministers der Bundesrepublik Deutschland, Hans-Christoph Seebohm. Vgl. dazu Dienel, »Bundesverkehrsministerium«, S. 200–224.

gegenüber gestanden hatten. Sie kultivierten ihren schon seinerzeit von Todt betonten Habitus einer ungeschichtlichen Einstellung, für die nur die Gegenwart und die aktuellen Projekte zählen.[11] Im Zuge des Generationswechsels und der zunehmenden Normalität des massenhaften Autobahnverkehrs verflüchtigte sich diese Selbstbeschreibung allerdings nach und nach, ohne dass eine souveräne Aufarbeitung der eigenen NS-Vergangenheit stattgefunden hätte.

Nachdem das mittel- und westeuropäische Autobahnnetz kontinentale Dimensionen erreicht hatte, entstand ein besonderer Autobahn-Mythos, der im motorisierten Nomadentum wurzelte, sich aber zeitlich nicht genau lokalisieren lässt. LKW-Fahrer aus aller Herren Länder, Geschäftsreisende und Langstreckenpendler erfuhren unter dem strengen Diktat ökonomischer Zwänge im wahrsten Sinne des Wortes die Weite des europäischen Verkehrsraums. Da lag es nahe, den US-amerikanische »Highway-Mythos«, zusammengesetzt aus Kinofilmen (*road movies*), Zigarettenreklame und opulenten Fotobänden, auf das europäische Autobahnnetz zu projizieren, um das alltägliche Unterwegssein mit einem Flair des Besonderen aufzuladen.[12] Die Klischees von Heldentum, Einsamkeit, Freiheit und Abenteuer nutzte der einschlägige Zubehörhandel und die Souvenir-Industrie, indem sie in Autohöfen und Raststationen Artikel für die spezielle Klientel der *Trucker* beziehungsweise ganz allgemein für den *homo mobilis* anboten. Populäre *Songs* deutscher Country-Musiker unterstützen das auf Sehnsucht und Gefühle setzende Geschäft. Es würde sich sicherlich lohnen, diese gesellschaftliche Erscheinung in einer vergleichenden historisch-soziologischen Studie zu vertiefen.

Der Autobahnbau hielt allerdings mit der explosionsartig wachsenden Motorisierung nicht Schritt. Der PKW-Bestand in Deutschland erreichte 2005 mit rund 553 Fahrzeugen auf 1000 Einwohner einen Verdichtungswert von 1 zu 1,8. Während der Autobahn-Index bezogen auf das Jahr 1950 im betrachteten Zeitraum von 100 auf 5.771 kletterte, erreichte der Kraftfahrzeugbestands-Index die Marke von 2.997, der PKW-Index sogar einen Wert von 8.117. Demnach wuchs der Kfz-Bestand seit 1950 rund fünfmal so schnell wie die Länge der Autobahnen, der PKW-Bestand übertraf das Wachstum des gesamten Kfz-Bestandes um etwa das Dreifache.[13] In Deutschland waren 2005 mehr

11 Siehe dazu Todt, »Ansprache«, S. 39 und 41.

12 Vgl. den prächtigen Bildband von Engl, Lämmel, *Highway*.

13 Zur Entwicklung der Autobahnlänge siehe Statistisches Bundesamt, *Bevölkerung*, Abschnitt 10.6 Straßen des überörtlichen Verkehrs. Zu den Kraftfahrzeug-Beständen siehe Kraftfahrt-Bundesamt, *Statistische Mitteilungen* (Online-Ressource). Zum Kraftfahrzeugbestand werden alle motorgetriebenen Fahrzeuge, also Personenkraftwagen, Lastkraftwagen, Krafträder, Kraftomnibusse und sonstige Kraftfahrzeuge wie Krankenwagen, Feuerwehrfahrzeuge, Sattel- und

als 45 Millionen PKW und knapp 2,6 Millionen LKW zugelassen; das Verhältnis PKW zu LKW hat sich damit auf 17 zu 1 verschoben, während es 1932 noch 3,2 zu 1 und 1938 3,5 zu 1 betrug. Das ganze Ausmaß dieser dramatischen Entwicklung tritt besonders klar zu Tage, wenn man sich vor Augen hält, dass der LKW-Bestand in der Bundesrepublik Deutschland bereits im Jahr 1950 über dem des Deutschen Reiches im Jahr 1938 lag. Der PKW-Bestand erreichte das Vorkriegsniveau erst ungefähr im Jahr 1954, wuchs aber von da ab mit atemberaubendem Tempo.

Nach rund 70 Jahren Erfahrung mit Motorisierung und Autobahnwesen in Deutschland stellt sich nun die Frage, ob, und wenn ja, in welcher Form die Autobahn-Mythen in der Zeit nach dem Zweiten Weltkrieg fortwirkten beziehungsweise welchem Wandel sie durch die Massenmotorisierung unterlagen.

Kulturelle Autobahn-Mythen in den Dekaden der Massenmotorisierung

Einschlägige Studien zum Autobahnbau im Dritten Reich haben das geschilderte Propaganda-Konglomerat in allen wichtigen Punkten widerlegt und die inszenierten Mythen relativiert,[14] ohne jedoch die urwüchsige Faszinationskraft der ersten deutschen Autobahnen völlig beseitigen zu können, wie jüngst erschienene Publikationen zeigen.[15] Auch dem Nachkriegs-Mythos von den »guten Autobahnen« traten Historiker mit aufklärenden Schriften entschieden entgegen, konnten aber den simplifizierenden Zusammenhang »Autobahn gleich Autoproduktion gleich Wohlstand«, der bis Ende der siebziger Jahre populär war, nicht nachhaltig entkräften.[16] In der jüngeren Konsum-, Sozial und Mentalitätsgeschichte über die Nachkriegszeit von Mitte 1950 bis etwa

landwirtschaftliche Zugmaschinen gezählt, jedoch nicht Kraftfahrzeuganhänger. Ab 1991 beziehen sich die Zahlen auch auf die Autobahnen beziehungsweise Kraftfahrzeuge in den Beitrittsländern.

14 Vgl. dazu folgende wichtigen Publikationen: Lärmer, *Autobahnbau*; Stommer, *Reichsautobahn*; Windisch-Hojnacki, *Reichsautobahn*; Schütz, Gruber, *Mythos Reichsautobahn*, und Steininger, *Raum-Maschine*. Vgl. auch Wirth, *Autobahn*; Kreuzer, *Tempo 130*, und Becker, »Autobahnen«, S. 23–59.

15 Vgl. Fehlhauer, *Reichsautobahn Chemnitz – Hof*. Die langen Bilderstrecken des Buches setzen auf die Identifikation des Lesers mit den »alten Autobahnen«, ohne über eine zeithistorische Einbettung und entsprechende Kontextualisierung die erforderliche Distanz zum Objekt aufzubauen. Vgl. dazu auch Stern, *Autobahn-Schnellverkehr*.

16 Schon Anfang der sechziger Jahre schrieb Winkler sein Buch *Legenden um Hitler*. Siehe ferner Weiß, »Autobahnen«, S. 40–43.

1974 sind vereinzelt Hinweise zu dieser Einstellung der autofahrenden Bevölkerung zu finden, ohne daß das Thema aber explizit vertiefend untersucht worden wäre.[17] Das unpräzise kollektive Wissen, Hitler habe die Autobahnen gebaut, um die riesige Arbeitslosigkeit zu beseitigen und Deutschland aus der Depression zu führen, wurde und wird nicht zuletzt durch Fernsehsendungen und Zeitschriften-Artikel wach gehalten. Wenden wir uns also den ursprünglichen Absichten, Erwartungen und Hoffnungen der »Autobahn-Väter« des HAFRABA-Vereins zu, um im Vergleich mit der Entwicklung der letzten fünfzig Jahre den kulturellen Autobahn-Mythen auf der Spur zu bleiben.

Volks- und betriebswirtschaftlicher Nutzen

Der von den Autobahn-Vätern besonders hervorgehobene volks- und betriebswirtschaftliche Nutzen der Autobahn wird auch heute noch allenthalben beschworen, weil dies den tradierten Erfahrungen staatlicher und privater Akteure entspricht und deshalb in die Denkgewohnheiten der Verantwortungsträger fest eingeschrieben ist. Gegenwärtig stehen dem europäischen Kraftverkehr in Deutschland rund 12.500 Kilometer Autobahnen zur Verfügung. Auf ihnen werden derzeit über 60 Prozent des Güterfernverkehrs und mehr als 80 Prozent des Personenverkehrs abgewickelt. Nach vorliegenden Prognosen (Basisjahr 2000) ist bis 2015 mit einem Gesamtzuwachs von rund 60 Prozent im Güter(fern)verkehr und etwa 20 Prozent im Personenverkehr zu rechnen, da die Autobahnen heutzutage nicht nur das Rückgrat des ausgefeilten, europaweiten Just-in-time-Logistik zur bedarfsgenauen Versorgung von Produktion und Distribution darstellen, sondern auch den stetig wachsenden Verkehr des Dienstleistungssektors aufzunehmen haben. Angesichts dieser Fakten hat sich das seinerzeitige Argument, mit der Autobahn müsse man den LKW-Transport als Ergänzung und Alternative zur Eisenbahn fördern und die PKW-Produktion ankurbeln, in sein Gegenteil verkehrt: Es gibt einen gravierenden Überschuss im Straßentransport und viel zu wenig Güter- und Personenverkehr auf der Bahn. Mehr als ursprünglich vermutet, hat die Motorisierung in den letzten 50 Jahren ähnlich unübersehbare Impulse für Wachstum und Wohlstand, Mobilität und strukturellen Wandel im gesamten öffentlichen Raum gesetzt, wie sie als »Vorwärts- und Rückkopplungs-Effekte« für das großtechnische System der Eisenbahn im 19. Jahrhundert beschrieben

17 Aus verkehrspolitischer Perspektive finden sich Anklänge bei Klenke (1993), *Verkehrspolitik*. Thomas Zeller streift das Thema in seiner Studie *Straße, Bahn, Panorama*. Siehe auch Doßmann, *Mobilität*.

worden sind.[18] Deutschland hatte in seinem verkehrspolitischen Leitbild nach dem Zweiten Weltkrieg Autoschnellstraßen zur Grundausstattung einer zeitgemäßen Verkehrsinfrastruktur erklärt und dementsprechend den Autobahnbau bis in die siebziger Jahre zum Hauptanliegen der Wirtschafts- und Standortpolitik gemacht hatte.[19] Die Wachstum und Wohlstand erzeugenden Leistungspotenziale einer gut ausgebauten Autostraßen-Infrastruktur sind insoweit fester Bestandteil politischen Denkens und Handelns, auch wenn neuerdings aus ökologischen Gründen die Notwendigkeit eines Ausbaus des Schienenverkehrs beschworen wird.

Die zum positiven Erfahrungsschatz in Deutschland – und auch der mittel- beziehungsweise westeuropäischen Länder – gehörenden Wirkungen der auf breiter Basis akzeptierten Automobilkultur lassen sich allerdings nicht voraussetzungslos für die Zukunft fortschreiben. Die nicht zuletzt vom Straßenverkehr induzierten globalen Güter- und Personenströme erzeugen heute einen heftigen Veränderungsdruck auf die hiesigen Industrie-, Handels- und Dienstleistungsstrukturen; zudem lässt die demografische Entwicklung in den wirtschaftlich am Rande liegenden Zonen deutsche Städte und Gemeinden schrumpfen. Hinzu kommen die Bemühungen des Gesetzgebers, die inzwischen zum Problem gewordenen Auswirkungen des hoch verdichteten Strassennetzes, wie Schallemission, Luftverschmutzung und Feinstaubgefahr, zu bekämpfen. Das wird nicht ohne Folgen für die Autobahn- und Straßeninfrastruktur bleiben. Stagnierender oder abnehmender Verkehr auf peripheren Strecken könnte getätigte Investitionen auf längere Sicht obsolet werden lassen. Auf der anderen Seite könnte eine politisch durchaus als opportun angesehene Beschränkung der Investitionsmittel für die Beseitigung bestehender Engpässe sowie die kostenintensive Aufgabe, die am stärksten belasteten Hauptstrecken befahrbar zu halten und technisch dem steigenden Verkehr anzupassen, einen Verkehrskollaps hervorrufen.[20]

---

18 Fremdling (1975), *Eisenbahnen*, u. ders. (1979), *Industrialisierung*.

19 Vgl. Klenke (1995), *»Freier Stau«*.

20 Der Bund hat in den Jahren 2001 bis 2003 durchschnittlich 4,7 Milliarden Euro in die Fernstraßen investiert. Zwischen 2004 und 2006 wurden im Schnitt 5,1 Milliarden Euro bereitgestellt. Trotz wachsender Einnahmen aus der LKW-Maut und der Mehrwertsteuer weist die mittelfristige Finanzplanung des Bundesfinanzministers für 2007 und 2008 lediglich 4,7 Milliarden und ab 2008 nur noch 4,5 Milliarden Euro aus. Die jährliche Inflationsrate und steigende Baukosten senken den Straßenbau-Etat real unter das Niveau von 2001. Vgl. Anonym, »Straßenbau stagniert«, S. 12, sowie Anonym, »Privates Kapital für das Infrastrukturgut Hafen«, S. 10. In dem Beitrag wurde die Verbesserung der unzureichenden Hinterlandanbindung der deutschen Seehäfen an alle deutschen Wirtschaftsgebieten dringend angemahnt, die angesichts sinkender Etatansätze des Bundesverkehrsministers für die Straßenbaufinanzierung stark gefährdet erscheint.

Der *circulus vitiosus* ist hausgemacht: Je mehr der deutsche Verbund aus Autobahnen und Bundesstraßen den Binnen- und Transitverkehr anzieht, desto eher verliert er infolge Überlastung seine ihm eigene Attraktivität als wichtigster Transportmittler. Und je weiter die europäische Autobahnvernetzung voranschreitet, desto problematischer könnte sich diese Entwicklung für die bisher als Innovationszonen fungierenden industriellen Verdichtungsgebiete in den Transitländern Mitteleuropas auswirken Es wachsen nämlich die Möglichkeiten, Produktion und Dienstleistungen ohne wirtschaftliche Einbußen entlang der Fernstraßen in Richtung des europäischen Lohn- und Steuergefälles zu verschieben. Die in den traditionellen Wirtschaftsländern mit hohem Kostenaufwand auf reibungslosen Durchfluss getrimmte Straßeninfrastruktur stellt dann nur noch gut funktionierende Verkehrsknoten und Transitzonen bereit, in denen das ohnedies hektische Wirtschaftsklima immer »zugiger« zu werden droht. So hat beispielsweise der Aufbau Ost zwar den neuen Bundesländern – zu Lasten der Bau- und Erhaltungsaktivitäten im Westen – eine hervorragende Autobahn-Infrastruktur beschert, aber die für den wirtschaftlichen Aufschwung erhoffte Ansiedlung frischer Industrie- und Gewerbebetriebe an den Strecken wurde nur teilweise verwirklicht. Stattdessen begünstigen die neuen Autobahnen den intensiven Liefer- und Leistungsverkehr zwischen den neuen EU-Länder und Alt-Europa.

Das zieht auch dort umfangreiche Investitionen in leistungsfähige Straßensysteme nach sich. Vermutlich werden sich auf frappierende Weise die bekannten mitteleuropäischen Entwicklungen zwischen 1950 und 1989 wiederholen. Insofern ist absehbar, daß der *wirtschaftliche Autobahn-Mythos* in diesen Ländern fröhlich Urständ feiern wird, während er zum Beispiel im Transitland Deutschland angesichts steil ansteigender Kosten zur Erhaltung des vorhandenen Streckennetzes beziehungsweise der zahlreichen Brücken sowie das Verkehrsmanagement zunehmend eine Last bedeutet.[21]

Auflockerung der Großstädte und Versorgung der Bevölkerung

Die erhoffte Auflockerung der Großstädte und die Verbesserung der Versorgung der Bevölkerung gewannen in Deutschland erst ab 1950 deutlich an Fahrt. Der Impuls ging zunächst aber nicht von den vorhandenen Autobahnen aus, sondern vom immensen Bedarf an angemessenem Wohnraum für breite

21 Die kostspielige Beseitigung von Brückenschäden bindet zunehmend Investitionsmittel für den Straßenbau. Vgl. beispielsweise die Meldung Anonym, »Schäden«, S. 55, u. den Beitrag »Autobahnbrücken«, S. 59.

Bevölkerungsschichten in den zerstörten Städten und zur Ansiedlung der zuströmenden Flüchtlinge und Vertriebenen. Das bescherte den ländlichen Gebieten rund um die Städte ein großes Wachstum, weil dort Grund und Boden für Wohnungsneubauten noch erschwinglich war. Die Arbeitsplätze befanden sich aber anfangs immer noch in den Städten beziehungsweise in den stadtnahen Industrieregionen, so daß die berufstätige Bevölkerung gezwungen war, zwischen Wohnort und Arbeitsstätte zu pendeln. In den fünfziger Jahren wurden diese Wege überwiegend mit öffentlichen Verkehrsmitteln (Eisenbahn, Straßenbahn, Omnibus), Motorrad und Fahrrad zurückgelegt.

Als zum Ende der fünfziger Jahre die PKW-Zulassungen aufgrund der Wohlstandsexplosion steil nach oben wiesen, war dies der Einstieg in die bundesrepublikanische Massenmotorisierung. Große Unterstützung erhielt der automobile Individualverkehr durch eine pendlerfreundliche Steuerpolitik und die seinerzeit sehr günstigen Preise für Kraftstoffe. Das für den Wohnungsbau vorteilhaft gestaltete Steuer- und Mietrecht sowie die Eigenheimzulagen und der großflächige Ausweis von Neubaugebieten im erweiterten Umfeld der Städte taten ein Übriges, um das Wachstum der Wohnsiedlungen im Grünen voranzutreiben. Diese Entwicklung löste die tradierten Strukturen der Städte und der stadtnahen Verdichtungsgebiete immer weiter auf. An ihre Stelle traten stetig wachsende »Zwischenstädte« (Thomas Sieverts), die inzwischen den Verkehr auf lokalen und regionalen Autobahnen Tag und Nacht pulsieren lassen, weil diese amorphen Stadtfelder zusammen mit den alten Kernstädten inzwischen für gut zwei Drittel der deutschen Bevölkerung Arbeits- und Lebensraum darstellen. Förderung erhielt diese Tendenz durch die gewollte Verdrängung des produzierenden Gewerbes aus den Städten, wozu nicht zuletzt die Unterschiede der Gewerbesteuer-Hebesätze zwischen Städten und Umland-Gemeinden beitrug.

Für diese auf Mobilität und Individual-Verkehr basierenden Veränderungen entstand in den letzten 50 Jahren mit Hilfe öffentlicher Gelder ein weit verzweigtes Infrastrukturnetz von Autobahnen, Bundesstraßen und Landstraßen verschiedener Kategorien. Zusammen bilden sie das Fundament für das in Deutschland vermeintlich selbstverständliche, deswegen mythisch überhöhte Recht auf »freie Fahrt für freie Bürger«, stets wirkungsmächtig gefördert durch die Lobby der Fahrzeughersteller und der Autofahrer-Vereine mit der Begründung, es drohe sonst der Verlust der technologischen Marktführerschaft im Kraftfahrzeugbau.[22] Je höher der Kfz-Bestand in Deutschland stieg, desto

22 Diesen Verteidigungs-Slogan prägten Fahrzeughersteller und Automobil-Lobby zu Beginn der siebziger Jahre, als die sozial-liberale Koalition unter dem Eindruck der Ölkrise von 1973 und der beginnenden Ökologie-Diskussion, angeregt durch die warnenden Hinweise des *Club of*

mehr konnten die Hersteller mit dem Argument Druck auf die jeweilige Regierung machen, jeder siebte Arbeitsplatz hänge von der Automobilindustrie ab. Angesichts einer erheblich reduzierten Fertigungstiefe und globaler Beschaffung der deutschen Kraftfahrzeugindustrie ist dieser autogestützte Mythos kritisch zu hinterfragen.

Die mittlere Jahresfahrleistung des motorisierten Individualverkehrs nimmt zwar auf den Bundesautobahnen und Fernstraßen tendenziell ab; in den Ballungsgebieten ist allerdings ein wachsender Binnenverkehr durch Einkaufs-, Freizeit- und Dienstleistungsfahrten festzustellen, der sich zu einem erheblichen Teil auf den regionalen Autobahnen abspielt. Deshalb findet sich der Topos der »autofahrenden Menschen« direkt oder indirekt in allen offiziellen Verlautbarungen staatlicher Stellen in Bund und Ländern zum Thema Straßenbau und Straßenverkehr, allerdings jetzt abgewandelt als soziales Recht auf Mobilität in einer hoch arbeitsteiligen Wissensgesellschaft sowie als zwingende Voraussetzung für den Einkaufs- und Besorgungsverkehr einer dezentral wohnenden Bevölkerung. Schon 1974 hieß es in einem Rückblick auf 50 Jahre Straßenforschung in Deutschland:

> »Die Straße [...] stellt praktisch den einzigen Weg dar, über die der Mensch ernährt, versorgt und im umfassenden Sinne sozial betreut werden kann. Die Straße ist auch der einzige Weg, über den alle Menschen uneingeschränkt in die wirtschaftlichen, politischen, sozialen und soziologischen Realitäten integriert werden können.«[23]

Das Resultat ist heute entlang der Autobahnen überall dort zu betrachten, wo sich aufgrund der verkehrsgünstigen Lage zunehmend riesige Gewerbe- und Logistikzonen, Einkaufszentren, Möbelhäuser, *Factory-Outlets* sowie Service- und Freizeiteinrichtungen ansiedeln.

Tourismus und Völkerverständigung

Die Autobahn-Enthusiasten entwarfen schon zu ihrer Zeit mutig Landkarten mit einem Europa durchziehenden Netz von Autostraßen und begrüßten freudig die Aussicht, dass Europa durch Autobahnen kleiner wird.[24] Die Hoffnungen auf eine positive Entwicklung des motorisierten Tourismus richteten sich seinerzeit vor allem auf ausländische Besucher, insbesondere aus denUSA, die Devisen ins Land bringen sollten. Hier wähnten sich die Verantwort-

---

Rome, erste dirigistische Eingriffe in die Entwicklung der Verkehrssysteme zugunsten des Öffentlichen Personen Nahverkehrs (ÖPNV) und des Bahnverkehrs in Erwägung zog.

23 Böhringer, »Rückschau«, S. 12.

24 Siehe die Abbildung zum Beitrag von Kaftan (1932), »Europa«, S. 2.

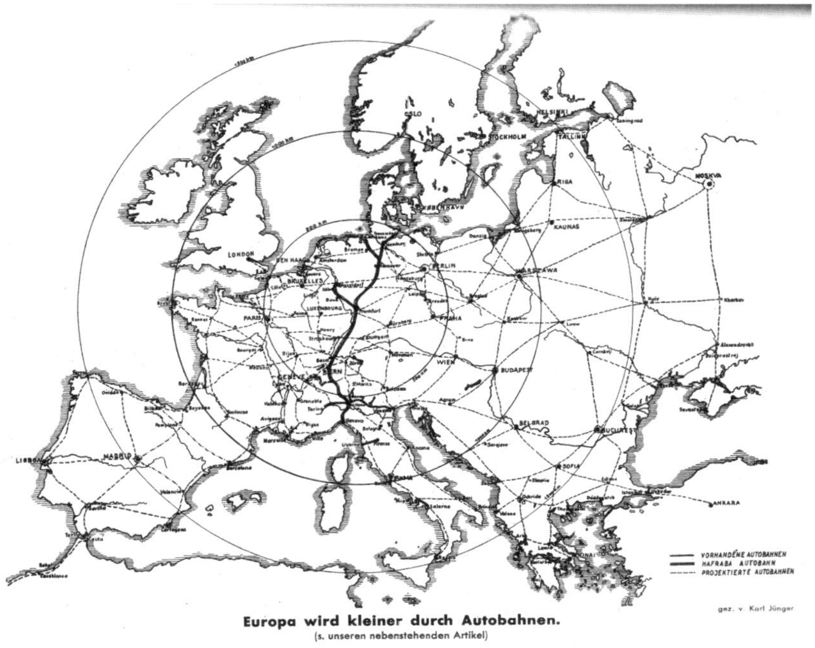

Abb. 17.2: Europa wird kleiner durch Autobahnen

Quelle: Kaftan, Europa, S. 2.

lichen der HAFRABA wie auch der Reisebranche in einer Konkurrenzsituation mit Frankreich, die sie unbedingt zu Gunsten Deutschlands beeinflussen wollten.[25]

In der zweiten Hälfte des 20. Jahrhunderts erreichte der Auto-Tourismus dann eine viel größere Dimension als ursprünglich gedacht. Die deutsche Autobahn vom Ruhrgebiet über Köln und Frankfurt nach Karlsruhe und München diente schon in den fünfziger Jahren als bevorzugtes Transportband nicht nur für den Urlaubs- und Freizeitverkehr zu den beliebten deutschen Ferienregionen, sondern auch zur Anfahrt aller südlichen Urlaubsländer Europas.[26] An diesem Reiseverkehr mit PKW hatten die nordwestlichen und nördlichen Anrainer-Staaten Deutschlands alsbald einen gewichtigen Anteil, wie zur

25 Wie Vahrenkamp, *Autobahnbau*, S. 30, durch statistische Belege nachgewiesen hat, waren diese Vorstellungen wenig fundiert.

26 Vgl. Dingemann, Lüdde, *»Endlich Ferien«*. Der Band bringt mit einer Ansammlung unterschiedlichster Trouvaillen die Gepflogenheiten und das Lebensgefühl der reisenden Bundesbürger in den fünfziger Jahren zum Ausdruck. Ebenso aufschlussreich Hütter, *Endlich Urlaub!*.

Urlaubszeit regelmäßig zu beobachten war. Angesichts der jährlich hereinbrechenden Springflut von Autofahrern sahen sich die bevorzugten Urlaubsländer Österreich, die Schweiz und Italien gezwungen, ihrerseits Autobahnen für den Alpentransit (Brenner- und Tauern-Autobahn, Gotthard-Tunnel) und an die Badeküsten (*Autostrada del sole*) zu bauen. Landschaftliche Schönheiten oder Sehenswürdigkeiten entlang der Autobahnen werden aufgrund des dichten Verkehrs, der hohen Fahrgeschwindigkeiten und der Fixiertheit der Automobilisten auf entfernte Ziele nicht mehr wahrgenommen. Das im Dritten Reich propagierte gelassene »Autowandern« ist inzwischen einem tempobestimmten, kurzatmigen Freizeit- und Ausflugsverkehr zum Urlaubsort, zur Erlebnis-Gastronomie, zu Wellness-Angeboten und »Kultur-Events« gewichen, welche – neuerdings aufgeladen mit allerlei »natürlichen« Ingredienzen beziehungsweise Show-Effekten – zur Zerstreuung nervöser Stadtbewohner mit hochverdichtetem Lebens-Rhythmus entwickelt und immer raffinierter inszeniert werden. Eine beachtliche Rolle spielen die Autobahnen heute auch als Zubringer für den auf allen Flughäfen steigenden Luftverkehr für Personen und Frachten.

Die von den Autobahn-Vätern erwartete Völkerverständigung durch grenzüberschreitendes Reisen auf den Autobahnen ist angesichts einer monetär vereinigten Europäischen Union heute kein Thema mehr. Ende 2005 sagte Bundeskanzlerin Merkel anlässlich der Eröffnung der Ostsee-Autobahn A 20, die Autobahn werde die Wirtschaft und den Tourismus in der Region stärken. Das Projekt sei tief in der Bevölkerung verankert.[27] Verkehrsminister Tiefensee erklärte, die A 20 verbinde die alten und die neuen Bundesländer sowie Ost- und Westeuropa. Er bezeichnete die Autobahn als eines der wichtigsten Straßenbauvorhaben, die seit der deutschen Wiedervereinigung realisiert worden seien. Die Presse meinte: »Ihr Neubau ist von herausragender Bedeutung für den gesamten Norddeutschen Raum und stellt darüber hinaus einen wichtigen Baustein für das Transeuropäische Verkehrsnetz dar.«[28]

Die Bewohner des Schengen-Raums haben sich an die Überwindung großer Entfernungen mit dem Auto ohne komplizierte Grenzformalitäten gewöhnt. Das spiegelt sich nicht zuletzt im regen Kleinhandels- und Einkaufsverkehr über kürzere Distanzen und neuerdings im Tanktourismus in den grenznahen Regionen wider. Das Autobahnnetz ist auf der anderen Seite das Einfallstor für die wirtschaftlich motivierte Migration, aber auch beliebter Verkehrs- und Transportweg für Kriminelle und Schmuggler. Die jüngsten

27 Triebsees, »Autobahn «, S. 9.

28 Homepage der Landesregierung Schleswig-Holstein, letzter Zugriff am 5. Januar 2007, http://landesregierung.schleswig-holstein.de.

Erfolge der regelmäßigen Schleierfahndungen im südhessischen Verkehrsraum, der wegen seiner Nähe zum Frankfurter Kreuz und zum Flughafen Rhein-Main eine besonders exponierte Drehscheibe darstellt, bestätigen diesen Befund. Gleichwohl wird jeder neue Autobahn-Teilabschnitt weiterhin als vorteilhafte Investition für Wirtschaft und Verkehr bezeichnet, wenn Politiker, Verbände und Automobil-Lobbyisten die Notwendigkeit eines Autobahn- und Fernstraßenbaus begründen müssen. Der große Widerstand gegen die wenigen Neubau-Projekte kommt heutzutage vor allem von den oft berechtigten Einwänden partizipatorisch gestimmter Bürger beziehungsweise seitens Bürgerinitiativen, Fauna-Flora-Habitat-Aktivisten und Naturschützern. Verblüffenderweise stehen Autobahn- und Brückensanierungen oder simple Fahrbahnerweiterungen nur bedingt unter Vorbehalt oder im Kreuzfeuer der Kritik, lediglich der Lärmschutz ist in solchen Zusammenhängen zum Dauerthema der Auseinandersetzungen geworden.

Fazit

Autobahnen wurden im 20. Jahrhundert zum Synonym für die straßenbezogene, motorisierte Mobilität und stehen bis heute als Metapher für das hohe kulturelle Niveau des technisierten westlichen *way of life*, sofern unter dem Begriff »Kultur« die positiv gedeuteten Wechselbeziehungen zwischen Massenmotorisierung, Straßenbau und Wirtschaftskraft sowie die mit Austausch und Verkehr einhergehende, signifikante Erhöhung des Wohlstandes zu verstehen sind. Wenn also der heutige Anschein nicht trügt, wird die europäische Integration dereinst trotz aller gegenwärtigen Imponderabilien – wie beispielsweise Ölknappheit, CO_2-Ausstoß, Umweltbelastung, Überforderung des öffentlichen Raumes und ähnliches – als Erfolgsgeschichte des Autobahnbaus und des motorisierten Straßenverkehrs beschrieben werden. Ob dieses durch den Verkehrsweg »Autobahn« induzierte Zusammenwachsen ein weiterer Mythos ist, müssen spätere Historiker-Generationen analysieren.

Literatur

Anonym (2007), »Straßenbau stagniert«, in: *ADACmotorwelt*, H. 8, S. 12.
— (2007), »Privates Kapital für das Infrastrukturgut Hafen«, in: *Frankfurter Allgemeine Zeitung* v. 28. Juli, S. 10.

— (2007), »Schäden an der Theißtalbrücke bremsen Verkehr auf der Autobahn 3« in: *Frankfurter Allgemeine Zeitung* v. 11. August, S. 55.

— (2007), »Viele Autobahnbrücken werden saniert: Ermüdungserscheinungen nach mehr als 30 Jahren« in: *Frankfurter Allgemeine Zeitung* v. 25. August, S. 59.

— (2007), »Verkehrsstaus belasten Wirtschaft«, in: *Frankfurter Allgemeine Zeitung* v. 28. Juli, S. 10.

Becker, Frank (2005), »Autobahnen, Auto-Mobilität. Die USA; Italien und Deutschland im Vergleich«, in: Wolfgang Hardtwig (Hrsg.), *Kulturgeschichte der Zwischenkriegszeit 1918–1939*, Göttingen, S. 23–59.

Böhringer, Alfred (1974), »Rückschau und Ausblick«, in: Herbert Kühn (Hrsg.), *Strassenforschung. 50 Jahre Forschungsgesellschaft für das Strassenwesen 1924–1974*, Bonn-Bad Godesberg, S. 11–32.

Diehl, Ph. (1931), »Frankfurt am Main«, in: *HAFRABA-Mitteilungsblatt* 4, S. 1.

Dienel, Hans-Liudger (2007), »Das Bundesverkehrsministerium«, in: Oliver Schöller u. a. (Hrsg.), *Handbuch Verkehrspolitik*, Wiesbaden, S. 200–224.

Dingemann, Rüdiger/Lüdde, Renate (2007), *»Endlich Ferien«. Wie die Deutschen das Reisen entdeckten*, München.

Doßmann, Axel (2003), *Begrenzte Mobilität. Eine Kulturgeschichte der Autobahnen in der DDR*, Essen.

Engl, Hermann/Lämmel, Frank (1996), *Highway Deutschland. Das große Buch der Autobahnen*, Holzkirchen.

Fehlhauer, Gero (2006), *Die Geschichte der Reichsautobahn Chemnitz – Hof*, Reichenbach i. Vogtland.

Fremdling, Rainer (1975), *Eisenbahnen und deutsches Wirtschaftswachstum 1840–1879. Ein Beitrag zur Entwicklungstheorie und zur Theorie der Infrastruktur*, Dortmund.

— (1979), *Industrialisierung und Raum. Studien zur regionalen Differenzierung im Deutschland des 19. Jahrhunderts*, Stuttgart 1979.

Friedrich, Karl-Heinz (2006), »Tunlichst geradlinig«. Die Gründung des Vereine HAFRABA 1926 und der Bau der deutschen Autobahnen«, in: *Mitteilungen aus dem Bundesarchiv* 14, S. 71–77.

Hütter, Hans Walter (1996), *Endlich Urlaub! Die Deutschen reisen*, Köln.

Kaftan, Curt (Kurt) (1932), »Europa wird kleiner durch Autobahnen!«, in: *Die Autobahn* 5, Juli-Heft, S. 2.

— (1955), *Der Kampf um die Autobahnen. Geschichte und Entwicklung des Autobahngedankens in Deutschland von 1907–1935 unter Berücksichtigung ähnlicher Pläne und Bestrebungen im übrigen Europa*, Berlin.

Klenke, Dietmar (1993), *Bundesdeutsche Verkehrspolitik und Motorisierung. Konfliktträchtige Weichenstellungen in den Jahren des Wiederaufstiegs*, Stuttgart.

— (1995), *»Freier Stau für freie Bürger«. Die Geschichte der bundesdeutschen Verkehrspolitik 1949–1994*, Darmstadt.

Kornrumpf, Martin (1990), *HAFRABA e. V. Deutsche Autobahn-Planung 1926–1934*, Bonn.

Kraftfahrt-Bundesamt (Hrsg.) (2008), *Statistische Mitteilungen des Kraftfahrt-Bundesamtes*, Reihe 2: *Fahrzeugbestand*, Flensburg (Online-Ressource).

Kreuzer, Bernd (2005), *Tempo 130. Kultur- und Planungsgeschichte der Autobahnen in Oberösterreich*, Linz.

Lärmer, Karl (1975), *Autobahnbau in Deutschland 1933–1945. Zu den Hintergründen*, Berlin.

Merki, Christoph Maria (2002), *Der holprige Siegeszug des Automobils. Zur Motorisierung des Straßenverkehrs in Frankreich, Deutschland und der Schweiz*, Wien u. a.

Puricelli, Piero (1930), »Die Wahrheit über die italienischen Autostraßen«, in: *HAFRABA-Mitteilungsblatt* 3, S. 7–9.

Schütz, Erhard/Gruber, Eckhard (1996), *Mythos Reichsautobahn – Bau und Inszenierung der »Straßen des Führers« 1933–1941*, Berlin.

Statistisches Bundesamt (Hrsg.) (2005), *Bevölkerung und Wirtschaft der Bundesländer*, Wiesbaden.

Statistisches Reichsamt (Hrsg.) (1921/1922), *Statistisches Jahrbuch für das Deutsche Reich*, Berlin.

– (1933), *Statistisches Jahrbuch des Deutschen Reiches für das Jahr 1933*, Berlin.

– (1938), *Statistisches Jahrbuch des Deutschen Reiches für das Jahr 1938*, Berlin.

Steininger, Benjamin (2005), *Raum-Maschine Reichsautobahn. Zur Dynamik eines bekannt/unbekannten Bauwerks*, Berlin.

Stern, Volkhard (2007), *Der Autobahn-Schnellverkehr der Deutschen Reichsbahn*, Freiburg.

Stommer, Rainer (Hrsg.) (1982), *Reichsautobahn – Pyramiden des Dritten Reiches. Analysen zur Ästhetik eines unbewältigten Mythos*, Marburg.

Strohkark, Ingrid (2001), *Die Wahrnehmung von »Landschaft« und der Bau von Autobahnen in Deutschland, Frankreich und Italien vor 1933*, Berlin.

Todt, Fritz (1934), »Ansprache anlässlich des VII. Kongresses des Internationalen Ständigen Verbandes der Straßenkongresse«, in: *Die Strasse* 1, S. 39–42.

Triebsees, F. P. (2005), »Autobahn 20 für den Verkehr freigegeben« in: *Frankfurter Allgemeine Zeitung* v. 11. Dezember, S. 9.

Uhlfelder, Hermann (1930), »Die oberitalienischen Autobahnen«, in: *HAFRABA-Mitteilungsblatt* 3, S. S. 9–15.

Vahrenkamp, Richard (2007), *Autobahnbau in Hessen bis 1943*, Beiträge zur hessischen Wirtschaftsgeschichte, Bd. 1, hrsg. v. Hessischen Wirtschaftsarchiv, Darmstadt.

Weiß, Hermann (1994) »Autobahnen«, in: Wolfgang Benz (Hrsg.), *Legenden, Lügen, Vorurteile*, 5. Aufl., München, S. 40–43.

Windisch-Hojnacki, Claudia (1989), *Die Reichsautobahn – Konzeption und Bau der RAB, ihre ästhetischen Aspekte, sowie ihre Illustration in Malerei, Literatur, Fotografie und Plastik*, Bonn.

Winkler, Hans-Joachim (1963), *Legenden um Hitler* (Zur Politik und Zeitgeschichte, Bd. 7), Berlin.

Wirth, Wolfgang (Hrsg.) (2005), *Die Autobahn. Von der Idee zur Wirklichkeit*, Köln.

Zeller, Thomas (2002), *Straße, Bahn, Panorama. Verkehrswege und Landschaftsveränderung in Deutschland 1930 bis 1990*, Frankfurt am Main, New York.

18. Der verlangsamte Verkehr: Die Herstellung von Landschaft durch Straßen im 20. Jahrhundert

Thomas Zeller

Die Geschichte des Verkehrs in der Moderne wird oft als Abfolge immer schnellerer Verkehrsmittel und als das Erreichen immer höherer Geschwindigkeiten verstanden.[1] Die Beschleunigung des Lebens und seiner Verkehrsmittel besonders im 19. und 20. Jahrhundert sind sowohl Grundvoraussetzung als auch Ergebnis mancher historischen Studien. Der amerikanische Kulturhistoriker Stephen Kern verankert in den Jahrzehnten bis zum Ende des Ersten Weltkrieges eine stete Mehrung technischer und menschlicher Geschwindigkeiten. Einer zeitgenössischen Analyse zum Ende des 20. Jahrhunderts zufolge hat die Beschleunigung mittlerweile ausnahmslos alle Lebensbereiche erfasst. Entweder mit gehetztem Schaudern oder zufriedenem Fortschrittspathos konstatierten und konstatieren viele Beobachter, wie alles immer schneller und die Hast zum Zeitthema wird. Verkehrsmittel, angefangen mit Schuhen über Fahrräder hin zu Eisenbahnen, Autos und Flugzeugen, scheinen eine solche Linie anzuzeigen. Auch die Verkehrswege erlaubten augenscheinlich immer schnelleren Verkehr.[2] In einer vielbeachteten Studie hat Peter Borscheid solche Reaktionen auf Temposteigerungen analysiert.[3]

Solche Studien haben das Verständnis von Verkehr in den vergangenen beiden Jahrhunderten als Aufeinanderfolge immer schnellerer Formen des Sich-Fortbewegens geprägt. Jedoch: Sie sind unvollständig und führen in ihrer alleinigen Betonung des raschen Lebens in die Irre. Analysen, die eine stete Beschleunigung des Verkehrs betonen, sind nicht nur wegen ihrer Linearität

---

1 Meine Forschung zu diesem Thema wurde durch die *National Science Foundation* der USA (Grant No. 0349857) unterstützt. Meinungen, Ansichten, Schlussfolgerungen und Empfehlungen meinerseits sind nicht notwendigerweise diejenigen der *National Science Foundation*.

2 Kern, *Culture*, Gleick, *Faster*. Der Kulturhistoriker Kern betont zwar die Gefahr eines monokausalen technologischen Determinismus, in dem technische Artefakte den Gang der Geschichte treiben. Sein Kapitel zur Geschwindigkeit zeigt gleichzeitig, wie stark, um nicht zu sagen überwältigend, diese Gefahr sein kann. Vgl. Kern, ebd. S. xxiv u. S. 109–130. Im Gegensatz zu Kern, der lediglich die Wirkung der Technik auf die Gesellschaft untersucht, bin ich an der gesellschaftlichen Gestaltung der Technik und ihrer gesellschaftlichen Rückwirkung interessiert. Zur Diskussion in der Technikgeschichte vgl. Smith, Marx, *Technology*.

3 Borscheid, *Tempo-Virus*.

problematisch. Sie neigen auch dazu, die retardierenden Momente der Verkehrsgeschichte zu übersehen. Pointiert gesagt: Die Betonung der Beschleunigung hat den Blick auf die historische Entschleunigung zumindest teilweise verstellt. In diesem Beitrag geht es mir nicht darum, eine unterschwellige historiographische Teleologie – die stete Entwicklung immer schnelleren Verkehrs – aufzudecken; dies wäre für einen Großteil der populären Literatur ein zu leichtes Unterfangen.[4] Vielmehr möchte ich an einem Beispiel die Gleichzeitigkeit von Beschleunigung und Entschleunigung des Verkehrs im 20. Jahrhunderts untersuchen. Verkehrsgeschichte auf der Überholspur wäre so einseitig wie die alleinige Betonung der Beharrungs- und Verlangsamungskräfte.[5] Nur als gegenseitig wirkende Bezugsgeschichte von Gaspedal und Bremshebel lässt sich Verkehr in seiner Komplexität verstehen. Gleichzeitig ist mir daran gelegen, die Verengung der verkehrshistorischen Debatte auf Europa zu überwinden, so faszinierend der Kontinent auch sein mag. Gerade der Blick auf die USA schärft die Analyse scheinbar binneneuropäischer Verhältnisse. Ein »europäisches« Phänomen wie der Verkehr ist nur zu verstehen, wenn der Blick über Europa hinausgeht und die Vereinigten Staaten einschließt.

Bei dem hier untersuchten Beispiel zur Gleichzeitigkeit von Beschleunigung und Entschleunigung handelt es sich um Straßen. Seit der Wende zum 20. Jahrhundert und verstärkt nach dem Ersten Weltkrieg wurden in den USA und Europa tausende von Kilometern von Straßen ausschließlich für Automobile gebaut, deren Hauptzweck nicht die rasche Fahrt, sondern die aussichtsreiche Fahrt war. Ziel war es, motorisierten Stadtbewohnern eine eng und streng definierte Landschaft zu erschließen. Die modernste Verkehrstechnik ihrer Zeit sollte die Erfahrung von Landschaftsausschnitten ermöglichen, die sowohl landschaftlich als auch national gedeutet wurden. Natur und Nation gingen durch das Auto in eins. In Europa hießen solche Wege zum Landschaftsgenuß Alpenstraßen oder Ausflugsstraßen, in den USA *parkways*. Das Verhältnis von Landschaft und Straßen in Deutschland und den USA möchte ich anhand zweier Beispiele, der Deutschen Alpenstraße in Bayern und des *Blue Ridge Parkway* in Virginia und North Carolina, untersuchen. Durch solche Straßen wurde Landschaft Teil eines nationaltouristisch definierten Konsums; Landschaft, mit anderen Worten, wurde zum Konsumartikel.[6]

Tourismus im und am höchsten Gebirge Deutschlands, den Alpen, etablierte sich seit dem 19. Jahrhundert. Alpiner Tourismus war in der Schweiz und

4 *Pars pro toto* Hitzer, *Straße*.

5 Als ein Beispiel für eine lediglich am Tempo interessierte Darstellung Virilio, *Revolutionen*.

6 Die Kürze des Beitrages verbietet eine weiterführende Diskussion zur Geschichte des Tourismus. Vgl. Urry, *Tourist Gaze*, Jakle, *Tourist*. Für Deutschland u. a. Spode, »Der deutsche Arbeiter reist«, S. 291–306, u. Keitz, *Reisen*.

Österreich früher und weiter verbreitet.[7] Die Gäste in den hochgelegenen Ferienorten ruhten, wanderten, oder genossen die Aussicht auf die Berge vom Tal. Mit Bergbahnen wie der 1854 eröffneten Semmeringbahn wurde das hochalpine Panorama auch denjenigen zugänglich, die nicht die Mühe einer Gipfelwanderung auf sich nahmen.[8] Anders als die Eisenbahn-Fahrt in der Ebene, deren panoramatischer Blick sich wegen des geschwindigkeitsbedingt verwischten Vordergrunds auf den Bildhintergrund konzentrierte, ermöglichte die relativ langsame Bergbahn eine Aussicht auf Hintergrund und Vordergrund.[9] Solche Aussichtsfahrten wurden sehr populär. Selbst für städtische Unterschichten in Zürich, Wien oder München wurde eine Bahnfahrt in die Alpen, sei es zum Wandern oder zum sitzenden Schauen, möglich. Die zunehmende Erschließung der Alpen durch Bildbände, Karten und Restaurationen durch die Alpenvereine trug dazu bei, ebenso wie die erschwinglichen Sonderrückfahrkarten für einen Sonntagsausflug mit den jeweiligen Eisenbahnen. Die steigende Popularität solcher Fahrten ließ sie aber gleichzeitig in den Augen des städtischen Bürgertums als immer weniger attraktiv erscheinen. Vielmehr nutzte es die elitären ersten Automobile unter anderem zu Erkundungen der Alpen. Besitzer früher Automobile betonten, als Fahrer nun nicht mehr an Züge, Fahrpläne und Schaffner gebunden zu sein. Vielmehr zelebrierten sie in ihren Schriften eine Kultur der selbstbestimmten, langsameren und landschaftsreicheren Fahrt auf Passstraßen in den Bergen. Die Individualität des frühen Automobilismus ist auch als eine bürgerliche Reaktion gegen aufkommenden breiteren Tourismus im Zug zu verstehen.[10]

In der Zwischenkriegszeit litt der Fremdenverkehr in vielen alpinen Regionen unter mangelnder Nachfrage. Deshalb brachten bayerische Tourismusverbände eine 450 Kilometer lange »Queralpenstraße« von Berchtesgaden im Osten bis Lindau im Westen seit den zwanziger Jahren ins Gespräch. Verkehrsverbindungen von und über die deutschen Alpen führten bis zum 20. Jahrhundert meist in Nord-Süd-Verbindungen in die Täler und über Alpenpässe hinweg; West-Ost-Verbindungen, sowohl mit Eisenbahnen als auch Straßen, waren seltener. Die Queralpenstraße sollte Gipfel mit Gipfel verbinden und eine Kette von Aussichten dem Autofahrer darbieten. Vorbilder kamen von den alpinen Nachbarn: Nach dem Ersten Weltkrieg wurden in Österreich und der Schweiz Ausflugsstraßen für motorisierte Touristen gebaut. Beispiele sind die Großglockner-Hochalpenstraße und die Wiener Höhenstraße in Ös-

7 Bernard, *Rush to the Alps*.

8 Kos, *Eroberung*.

9 Zur panoramatischen Reise siehe Schivelbusch, *Eisenbahnreise*, und zu Bergbahnen König, *Bahnen und Berge*.

10 Merki, *Siegeszug*.

terreich und der Sustenpass in der Schweiz. Erbauer und Konsumenten dieser Routen betonten ständig, dass die durch die Windschutzscheibe genossenen Landschaften nicht nur eindrucksvoll, sondern auch ein Zeugnis österreichischer oder schweizerischer Ingenieurskunst und damit ein Beispiel landschaftlich aufgeladenen Nationalstolzes waren: Die zu sehenden Gipfel waren identitätsstiftend, und die jeweilige Straße sollte ihnen nicht nachstehen.[11] Motorisierte Touristen, offensichtlich bürgerliche Stadtbewohner, betonten in ihren Berichten die neue Qualität der Landschaftserfahrung: Statt dem von der Eisenbahn verordneten, ins Weite schweifenden Blick ermöglichten die Straßen selbstbestimmtes, langsames Fahren und damit die Wiedergewinnung des landschaftlichen Vordergrundes. Die Details des Panoramas wurden durch Entschleunigung wieder sichtbar.

Bürgermeister, Hoteliers und Fremdenverkehrsverbände in bayerischen Alpenorten schlugen angesichts dieser Konkurrenz den Bau der Queralpenstraße vor, die ausschließlich auf deutschem Gebiet verlief. Das kostspielige Projekt war lediglich eine recht vage Forderung, bis 1933 Adolf Hitler die Straße als »gigantisches Projekt« sein eigen machte und sie als »Deutsche Alpenstraße« in den expandierenden Katalog der Straßenbauten des Dritten Reiches aufnahm.[12] Chefingenieur war Fritz Todt, der den Bau der Reichsautobahnen als Generalinspektor für das deutsche Straßenwesen leitete. Zusammen mit dem Landschaftsarchitekten Alwin Seifert, der mit wechselhaftem Erfolg an den Autobahnen arbeitete, entwarf er die Alpenstraße.

Hitler verlangte, dass sie so aussichtsreich wie möglich gebaut werde und die höchsten deutschen Alpengipfel miteinander verbinde. Die ursprünglichen Pläne sahen Höchstlagen von 1.700 Metern und 105 Brücken, 15 Tunnel und zehn Überführungen vor.[13] Von den geplanten 450 Kilometern wurde bis 1939 ein rundes Viertel gebaut. Mit besonderem Nachdruck verfolgte Martin Bormann den Bau der Straßen zum und auf dem Obersalzberg, Hitlers Feriensitz. Im Gegensatz zur Alpenstraße waren diese Straßen aber nicht der Öffentlichkeit zugänglich. Auto- und Bustouristen erspähten die Sommerfrische des Diktators aus der Ferne, vom östlichen Abschluss der Deutschen Alpenstraße her, als landschaftlichen Teil des Hitler-Mythos.[14]

Reiseführer für die Deutsche Alpenstraße im Nationalsozialismus legten Wert auf die Schönheit der Landschaft und die Ermöglichung dieser Form des Tourismus durch den Dikator selbst. Todt ermahnte die Autofahrer auf der

---

11 Zschokke, *Strasse*, Rigele, *Wiener Höhenstraße*; ders., *Grossglockner-Hochalpenstraße*, Pagenstecher, »Automobilisierung«, S. 245–264.

12 Anonym, »Alpenstraße«.

13 Michahelles, »Deutsche Alpenstraße«, S. 1067–1071.

14 Chaussy, *Nachbar Hitler*, S. 119–122.

Alpenstraße: »Kraftfahrender Volksgenosse, du betrittst auf diesen Straßen den herrlichsten Naturpark, den dir dein deutsches Vaterland bieten kann. Benimm dich auf diesen Straßen auch wie in einem fremden Park, in den dir der Eintritt gestattet ist. Sei still, rücksichtsvoll in deinem Benehmen und ehrfürchtig vor der großartigen Natur, die dich umgibt.«[15] Er erinnerte sie gleichzeitig daran, Hitler für die Straße zu danken. Die Deutsche Alpenstraße ist somit eine Vertreterin des staatlich induzierten Tourismus in der Volksgemeinschaft des Nationalsozialismus. Als Bestandteil einer modernen, rassisch definierten Konsumgesellschaft versprach die NS-Diktatur eine Teilhabe am Massentourismus.[16]

Reiseführer präsentierten keine alpine Wildnis, sondern Gipfel in der Ferne mit Zwiebeltürmen im Vordergrund. Die Vision der Kulturlandschaft, der his-

Abb. 18.1: Deutsche Alpenstraße 1936. Einer der während der NS-Herrschaft fertig gestellten Abschnitte der Deutschen Alpenstraße bei Reit im Winkl.

Quelle: Schmithals, Alpenstraße.

15 Todt, »Geleitwort«, S. 5.

16 Zu zwei Polen der Debatte um Konsum im Nationalsozialismus vgl. König, *Volkswagen*, u. Baranowski, *Strength through Joy*.

torisch gewachsenen Einheit von Mensch und Natur, war prägend für das Erlebnis der Deutschen Alpenstraße. Langsames Fahren war dafür Bedingung, wie ein anderer Reiseführer feststellte:

»Ihr könnt auf den Gashebel treten und das alles [die Voralpenlandschaft; Anm. d. Vf.] wie mit dem Zeitraffer auf wenige Stunden zusammendrängen. Nichts aber hindert euch, das Bildband jederzeit zu stoppen und an Punkten zu verweilen, die euch am schönsten dünken.«[17]

Die Serpentinenkurven der Alpenstraße und die geringe Breite machten Rasen ohnehin unmöglich. Anders als auf dem *Blue Ridge Parkway* war Güterverkehr mit Lastwagen erlaubt, was den Verkehr zudem verlangsamte. Die Entschleunigung des Verkehrs wurde in die Gestaltung der Straße gleichsam eingebaut und war einer ihrer Haupteffekte. Bereits vor der Periode nationalsozialistischer Straßenbaufreudigkeit hatten einzelne Auto-Journalisten ein »Autowandern«, also ein durch das Automobil erweitertes Umherstreifen in außerstädtischer Landschaft, propagiert.[18] Die Deutsche Alpenstraße präsentierte sich als staatlich sanktionierte Möglichkeit zum Autowandern, als kontrollierter Ausflug in die als urtümlich angesehene Bergwelt mit Hilfe des modernsten Transportmittels der Zeit.

Zu bundesrepublikanischen Zeiten wurden rund 60 Kilometer der Deutschen Alpenstraße gebaut, wobei Bundesverkehrsminister Hans-Christoph Seebohm sich zum Förderer der Straße stilisierte, sehr zur Freude der Fremdenverkehrsverbände. Ein bei Bad Hindelang im Allgäu gelegener Bergpass erhielt seinen alten Namen Oberjochpass zurück, nachdem er zwölf Jahre lang »Adolf-Hitler-Paß« geheißen hatte. Die Alpenstraße trug zum enormen Wachstum des Tourismus in den deutschen Alpengebieten bei; als Ausdruck zunehmenden Wohlstands erkundeten Zehntausende die Landschaft mit Rollern, Motorrädern und schließlich Autos. Seit den sechziger Jahren lässt sich ein Massentourismus in den Vor- und Hauptalpen festhalten, der nicht ohne Kritiker blieb. Immer mehr Gipfel waren durch Seilbahnen und Gondeln leicht zugänglich, so daß die von bürgerlichen Wanderern gesuchte Einsamkeit der Berge immer schwieriger zu finden war. Die einst gefeierte Erschließungsfunktion touristischer Infrastruktur wie der Alpenstraße wurde damit zunehmend kritikwürdig. Das zeigt die Debatte um letztlich erfolglose Pläne, die Alpenstraße über die Hochplatte (2.082 Meter über dem Meeresspiegel) bei Linderhof im Allgäu Mitte der sechziger Jahre weiterzubauen. Einzelne Bürgermeister aus der Region drängten auf eine solche Hochstraße, während Teile der touristischen Klientel, vor allem die hauptsächlich mit Wanderschuhen mobi-

17 Fischer, *Bayern*, S. 14.

18 Rudy Koshar, »Organic Machines«, S. 111–139.

len organisierten Wanderer, sie als Schreckgespenst wahrnahmen. Der Deutsche Alpenverein, ein Verband von Wanderern, sprach sich erfolgreich gegen die Hochplatte-Route aus,

»nicht etwa weil wir den Autotouristen eine reizvolle Straßenverbindung mißgönnen würden, sondern weil hier ein in seiner Unberührtheit, Ausdehnung und Eigenart in Deutschland einzigartiges Naturschutzgebiet leicht in große Gefahr gebracht werden kann. Es sollte aber keine Mühe gescheut werden, es der ruhe- und erholungssuchenden Bevölkerung in seinem jetzigen Zustand zu erhalten.«[19]

Als die Massenmotorisierung Deutschland erreicht hatte, wurde die landschaftserschließende Funktion der Deutschen Alpenstraße für Teile der Öffentlichkeit offenbar obsolet. In ihrer geplanten Länge wurde die Alpenstraße nie gebaut; erst vor wenigen Jahren setzte sich eine einheitliche Beschilderung von Ost nach West durch. Um die Patronage der Straße durch die Nationalsozialisten zu überspielen, betonen regionale Fremdenverkehrsverbände heute die früheren Wurzeln der Deutschen Alpenstraße und feierten deshalb 2002 ein 75-jähriges Straßenjubiläum. Bezeichnenderweise nennt eine offizielle Internetseite heute die Deutsche Alpenstraße »ein Autokino der Extraklasse«.[20] Die Wirkung der Deutschen Alpenstraße lässt sich auch daran ablesen, dass bereits bestehende Straßen überall in Deutschland zusätzliche Schilder als »Ferienstraßen« erhielten. Derzeit gibt es in Deutschland mehr als 100 solcher Touristenrouten, von der Stauferstraße über die Burgenstraße bis hin zur Mittelfränkischen Bocksbeutelstraße.[21] Um Neubauten handelt es sich dabei nicht, sondern um zusätzliche Benennungen zur Belebung des Tourismus.

Im Gegensatz dazu ist der *Blue Ridge Parkway* seit Jahrzehnten als touristisches Ziel fest definiert und Ergebnis eines Neubaus. Mit 830 Kilometern war und ist er der längste *parkway* des Landes und zieht mehr Besucher an als Yellowstone oder Yosemite; er ist heute der meistbesuchte Nationalpark innerhalb des *National Park Service*. Der *Blue Ridge Parkway* ist damit der prominenteste Vertreter der *parkways*, die vor allem in den ersten vier Jahrzehnten des 20. Jahrhunderts in vielen Bundesstaaten entstanden. Das Wort *parkway* selbst stammt aus der Feder des Landschaftsarchitekten Frederick Law Olmsted, der 1868 einen städtischen Park in Brooklyn (heute ein Stadtteil von New York) entwarf und Wege für Kutschen im Park als »narrow, elongated park« plante.

---

19 Deutscher Alpenverein, Dr. Hans Faber, Vorsitzender des Verwaltungsausschusses, an Bundesminister für Verkehr, Dr. Christoph [sic!] Seebohm, 18. März 1965, Bundesarchiv Koblenz B108/62301.

20 Touristikverein Deutsche Alpenstraße, »Deutsche Alpenstraße«, Zugriff am 12. Oktober 2008, http://www.deutsche-alpenstrasse.de/.

21 InfoServicePortal Deutscher Ferienstraßen, »Ferienstraßen«, Zugriff am 12. Oktober 2008, http://www.ferienstrassen.info/.

Weder Straßenbahnen noch Lastverkehr waren auf diesen Wegen erlaubt. Das Ziel war eine erbauliche, erholsame Fahrt mit Aussicht. Diese Ausschlusskriterien wurden beibehalten, als *parkway*s mit dem Aufkommen der Automobile und ihrer Adoption durch die städtische Mittelklasse ausschließlich für Kraftwagen geplant und gebaut wurden. *Parkways* erlauben weder Lastwagen noch Fußgänger und in aller Regel keinen öffentlicher Verkehr. Clay McShane betont zu Recht die Verbindung von Exklusivität und Landschaftsdesign; soziale und Umweltfaktoren waren in der Geschichte der *parkways* von vornherein verschränkt.[22]

Breite Streifen links und rechts der Straße wurden Teil des Grunderwerbs; kurvenförmige Gestaltung sollte die Anpassung an das Gelände ermöglichen; Rastplätze und Aussichtspunkte wurden von Anfang an in die Planung einbezogen. Unter der Ägide des umstrittenen Planers Robert Moses wurden in der Zwischenkriegszeit mehrere *parkways* in der Umgebung New Yorks gebaut, darunter der vielbeachtete *Bronx River Parkway*.

Die von Landkreisen und Städten gebauten *parkways* der zwanziger Jahre fanden enorme Aufmerksamkeit. Sie präsentierten landschaftliche Schönheit, oder genauer gesagt erschlossene Natur, und gingen auf eine historisch in diesem Ausmaß seltene professionelle Koalition von Landschaftsarchitekten und Bauingenieuren zurück. Die hohen Aufwendungen für die *parkways* wurden oft damit gerechtfertigt, dass nach ihrer Fertigstellung die Grundstückspreise entlang der Straßen stiegen und die Städte und Gemeinden deshalb höhere Grundsteuern erwarteten.[23]

Zum 200. Geburtstag von George Washington eröffnete die US-Bundesregierung 1932 einen *George Washington Memorial Parkway*, der über 40 Kilometer von der Bundeshauptstadt Washington zu Washingtons Landsitz in Mount Vernon führt. Dies war eine durch und durch patriotische und moderne Straße, die Geschichtsverbundenheit und Stolz auf jüngste Straßenbautechniken verband.[24] Die längste Touristenstraße unter der Ägide der US-Bundesregierung, der *Blue Ridge Parkway*, wurde in den unterentwickelten Berggebieten Virginias und North Carolinas gebaut. Wie im Fall der Deutschen Alpenstraße ging der Bau auf ältere Forderungen zurück, Tourismus durch Straßenbau zu fördern. Im Zuge der »See America First«-Kampagne wurde Tourismus in den USA (und auf neu gebauten amerikanischen Straßen) zunehmend als patrioti-

---

22 McShane, *Down the Asphalt Path*, S. 31–40, und ders., »Urban Pathways«, S. 67–87.

23 Davis, »Rise and Decline«, S. 35–58, Nolen, Hubbard, *Parkways*. In den Science and Technology Studies wird seit einiger Zeit diskutiert, in welchem Maße Moses *Parkways* gesellschaftliche Minderheiten ausschlossen. Vgl. Winner, »Artifacts«, S. 121–136, Woolgar, Cooper, »Artifacts«, S. 433–449, und Joerges, »Politics«, S. 411–431.

24 Davis, »Mount Vernon«, S. 123–177.

sche Pflicht angesehen. Touristischer Landschaftsgenuss und Nationalgefühl waren aufs engste verbunden. Fremdenverkehr im eigenen Land wurde als »authentisch« angesehen.[25]

Erst im Rahmen der Arbeitsbeschaffungsmaßnahmen des *New Deal* unter Präsident Franklin Roosevelt wurde der *Blue Ridge Parkway* aber Wirklichkeit. Wichtig in diesem Zusammenhang war die Rolle des National Park Service, der in den dreißiger Jahren Förderer, Planer, Betreiber und Nutznießer des *parkway* wurde.[26] Der Bau dauerte von 1935 bis 1987. Fahrern und Passagieren auf der Straße werden bukolische Bilder dargeboten. Der leitende Landschaftsarchitekt, Stanley Abbott, plante »a museum of managed American countryside«.[27] Das *Management* der Landschaft ist im selben Maß offensichtlich für Planung und Bau wie es für Besucher und Betrachter unsichtbar gemacht wurde. Viele ärmliche, kleinen Bauernhöfe in den Appalachen in Sichtweite der Autofahrer genügten den Ansprüchen der Planer nicht; sie wurden abgerissen, ihre Bewohner entschädigt und umgesiedelt. An ihrer Stelle schufen die Landschaftsarchitekten Szenerien mit Schafherden und Holzzäunen. Die umgesiedelten Bauern sollten zu besserer Landwirtschaft erzogen werden; die städtischen Besucher sollten in der Wertschätzung der heimischen Mittelgebirge und ihrer als vorindustriell präsentierten Bewohner unterrichtet werden. Jeder Zaunpfahl und jede Bank ist geplant. Der Autor Alexander Wilson nennt den *parkway* zu Recht eine »prototypische Umwelt des Unterrichts«, sowohl für die Besucher als auch für die Bewohner der Appalachen.[28] Eine Bild wie Abbildung 18.2 zeigt, in welchem Maße die Aussicht auf Landschaft, die glatte und oft ästhetische Erscheinung von Landschaft, historische Konflikte und Machtverhältnisse umkleidet.[29] Der für amerikanische Verhältnisse starke Staat der Roosevelt-Ära, berufliche Interessenkoalitionen von Bauingenieuren und Landschaftsarchitekten und die relative Modernität von Automobil und Straße rahmen solche Aussichten ein.

Die Erfahrung der Landschaft auf dem *Blue Ridge Parkway* gründet sich auch auf die Geschwindigkeitsbeschränkung von 35 Meilen pro Stunde (54 Stundenkilometer). Die engen Kurven verlangsamen die Fahrt besonders an den Stellen, an denen die Landschaftsarchitekten Blicke ins Tal erlauben. Aussichten auf industrielle Anlagen im Tal wurden durch schnell wachsende Gehölze verdeckt. Da die Straße auf den Bergrücken verläuft, erlaubt sie weite Blicke über die Gipfelketten der Appalachen hinweg. Der von James Scott

25 Shaffer, *See America*.

26 Zur verwickelten Planungsgeschichte vgl. Whisnant, *Super-Scenic Motorway*.

27 Zitiert nach Wilson, *Culture*, S. 35.

28 Wilson, *Culture*, S. 35, u. Whisnant, »Scenic is Political«, S. 59–78.

29 Cosgrove, *Social Formation*, u. ders., »Landscape and Landschaft«, S. 57–71.

Abb. 18.2: Der Blue Ridge Parkway. Der Blue Ridge Parkway bietet Autofahrern und Passagieren weite Ausblicke und die Gelegenheit, von oben auf die Welt herabzuschauen. Im Hintergrund dieses Photos von Abbie Rowe ist Purgatory Mountain (913 Meter ü.d.M.) im Bundesstaat Virginia zu sehen.

Quelle: National Park Service, Historic Photograph Collection.

analysierte *high modernism*, die Phase zentralistischer Staatsplanung aus der Vogelperspektive im zweiten Drittel des 20. Jahrhunderts, schloss die Aussicht von oben und die Kontrolle der Ausblicke ein.[30]

Die Geschichte der *parkways* und Alpenstraßen ist somit ein Teil der Geschichte des Tourismus und des gesellschaftlichen Verhältnisses zur Umwelt, aber auch ein wichtiger Bestandteil der Geschichte des Straßenbaus im 20. Jahrhundert. Es ist für Fahrer und Passagiere auf Autobahnen und Interstate Highways heutzutage offensichtlich, dass die meisten Überlandverbindungen nicht langsames Landschaftserlebnis, sondern schnellen Transport zum Ziel haben. Mehr noch: Immer mehr Autobahnen, besonders in der Nähe bewohnter Gebiete, bieten Aussichten auf Lärmschutzwände und Einhausungen, die nachteilige Wirkungen des Straßenverkehrs auf Anwohner mildern. Insofern sind *parkways* lediglich eine, wenn auch wichtige, Form des Straßenverkehrs.

---

30 Scott, *State*, u. Laak, »Infra-Strukturgeschichte«, S. 367–393.

Es wäre aber falsch, die Aussicht von der Straße nur als veraltetes Thema aus der Anfangszeit des automobilen Straßenbaus zu betrachten. Zunächst sind *parkways* und Alpenstraßen nach wie vor zugkräftige Ziele für Hunderttausende von Autofahrern und ihre Passagiere in Deutschland und den USA. Im engeren technischen Sinn sind Gestaltungsmerkmale, die zuerst bei *parkways* auftraten, wie Rastplätze und kreuzungsfreier Verkehr, längst Bestandteile mehrspuriger Überlandstraßen. Wichtiger noch ist aber die Einsicht, daß sich Autobahnen in Deutschland und den USA im 20. Jahrhundert über, gegen oder mit *parkways* und Alpenstraßen definiert haben. Als 1940 der mautpflichtige *Pennsylvania Turnpike* in den USA auf einer Länge von 250 Kilometern eröffnet wurde, staunten die Autofahrer über die meist gerade Linienführung und die Möglichkeit, ununterbrochen mit 110 Stundenkilometern auf der Trasse zu brausen. In bewusstem Gegensatz zu den gleichzeitig entstehenden *parkways* wurde der *Pennsylvania Turnpike* als schnelle Verbindung für Güterverkehr mit Lastwagen und für Personenverkehr in Automobilen gebaut. Dass für die Trasse bereits eine Eisenbahn geplant und Tunnels gebaut worden waren, verstärkt noch diesen Unterschied zu den *parkways*. Nicht die Aussicht, sondern die gleichermaßen sichere und schnelle Fahrt war das Ziel der Planer.[31] Der *Pennsylvania Turnpike* war populär, gerade wegen der Möglichkeit zum schnellen Fahren. Als das Netz der *Interstate Highways* von 1956 an die USA bis in jeden Bundesstaat hinein überzog, wurden sie in der Regel nach dem Vorbild des *Pennsylvania Turnpike* (wenn auch mit meist niedrigerem Tempolimit) gebaut, nicht nach dem Muster der *parkways*. Die Gründe dafür lagen zum einen im Wunsch der Lastwagenlobby, dem Eisenbahnnetz gleichwertige Nationalstraßen zu erhalten. *Parkways* mit ihrem Verbot des Gütertransports waren aus dieser Sicht nicht geeignet. Zum anderen betonte bei eine neuen Generation von Planern Verkehrssicherheit, nicht Aussichten, und die neue Qualität der Landschaftserfahrung auf einer mehrspurigen, vielbefahrenen Straße bei 50 Meilen pro Stunde, nicht bei 35 wie auf den *parkways*. Letztere konnten so in den sechziger Jahren als überholt betrachtet werden.[32]

Für die deutschen Reichsautobahnen betonte die nationalsozialistische Propaganda, dass diese nicht die Landschaft zerstören, sondern erschließen und verbessern würden. Ein rundes Dutzend Landschaftsarchitekten unter Leitung von Alwin Seifert sollte dafür im Verein mit den Bauingenieuren sorgen. Als Autobahn-Chefingenieur Todt die Zusammenarbeit mit Seifert aufnahm, sprach er von einer »Parkstraße« und spielte damit offenbar auf die

31 Noble, »Design Features-Pennsylvania«, S. 437–440. Der Landschaftsarchitekt Clarke, der den *Bronx River Parkway* mit entworfen hatte, beschwerte sich erfolglos über die Marginalisierung seines Berufs. Vgl. Clarke, »Pennsylvania Turnpike«, S. 53f.

32 Appleyard, Lynch, Myer, *View*.

parkways in den USA an.[33] Während des hektischen Baus der Reichsautobahnen ließ Todts Generalinspektion eine Broschüre zur Gestaltung des *George Washington Memorial Parkway* ins Deutsche übersetzen und verteilte sie unter den Ingenieuren.[34]

Jedoch: Der Anschein, wonach die Reichsautobahn eine Adaption der amerikanischen *parkways* war, trügt. Eine Analyse ihrer Baugeschichte jenseits der Propaganda zeigt, dass das schnelle Bautempo ein systematisches Eingehen auf die Belange der Landschaftsgestaltung gar nicht erst erlaubte. Aus Propagandagründen wurden zu Jahresende 1937 und 1938 je 1.000 Autobahnkilometer mit großem Getöse dem Verkehr übergeben. In der Baupraxis bedeutete dies ein hastiges Vorwärtspreschen und nicht die so betonte behutsame professionelle Zusammenarbeit von Landschaftsarchitekten und Bauingenieuren. Dies bedeutete, dass vor allem in der Anfangsphase des Reichsautobahnbaus die von der Reichsbahn abgeordneten Ingenieure schnurgerade, spannungslose Strecken mit wenig Rücksicht auf die »landschaftliche Eingliederung« entwarfen. Auf einzelnen Streckenabschnitten, vor allem in Süddeutschland, wurden später Hügel und Berge nicht umfahren, sondern bewusst aufgesucht, um den Autofahrern Rundblicke von Parkplätzen oder aus dem Windschutzfenster zu erlauben.[35] Da die Autobahnen aber auch für Lastwagen zugänglich waren, beschwerten sich deren Fahrer, vor allem in der Nachkriegszeit, über die unproduktiven Blicke und großen Steigungen, die auf Kosten der Wintersicherheit der Straßen und damit auf Kosten betriebswirtschaftlicher Produktivität gingen. Während der massiven Ausbauphase der bundesdeutschen Autobahnen ab den sechziger Jahren wurden utilitaristische, nicht landschaftserschließende Gestaltungskriterien die Norm.[36] In all diesen Debatten und Planungen waren die *parkways* und Alpenstraßen präsent, entweder als anzustrebendes und nicht verwirklichtes Ideal oder als rhetorischer Gegenpol. Im Ergebnis, in der Gestaltung und Benutzung der Straßen, vermischten sich landschaftsbetonte *parkways* und geschwindigkeits- und sicherheitsbetonte Autobahnen stets. Es lohnt sich deshalb, das Mischungsverhältnis und die Gründe, die für die Mischung im jeweiligen Einzelfall führten, zu untersuchen.

---

33 Todt an Seifert, 23. November 1933, Deutsches Museum München, Archiv, NL 133/56.

34 Simonson, Royall, *Landschaftsgestaltung*.

35 Diese Darstellung ist stark verkürzt. Ausführlich vgl. Zeller (2002), *Straße*, u. ders. (2007), *Driving*.

36 Was die Linienführung der Straßen anging, wurde dies durch geometrische Planungen auf Basis der Klothoide ermöglicht. Eine solche »Verwissenschaftlichung« der Straßenbauplanung ermöglichte den Bauingenieuren in der Nachkriegsphase eine professionelle Distanzierung von Landschaftsarchitekten. Vgl. Zeller (1998), »Landschaft«, S. 29–41.

Diese skizzenhafte Beschreibung eines größeren Forschungsprojekts möchte ich mit drei Beobachtungen zusammenfassen. Zuerst hat sich gezeigt, wie hilfreich eine Verbindung von Technik- und Umweltgeschichte für den vorliegenden Fall sein kann.[37] Die Technik der Landschaftsaneignung durch Straßen, ob durch *parkways* oder Alpenstraßen, war weit mehr als eine bloße Episode in der Verkehrsgeschichte. Vielmehr handelt es sich dabei um eine der ersten gesellschaftlichen Reaktionen auf das Aufkommen des Automobils in westlichen Gesellschaften. Autofahrer und professionelle Gruppen wie Landschaftsarchitekten und Bauingenieure nahmen das Automobil zum Anlass, der offensichtlichen Beschleunigung des Verkehrs ein Moment der Entschleunigung entgegenzusetzen. Das Ziel war die Wiedergewinnung der durch die Eisenbahnreise verlorengegangenen totalen Landschaft und die langsame Erschließung von Landschaften, die bislang Wanderern und der Bergbevölkerung vorbehalten waren.

Zweitens strebten die Planer von *parkways* und Alpenstraßen nicht einen unbeschränkten Zugang zur Natur an, sondern eine eng umschriebene, professionell gemanagte Präsentation von Landschaft. Auch wenn es sich beim Autofahren um einen individuellen Akt handelt, ist die leitende Hand des Staates und staatlicher Organisationen deutlich. Privater Konsum wird öffentlich ermöglicht und kontrolliert. Dieses Ideal der totalen Kontrolle von Landschaft, Straße, Auto, und Fahrer war attraktiv für politisch so konträre Regime wie den *New Deal* der USA und den frühen Nationalsozialismus. *Parkways* und Alpenstraßen deuten eine Kolonisierung nationaler Innenräume unter den Vorzeichen der Hochmoderne an.

Der Vergleich zeigt die Verbindungen zwischen den beiden Ideen und die Unterschiede: Die Verbraucher wurden in den USA als breit verstandene, demokratische, wenn auch zu erziehende Bürger verstanden, während die Nationalsozialisten eine rassische verstandene Volksgemeinschaft mit den Bergen vertraut machen wollten. Als jüdisch definierte Deutsche mussten nach einer Verordnung des Reichsverkehrsministeriums vom Februar 1939 ihre Führerscheine abgeben. Trotz des ständigen internationalen Transfers von Wissen über diese Straßen durch Kongresse und Forschungsliteratur war die Begründungsrhetorik stets national, wenn nicht nationalistisch.

Mein Beispiel zeigt drittens, dass stete Beschleunigung nicht als alleiniges *Movens* der Verkehrsgeschichte gesehen werden sollte. *Citius*, *altius*, *fortius* mag ein angemessenes Motto für die Olympischen Spiele sein, für die Verkehrsgeschichte taugt es nur bedingt. Vielmehr waren die Antworten auf die Motori-

37 Weiterführend Nye, »Technologies«, S. 3–17, u. Cutcliffe, Reuss, *Illusory Boundary*.

sierung durch Automobile und ihre Gestaltung so verschieden wie die Interessen und kulturellen Identitäten innerhalb westlicher Gesellschaften.

Die Vernichtung von Raum und Zeit durch die Eisenbahn im 19. Jahrhundert ist ein vielzitierter Topos der Literatur. Im Gegensatz dazu geht es mir um die historische Herstellung, nicht die Vernichtung, von Raum und Zeit in Form von Landschaft auf den neuen Straßen des 20. Jahrhunderts. Die Landschaftserschließung durch die Eisenbahnen veränderte Sehgewohnheiten und Ansichten; eben diese verwendeten Planer und Konsumenten der Aussichtsstraßen als Negativfolie, um eine langsamere und individuellere Form von Landschaftsaneignung zu ermöglichen. Die panoramatische Reise in Schivelbuschs Analyse war das unintendierte Resultat des Baus der Eisenbahnen, während die landschaftsproduzierenden Straßen des 20. Jahrhunderts das intendierte Gegenstück dazu waren. Das gemächliche, landschaftsbetonte Reisen auf *parkways* und Alpenstraßen war eine Reaktion auf die Eisenbahnreise, die das Tempo steigerte und die Aussichten teleskopartig einengte. Der individualisierte Landschaftsgenuss auf solchen Straßen war aber nur scheinbar unabhängig von überindividueller Kontrolle durch Staat und Planer. Auf lange Sicht wurde Landschaft damit zum Konsumartikel, der ohne die Massenproduktion von Fahrzeugen so undenkbar gewesen wäre.

Literatur

Anonym (1933), »Alpenstraße Lindau-Berchtesgaden. Das gigantische Projekt wird Wirklichkeit!«, in: *Sonntag-Morgen-Post*, Münchner Ausgabe v. 29. Oktober.

Appleyard, Donald/Lynch, Kevin/Myer, John R. (1964), *The View from the Road*, Cambridge, Mass.

Baranowski, Shelley (2004), *Strength through Joy: Consumerism and Mass Tourism in the Third Reich*, Cambridge.

Bernard, Paul P. (1978), *Rush to the Alps: The Evolution of Vacationing in Switzerland*, Boulder, New York.

Borscheid, Peter (2004), *Das Tempo-Virus: eine Kulturgeschichte der Beschleunigung*, Frankfurt am Main.

Chaussy, Ulrich (1995), *Nachbar Hitler: Führerkult und Heimatzerstörung am Obersalzberg*, Berlin.

Clarke, Gilmore (1942), »Pennsylvania Turnpike: Beauty a Wanting Factor in the Turnpike Design«, in: *Landscape Architecture* 32, H. 1, S. 53–54.

Cosgrove, Denis E. (1998), *Social Formation and Symbolic Landscape*, Madison.

— (2004), »Landscape and Landschaft«, in: *Bulletin of the German Historical Institute Washington D.C.* 35, S. 57–71.

Cutcliffe, Steve/Martin Reuss (Hrsg.), (2009), *The Illusory Boundary: Environment and Technology in History*, Charlottesville.

Davis, Timothy F. (2001), »Mount Vernon Memorial Highway: Changing Conceptions of An American Commemorative Landscape«, in: Joachim Wolschke-Bulmahn (Hrsg.), *Places of Commemoration. Search for Identity and Landscape Design*, Washington, D. C., S. 123–177.

— (2007), »The Rise and Decline of the American Parkway«, in: Christof Mauch/Thomas Zeller (Hrsg.), *The World Beyond the Windshield: Roads and Landscape in the United States and Europe*, Athens, Stuttgart, S. 35–58.

Fischer, Hans (1938), *Bayern links und rechts der Alpenstraße*, München.

Gleick, James (1999), *Faster: The Acceleration of Just about Anything*, New York.

Hitzer, Hans (1971), *Die Straße. Vom Trampelpfad zur Autobahn. Lebensadern von der Urzeit bis heute*, München.

Jakle, John (1985), *The Tourist: Travel in Twentieth-Century America*, Lincoln.

Joerges, Bernward (1999), »Do Politics Have Artefacts?«, in: *Social Studies of Science* 29, S. 411–431.

Keitz, Christine (1997), *Reisen als Leitbild: die Entstehung des modernen Massentourismus in Deutschland*, München.

Kern, Stephen (2003), *The Culture of Time and Space, 1880–1918: With a New Preface*, Cambridge, Mass.

König, Wolfgang (2000), *Bahnen und Berge. Verkehrstechnik, Tourismus und Naturschutz in den Schweizer Alpen 1870–1939*, Frankfurt am Main.

— (2004), *Volkswagen, Volksempfänger, Volksgemeinschaft: »Volksprodukte« im Dritten Reich, vom Scheitern einer nationalsozialistischen Konsumgesellschaft*, Paderborn.

Kos, Wolfgang (Hrsg.) (1992), *Die Eroberung der Landschaft. Semmering, Rax, Schneeberg*, Wien.

Koshar, Rudy (2005), »Organic Machines: Cars, Drivers, and Nature from Imperial to Nazi Germany«, in: Thomas Lekan/Thomas Zeller (Hrsg.), *Germany's Nature. Cultural Landscapes and Environmental History*, New Brunswick, S. 111–139.

Laak, Dirk van (2001), »Infra-Strukturgeschichte«, in: *Geschichte und Gesellschaft* 27, S. 367–393.

McShane, Clay (1988), »Urban Pathways: The Street and Highway, 1900–1940«, in: Joel A. Tarr/Gabriel Dupuy (Hrsg.), *Technology and the Rise of the Networked City in Europe and America*, Philadelphia, S. 67–87.

— (1994), *Down the Asphalt Path. The Automobile and the American City*, New York.

Merki, Christoph Maria (2002), *Der holprige Siegeszug des Automobils, 1895–1930. Zur Motorisierung des Straßenverkehrs in Frankreich, Deutschland und der Schweiz*, Wien.

Michahelles, A.[ugust] (1938), »Die Deutsche Alpenstraße«, in: *VDI. Zeitschrift des Vereins Deutscher Ingenieure* 82, Nr. 37 v. 10. September, S. 1067–1071.

Noble, Charles M. (1940), »Design Features-Pennsylvania Turnpike. Safety is Paramount Consideration in Planning Long Toll Road«, in: *Civil Engineering* 10, S. 437–440.

Nolen, John/Hubbard, Henry V. (1937), *Parkways and Land Values*, Cambridge, Mass.

Nye, David E. (1999), »Technologies of Landscape«, in: ders. (Hrsg.), *Technologies of Landscape. From Reaping to Recycling*, Amherst, S. 3–17.

Pagenstecher, Cord (2004), »Die Automobilisierung des Blicks auf die Berge. Die Großglocknerstraße in Bildwerbung und Urlaubsalben«, in: Thomas Busset/Luigi Lorenzetti/Jon Mathieu (Hrsg.), *Tourisme et Changements Culturels. Tourismus und kultureller Wandel*, Zürich, S. 245–264.

Rigele, Georg (1993), *Die Wiener Höhenstraße. Autos, Landschaft und Politik in den dreißiger Jahren*, Wien.

— (1998), *Die Grossglockner-Hochalpenstraße: Zur Geschichte eines österreichischen Monuments*, Wien.

Schivelbusch, Wolfgang (1977), *Die Geschichte der Eisenbahnreise. Zur Industrialisierung von Raum und Zeit im 19. Jahrhundert*, München.

Schmithals, Hans (1936), *Die Deutsche Alpenstraße*, Berlin

Scott, James C. (1998), *Seeing Like a State. How Certain Schemes to Improve the Human Condition Have Failed*, New Haven.

Shaffer, Marguerite S. (2001), *See America First: Tourism and National Identity, 1880–1940*, Washington.

Simonson, Wilbur H./Royall, Robert Edward (1935), *Landschaftsgestaltung an der Straße*, Berlin.

Smith, Merritt Roe/Marx, Leo (Hrsg.) (1994), *Does Technology Drive History? The Dilemma of Technological Determinism*, Cambridge, Mass..

Spode, Hasso (1980), »Der deutsche Arbeiter reist: Massentourismus im Dritten Reich«, in: Gerhard Huck (Hrsg.), *Sozialgeschichte der Freizeit. Untersuchungen zum Wandel der Alltagskultur in Deutschland*, Wuppertal, S. 291–306.

Todt, Fritz (1936),»Geleitwort«, in: Hans Schmithals, *Die Deutsche Alpenstraße*, Berlin, S. 3–6.

Urry, John (1990), *The Tourist Gaze: Leisure and Travel in Contemporary Societies*, London.

Virilio, Paul (1993), *Revolutionen der Geschwindigkeit*, Berlin.

Whisnant, Anne Mitchell (2006), *Super-Scenic Motorway: A Blue Ridge Parkway History*, Chapel Hill.

— (2007), »The Scenic is Political: Creating Natural and Cultural Landscapes along America's Blue Ridge Parkway«, in: Christof Mauch/Thomas Zeller (Hrsg.), *The World Beyond the Windshield: Roads and Landscape in the United States and Europe*, Athens, Stuttgart, S. 59–78.

Wilson, Alexander (1992), *The Culture of Nature. North American Landscape from Disney to the Exxon Valdez*, Cambridge, Mass.

Winner, Langdon A. (1980), »Do Artifacts Have Politics? «, in: *Daedalus* 109, S. 121–136.

Woolgar, Steve/Cooper, Geoff (1999), »Do Artefacts Have Ambivalence? Moses' Bridges, Winner's Bridges and other Urban Legends«, in: *Social Studies of Science* 29, S. 433–449.

Zeller, Thomas (1998), »Landschaft als Gefühl und Autobahn als Formel. Der Autobahnbau in der frühen Bundesrepublik als Abgrenzungsversuch gegen die »Straßen Adolf Hitlers«, in: *WerkstattGeschichte* 7, H. 21, S. 29–41.

— (2002), *Straße, Bahn, Panorama. Verkehrswege und Landschaftsveränderung in Deutschland 1930 bis 1990*, Frankfurt am Main u. a.

— (2007), *Driving Germany. The Landscape of the German Autobahn, 1930–1970*, New York, Oxford.

Zschokke, Walter (1997), *Die Strasse in der vergessenen Landschaft. Der Sustenpass*, Zürich.

19. Beschleunigungsimperative, Tempo-Viren und Zeit-Zeichen: Kulturelle Auswirkungen der Verkehrsrevolution des 20. Jahrhunderts

Peter Borscheid

Die moderne Gesellschaft entstand im Verkehr – im Transfer und Austausch von Bevölkerung, Gütern, Institutionen und Kultur. Im Zuge der europäischen Expansion und vornehmlich seit Beginn des Industriezeitalters entwickelten die Menschen zur Verbesserung der interregionalen und interkontinentalen Interaktionen immer neue technische Hilfsmittel, welche die Transportkapazität erhöhten, den Transportkomfort verbesserten und vor allem die Transportgeschwindigkeit steigerten – Eisenbahnen und Dampfschiffe, Automobile und Flugzeuge, Telegrafen und Internet. Die Geschichte des Verkehrs versteht sich in ihrem Kern als eine Geschichte der Beschleunigung. Mit anderen Worten: Die Beschleunigung bildet neben der Erhöhung der Kapazitäten ein wesentliches Element der Moderne mit dem Verkehr als einem der Hauptagenten. Die nachfolgenden Ausführungen sollen zeigen, dass seit Beginn des 20. Jahrhunderts und verstärkt seit dem Ersten Weltkrieg zu den traditionellen technischen und organisatorischen Beschleunigern völlig neue Agenten hinzutraten, welche zumeist aus der Kooperation mit der praktischen Psychologie entstanden und eine bis heute zunehmende Effizienz entwickelten. In Form von Beschleunigungsimperativen drangen sie sofort tief in den Privat- und Freizeitbereich vor und trugen durch ihre Allgegenwart entscheidend zu Veränderungen der Temporalstrukturen und zur Durchsetzung einer Kultur der Beschleunigung bei. Dabei ging von den im Verkehrssektor tätigen Beschleunigungsagenten – Verkehrszeichen, Straßenbau, Architektur, Verkehrsmittel und Werbung – die größte Wirkung aus.

Das Tempo ist vom Menschen gemacht. Obwohl die Beschleunigung von Transport, Produktion und Leben vielfältige Risiken in sich birgt und die Beschleunigung von Geschossen und Verkehrsträgern bis heute eine breite Blutspur hinter sich herzieht, sucht ein immer größerer Teil der Menschen seit rund zweieinhalb Jahrhunderten in der Beschleunigung ihr Fortkommen und nutzt in zentralen Lebensbereichen die Beschleunigung als hoch effizienten Problemlöser. Die endgültige Hinwendung zu Beschleunigung und Schnelligkeit erfolgte in Europa und Nordamerika im Zuge der weltgeschichtlichen »Sattelzeit« (Reinhart Koselleck) des ausgehenden 18. Jahrhunderts, und mit diesem Ja zur janusköpfigen Schnelligkeit als einem Motor sowohl für Fortschritt wie auch für Zerstörung veränderten sich die Temporalstrukturen und -horizonte in Wirtschaft und Gesellschaft von Grunde auf, sehr viel grundlegender jedenfalls als dies zuvor etwa die Postkutschen getan hatten.

Schnelligkeit fand und findet ihren Niederschlag in unterschiedlichen Bereichen, die es aus analytischen Gründen strikt voneinander zu unterscheiden gilt. Es sind dies die technische Beschleunigung, wie sie beim Einsatz von Maschinen in Produktion und Transport zum Ausdruck kommt, dann die organisatorische Beschleunigung, die unter anderem mit Hilfe von Arbeitsteilung Produktionsprozesse beschleunigt, ferner die psychologische Beschleunigung, durch die der Mensch gedrängt wird, etwas schneller zu tun. Zum gesamten Beschleunigungsprozess zählt zudem die Beschleunigung des Lebens, was bedeutet, dass die einzelnen Individuen immer mehr Handlungen in einem bestimmten Zeitraum vollziehen beziehungsweise immer mehr von außen kommende Impulse aufnehmen und verarbeiten. Letztendlich ist die Beschleunigung des sozialen Wandels zu nennen. Sie äußert sich darin, dass die Lebensrezepte der Großeltern oder Eltern für die Kinder nichts mehr taugen und die während der Ausbildung erworbenen Fähigkeiten eine immer kürzere Halbwertzeit aufweisen.[1]

Am Anfang der Beschleunigungsgeschichte standen drei Revolutionen, die zeitgleich seit dem letzten Drittel des 18. Jahrhunderts abliefen: 1. Die Industrielle Revolution mit dem Einsatz von Maschinen und Fabriken als eine technische und organisatorische Beschleunigung; 2. die Verkehrsrevolution mittels Schnellpost, Eisenbahn, Dampfschifffahrt und Telegrafie als eine Beschleunigung des Transports von Gütern, Personen und Nachrichten sowie 3. die verschiedenen politischen Revolutionen mitsamt den integrierten gesellschaftlichen Reformen als eine Beschleunigung des sozialen Wandels auf der Basis der persönlichen Freiheit. Als leistungsstärkste Antriebskraft während der gesamten Beschleunigungsgeschichte erweist sich bis heute die technische Beschleunigung. Sie trieb seit Beginn des Industriezeitalters Produktion und Transport voran und bildete die Grundlage für Massenproduktion, Massenabsatz, Massenmobilität und Massenvernichtungswaffen. Der wirtschaftliche Fortschritt brach sich Bahn mit Hilfe immer leistungsfähigerer und schnellerer Maschinen sowie einer stetig verbesserten Organisationstechnik.[2] Im 19. Jahrhundert verzichteten die Techniker der Industriellen Revolution jedoch noch darauf, auch die menschliche Arbeitskraft ähnlich den Maschinen zu beschleunigen. Die Organisatoren der Industriellen Revolution bläuten der Arbeiter-

1 Vgl. Rosa, *Beschleunigung*, S. 124–138.

2 Borscheid (2004), *Tempo-Virus*, S. 72–175.

schaft trotz Akkord- und Stücklohn lediglich Pünktlichkeit und Fleiß ein, nicht jedoch Schnelligkeit. Dies sollte sich erst zu Beginn des 20. Jahrhunderts ändern.

Seit dem Ersten Weltkrieg stießen die Rationalisierer mit ihren Stoppuhren und Fließbändern überall dort an Beschleunigungsgrenzen, wo der Mensch Hand anlegen musste, um Lücken im automatischen Produktionsprozess zu überbrücken beziehungsweise die Technik zu unterstützen. Die Beschleunigungstechniker haben sich seit der Jahrhundertwende daher vermehrt dem Menschen zugewandt, weil dieser mit der technischen Beschleunigung nicht mehr Schritt halten konnte. Während die technische und organisatorische Akzelerationsdynamik unter dem Druck der Konkurrenzwirtschaft weiterging, wurde die Beschleunigung des Menschen ein neues Betätigungsfeld der Psychologen, das diese zeitgleich und Hand in Hand mit den technischen und organisatorischen Rationalisierern angingen. Und sehr viel mehr als diese richteten die Psychologen ihr Beschleunigungsprogramm auch auf die Lebenswelt abseits von Arbeit und Beruf aus. Als Impulsgeber zielten sie nicht mehr allein auf einzelne Teilbereiche der Wirtschaft wie Produktion oder Verkehr, sondern auf die gesamte Arbeits- und Lebenswelt – auf das produzierende und das Dienstleistungsgewerbe, auf Konsum und Freizeit. Überall im Arbeits- und Privatleben platzierten sie ihre Beschleunigungsimperative und Tempo-Viren und erreichten eine nochmalige Steigerung und Ausweitung der Beschleunigung des Lebens.

Zugleich mit Frederick W. Taylor, Henry Ford sowie Frank und Lilian Gilbreth näherten sich zunächst experimentelle Psychologen wie der Deutsch-Amerikaner Hugo Münsterberg oder der Berliner Maschinenbauprofessor Georg Schlesinger dem Problem der Beschleunigung der menschlichen Arbeitskraft.[3] Georg Schlesinger war davon überzeugt, dass »nunmehr die Zeit gekommen sei, den Schwerpunkt der Betriebsführung von der Erhöhung der maschinellen Wirksamkeit auf die Erhöhung der menschlichen Wirksamkeit [...] zu verlegen«. Die neue »Menschökonomie« sollte entscheidend helfen bei der »Fertigmachung« des Menschen als gut geöltes und reibungslos funktionierendes Rädchen im Getriebe des rationalisierten Betriebs.[4] Doch trotz eines riesigen Aufwandes scheinen die Bemühungen der Psychotechniker, die »Maschine Mensch« auf Hochtouren zu bringen, nicht sehr erfolgreich gewesen zu sein.[5] Bessere Resultate erzielten die Psychologen dagegen bei der Platzierung

3 Münsterberg, *Grundzüge*.

4 Ebert, Hausen, »Georg Schlesinger«, S. 323; zit. nach Wohlauf, »Moderne Zeiten«, S. 150.

5 Die Pychotechnik fand auch bei den Eisenbahnen Anwendung. Ihre Erkenntnisse dienten dazu, die Aufmerksamkeit der Lokomotivführer zu erhalten. Ein anderes Feld war die Verarbeitung traumatischer Erlebnisse wie bei Unfällen mit Menschenschaden.

von Beschleunigungsimperativen, welche die Menschen, ohne dass sich der einzelne dessen bewusst wurde, dazu aufforderten, schneller zu gehen, schneller zu handeln, schneller zu denken und in kürzerer Zeit mehr Impulse zu verarbeiten. Die Propagandisten dieser neuen Beschleunigungsagenten priesen das schnellere Leben als Ausdruck von Modernität an und propagierten eine Kultur der Schnelligkeit. Seitdem erwiesen sich die Beschleunigungsimperative als geheime Verführer, die Schnelligkeit zunehmend zu einem Teil der modernen Kultur werden ließen.

Am augenfälligsten und zahlreichsten etablierten sich diese Beschleunigungsimperative in der Werbewelt – in der Sowjetunion ebenso wie in Italien, Frankreich und Deutschland. Überall in Europa und den USA stellten sie ein Bindeglied zwischen den industriellen Initiativen um eine technische und organisatorische Beschleunigung und der Beschleunigung des Konsums, also des Lebens dar.[6] Die moderne Werbung des frühen 20. Jahrhunderts empfahl höchst augenfällig die meist mit rationellen Methoden hergestellten und oftmals zum Zeitsparen konzipierten Konsumartikel und Verkehrsträger, regte damit den Konsum an, der wiederum zu einer Beschleunigung und Verdichtung der menschlichen Handlungen führte. Zudem arbeitete die Werbesprache seit Beginn des Jahrhunderts mit Signalen der Beschleunigung. Fortan galt die Plakatkunst des vorangegangenen Jahrhunderts mit ihrem Gemäldestil, den überladenen und bis ins Detail ausgemalten Objekten sowie den wuchernden Ornamenten und allegorischen Figuren als bemoost und unzeitgemäß – erst recht das textreiche Plakat. Die neue Elite der Berliner Plakatkünstler wie Julius Klinger, Lucian Bernhard, Hans Rudi Erdt oder Ernst Deutsch forderte dagegen, inmitten der verkehrsdurchtobten, vielstimmigen Großstadtstraße »Klartext« zu reden und zwar im »Telegrammstil« ohne jeden Frakturschnörkel. Nichts anderes forderte Alexandre Rodtchenko in Moskau, Fortunato Depero in Mailand und A. M. Cassandre (eigentlich Adolphe Jean-Marie Mouron) in Paris. Das Plakat hatte Esprit zu versprühen ohne alle Sentimentalitäten, es hatte den ganzen »Phrasennebel« wegzupusten. Kurz: Es hatte sich dem großstädtischen Tempo anzupassen, es hatte effizient zu sein, es musste im Gedächtnis haften bleiben. Die Hetze der Großstadt verbot den Plakatmachern fortan, Romane an die Hauswände zu kleben.[7]

Die führenden Künstler des Bauhauses richteten auch die Typografie an diesen Grundsätzen aus, reduzierten Buchstaben und Ziffern konsequent auf die elementarsten Gestaltungsformen, verwarfen alle ästhetischen Besonderheiten und Surrogate und suchten nach der größtmöglichen Einfachheit. Der

---

6 Borscheid (2004), *Tempo-Virus*, S. 320–326.

7 Strohmeyer, »Rhythmus«, S. 41ff.

Ungar Moholy-Nagy forderte »Klarheit, Knappheit, Präzision« von metallischer Härte, verwarf alles Dekorative, um ohne jeden Umweg ins Auge des Betrachters zu treffen – eine Typografie des Augenblicks von absoluter Nüchternheit.[8] Die so genannte »Neue Reklame« wurde verstanden als ästhetische Anregung für die breite Masse, als knallharte Botschaft, nüchtern und schnell zu denken, zu handeln und zu leben – als genereller Beschleunigungsimperativ (Abb. 19.1). Mit der Elektrifizierung der Großstädte kamen weitere Aufforderungen zur Beschleunigung hinzu, die noch mehr als die »Neue Werbung« die Blicke auf sich zogen: sich bewegende oder wechselnde Leuchtschriften und Lichterketten an Häuserfassaden, auf Dächern, an Geschäften und Kinos, ferner die Werbung an allen motorisierten Verkehrsmitteln: Autos, Taxis, Autobussen, Straßenbahnen, U-Bahnen und Flugzeugen. Diese grellen Leuchtreklamen zerrissen mit bewegten Bildern und wechselnden Texten die optische Ruhe der Großstadt und strahlten eine eindeutige Botschaft aus: Die Nacht ist nicht nur zur Ruhe da. Gleichzeitig eilten die ersten Werbefilmer mit dem

Abb. 19.1: Opel-Reklame von Hans Rudi Erdt 1905

Quelle: Deutsches Museum München Nr. 39494.

8 Moholy-Nagy, »Zeitgemäße Typographie«, zit. nach Wingler, *Das Bauhaus*, S. 95.

Zeitraffer durch die Warenwelt und projizierten eine dynamische Wunderwelt auf die Leinwand, wo sich die Hausarbeit in einem nie gesehenen Tempo erledigte.

Weniger augenfällige, dafür aber äußerst wirkungsmächtige Beschleunigungsimperative setzten Architekten. Sie mauerten sie in Stein und Beton, indem sie mit ihren glatten »Wohnmaschinen« und Reformküchen der kurzen Wege die Menschen aufforderten, auch im Privatbereich alles schneller zu machen.[9] Sie realisierten, was die Futuristen schon vor dem Ersten Weltkrieg als »dynamisches architektonisches Bewusstsein« gefordert hatten.[10] Nach dem Krieg entwickelten Le Corbusier und Bruno Taut Wohnkonzepte mit Einrichtungsgegenständen, die so einfach und glatt waren, dass mit einem Minimum an persönlichem Arbeitsaufwand alles fast von selbst lief. Es entstanden hochkonzentrierte Arbeitseinheiten der kurzen Wege und der schnellen Handgriffe. Der Verzicht auf alle Gemütlichkeitsspender demonstrierte eine eiskalte Zweckmäßigkeit und erklärte Tempo zur Leitlinie des modernen Lebens. Vor allem die Küche als häuslicher Arbeitsplatz wurde nach den Gesetzen der Griff- und Schrittersparnis geplant und realisiert. Sie war ganz auf Geschwindigkeit getrimmt, alle Reibungspunkte weggehobelt. Jeder Plüsch wurde als Plunder, jede Begradigung als Behaglichkeit definiert.[11]

Die Hüllen dieser auf Tempo getrimmten Wohnungen bestanden aus schnörkellosen Fronten mit rechtwinkligen Fenstern, aus kubischen Elementen, welche die gerade Linie betonten – glatte, würfelförmige Bauten, die der Stadt ein neues Gesicht gaben. Die ganze Stadt hatte sich den Grundsätzen der Rationalisierer zu unterwerfen und sollte möglichst reibungslos funktionieren. Mitte der zwanziger Jahre entwarfen Ludwig Hilberseimer und andere die zukünftige Hochhausstadt zur Erleichterung und Beschleunigung des Lebens, eine Stadt, in der alles wie am Fließband ablaufen sollte, eine Stadt, der man ansah, dass sie mit Hilfe der Stoppuhr und für ein Leben nach der Stoppuhr gestaltet war.[12] Das »Neue Berlin« wurde ähnlich wie Henry Fords Schnellbetrieb konzipiert als perfekt funktionierende Maschine und gut geöltes System mit getrennten Trassen für die schnellen und die langsamen Verkehrsteilnehmer. Gropius dachte mit Blick auf Henry Fords T-Modell an »Wohn-Fords« aus Eisen und Beton und austauschbaren Fertigteilen.[13] Mit gleicher Zielrichtung plante Le Corbusier die Metropole der Geschwindigkeit mit schnurgeraden »Straßen der Arbeit«, die »schnell zu durchlaufen, schnell gerade und rasch

9 Borscheid (2004), »Stadt«, S. 14–17.

10 Scudiero, »Metamorphosen«, S. 19.

11 Borscheid (2004), *Tempo-Virus*, S. 281–295.

12 Hilberseimer, *Großstadtarchitektur*, S. 3–21.

13 Gropius, »Vorarbeit«, zit. nach Wingler, S. 136.

darum, weil sie gerade« sind. Und weiter: »Der Mensch, der gerade zieht, beweist, dass er sich selbst begriffen hat und eintritt in die Ordnung. Kultur ist ein Geisteszustand der Rechtwinkligkeit«.[14] Indem die Architekten jeden Schnörkel von den Fassaden verbannten und nur die Gerade gelten ließen, setzten sie ganz bewusst mit jedem Haus und jeder Straße unübersehbare Imperative, die zu mehr Tempo aufriefen und die Flaneure von den Straßen vertrieben, die ein flottes Leben forderten und einen reibungslosen Verkehr. Die Straße herrschte hier über die Menschen, beherrschte ihr Tun, hörte auf, ein Raum zum Wohl-Ergehen zu sein. Siegfried Kracauer über das neu erbaute Berlin:

»Unsere Architektur ist entsetzlich dynamisch: entweder jagt sie unvermittelt senkrecht nach oben oder sucht auf horizontale Weise das Weite. Und die Straßen gar – wenn ich an die Kantstraße denke, so befällt mich sofort das unwiderstehliche Verlangen, ohne Aufenthalt ihrem Fluchtpunkt zuzujagen, der irgendwo im Unendlichen liegen muss.«[15]

Die neuen Warenhäuser zwangen zugleich die potentiellen Käufer mit Hilfe von breiten, einladenden Eingangspassagen und Rolltreppen in die Einkaufswelt und fertigten sie mit viel Personal und neuen Registrierkassen möglichst schnell wieder ab. Auch hier verband sich die technische und organisatorische Beschleunigung aufs Engste mit der Beschleunigung des Konsums und des Lebens. Sie rief die Menschen dazu auf, mehr aus ihrer Zeit zu machen, mehr in sie hineinzupacken, schneller und mehr zu konsumieren, schneller zu reagieren. Speziell die vom Bauhaus propagierte Architektur mit ihren geraden Linien verstand sich als in Stein gehauene Geschwindigkeit, die den neuen Tempomaschinen – Autos, Schnellbahnen und Bussen – erlaubte, die Stadt im Blitzverkehr zu durchqueren. Die unzähligen technischen Beschleuniger und Beschleunigungsimperative, die an jeder Ecke und zu jeder Stunde wie erhobene Zeigefinger auf die Bedeutung der Geschwindigkeit als Teil der modernen Kultur hinwiesen, veränderten Mentalität und Lebensweise der Bevölkerung. Sie wurden unterstützt von den vielen »Tempo-Codes«, welche die Künstler – Literaten, Maler, Filmemacher und Fotografen – in ihre Werke platzierten. Diese Zeit-Zeichen verdeckten alle die, welche als bürgerliche Flaneure das *carpe diem* priesen. Ihre Wirkung ließ alle die scheitern, welche regelmäßig eine Verlangsamung des Lebens forderten.

In der Zwischenkriegszeit galt allein die Stadt als die Metropole der Geschwindigkeit. Als industrieller Standort war sie das unumstrittene Zentrum der technischen und organisatorischen Beschleunigung, während das platte Land und die Landwirtschaft nur zögernd auf die technischen Beschleuniger

14 Le Corbusier, *Städtebau*, S. 173 u. 137.

15 Kracauer, »Tage«, zit. n. Bienert, *Metropole*, S. 79.

zurückgriffen. Auch die meisten Beschleunigungsimperative erhoben sich nur im Blickfeld der Städter. So begegneten auch allein die Städter Tag und Nacht, unaufhörlich und hautnah dem Automobil als dem neuestem Symbol der Geschwindigkeit. Obwohl bis zur Vollmotorisierung noch Jahrzehnte vergehen sollten, ließ das Automobil bereits vor dem Ersten Weltkrieg kaum noch einen Städter ruhig sitzen, erst recht nicht in der Zwischenkriegszeit. Automobil-Salons und Auto-Rennen, Korsos und Kongresse machten Werbung für das neue Fortbewegungsmittel und förderten den Automobilismus als eine gesellschaftliche Bewegung. Überall in Europa und Nordamerika wurden Automobil-Rennen zu den großen dromologischen Ereignissen des 20. Jahrhunderts. Zu Hunderttausenden pilgerten die Menschen in die Motodrome, um das verführerische Prickeln der Geschwindigkeit am eigenen Leib zu erfahren, um Tempo zu inhalieren und süchtig zu werden. Die neuen Rennstrecken und Rennen in Brooklands nahe London, in Indianapolis und schließlich in Monza und Berlin (Abb. 19.2) erwiesen sich im Vergleich mit den älteren Fahrrad-Ovals und -Rennen als weitaus wirksamere Beschleunigungsimperative, ablesbar an den Zuschauerzahlen und den Verkauferfolgen der Siegermarken. Alle Autoproduzenten erhöhten kontinuierlich die Leistungsstärke ihrer Wagen und versahen sie zusätzlich mit rasanten Accessoires. Sie montierten Panther und Jaguare auf die Kühler, tauften sie »Adler« oder »Blitz« und warben mit der Höchstgeschwindigkeit der Wagen. Technische Überlegenheit und technischer Fortschritt drückten sich weniger in Hubraum und Motorleistung aus als in Geschwindigkeit.[16]

Ebenfalls seit der Jahrhundertwende errichtete der Rekordsport zusätzliche Leuchttürme der Beschleunigung. Er demonstrierte mit seinen zum Teil sehr kostenaufwändigen Investitionen in Bauten und Institutionen die veränderten kulturellen Werte, nach denen sich die Gesellschaft des 20. Jahrhunderts richtete: *Citius, altius, fortius* mit dem »Schneller« an erster Stelle. Die eigentlichen Tempel der Geschwindigkeit, in die die Massen in Erwartung immer neuer Rekorde pilgerten, entstanden ab Ende des 19. Jahrhunderts in Form von Radrennbahnen, Leichtathletikstadien, Kunsteisbahnen und Bobbahnen, im neuen Jahrhundert schließlich in Gestalt der Automobilrennstrecken, zu denen an den großen Renntagen Hunderttausende hinströmten.[17] Die Massenpresse sorgte mit Sensationsberichten dafür, dass die Bevölkerung die Rennstadien als neue Wallfahrtsorte verinnerlichte und Geschwindigkeit als Ausdruck von Genie und menschlicher Größe akzeptierte. Alle diese in Stein gehauenen oder

16 Borscheid (2004), *Tempo-Virus*, S. 193–204.

17 Eichberg, »Sport«, S. 366ff.; Eichberg, »Weg des Sports«. Vgl. auch den Beitrag von Peter Lyth in diesem Band.

Abb. 19.2: Autorennstrecke Avus in Berlin um 1935

Quelle: Mercedes-Benz Archiv Nr. 22479.

in Beton gegossenen Beschleunigungsimperative sowie Wettkampfregeln trugen dazu bei, dass die Menschen den Beschleunigungswunsch in sich aufnahmen und dieser Teil zentraler Normen und Werte wurde. Die großen finanziellen Aufwendungen zum Aufbau einer völlig neuen Infrastruktur und Organisation des Sports, die allein dem Kult um Motor und Maschine, Sport und Rekord dienten, zeigten bereits zu Beginn des 20. Jahrhunderts Wirkung. Geschwindigkeit war inzwischen vielfach zum Selbstzweck und Teil einer neuen Kultur geworden, die das Ich, die Persönlichkeitstypen und sozialen Organisationsformen veränderte, die in die Zielvorstellungen der Gesellschaft und die Sozial- und Umweltbeziehungen der Akteure eingriff, die die Gewichte zwischen Bewegung und Beharrung zugunsten der Dynamisierung verschob und neue Rituale und Symbole gebar.

Dieser kulturelle Wandel wurde noch offensichtlicher, als das Automobil seit der Jahrhundertwende in die Jagd nach Rekorden eingriff. 1899 hatte der Belgier Camille Jenatzy mit seiner zigarrenförmigen »La Jamais Contente« als Erster die magische Einhundert-Kilometer-Marke durchstoßen. Nach dem Ersten Weltkrieg machten diese Fahrten gegen die Uhr mehr noch als alle anderen Rekorde den inzwischen erreichten hohen kulturellen Stellenwert der Geschwindigkeit deutlich. Als die beiden britischen »Geradeaus-Piloten« Malcolm Campbell und Henry O'Neal de Hane Segrave ab 1927 den Geschwindigkeitsweltrekord mehrfach verbesserten, wurden sie von König Georg V. in den Adelsstand erhoben – Tempo adelt! Die Hierarchie der Geschwindigkeit brachte einen neuen Adel hervor.[18] Nichts belegt den kulturellen Aufstieg und die kulturelle Akzeptanz von Tempo und Beschleunigung besser als diese Erhebung der Weltrekordler in den Adelsstand. Trotz des beginnenden Luftverkehrs war und blieb das Automobil das eigentliche Symbol der Geschwindigkeit und der wichtigste Agent für eine weitergehende Beschleunigung.

Während das Automobil auf den Straßen und Rennpisten den Triumph der Geschwindigkeit repräsentierte, waren es auf den Gleisen die Elektrolokomotive und auf den Ozeanen der mit Turbinen angetriebene Schnelldampfer. Die Dampflokomotive, noch wenige Jahrzehnte zuvor das allerseits bewunderte Symbol der Beschleunigung, musste der Diesel- und E-Lok weichen. Auf dem Meer setzte sich in der Zwischenkriegszeit der internationale Wettlauf um das schnellste und komfortabelste Passagierschiff fort. 1929 und 1930 entrissen die beiden Turbinendampfer »Bremen« und »Europa« des Norddeutschen Lloyd der britischen »Mauretania« das »Blaue Band« für die schnellste Atlantiküberquerung.[19] Auch der Wettlauf der Nationen um diese mit Weltruhm verbundene Auszeichnung zeigt, welche Höhe Geschwindigkeit inzwischen auf der Werteskala erklommen hatte und wie sehr vor allem die schnellen Verkehrsträger als Beschleunigungsimperative wahrgenommen wurden. Sie signalisier-

18 Borscheid (2004), *Tempo-Virus*, S. 204–213.

19 Braun, Kaiser, *Propyläen Technikgeschichte*, Bd. 5, S. 97–103 u. 126–132.

ten der Bevölkerung, dass Wirtschaft und Gesellschaft Schnelligkeit hoch honorierten, dass Geschwindigkeit Fortschritt und Prestige bedeutete.

Neben diese leicht entzifferbaren Symbole der Geschwindigkeit traten in der Zwischenkriegszeit vermehrt eher versteckt wirkende Beschleunigungsimperative, die zu Gunsten von mehr Tempo regelnd in die öffentliche Ordnung eingriffen. Die Zunftordnungen hatten sich im gewerblichen Sektor noch jeder Beschleunigung der Produktion rigoros in den Weg gestellt, die im 20. Jahrhundert entwickelten Verkehrsordnungen verstanden sich dagegen als Hilfsmittel der Beschleunigung, selbst wenn sie in einzelnen Paragrafen dem Langsamen helfend zur Seite traten. Seitdem die negativen Nebenwirkungen der technischen, organisatorischen und sozialen Beschleunigung in Form von Toten und Verletzten, Lärm und Zerstörung der Landschaft, Hetze und gesellschaftlicher Desintegration für alle sichtbar zu Tage traten, entstanden neue Ordnungen, die das Miteinander von Mensch und Maschine regelten. Der Sieg der Geschwindigkeit fand seinen Niederschlag in der Trennung der Verkehrsteilnehmer nach Geschwindigkeitsklassen bei Vorfahrt der Schnelleren. Die Behörden bauten für Letztere Durchgangs-, Ausfall- und Ringstraßen und experimentierten zur Erhöhung der Geschwindigkeit mit neuen Straßenbelägen. Sie schalteten unter dem Druck der vielen eiligen Autofahrer die neuen Verkehrsampeln auf Grün und installierten bis Ende der zwanziger Jahre in Berlin bereits mehrere »grüne Wellen«. Sie erklärten die neuen Autobahnen für Fußgänger zur Sperrzone und verweigerten langsamen Gefährten den Passierschein. Die Straße wurde zu einem Sinnbild für Geschwindigkeit. Sie signalisierte allen, dass auf ihrem Territorium Langsamkeit tabu war.

Die für alle Auto-, Stadt- und Landstraßen konzipierten Verkehrszeichen und -regeln verstärkten diesen Symbolcharakter. Zur Jahrhundertwende begann die Aufforstung des Schilderwalds, die in der Zwischenkriegszeit parallel zum Siegeszug des Automobils verstärkt vorangetrieben wurde. Die neuen Zeichengeber sollten Ordnung in den Verkehr bringen. Sie sollten helfen, Karambolagen zu vermeiden und Staus vorzubeugen. Bis heute stehen alle diese Zeichengeber im Dienste der Geschwindigkeit. Wenn man so will: Auch die rote Ampel dient ebenso wie eine leistungsstarke Bremse dazu, einem Verkehrskollaps vorzubeugen. Sie fordert dazu auf, kurz zu warten, um das Ziel umso schneller zu erreichen. Die Straße wurde im 20. Jahrhundert zur bevorzugten Pflanzstätte für immer neue Formen von Beschleunigungsimperativen. Vielarmige Agenten des Tempos bezogen in immer größerer Zahl an den Verkehrsadern Position, beschleunigten die Schritte der Menschen sowie ihre Einstellung zu Geschwindigkeit und Dynamik. Tempo ist seit der Zwischenkriegszeit endgültig keine vergängliche Mode und kein temporärer Auswuchs mehr, der sich mit einem Griff in den pädagogischen Werkzeugkasten im Handumdrehen wieder beseitigen ließe. Das Tempo-Virus ist seitdem tief in die Poren der Menschen eingedrungen und hat ihre Natur verändert – ihr Verhalten und ihre Werte, ihre Ziele und ihre Kultur.

Bis zur Jahrtausendwende mutierten alle Schlagadern der verstädterten, mechanisierten, computerisierten und motorisierten Welt tendenziell zu Hochgeschwindigkeitsstrecken – Schnellstraßen, U-Bahnen, Rolltreppen, Stromleitungen, Funkstrecken und darüber Flugzeugkorridore und Satellitenbahnen. Den zu Tempo Getriebenen und nach Tempo Gierenden bleiben in dieser Welt der schnellen Ströme schon seit Jahrzehnten nur kürzeste Augenblicke, um sich zu orientieren und zu reagieren. Als alle Flaneure, Eckensteher, Orientierungslose und Langsamdenker von der Geschwindigkeit überrollt und pulverisiert zu werden drohten, versprach sich die Gesellschaft Rettung von jener Invasion der Zeichen, die seit der Massenmotorisierung und der weiteren Beschleunigung des Lebens in riesigen Schwärmen über die Straßen hergefallen sind, die scheinbar aus dem All kommend sich auf, neben und über den Straßen festkrallen, die die horizontalen und vertikalen Betonbänder der Hochgeschwindigkeitswelt tätowieren und von dort aus offensiv die gesamte Lebenswelt erobert haben, die geloben, das todbringende Chaos in Ordnung zu bringen – Design rettet das Sein.

Seit dem Einmarsch der Zeichen besetzen neue stumme Autoritäten aus Primärformen und Grundfarben die wichtigsten Schaltzentralen und Verkehrsadern der Industriestaaten, um von dort aus in alle Winkel des Lebens vorzudringen. Sie trennen mit diktatorischer Geste den Schnellen vom Langsamen, den rechten Weg vom Irrweg, sie gebieten und verbieten, sie locken an und schrecken ab. Sie verstehen sich als Mutanten einer durchrationalisierten Welt, in der für das Nachdenken keine Zeit bleibt, in der der Verkehrspolizist auf der Straße und der Aufseher in der Fabrik wegrationalisiert und durch blutlose Befehlsgeber ersetzt worden sind. Wo die Zeichen eine Gefahr wittern, treten sie schrill und breitschultrig auf, immer jedoch autoritär mit rot gefärbtem Gesicht. Wo sie sich als gütige Helfer anbieten, wechseln sie zu einem milden Grün oder sonnigen Blau. Welche Farbe sie aber auch immer annehmen, sie wollen gesehen werden, im Scheinwerferlicht stehen, sie springen als Kontrastfiguren die Menschen geradezu an und verfolgen sie an alle Orte und Örtchen. Wo sie in Bataillonstärke ins Tempodrom der Schnellstraßen und Autobahnen vorrücken, bedrängen und begrapschen sie die Autofahrern von allen Seiten, lehnen sich tief über die Brüstungen der Brücken, springen auf die Motorhauben und versuchen, ihre Botschaften an die Windschutzscheiben zu kleben. Sie lassen sich auf den Asphalt fallen und überfahren, um möglichst lange den Blickkontakt zu halten. Sie kriechen in die Autos und bemächtigen sich der Armaturenbretter, von wo aus sie den Fahrer anblinken und ansprechen. Als Viren-Attacke dringen sie ein in Blutbahnen und Gehirne, steuern unser Tun und Denken – ein Aufstand der Zeichen, der Zeit-Zeichen im modernen Zeit-Raum. Die Zeit der Produktion, der Distribution und der Re-Produktion ist zu einer Zeit der Zeichen geworden, die als Tempo-Viren die Welt beschleunigen wollen und bei Stockung und Stillstand Alarm schlagen. Speed und nochmals Speed ist ihr Ziel. Ihren Lebensinhalt sehen sie in der Vernichtung der Zeitkiller Stau, Stagnation und Starre.[20]

Letztlich präsentieren sich die Zeichen mit ihren militärisch-schrillen Regieanweisungen als Teil jenes gigantischen Sicherheitsapparates, der helfen soll, die Blutspur zu verkürzen, die eine beschleunigte Gesellschaft hinter sich herzieht. Seitdem die Geschwindigkeit mit der Massenmotorisierung ihr schmerzverzerrtes und bluttriefendes Janusgesicht offen zur Schau trägt und wie im Krieg, wo die Gewalt der schnellen Projektile für die Getroffenen meist tödlich endet, auch auf den Straßen *crashs* und Zerstörung produziert, musste die Gesellschaft reagieren, damit der *modus vivendi* nicht zum *modus moriendi* wird. Doch nicht die Drosselung der Geschwindigkeit war und ist das Ziel. Vielmehr basteln Obrigkeit, Wirtschaft und Gesellschaft seit Beginn des Industrie- und Automobilzeitalters unablässig an einem mit Zuchtruten, Erste-Hilfe-Kästen, Versicherungspolicen und Sicherheitsgurten prall gefüllten Sicherheitsapparat, der noch höhere Geschwindigkeiten ermöglichen soll. Rote Ampeln, Parkbuchten und hart zupackende Bremsen sorgen letztlich allesamt dafür, dass die Menschen noch schneller Fahrt aufnehmen können. Arm in Arm mit Gesetzen, Rettungstrupps, medizinischen Diensten und Versicherungen steht das Heer der Zeichen für Raser wie Rastende Spalier – Zeit-Zeichen, die die Welt der Langsamkeit noch nicht kannte.

Literatur

Bienert, Michael (1992), *Die eingebildete Metropole. Berlin im Feuilleton der Weimarer Republik*, Stuttgart.

Borscheid, Peter (2004), »Die beschleunigte Stadt. Die Entwicklung zur Metropole des Tempos«, in: *polis. Zeitschrift für Stadt und Baukultur* 16, H. 2, S. 14–17.

— (2004), *Das Tempo-Virus. Eine Kulturgeschichte der Beschleunigung*, Frankfurt am Main u. a.

— (2007), »Zeit-Zeichen«, in: Jost Wischnewski u. a. (Hrsg.), *RomaUrbana/Le Vie Principali*, Düsseldorf, S. 27–32.

Braun, Hans-Joachim/Kaiser, Walter (1999), *Propyläen Technikgeschichte*, Bd. 5: *Energiewirtschaft, Automatisierung, Information seit 1914*, Berlin.

20 Borscheid (2007), »Zeit-Zeichen«, S. 27–32.

Ebert, Hans/Hausen, Karin (1979), »Georg Schlesinger und die Rationalisierungsbewegung in Deutschland«, in: Reinhard Rürup (Hrsg.), *Wissenschaft und Gesellschaft*, Bd. 1, Heidelberg u. a., S. 315–334.

Eichberg, Henning (1979), *Der Weg des Sports in die industrielle Zivilisation*, 2. Aufl., Baden-Baden.

Eichberg, Henning (1980), »Sport im 19. Jahrhundert – Genese einer industriellen Verhaltensform«, in: Horst Ueberhorst (Hrsg.), *Geschichte der Leibesübungen*, Berlin u. a., S. 350–412.

Gropius, Walter (1962), »Systematische Vorarbeit für rationellen Wohnungsbau«, in: Hans M. Winkler, *Das Bauhaus*, Bramsche, S. 136–137.

Hilberseimer, Ludwig (1927), *Großstadtarchitektur*, Stuttgart.

Kracauer, Siegfried (1931), »Ein paar Tage Paris«, in: *Frankfurter Zeitung* v. 5. April.

Le Corbusier (1929), *Städtebau*, Stuttgart u. a..

Moholy-Nagy, Laszlo (1962), »Zeitgemäße Typographie«, in: Hans M. Winkler, *Das Bauhaus*, Bramsche, S. 95–96.

Münsterberg, Hugo (1914), *Grundzüge der Psychotechnik*, Leipzig.

Rosa, Hartmut (2005), *Beschleunigung. Die Veränderung der Zeitstruktur in der Moderne*, Frankfurt am Main.

Scudiero, Maurizio (2002), »Die Metamorphosen des Futurismus«, in: Ingo Bartsch/ Maurizio Scudiero (Hrsg.), *»...auch wir maschinen, auch wir mechanisiert!« Die zweite Phase des italienischen Futurismus 1915–1945*, Dortmund, S. 15–29.

Strohmeyer, Klaus (1986), »Rhythmus der Großstadt«, in: Jochen Boberg/Tilmann Fichter, Eckhart Gillen (Hrsg.), *Die Metropole*, München, S. 32–51.

Wingler, Hans M. (1962), *Das Bauhaus*, Bramsche.

Wohlauf, Gabriele (1996), »Moderne Zeiten – Normierung von Mensch und Maschine«, in: Horst Gundlach (Hrsg.), *Untersuchungen zur Geschichte der Psychologie und der Psychotechnik*, München u. a., S. 147–164.

20. Historische Zukünfte des Verkehrs

Kurt Möser

Mobilitätsutopien und Antizipationen

So, wie das Feld von Transport, Verkehr und Mobilität innerhalb der Technik eine besondere Aufmerksamkeit in der Öffentlichkeit besaß und besitzt, so kam Mobilitätsutopien im Rahmen technischer Phantastik eine besondere Rolle zu.[1] Die Attraktivität dieses Teilfeldes war die Ursache für die bedeutende Rolle, die der Mobilität innerhalb technischer Fiktionen, Phantasien und Utopien zukam. Die unzweifelhafte quantitative Signifikanz ist das eine; das andere ist die Bewertung der Rolle für die Technikentwicklung. Was kann aus der wissenschaftlichen Betrachtung von Mobilitätsphantastik gewonnen werden? Für diejenigen Disziplinen, die sich mit Science-Fiction in Filmen und Texten befassen, ist die Perspektive eine andere als die von Journalisten, die innovative Zukunftsideen vorstellen. Hier sollen nun Mobilitätsutopien und -projekte aus der Perspektive der sozial- und kulturwissenschaftlich kontextualisierten Technikgeschichte betrachtet werden. In der Natur der Sache liegt es, dass hierbei eine interdisziplinäre Betrachtung unverzichtbar ist. In welchen Medien und Gesellschaften die jeweiligen Projekte und Ideen mit welcher Zielgruppe und welchem Realisierungsgrad präsentiert worden sind, ist für die Interpretation der Einzelfälle jeweils zu rekonstruieren. Denn wir haben es mit Fiktionen zu tun – im Sinn von phantastischen Konzepten, aber auch im Sinn von besonderen Mediengattungen. Hier sollen nun, nach einigen methodischen Überlegungen, Vorschläge zur Gruppierung phantastischer Mobilitätskonzepte gemacht werden und einige längere Trends solcher Utopien benannt werden.

Zunächst ist die Frage zu stellen nach der Verbindung phantastischer Texte mit konkreten Ausformungen von Verkehr und Mobilität. Das allgemeinere Problem betrifft die wechselseitigen Einflüsse: Waren Utopien technologiegetrieben oder antizipierten, prägten oder formten phantastische Ideen mobilitätstechnische Entwicklungspfade? Wie weit »prägende Erwartungen« konkre-

1 Dienel, Trischler, *Geschichte der Zukunft.*

te innovationsstimuliernede Relevanz bekamen, kann allerdings kaum generell beantwortet werden, sondern erfordert eine Betrachtung konkreter Einzelfälle.[2]

Diskutiert werden kann dies etwa am Fall der *Tanks*. Schon kurz nach der öffentlichen Vorstellung der britischen Panzerfahrzeuge im September 1916 wurde in einem Zeitungsartikel darauf hingewiesen, dass sie von Herbert G. Wells in seiner Erzählung *The Land Ironclads* prognostiziert worden waren; zu diesem Zeitpunkt »the idea would have been regarded as fantastical«.[3] In der Forschung wird jedoch darauf hingewiesen, dass die konkrete Tankentwickung dem britischen Autor nichts zu verdanken habe.[4] Dass Wells dann aber doch als »Vater« des »Tanks« gefeiert wurde, und zwar von den Soldaten der neuen Waffe selbst, ist eher ein Indiz für das kulturelle und technische Klima, in dem sowohl die technische Utopie als auch die technische Lösung entstanden.

Der Grad und die Genauigkeit, mit der utopische Konzepte die Zukunft des Verkehrs tatsächlich antizipieren, wären demnach nicht die eigentlichen Punkte. Technische Phantastik soll hier eher als Indikator für die jeweiligen soziokulturellen Kontexte verstanden werden, in denen sie entstanden. Die verkehrsgeschichtliche Forschung beschäftigt sich aber nicht nur unter diesem Gesichtspunkt mit mobilen Zukunftsvorstellungen.[5] Verkehrsutopien machten durchweg Aussagen über die Rolle des Transports in den Ursprungsgesellschaften, reflektierten mobilitätsbezogene Wünsche, Erwartungen und Befürchtungen, testeten Pfade technischer Lösungen oder spielten mögliche oder auch gefürchtete Konsequenzen dieser Entwicklungen und ihren sozialen Implementierungen durch. Sie sind oft interessanter für die Betrachtung der Konsumenten- und Rezipientenseite als für die Interpretation als Anreger tatsächlicher Innovationen. Für den Historiker sind mobilitäts- und verkehrsbezogene Prognosen und Konzepte ein lohnendes Feld für Analysen der Mobilität in den jeweiligen (Teil-) Gesellschaften, aus denen heraus sie entwickelt wurden. Wenn auch Nutzer, nicht nur Produzenten für »soziale Konstruktionen« von Technologien (mit-)verantwortlich sind, und Ideen für Nutzungsformen formulieren oder abwandeln, dann spielen utopische Konzepte in diesem Prozess der sozialen Verortung von Technik eine wichtige Rolle.[6] An und mit ihnen konnten immer wieder mögliche Verwendungsformen, Chancen, Befürchtungen oder Alternativen projektierter Technologien debattiert

2 Konrad, *Erwartungen*.

3 Buchbesprechung von Herbert G. Wells »The Land Ironclads«, in der *New York Times* v. 21. September 1916, S. 4.

4 Wright, *Tank*.

5 Dienel, Trischler, *Geschichte der Zukunft*, S. 243–259.

6 Bijker (1990), *Social Construction*, und Bijker (1995), *Bicycles*.

werden, bevor sie zu Innovationen wurden. Oft genug substituierten Debatten fiktiver Technologien deren Einführung: Diskussionen um technische Phantastik sind dann Technologiediskurse ohne konkrete Technologiebasis.

Zu berücksichtigen ist allerdings eine Rückbindung technischer Fiktionen an Technik der Entstehungszeit. Beispiele für eine solche Technologiebasiertheit liefert immer wieder Jules Verne: In seinen prototypisch phantastischen Texten erscheinen Produkte der Hochtechnologie seiner Zeit, und das mit den Namen der Erfinder oder der Firmen. Dazu gehörten Tauchgeräte, »Reiset et Regnaultsche Apparate«, oder Beleuchtungsverfahren, wie die immer wieder vorkommende »Ruhmkorffsche Gaslampe«. Verne verfolgte die aktuellen technischen Entwicklungen seiner Zeit, indem er populäre und fachliche Arbeiten rezipierte und narrativ umsetzte. Solche Formen des Austausches von aktueller und prognostizierter Technik charakterisieren viele literarische Mobilitätsutopien. Tatsächlich überwiegen Interferenzformen von utopischer und jeweils zeitgenössischer Technik. Daraus resultierte, dass einerseits die verfügbaren, realen Produkte die Qualität des Zukunftsbezogen-Innovativen verliehen bekamen, andererseits die phantastischen Schilderungen durch das Auftauchen der zeitgenössischen Hochtechnologie plausibilisiert und so in den Bereich des Möglichen gerückt wurden.

Ästhetisierte Zukunftsmobilität

Obwohl die »weichen«, »sekundären Funktionen« der Mobilität – Attraktivität, Mobilitätslust, Prestige und viele mehr – eine außerordentlich hohe Relevanz für die Durchsetzung und Ausbreitung von Individualmobilitätssystemen besaßen, bezog sich die Mehrzahl der phantastischen Entwürfe zukünftiger Mobilität primär auf den Transportcharakter.[7] Über neue Attraktionsformen von Mobilität machte man sich meistens weniger Gedanken als über neue rationale Methoden des Transports von Gütern und Menschen. Mobilitätsrationalität dominierte oft Mobilitätslust. Weiterentwickelt wurde Mobilität eher als zweckfixierter Transport, und weniger als spielerische oder lustvolle Fortbewegung. Das heißt allerdings nicht, dass Entwürfe für neue Transportsysteme ganz ohne ästhetische oder nicht zweckrationale Komponenten waren. *Ex post* gesehen haben sogar nicht wenige Transportphantasien spielerische Elemente, die aber durch vielfache Funktionalitätsvorwände überlagert oder getarnt werden konnten.

7 Möser (2005), *Transport und Bewegungslust*, S. 29–44.

Abb. 20.1: Phantastische Individualmobilität: Einradentwurf von 1925

Quelle: Das Neue Universum 45, 1925, S. 101

Generell ist also ein möglicher ästhetischer Charakter utopischer Entwürfe mitzudenken. Wie weit Verkehrsutopien, auch wenn sie als realisierbar intendiert waren oder mindestens deklariert wurden, tatsächlich ernst gemeint waren, ist oft nur unter genauer Berücksichtigung der Entstehungs- und Veröffentlichungskontexte zu entscheiden. Ein Beispiel dafür sind Texte von Paul Scheerbart, die Projekte zur Technik, auch Mobilitätstechnik, zum Gegenstand haben. Trotz der Realisierungsversuche des Textverfassers, in Form von teilweise sehr aufwendigen Basteleien seines »Perpeh« (Perpetuum mobile), behalten diese Entwürfe eine poetische Funktion, die eher auf ein Gesamtkunstwerk zielte als auf die Lösung eines technischen Problems.[8] Diese Einschätzung trifft beispielsweise auch auf die »Letatlin«-Flugmaschinenobjekte Tatlins zu.[9] Gattungen und Medien, in denen Utopien formuliert und kommuniziert werden, bestimmen den Grad der Verbindlichkeit und Ernsthaftigkeit, obwohl es immer wieder Grenzfälle gibt. Oft genug haben Mobilitätsutopien sowohl in

8 Riha, »Science Fiction«, S. 239–257.

9 Tatlin, *Retrospektive.*

literarischen als auch in sachlichen Texten ästhetische Qualität, wenn auch nicht immer ästhetischen Anspruch.

Zu ästhetischen Mobilitätsphantasien mit spielerischem Ansatz gehören auch Erzählungen von Mobilität ohne technische Mittel. Ein Beispiel hierfür ist der Text *Montag fängt am Samstag an* von Akadij und Boris Strugatzki. Im Zentrum der Narration steht ein wissenschaftliches Institut der Sowjetmacht, das Elemente der Märchenwelt und der Zauberei in innovative Technik integriert. So kommt darin etwa ein Materietranslator in Form eines Sofas vor oder technisch modifizierte Siebenmeilenstiefel.

Mediale Repräsentation

Die jeweiligen medialen Repräsentationen sind wichtige Analysefelder für die Beurteilung und Einordnung von Mobilitätsutopien. Ob sie in fiktionalen oder literarischen Texten formuliert wurden, in audiovisuellen Medien, in wissenschaftlichen oder populärwissenschaftlichen Kontexten, oder ob sie visuell umgesetzt, konstruiert, gar gebaut wurden, sagt viel über Ernsthaftigkeit oder spielerischen Charakter von Utopien aus, und vor allem auch darüber, ob sie auf eine Realisierung zielten oder in einem ästhetischen Kontext rezipiert werden wollten. Daß der Status der Utopien oft erst dann richtig ermittelt werden kann, wenn der Text, in dem sie formuliert wurden, hermeneutisch gelesen wird, kann am Beispiel von Edgar Allan Poes *Unparalleled Adventures of One Hans Pfaall* (1836) deutlich werden: Die dokumentarisch-journalistische »Tarnung« der literarischen »Mondreise ließ für die zeitgenössischen Leser den Text als Bericht erscheinen. Ebenso war Poes Schilderung einer transatlantischen Ballonfahrt als journalistischer Text verkleidet erschienen. Von den Zeitgenossen wurde sie zunächst als realisierte Utopie gelesen. Doch Poes Text *Astounding News!*, erschienen am 13. April 1844 in der *New York Sun* war ein *Balloon Hoax*, eine Irreführung und eine gezielte Provokation der Leichtgläubigkeit des amerikanischen Lesepublikums. Als Resultat wurde der Text unter der Überschrift *The Atlantic Crossed in Three Days* von einer anderen Zeitung nachgedruckt. Mobilitätsutopien werden somit nicht nur in abgrenzbaren Gattungen wie dem »Zukunftsroman« oder der *Science Fiction* artikuliert, sondern können auch in andere Gattungen integriert werden, wobei sowohl gezielte wie auch unbeabsichtigte Verwirrungen daraus entstehen können.

Ein bedeutender und gesellschaftlich außerordentlich wirksamer medialer Bereich zur Präsentation von innovativen oder phantastischen Konzepten war die populäre Technikliteratur. In Jahrbüchern wie dem *Neuen Universum* (seit

1881) oder dem *Guten Kamerad*, und in Zeitschriften wie *Popular Mechanics*, *Science and Mechanics* oder *hobby* wurden neue Vehikel oder neue systemische Verkehrslösungen für ein breiteres, nichtfachliches Publikum aufbereitet. Meistens waren es Nah-Utopien, also solche, die den technosozialen status quo fortschrieben, und die als Entwicklungen der unmittelbar bevorstehenden Zukunft präsentiert wurden. Diese Popularisierungsmedien künftiger Mobilität hatten besonders in den fünfziger Jahren Erfolg. Verbunden waren sie oft mit Ideen einer friedlichen, nationenübergreifenden Nutzung, die die Nationalstaaten in einem durchtechnisierten, fortschrittlichen vereinigten Europa aufgehen lassen sollten. »Europastraßen« und universelle Verkehrsnetze sollten Nationenbeschränkungen aufheben helfen.

Zu den medialen Formen, in denen Verkehrsutopien öffentlich gemacht wurden, gehörten auch Ausstellungen. Weltausstellungen und zukunftsorientierte Technikausstellungen waren Orte, an denen Pfade künftiger technischer Entwicklungen präsentiert wurden. Ein Beispiel dafür ist die »Futurama«-Ausstellung während der New Yorker Weltausstellung von 1939. Dort zeigte General Motors außerordentlich ausdifferenzierte Mobilitätskonzeptionen in einem elaborierten Modell einer künftigen Stadt- und Weltmobilität mittels Privatfahrzeugen. Alfred P. Sloans Marketingkonzept von »cars for every purse and purpose« wurde hierbei erweitert und in die Zukunft projiziert. Die außerordentliche Ausdifferenzierung von Fahrzeugkonzepten und – möglichkeiten, die immer stärker nutzungs- und nutzerspezifisch sein sollten, zielte auf eine »ultrasloanistische« Auffächerung eines zukünftigen Marktes für Privatwagen, die qua Modell in vielem das schon vorwegnahm, was den »Supersloanistismus« der Automobilkultur seit den achtziger Jahren charakterisieren sollte.[10]

Zu einem spezifischen Medium für Mobilitätsutopien wurden Computerspiele. Hier können in einem virtuellen Setting Mobilitätsformen einen Konkretheitsgrad annehmen, der in älteren Medien nicht zu erzielen war. Das Besondere daran ist aber die Nutzeraktivität: Phantastische Mobilität kann auf direkte Weise spielerisch erprobt und erfahren werden.

Konjunkturen der Utopien

Im 20. Jahrhundert lassen sich Konjunkturen von Verkehrs- und Mobilitätsutopien klar identifizieren. Besonders in den Dekaden um den Ersten Weltkrieg und nach dem Zweiten Weltkrieg wurden neue Verkehrsmittel phantas-

---

10 Dazu Möser (2002), *Geschichte des Autos*.

tisch durchgespielt. Eine Phase verstärkter utopischer Aktivität waren auf dem Feld der Luftmobilität die Jahre vor 1914. Eine Fülle von Texten entstanden, in denen verschiedene Nutzungsformen und Verwendungsmöglichkeiten dieser gerade kurz vor dem Durchbruch stehenden oder in der Erprobung befindlichen Technologie durchdekliniert und fiktional ausprobiert wurden. Zu den Autoren der Nah-Science Fiction des Fliegens gehörten etwa der Franzose Albert Robida, der Brite George Griffith oder der Deutsche Rudolph Martin. Am bekanntesten wurde Herbert G. Wells mit seinem Buch *The War in the Air* von 1908. Der Luftkrieg war ein typischer Fall für ein narratives Ausprobieren einer Nutzungsform der erst am Beginn ihrer Diffusion stehenden Flugtechnik. Solche Narrationen prägten die Erwartungshaltungen des Publikums nachhaltig, wahrscheinlich auch stärker als die Nutzungskonzepte der professionellen Anwender, in diesem Fall der Militärs.

In beiden Phasen reüssierte die Gattung der *Science Fiction*, in Form von Texten ebenso wie von Filmen. Einige ihrer Vertreter, wie etwa Hans Dominik, wurden zu Bestsellerautoren. Eine Sub-Gattung waren Weltraumserien wie *Perry Rhodan* oder *Star Trek*, die auf eigenen phantastischen Mobilitätstechnologien beruhten. Als Ende der sechziger Jahre eine ungebrochen technikenthusiastische Phase zu Ende ging, vollzogen »Zukunftsromane« eine Wendung zur Sozial-Science-Fiction. Typische Vertreter waren etwa John Brunner (*Stand on Sansibar*) oder Philip K. Dick (*UBIK*), bei denen pessimistische gesellschafts- und Mobilitätsutopien vorherrschten und Drogen-»Reisen« phantastische technisch basierte Mobilität ablösten.

Universelle Erreichbarkeit

Ein Utopiefeld zielt auf entgrenzende, die Mobilität räumlich totalisierende Mobilität. Utopien der Totalerschließung und einer Total-Erreichbarkeit – zunächst der Erde, schließlich auch des Raumes – gehörten zu den durchgängigen Linien von Mobilitätsutopien. Prototypisch hierfür war die Erreichbarkeit des Weltraums und insbesondere der Planeten. Hier kam es zu einer wechselseitigen Befruchtung: Utopisch scheinende wissenschaftliche Texte wie Hermann Oberths *Die Rakete zu den Planetenräumen* von 1923 regten Utopien der Weltraumeroberung an, die sich in literarischen Texten, vor allem aber auch in Filmen manifestierten. Obert und andere Raketenpioniere, wie Goddard, wurden nach eigenem Bekunden durch literarische Phantasien stimuliert, Weltraumfahrzeuge zu entwickeln und Prognosen über zukünftige Wege der Erschließung abzugeben.

Ein anderes Feld war die Erschließung des »inneren Weltraums« der Tiefsee. Solche Konzepte gehen davon aus, dass es potentiell keine Grenzen der Erreichbarkeit und Betretbarkeit gibt und dass qua Mobilität eigentlich die Welt komplett erreichbar ist. Tiefseefahrzeuge und Geräte zum zunächst ästhetischen »Spaziergang auf dem Meeresboden« gehören zu den ältesten Mobilitätsutopien, am besten exemplifiziert durch Jules Vernes *Nautilus* aus dem Roman *20.000 Meilen unter den Meeren*.[11] Mit den praktischen Lösungen für Tauchboote und »Skaphanders«, also persönlichen Tauchausrüstungen, die »Tiefenerfahrung« vermittelten und das Arbeiten unter Wasser ermöglichten, gab es wiederum einen Anschub von utopischen Ideen, um die noch bestehenden Grenzen der unterseeischen Exploration wenigstens narrativ zu überwinden.[12] Ein neues Wasserfahrzeug zum Erreichen der noch unerreichbaren Tiefen des Meeresbodens mit einem automatisierten Mechanismus für Ballastabwurf entwarf beispielsweise Herbert G. Wells in seiner Erzählung *In the Abyss* von 1896. Später waren es dann Utopien des permanenten Lebens, von *Man in the Sea*, die in den »Sealab«-Projekten der NASA und in Jacques Cousteaus Unterwasserhäusern und -transportmitteln der frühen sechziger Jahre technisch konkretisiert wurden. Eine Teilutopie war der Unterwassermensch, der mittels einer bionisch-technischen »Aqualunge« unbegrenzt in der Tiefe leben und sich dort mit »Aquascootern« frei bewegen sollte.

Ein verbreiteter Typ phantastischer Mobilität kann als Ultramobilitätsutopien beschrieben werden: Transportmittel einer solchen gesteigerten und entgrenzten Mobilität vermögen sich in mehreren, potentiell sogar allen Dimensionen und Räumen zu bewegen; sie können schwimmen, fliegen, tauchen, im Extremfall sich sogar unter der Erdoberfläche bewegen. Prototypisch dafür ist die von Jules Verne erdachte »Epouvante« von 1906, ein fliegendes, schwimmendes und tauchendes Rennautomobil von den Dimensionen eines normalen Straßenfahrzeugs. Solche Ultramobilitätsphantasien, die von geländegängigen Fahrzeugen zur vollständigen Erschließung der Fläche bis zu solchen der Totalmobilität im dreidimensionalen Raum und in allen Elementen reichen, hatten vor allem nach 1910 Konjunktur, parallel zur Diffusion von Fahrzeugen mit Verbrennungsmotoren. Die beim Automobil sich zeigenden Flächenerschließungs- und Abenteuerpotentiale wurden hier utopisch weitergetrieben. Ultramobilitätsutopien standen deswegen in engem Zusammenhang mit den Potentialen individueller Mobilität der Jahrhundertwende, aber auch im Zu-

11 Kisch, *Spaziergang*, S. 13–17.
12 Möser (1992), *Tiefenerfahrung*, S. 193–216.

sammenhang mit konkreten Versuchen mit Fahrzeugprototypen, die nicht zuletzt aufgrund militärischer Mobilitätsanforderungen entstanden.[13]

Zu diesen gehörte die Utopie der absoluten Geländegängigkeit, der Zugänglichmachung der Fläche für die Motorisierung. Um 1900 boomten Versuche mit »Schreitkufen«, mit der Nachrüstung von Rädern, wie sie etwa der britische Ingenieur Diplock konstruierte, und schließlich mit Gleisketten. Die Anforderungen der Militärs, die das stärkste Interesse an Fahrzeugen der räumlichen Totalerschließung hatten, um Motorfahrzeuge von Straßen unabhängig zu machen, führten auch zu Versuchen mit Allradantrieben und der Geländetauglichmachung von Straßenfahrzeugen. Geländegängige »Kriegswagen der Zukunft« und »Land Ironclads« wurden vor dem Ersten Weltkrieg sowohl von Technikern als auch Literaten und Militärs imaginiert, längst bevor der Grabenkrieg und das gesteigerte Defensivpotential eine Realisierung in Gestalt der britischen *Tanks* stimulierte.[14]

Muskelkraftmobilität

Ein signifikanter Typus von phantastischer Mobilität ist um die menschliche Muskelkraft angesiedelt. Um 1900 wurde immer wieder die Idee einer nahezu unbegrenzten menschlichen Leistungsfähigkeit durchdekliniert. Parallel zur »Versportung« der Gesellschaft und zu der neuen Begeisterung für Rekorde und immer weiter sich steigernde physische Bestleistungen schien muskelkraftbasierte Mobilität ein ungeahntes und unbegrenztes Leistungspotential zu bieten. Ein Beispiel dafür ist etwa Alfred Jarrys Fünfertandem in dem Nah-Science Fiction-Roman *Der Übermann.*[15] Die Mannschaft, angetrieben durch strychninhaltiges »perpetual motion food« – also eine Antizipation von Doping – besiegt auf einem Nonstop-Rennen von Paris nach Wladiwostok eine Dampflokomotive, wobei das Fahrrad einmal sogar vom Boden abzuheben vermag.

Diese Leistung des Rad-Teams gehört zu einem signifikanten Feld der muskelkraftbasierten phantastischen Mobilität. Um 1900 war die Idee des Menschenfluges mittels Muskelkraft eine Nah-Utopie, die mit vielerlei Versuchen und Lösungsansätzen zur Verwirklichung gebracht werden sollte. Als technisches Substrat stand dabei das Fahrrad im Zentrum. Fliegende Räder

---

13 Möser (1999), »Amphibien«, S. 63–84.

14 Daule, *Kriegswagen.*

15 Jarry, *Übermann.*

spielten als phantastische Entwürfe und als konkrete Basteleien die Hauptrolle. Zahlreiche Skizzen, Entwürfe, Patentanmeldungen oder Versuchsräder wurden der Öffentlichkeit vorgestellt oder maßen sich in Wettbewerben, ohne dass das spezifische Mobilitätsversprechen des Muskelkraftfluges eingelöst wurde. Auf einer stark gewandelten technischen Basis geschah dies erst 80 Jahre später. Die Mode der Flugfahrräder und der fahrradbasierten Luftutopien vor dem Ersten Weltkrieg basierte auf den Konzepten einer möglichen Entgrenzung des menschlichen physischen Potentials,

Die dahinterstehende Utopie war eine der menschlichen Leistungsfähigkeit ohne Limit. Bis heute scheinen solche Konzepte attraktiv. Technische Mittel wie »Exoskelette« und Laufmaschinen, die das Sprung- oder Geschwindigkeitspotential des menschlichen Körpers außerordentlich steigern, sind heute Instrumente der Figuren und »Avatare« mancher Computerspiele, gehören aber auch zu den Zukunftskonzepten von Militärs. Hier ist es der Soldatenkörper, der, technisch aufgerüstet, unlimitierte Mobilitätsleistungen entwickeln soll.

Automatisierungsutopien

So lange es eine Individualmotorisierung gibt, gibt es auch die Utopie von vollautomatisierten, sich selber steuernden Fahrzeugen.[16] Während der Autopilot letztlich das Resultat der Suche nach einem sicheren, ultrastabilen und selbststabilisierenden Flugzeug ist, einer Suche, die schon unmittelbar nach den ersten praktikablen Flugmaschinen einsetzte, hat das selbstfahrende Automobil weniger Sicherheits- als Bequemlichkeitsaspekte. Fahrer und Passagiere sollten sich zurücklehnen und die Fahrt ohne Anstrengung genießen können. Erforderlich waren dazu entweder intelligente Infrastrukturen – Straßen mit Leit- und Steuersystemen –, oder intelligente Fahrzeuge. Diese sollten mit raffinierter Sensorik und Prozessteuerung, mit Abstandsradar und automatischen Spurführungen auf den vorhandenen Straßen vollautomatisiert zurecht kommen. Dabei sollen sie die erforderlichen Informationen mit anderen Fahrzeugen austauschen. Solche Phantasien automatisierter Straßenmobilität, die längst in der Erprobungsphase sind, aber noch keine Breitenwirkung haben, können als *crossover* zu spurgeführten Mobilitätssystemen interpretiert werden. Doch diese Ideen, die eine Bequemlichkeit automatisierter Fahrvorgänge bestärken, kollidieren mit den eigentlich diffusionsbestimmenden Vorstellungen

16 Lauinger, »Automobil«, S. 123–130.

von Automobilnutzung, nämlich der »Freude am Fahren« und der Lust an autonomer Mobilität.

Trotzdem ist die Sub-Utopie der Mühelosigkeit des Fahrens, der Eleganz, einer unsichtbaren, aber außerordentlich effizienten Hochtechnologie ein ebenfalls durchgängiger Strang. Dazu gehören auch die Ideen völlig reibungsloser Mobilität, der Abschaffung von Unfällen, dem glatten Funktionieren der Systeme. Solche im Grunde ästhetischen Qualitäten von mobilen Innovationen, jenseits von Effizienzerwägungen und ökonomischen Relevanzen, bestimmten die öffentliche Haltung zu manchen Technologiefeldern, wie beispielsweise zum Wankelmotor.[17] Damit verbunden ist oft die Verselbständigung von Mobilitätsutopien, wobei allenfalls funktionale Vorwände vorgebracht werden. Die Ablösung einer Technologie oder eines Systems wird dann um der Ablösung willen propagiert. Resultat ist dann eine nicht mehr unbedingt optimierungsgerichtete Modernisierung, sondern eine sich selbst erhaltende Fortschrittsbegeisterung, bei der Nutzanwendungen eher von oben projiziert als von unten formuliert wurden.

Geschwindigkeitsüberbietung

Geschwindigkeitsphantasien gehören zu den am meisten verbreiteten Zukunftsvorstellungen im 20. Jahrhundert. Formuliert wurde eine Steigerung, die grob den Überbietungen den realen Geschwindigkeitserhöhungen folgt. Vernes »Epouvante« erreicht zu einem Zeitpunkt 250 Stundenkilometer, als der Geschwindigkeitsrekord für Straßenfahrzeuge etwa bei der Hälfte lag. Ähnliche Relationen zwischen realen und imaginierten Geschwindigkeiten gab es in den dreißiger Jahren beim Luftverkehr. Mit der Möglichkeit supersonischen Passagiertransports schließlich erfolgte der phantastische Geschwindigkeitssprung durch die Konzeption von Passagierraketen, die eine effizientere »Vernichtung der Zeit und des Raums« beim Reisen versprachen als die schnellsten Flugzeuge. Bezeichnend für die phantastischen Mobilitätsformen des Weltraums war eine weitere exorbitante Geschwindigkeitssteigerung, um die immensen Entfernungen galaktischer Reisen zu bewältigen. Das führte dazu, dass die Limitationen der Lichtgeschwindigkeit phantastisch überschritten wurden. Transport mit Überlichtgeschwindigkeit, im Extremfall das »Beamen«, also unmittelbare Materietranslation ohne Zeitverzögerung, oder auch »Teleportation«, ist damit ein Spätphänomen von Mobilitätsutopien, das im Schnittpunkt

17 Popplow, *Motor*.

einiger spezifischer Utopietypen steht: zunächst von Ultramobilität, also der Erreichbarkeit unerreichbarer Räume, dann aber auch von Antriebsutopien, und schließlich von Geschwindigkeitsmaximierung. Teleportation ist damit ein Endpunkt der möglichen Steigerung von Transportgeschwindigkeit.

Komfort und Mobilität

Die Utopie mobiler Hochbequemlichkeit, als Komplementärkonzeption zur Geschwindigkeitssteigerung, hatte eine im Grunde statische Idee zum Zentrum, nämlich diese, innerhalb der Mobilität den Komfort des immobilen Lebens mit sich zu führen und eine befriedigende Koinzidenz der beiden Pole, des Beweglichen und des Statischen, zu erzielen. Auf dem Wasser koppelte etwa die *Propellerinsel* Jules Vernes die maximalen Annehmlichkeiten eines häuslichen Lebens der Superreichen der Erde mit den Möglichkeiten der Mobilität, nämlich immer die optimalen Klimazonen aufsuchen zu können. Für die Mobilität auf der Straße formulierten Reisende wie der Dichter Otto Julius Bierbaum das Verlangen nach einem »home away from home«. Nur ein Jahr nach der Formulierung dieser Ideen baute die Firma Panhard einen »Riesenmotor Passe-Partout«, der, ausgestattet für eine Fahrt um die Welt, »in der Nacht die Dienste eines Schlafwagens und am Tage als Küche oder als Salon dienen« konnte.[18] Die auch hier deutlich werdende Nähe von Realisierungen zu Konzepten der Mobilität, die zunächst konkretisationsfern schienen, interessierte Historiker bisher am meisten. Doch auch hier ist der Grad der Realisationsmöglichkeiten einzelner utopischer Ideen weniger signifikant als das gesellschaftliche Umfeld, aus dem die Konzepte wie auch konkrete Konstruktionen entstanden. In den genannten Fällen war es die Attraktion einer hochbequemen Häuslichkeit, die durch den Diffusionsschub der Alltagstechnologien um die Jahrhundertwende gestärkt wurde und die mit Mobilität rekombiniert werden sollte.

Massenmobilität der Zukunft

Ein weiterer utopischer Trend kreist immer wieder um eine Popularisierung von mobiler Hochtechnologie. Zuvor exklusive Mobilitätsformen, solche, die

18 Anonym, »Riesenmotor Passe-Partout«, S. 244.

nur Spezialisten oder reichen »Mobilitätseliten« vorbehalten schienen, sollten in die bedienerische wie auch die finanzielle Reichweite der gesamten Bevölkerung gerückt werden. Typisch hierfür ist die Utopie des Volksflugzeuges, das zum einen bezahlbar sein musste, aber auch die Fähigkeiten der künftigen Nutzer nicht überfordern durfte.[19] Konkrete Projekte eines »Luft-Ford«, einer Massenmobilisierung der Luft in Analogie zur Massenmotorisierung auf dem Boden, zogen sich von den zwanziger bis in die sechziger Jahre. Antizipationen eines möglichen Massenverkehrs auf einem Feld, das gerade erst mobil zugänglich geworden war, erfolgten schon früh. Der individuelle Verkehr im »Luftreich« wurde nicht erst seit dem *annus mirabilis* 1909 der Fliegerei geplant.[20] Dass die Zukunft im kleinen, leicht zu fliegenden, vielleicht senkrecht startenden und zugleich straßentauglichen »Autoflugzeug« liegen würde, schien vor 1960 ausgemacht. Sogar ein deutscher Autohersteller, Borgward, kaufte die Expertise eines Hubschrauberkonstrukteurs ein, um für die Zukunft des Individualverkehrs, die notwendigerweise in der Luft zu liegen schien, gerüstet zu sein. Auch diese Idee erwies sich in ästhetischen Kontexten als sehr langlebig: Friedrich Wilhelm Korff spielt beispielsweise in einem Text durch, wie ein Individualluftverkehr mit Ultraleichtflugzeugen aussehen könnte. In dem Science Fiction- Film *The Fifth Element* von Luc Besson (1997) erfolgt der Stadtverkehr durch fliegende Limousinen – eine Projektion der alten Volksflugzeug-Idee in die Zukunft.

Transferierte Mobilitätsutopien

Einen weiteren Bereich kann man als transferierte Mobilitätsutopien bezeichnen: Formen der Mobilität, die auf einem Bereich funktionieren und sozial etabliert und akzeptiert sind, werden auf einen anderen Mobilitätsbereich übertragen und angepaßt. Ein Beispiel dafür ist Felix Wankels durchaus utopische Konzeption eines »Autoboots der Meere«. Um 1970 formulierte er seine Idee eines Wasserverkehrs mit individuellen Verkehrsmitteln in Analogie zum und im expliziten Rekurs auf den Straßenverkehr.[21] Kernpunkt war ein automobiläquivalentes Boot, das mit der Geschwindigkeit, dem Komfort und der Kapazität eines Automobils bei jedem Wetter die Meere befahren sollte. Das entstehende Wasserverkehrssystem sollte einerseits die Entlastung des an Kapazi-

19 Corn, *Winged Gospel.*

20 Herwarth, *Luftreich.*

21 Felix Wankel, *Autoboot der Meere.* Unpubliziertes MS. im Felix-Wankel-Nachlass, Landesmuseum für Technik und Arbeit in Mannheim.

tätsgrenzen stoßenden Straßenverkehrs bewirken. Andererseits orientierte sich Wankels neues Verkehrskonzept eng am bestehenden Straßenverkehr, seinen Fahrzeugen und seinen Infrastrukturen. Dies war also eine transferierte Mobilitätsutopie. Auf vergleichbare Weise funktioniert Friedrich Wilhelm Korffs in einer Erzählung formulierte Idee eines auf Ultraleichtflugzeugen basierten Individualverkehrssystems.

Crossover-Utopien

Immer wieder in utopische Konzeptionen einbezogen werden Grenzflächen, etwa solche zwischen Wasser und Luft oder zwischen Luft und Weltraum, was zu einer Konstruktion entsprechender Geräte zur effizienzerhöhenden Nutzung dieser Grenzflächen führte. Die dafür erforderlichen Crossover-Fahrzeuge, etwa Luftkissen- und Tragflügelboote mit »Flughöhe Null«, oder Raketenflugzeuge mit luftunabhängigen Antriebssystemen oder raketenähnlichen Flugbahnen jenseits der Stratosphäre, rekombinierten Elemente verschiedener Transportmittel. Schon die Pioniere der Tragflügelboote, wie Enrico Forlanini, nutzten Flugzeugtechnik und Flugmotoren für diese Grenzflächenutopien. Ebenso zielte der Flugpionier Alberto Santos-Dumont mit seinem Apparat »No. 18«, einem Gleitkatamaran mit Flugzeugmotor, auf eine Nutzung des Oberflächeneffekts. Das Verlassen des Wassers, eines im Vergleich zur Luft 760-fach dichteren Mediums, sollte die Reibung reduzieren und gesteigerte Effizienz ermöglichen. Mit den Luftkissenfahrzeugen des Briten Christopher

Abb. 20.2: Crossover-Mobilität 1907. Alberto Santos-Dumonts Hydroplanflugzeug »No 18«

Quelle: Postkarte im Besitz des Autors.

Cockerell wurde zum einen die ältere Crossover-Utopie des »fliegenden Bootes« realisiert, zum anderen wurden auch neue Anwendungsideen stimuliert. Ein Grenzflächenfahrzeug ganz anderer Art war der Weltraumgleiter des deutschen Ingenieurs Sänger. Er schlug vor, die obere Grenze der Stratosphäre als Abprallfläche zu benutzen, und Raumfahrzeuge ähnlich einem Oberflächengleitboot auf der Grenze des Mediums der Lufthülle zu betreiben.

Neue Antriebe, neue Bewegungsformen

Eines der größten Felder für Utopien zielte auf neue Antriebe. Schon die schwebende Insel Laputa in Jonathan Swifts *Gullivers Reisen* bediente sich starker Magneten als Antrieb. Fahrzeuge »leichter als Luft« sollten luftleer gepumpte Kugeln benutzen, wie Lanas Luft-Schiff von 1670, oder innovative Gase oder Gasaufbereitungsanlagen erhalten. Zu Letzteren gehörte der Afrika-Ballon in Jules Vernes *Cinq semaines en ballon* von 1863. Hier nutzte der Romanheld Fergusson ein neuartiges Füllungsverfahren und ein Ballonetsystem, das den Ballon unter konstantem Druck hielt und ihn von externer Gasfüllung völlig unabhängig machte. Phantastische neue Antriebe gehörten dann im 20. Jahrhundert zum Inventar vieler Mobilitätsutopien. Zunächst konnte noch die emphatisch moderne Elektrizität herangezogen werden, wie in Jules Vernes »Epouvante« von 1906.

Mit dem Abflauen der Elektrizitätseuphorie der Jahrhundertwende gerieten Turbinenantriebe stärker in den Fokus. Zunächst waren es Dampfturbinen, später schien die Gasturbine das größte Zukunftspotential zu haben. Nach 1945 erfolgte eine Übertragung des Turbinenantriebs von der Luftfahrt auf das Auto. Auch Raketen wurden zum Vorbild für neue Antriebsideen, nachdem schon in den zwanziger Jahren Versuche mit Raketenflugzeugen, -autos und sogar Motorrädern gemacht worden waren.

Parallel dazu stimulierte der Beginn des »Atomzeitalters« viele Mobilitätsutopien. Während für Über- und Unterwasserschiffe der Atomantrieb realisiert wurde, blieben Atomflugzeuge und Atomautomobile im Bereich der Phantastik. Aber in den ersten beiden Nachkriegsjahrzehnten wurde die Öffentlichkeit mit zahlreichen Vorschlägen für Atom-Transportmittel versorgt. Auch in diesem Fall kam eine ganze Reihe davon nicht von Technikern, sondern aus einer nichtprofessionellen technikbegeisterten Öffentlichkeit, die die Chancen atomarer Energieerzeugung auf verschiedenen Technikfeldern durchspielte und dabei das Fokusthema Verkehr natürlich einbezog. Immer ging es auch um eine gestalterische »Einkleidung« solcher neuer Antriebskonzepte. Autos sollten nicht nur technisch ins Turbinen-, Raketen- und Atomzeitalter eintreten, sondern zeigten auch durch ein emphatisch modernes Design ihre Zugehörigkeit zur Zukunft, die schon begonnen zu haben schien.

Alternativen zu »normalen« Bewegungsformen von Verkehrsmitteln gehörten ebenfalls zu den verbreiteten phantastischen Entwürfen. Erwähnt wurden schon »bionische« Formen des Schreitens, die ebenso wie Imitationen des Vogelfluges durch Flügelschlagapparate für viele Erfinder oder Illustratoren selbst dann noch eine hohe Attraktion behielten, als »technogene« Realisierungen ihre Überlegenheit über biogene gezeigt hatten. Eine weitere durchgängige Utopie zielte auf einspurige Landfahrzeuge, die oft aber nicht mehr durch die Balancierfähigkeit des Nutzers, sonders durch die technische Stabilisierung eines Kreisels im Gleichgewicht gehalten werden sollten. Die Kreisel-Euphorie der Jahrhundertwende wurde auch auf Mobilitätsmaschinen ausgedehnt.[22] Phantastische Riesen-Einräder sollten nicht nur den Individualverkehr revolutionieren, sondern wurden selbst als Panzerfahrzeuge imaginiert.

Vernetzungen und neue Verkehrs-Großsysteme

Mobilitätsutopien können unter anderem danach differenziert werden, ob eher auf eine Verstärkung individuelle Mobilität gezielt wird oder auf die Schaffung neuer Infrastrukturen und Systeme. Eine grundsätzliche Unterscheidung ist zu treffen zwischen systemfernen oder systemablehnenden Utopien einerseits und gezielt systemischen Utopien andererseits. Zu den ersteren gehört etwa als neues Verkehrsmittel das »Dampfhaus«, der stählerne Elefant Jules Vernes aus dem Roman *Maison á vapeur* (1880), der eine Jagdgesellschaft in Britisch Indien in der Isolation vom übrigen Verkehr, aber mit Komfort durch den Dschungel zu bewegen vermag. Oft treten Utopien individueller Verkehrsmittel als antisystemische Utopien eines Ultra-Individualverkehrs auf und basieren auf der Ablehnung großer, kontrollierter und kontrollierbarer Verkehrssysteme. Tatsächlich beruhte die Attraktion des frühen Automobils auf seinem offenbaren Potential zum Verlassen von als restriktiv empfundenen Systemen. Zum zweiten Typ von Utopien, den gezielt infrastrukturbasierten, gehört beispielsweise der Eisenbahntunnel zwischen Europa und den USA, den der Ingenieur MacAllan in Bernhard Kellermanns *Der Tunnel* (1913) entwirft und baut, wobei Verkehrstunnel ein Untertyp von Infrastrukturutopien darstellt.[23] Auch die

22 Broelmann, *Intuition und Wissenschaft.*

23 Bülow, »Transatlantic Tunnel«, S. 41–49.

schwimmende Flugplattform im Atlantik in Kurt Siodmaks Zukunftsroman *F.P.1 antwortet nicht* von 1931 ist ein Vertreter dieses Gattungstyps, der eine Entsprechung in Flugstützpunkt-Schiffen im Atlantik hatte.

In den fünfziger Jahren sind ein gesteigertes Interesse und eine verstärkte Lust an infrastrukturbasierten Konzepten, an einer systemischen Eingebundenheit und an einer großtechnischen Vernetzung von Mobilität bemerkbar. Verschiedene Verkehrssysteme und Mobilitätslevels wurden konzeptionell verbunden, Individual- und Kollektivsysteme vernetzt und miteinander gekoppelt. Insbesondere in der »Stadt der Zukunft«, wie das Schlagwort lautete, sollten die Verkehre auf verschiedenen Ebenen verlaufen und hocheffizient und pausenlos erfolgen. Imaginiert wurden Rollsteige, Kabinenbahnen, Vertikaltransportgeräte, VTOL-Fluggeräte (VTOL steht für *vertical take-off and landing*) und Hochgeschwindigkeitszüge mit neuen Antriebssystemen und auf Fahrwegen, die nichts mehr mit dem alten Rad-Schiene-System zu tun hatten. Typisch dafür ist diese Passage aus einem Jugendbuch von 1959:

»Die Großstadt der Zukunft wird in mehreren Schichten nach oben wachsen. Der Verkehr wird sich größtenteils hoch über der Erde und unter der Erde abwickeln. Da werden übereinanderliegende Fahrbahnen sein für Omnibusse, für Kraftwagen im Städte-Nahverkehr und Autobahnen für den Fernverkehr. Alweg-Bahnen kreuzen sich mit Röhrenbahnen, und die Luft wird durchflogen von riesigen Atomflugzeugen, von Raketen, die zum Nachbarplaneten rasen, von Hubschraubern für den städtischen Nahverkehr und von Senkrechtstartern.«[24]

Solche hochsystemischen Mobilitätsutopien waren Ausdruck gesteigerter Technikbegeisterung und der technischen Modernisierungsvorstellungen der beiden Nachkriegsjahrzehnte.[25] Hierin manifestiert sich der zweite lange Trend verkehrsutopischer Ideen: Neben einer Hyper-Individualisierung wird eine Hyper-Systemisierung formuliert. Ein Aufgehen des mobilen Einzelnen in großtechnischen, emphatisch modernen Transportsystemen schien einen eigenartigen Reiz auszuüben. Die konkreten Realisierungen blieben dagegen, im Kontrast dazu, sehr oft »ewige Zukunftshoffnungen«.[26]

Bemerkenswert ist aber auch die ästhetische Komponente der Verzahnung solcher großsystemischer Verkehrsnetze untereinander und die gar nicht immer funktional orientierte Lust an der utopischen Projektion. Prototypisch dafür waren die phantastischen Ausklappillustrationen in dem populärwissenschaftlichen Jugendjahrbuch *Das Neue Universum*. In diesen Bildern der fünfziger bis siebziger Jahre, die der Illustrator Bürgle schuf, kamen immer wieder

24 Lässig, *Großstadt der Zukunft*, S. 145.

25 Dazu Neuhold, »Androiden«, S.74–87.

26 Zeller, »Kombinierter Verkehr«, S. 378–394.

Verkehrs-Großsysteme vor, sogar solche auf fernen Planeten, oder auch Fahrzeuge für künftige Tiefseestädte. Sie bekamen eine autonome Bildqualität und einen ästhetische Attraktion, die die Frage nach einer Wünsch- und Machbarkeit solcher Ideen zumindest für die rezipierenden Nichtfachleute in den Hintergrund treten ließ.

Auch nach dieser technikeuphorischen Phase hatten Verkehrsvernetzungsutopien Konjunktur, allerdings in veränderten soziokulturellen Kontexten. Im Rahmen der Krisenwahrnehmung des Individualverkehrs und der Kritik am Automobil wurden alternative Transportsysteme konzipiert, die die Vorzüge des öffentlichen und privaten Verkehrs kombinieren sollten. Im Vergleich zu den früheren innovativen Mobilitätssystemen waren die Anwendungsformen nun stärker fokussiert und wurden stärker von der Nutzung her gedacht. Allerdings war der Realisierungsgrad ebenso gering. An solchen alternativen Verkehrskonzepten wird deutlich, dass sich Transport- und Verkehrsutopien sinnvoll nur in gesamtgesellschaftlichen oder auch politischen Rahmen interpretieren lassen – in diesem Fall im Wandel der Haltung zur Technik von den fünfziger bis zu den achtziger Jahren.

Monumentale Infrastrukturphantastik

Ein Spezialfeld von Infrastrukturphantasien waren staatsbasierte Großprojekte von oft monumentalem Charakter. Während der nationalsozialistischen Herrschaft wurde nicht nur eine gigantische Rekonstruktion der Hauptstadt projektiert, sondern auch ein gewaltiges schienengebundenes Transportsystem. Dieses Netz von Breitspurbahnen kam zwar nicht über elaborierte Konzepte hinaus. Mit der Realisierung begonnen wurden hingegen vor dem Krieg monumentale Straßenbauten, die Autobahnsysteme in Italien und Deutschland und das Interstate-Highway-System in den USA, letzteres das wahrscheinlich größte Bauprojekt, das jemals fertiggestellt wurde. Ebenso gebaut wurden die extensiven, zunächst durchaus utopisch scheinenden Kanalisierungen, Umkehrungen von Flußläufen und künstlichen Kanalsystemen in der Sowjetunion seit den zwanziger Jahren. Dies waren nicht nur Transportadern, hier wurde die Grenze neuer Mobilitätsinfrastrukturen zu Projekten einer symbolischen Herrschaft über die Natur überschritten. Es lässt sich zwar nicht behaupten, dass diese Projekte nur innerhalb der auch im Frieden stattfindenden »totalen Mobilmachung« der Gesellschaft entstanden und realisiert werden konnten.[27] Die

27 Fisher, *Fantasy and Politics.*

meisten dieser infrastrukturbezogenen Monumentalutopien waren aber militärisch motiviert, direkt oder indirekt.

Solche naturverändernden Projekte fanden auch immer wieder literarische Reflexe: In Alfred Döblins Roman *Berge, Meere und Giganten* von 1927 etwa wurden die Konsequenzen solcher monumentaler Beherrschungsvorhaben der Natur narrativ durchgespielt. Nach der Niederlage im »Uralischen Krieg« im 26. Jahrhundert wenden sich die westlichen Industriestaaten dem Projekt einer Enteisung Grönlands zu.

Offensive und defensive Mobilitätsutopien

Eine weitere Klassifikationsmöglichkeit besteht darin, offensive von defensiven Verkehrsutopien zu unterscheiden. Defensive Verkehrsutopien zielen im Gegensatz zu offensiven darauf, erreichte Levels der Mobilität – quantitativ oder qualitativ – auch angesichts neuer Limitationen, die technischer, sozialer, politischer oder ökonomischer Art sein können, zu erhalten und zu sichern. Solche defensiven Konzepte erlebten einen kräftigen Schub mit dem Neuansatz einer sozialen und ökologischen Kritik am Automobil, die seit den sechziger Jahren von den USA ausging. Die öffentliche Diskussion um stark steigende Zahlen von Verkehrstoten und um die Sicherheit von Serienfahrzeugen, die von Ralph Naders Buch *Unsafe at any Speed* angestoßen wurde, führte zu Experimentalfahrzeugen mit Sicherheits-Features, aber auch zu der Utopie eines völlig unfallfreien Straßenverkehrssystems im Ganzen. In Fall der Sicherheitsutopien kann also der Fokus sowohl auf der Verbesserung des einzelnen Fahrzeugs als auch des Fahrzeugsystems liegen.

Das Gegenstück dazu, erwachsen aus den Ölkrisen der siebziger Jahre und den darum angesiedelten gesellschaftlichen Debatten, waren Utopien von umweltverträglichen, nicht die Umwelt verschmutzenden Fahrzeugsystemen. Neue, Ressourcen schonende Antriebssysteme innerhalb der Individualmotorisierung, aber auch radikalere Alternativen zu diesem Typus der Mobilität wurden ausformuliert.[28] Zu den letzteren gehörten neuartige Mobilitätssysteme, oft zwischen Individual- und öffentlichen Verkehrsmitteln, die die erkannten Defizite des Individualverkehrs, wie Unfallrisiken, Staus und Energieverschwendung zusammen lösen sollten. Dazu gehörten etwa schienengebundene Kabinentaxis oder koppelungsfähige automatisierte Verkehrsmittel, wie sie in der Technikeuphoriephase der fünfziger und sechziger Jahre Konjunktur hat-

---

28 Etwa Vester, *Ausfahrt.*

ten. Utopien dieser Typen sind dabei defensiv nur im sozialen Sinn; sie konnten dabei auch durchaus technisch offensiv sein und qualitativ und quantitativ erhöhten Technik- Input erfordern und nur mit beträchtlichen Investitionen realisierbar sein.

Dystopien künftigen Verkehrs

Mit der außerordentlichen Ausbreitung des Individualverkehrs im 20. Jahrhundert entstanden zunehmend auch Dystopien, die oft auf Verkehrsüberforderungen oder -zusammenbrüche fixiert waren, die in der Zukunft unvermeidbar auftreten würden. Nicht erst in den letzten Jahren gab es immer wieder Visionen zum Erliegen gekommener, statisch gewordener Mobilität, oft in Form von Super-Staus. Dies geschah parallel zur journalistischen Wahrnehmung von Mobilitätskrisen, etwa in Filmen wie Jean-luc Godards *Weekend* (1967), die natürlich nicht im strikten Sinn utopisch sind, aber auch in Erzählungen wie der des Südamerikaners Julio Cortazar, *Das Feuer aller Feuer* von 1976.[29]

Zu den radikalsten Nah-Dystopien, die mögliche Wirkungen des Straßenverkehrs in einer bevorstehenden Zukunft reflektierten oder prognostizierten, gehörte der Roman *Crash* von James G. Ballard (1973/74). Verletzungen durch Autounfälle erscheinen als Quelle erotischer Attraktion. Unfälle stören nicht die außerordentliche emotionale Aufladung des Privatautomobils, sondern tragen sogar noch zu seinen Attraktionen bei. Der provokative Charakter von Ballards Phantastik, die Gewalt und physische Versehrtheit durch Mobilität mit Drogen- und Lusterfahrungen kombiniert, ist in der Romanverfilmung von 1996 kaum geringer geworden.

Militär und Gewalt

Ein wesentlicher Teil von Mobilitätsentwürfen waren militärische oder zumindest gewalt- oder aggressionsdominierte Utopien. Typisch für diesen »schwarzen« Strang ist der Komplex von Luftkriegsutopien, die sich schon vor der erfolgreichen technischen Lösung des motorisierten gesteuerten Fluges und parallel dazu herausbildeten. Längst vor den konkreten militärischen Einsätzen von Luftschiffen und Aeroplanen entstand ein eigener literarischer Zweig der

29 Möser (2006), *Stau.*

Verwendungsutopien, der durch die Imagination von Destruktion in bislang unerhörtem Maßstab gekennzeichnet war.[30] Der bekannteste Text, H. G. Wells, *The War in the Air* von 1908, war dabei weder der erste noch der radikalste. Stets ging es den Autoren der Texte vor 1914 darum, Fahrzeuge schwerer und leichter als Luft als Transportmittel von Sprengstoffen einzusetzen, wobei als Zielgruppe eher die gegnerischen Zivilbevölkerungen als dessen Truppen dienten.

Seltener entstanden Utopien, die eine Welt imaginierten, wie sie nach einem Luftkrieg aussehen würde. Rudyard Kipling stand hier nahezu allein. Seine Phantasie einer Weltherrschaft durch einen internationalen »Aerial Control Board« in den Erzählungen *As Easy as A.B.C.* und *With the Night Mail* hat eine via Luftmobilität gewaltsam pazifizierte Welt zum Zentrum.[31] Die funktional orientierte Systemkontrolle des Luftmobilitätssystems übertrifft und ersetzt dabei traditionelle politische und nationale Kontrollmechanismen. Die Utopie eines durchorganisierten expertokratischen Mobilitätssystems mit universalem Anspruch, das unter Umständen mit Gewaltmaßnahmen aus der Luft jeden Widerstand brechen kann, hat dabei durchaus totalitäre Züge. Das luftmobile Herrschaftsverfahren des »Aerial Bord of Control« erinnert dabei an Jonathan Swifts schwebende Insel, die im fünften Buch von *Gulliver's Travels* durch Schattenwurf, Luftbombardierungen bis hin zum physisches Zerquetschen widerständiger Erdbewohnen eine Abstufung von Repressionsmaßnahmen aus der Luft auszuüben vermag.

Typischer als solche vorgeblich friedensschaffenden, aber keineswegs aggressionsfreien Kontrollkonzeptionen *qua* Mobilität waren aber direktere Gewaltutopien: Massenvernichtungsphantasien von Städten, Luftschlachten und Invasionen von Mobilitätsmaschinen, die in der Lage waren, ganze Bevölkerungen auszulöschen. Mit solchen phantastischen Mobilitätsmaschinerien vermochten auch kleine oder in konventionellen Kriegen besiegte Nationen ihre mächtigeren Gegner zu bezwingen. Utopische Destruktionsmobilität, ausgeübt von soldatischen Spezialisten, sollte durchwegs für einen hoch gewaltsamen, aber außerordentlich abgekürzten Kriegsverlauf sorgen.

Die Utopie eines hochtechnologischen Mobilitätskrieges, an der schon vor 1914 kollektiv gearbeitet wurde, schien in mehrfacher Hinsicht attraktiv: Damit konnte der europäische Rüstungswettlauf auf eine qualitativ andere Ebene gehoben werden; neue Technologien konnten die konventionelle Massenrüstung obsolet werden lassen. Typisch hierfür ist Paul Scheerbarts Text *Die Entwicklung des Luftmilitarismus und die Auflösung der europäischen Land-Heere, Festungen*

30 Franke, *Zukunftsroman.*

31 Kipling (1910), *Night Mail*, u. Kipling (1910), *Actions and Reactions*, S. 111–152.

und See-Flotten von 1909. Er spielte darin durch, dass »Luftkreuzer« nicht nur Festungen, sondern auch »Dreadnoughtflotten« mit einem Mal jede militärische Relevanz einbüßen würden. Solche vor 1914 durchaus weit verbreiteten, den europäischen Rüstungswettlauf oft kritisch kommentierenden Utopien nährten die Erwartung, dass damit auch kleine Nationen, sofern sie technologisch avanciert waren, eine erhöhte Chance in den nationalen Rivalitäten bekamen.

In dieser Phase gewalthaltiger Utopien wurde immer wieder innovative Mobilitätstechnik mit sozialdarwinistischem Gedankengut kombiniert. Militärisch genutzte Mobilitätsmaschinen wurden so zu Werkzeugen im Kampf um den *survival of the fittest* der Nationen. H. G. Wells *The Land Ironclads* von 1903 beispielsweise war eben nicht nur ein Text über zukünftige Panzerfahrzeuge und die Revolutionierung der Kriegführung, sondern auch über einen neuen soldatischen Typus, der diese Form mobiler Kriegführung erfolgreich durchführen sollte.[32] Die »Bediener« bestanden aus einer neuen Art von Technikersoldaten, die zunächst als bebrillte, körperlich nicht sonderlich fitte »Crowd of devitalized townsmen« diffamiert wurden, die den im traditionellen Kriegshandwerk perfekionierten Gegnern als Individuen unterlegen sein mussten. Doch ihre Qualitäten im mechanisch orientierten Kampfteam der »Landpanzerkreuzer« trugen zu einer enormen Überlegenheit eines Landes bei, die Mobiltechnik so einsetzt, dass sie einen Vorteil im sozialdarwinistischen »struggle of the nations« bewirkt.

Generell bekamen Ideen einer neuen Mobilitätskriegsführung nach der Erfahrung des Weltkrieges Konjunktur, und zwar zu Lande – durch J. F. C. Fullers oder Basil Liddell Harts Konzepten gepanzerter Offensivkräfte, und in der Luft, angeregt zum einen durch die konkreten Erfahrungen der deutschen strategischen Luftangriffe auf Großbritannien der Jahre 1917/18 und andererseits durch Giulio Douhets Buch *Luftherrschaft*. Diese Konzepte von mobilitätsbegeisterten »military intellectuals«, die neue Kriegführungsformen von unerhörter Destruktionskraft und außerordentlicher Beschleunigung propagierten, waren Gegenmodelle, die einen befürchteten langen Krieg mit totalem Charakter und der Mobilisierung des gesamten Gesellschaft obsolet werden ließen. Wie weit aber solche »revolutionären« militärischen Mobilitätskonzepte unter den Begriff der Utopie subsumiert werden können, ist aber durchaus fraglich.

Mitunter erscheinen heute militärische Großprojekte, die von den Militärs während ihres Entstehungszeitpunktes als realisierbar eingeschätzt worden waren und beträchtliche Ressourcen zugewiesen bekommen hatten, als völlig

32 Wells, *Ironclads*, S. 131–157.

phantastisch. Ein Beispiel dafür ist das Projekt des *Supersonic Low-Altitude Missile* (SLAM), das unter dem Codenamen *Pluto* ab 1957 in den USA entwickelt wurde.[33] Es war ein unbemannter Flugkörper zum automatischen Abwurf von Dutzenden von Atombomben, dessen Atomreaktor einen Ram-Jet betreiben sollte, um Mach 3 zu erreichen. Zusätzlich sollte ein letaler Schallkegel erzeugt und große Gebiete verstrahlt werden, bevor der Absturz über einer Stadt erfolgen sollte. Diese *doomsday machine* steht im Schnittpunkt einiger Merkmale »schwarzer« Mobilitätsutopien: der Automatisierung, der aggressiven Geschwindigkeit, der maximalen Destruktivität.

Literatur

Anonym, (1903), »Der Riesenmotor Passe-Partout«, in: *Bibliothek der Unterhaltung und des Wisssens 1903*, S. 242–244.

Bijker, Wibe E. (1990), *The Social Construction of Technology*, Eijsden.

— (1995), *On Bicycles, Bakelite, and Bulbs. Towards a Theory of Sociotechnical Change*, Cambridge, Mass., London.

Broelmann, Jobst (2002), *Intuition und Wissenschaft in der Kreiseltechnik*, 1750–1930, München.

Bülow, Ralf (2005), »A Transatlantic Tunnel, Hurrah!« Langstreckentunnel in der Science Fiction«, in: Anita Antal u. a. (Hrsg.), *Verkehrssysteme der Zukunft*, Tagungsband, Wetzlar, S. 41–49.

Corn, Joseph J. (1983), *The Winged Gospel. America's Romance with Aviation, 1900–1950*, New York.

Daule, S. (1906), *Der Kriegswagen der Zukunft*, Leipzig.

Dienel, Hans-Liudger/Trischler, Helmuth (Hrsg.) (1997), *Geschichte der Zukunft des Verkehrs. Verkehrskonzepte von der Frühen Neuzeit bis zum 21. Jahrhundert*, Frankfurt am Main, New York.

Fisher, Peter S. (1991), *Fantasy and Politics. Visions of the Future in the Weimar Republic*, Madison, Wisconsin.

Franke, Henning (1985), *Der politisch-militärische Zukunftsroman in Deutschland 1904–1914. Ein populäres Genre in seinem literarischen Umfeld*, Frankfurt am Main.

Herken, Gregg (1990), »The Flying Crowbar«, in: *Air & Space magazine* 5, H. 1, S. 28–34.

Herwarth, Hans-Waldemar von (1912), *Unser Luftreich – unsere Zukunft*, Berlin o. J.

Jarry, Alfred (1987), *Der Übermann. Moderner Roman.* Gesammelte Werke, hrsg. v. Klaus Völker, Frankfurt am Main.

Kipling, Rudyard (1910), »With the Night Mail. A Story of 2000 A.D.«, in: Rudyard Kipling, *Actions and Reactions*, London, S. 111–152.

Kisch, Egon Erwin (1983), *Ein Spaziergang auf dem Meeresboden. Der rasende Reporter*, Berlin, Weimar.

33 Herken, »Flying Crowbar«, S. 28–34.

Konrad, Kornelia (2004), *Prägende Erwartungen. Szenarien als Schrittmacher der Technikentwicklungen*, Berlin.

Lässig, Theo (1959), »Die Großstadt der Zukunft. Überall dabei«, in: *Jahrbuch Gütersloh*, S. 144–150.

Lauinger, Norbert (2005), »Das Automobil auf dem Weg zum AUTOmobil. Fahrerassistenz- und Fahrerersatzsysteme im Wettlauf gegen menschliches und technisches Versagen«, in: Anita Antal u. a. (Hrsg.), *Verkehrssysteme der Zukunft*, Wetzlar, S. 123–130.

Möser, Kurt (1992), »Tiefenerfahrung. Zur Geschichte der Tauchtechnik«, in: *Technikgeschichte* 59, S. 193–216.

— (1999), »Amphibien, Landschiffe, Flugautos – utopische Fahrzeuge der Jahrhundertwende und die Durchsetzung des Benzinautomobils«, in: *Jahrbuch für Wirtschaftsgeschichte*, Bd. 1, S. 63–84.

— (2002), *Geschichte des Autos*, Frankfurt am Main, New York.

— (2005), »Transport und Bewegungslust. Die Funktionen der Straßenmobilität heute«, in: Caroline Robertson-von Trotha (Hrsg.), *Mobilität in der globalisierten Welt*, Karlsruhe, S. 29–44.

— (2006), »Der Stau – Zur Geschichte der Überfüllung des Verkehrssystems«, in: Torsten Meyer/Marcus Popplow (Hrsg.), *Technik, Arbeit und Umwelt in der Geschichte*. Günter Bayerl zum 60. Geburtstag, Münster u. a., S. 281–296.

Neuhold, Uwe (2005), »Träumen Androiden von elektrischen Straßen? Verkehrsvisionen in der Science Fiction-Literatur«, in: Anita Antal u. a. (Hrsg.), *Verkehrssysteme der Zukunft*. Tagungsband, Wetzlar, S. 74–87.

Popplow, Marcus (2003), *Motor ohne Lobby? Medienereignis Wankelmotor*, Ubstadt-Weiher, Basel.

Riha, Karl (1989), »Science Fiction und Phantastik. Zur unterschiedlichen literarischen Reaktion auf den technischen Prozeß um die Jahrhundertwende«, in: Götz Grossklaus/Eberhard Lämmert (Hrsg.), *Literatur in einer industriellen Kultur*, Stuttgart, S. 239–257.

Tatlin, Vladimir (1993), *Retrospektive*. Ausstellungskatalog, Köln.

Vester, Frederic (1990), *Ausfahrt Zukunft. Strategien für den Verkehr von morgen. Eine Systemuntersuchung*, München.

Wells, Herbert G. (1927), »The Land Ironclads«, in: *The Short Stories of H. G. Wells*, London, S. 131–157.

Wright, Patrick (2000), *Tank. The Progress of a Monstrous War Machine*, London.

Zeller, Thomas (1997), »Kombinierter Verkehr – die ewige Zukunftshoffnung«, in: Harry Niemann/Armin Hermann (Hrsg.), *100 Jahre LKW. Geschichte und Zukunft des Nutzfahrzeuges*, Stuttgart, S. 378–394.

V.
Grenzenlose Möglichkeiten und Verwundbarkeit

21. The Great European Infrastructure Projects and their Outcome

Michèle Merger

The development of the European transport infrastructure networks has been conditioned by many factors for a long time-national barriers, competitive context, technology on national scale. These factors have created many problems and inconsistencies at the international level, and when the European Community was founded, the transport infrastructure was still excessively oriented inwards. It was only in the early 1990s that the development of a Trans-European Network (TEN) became a political priority, as it was considered a supporting tool for the single market. Title XII of the Maastricht Treaty, which came into force in November 1993, emphasises that infrastructure must be the physical support for the mobility of goods and passengers. Numerous documents published in the 1990s by the European Commission stressed the importance of TEN, and at the December 1994 Summit in Essen, fourteen major projects were selected. In July 1996, a European Parliament and Council decision gave the principles and the overall objectives on guidelines for the development of the TEN. In 2003, a new ambitious programme was proposed with a time horizon of 2020, responding to the enlargement of the EU (May 2004), which was expected to increase the importance of the transport networks as it became necessary to open up the EU to the new member countries and to build links between them.

The development of the Trans-European Network is one of the major challenges that the Community has been confronting since the end of the last century. This paper aims not only to examine the intentions of the European Commission, but also to evaluate the efficiency and the results of this policy.

The Trans-European Network programme from hope to disappointments

The European Commission's 1993 *White Paper on Growth, Competitiveness and Employment* emphasised the potential effects of major transport projects on growth and in the battle against unemployment in Europe. It also evoked the idea of drawing up a list of 26 projects of community interest with a number of measures aiming at mobilising public and private actors. In response, the Brussels European Council of December 1993 adopted a series of important decisions to speed up the implementation of 34 TEN.

Fourteen priority projects

At its meetings in Corfu and in Essen (in June and December 1994), the European Council endorsed a list of 14 specific projects and, in July 1996, the European Parliament and the Council adopted guidelines for the development of the TEN that set 2010 as its target date for completing their achievement.

The projects were selected from the 34 projects submitted to a group of experts chaired by a former Vice President of the European Commission, Henning Christophersen.[1] Under his leadership, the selection was made according an approach based on different criteria as follows:

- the projects had to be projects of common interest, as described in the EU guidelines for the development of a trans-European transport network
- they had to be of exceptional size, bearing in mind the type of project and the relative size of the Member States directly concerned
- they had to pass the economic viability test, including improvements of competitiveness and the technological performance of the EU
- they had to allow for the possibility of private financing
- they had to be mature enough to be carried out quickly
- they had to avoid the public financing of infrastructure which would lead to competition contrary to the common interest
- they had to follow EU legislation

With this methodology, the Christophersen Group approved the projects acknowledged as top priority. These did not present technical problems; they were evaluated regarding their conformity with the European interest, their potential effects on economic growth, and their impact on the environment.

The programme represented a total cost of about 92 billion European Currency Units (ECU). It particularly addressed the European rail transport infra-

1 Born in Copenhagen in 1939, Christophersen was one of the leaders of the Danish Liberal Party. Between 1978 and 1984 he was Foreign Minister, Finance Minister and Deputy Prime Minister of Denmark. In 1985 he became Vice President of the European Commission and was responsible for Economic and Financial Affairs. He held these posts until 1995. He is currently a member of supervisory Boards of Directors.

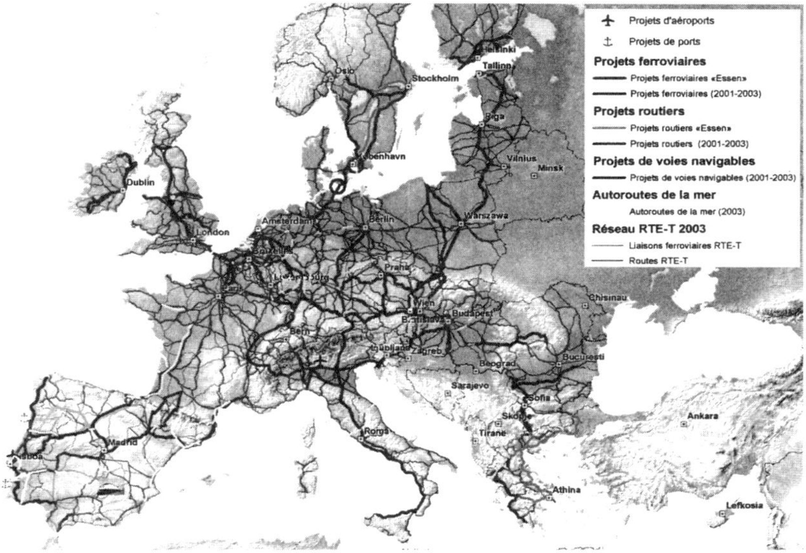

Abb. 21.1: Map of the Trans-European Networks

Quelle: Map created by the author on the fundament of a map in European Commission Directorate General for Energy and Transport, Trans-European Transport Network, S. 12–13.

structure: nine of the 14 projects approved were rail links, accounting for approximately 80 per cent of the estimated cost. Five high speed railway lines were acknowledged to be a top priority. Because of their initial spectacular commercial results and vast improvements in quality they brought, the railways involved in the high speed sector were seen as the basic components of the future European transport infrastructures. The project of a high speed network took shape in several stages starting at the end of the 1980s. At first, high speed networks supported internal transportation within individual countries. The European railway companies put together proposals within the *Union Internationale des Chemins de Fer* (UIC) that were submitted to the European Commission at the end of 1989 where it was given a favourable reception. On this basis, the Council of Ministers created a high-level working group for high speed trains including representatives of governments, railway companies and industries. This group presented a first report in the late 1990s that contained a

Tab. 21.1: The 14 priority projects according to the European Council meeting in Essen, December 1994, also called the »Essen projects« or the »Essen 14«

High speed train projects

1. North-South: Nuremberg – Erfurt – Halle/Leipzig – Berlin – Brenner Axis (21 billion ECU)
2. PBCAL: Paris – Brussels – Cologne – Amsterdam – London (16 billion ECU)
3. Madrid – Barcelona – Montpellier and Madrid – Vitoria – Dax (13 billion ECU)
4. TGV East: Paris – Metz – Strasbourg – Appenweier with connections to Saarbrücken, Mannheim and Luxembourg (4.5 billion ECU)
5. Lyon – Turin – Milan – Venice – Trieste (14 billion ECU)

Conventional railway projects

1. Betuwe line from Rotterdam to Dutch/German border near Zevenaar (160 kilometre) (3.3 billion ECU)
2. Cork – Dublin – Belfast – Larne – Stranraer (0.3 billion ECU)
3. West Coast main line: railway from London to Glasgow and Edinburgh (0.9 billion ECU)

Fixed rail/road link

1. Copenhagen, Denmark and Malmö, Sweden (the Øresund link) (3.4 billion ECU)
2. Nordic Triangle: railway/road/maritime infrastructures in Sweden and Finland (4.4 billion ECU)

Motorway and road projects

1. Greek motorways from Igoumenitsa to Kipi and Ormenio, and from Patras to Promahon (6.4 billion ECU)
2. Motorway Lisbon – Valladolid (1.1 billion ECU)
3. Ireland, United Kingdom and Benelux road link (2.7 billion ECU)

Airport project

1. Milan Malpensa Airport (1.0 billion ECU)

Quelle: International Union of Railways and Community of European Railways (Hrsg.) (1995), High Speed Rail Mobility on the good track, trim. 4, Paris, Brussels, S. 18.

master plan for the European network of 15 high speed links. A second report published in February 1995 gave the results of the studies undertaken on the socio-economic impact on the EC and on possible synergy between modes. This plan has been revised with the signature of the Maastricht Treaty. The basic idea was to develop the European High Speed and combined transport networks, designing them for optimal connectivity with conventional rail services and those of other modes (air and road).

The second group of projects after the high speed train projects included »classical« railway links in or with peripheral regions (Republic of Ireland and Northern Ireland; Scotland), and the Betuwe line, which was expected to be the best solution to reduce the road transport and the artery dedicated to freight transport between the port of Rotterdam and the German hinterland

(160 kilometres).[2] The Øresund link was planned to create a direct road and rail link between Copenhagen and Malmö, a four-lane motorway and a double track railway: it was therefore seen as a powerful symbol of united Europe because, like the Channel Tunnel (which went into service in June 1994), it would supply a link that had been missing before.

A programme bristling with administrative and financial difficulties

In September 2001, the European Commission released a White Paper entitled *European Transport Policy for 2010: time to decide.* The paper noted that the construction of infrastructure was underway, but it also pointed out that only three of the scheduled projects had been completed: the Milan Malpensa Airport, the Øresund link, and the Cork-Dublin-Belfast-Stranraer railway axis.[3] Moreover, only eight others were expected to be completed by 2010: the Betuwe line Rotterdam to Germany, the Paris-Brussels-Cologne-Amsterdam-London (PBCAL) high- speed railway line, and the West Coast main line, in 2007; the Greek Pathe and Via Egnatia motorways, in 2008; the TGV East, the high speed line between Lyon and Trieste, the high speed line between Nuremberg and the Brenner Axis, and the Nordic Triangle in 2010.[4]

It was clear that the »results fall short of the original ambitions«.[5] The major cause of the disappointment was lack of funds. From 1998 to 2001, the TEN-T budget provided 2.11 billion euros and slightly over 50 per cent of this amount was allocated to the 14 specific projects. During the period 1998 – 2001, the funds from TEN-T budget in form of direct grants was put at 2.11 billion euros and slightly over 50 per cent of this amount (53.4 per cent) was

2 The Betuwe line first appeared as a national infrastructure project in 1983. According the Netherlands government, the choice to build the line was made to secure the position of Rotterdam that competed with other ports especially with its nearest neighbour Antwerp. For the planning history of the Betuwe line, see Janssen, Drewe, Hombrink, »Betuwe line«, S. 207–218.

3 Milan Malpensa 2000 Airport was opened in October, 1998 and it was completed in 2001; The Øresund link went into service in July 2000; the Cork-Dublin line in the Republic of Ireland was completed in 1996 and the Dublin-Belfast section in 1999. A fast rail service between these two cities was launched in October 1997; only the Belfast-Larne section was not upgraded in 2001.

4 The remaining projects were high speed line north-south (2012), Ireland/United Kingdom/Benelux road link (2012) and the multimodal link Portugal-Spain-central Europe multimodal link (completion date is not indicated). See Commission Européenne Direction Générale de l'Énergie et des Transports, *Réseau transeuropéen de transport*, S. 15–39.

5 Barrot, »networks«, S. 3.

allocated to the Essen projects as follows: 1998: 305, 1999: 288, 2000: 288 and 2001: 248 million euros.

The Cohesion Fund and the European Regional Development Fund are the main sources of EU support for TEN projects. From 1998 to 2001, the Cohesion Fund was put at 7.58 billion euros and commitments from the European Regional Development Fund (ERDF) were estimated at three billion euros. Most of the major projects were located in countries that were not eligible for these two financial instruments, which concern peripheral regions and countries with weaker economic performance. The Cohesion Fund provided almost 70 per cent of the total funding for TEN projects in Ireland, Portugal, Greece and Spain.

During the phase of preparatory studies, the maximum rate of EU support could be as high as 50 per cent of the costs, but over the life of a project, the total amount could not exceed ten per cent. Although EU aid is attractive during the study phase, it appears much less so during construction. As it happened, work following the study period did not even benefit from funding at the maximum level of ten per cent. The resources allocated appeared laughably inadequate in comparison to the costs. As regards funding by transport mode, two thirds of the TEN budget was allocated to rail projects (62 per cent), while the second largest share was allocated to road (13.5 per cent). The share of rail in the Cohesion Fund reached 60.8 per cent and the average allocation of road projects amounted to 29 per cent.

In addition to these funds, the European Investment Bank also contributed to financing the projects through loans. From 1998 to 2001, the total amount was 19.5 billion euros, of which the largest sum was granted to road infrastructure, i. e., to projects with low risk and higher short term profitability (11.5 billion euros), followed by railway projects (eight billion euros). These loans, which have to be repaid, are included in the national budgets whose share was completely inadequate. The Member States, faced with budgetary constraints and national investments, are often subject to domestic priorities, to the capricious evolution of the economy, and to changing priorities, which has a negative effect on projects whose benefits concern other States.[6] In the 1990s, they invested, on average, less than one per cent of their gross domestic product on building transport infrastructure.

The other main causes for the increasing of delays were administrative obstacles, challenges in local courts, and changes in national governments. The

6 We observe that in most Member States the support for rail projects and studies was by far the highest compared to other modes. Denmark, where the largest support was given to the construction of the Øresund link, was an exception.

Italian case is certainly the best example to illustrate how projects suffered from having to undergo different and complex administrative and decision-making procedures: the *Conferenza dei servizi*, constituted by local and regional interests, national environmental associations, such as World Wide Fund For Nature and Legambiente, and politicians, has to examine each project; this procedure may take more than two years, before the project can be approved by the Minister of Transport and adopted by Parliament.

New priority projects with the European enlargement

Taking into account the rate of investment, it could be concluded that many years would be needed to complete the projects. Long delays were particularly affecting the cross-border section projects. Less than a quarter of the funding for the cross-border sections had been found and, at this rate, more than ten years would be needed to complete all 14 specific projects. While this assessment was alarming, the situation was in danger of getting worse as certain major axes became saturated, bottlenecks increased, and transport demand evolved and increased in a European Union that was to become larger with the integration of ten more countries in May 2004. The White Paper *European Transport Policy for 2010* not only sounded the alarm on the delays in the completion of the networks, but also noted the imbalance of transport modes. It suggested this situation was calling for a re-balancing growth placed at the heart of a sustainable development strategy. The White Paper also advocated greater emphasis in the European transport policy on modal shift, as the way to sustainability, following the conclusions of the Göteborg Council of June 2001 which made the following statement:

»the Göteborg Council invites the European Parliament to adopt by 2003 revised guidelines for trans-European networks [...] with a view to giving priority, where appropriate, to infrastructure investment for public transport and for railways, inland waterways, short sea shipping, intermodal operations and effective interconnection.«[7]

The subsequent Council of Barcelona (15–16 March 2002) repeatedly called on the European institutions to adopt new guidelines, taking account a worrying increase in congestion, and including financial rules and new priority projects.

At the end of 2002, the Vice-President of the Commission, Loyola de Palacio, who was responsible for Transport and Energy, decided to create a High

7 High Level Group on the Trans-European Transport Network, *Report*, S. 15.

Level Group to assist the European Commission.[8] It was her aim to draw up a precise inventory of the situation and to identify by the summer of 2003 the priority projects and issues that were key for the TEN-T on the basis of proposals from the Member States and the countries that were to become Member States in 2004.[9] The Group was set up under the chairmanship of Karel Van Miert and met ten times between December 2002 and June 2003.[10] It considered the eleven unfinished projects among those adopted by Essen European Council and 100 new projects. The objective of the Group was to check the commitment of the States concerned to carry them out within a time limit and examine the advisability of keeping them on a list of priority projects. According its selection method, the Group proposed projects that had to present three main qualitative criteria:

- to be on a main trans-European axis of the enlarged Europe, particularly taking into account congestion problems and/or missing links;

8 Born in Madrid in September 1950 de Palacio was educated at the *Lycée Français* and graduated in law at Complutense University in Madrid. In 1976 she was a founder member of the Alianza Popular (renamed the Partido Popular in 1989). She set up its youth section (*Nuevas Generaciones*) and became its first leader. In June 1986, she was elected to represent Segovia in the *Senado* (Upper House of Spain) and from 1989 to 1999, she was a deputy for Segovia in the *Cortes* (Lower House). In May 1996, she was appointed minister of Agriculture, Fisheries and Food in the Josè Maria Aznar's government that took power after the Spanish election. She headed the Partido Popular's list for the June 1999 European elections and after this election she joined the Prodi European Commission on 13 September 1999. In the Commission she was responsible for Transport and Energy. She also served as Vice President jointly with Neil Kinnock until November 2004. She was diagnosed with cancer on 2006 and she died in Madrid on 13 December 2006. See: *Il Corriere della Sera*, from 14 December 2006.

9 The Group consisted of one representative from each Member State and one observer from each acceding country. The members were: G. Estermann (Austria), L. Maréchal (Belgium), T. Egebo (Denmark), U. Schüller (Germany), A. Lopez-Corral (Spain), J. Tervala (Finland), C. Martinand (France), Y. Roubatis (Greece), A. Cullen (Ireland), P. Scmit (Luxembourg), N. Kroes (Netherlands), R. Reis (Portugal), J. Bjelfvenstam (Sweden), and W. Rickett (United Kingdom). The observers appointed by acceding countries were: D. Zoev (Bulgaria), A. Tesarik (Czech Republic), S. Matsis (Cyprus), A. Moppel (Estonia), Z. Kazatsay (Hungary), V. Legzdins (Latvia), A. Maciulis (Lithuania), M. Bonello (Malta), S. Najar (Poland), S. Sechelariu (Romania), B. Opaterny (Slovakia), B. Zivec (Slovenia). E. Nowotny was also observer as Vice-President of the European Investment Bank.

10 Karel Van Miert studied at Ghent University and obtained a degree in Diplomatic Sciences. He worked for the national Scientific Research Fund and he became lecturer at the Vrije University Brussels. He started his political career with the Belgian socialist party in 1976; he was a member of the European Parliament from 1979 to 1985 and a deputy in the Belgium Chamber (1985- 1989). In 1989, he was appointed European commissioner responsible for transport policy and in 1992 he also became responsible for the environment. As Vice-Chairman of the Commission he was in charge of competition from 1993 until 1999.

- to add to the value of Europe as a whole and strengthen cohesion of the Member States;
- to contribute to the sustainable development of transport.

The proposals presented in the final report are organised in a set of four lists (See Tab. 21.2).[11] List 0 takes stock of the progress made as regards the current Essen priorities and the projects that were on track to be completed by 2010. List 1 includes 18 priorities that can be expected to be operational by 2020. Important sections of six of the Essen projects have been integrated into this new list; the prospect of enlargement gave a new dimension to improving extensions into the territory of future member States with this time horizon. The other projects aim to build new railway, road and river infrastructure, and to develop short sea shipping in four maritime areas (Baltic Sea, Seas of Western Europe, Sea of South East Europe-Adriatic Sea; Ionian East Mediterranean Sea). These so-called motorways of the sea are to reduce road congestion and to improve access to peripheral regions (island or continental): they presuppose the upgrading at least of two ports in the different Member States, and include not only infrastructure but facilities for logistics management systems, safety, security and customs.

List 2 includes four long term priority projects that also present a high added value for Europe. However, to its great regret, the Van Miert Group admits it was not able to obtain from all the countries concerned a commitment that construction would begin before 2010. List 3 proposes projects that are important in terms of facilitating exchanges between Member States, but mainly for territorial cohesion. In sum, the Van Miert Group identifies projects involving »horizontal priorities« that would contribute to improve the organisation and management of traffic, i. e. to improve interoperability and traffic management systems.

The priority projects involve investment estimated at around 235 billion euros up to 2020 – twice that for the current projects in Essen list. The total cost including the other projects represents funding estimated at more than 600 billion euros. The question of financing is of crucial importance and the Van Miert final report emphasises that the TEN-T network is at risk of remaining a dead letter if the EU contribution remains largely insufficient. It recommends a more important share of EU aid for the projects, especially for

11 See High Level Group on the Trans-European Transport Network, *Report*, 27 June 2003.

Tab. 21.2: Priority projects identified by K. Van Miert's High-Level Group in June 2003

List 0

1 finished projects (Cork-Dublin rail line, Belfast-Stranraer ferry connection, and Milan Malpensa Airport)

2. projects to be completely finished by 2010 (Betuwe line, High Speed train PBCAL (Paris – Brussels – Cologne – Amsterdam – London); Greek motorways; UK/IRL/Benelux road link, and West Coast Main Line)
3. projects which will be completed before 2010 (Berlin – Verona; Southern TGV, TGV East; Lyon – Torino – Trieste; multimodal link Portugal/Spain/rest of Europe; Nordic triangle)

List 1

1. Galileo (European satellite navigation system)
2. Eliminating bottlenecks on the Rhine – Main – Danube
3. Motorways of the sea (Baltic Sea; sea of Western Europe; seas of South-East and South-West Europe)
4. Mixed railway line Lyon – Trieste/Koper – Ljubljana – Budapest
5. Mixed railway line Berlin – Verona – Milan/Bologna – Naples
6. Mixed railway line Greek/Bulgarian border– Budapest – Vienna – Prague – Nuremberg
7. High speed railway lines South-West
8. Mixed railway line Gdansk – Warsaw – Brno – Zilina
9. Mixed railway line Lyon/Genova – Basel – Duisburg – Rotterdam – Antwerp
10. Mixed railway line Paris – Strasbourg – Vienna – Bratislava
11. Interoperability of the High Speed rail network of the Iberian Peninsula
12. Multimodal links Ireland/United Kingdom/Continental Europe
13. Railroad bridge over the Strait of Messina
14. Fixed link rail/road across the Fehmarn Belt
15. The Nordic triangle
16. Multimodal connection Portugal/Spain with the rest of Europe
17. Motorway Greek/Bulgarian border – Sofia – Nadlac (Budapest)/Constanta
18. Motorway Gdansk – Katowice – Brno/Zilina – Vienna

List 2

1. New high-capacity railway crossing the Pyrenees
2. Rail Baltica: Helsinki – Tallinn – Riga – Kaunas – Warsaw
3. Dedicated freight railway line Gdansk – Bydgoszcz – Katowice – Zwardon
4. Inland waterway Seine – Scheldt

List 3

1. Accessibility and interconnections of networks: Multimodal logistic centres in Slawkow (Poland) with connections to the Russian gauge rail network; railway line Bari – Durres – Sofia – Varna/Bourgas; railway line Naples – Reggio Calabria – Palermo; road/railway corridor linking the West to Dublin; Limassol port and road access; Larnaka and road access; ports of Valletta and Marsaxlokk; Ionian/Adriatic intermodal corridor; road Dover – Fishguard
2. Cross-border connections: motorway Dresden/Nuremberg – Prague – Linz; railway line Prague – Linz; motorway Zilina – Bratislava; railway line Maribor – Graz; motorway (Ljubljana) – Maribor – Pince – Zamardi – (Budapest); road permeability through the Pyrenees

Quelle: High-Level Group Report, S. 31–40.

the cross-border sections. It suggests a possible increase in order to raise 20 per cent instead of current ten per cent. It suggests that the Commission should analyse the feasibility of new guarantee mechanisms. And it suggests that new financing should be promoted, in the form of public-private partnerships such as loan facilities together with the European Investment Bank, in order to cover the risks of delays or failures to complete certain sections.

Experience from the Essen infrastructure projects showed that the accumulated delays were the results of complex administrative procedures and low priority by Member States. The Van Miert Group therefore stressed the need for a coordination entity for particular European axes and for cross border connections.

The objectives set by the High-Level Group were once again ambitious. In a report entitled *A European Initiative for Growth: Investing in Networks and Knowledge for Growth and Jobs*, and presented to the European Council on 21 November 2003, the Commission followed the main lines of the experts. It stated nevertheless that the lacklustre European economic performance in 2002 and 2003 highlighted the necessity to take account of the financial burden on the projects. So with the agreement of the European Investment Bank, the Commission proposed a quick start programme of projects identified after assessing three main criteria: 1. the maturity of the project, 2. the trans-frontier dimension, and 3. the benefits for the environment.

This programme covered a range of immediate actions to build 20 cross border rail connections, six sea and inland waterways or road links interconnecting with other networks, in particularly the motorways of the sea, and three other projects – Rail Baltica from List 2, intermodal corridor Ionian Sea – Adriatic Sea from List 3, and the famous Eurocaprail, the high speed train between Brussels, Luxembourg and Strasbourg, the three capitals of the Community.[12] The Council of Transport Ministries of December 2003 in Brussels included the Seine – Scheldt inland waterway and approved the complete list of 30 priority axes.[13] In order to synchronise administrative procedures and monitor work on both sides of the borders, the Commission proposals included the designation of European coordinators that would also help

12 This project, refused by the Van Miert Group as a regional project, was defended by Belgium and Luxembourg.

13 The axis was expected to remove the French bottleneck between Compiegne and the Dunkirk-Scheldt canal and facilitate transit traffic between the ports of Le Havre, Rouen, Dunkirk, Anrwerp and Rotterdam. The construction of a large gauge canal (100 kilometres) allowing the passage of barges carrying up to 4.400 tonnes was planned.

to contact private investors.[14] In a first round, on 20 July 2005, European coordinators were nominated for five priority axes: Karel Van Miert for the Berlin – Palermo railway axis; Étienne Davignon for the South West Europe High Speed axis; Loyola de Palacio for the Lyon – Torino – Trieste – Budapest railway axis; Péter Balázs for the Paris – Strasbourg – Bratislava railway axis, and Pavel Telicka for Rail Baltica. From 2005 to 2006, these coordinators started their work with a series of meetings and visits to the partner countries. In their first reports published on July 2006, they presented a list of preliminary recommendations and emphasised the necessity to facilitate synergy between the public and the private sector to supplement public funding.

In spite of the difficulties in financing the TEN-T, a parallel proposal on new links with neighbouring regions outside the EU was elaborated. At a ministerial seminar that took place in Santiago de Compostela in June 2004, the European Commission decided to establish a new High-Level Group on »the extension of the major trans-European transport axes to the neighbouring countries and regions«. Former Commission Vice President Loyola de Palacio was appointed Chair of the Group. It met on ten occasions between October 2004 and November 2005; its final report, published in November 2005, identified five major trans-national axes:

- Motorways of the seas linking the Baltic, Barents, Atlantic, Mediterranean, Black and Caspian Sea areas
- Northern axis to connect the northern Member States with Norway to the North and with Belarus and Russia to the East
- Central axis to link the centre of the European Union to Ukraine and the Black Sea, and a direct connection from the Don/Volga inland waterway to the Baltic Sea.
- Southern axis through the Balkans and Turkey to the Caucasus and the Caspian Sea as well as to Russia.
- South Western axis towards Morocco and the other Maghreb countries.

14 Article 155 of the EC Treaty gives to the Commission the role of taking any useful initiatives to promote coordination between Member States. It would designate a personality, in agreement with the Member States to take charge of stimulating cooperation.

Conclusion

Although the European Community is responsible for the planning of the TEN, its powers have not been accompanied by an adequate financial structure to support the construction of the axes. Over the period from 2001 to 2006, 4.1 billion euros were spent, 600 million per year, of which 65 per cent went to rail projects and 20 per cent to interoperability transport system and security. It is too early to be able to predict the future of the quick start programme, but the evidence is that the EC did not develop a coherent set of financial measures to accompany processes of transport planning. The hope to see major participation from private investors remained in vain because there were no instruments (guarantees for funds of venture capital) that would be attractive for significant private contributors — notably private banks — and that would also be able to cover specific commercial and non commercial risks. This situation was in total contradiction to the political decision taken by the EC. The efforts were and continue to be numerous, but so far, European transport policy has failed to remove the financial difficulties.[15] How the ambitious second and third reviews of the TEN-T supported by High – Level Groups chaired by Van Miert may evolve over the next decades remains an open question.

Literature

Barrot, Jacques (2005), »The networks are essential for the citizens and the economy of the European Union«, in: European Communision Directorate General for Energy and Transport (Hrsg.), *Trans-Euroepan Transport Network TEN-T priority axes and projects 2005*, Luxembourg, S. 2–3.

Beauchet Pierre (1996), *Les transports de l'Europe La trop lente intégration*, Paris.

Commission Européenne Direction Générale de l'Énergie et des Transports (Hrsg.) (2001), *La politique européenne des transports à l'horizon 2010: l'heure des choix*, Luxembourg.

— (2004), *Réseau européen de transport Mise en œuvre des orientations 1998–2001*, Luxembourg.

— (2005), *Réseau transeuropéen de transport RTE-T, axes et projets prioritaires 2005*, Luxembourg.

European Commission Directorate General for Energy and Transport (Hrsg.) (2005), *Trans-European Transport Network TEN-T priority axes and projects 2005*, Luxembourg.

High-Level Group on the Trans-European Transport Network (Hrsg.), *Report, 27 June 2003*, Brussels,

International Union of Railways and Community of European Railways (Hrsg.) (1995), *High Speed Rail Mobility on the good track, trim. 4*, Paris, Bruxelles.

15 Schmidt, »Intermodal Junctions«, S. 49.

Janssen, Ben/Drewe, Paul/Hombrink, Willem (1997), »The Betuwe line. An evaluation of the planning of a large scale infrastructure project in the Netherlands«, in: Antje Burmeister/Guy Joignaux (Hrsg.), *Infrastructures de transport et territoires Approches de quelques grands projets*, Paris, S. 203–224.

Schmidt, Michael (2004), »Intermodal Junctions in EU Transport Policy and Research«, in: Hans-Liudger Dienel (Hrsg.), *Unconnected Transport Networks European Intermodal Traffic Junctions 1800–2000*, Frankfurt am Main, New York, S. 49–63.

22. Die low-tech-Revolution: Container und Pipelines

Michael Hascher

Als 1937 der Bauernsohn Malcom McLean im Hafen von Hoboken, New Jersey eine Ladung Baumwolle abliefern musste, beobachtete er die Beladung eines Schiffes: Ein Arbeiter nach dem anderen stieg auf den Lastwagen, packte sich einen Ballen auf die Schulter und trug ihn zur Verstauung auf das Schiff. Welche Verschwendung von Geld und Zeit, dachte sich McLean, warum setzt man nicht den gesamten Anhänger auf das Schiff, ohne seinen Inhalt anzusehen? Zwanzig Jahre später wurde seine Vision Realität: Am 26. April 1956 verließ die Ideal X, ein alter Öltanker, mit 56 Stahlbehältern den Hafen von New York in Richtung Houston, Texas. Das Zeitalter der modernen Containerschifffahrt war eingeläutet.[1]

So oder ähnlich wurde die Legende von der Einführung des Containers 2006 schon oft erzählt. Zum fünfzigjährigen Jubiläum des Ereignisses erschienen auch einige Bücher, die inzwischen kritisch besprochen wurden und abseits feierlicher Stimmung einen nüchternen Blick auf den Wandel im Güterverkehr seit den fünfziger Jahren erlauben.[2] Dieser zeigt, dass sich das Bild des (europäischen) Verkehrs in der Tat grundlegend verändert hat: Neben den allseits bekannten quantitativen Entwicklungen seit 1950 – dem Wachsen des Straßen- und Luftverkehrs – fallen dabei qualitativ der Container, aber auch die Pipeline als neue Verkehrsmittel auf. Quantitativ haben beide heute eine erhebliche Bedeutung in verschiedenen Teilmärkten des Güterverkehrs. Im Stückgutverkehr und auf dem Energiemarkt spiegeln sich wiederum grundlegende Entwicklungen in der Weltwirtschaft. Die Beschäftigung mit der Geschichte von Containern und Pipelines ist daher mehr als ein Blick auf das Kuriositätenkabinett des Verkehrswesens.

Wie passt das nun mit der Geschichte vom findigen Bauernsohn McLean zusammen? Mangelte es jahrelang wirklich nur an der zündenden Idee, Güter in standardisierte Kisten zu packen? Wenn dem aber nicht so ist, welche Faktoren spielten für den Erfolg McLeans und den Misserfolg der anderen eine

1 Steinberger, »Angst«.

2 Beispielsweise Levinson, *Box*. Vgl. auch die Sammelbesprechung Roland, »Containers«.

Rolle? Wie fügt sich schließlich die Story in die Geschichte des Verkehrs und der Globalisierung ein und wie könnte sie weitergehen? Zur Beantwortung dieser und damit verbundener Fragen werfen wir zunächst einen Blick auf die historischen »Vorläufer« des Pipeline- und Containerverkehrs, um dann auf die Situation ihrer Einführung in Deutschland beziehungsweise Europa, die Folgen und mögliche Zukunftsperspektiven einzugehen.

»Vorläufer«? Behälter- und Rohrleitungsverkehr vor 1950

Die Frage nach historischen Vorläufern des Transportes von Gütern in Containern oder Pipelines löst notwendigerweise zuerst die Frage aus, wonach eigentlich gesucht beziehungsweise was unter »Container« oder »Pipeline« verstanden wird. Die Antworten darauf haben eine sprachliche und eine technische Komponente. Im deutschen Sprachgebrauch ist ziemlich klar, dass mit »Container« die Stahlkisten gemeint sind, die sich an den amerikanischen Standards orientieren, die auch durch die Maßeinheit *Twenty feet Equivalent Unit* (TEU) international bekannt sind. Der bei der TEU zugrund gelegte Normcontainer hat eine Länge von 20 *feet*, ist acht *feet* breit und acht bis 8,5 *feet* hoch. Neben dem 20 feet- spielt noch der 40 feet-Container eine zentrale Rolle. Dazu gibt es unzählige Sonder- und Zwischengrößen. Allen Containern ist jedoch gemeinsam, dass sie verhältnismäßig groß sind und üblicherweise zum Transport nicht in ein weiteres Gefäß verpackt werden. Der offene Transport auf Schiffen, Zügen und Lastwagen unterscheidet die Container von kleineren Transportgefäßen, die beispielsweise in geschlossenen Güterwagen transportiert werden, die Größe und die nicht-metrischen Maße von anderen »Behältern«. Damit sind wir wieder bei der Sprache. Der Anglizismus *Container* hat in diesem Fall den Vorteil, dass er eine klare Unterscheidung erlaubt: In Deutschland gab es vor 1966 eben keine Container, aber sehr wohl Behälterverkehr. Ähnlich verhält es sich mit den Pipelines. Rohrleitungen als Ferntransportmittel gab es schon lange, doch mit dem englischen Begriff *Pipelines* werden eigentlich nur die Rohrleitungen bezeichnet, die Öl, Ölprodukte oder Gas transportieren und sich in ihren Maßen wiederum am amerikanischen System orientieren.

Der sprachliche Exkurs zeigt bereits zweierlei: Einerseits deutet er an, dass die Revolutionierung des Güterverkehrs nicht schlicht auf eine geniale Idee zurückgeht. Andererseits zeigt er, dass wir uns mit der Frage auseinander setzen müssen, warum in beiden Fällen importierte Technologien erfolgreicher waren als ältere Ansätze.

Der Transport von Flüssigkeiten in Leitungen hat bekanntlich eine lange Tradition. Die antiken Wasserleitungen waren zwar auf dem überwiegenden Teil ihres Streckennetzes freie Gerinne, besonders in den Städten gab es jedoch auch schon Rohrleitungen. In der Wasserversorgung spielten Rohre auch in nachantiker Zeit bald wieder eine Rolle – wenn auch in wenigen und lokal sehr begrenzten Fällen. Interessanterweise ist bei den Wasserversorgungsnetzen spätmittelalterlicher und frühneuzeitlicher Städte auch im deutschen Sprachraum hin und wieder von »Pipen« und sie betreuenden »Pipenbruderschaften« die Rede.[3] Der gängige Begriff blieb aber »Rohre« und meist sprach man ohnehin nur von Leitungen. Als Verkehrsträger und Alternative zu konkurrierenden Technologien spielten Leitungen erstmals Anfang des 19. Jahrhunderts eine Rolle: Nachdem seit dem 17. Jahrhundert Rohre auch im Zusammenhang der Salzgewinnung zum Transport von Sole zum Einsatz kamen, ergab sich in Bayern um 1800 eine interessante Situation:

Für das Kurfürstentum und später das Königreich Bayern war das Ende des 16. Jahrhunderts durchgesetzte Produktions- und Handelsmonopol für Salz eine der wichtigsten Einnahmequellen. Der Ausbau der Salzproduktion im Gebiet der Lagerstätten um Reichenhall stieß schon im 16. Jahrhundert an Grenzen, weil aus den Wäldern nicht mehr genügend Brennholz beschafft werden konnte. Daher errichtete das Land Anfang des 17. Jahrhunderts in Traunstein eine »Hilfs-Saline«, die über eine Soleleitung von Reichenhall aus versorgt wurde. Ende des 18. Jahrhunderts beschäftigte sich Bergrat Mathias von Flurl mit der Erschließung alternativer Energiequellen und dachte dabei an die Torf- und Kohlevorkommen westlich des Inns. 1792 vertrat er den Standpunkt, dass es leicht möglich sei, die »Salzsohlen bis nach Rosenheim, ja selbst bis an unsere Steinkohleflöze hinzuleiten.«[4] Der östlichste Punkt der Kohlevorkommen war im Miesbacher Raum. Eine Soleleitung bis dorthin hätte also eine erhebliche Länge haben müssen (Luftlinie etwa 80 Kilometer gegenüber ungefähr 30 Kilometer bei der Leitung nach Traunstein). Selbst wenn die Einnahmeaussichten sehr gut waren, ließen die Investitionskosten die Verwaltung zunächst von dem Vorhaben zurückschrecken. Die Diskussionen um die Energieversorgung der Salinen generell und den Standort einer zweiten Hilfssaline gingen daher weiter. Einen innovativen Vorschlag brachte 1801 Joseph von Baader, Generallandesdirektionsrat für das Bergwerks- und Salinenwesen ein. Er hatte in Großbritannien studiert und war dort als Ingenieur tätig gewesen. Somit kannte er aus eigener Anschauung die rasante Entwicklung der neuen Pferdeeisenbahnen und schlug eine solche als Mittel zum

3 Ciriacono, »Wasser«, Sp. 2066. Vgl. zu »Pipen« Bayerl, »Wasserversorgung«, S. 190f.

4 Vgl. Stäbler, »Saline«.

Transport der Kohle von Miesbach nach Rosenheim vor. Letztlich hatten aber seine Bemühungen, als »ungebetener Experte« die Regierung zu beeinflussen, keinen Erfolg. Nachdem die Salinenverwaltung jedoch zwischen 1808 und 1810 die neue Saline in Rosenheim errichtete und mit einer Soleleitung verband, benötigte diese über kurz oder lang einen Anschluss an den Kohlenverkehr. Sie bekam ihn schließlich 1857 mit der Eisenbahn. So wurde, wenn auch spät, tatsächlich die von Baader angedachte Transportweise realisiert.[5]

Als Flurl und Baader an die Kohle als Brennstoff dachten, waren sie zwar nicht mehr völlig originell, sie können aber dennoch zu den Vordenkern des nun beginnenden »Kohlezeitalters« gezählt werden. Zwar behalf man sich gerade in der Gegend von Rosenheim und Bayern noch lange mit dem Verheizen von Torf und Holz, aber die Kohle, speziell die Steinkohle, entwickelte sich immer mehr zum Leitenergieträger. Kohle beheizte die Kessel der industriellen und öffentlichen Kraftwerke, der Dampflokomotiven und Dampfschiffe sowie die Räume der Wohnhäuser. Kohle wurde zum Grundstoff der deutschen chemischen Industrie, und eines der größten Probleme, denen sich Länder wie Bayern oder Württemberg in der ersten Hälfte des 20. Jahrhunderts gegenüber sahen, war ihre so genannte »Revierferne«.[6] Noch 1950 machte die Verbrennung von Steinkohle und Braunkohle ungefähr 90 Prozent am Primärenergieverbrauch der Bundesrepublik aus.[7] Über Pipelines, also über Rohre zum Transport von Energieträgern, wurde daher in dieser Phase höchstens im Zusammenhang mit der Kohle nachgedacht. Dies läßt sich schön am Beispiel der »Verringerung der Revierferne« des Stuttgarter Raumes zeigen: Dazu, also zur Verbilligung der Kohletransporte, propagierte ein Interessentenkreis um die Stuttgarter Handelskammer seit Beginn des 20. Jahrhunderts die Schiffbarmachung des Neckars für größere Schiffe.[8] Als Alternativen dazu schlugen die vor allem aus dem Umfeld des Heimatschutzes kommenden Gegner der Maßnahme verschiedene technische Möglichkeiten vor, die den Transport der Kohle aus dem Ruhrgebiet auf Wasserstraßen oder Eisenbahn generell vermeiden sollten. Für den Transport von Kohle in aufgeschwemmter Form in einer so genannten »Kohlepipeline« gab es in den USA ein Beispiel und die von allen Stadtwerken betriebene Herstellung von Koksgas ließ sich ebenso mit dem Projekt einer Pipeline verbinden wie die Möglichkeit der synthetischen »Kohleverflüssigung«. Schließlich war auch die »Verstromung« der Kohle in Großkraftwerken auf den Zechengeländen an Ruhr und Saar mit

5 Hascher (2007), »Strecke«, S. 45f. Zur Rolle von Experten vgl. Hascher (2006), *Politikberatung*.

6 Vgl. Gall, »Gute Straßen«, S. 130, und Deutinger, »Lebensfrage«, S.40–55.

7 72,3 Prozent Steinkohle, 17,4 Prozent Braunkohle und Pechkohle; noch ohne Saarland und Berlin. Nagel, *Bedeutung*, S. 45.

8 Vgl. Stier, »Wasserstraße«.

anschließendem Ferntransport der elektrischen Energie eine Alternative zum Kohletransport.[9]

Während die Deutschen in den zwanziger Jahren noch über Kohlekanäle diskutierten, befanden sich die USA schon mit einem Bein im »Ölzeitalter«. Natürlich wurden auch dort große Mengen an Kohle gefördert und verbraucht, doch im Unterschied zu Deutschland und den meisten Teilen Europas gab es dort ertragreiche Ölquellen und die Motorisierung des Straßenverkehrs war weiter fortgeschritten. Allgemein wird die erste kommerzielle Verwendung von Pipelines für Gas auf 1825, für Öl auf 1865 und für Ölprodukte auf 1892 datiert. Geographisch verteilten sich die frühen Pipelines einerseits auf die USA, andererseits aber auch auf die anderen frühen Erdölfördergebiete wie die Gegend um Baku oder Rumänien.[10]

Die fehlenden Vorkommen und der vergleichsweise geringe Verbrauch in Europa sind denn auch die Antwort auf die Frage, warum die Nachfahren der »Pipenbrüder« ihre Rohre nicht in größerem Umfang für Öltransporte verwendeten: Angesichts der hohen Baukosten und der Notwendigkeit einer kontinuierlichen Auslastung der Röhre fehlten dafür schlicht die nachgefragten Mengen. So blieb die Verwendung von Leitungen in Deutschland auf kleineren Strecken zwischen Quelle und Sammelstation beschränkt, die nicht mit anderen Verkehrsträgern konkurrierten. Für den Fall, dass genügend große Transportmengen in Blickweite kämen, war es einigen wenigen Experten durchaus klar, dass dann die einfache Pipelinetechnologie prinzipiell die kostengünstigste Variante für den Transport von Gasen und Flüssigkeiten darstellt und andere Verkehrsmittel schwerlich mit ihr konkurrieren könnten. In der Verkehrspolitik kamen derartige Einsichten – auch unberührt vom Pipelineeinsatz der Alliierten im Krieg – aber nicht an, zumindest nicht in Deutschland. Als ab Ende der fünfziger Jahre sich einige Erdölkonzerne und Interessenten aus der chemischen Industrie zusammen fanden, um gemeinsame Ölleitungsprojekte zu realisieren, trafen die entsprechenden Genehmigungsgesuche die deutschen Behörden völlig unvorbereitet.[11]

Auch wenn die Situation bei den Containern etwas anders gelagert war, ist zwischen beiden Fällen eine Gemeinsamkeit zu erkennen: Die entscheidenden Akteure waren nicht im Umfeld des Staates zu finden, sondern privatwirtschaftliche Unternehmen. Das mag aus heutiger Sicht nicht überraschend erscheinen. Der zeitgenössische, seit den Eisenbahnverstaatlichungen im späten 19. Jahrhundert immer weiter gewachsene und verfeinerte Anspruch der

9 Vgl. Paquet, »Neckarkrieg«, und Störzbach, *Beitrag*.

10 Voigt, *Verkehr*, Bd. 2.2, S. 974f. u. 999, Yergin, *Preis*, S. 53–55, u. Karlsch, *Faktor Öl*, S.21f. u. 73.

11 Vgl. Karlsch, *Faktor Öl*, S. 39 u. 66, Möhl, »Transport«, u. Grünewald, »Ferntransport«.

überwiegenden Anzahl der Verkehrsexperten war jedoch, das Verkehrswesen von Seiten des Staates bis in seine technologische Entwicklung gestalten zu wollen. Verglichen damit war es doch ein herber Rückschlag, erkennen zu müssen, dass die öffentliche Hand nach dem kaum verdauten Auftauchen des privatwirtschaftlichen Straßengüterverkehrs erneut unter Druck geriet, Infrastrukturen anpassen zu müssen.

Gerade in dem Bereich, den dann der Container füllte, hatte man sich staatlicherseits ja engagiert. Als 1937 Malcom McLean seine legendäre und scheinbar originelle Idee gehabt haben soll, gab es bei der Pariser Internationalen Handelskammer längst ein internationales Büro für Container und die Deutsche Reichsbahn bot einen Behälterverkehr »Haus-zu-Haus« an. In den USA sollen Vorformen der Container gar schon im Ersten Weltkrieg aufgetaucht sein. Eine wichtige Entwicklungsetappe für Europa war zweifellos der internationale Autokongress 1928 in Rom: Nach ihm schrieb die Reichsbahn 1929 einen Wettbewerb zum Bau von Standardbehältern aus, der 1933 zum »Haus-zu-Haus«-Verkehr der Reichsbahn und zur Gründung des *Bureau international des Containers* führte.[12]

Für die Bahnen war das Engagement im Behälterverkehr vor allem ein Mittel im Wettbewerb mit dem erstarkenden Straßengüterverkehr. Als Oberbegriff für alle Varianten einer intermodalen Transportkette bildete sich der Terminus »Kombinierter Verkehr« heraus. In diesem Kontext bewegten sich sowohl die Behälterentwicklung in Deutschland wie die in den USA. Bei der Reichsbahn erregten hauptsächlich die Culemeyer-Fahrzeuge Aufsehen, mit denen Bahnwaggons auf der Straße zum Kunden transportiert werden konnten. Nicht weniger als 59 solcher Fahrzeuge hatte die Reichsbahn im Betrieb, bei der Bundesbahn wurden es bis 1963 sogar 250.[13] Malcom McLean dagegen führte, bevor er zum Transport von reinen Kisten schritt, erst eine ältere Tradition fort. Damals wurden in den USA seit längerem Fahrzeuge auf Schiffen (*fishy back*) oder Eisenbahnwaggons (*piggy back*) transportiert, wofür in Deutschland später der Begriff des »Huckepackverkehrs« entstand. McLean, der in den fünfziger Jahren Straßenverkehrsunternehmer war und sich über Restriktionen ärgerte, machte zunächst nicht mehr als das: Er beförderte seine Sattelanhänger zwischen der Ost- und der Golfküste per Schiff und ließ später das Fahrgestell weg.[14] Von einem Standardmaß konnte noch keine Rede sein.

Die Deutsche Bundesbahn dagegen unternahm in den fünfziger Jahren Anstrengungen zur Vereinheitlichung ihrer Behälter und sprang auf das in den

12 Meyercordt, *Behälter*, S. 13–17, u. Mierzejewski, *Asset*, S. 148.
13 Zeller, »Kombinierter Verkehr«, S. 379.
14 Witthöft, *Container*, S. 15.

dreißiger Jahren entwickelte und von den Niederländischen Staatsbahnen in Gang gehaltene Projekt der »pa-Behälter« auf. Pa stand für *porteur aménagé*. Wichtiger Akteur war dabei die 1928 gegründete und 1948 wiederbelebte Studiengesellschaft für Behälterverkehr. Diese später in Studiengesellschaft für den Kombinierten Verkehr umbenannte Institution verdeutlicht anschaulich die Denkweise, die hinter der »ewigen Zukunftshoffnung« (Thomas Zeller) kombinierter Verkehr steckte. Mittels technischer, von Seiten der Bahn aus gedachter Lösungen (wie Culemeyer-Roller oder pa-Behälter) sollte der Konflikt zwischen Schiene und Straße harmonisiert werden. Inwieweit das Angebot den Wünschen der Kunden, also der verladenden Wirtschaft entsprach, fragten sich beispielsweise im Teilbereich Huckepackverkehr die Beteiligten erst, nachdem zwei Anläufe gescheitert waren. Im Bereich Behälterverkehr gab es dagegen keine Brüche, er wuchs auf bescheidenem Niveau. Umgeschlagen wurden die mit Rollen ausgestatteten pa-Behälter hauptsächlich horizontal zwischen Schiene und Straße mit verschiedenen Techniken, die alle die Zuhilfenahme von Kränen umgehen und so die Investitionen in Infrastruktur vermeiden sollten.[15]

Die Innovation

Ab 1957 spielten im Verkehr und der öffentlichen Diskussion in Deutschland Pipelines, ab 1966 Container eine Rolle. Warum wandelte sich nun eine Situation, die trotz Ansätzen zu Veränderungen lange Zeit stabil geblieben war?

Die Antwort ist wohl in erster Linie in der frühen Globalisierung zu sehen, die hier speziell als Amerikanisierung in Erscheinung tritt. Verbunden damit sind zum einen der nun vollzogene energiewirtschaftliche Strukturwandel vom Kohle- in das Erdölzeitalter sowie der so genannte »Güterstruktureffekt«, der immer stärker werdende Handel mit in kleineren Mengen anfallenden halbfertigen Produkten. Die Rede vom Container als dem »Motor der Globalisierung« kann also in die Irre führen, denn es war eben gerade nicht so, dass angesichts einer breiten Nachfrage alle auf die zündende Idee warteten.[16] Vielmehr wird der Erfolg McLeans nachvollziehbarer, wenn in die Betrachtung mit einbezogen wird, dass die amerikanische Wirtschaft ab den fünfzigern immer mehr zum Zentrum der Weltwirtschaft wurde. In diesem Umfeld war alle Welt be-

15 Vgl. Zeller, »Kombinierter Verkehr«, u. Meyercordt, *Behälter*, S. 120f.

16 Auch Roland, »Containers«, ist überrascht, wie sehr noch 2006 die Autoren dem technischen Determinismus verfielen. Vgl. dazu Smith, *Does technology*.

reit, Container von SeaLand, dem 1960 gegründeten Unternehmen von McLean, als Transportgefäße für ihre ein- und ausgehenden Waren zu akzeptieren.

Im Hinblick auf den Pipelinebau spiegelt sich die Globalisierung darin, dass sich nach dem Krieg die Bezugsstrukturen des »Mineralöls« wandelten. Während des Dritten Reiches spielten auf dem deutschen Ölmarkt deutsche Firmen noch eine große Rolle. Sie stützten sich zum Teil auf die heimische Erdölförderung, zum Teil auf die Synthese von Öl aus Kohle (daher ersetzte der Begriff »Mineralöl« oft die Begriffe »Öl« oder »Erdöl«). Importiert wurden vor allem Ölerzeugnisse. In der Bundesrepublik dominierten dagegen internationale Konzerne den Ölmarkt, die Rohöl einführten.[17]

Der Ölverbrauch stieg und damit schwand in den fünfziger und sechziger Jahren – zumindest im Westen – die Bedeutung der Kohle als wichtigstem Energieträger Deutschlands dahin. 1967 hatte schließlich das Mineralöl einen höheren Anteil am Primärenergieverbrauch als die Kohle. Interessant ist dabei die Zusammensetzung der nachgefragten Produkte: Während 1955 Kraftstoffe circa 60 Prozent des Inlandsabsatzes von Mineralölprodukten ausmachten, Heizöle circa 20 Prozent, hatten sich 1965 die Gewichte umgedreht: 60 Prozent Heizöl, 25 Prozent Kraftstoffe. Die zweifellos wichtige Bedeutung der Motorisierung des Straßenverkehrs in dieser Zeit sollte also im Hinblick auf Öleinfuhren nicht überbewertet werden.[18]

Mit den steigenden Verbrauchsmengen gewannen die den Ölkonzernen aus anderen Gebieten vertrauten Pipelines auch in Deutschland an Attraktivität. Nachdem die NATO aufbauend auf Erfahrungen im Zweiten Weltkrieg ein militärisches Produktenleitungsnetz errichtet hatte und kleinere Leitungen bereits gebaut waren, brachte ein Genehmigungsantrag 1956 die interne und öffentliche Diskussion über Pipelines erst richtig ins Rollen: Sechs Unternehmen hatten gemeinsam die Gesellschaft »Nord-West-Oelleitung« (NWO) gegründet und beantragten eine Rohrleitung, die den neu angelegten Tiefwasser-Ölhafen in Wilhelmshaven mit Raffinerien und Chemiebetrieben der Anteilseigner in Köln (Esso), Dinslaken (BP), Gelsenkirchen (Scholven-Chemie), Duisburg (FINA) und Wesseling (Union Rheinische Braunkohlen Kraftstoff AG) verbinden sollte. Zudem sollte die Raffinerie in Lingen angeschlossen werden, deren Eigner nicht an der NWO beteiligt war.[19]

Die Länder Niedersachsen und Nordrhein-Westfalen genehmigten das Projekt. Als deutlich wurde, welche politischen Probleme damit verbunden waren, fühlten sie sich jedoch vom Bund allein gelassen. Dasselbe galt für

---

17 Vgl. Kockel, *Ölpolitik*, u. Wissenschaftlicher Beirat, *Gutachten*, S. 13f.

18 Vgl. Nagel, *Bedeutung*, S. 21 u. S. 44f.

19 Vgl. Voigt, Bd. 2.2., S. 992–995, Mineralölwirtschaftsverband, *Mineralölversorgung*, S. 23, u. Nagel, *Bedeutung*, S. 27.

andere Länder wie Bayern und Baden-Württemberg, die sich bald auch mit Genehmigungsanträgen für Pipelines konfrontiert sahen. Unbenommen davon, dass es bereits während des Krieges Publikationen zum Rohrleitungsverkehr als potentielle Konkurrenz der Bahn gegeben hatte, dominierte bei Bahn und Bundesbehörden das Moment der Überraschung. Als Ministerialdirigent Philipp am 22. Februar 1957 zur Vorbesprechung eines Gutachtens in die Sitzung des Wissenschaftlichen Beirats beim Bundesverkehrsministerium kam, musste er eingestehen, dass er erst am Vortag vom Vorstand der Deutschen Bundesbahn den Auftrag erhalten hatte, sich mit den Pipelines zu befassen. Er konnte so dem Beirat nur erste Tendenzen referieren.[20] Im Bundeswirtschaftsministerium (BMWi) war man schon im Mai 1956 auf die Relevanz der Pipelines aufmerksam geworden. Dort hatten die Arbeiten an der Ölleitung Marseille-Karlsruhe den Anstoß gegeben. Die Zuständigkeit für die Pipelines zuständig war alles andere als geklärt. Die Konkurrenz zwischen Wirtschafts- und Verkehrsministerium wurde so zum wichtigen Faktor der politischen Diskussion. Im Verkehrsministerium dominierte die Sorge um durch die Pipelines hervorgerufene Verluste der Bahn, die auch in anderen Kreisen, beispielsweise dem CDU-nahen »Wirtschaftsbeirat der Union«, gehegt wurde.[21]

Andere Länder waren zu diesem Zeitpunkt bei der Integration schon weiter. In den USA waren Pipelines für John D. Rockefeller ein Instrument zur Marktbeherrschung gewesen und hatten zu Gesetzen geführt, die einen öffentlichen Zugang zur Infrastruktur der Rohrleitungen ermöglichen sollten. In Frankreich hatte sich der Staat 1949 zu 51 Prozent an der Gesellschaft TRAPIL (*Société des Transports Pétroliers par Pipe-Line*) beteiligt, die so ein gemischtwirtschaftliches Unternehmen wurde. In ähnlicher Weise engagierte sich der italienische Staat ab 1953 im Unternehmen ENI (*Ente Nazionale Idrocarburi*), das später eine Ölleitung von Genua nach Ingolstadt baute.[22]

In Deutschland waren keinerlei Ansätze zur aktiven Gestaltung der neuen Situation vorhanden, was von den Beteiligten im Nachhinein als »verpasste Chance« gesehen wurde. In der erst Ende der sechziger Jahre abflauenden Diskussion stand nach amerikanischem Vorbild zunächst das Problem der Marktmacht beziehungsweise die Frage im Vordergrund, was dagegen staatli-

20 Niederschrift A 97 über die Sitzung der Gruppe A – Verkehrswirtschaft – des Wissenschaftlichen Beirats beim Bundesverkehrsministerium vom 22. Februar 1957 in Offenbach. Bundesarchiv (BArch), B108/14797. Publikationen, die während des Krieges erschienen, sind Möhl, »Transport«, u. Grünewald, »Ferntransport«.

21 Vgl. Akten des Wissenschaftlichen Beirat des Bundesverkehrsministeriums: BArch, B108/14781 u. B108/14794 sowie des Bundesministeriums für Wirtschaft: BArch, B102/33415. Zum Beirat vgl. generell Hascher, *Politikberatung*.

22 Vgl. Wissenschaftlicher Beirat, *Gutachten*, S. 36f., Axelrad, »Petroleum Pipelines«, Karlsch, *Faktor Öl*, S. 21f., Yergin, *Preis*, S. 53–57 u. 143–145, u. Schwartz Cowan, *history*, S. 157–159.

cherseits zu tun sei. Die Vorschläge reichten von einer Genehmigungs- und Aufsichtspflicht über Staatsbeteiligungen nach französischem Vorbild bis hin zum reinen Staatsbetrieb. Im Laufe der Diskussion wechselten die Begründungen für diese Maßnahmen, und der sicherheits- und regionalpolitische Aspekt wurde stärker betont.

Die Vorschläge zur Regulierung des Pipelinesverkehrs kamen fast ausschließlich von Seiten des Bundesministeriums für Verkehr (BMV). In der Tradition der gemeinwirtschaftlichen Verkehrsordnung wollte das BMV den Pipelineverkehr mittels eines Bundesrohrleitungsgesetzes regeln. Demgegenüber tendierte das BMWi zu einer möglichst schwachen Regelung. Die Position der Länder ist besonders im dritten Bereich wichtig, der Frage, wie im Detail die Regelung erfolgen sollte. In einem Aktenvermerk eines BMV-Beamten aus dem Jahr 1962 treten jene Lagerbildungen deutlich hervor:

»Unser Haus vertritt im Gegensatz zum BMWi die Auffassung, daß die Einordnung der Rohrleitungstransporte in die Verkehrsordnung durch Gesetz geregelt werden sollte. In diesem Sinne hat sich auch der Wissenschaftliche Beirat beim Bundesverkehrsministerium in seinem Gutachten über Mineralölfernleitungen vom 28. November 1959 ausgesprochen. Allerdings ist die Zuständigkeit des Bundes für eine verkehrsrechtliche Regelung zweifelhaft. Deshalb hat sich die Verkehrsministerkonferenz der Länder mit der Materie befaßt. Ihr Arbeitskreis ›Rohrleitungsverkehr‹ ist in seinem Abschlußbericht vom 6. Sept. 1960 zu der Auffassung gelangt, daß aus gewichtigen Gründen wegen der zunehmenden Bedeutung der Rohrleitungstransporte schwerlich auf eine staatliche Regelung dafür verzichtet werden könne. Ausreichend dafür sei nach seiner Ansicht ein Anzeigeverfahren.«[23]

Im Bundeswirtschaftsministerium zweifelte man, ob überhaupt ein Gesetz notwendig sei. Ein Referent im BMWi sah im Mai 1960 immerhin die Gefahr eines ruinösen Wettbewerbs und einer scharfen Verdrängung der Kohle, die in Bayern besonders groß sei. Dennoch neigte er dazu, auf eine gesetzliche Regelung zu verzichten. Einig war man sich in einem: Pipelines sollten vom Einfluss des BMV möglichst ferngehalten werden. Die Wirtschaftspresse blies ein Jahr später in dasselbe Horn. Anlässlich eines Vortrags des SPD-Verkehrsexperten Paul Bleiß in Stuttgart titelte das *Handelsblatt* am 14. Mai 1961: »Dirigismus taugt nicht für Rohrleitungen. Kritische Betrachtungen zur Ölleitungs-Konzeption der SPD«.[24]

23 Aktenvermerk Referat A 1 »Zur Aussprache am 1.Okt. 1962 in Karlsruhe betr. Rohrleitungsproblemen«, v. 28. September 1962. BArch, B108/6147.

24 Aktenvermerk von E1 für Herrn Ministerialdirigent Dr. Steinhaus, 11. Mai 1960 mit Anlage vom 3. Mai 1960; Aktenvermerk von E2, 6. August 1960 zur Besprechung am 4. August unter Leitung von Ministerialdirigent Louis und Handelsblatt 14./15. April 1961, alle in: BArch, B102/33415. Paul Bleiß (1904–1996), SPD war 1949–1965 Mitglied des Bundestages.

Letztlich kam ein Bundesgesetz über die Pipeline nie zustande, jedoch wurde eine Reihe von Fragen, die vor allem die Sicherheit betrafen, durch verschiedenartige Bestimmungen und Verordnungen geregelt. Neuanmeldungen eines Pipelineunternehmens wurde dadurch zwar nicht gerade erleichtert, aus Sicht des Gesetzgebers fielen diese aber stets unter die Rubrik »Anmeldung eines Gewerbes«. So wurden die Pipelines nie in die noch bis in die neunziger Jahre regulierte Verkehrsmarktordnung einbezogen. Dies geschah selbst dann nicht, als 1965 bezeichnenderweise Ludwig Erhard, nun als Bundeskanzler, im Rahmen der »Kohlesanierung« einen derartigen Gesetzesvorstoß machte.[25]

Containereinführung

Die Einführung des Containers in Europa und speziell in Deutschland war mit ähnlichen Überraschungseffekten verbunden wie das Auftauchen der Pipelines und verlief insgesamt noch rasanter. Am 23. April 1966 verließ das zum Unternehmen SeaLand gehörende Schiff *Fairland* den Hafen von Port Elisabeth bei New York. Es kam am 2. Mai in Rotterdam und am 5. Mai in Bremen an. Die *Fairland* hatte 255 35-feet-Container geladen, die sie in den Häfen mit bordeigenen Kränen entlud. [26]

Bis zu diesem Moment war der Container auch in der Fachwelt kaum beachtet worden, beim Norddeutschen Lloyd beispielsweise hielt man die notwendigen Investitionen für nicht rentabel. Jetzt aber brach eine regelrechte Container-Hysterie aus, die zunächst politische Willensbekundungen, dann praktische Maßnahmen und Investitionen nach sich zog. So tauchte der Container 1967 im Rahmen des kombinierten Verkehrs im Verkehrspolitischen Programm des neuen Bundesverkehrsministers Leber (SPD) auf. Der VII. Parteitag der SED im selben Jahr gab in ähnlicher Weise die Losung aus, das im Containerverkehr die Zukunft liege. Bereits 1968 hatte die Reichsbahn eine Containerzug-Linie Rostock-Berlin-Dresden eingerichtet.[27]

Bis 1968 hatte der Containerverkehr schon mit fantastischen Raten zugenommen. Die Bundesbahn beförderte 1966 noch 120 Container, 1968 waren es schon 3800 – eine Verdreißigfachung! Ähnliche Zahlen ließen sich für die Häfen nennen.

---

25 Vgl. Drenkhan, *Bedeutung*, S. 80. Zur »Kohlesanierung« vgl. Nonn, *Ruhrbergbaukrise*. Zur heutigen Gesetzeslage vgl. Kollmer, »Erlaubnis«.

26 Witthöft, *Container*, S. 22.

27 Wolff, *Kombinierter Ladungsverkehr*, Teil 2, S. 7, u. Hammer, *Container Taschenbuch*, S. 4 u. 15.

Abb. 22.1: Ankunft der »Fairland« im Hafen von Bremen 1966. Mit ihr erreichten am 5. Mai die ersten Container Deutschland.

Quelle: bremenports GmbH & Co. KG.

Was aber war nun das Neue und wie lässt sich die Revolution, die der Container auslöste, zumindest ansatzweise erklären? Erstens waren die aus Übersee nach Europa kommenden Container schlicht größer, als alle relevanten Behälter, die in Europa üblich waren. Der pa-Behälter als die noch am weitesten verbreitete Variante hatte eine Länge von 3,0 Metern, eine Breite von 2,1 Metern und eine Höhe von 2,4 Metern, ein 20-feet-ISO-Container verfügte über eine Länge von 6,058 Metern mit einer Breite und Höhe von jeweils 2,438 Metern. Er war also doppelt so lang! Offenbar hatten nicht nur die Reeder, sondern auch die europäischen Bahnen den Verkehrsbedarf falsch eingeschätzt: Binnen kurzem verwies der »Überseecontainer« die pa-Behälter in eine bedeutungslose Position. 1974 schaffte die Bundesbahn die letzten Exemplare an.[28]

Hinter dem Stichwort »ISO-Container« verbirgt sich im Übrigen noch eine andere Geschichte, durch die die eingangs wiedergegebenen Erfolgsgeschichte

28 Wolff, *Kombinierter Ladungsverkehr*, Teil 1, S. 5.

McLeans etwas relativiert wird. Die von McLeans *Fairland* 1966 angelandeten SeaLand-Container maßen 35 feet. Nach der Fahrt des ersten Schiffs McLeans hatte sich ab 1959 jedoch schon die *International Standard Organisation* mit der Normung der Containermaße befasst und 1964 die beiden Standardlängen 20-feet und 40-feet festgelegt. In diesen Standardmaßen liegt das Geheimnis des Erfolges. Nur wenn alle Container gleich groß oder kombinierbar sind, wird wirklich »das Stückgut zum Massengut«, wie eine gängige Erklärung der Containerrevolution lautet. Abweichende Maße verschaffen zwar in abgegrenzten Bereichen des Transports Vorteile, erfordern aber an anderen Stellen, besonders auf den Abstellflächen, eine besondere Handhabung. Gleichwohl sind solche Zwischengrößen in den USA wie Europa bis heute verbreitet. In Deutschland spielt dabei der 1968 von der Bundesbahn eingeführte »Binnencontainer« eine wichtige Rolle. Er veranschaulicht zugleich das Standardisierungs-Dilemma, das seine Einführung im selben Moment verständlich und unverständlich macht. Der Binnencontainer ist 65 Millimeter breiter als der ISO-Container. Das verschafft ihm ein Innenmaß von 2,44 Metern und ermöglicht seine Beladung mit zwei Reihen von »Euro«-Standardpaletten mit den Maßen von 0,8 auf 1,2 Metern. So kann der Container mit den sonst weiterhin amerikanischen Maßen immerhin zu 95 Prozent ausgenutzt werden, während die Ausnutzung der Grundfläche beim ISO-Container nur 87 Prozent beträgt. Für das Problem der unbefriedigenden Raumnutzung hatten die Verkehrsexperten auch andere Lösungen parat: Während die Deutsche Bundesbahn die Containergröße veränderte, dachte man in der DDR zaghaft darüber nach, die Palettengröße zu verändern. Doch auch diesem Ansatz waren schwerlich Erfolgsaussichten zu bescheinigen. Die 1961 eingeführten Europaletten waren in so großer Zahl angeschafft worden und so viele Prozesse auf sie abgestimmt, dass eine Veränderung dieses technische System kaum erwartet werden konnte.[29]

In der Handhabung der Container überwog in Deutschland zunächst die Improvisation. Die *Fairland* benutzte zur Entladung schiffseigene Kräne, andere Häfen löschten die Ladung aus Stahlkisten mit klassischen Hafenkränen. Eine rationellere Technik stand schon bereit: Seit 1959 waren spezielle Containerkräne entwickelt worden, deren Hebezeuge mit Verschlüssen ausgerüstet waren, die automatisch in die Eckbeschläge der Container einrasten konnten. Damit konnte der Umschlagvorgang wesentlich beschleunigt werden.[30]

---

29 Vgl. Wolff, *Containerverkehr*, Teil 2, S. 11, u. die Website von Gütegemeinschaft Paletten (2008), *Portrait der Gütegemeinschaft Paletten e.V.*, Letzter Zugriff am 7. Oktober 2008, www.gpal.de/index.php?&id=39. Zur DDR vgl. Hammer, *Container Taschenbuch*, S. 52f.

30 Vgl. Levinson, *Box*, S. 64f.

Die Folgen

Die Kräne bieten eine gute Gelegenheit, zu den Folgen der Einführung der neuen Technologien überzuleiten. Die wesentliche Verkürzung der Schiffsliegezeiten durch die Kräne ist neben der Uniformierung der Güter der zweite entscheidende Grund für den Erfolg der Container. Sie allein verhalf den Reedern zu erheblichen Einsparungen, da Schiff und Mannschaft nicht mehr so lange untätig im Hafen bleiben mussten. Dass zugleich die Arbeitsproduktivität eines Entladetrupps gesteigert und so gleichzeitig die Zahl der direkt an der Kaimauer tätigen Arbeiter reduziert werden konnte, scheint demgegenüber ein weniger relevanter Faktor zu sein. Einigen der Hafenarbeiter, die diesen Rationalisierungseffekt weltweit seit Ende der sechziger Jahre gefürchtet und mit Streiks bekämpft hatten, zerstörte der Wandel des Entladesystems in der Tat ihre Existenz. Andere jedoch konnten offenbar an anderen Stellen des Hafens weiterarbeiten, denn in der Gesamtstatistik der Beschäftigten in deutschen Seehäfen spiegelt sich die Containereinführung nicht wieder. Der Niedergang der klassischen Hafenarbeiter – in Hamburg beispielsweise 1967 stattliche 12.000, 1995 gerade noch 5.814 – verschwindet weitgehend hinter den Trend zur Ausweitung der Hafenbelegschaft aufgrund der Steigerung des Gesamtverkehrs sowie der verstärkten Arbeit nach dem Umschlag.[31] Zudem sind aus der Perspektive des gesamten regionalen Arbeitsmarktes die erheblichen Investitionen einzubeziehen, die aus der Einführung des Containers resultierten. Da gerade die Nordseehäfen im starken Wettbewerb zueinander standen, versuchten sie, sich in der Geschwindigkeit der Anpassung zu überbieten. Sie vertieften Fahrwasser für immer größere Schiffe, schafften Containerkräne an und belegten, meist auf der »grünen Wiese« riesige Flächen zum Abstellen der Container – das Containerterminal Bremerhaven belegt zum Beispiel eine Fläche von zwei Millionen Quadratmetern. Manchmal kamen dabei auch kleine Städte wie das englische Felixstowe groß heraus: während die traditionellen Häfen Liverpool und London Rückgänge zu verzeichnen hatten, gewann er 40 Prozent des englischen Containerumschlags.[32]

In der Begeisterung des Containerjubiläums 2006 stand die Tendenz im Vordergrund, sich der Berauschung durch die Zahlen – die Schiffsgrößen, die Wachstumsraten, den Anteil des Containerverkehrs – hinzugeben. Nüchtern betrachtet muss das so entstandene Bild deutlich relativiert werden: Zwar ist richtig, dass bei Betrachtung des Warenwertes der überwiegende Teil des Au-

31 Vgl. Bundesministerium für Verkehr, *Verkehr in Zahlen 1991*, S. 63 u. 65, u. Grobecker, *Hafen Hamburg*, S. 110, 198 u. 238.

32 Postrel, »Container«.

ßenhandels der Bundesrepublik und wohl auch anderer Staaten über Container abgewickelt wird, betrachtet man aber die Menge, so kehrt sich das Bild um: 2005 wurden in deutschen Seehäfen 284,9 Millionen Tonnen Güter umgeschlagen. Davon entfielen 54 Prozent auf Stückgut, 46 Prozent auf Massengut, das in aller Regel nicht in Containern transportiert wird. Das Gewicht der in Containern umgeschlagenen Ladung betrug gar nur 97,8 Millionen Tonnen (34 Prozent).[33]

Der Güterstruktureffekt, die Zunahme leichter, hochwertiger Güter und der relative Bedeutungsverlust schwerer, geringwertiger Massengüter verschaffen dem Container also in monetärer Hinsicht eine zentrale Bedeutung im Verkehr, doch die Vernachlässigung des »großen Restes« können sich weder die Unternehmen der Verkehrswirtschaft leisten noch die Verbraucher wünschen. Zu diesen nicht »containerisierten« Gütern zählen Fahrzeuge, Erze, Getreide, aber vor allem Energierohstoffe.

Auf diese wollen wir gleich näher eingehen, nachdem eine Episode erzählt ist, die ein Stück weit die Hintergründe des Scheiterns der älteren Behälterbemühungen illustriert: Als 1933 bei der Internationalen Handelskammer in Paris das Internationale Behälter-Büro gegründet worden war, schuf es sich ein eigenes Organ, »Der Behälter«. In dessen erster Nummer prägte 1934 der Sekretär des Büros, Paul Wohl, unter der Fragestellung »Warum Behälter?« in einem historischen Abriss folgendes Bonmot: »Für alle Güter, die »fortlaufen« können, ist der Behälter selbstverständlich immer von besonderer Bedeutung gewesen. Tiere und Flüssigkeiten sind naheliegende Beispiele.«[34] Während Wohl und andere einen gewissen Teil ihrer Aufmerksamkeit darauf richteten, für alle möglichen Güter einschließlich der Massengüter spezielle Gefäße zu entwickeln, besteht das Geheimnis des Erfolgs der neueren Container darin, dass sie Tiere und Flüssigkeiten außen vor lassen und einfach nur schlichte große Kisten sind, die man zwar nur suboptimal mit Europaletten füllen, aber optimal auf Schiffen stapeln kann. Diese sehr zugespitzte Aussage umreißt den Kern des Containerverkehrs, der gewiss umgeben ist von einem Mantel an Containern mit abweichenden Größen oder speziellen Ausstattungen. Im europäischen Binnenverkehr mögen die 20- und 40-feet-Container noch eine geringere Rolle spielen, doch unbenommen aller Abstriche verkörpern sie das Revolutionäre am Wandel des Weltgüterverkehrs.

---

33 Bundesministerium für Verkehr, *Verkehr in Zahlen 2006/2007*, S. 72f. u. 76f.

34 Wohl, »Doppelproblem«.

Konjunkturen und Folgen des Pipelinebaus

Für Flüssigkeiten symbolisierten indes Pipelines den Fortschritt. Vor dem Hintergrund wachsenden Ölverbrauchs folgten auf die Rohölpipeline NWO bald weitere Rohrleitungen: 1960 die Rotterdam-Rhein-Pipeline von Rotterdam bis nach Raunheim in den Raum um Frankfurt am Main, 1962 die Südeuropäische Pipeline von Marseille in das Oberrheingebiet (Mannheim), 1966 die Central-Europäische Pipeline von Genua nach Ingolstadt und 1967 die Transalpine Öl-Leitung von Triest nach Ingolstadt. Durch die Rhein-Donau-Oelleitung wurden 1963 die Raffineriestandorte Ingolstadt und Oberrhein (Karlsruhe) verbunden.

Neben den Leitungen für Rohöl wurden neue Pipelines für die Produkte gebaut, die aus dem Öl in den Raffinerien gewonnen wurden. Vorwiegend werden in diesen Leitungen Kraftstoffe, Heizöl und Ausgangsprodukte für die chemische Industrie (Rohbenzin, Etylen) transportiert. In Frankreich gab es seit 1953 zwischen Le Havre und Paris das Leitungssystem TRAPIL für den Transport von Ölprodukten. In der Bundesrepublik ging 1967 die Produktenleitung Rhein-Main-Rohrleitung (RMR) zunächst von Köln nach Raunheim und Ludwigshafen in Betrieb; später wurde sie bis Rotterdam erweitert. Sie war die einzig größere zivile Produktenleitung (Länge 525 Kilometer). Im Unterschied zur TRAPIL, die verschiedene Produkte in verschiedenen Röhren transportiert, stand bei der RMR nur ein Rohr zur Verfügung. Daneben wurde im militärischen Bereich seit 1956 ein Produktenleitungsnetz der NATO aufgebaut, das in jüngster Zeit auch dem zivilen Transport zur Verfügung steht. Zudem gibt es weitere kleinere, das heißt kürzere Produktenleitungen, etwa die Leitung »Marathon« von Burghausen in den Raum München.

In Osteuropa war das Rohölleitungssystem »Freundschaft« (russisch *Drushba*) entscheidend, für die DDR namentlich der nördliche Zweig, der in Schwedt an der Oder endete und 1963 in Betrieb ging. Von der Raffinerie in Schwedt aus führte ab 1967 eine Produktenleitung nach Seefeld bei Berlin. Erweiterungsleitungen für Rohöl gab es 1967 Richtung Rostock und 1969 Richtung Spergau im Chemiedreieck bei Leipzig.

Verfolgt man den Leitungsbau bis heute, erkennt man bis 1990 nur leichte Veränderungen, dann aber erneut starke Bautätigkeit. Einerseits wurden die Leitung aus Genua und einige Zweigleitungen der anderen Systeme samt der angeschlossenen Raffinerien im Zuge der Marktbereinigung in den Ölkrisen stillgelegt, andererseits in den neunziger Jahren in Ostdeutschland und von Süddeutschland nach Tschechien neue Pipelines gebaut. Dies sind die Mitteleuropäische Rohölleitung von Vohburg an der Transalpinen Ölleitung ins tschechische Kralupy, die Mitteldeutsche Produktenleitung von Spergau nach

Abb. 22.2: Lage der für Deutschland wichtigen Ölpipelines und Containerhäfen

Quelle: Grafik Michael Hascher.

Hartmannsdorf bei Chemnitz und die Rohstoffleitung Rostock-Böhlen, die vom Rohöl bis zum Flüssiggas verschiedene Produkte befördern kann.[35]

Die neuen Leitungen und die angeschlossenen neuen Raffinerien bewirkten, dass im Hinblick auf die Preise für Öl und Ölprodukte die Entfernung zur Küste praktisch obsolet wurde. Die Verbraucherpreise sanken und es kam zu einer weitgehenden Vereinheitlichung über die gesamte Bundesrepublik. Die geringen Transportkosten der Pipelines hatten daran ihren Anteil. In der Begeisterung darüber gab es bald Pläne, das Netz der Produktenleitungen weit dichter zu weben und über sie etwa den Heizöl- und Treibstoffbedarf von Städten wie Stuttgart zu decken. Untersuchungen zeigten jedoch bald, dass jenseits der vorhandenen Leitungen die Transportströme einzelner Produkte zwischen zwei Punkten zu gering waren, um die Investitionen zu rechtfertigen. Die weit verstreuten Tankstellen und Heizölhändler waren über den LKW viel einfacher zu versorgen. Auch heute gehegte Pläne über eine Etylen-Pipeline von Mannheim in die bayerischen Chemiegebiete (Ingolstadt, Burghausen) zeigen, dass sich daran, dass Produktenpipelines den Großverbrauchern vorbehalten bleiben, nichts geändert hat.[36]

Die Wirtschaft der besagten Gebiete hängt stark am Öl. In den siebziger Jahren mussten die Anwohner dort zwar feststellen, dass die Raffinerien und Chemiefabriken längst nicht die Jobmotoren waren, die man sich erhofft hatte. Ein großer Anteil des in jenen Kreisen erwirtschafteten Geldes stammt aber doch aus jenen Betrieben und füllte zumindest zeitweise die Gewerbesteuerkassen der Kommunen. Der energiewirtschaftliche Strukturwandel der sechziger Jahre zeigt sich an den bayerischen Raffinerien am deutlichsten. Bis zu ihrem Bau war das bayerische Problem der »Revier- und Seehafenferne« fast schon sprichwörtlich: Im Zeitalter der Kohle konnten viele Probleme der bayerischen Wirtschaft auf die langen Transportwege und demzufolge höheren Kosten der Kohle beziehungsweise die durch die Entfernung zu den Häfen höheren Absatzkosten zurückgeführt werden. Die Knappheit wich einem Überangebot billiger Energie.

Der Energieverbrauch stieg, und das Öl war überproportional daran beteiligt. Von 1960 bis 2005 verdoppelte sich der End-Energieverbrauch Gesamtdeutschlands. Daran hatte die Industrie, deren Verbrauch nur auf 118 Prozent anstieg, einen geringen, die privaten Haushalte (265 Prozent einen größeren und der Verkehr (397 Prozent) den Hauptanteil. Betrachtet man nur das Öl, stieg der Verbrauch gar um das Sechsfache an.

35 Vgl. Nagel, *Bedeutung*, S. 25–41, u. Mineralölwirtschaftsverband, *Mineralölversorgung*, S. 23 u. 28.
36 Heimerl, *Auswirkungen*, u. Anonym, »Ethylen-Pipeline«.

Ausblick

Die Frage liegt nahe, wie lange das so weitergehen wird. Auf der einen Seite ist anzunehmen, dass in den kommenden Jahren das Pipelinenetz noch etwas dichter werden wird. Auch der Containerverkehr wird sicher zunehmen. Auf der anderen Seite sind sich Experten mittlerweile einig, dass *peak oil*, die Spitze der Ölförderung, bald überschritten sein wird. Von da an wird Öl immer teurer werden. Für viele seiner Anwendungsgebiete ist eine ernsthaft praktikable Alternative noch nicht in Sicht. Wenn weniger Öl gefördert wird, gibt es auch weniger zu transportieren, und Pipelines werden bald aus wirtschaftlichen Gründen geschlossen. Wenn in der Schifffahrt keine Alternative zu den Dieselmotoren gefunden wird, könnte die Ära der großen Containerschiffe bald vorbei sein. Im Binnenverkehr dagegen ist anzunehmen, dass uns der Container noch lange erhalten bleiben wird.

Literatur

Anonym (2004), »Ethylen-Pipeline«, in: *Süddeutsche Zeitung* v. 11. September.

Axelrad, Margaret A. (1964), »Petroleum Pipelines in Western Europe«, in: *The Professional Geographer* 16, H. 4, S. 1–6.

Bayerl, Günter (1980), »Historische Wasserversorgung. Bemerkungen zum Verhältnis von Technik, Mensch und Gesellschaft«, in: Ulrich Troitzsch/Gabriele Wohlauf (Hrsg.), *Technik-Geschichte: historische Beiträge und neuere Ansätze*, Frankfurt am Main, S. 180–211.

Bundesministerium für Verkehr (Hrsg.) (1991), *Verkehr in Zahlen 1991. Verkehrsentwicklung 1950–1990,* Bonn.

Bundesministerium für Verkehr, Bau und Stadtentwicklung (Hrsg.) (2006), *Verkehr in Zahlen 2006/2007*, Berlin.

Ciriacono, Salvatore (1997), »Wasser. B. Wirtschaftliche und rechtliche Nutzung«, in: Robert-Henri Bautier u. a. (Hrsg.), *Lexikon des Mittelalters*, München, Bd. 8, Sp. 2063–2072.

Deutinger, Stephan (2001), »Eine »Lebensfrage für die bayerische Industrie«. Energiepolitik und regionale Energieversorgung 1945 bis 1980«, in: Thomas Schlemmer/Hans Woller (Hrsg.), *Bayern im Bund*, Bd. 1: *Die Erschließung des Landes 1949–1973*, München, S. 33–118.

Drenkhan, Jürgen (1970), *Die regionalpolitische Bedeutung des Baues und Betriebes von Mineralölpipelines,* Göttingen.

Gall, Alexander (2001), »›Gute Straßen bis ins kleinste Dorf‹ Verkehrspolitik und Landesplanung 1945 bis 1976«, in: Thomas Schlemmer/Hans Woller (Hrsg.), *Bayern im Bund,* Bd. 1: *Die Erschließung des Landes 1949–1973*, München, S. 119–204.

Grobecker, Kurt (2004), *Hafen Hamburg. Sechs Jahrzehnte Erfolgsgeschichte*, 2. Aufl., Hamburg.

Grünewald, Hermann (1944), »Ferntransport von Erdöl und Erdölerzeugnissen in Rohrleitungen«, in: *Großdeutscher Verkehr* 38, S. 34–53.

Hammer, Walter u. a. (Hrsg.) (1969), *Container Taschenbuch*, Berlin.

Hascher, Michael (2006), *Politikberatung durch Experten. Das Beispiel der deutschen Verkehrspolitik 1870–1970*, Frankfurt am Main.

— (2007), »Strecke, Transportgüter, Fahrzeuge. Die technische Anpassung an die Erfordernisse«, in: Manfred Foit (Hrsg.), *Als die Eisenbahn in unsere Heimat kam. Geschichte der Maximilansbahn München-Rosenheim*, Holzkirchen, S. 45–64.

Heimerl, Gerhard (1965), *Auswirkungen von Raffinerien in bisher raffineriefernen Gebieten auf die Verkehrsstruktur und Einsatzmöglichkeiten von Produktenleitungen*, Diss. TH Stuttgart.

Karlsch, Rainer (2003), *»Faktor Öl«. Die Mineralölwirtschaft in Deutschland 1859–1974*, München.

Kockel, Titus (2005), *Deutsche Ölpolitik 1928–1938*, Berlin.

Kollmer, Norbert (1995), »Die gewerberechtliche Erlaubnis für Mineralöl-Pipelines«, in: *Gewerbearchiv* 41, S. 13–18.

Levinson, Marc (2006), *The Box. How the Shipping Containers made the World smaller and the World Economy bigger*, Princeton, Oxford.

Meyercordt, Walter (1960), *Behälter und Paletten. Handbuch zur inner- und außerbetrieblichen Transportrationalisierung*, Darmstadt.

Mierzejewski, Alfred C. (1999), *The Most Valuable Asset of the Reich. A History of the German National Railway*, Bd. 1: *1920–1932*, Chapel Hill, London.

Mineralölwirtschaftsverband (Hrsg.) (2006), *Mineralölversorgung mit Pipelines*, Hamburg.

Möhl, Kurt (1942), »Der Transport von Öl in Rohrleitungen«, in: *Großdeutscher Verkehr* 36, S. 478–484.

Nagel, Dieter (1968), *Die ökonomische Bedeutung der Mineralöl-Pipelines*, Hamburg.

Nonn, Christoph (2001), *Die Ruhrbergbaukrise. Entindustrialisierung und Politik 1958–1969*, Göttingen.

Paquet, Alfons (1926), »Der Neckarkrieg«, in: *Frankfurter Zeitung* v. 31. Januar.

Postrel, Virgina (2006), »The Container that changed the world«, in: *New York Times* of 23 March.

Roland, Alex (2007), »Containers and Causality (Review Essay)«, in: *Technology & Culture* 48, H. 2, S. 386–392.

Schwartz Cowan, Ruth (1997), *A social history of American Technology*, New York, Oxford.

Smith, Merrit Roe/Marx, Leo (Hrsg.) (1994), *Does Technology Drive History? The Dilemma of Technological Determinism*, Cambridge, Mass.; London.

Stäbler, Wolfgang (1995), »Die Saline Rosenheim«, in: Manfred Treml u. a. (Hrsg.), *Salz macht Geschichte*, Augsburg, S. 111–118.

Steinberger, Petra (2002), »Angst vor der Schachtel. Der Container hat die Globalisierung vorangetrieben – jetzt aber bringt er sie in Gefahr«, in: *Süddeutsche Zeitung* v. 15./16. Juni.

Stier, Bernhard (1995), »Auf der Wasserstraße in die Moderne. Der Bau des Neckarkanals im Spannungsfeld von Technik, Ästhetik und Politik 1920–1935«, in: *Zeitschrift für Geschichte des Oberrheins* 143, S. 287–351.

Störzbach, Gustav (1928), *Ein volkswirtschaftlicher Beitrag zum Kanalbauproblem nach dem Kriege in Südwestdeutschland*, Diss. Univ. Hamburg.

Voigt, Fritz (1965), *Verkehr*, Bd. 2.2, Berlin.

Wissenschaftlicher Beirat beim Bundesverkehrsministerium (1960), *Gutachten über Mineralölfernleitungen*, Bad Godesberg.

Witthöft, Hans Jürgen (2004), *Container: die Mega-Carrier kommen*, Hamburg.

Wohl, Paul (1934), »Das Doppelproblem des Verkehrswesens. Warum Behälter?«, in: *Der Behälter* 1, S. 11.

Wolff, Gerd (2005), *Kombinierter Ladungsverkehr*, Teil 1: *pa-Behälterverkehr*, Freiburg i. Br.

— (2005), *Kombinierter Ladungsverkehr*, Teil 2: *Containerverkehr, Container und Tragewagen*, Freiburg i. Br.

Yergin, Daniel (1991), *Der Preis. Die Jagd nach Geld, Öl und Macht*, Frankfurt am Main.

Zeller, Thomas (1997), »Kombinierter Verkehr – die ewige Zukunftshoffnung«, in: Harry Niemann/Armin Hermann (Hrsg.), *100 Jahre LKW. Geschichte und Zukunft des Nutzfahrzeugs*, Stuttgart, S. 378–394.

23. Die Logistische Revolution: Logistik und Güterverkehr in Europa 1950–2000

Richard Vahrenkamp

Einleitung

Das Thema Logistik und Güterverkehr wurde bisher in der historischen Verkehrsforschung wenig beachtet. An dieser Stelle soll über die Entwicklung der Logistik und des Güterverkehrs in Europa im Zeitraum von 1950 bis 2000 berichtet werden und es soll aufgezeigt werden, wie sich die Logistik von ihren Basisfunktionen Transport, Umschlag und Lagern zu den modernen Konzepten der Hochleistungslogistik entwickelt hat, die Organisationskonzepte und Dimensionen der Qualität wie Schnelligkeit und Präzision in ihre Leistungen einbringt. Die Faktoren, die zu dieser Entwicklung geführt haben, lassen sich in ökonomische und politische unterscheiden. Bei den ökonomischen Faktoren handelt es sich um die Herausbildung eines konsumorientierten Wirtschaftssystems, bei den politischen um die schrittweise Einigung Europas.[1]

Die modernen Gesellschaften werden häufig mit dem Begriff der Massenkonsumgesellschaften beschrieben.[2] Hier soll der umfassendere Begriff des konsumorientierten Wirtschaftssystems gewählt werden, der neben dem Massenkonsum auch die Massenproduktion von Konsumgütern und deren Massenvertrieb anspricht. Die Zeitperiode nach 1950 kennzeichnet eine Evolution des konsumorientierten Wirtschaftssystems, das von Konsumgüterindustrien gekennzeichnet ist, die über großflächige, filialisierte Handelssysteme die Versorgung der Bevölkerung sicherstellen. Massenproduktion, Massendistribution und Massenkonsum bildeten ein System. Eine besondere Stellung innerhalb der Konsumgüterindustrie nehmen die Automobilindustrie und der Automobilhandel ein, welche die Basis für die Massenmotorisierung legen. Das Automobil war nicht bloß ein Konsumgut, sondern ermöglichte den Einkauf in peripher gelegenen Großmärkten und den bequemen Transport großer Mengen an Konsumgütern und schuf so die Voraussetzungen für die Konzentrati-

1 Die Langfassung ist in meinem Working Paper in the History of Mobility Nr. 13/2009 auf meiner Webseite: www.vahrenkamp.org zu finden.

2 Reckendrees, *Massenkonsumgesellschaft*, Kopper (2002), *Handel*, u. König, *Konsumgesellschaft*.

on auf großflächige Einheiten im Einzelhandel. Weitere starke Sektoren des konsumorientierten Wirtschaftssystems sind Bankdienstleistungen, Versicherungsdienstleistungen und Dienstleistungen der Tourismuswirtschaft. Diese Sektoren sind jedoch für die logistische Versorgung mit Gütern weniger relevant und werden im Folgenden ausgeklammert.

Die Massenmotorisierung und das Autobahnnetzwerk

Die Jahrzehnte des Wirtschaftswunders in Westeuropa nach 1950, auch *trente glorieuses* oder *miracolo economico* genannt, waren von der Massenmotorisierung geprägt.[3] Der Automobilbestand wuchs rapide. In Westdeutschland betrugen die Zuwachsraten in den fünfziger Jahren 20 Prozent pro Jahr. Die Massenmotorisierung erhielt ihren starken Impuls von den preisgünstigen, ikonographischen Einsteigermodellen: in Italien vom Fiat 500, in Frankreich vom Citroen 2CV und in Westdeutschland vom Volkswagen Käfer. Das bestehende Straßennetz, das in vielen Ländern Europas noch überhaupt keine Autobahnen enthielt, konnte die steigende Motorisierung nicht aufnehmen. Man sprach vom Chaos auf den Straßen und beklagte zahlreiche Verkehrsunfälle.[4] Als Reaktion auf das unzureichende Straßennetz und auf den wachsenden Einfluss der Autolobby wurde in Westeuropa das Autobahnnetz schrittweise ausgebaut, was die Landstraßen und Ortsdurchfahrten entlastete und ein zügiges und vergleichsweise sicheres Autofahren versprach.[5] Die folgende Tabelle zeigt den Ausbau des Autobahnnetzes in den Ländern der EU15.

Die Tabelle zeigt, wie die Pioniere des Autobahnbaus in der faschistischen Ära – Italien und Deutschland – bereits nach 1950 begannen, ihr Autobahnnetz erheblich zu erweitern, wenn man die Bauleistung mit Frankreich und England vergleicht, die erst in den sechziger und siebziger Jahren den Autobahnbau forcierten.[6] Die kleinen Länder, Belgien und die Niederlande, bauten ebenfalls bereits seit den fünfziger Jahren ihr Autobahnnetz in Relation zu

3 Für den Fall Schweden siehe Lundin, »American Numbers«, S. 303–337. Für den Fall Italien siehe Paolini, *Un paese a quattro ruote*. Für den Fall Deutschland siehe Klenke, *Bundesdeutsche Verkehrspolitik*. Für den Fall Frankreich siehe Loubet, *Histoire de L'Automobile*. Für den Fall England siehe Thoms u. a., *Motor car*.

4 Girnth, *Chaos*. Die Landstrasse B3 von Hamburg nach Hannover wurde als »Bundes-Mord-Strasse« bezeichnet, in: *Der Spiegel* v. 5. November 1952, S. 14.

5 Mom, »Roads without Rails«, S. 745–772, u. Ross, *Linking Europe*, S. 96f.

6 Moraglio, »Highway Network«, S. 117–132.

Tab. 23.1: Länge des Autobahnnetzes in der EU15 in Kilometern

Land/Jahr	1960	1970	1980	1990	1998
Belgien	183	488	1.203	1.631	1.682
Dänemark	–	84	516	601	861
Deutschland	2.671	6.061	9.225	10.809	11.427
EL	–	11	91	190	500
Spanien	–	387	2.008	4.693	8.269
Frankreich	174	1.533	5.264	6.824	9.303
Irland	–	–	–	26	103
Italien	1.065	3.913	5.900	6.193	6.453
Luxemburg	–	7	44	78	115
Niederlande	358	1.209	1.780	2.092	2.360
Österreich	–	478	938	1.445	1.613
Portugal	–	66	132	316	1.252
Finnland	–	108	204	225	473
Schweden	–	403	850	939	1.339
United Kingdom	202	1.183	2.683	3.180	3.421

Quelle: Eurostat: Das Wichtigste aus dem Panorama des Verkehrs 1970–1999, 3/2002, S. 2. Die Daten für 1960 sind von World Road Congress, AIPCR-PIAC 1909–1969, S. 52.

ihrer Staatsfläche kräftig aus. Während Westdeutschland zwischen 1950 und 1954 lediglich 58 Kilometer Autobahn neu baute und vielmehr die Kriegsschäden beseitigte, erfolgte die Expansion in den Jahren danach. Bis 1961 wurden 726 Kilometer Autobahn neu gebaut.[7] Um den Bau der Autobahnen in den fünfziger Jahren trotz knapper Finanzmittel forcieren zu können, nahm der Bund den Ausweg des Schattenhaushalts, was die hohe Priorität des Autobahnbaus verdeutlicht. Der Bund gründete eigens eine private Finanzierungsgesellschaft für den Autobahnbau – die Gesellschaft für öffentliche Arbeiten AG – die Anleihen auf dem Kapitalmarkt ausgab.[8]

Die logistische Funktion von Autobahnen in konsumorientierten Wirtschaftssystemen

Der Ausbau des Autobahnnetzes diente nicht allein dem Automobil, sondern ließ auch die Schnelligkeit und Preiswürdigkeit des Lastkraftwagen-Verkehrs anwachsen und gab den LKW-basierten Logistiksystemen einen starken Im-

7 Bundesminister für Verkehr (1961), *Verkehrspolitik*, S. 241.

8 Verkehrsfinanzgesetz vom 6. April 1955, Abschnitt IV: Finanzierung des Baus von Bundesautobahnen, in: *Bundesgesetzblatt* I, 1955, S. 166–179.

puls.[9] Diese beiden Aspekte, der Personen- und der Güterverkehr auf der Autobahn, wurden in den Ländern Europas unterschiedlich von der Verkehrspolitik in die politische Debatte um den Ausbau der Autobahnen eingebracht. In Deutschland blieb der Aspekt des Güterverkehrs weitgehend unbeachtet. Vielmehr wies die deutsche Politik den Güterverkehr der Eisenbahn zu und betrieb damit eine zweigeteilte Verkehrspolitik: Die Autobahn wurde vorrangig für das Automobil gebaut. Die zweigeteilte Verkehrspolitik war aber insofern kurzsichtig, als sie die volkswirtschaftlichen Rationalisierungseffekte des LKW-Verkehrs nicht thematisierte und die Logistik als Wachstumssegment in der Frühphase der Dienstleistungsgesellschaft in ihrer Entwicklung stark behinderte: Der LKW-Verkehr verbilligte und beschleunigte den Transport von Waren. Dieser Aspekt wurde in Deutschland selbst von der Forschung zu den wirtschaftlichen Auswirkungen von Autobahnen bis 1970 nicht thematisiert.[10]

Im Unterschied zu Deutschland wurde in Italien auch der Aspekt der Rationalisierung des Güterverkehrs zur Begründung des Autobahnbaus herangezogen und als »Modernisierung« des Transports euphorisch begrüßt, da die Eisenbahn im Güterverkehr sehr schlechte Leistungen aufwies.[11] Die Modernisierungsinvestitionen der Eisenbahn gingen vornehmlich in den Bereich des Personentransports, sodass das rollende Material im Güterverkehr veraltet war. Auch konnte die Eisenbahn in keine modernen Logistikkonzepte des zeitbasierten Wettbewerbs eingebunden werden, da die Güterzüge nicht nach einem Fahrplan verkehrten.[12] In England begann der Autobahnbau mit Umgehungsstrassen um die Städte Preston und Lancashire, so dass die Ortsdurchfahrten entlastet wurden und auch der Güterverkehr beschleunigt wurde.[13]

Bisher ist diese Frage nach dem Zusammenhang der Expansion des Autobahnnetzes mit dem Entstehen der Logistik in konsumorientierten Wirtschaftssystemen in der historischen Verkehrsforschung weder gestellt noch untersucht worden. Die Entwicklung des LKW-Güterverkehrs im Autobahnnetz in Europa ist eng mit der Evolution moderner Logistikkonzepte verknüpft. Diese haben sich in den beiden Schwerpunkten des konsumorientierten Wirtschaftssystems herausgebildet: Als Just-In-Time-Zulieferkonzepte für

9 Der Plural von Lastkraftwagen wird im Folgenden mit LKWs abgekürzt. Diese Darstellung legt den Focus auf schwere LKWs. Jedoch gibt das Datenmaterial nicht immer eine saubere Trennung von leichten und schweren LKWs her.

10 Siehe den Literaturbericht von Frerich, *Wachstums- und Struktureffekte*, S. 35–38.

11 Bonino, Moraglio, *Inventing Movement.*

12 Kerwer, »Going trough«, S. 173–216.

13 Charlesworth, *History*, S. 35f. Er zeigt die Lobbyarbeit der Industrie- und Handelskammern.

die Automobilmontagewerke und im Aufbau moderner Distributionsstrukturen für den Warenabsatz in der reifen Konsumgüterwirtschaft.

Bezieht man die Automobilindustrie in den Zweig der Konsumgüterwirtschaft ein, gelangt man zu der These, dass das konsumorientierte Wirtschaftssystem auf der modernen Logistik beruht und vice versa. Ein konsumorientiertes Wirtschaftssystem ist von einem differenzierten Warenangebot der Massenindividualisierung geprägt in einem Käufermarkt, in dem der Konsument eine breite Auswahl an Angeboten besitzt. Die Lieferungen von Waren sind eilbedürftig. Rascher Mode- und Modellwechsel auf den schnelldrehenden Konsumgütermärkten und zeitgetaktete Anlieferung zu den Automobilmontagewerken benötigen Transporte ohne Zeitverzug, die in europäischen Transportnetzwerken nur mit dem LKW als Haus-zu-Haus-Transporte ohne Umladung möglich sind, während die Eisenbahn in diesem System der Zeit- und Präzisionskonkurrenz zurückfällt. Die Verschiebung der Anteile der Transportleistung von der Eisenbahn, die vorrangig Grundstoffe transportiert, zum LKW, der hochwertige Endprodukte befördert, wird in der Verkehrsgeographie als »Güterstruktureffekt« beschrieben.[14]

Die Frage nach dem Aufbau von Distributionssystemen wurde im Kontext der Konsumgüterdistribution gestellt und war in den sechziger Jahren mit der Expansion von Großmärkten und dem verstärkten Auftreten von Filialketten im Einzelhandel verknüpft. Methoden des Marketings fanden in der Ausrichtung des Einzelhandels erstmals eine systematische Anwendung. Die Wünsche der Konsumenten sollten erforscht und, wenn nötig, geweckt werden. Hand in Hand damit mußte eine leistungsfähige Logistik die Waren pünktlich in die Regale der Geschäfte anliefern mit dem Ziel, leere Regale zu vermeiden, die Kunden verärgern und womöglich abwandern lassen, was auf einem Käufermarkt mit einem nahezu unbegrenzt erscheinenden Warenangebot leicht möglich ist. Hier wird die Endkundenorientierung der modernen Logistik deutlich. In der akademischen Logistiktheorie wurde dann nach Standorten von Produktionswerken, Zentrallagern und Regionallagern gefragt, um die Summe der Lagerkosten und der Transportkosten zu den Läden zu minimieren.[15]

Der Zusammenbruch des Ostblocks in den neunziger Jahren warf ein Schlaglicht auf die unterschiedlichen Logistikstrukturen in Ost und West. Im Folgenden sollen die Unterschiede im Transport-, Logistik- und Wirtschaftssystem modellhaft aufgezeigt werden. Die Staatswirtschaft des Ostblocks schaltete den Wettbewerb aus, bevorzugte die Schwerindustrie und ließ die

---

14 Nuhn, Hesse, *Verkehrsgeographie*, S. 81, Kopper (2002), *Handel*, S. 12, Willeke, »Motorisierung«, u. Childs, *Trucking*, weisen auf die Bedeutung des LKW-Transports für die Entwicklung der Fertigwarenindustrie beziehungsweise des konsumorientierten Wirtschaftssystems hin.

15 Vahrenkamp, Mattfeld, *Logistiknetzwerke*.

Transporte mit der Eisenbahn durchführen. Schwerindustrie und Eisenbahn bedingten sich seit ihrer Entstehung vor 175 Jahren gegenseitig. Die Transportleistung der Eisenbahn im Ostblock stieg von 82 Milliarden Tonnenkilometern im Jahre 1950 auf 364 Milliarden Tonnenkilometer im Jahre 1980.[16] Die Konsumgüterindustrie einschließlich der Autoproduktion besaß nur eine geringe Leistungsfähigkeit. Die schwache Motorisierung verlieh der Autolobby kein Gewicht, um den Straßenbau durchzusetzen. Das Problem der »Landstraßenlosigkeit« wurde in Russland seit den zwanziger Jahren diskutiert, aber niemals gelöst. Das Straßennetz war in einem schlechten Zustand. Autobahnen gab es – wenn überhaupt – nur auf kurzen Segmenten. Die ehrgeizigen Planungen aus den fünfziger Jahren für ein System von Autobahnstrecken von Westrussland nach Mitteleuropa wurden niemals realisiert.[17] Wegen des Fehlens einer entwickelten Konsumgüterindustrie einschließlich LKW-gestützter Distributionssysteme gab es im Ostblock keine Logistik im modernen Sinne, die Schnelligkeit, Präzision und die Handhabung einer großen Warenvielfalt auszeichnet, sondern bloß eine stoßweise Belieferung von unterversorgten

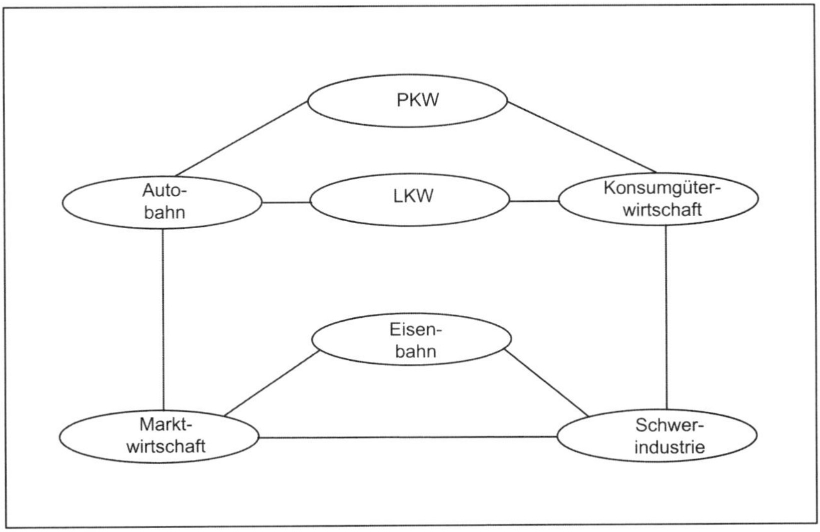

Abb. 23.1: Die Logistik-Struktur des konsumorientierten Wirtschaftssystems

Quelle: Erstellung durch den Autor.

16 Dienel, »Analyse von Handlungsspielräumen«, S. 404.

17 Siegelbaum, *Cars*, u. Krüger, *Der Ostblock*, Bd. 1, S. 157–160.

Märkten, wobei die Qualität der Versorgung in der Mangelwirtschaft zweitrangig war. Nicht die Pünktlichkeit der Lieferung war entscheidend, vielmehr dass die Lieferung irgendwann überhaupt eintraf. Die ins Groteske gesteigerte Lieferfrist von 13 Jahren für ein Trabant-Auto in der DDR belegt diesen Aspekt.[18]

Das westeuropäische Entwicklungsmodell des konsumorientierten Wirtschaftssystems stach deutlich von den Strukturen des Ostblocks ab. Ausgenommen geschützte staatliche oder quasi-staatliche Sektoren, regelte die Marktwirtschaft den Wettbewerb unter den Leistungsanbietern. Die Konsumgüterindustrie und insbesondere die Automobilindustrie waren weit entwickelt, und die Logistik der reifen Konsumgütermärkte konnte von einem engmaschigen Autobahnnetz profitieren, um Zulieferstrukturen in der Autoindustrie und leistungsfähige, LKW-gestützte Distributionsstrukturen für die Versorgung mit einer breiten Vielfalt an Konsumgütern aufzubauen. Die folgende Abbildung zeigt die Logistik-Struktur des konsumorientierten Wirtschaftssystems auf:

Die folgende Tabelle vergleicht die Transportleistungen von Bahn und LKW in der EU15 des Jahres 1986 beziehungsweise 1990 und zeigt auf, dass sie im überwiegenden Teil vom LKW erbracht wurden.

Tab. 23.2: Transportleistung von Eisenbahn und LKW in der EU15 des Jahres 1986 beziehungsweise 1990

	Eisenbahn in Mio. tkm	LKW in Mio. tkm
inländisch (1986)	132.742	543.857
grenzüberschreitend (1990)	71.255	151.071
Summe	203.997	694.928

Quelle: Daten nach Eurostat, Das Wichtigste, S. 3.

An europäischen Ländern, die Jahrzehnte lang von der EWG abgeschnitten waren, kann man beispielhaft aufzeigen, wie die Westintegration die Transportwirtschaft stimuliert hat. Damit treten die Autobahnen nicht nur als Verkehrswege in Erscheinung, sondern zugleich politisch und symbolisch als Wege in ein neues Europa.

Zunächst soll am Beispiel der Tschechoslowakei beziehungsweise der Tschechischen Republik die schrittweise Integration in die Europäische Union (EU) parallel zum Wachstum des Autobahnnetzes aufgezeigt werden. Wäh-

18 Zatlin, *Vehicle*, u. Merkel, *Utopie*. Zatlin vertritt die These, dass die mangelnde Leistungsfähigkeit der Autoindustrie entscheidend zum Untergang der DDR beigetragen habe.

rend bereits in den dreißiger Jahren das Militär der Tschechoslowakei die gefährliche einseitige Abhängigkeit der Landesverteidigung von der Eisenbahn erkannte und versuchte, flexible Transportkapazitäten mit dem LKW aufzubauen, unterlag das Land nach 1945 zunächst dem sowjetischen Wirtschaftsmodell.[19] Erst im Jahre 1980 konnte die 300 Kilometer lange inländische Autobahnverbindung D1 Prag – Brünn – Bratislava in Betrieb genommen werden.[20] Nach dem Zusammenbruch des Ostblocks und der Bildung der selbstständigen Republik Tschechien im Jahre 1992 begann der Bau der Autobahn D5 Prag – Pilsen – deutsche Grenze, die im Jahre 2006 fertig gestellt wurde und die Republik Tschechien verkehrlich und logistisch mit Deutschland verbindet. Als die Tschechische Republik im Jahre 2004 der EU beitrat, wurde der Bau der Autobahn Prag – Dresden begonnen.

Zum Zweiten lässt sich ein ähnlicher Prozess im Spanien der Nach-Franco-Ära nachweisen. Im Jahre 1975, dem Ende der Franco-Diktatur, besaß Spanien Autobahnen von weniger als 1.000 Kilometer Länge, die aus unverbundenen Teilstücken bestanden.[21] Insbesondere war die Hauptstadt Madrid mit keiner Küstenstadt verbunden. Im Jahre 1980 erreichte das Autobahnsystem die Länge von 2.000 Kilometern. Nach dem Beitritt Spaniens zur EWG im Jahre 1986 wurde bis zum Jahre 1990 das Netz auf über 4.000 Kilometer vergrößert (vgl. Tab. 23.1) mit einer direkten Wirkung auf die Transportwirtschaft: Die Zahl der LKWs erreichte im Jahre 1986 den Wert von 1,6 Millionen und die Zahl der Neuzulassungen von LKWs sprang von 128 Tsd. im Jahre 1986 auf nahezu das Doppelte, auf 215 Tausend im Jahre 1988.[22] Gleichfalls stieg die Zahl der LKWs, die die Pyrenäen pro Tag überquerten, von 3.800 im Durchschnitt des Jahres 1986 auf 20.000 zur Jahrtausendwende.[23] Die Verkehrsleistung im grenzüberschreitenden Verkehr in Spanien verdreifachte sich nahezu von 12,2 Milliarden Tonnenkilometern im Jahre 1990 auf 32,8 Milliarden Tonnenkilometer im Jahre 1998.[24]

Während in Jahren des Wirtschaftswunders der Zusammenhang von Wirtschaftswachstum, Motorisierung und Ausbau des Autobahnnetzes als evident angesehen wurde, war später der Beschäftigung schaffende Effekt des weiteren

---

19 Oliva, *Normalization.*

20 Übersichtskarte Autobahnen in der Slowakei 2005, Zugriff am 14.12.08, www.dalnice.com/mapy/slovensko/sit_sk.htm. Ich danke Herrn Oliva von der Universität Bordeaux für diesen Hinweis.

21 Daten nach *ADAC Reisehandbuch.*

22 Daten der Neuzulassung in Spanien nach Archiv DaimlerChrysler, Stuttgart. Ich danke Herrn Heintzer für wertvolle Hilfe. Bestandsdaten in: *The Europa year-book 1988*, S. 2328.

23 Daten nach *Logistik Consulting Nea*, Amsterdam.

24 Eurostat, » Entwicklung«, S. 3.

Ausbaus des Autobahnnetzes umstritten, nachdem ein gewisser Sättigungspunkt von Netzdichte und Motorisierung erreicht war.[25]

Die Automotive Logistik der Automobilindustrie

Hier soll der Prozess der Europäisierung der Automobilindustrie nachvollzogen werden und es soll gezeigt werden, wie daraus das Segment der »Automotive Logistik« entstanden ist. Wachstum und hohe Gewinne während der Wirtschaftswunderjahre haben es den gewerkschaftlich gut organisierten Belegschaften der Autoindustrie ermöglicht, hohe Haustarife durchzusetzten. Das Management vollzog einen Balanceakt zwischen hohen Kosten und bezahlbaren Endprodukten. Der Ausweg aus der Kostenfalle bot sich in der Auslagerung von Produktions- und Logistikschritten in Sektoren und Länder mit niedrigeren Löhnen. Eurostat gibt für das Jahr 1988 den durchschnittlichen Stundenlohn für Industriearbeiter in Deutschland mit 18 Euro an, im Vergleich zu Portugal mit drei Euro.[26] Die Übergabe von Vorgängen der Lagerhaltung und der Produktionsversorgung an niedrig bezahlte Arbeitskräfte des Speditionsgewerbes senkte die Kosten. Dieses war der Startschuss für den Aufbau der Just-In-Time-Zulieferung und der Auslagerung der Teileproduktion in Niedriglohnländer in den achtziger Jahren.[27] Beide Entwicklungen gaben der Logistikindustrie starke Impulse zur Entwicklung einer »modernen Logistik«, welche die klassischen Funktionen Transport und Lagerung um den Aspekt der Qualität erweiterte: Gefragt waren Schnelligkeit, Pünktlichkeit, niedrige Fehlerraten und Kontrolle der Prozesse mit Hilfe von Computernetzwerken. Im Speditionsgewerbe entstand das eigene Geschäftsfeld der »Automotive Logistik«, das die klassischen Logistikfunktionen mit Dienstleistungen und Produktionsschritten ergänzte, wie Bestandsführung und Nachorderung, Verpackung, Preisauszeichnung und Vormontage.

25 Nuhn, Hesse, *Verkehrsgeographie*, S. 300f.
26 Eurostat, *Europa in Zahlen*, S. 126.
27 Vahrenkamp, *Logistik*, Kapitel 21.

Die Eisenbahnlogistik in Europa

Die europäischen Eisenbahngesellschaften haben bis zum Jahre 2000 ein Kartell von nationalen Gebietsmonopolisten aufrechterhalten. Die im Besitz der jeweiligen Nationalstaaten befindlichen Eisenbahnen haben innerhalb ihrer Länder jeweils nationale Transportmärkte für Güter geschaffen. Die nationale Ausrichtung schuf zahlreiche Hindernisse für die Etablierung eines europaweiten Marktes für Eisenbahntransport.[28] Der Markt für Bahntechnik in Europa war sehr stark in die einzelnen Länder zersplittert, mit der Folge von unwirtschaftlich kleinen Fertigungslosen. In der Bahntechnik lagen europaweit elf Stromsysteme und 15 verschiedene Betriebsleitsysteme vor. Hinzu kamen noch nationale Regelwerke für den Betrieb der jeweiligen Bahnen und die nationale Sprache für die Kommunikation im Bahnbetrieb – während im Luftverkehr längst Englisch gesprochen wird. Auch waren die zulässigen Achslasten in den nationalen Netzen unterschiedlich, sodass Güterwaggons nicht wirtschaftlich ausgelastet werden konnten. Die Zersplitterung machte einen Wechsel von Lokomotiven und Betriebspersonal an den jeweiligen Grenzen erforderlich mit der Folge von langen Aufenthalten. Jede Bahn gestaltete ihr Preissystem separat. Die anfallenden Nebengebühren waren intransparent, und über Haftung, Vertragslaufzeiten und Zahlungsbedingungen gab es unterschiedliche Auffassungen.

Am Beispiel der alpenquerenden Verkehre zwischen Deutschland, Österreich, der Schweiz und Italien lassen sich modellhaft die Probleme der europäischen Eisenbahnkooperation herausarbeiten.[29] Zunächst konnte die Eisenbahn wegen der Engpasswirkung der Alpenübergänge im Wettbewerb mit dem LKW erhebliche Marktanteile behalten. Die Schiene war für den alpenquerenden Verkehr lange Zeit das wichtigste Transportmittel, zumal im Winter die Alpenpässe für LKWs nahezu unüberwindbar waren.[30] Eine starke Nutzung der Straße für den Güterverkehr fand erst mit dem Ausbau der Autobahnstrecken statt, mit der Folge, dass der Anteil des Güterverkehrs über die Schiene von Jahr zu Jahr abnahm. 1983 wurden zum ersten Mal im Alpenbogen mehr Güter über die Straße als über die Schiene transportiert.

Ein bedeutender Aspekt, der bei der Beurteilung des Wettbewerbs zwischen Straße und Schiene im alpenquerenden Verkehr zu beachten ist, ist die Qualität der durchgeführten Transportleistung. Wenn Qualität mit Schnellig-

28 European Conference of Ministers of Transport, *Improvements*, Stone, *Interoperability*, Burri u. a., *Internationalität*, u. Kopper (2007), *Bahn*.

29 Siehe zum Folgenden Vahrenkamp, Verstappen, *Alpenquerende Güterverkehre*.

30 In den sechziger Jahren gingen 98 Prozent des Transportaufkommens auf der Relation Deutschland – Italien über die Bahn, siehe Bayliss, *European Transport*, S. 129.

keit und Pünktlichkeit der Transporte gemessen wird – eine wichtige Kenngröße bei Just-In-Time-Kooperationen – so weisen die Bahntransporte hier große Mängel infolge des Lokomotivwechsels an der Grenzen auf. Nach Angaben des Logistik-Kompetenz-Zentrums in Prien am Chiemsee betrafen Verspätungen von mehr als einer halben Stunde im LKW-Verkehr von München nach Verona lediglich zwei Prozent der LKWs, jedoch im Eisenbahnverkehr 20 Prozent der Güterzüge, was zurückzuführen war auf die mangelnde Koordination der drei Eisenbahngesellschaften von Deutschland, Österreich und Italien bei der Übergabe von Lokomotiven und Besatzung an den Grenzen.

Bevor die Brennerautobahn eine mühelose Überwindung der Alpen versprach, wurde der Brennerpass zum Schauplatz einer heftigen verkehrspolitischen Auseinandersetzung zwischen Deutschland und Italien, als im Jahre 1970 Italien eine Beförderungssteuer für deutsche LKWs einführte – eine Reaktion auf den Leberpfennig und auf den unterbliebenen Abschluss eines deutsch-italienischen Vertrages zur Befreiung von der KFZ-Steuer. Am Brenner stauten sich die LKWs kilometerlang.[31] Da die italienische Steuer offensichtlich diskriminierend war, musste sie auf Druck der EWG nach kurzer Zeit wieder zurück genommen werden.

Die im Jahre 1972 von Innsbruck zum Brennerpass befahrbare Autobahn besaß eine lange Baugeschichte.[32] Bereits im Jahre 1963 wurde auf dieser Strecke die »Europabrücke« bei Innsbruck fertiggestellt und spendete mit ihrer avantgardistischen Autobahnkapelle den Reisenden Trost und Hoffnung für den gefährlichen Alpenübergang. Das Jahr 1972 wurde zum entscheidenden Datum für den LKW-Verkehr, als ebenfalls die Strecke Bozen – Verona auf der italienischen Seite vollendet wurde. Der Autobahnausbau ließ den LKW-Verkehr über die Alpen explosionsartig anwachsen. Im Jahr 1994 durchquerten den Alpenbogen insgesamt 132,8 Millionen Tonnen Güter, wovon 50 Prozent auf den Transit entfielen, 15 Prozent auf den Binnenverkehr und 35 Prozent auf den Im- und Exportverkehr. 63 Prozent der Tonnagen wurden auf der Straße transportiert, lediglich 37 Prozent wurden über die Schiene befördert. Damit durchqueren beinahe zehn Millionen LKWs pro Jahr die Alpen. 1980 konnte die Schweiz noch mitteilen, dass der alpenquerende Güterverkehr der Schweiz mit 93 Prozent über die Schiene transportiert wurde, lediglich sieben Prozent waren über die Straße zu verzeichnen. Mit Eröffnung des Gotthardt-Tunnels 1980 verlagerte sich der Güterstrom auf die Autobahn A2.

31 Bellers, *Verkehrspolitik*, S. 32f.

32 Brenner-Autobahn AG, »Brenner-Autobahn«, S. 469–482. Ich danke Herrn Kreuzer für diesen Hinweis.

Im Jahre 1994 hatte die Schweizer Bahn im Güterverkehr nur noch einen Marktanteil von 74 Prozent.[33]

Um den Strom der LKWs zu begrenzen, unterlag der alpenquerende Güterverkehr in den Ländern Österreich und Schweiz einer Vielzahl von Einschränkungen, die auf den jeweiligen nationalen oder übernationalen Vereinbarungen beruhten.

Liberalisierung und Regulierung des LKW-Verkehrs in Westdeutschland 1945 bis 1986

Die Verkehrspolitik kann auf ein breites Feld von Instrumenten zurückgreifen, um den LKW-Verkehr zu regulieren.[34] Die Instrumente werden auch unten im Rahmen der EU-Verkehrspolitik angesprochen und nach den drei Kategorien unterschieden: Regulierung des Marktzugangs, Regulierung der Preise und Regulierung des Betriebs, wobei Steuern für den Betrieb des LKW, Standards für Sicherheit der Fahrzeuge und für die Arbeitsbedingungen der Fahrer gesetzt werden.

Man spricht von Liberalisierung des LKW-Strassentransports, wenn die Kontrolle des Marktzugangs bloß auf die subjektiven Voraussetzungen reduziert und die Preisbildung von staatlichen Vorgaben befreit werden. Im Unterschied dazu meint die betriebliche Regulierung des LKW-Strassentransports die gesetzlichen Regelungen des Betriebes von LKWs. Eine Zugangs-Regulierung ist eine Einschränkung der Liberalisierung.

Die LKW-Verkehre in Westdeutschland durchliefen in der Nachkriegszeit unterschiedliche Phasen von Liberalisierung und Regulierung, die nun dargestellt werden. Im Unterschied zu den anderen Siegermächten verfolgte die amerikanische Besatzungsmacht in ihrer Zone während der Jahre 1945 bis 1949 das Ziel, den unter der NS-Herrschaft streng reglementierten LKW-Verkehr in einen freien Transportmarkt umzuwandeln. Sie hatte daher den Landeswirtschaftsministern untersagt, die in der NS-Zeit üblichen Methoden anzuwenden, um die Gewerbefreiheit einzuschränken und die Gründung von Unternehmen zu behindern:[35]

---

33 Kracke, »Alpentransit«, S. 23.

34 Die Regulierung trat erstmals in den dreißiger Jahren in allen Ländern Europas auf, siehe Vahrenkamp, »Lastkraftwagen«.

35 Anonym, »Erlaß Nr. 22 vom 9. Januar 1946 und Nr. 23 vom 28. Oktober 1946«, S. 7, Anonym, »Brief der Militärregierung an die Wirtschaftsverwaltung von Hessen vom 2. Dezember 1948, u. Reuss, *Gewerbefreiheit*.

- Die Zwangsmitgliedschaften in Verbänden oder in »Kammern«.
- Eine Prüfung des »volkswirtschaftlichen Bedarfes« für die Neugründung.

Selbst eine Prüfung von subjektiven Zugangsbedingungen des Unternehmers war untersagt. Die Amerikaner vertraten den Standpunkt, dass die Gewerbefreiheit ein wichtiger Grundpfeiler der neu zu errichtenden Demokratie sei. Unter diesen Rahmenbedingungen entwickelte sich in der Zeit von 1945 bis 1949 der Strassentransport zu einem weitgehend liberalisierten Gewerbe, und trotz Mangel an Treibstoff und Ersatzteilen war ein Gründungsboom an Fuhrunternehmen zu verzeichnen, die sich z. T. aus den aufgelassenen Armeelastern bedienten.[36] Der Gründungsboom wurde von dem hohen Bedarf an Strassen-Transportkapazität angefacht, der aus der Zerstörung der Eisenbahnanlagen im Krieg resultierte; sodass sich eine Prüfung des »volkswirtschaftlichen Bedarfes« ohnehin erledigte.

Jedoch waren die Akteure des ehemaligen NS-Zwangskartells des LKW-Güterverkehrs, das heißt die Landeswirtschaftsministerien, die Eisenbahndirektionen und die Fuhrunternehmer mit einer ehemaligen NS-Lizenz, stark daran interessiert, den früheren Zustand der NS-Regulierung wieder herzustellen. Als einer der ersten Akte in der neu gegründeten Bundesrepublik Deutschland wurden noch im September 1949 die alten Regelungen des Güterkraftverkehrsgesetzes von 1935 weitgehend wieder in Kraft gesetzt.[37] Mit den Güterkraftverkehrsgesetzen von 1949 und 1952 wurde ein Kartell der Eisenbahn mit den lizensierten LKW-Unternehmern im Güterverkehr begründet, das Wettbewerb ausschloss und die Gewerbefreiheit im gewerblichen Güterkraftverkehr massiv eingeschränkte und bis zum Jahre 1986 aufrecht erhalten wurde, bis es unter dem Druck der EWG zerbrach.

---

36 Die Gründung der Spedition Betz in Reutlingen fand im Jahre 1945 statt, siehe Betz, *Festschrift.* Die Arbeitsgemeinschaft der bayerischen Industrie- und Handelskammern gibt für 1948 eine Verdreifachung der Zahl der Fuhrunternehmer in Bayern gegenüber 1939 an. Vgl. Brief an das Bayerische Staatsministerium für Verkehrsangelegenheiten vom 20. April 1948. Bayerisches Wirtschaftsarchiv, Akte K9, 1478. Zum Gründungsboom siehe auch Laaser, *Wettbewerb,* S. 140.

37 Vgl. *Verkehrsblatt des Vereinigten Wirtschaftsgebietes* Nr. 22, 30. September 1949, S. 122–126. Dieser Vorgang kann als eine Bestätigung des »Capture Theorems« von Stigler aufgefasst werden, siehe Stigler, »Theory«, Bd. 2, S. 3–21.

Die gemeinsame Verkehrspolitik in Europa und die Liberalisierung des LKW-Verkehrs

Der grenzüberschreitende Straßengüterverkehr in Europa wurde durch eine Reihe von internationalen Institutionen und internationalen Abkommen überhaupt erst ermöglicht und schließlich auch erleichtert.[38] Zu nennen ist hier die Wirtschaftskommission für Europa (ECE), die den Ausschuss für Binnenverkehr einrichtete, der bereits 1949 mit der *Convention on Road Traffic* (bezeichnet als *Freedom of Road*) den LKW-Güterverkehr im vom Krieg zerrissenen Europa ermöglichte; ausländische LKWs erhielten das Recht, mit ihrer Ladung in ein Land einzufahren, während zuvor an der Grenze die Ladung auf einen inländischen LKW umgeladen werden musste.[39] Der Ausschuss für Binnenverkehr koordinierte die 1948 einsetzenden Hilfslieferungen des Marshall-Planes, der auch ein Politikfeld für den Ausbau der Straßen und der LKW-Verkehre besaß, um die kriegsbedingten Kapazitätsengpässe der Eisenbahn auszugleichen. Der Ausschuss traf am 19. Mai 1956 das Übereinkommen über den Beförderungsvertrag im internationalen Straßengüterverkehr (CMR) sowie das Zollabkommen über den internationalen Warentransport in versiegelten LKWs mit Carnets TIR vom 15. Januar 1959, die bei Transitfahrten Zollkontrollen an den Grenzen überflüssig machten. Schließlich trug die im Jahre 1953 in Brüssel von den Ländern Deutschland, Belgien, Frankreich, Italien und Schweiz gegründete Europäische Konferenz der Verkehrsminister (CEMT) zur Koordinierung der Verkehrspolitik in Europa ganz wesentlich bei.[40] Sie formulierte das Politik-Ziel, den Güteraustausch in Europa zu erleichtern und zu vereinfachen, und schloss 1960 in Den Haag ein Abkommen über Maximalwerte zu Ausmaß und Gewicht von LKWs.

Neben der Ebene der Europäischen Wirtschaftsgemeinschaft gab es bilaterale Vereinbarungen zwischen zwei Staaten über die Höhe der LKW-Kontingente. Sie wurden von Vertretern der Verkehrsministerien jährlich festgesetzt. Waren die Kontingente erschöpft, so konnten keine weiteren LKW-Verkehre mehr stattfinden. Hieran wird ersichtlich, wie restriktiv und unflexibel dieses

38 Zum Folgenden siehe Bundesminister für Verkehr (1961), *Verkehrspolitik*, Abschnitt VII; Trinkaus *Güterkraftverkehrsrecht*, Buchstabe J, u: Frerich, Müller, *Europäische Verkehrspolitik*.

39 Schipper, »Changing the Face«, S. 211–228.

40 Für Westdeutschland ein wichtiger Schritt, die außenpolitische Isolation zu durchbrechen. Das Protokoll der »Europäischen Konferenz der Verkehrsminister« vom 16. Oktober 1953 ist im Verkehrsblatt 1954, S. 178–180 veröffentlicht. Der CEMT gehören mittlerweile alle Staaten von Europa (ausgenommen Serbien) einschließlich Russland an, zudem noch Aserbaidschan und die Türkei.

System der Verkehrszuteilung war, insbesondere angesichts des stetig wachsenden Warenaustausches innerhalb der EWG.

Der im Jahre 1957 geschlossene Vertrag zur Gründung der Europäischen Wirtschaftsgemeinschaft (EWG) sah vor, eine gemeinsame Verkehrspolitik zu entwickeln, den grenzüberschreitenden Güterverkehr zu erleichtern und Hindernisse im Güteraustausch zu beseitigen. Der EWG-Vertrag forderte unter Titel IV (»Der Verkehr«) in den Artikeln 70 bis 84 die Koordination der europäischen Verkehrspolitiken. Bedingungen sollten formuliert werden, unter denen Verkehrsunternehmen in der ganzen EWG tätig werden konnten. Insbesondere verbietet der Artikel 79 die Diskriminierung von Beförderungsbedingungen nach Herkunfts- beziehungsweise Bestimmungsland.[41] Der Artikel 81 des EWG-Vertrags sieht eine Verringerung der Grenzabgaben und Grenzgebühren vor. Die Artikel 85 bis 90 fordern einen freien und fairen Wettbewerb in der Wirtschaft unter Einschluss des Verkehrssektors. Dies wurde konkretisiert durch die Forderungen nach freiem Marktzugang, Verbot von staatlichen Beihilfen, Kartellverbot und Verbot von Machtmissbrauch. Allerdings war es ein mühsamer, 34 Jahre währender Weg, bis das Ziel eines europaweiten Marktes mit freiem Zutritt für grenzüberschreitende LKW-Transportdienstleistungen erreicht werden konnte.

Überraschend am EWG-Vertrag ist dessen klare marktwirtschaftliche Ausrichtung, die vollkommen abweicht von den Wirtschafts- und Verkehrspolitiken der Mitgliedsländer und die auf dem Höhepunkt des Kalten Krieges eher als eine ideologische Abgrenzung zum Ostblock als als eine Maxime für die Innenpolitik zu verstehen ist. Ferner ist hervorzuheben, dass die Regulierungen der EWG und Europäischen Union sich auf den grenzüberschreitenden Verkehr beziehen. Davon abweichend können die einzelnen Länder ihre inländischen Verkehre regulieren.

Die gemeinsame Verkehrspolitik der EWG konzentrierte sich auf den LKW-Verkehr, der leichter zu vereinheitlichen war als das Feld der Eisenbahnen, da diese Staatsmonopole waren. Um die Vorgaben von Titel IV des EWG-Vertrages im LKW-Verkehr umzusetzen, besaß der Ministerrat der EWG zwei wesentliche Politikfelder: das der Liberalisierung und das der Harmonisierung. Die Liberalisierung erleichtert den Marktzugang ausländischer Unternehmer im Inland und schafft Wettbewerb in den bisher abgeschotteten

41 Trinkaus, *Güterkraftverkehrsrecht*, Buchstabe J211. Ein Beispiel für die vorherrschende Diskriminierung ist der Transport von 100 Tonnen Stahlblech. Die Preise für einen Eisenbahntransport über eine Strecke von 253 Kilometer von Duisburg nach Bingen betrug im Juli 1954 610 DM, aber der Preis über eine vergleichbar lange, aber grenzüberschreitende Strecke von 252 Kilometer von Liege nach Duisburg betrug 378 DM. Vgl. Bayliss, *European Transport*, S. 11.

nationalen Märkten. Die Regulierung des LKW-Gewerbes wies in den Ländern der EWG in den sechziger Jahren einen unterschiedlichen Stand auf. Die Länder, die die Eisenbahn als Instrument der Wirtschafts- und Sozialpolitik einsetzten, hatten mit einer restriktiven Lizenzvergabe und mit Preisvorschriften die Regulierung an eine Schutzpolitik der Eisenbahn gekoppelt. Dies waren die Länder England, Frankreich, Belgien und Deutschland. Die Niederlande betrachteten den Transportsektor als einen normalen Wirtschaftssektor ohne gemeinwirtschaftliche Verpflichtungen. Italien beschränkte die Eisenbahnpolitik auf einen Ausgleich des Defizits der Bahn.[42]

Die Harmonisierung meint die Vereinheitlichung der nationalen betrieblichen Regulierungen, deren Unterschiede den Wettbewerb verzerren und so die Herstellung eines gemeinsamen Verkehrsmarkts verhindern. In Bereich der Harmonisierung sind zahlreiche Regelungen von der EU erlassen worden.[43]

Der Ministerrat der EWG konnte die Vorgaben von Titel IV des EWG-Vertrages zur Liberalisierung jahrzehntelang nicht umsetzen, da ein Teil der Mitgliedsländer zunächst eine Harmonisierung der Wettbewerbsbedingungen in der EWG anstrebte. Unter den Mitgliedsländern waren die großen Flächenstaaten Deutschland und Frankreich am Schutz der Eisenbahn interessiert und benutzten das weite Feld der Harmonisierungspolitik als Mittel, die Liberalisierung zu verzögern. Sie koppelten die Liberalisierung an eine weitgehende Harmonisierung als Vorbedingung. Die Niederlande und England hatten bereits Ende der sechziger Jahre den LKW-Verkehr liberalisiert und die eisenbahnfreundliche Politik nicht unterstützt, sodass die Konfliktlinie zwischen Harmonisierungsbefürwortern und Liberalisierungsvertretern verlief.[44] Nach Einschätzung der Europäischen Kommission aus dem Jahre 1983 beherrschten die hohen Defizite der Eisenbahnen das verkehrspolitische Denken in einigen Mitgliedsstaaten und »veranlasste sie, die Politik gegenüber anderen Verkehrsträgern hauptsächlich auf der Grundlage ihrer Auswirkungen auf die Eisenbahn zu beurteilen.« Die Kommission plädierte dafür, im Strassengüterverkehr »weitere Möglichkeiten zu prüfen, mit denen das Angebot der Nach-

42 Bayliss, *European Transport*, S. 64. Zur Regulierung im Europa der EWG-Länder liegen die vergleichenden Studien von Frerich, Müller, *Europäische Verkehrspolitik*, u. von Héritier u. a., *Differential Europe* vor. Bis zum Jahre 1962 wird der Stand der Regulierung dargestellt in: Kommission der Europäischen Wirtschaftsgemeinschaft, *Regelung des Verkehrs*. Zur Regulierung in England siehe auch Loft, »Coping with«, sowie Laaser, *Wettbewerb*, S. 192ff. Zur Regulierung in den Niederlanden siehe Verheij, *Wetten voor weg en water*. Zur Regulierung in Italien siehe Maggi, *Storia dei trasporti*.

43 Europäische Kommission, *Road Freight Transport*, Abschnitt 3.

44 Frerich, Müller, *Europäische Verkehrspolitik*, S. 128. In England waren der Marktzugang und die Preisfestsetzung seit den sechziger Jahren freigegeben. Siehe Laaser, *Wettbewerb*, S. 192.

frage angepasst werden kann, wodurch das jetzige System der Kapazitätskontrollen letzten Endes überflüssig würde. «[45]

Als mit dem Konflikt zwischen Harmonisierungsbefürwortern und Liberalisierungsvertretern im Ministerrat eine langjährige Blockade der Verkehrspolitik eintrat, entwickelten die Institutionen der EWG eine nicht vorhergesehene Dynamik. So erhob das Europäische Parlament am 22. Januar 1983 Klage gegen den Ministerrat wegen Untätigkeit beim Europäischen Gerichtshof, der am 22. Mai 1985 ein Untätigkeitsurteil gegen den Ministerrat aussprach.[46] Der Ministerrat fasste dann in den Jahren 1985 und 1986 Beschlüsse zur Liberalisierung des Güterverkehrs auf der Straße. Die bestehende Diskriminierung Dritter durch bilaterale Kontingente von LKW-Fahrten wurde durch eine schrittweise, spürbare Erhöhung von multilateralen Gemeinschaftskontingenten bis zum 1. Januar 1992 beseitigt. Im Jahre 1990 wurden die zum Schutz der Eisenbahn festgelegten LKW-Transportpreise (»Tarife«) im grenzüberschreitenden Verkehr aufgehoben und sich frei am Markt bildende Preise zugelassen.

Die Liberalisierung war wegen der Mehrheitsregel im Ministerrat leichter durchsetzbar als die Harmonisierung, die der Vetoregel unterlag. So erfolgte die Liberalisierung ohne Harmonisierung. Die für eine Herstellung von gleichen Wettbewerbsbedingungen wichtige Angleichung der LKW-Steuern blieb bis zur Jahrtausendwende aus. In Europa schwankte die steuerliche Belastung eines LKWs beträchtlich zwischen 414 DM in Finnland und 5.286 DM in Österreich im Jahre 1996.[47]

Als Folge der Liberalisierung expandierte in den Jahren 1980 bis 1990 die LKW-Flotte stark auf 15,7 Millionen und erreichte im Jahre 1998 die Zahl von knapp 20 Millionen, während die Zahl der LKWs in den zehn Jahren von 1970 bis 1980 lediglich um drei Millionen auf 10,6 Millionen angestiegen war. Von 1990 bis 1999 stieg im Güterkraftverkehr der EU die Verkehrsleistung von 790 auf 1.258 Milliarden Tonnenkilometer. Davon entfielen 76 Prozent auf Verkehre innerhalb einzelner Mitgliedsstaaten.[48] Die Liberalisierung senkte die Transportpreise durch mehr Wettbewerb in den einzelnen Ländern. Dadurch konnte der gewerbliche Güterverkehr seine Marktanteile gegenüber dem Werkverkehr in den Jahren 1985 bis 1995 in allen Ländern der EU mit Ausnahme von Italien und Portugal erhöhen.

45 Europäische Kommission, »Fortschritte«, S. 6 u. 12.
46 Blonk, »Stand und Perspektiven«, S. 97f.
47 Daten nach Bundesverband des Deutschen Güterfernverkehrs.
48 Eurostat, »Die Entwicklung«, S. 1, u. Tronet, »Das Wichtigste«.

Der Europäische Binnenmarkt als Logistik–Treiber

Die Etablierung des Europäischen Binnenmarktes ab dem 1.Januar 1993 und die Umwandlung der EWG in die EU bedeutete die Harmonisierung von Abgaben, Steuern, Normen und Vorschriften und war besonders durch den Wegfall der Grenzformalitäten beim grenzüberschreitenden LKW-Güterverkehr gekennzeichnet. Bis dahin waren lange Wartezeiten an den Grenzen zum Ausgleich verschiedener Regelungsintensitäten in den Mitgliedsländern erforderlich, die zu langen Staus von LKWs führten.[49] Die umfangsreichen Untersuchungen der Cecchini-Kommission ergaben, dass den Unternehmen durch den internen Verwaltungsaufwand und die Wartezeiten an den Grenzen acht Milliarden Euro an Kosten entstanden waren. Dieses entsprach ca. zwei Prozent des grenzüberschreitenden Warenwertes.[50] Die Wartezeiten entstanden durch die Bearbeitung der erforderlichen Dokumente an der Grenze, die sich unter anderem auf die unterschiedlichen Mehrwertsteuer- und Verbrauchsabgabesätze bezogen sowie auf unterschiedliche Hygiene- und Veterinärvorschriften bei Lebensmitteln. Ferner zersplitterten unterschiedliche technische Normen den Markt und behinderten den freien Warenverkehr. Seit 1993 sind diese Hindernisse im Austausch von Waren und Dienstleistungen entfallen und LKWs können ohne Aufenthalt die Grenzen durchfahren.

Die Schaffung des Europäischen Binnenmarktes ging mit der Liberalisierung des LKW-Transports einher und verlieh der Neustrukturierung einer europaweiten Logistik und der Intensivierung der Arbeitsteilung in Europa damit starke Impulse. Standorte von Industrien und Zulieferwerke konnten auf Grund der leistungsfähigen Logistik disloziert werden.

Während bis 1993 Distributionssysteme von Herstellern oder Handelshäusern in Europa als jeweilige Landesgesellschaften organisiert waren, so erlaubte die EU nun einen Übergang zu länderübergreifenden Organisationsformen mit Zentrallagern, die grenzüberschreitend ganze Regionen versorgen konnten, wie es an den Ballungsräumen London, Paris, Brüssel und Köln deutlich gemacht werden kann. Dort sind zusammen circa 80 Millionen Konsumenten vertreten – wobei die Region Paris, Brüssel und Köln in der Verkehrsgeographie auch als »Blaue Banane« bezeichnet wird. Ein Zentrallager in Brüssel oder in Lille kann diese Konsumenten in weniger als 24 Stunden mit einem LKW-gestützten Liefernetzwerk beliefern, sodass diese Standorte eine hohe Attraktivität für die Eurologistik besitzen. Durch den im Jahre 1994 eröffneten Kanal-

49 Am Autobahn-Grenzübergang Kiefersfelden von Deutschland nach Österreich hielt im Jahre 1986 die Bundesregierung einen Stauraum für LKWs von 1.200 Meter Länge für erforderlich, siehe Bundestagsdrucksache 10/5908, S. 2.

50 Cecchini, *Europa*.

tunnel (»Eurotunnel«) liegt die ehemalige Bergarbeiterstadt Lille im Zentrum der Ballungsräume. Die Verbindung Calais – Folkestone wird über einen Pendelzug aufgebaut, der LKWs im Huckepackverfahren durch den Tunnel transportiert. Nach London dauert die Zugfahrt von Lille durch den Eurotunnel 90 Minuten, nach Paris 60 Minuten und nach Brüssel 30 Minuten, wobei die Fahrtzeiten mit dem LKW entsprechend sind. Im Jahre 1998 transportierte der Pendelzug 704.000 LKWs.[51]

Paketdienste als Schrittmacher der Logistikindustrie

Der Übergang von der Industrie- zur Dienstleistungsgesellschaft ließ die Bedeutung hochwertiger Fertigwaren gegenüber Massengütern ansteigen und machte sich in den siebziger Jahren im steigenden Volumen der versandten Pakete europaweit bemerkbar. Während der Liberalisierung der Transportmärkte in den USA während der siebziger und achtziger Jahre entstanden die Paketdienste UPS und Federal Express, die ihr Geschäftsfeld schnell global ausrichteten. Die Paketdienste schufen als spezielles Segment in der Transportwirtschaft das Paket mit begrenzten Gewicht und begrenzten Ausmaßen. Sie bauten ein Netzwerk von Frachtflugzeugen für Langstreckentransporte auf, das unabhängig war von der Frachtkapazität der Passagierflugzeuge (Belly-Fracht).[52]

In den siebziger Jahren starteten die Paketdienste ihre Arbeit in Europa. In Westdeutschland musste UPS für den Marktantritt im Jahre 1976 eine große Investition vornehmen, da aufgrund der restriktiven Bestimmungen des Güterkraftverkehrsgesetzes Nahverkehrsunternehmen nur ein Aktionsradius von 50 Kilometern gestattet war. UPS musste eine Vielzahl von Nahverkehrslizenzen einkaufen, um das Geschäftsfeld Westdeutschland abdecken zu können. Die Paketdienste waren Promotoren und Schrittmacher der gesamten Logistikindustrie und bahnten mit verschiedenen Innovationen den Weg zur Hochleistungslogistik:

Sie definierten das Standardpaket und führten damit das Ziel der Standardisierung in die Transportindustrie ein. Sie beschleunigten den Transport und schufen eine Belieferung innerhalb von 24 Stunden, während die traditionellen Stückgutnetzwerke eine Lieferzeit von drei Tagen aufwiesen. Sie implementierten Maßnahmen, um die Qualität der Leistungserbringung zu garantieren. Als

51 *Deutsche Verkehrszeitung* v. 6. Februar 1999.

52 Rose u. a., *Transportation System*, Campbell, *Rise*, u. Vahrenkamp, *Logistik*, Kapitel 9.

erste Industrie benutzten sie Barcodes, womit der Verlauf der Pakete im System dokumentiert werden konnte. Als Innovation im Marketing der Transportwirtschaft führten sie einfache Preismodelle ein, sodass der Kunde im Voraus die Transportkosten berechnet konnte. Die aus der Ära der Eisenbahnlogistik stammenden komplizierten Preismodelle wurden überwunden.

Bis zum Jahre 2000 verzeichneten die Paketdienste hohe Wachstumsraten. Sie traten als Wettbewerber im Stückgutbereich auf und ließen viele Sendungen aus dem Stückgutbereich in das Paketsegment abwandern.

Zusammenfassung: Die logistische Revolution

In den neunziger Jahren wandelte sich das Verständnis von Logistik grundlegend: Betriebswirtschaftlich wurde die Logistik von einer Hilfsfunktion in der Materialwirtschaft zu einem eigenständigen Produktionsfaktor aufgewertet, der weltweite Lieferketten koordiniert. Volkswirtschaftlich ist der Aufstieg der Logistik-Branche zu einem wichtigen Sektor der Beschäftigung von Bedeutung. Man kann geradezu von einer logistischen Revolution sprechen, die durch das Zusammentreffen unterschiedlicher Entwicklungen ausgelöst wurde:[53]

- Die Deregulierungen der LKW-Transportmärkte, der Luftverkehrsmärkte, der Telekommunikationsmärkte und der Postmärkte trafen in den neunziger Jahren zusammen und gaben der privatwirtschaftlichen Erbringung von logistischen Dienstleistungen im Transportgewerbe, bei Paketdiensten und in den für die Steuerung von Logistiknetzwerken erforderlichen Telekommunikationsdiensten einen starken Impuls.[54]
- Das Konsumenten-orientierte Wirtschaftssystem führte zu einer erhöhten Typenvielfalt in der Materialwirtschaft und steigerte die Komplexität der logistischen Prozesse in Produktion und Handel. Speditionen als Logistikdienstleister wurden in die Produktionsabläufe integriert.
- Die politischen Entwicklungen führten zu einer strategischen Neuausrichtung von Distributionssystemen. Sowohl der Europäische Binnenmarkt wie auch der Zusammenbruch des Ostblocks und die Etablierung von marktwirtschaftlich ausgerichteten Volkswirtschaften erforderten eine neue

53 Der Terminus »Logistische Revolution« taucht zum erstem Mal auf bei Vahrenkamp (1998), *Logistikmanagement*, S. 1f.

54 Monopolkommission, *Wettbewerbspolitik*, Deregulierungskommission, *Marktordnung*, u. Kommission der Europäischen Gemeinschaften (1992), *Grünbuch*.

Bewertung von bisherigen Logistikkonzepten in der Beschaffung und im Absatz. Man spricht in diesem Zusammenhang auch von der »Euro-Logistik«.

- Der Prozess der Globalisierung ließ Standorte für die Konsumgüterproduktion außerhalb von Europa entstehen und zugleich durch die Containerisierung des Welthandels die Transportkosten drastisch sinken.[55] Der Konsumgüterhandel nutzte diese neue Konstellation und beschaffte seine Waren in den neuen Produktionsstandorten. Diese Politik erforderte eine besondere Importlogistik in den Häfen und eine daran anknüpfende Distributionslogistik.
- Die Konzentration im Lebensmittel-Einzelhandel erreichte in den vergangenen Jahren ein hohes Ausmaß. Die Handelsunternehmen bauten eigene, spezialisierte Logistik-Systeme auf.
- Die in den neunziger Jahren entstandenen Internet-gestützten Informationssysteme vereinfachten und verbilligten den Informationsaustausch drastisch. Sie trugen zur Beschleunigung und präziseren Steuerung der Materialflüsse in der Logistik-Kette bei. Der internetbasierte Versandhandel gab den Paketdiensten einen kräftigen Impuls.
- Die mit der logistischen Revolution einhergehende Zuverlässigkeit und Preisgünstigkeit der Transportvorgänge erhöhte die Arbeitsteilung zwischen den verschiedenen Stufen der Produktion, führte zu einer Dislozierung von Produktionsstandorten und zu deren Integration in Logistikketten. Man fasst diese Einwirkung moderner Logistikkonzepte auf die Volkswirtschaft mit dem Begriff des Logistikeffekts zusammen.

Die logistische Revolution wurde durch das in den neunziger Jahren entstandene Konzept des *Supply-Chain-Managements* theoretisch ergänzt, das die gesamte, womöglich globale Lieferkette im Blick hat, anstatt lediglich lokal eine betriebswirtschaftliche Funktion zu optimieren. Mit diesem Ansatz hat die logistische Revolution ihren theoretischen Abschluss gefunden.[56]

Literatur

ADAC (Hrsg.) (1975), *ADAC Reisehandbuch*, Stuttgart.

Anonym (1947), »Erlaß Nr. 22 vom 9. Januar 1946 und Nr. 23 vom 28. Oktober 1946«, in: *Verkehrsblatt des amerikanischen und britischen Besatzungsgebietes* 1, S. 7.

55 Levinson, *The Box.*

56 Vahrenkamp (1999), »Supply Chain «, S. 308–321.

— (1948), »Brief der Militärregierung an die Wirtschaftsverwaltung von Hessen vom 2. Dezember«, in: R. Anders (Hrsg.), *Proklamationen, Gesetze und Verordnungen der Militärregierung Deutschlands von 1946–1949*, Karlsruhe, Fa6a/3.

— (1952), *Verhandlungen des Deutschen Bundestages*, Bd. 13, *Sitzung am 17. September*, Bonn.

— (1954), »Das Protokoll der »Europäischen Konferenz der Verkehrsminister« vom 16. Oktober 1953«, in: *Verkehrsblatt* 8, S. 178–180.

— (1955), »Verkehrsfinanzgesetz vom 6. April 1955, Abschnitt IV: Finanzierung des Baus von Bundesautobahnen«, in: *Bundesgesetzblatt* I, S. 166–179.

— (1988), *The Europa year-book 1988*, Bd. 79, London.

Bayliss, Brian (1965), *European Transport*, London.

Bellers, Jürgen (1992), *Deutsche auswärtige Verkehrspolitik 1949–1989*, Münster.

Betz (Hrsg.) (1995), *Festschrift Betz zum 50-jährigen Firmenjubiläum*, Reutlingen.

Blonk, Wim (1985), »Stand und Perspektiven der gemeinsamen Verkehrspolitik«, in: Fritz Voigt/Hermann Witte (Hrsg.), *Integrationswirkungen von Verkehrssystemen und ihre Bedeutung für die EG*, Berlin, S. 91–102.

Bonino, Michele/Moraglio, Massimo (2006), *Inventing Movement – History and Images of the A6 Motorway*, Turin.

Brenner-Autobahn AG (Hrsg.) (1972), *Die Brenner-Autobahn. Die erste alpenüberquerende Vollautobahn*, Innsbruck.

Bundesminister für Verkehr (Hrsg.) (1961), *Die Verkehrspolitik in der Bundesrepublik Deutschland 1949–1961*, Bielefeld.

— (1994), *Verkehr in Zahlen*, Bonn.

Burri, Monika/Kilian T. Elsasser/David Gugerli (Hrsg.) (2003), *Die Internationalität der Eisenbahn 1850–1970*, Zürich.

Campbell, James (2001), *The Rise of Global Delivery Services: A Case Study in International Regulatory Reform*, Potomac, Maryland.

Cecchini, Paolo (1988), *Europa 1992*, Baden Baden.

Charlesworth, George (1984), *A History of British Motorways*, London.

Childs, William (1985), *Trucking and the public interest: the emergence of federal regulation 1914–1940*, Knoxville.

Deregulierungskommission (Hrsg.) (1991), *Marktordnung und Wettbewerb*, Stuttgart.

Dienel, Hans-Liudger (1997), »Die Analyse von Handlungsspielräumen als Aufgabe für die Geschichtswissenschaft: Konkurrierende Güterfernverkehrssysteme im west-ostdeutschen Vergleich 1945–1995«, in: Harry Niemann/Armin Hermann (Hrsg.), *100 Jahre LKW*, Stuttgart, S. 395–406.

Europäische Kommission (Hrsg.) (1983), »Fortschritte auf dem Wege zu einer gemeinsamen Verkehrspolitik«, in: *Amtsblatt der Europäischen Gemeinschaften*, Nr. C 154, S. 1–21.

— (1992), *Europa in Zahlen*, Luxemburg.

— (1997), *Road Freight Transport*, Luxemburg.

European Conference of Ministers of Transport (ECMT) (Hrsg.) (1985), *Improvements in international railway transport services*, Paris.

Eurostat (Hrsg.) (1989), *Europa in Zahlen*, Luxemburg.

— (2002), »Die Entwicklung des Güterkraftverkehrs 1990–1999«, in: *Statistik kurzgefaßt*, Luxemburg, H. 2, S. 1–3.

— (2002), »Das Wichtigste aus dem Panorama des Verkehrs 1970–1999«, Luxemburg, H. 3.

Frerich, Johannes (1974), *Die regionalen Wachstums- und Struktureffekte von Autobahnen in Industrieländern*, Berlin.

Frerich, Johannes/Müller, Gernot (2004), *Europäische Verkehrspolitik. Von den Anfängen bis zur Osterweiterung*, Bd. 2: *Landverkehrspolitik*, München.

Girnth, Walter (1954), *Chaos oder Ordnung? Alarm im westdeutschen Verkehr*, Bonn.

Héritier, Adrienne u. a. (2001), *Differential Europe*, Oxford.

Kerwer, Dieter (2001), »Going trough the Motions: The modest impact of Europe on Italian Transport Policy«, in: Adrienne Héritier u. a. (Hrsg.), *Differential Europe*, Oxford, S. 173–216.

Klenke, Dietmar (1993), *Bundesdeutsche Verkehrspolitik und Motorisierung: konfliktträchtige Weichenstellungen in den Jahren des Wiederaufstiegs* (Zeitschrift für Unternehmensgeschichte, Beiheft 79), Stuttgart.

König, Wolfgang (2000), *Geschichte der Konsumgesellschaft*, Stuttgart.

Kommission der Europäischen Wirtschaftsgemeinschaft (Hrsg.) (1962), *Regelung des Verkehrs*, Luxemburg.

Kommission der Europäischen Gemeinschaften (Hrsg.) (1992), *Grünbuch über die Entwicklung des Binnenmarktes für Postdienste*, Luxemburg.

Kopper, Christopher (2002), *Handel und Verkehr im 20. Jahrhundert,* München.

— (2007), *Die Bahn im Wirtschaftswunder,* Frankfurt am Main.

Kracke, Rolf (1997), »Alpentransit«, in: Jürgen Bloech/Gösta Ihde (Hrsg.), *Vahlens großes Logistik Lexikon*, München, S. 249–251.

Krüger, Karl (1961), *Der Ostblock*, 2 Bde., Berlin.

Laaser, Friedrich, *Wettbewerb im Verkehrswesen: Chancen für eine Deregulierung in der Bundesrepublik*, Tübingen, 1991.

Levinson, Marc (2006), *The Box – How the Shipping Container made the world smaller and the world economy bigger*, Princeton, Oxford.

Loft, Charles (2003), »Coping with a Transport Revolution – British Transport Policy and the Beeching Report«. Paper presented at the T²M Conference in Eindhoven.

Loubet, Jan-Louise (2001), *Histoire de L'Automobile Francaise*, Paris.

Lundin, Per (2004), »American Numbers Copied! Shaping the Swedish Postwar Car Society«, in: *Comparative Technology Transfer and Society* 2, H. 3, S. 303–337.

Maggi, Stefano (2005), *Storia dei trasporti in Italia*, Bologna.

Merkel, Ina (1999), *Utopie und Bedürfnis. Die Geschichte der Konsumkultur in der DDR*, Köln.

Mom, Gijs (2005), »Roads without Rails – European Highway-Network Building and the Desire for Long-Range Motorized Mobility«, in: *Technology & Culture* 46, H. 4, S. 745–772.

Monopolkommission (Hrsg.) (1990), *Wettbewerbspolitik vor neuen Herausforderungen*, Baden Baden.

Moraglio, Massimo (2007), »The Highway Network in Italy and Germany between the wars«, in: Gijs Mom/Laurent Tissot (Hrsg.), *Road History – Planning, Building and Use*, Neuchâtel, S. 117–132.

Nuhn, Helmut/Hesse, Markus (2006), *Verkehrsgeographie*, Paderborn.

Oliva, Jan (2004), »Normalization, coordination and methods of regulation of Czechoslovakian transport between the wars«. Paper presented at the T2M Conference, Dearborn

Paolini, Frederico (2005), *Un paese a quattro ruote. Automobili e società in Italia*, Venezia.

Reckendrees, Alfred (2007), *Die bundesdeutsche Massenkonsumgesellschaft 1950–2000*, Berlin.
Reuss, Wilhelm (1949), *Die Gewerbefreiheit – Eine kritische Studie*, Stuttgart.
Rose, Mark u.a. (2006), *The best transportation system in the world: railroads, trucks, airlines, and American public policy in the twentieth century*, Columbus, Ohio.
Ross, John (1998), *Linking Europe, Transport Policies and Politics in the European Union*, London.
Schipper, Frank (2007), »Changing the Face of Europe: European Road Mobility during the Marshall Plan Years«, in: *The Journal of Transport History* 28, H. 2, S. 211–228.
Scott, Peter (2002), »British Railways and the Challenge from Road Haulage: 1919–1939«, in: *Twentieth Century British History* 13, H. 2, S. 101–120.
Siegelbaum, Lewis (2008), *Cars for Comrades: The Life of the Soviet Automobile*, Ithaca.
Smolders, Walter (2001), »Introductory Report«, in: European Conference of Ministers of Transport (ECMT) (Hrsg.), *Road Freight Transport for Own Account*, Paris, S. 5–34.
Stigler, George (1971), »The Theory of Economic Regulation«, in: *Bell Journal of Economics and Management Science* 2, S. 3–21.
Stone, Bryan (2003), »Interoperability: How railway became European«, in: Monika Burri/Kilian T. Elsasser/David Gugerli (Hrsg.): *Die Internationalität der Eisenbahn 1850–1970*, Zürich, S. 237–244.
Thoms, David/Holden, Len/Claydon, Tim (1998), *The motor car and popular culture in the 20th century*, Aldershot.
Trinkaus, Karl u. a. (Hrsg.) (1998), *Güterkraftverkehrsrecht: Systematische Sammlung der Gesetze, Verordnungen und Verwaltungsvorschriften für den nationalen und internationalen Güterkraftverkehr sowie Kommentar zum Güterkraftverkehrsgesetz (GüKG) und ergänzenden Vorschriften*, 4. neubearb. Aufl., Berlin.
Tronet, Vincent (2002), »Das Wichtigste aus dem Panorama des Verkehrs 1970–1999«, in: *Eurostat, Statistik kurzgefaßt*, H. 3, S. 3.
Vahrenkamp, Richard (1998), *Logistikmanagement*, 3. Aufl., München.
— (1999), »Supply Chain Management«, in: Jürgen Weber u. a. (Hrsg.), *Handbuch Logistik*, Stuttgart, S. 308–321.
— (2003), »Rivalry and Regulation – The German Cargo Transport Policy 1920–2000«. Paper presented at the T²M Conference in Eindhoven, Working Paper in the History of Mobility Nr. 2/2003 auf der Webseite: www.vahrenkamp.org.
— (2007), *Logistik – Management und Strategien*, 6. Aufl., München.
— (2008), »Lastkraftwagen und Logistik in Deutschland 1900 bis 1955«, in: *Vierteljahresschrift für Sozial- und Wirtschaftsgeschichte* 95, H. 4, S. 389–415.
Vahrenkamp, Richard/Verstappen, Chantal (2004), *Alpenquerende Güterverkehre – Probleme und Lösungsmöglichkeiten*, Arbeitspapier zur Logistik, Nr. 53, Universität Kassel.
Vahrenkamp, Richard/Mattfeld, Dirk C. (2007), *Logistiknetzwerke – Modelle für Standortwahl und Tourenplanung*, Wiesbaden.
Verheij, Jac (2001), *Wetten voor weg en water 1923–1998*, Delft.
Willeke, Rainer (1986), »Motorisierung und Volkswirtschaft«, in: Hans Pohl (Hrsg.): *Die Einflüsse der Motorisierung auf das Verkehrwesen von 1886 bis 1986*, Stuttgart, S. 17–28.
World Road Congress (Hrsg.) (1969), *AIPCR-PIAC 1909–1969*, Paris.
Zatlin, Jonathan (1996), »The Vehicle of Desire: The Trabant, the Wartburg, and the End of the GDR«, in: *German History* 15, H. 3, S. 358–380.

24. Tourism and Transport in Europe, 1930–2000

Javier Vidal

A modern transport network was conceived in Europe at the end of the eighteenth century, it grew during the nineteenth century and, during the twentieth century, it became fully established. At first, this network consisted almost entirely of the road system, which has changed gradually over time. To it was added the railway system, which provided the Old Continent with opportunities to build up a transportation system for passengers and cargo. Thanks to the railway network, mobility increased considerably. The major beneficiary was the early twentieth century's budding tourism industry, which served mainly the middle and upper classes, who took advantage of railways and sea links, especially the Mediterranean crossings. Nevertheless, traffic flow was still quite modest during the first part of the twentieth century.

Most types of tourism began during the first part of the twentieth century. At that time, the working classes, the middle classes and the social elite all enjoyed different kinds of free time activity. Tourism is not an exclusive phenomenon of the twentieth century; the word is derived from the early-modern *Grand Tour* of British upper class visitors to Europe.[1] Holidays in Egypt and visits to sites within the old Roman Empire were normal, but within the context of free time or leisure, rather than in the modern context of scheduled holidays or vacations.[2] Tourism as activity – as opposed to as a way to spend leisure time – is a social process developed in Western civilization after 1850, as Arthur Joseph Norval has pointed out.[3] But in the mid-1800s, tourism did not was a mass phenomenon. Members of the upper classes were the usual customers, going abroad either for long tours or to spend a season someplace else. This had been normal behaviour among aristocrats starting in the eighteenth century, and the practice was adopted in the nineteenth century by the new bourgeoisie. Starting in the twentieth century, a new culture of tourism and travel developed, for cultural reasons (scientific congresses and excur-

1 Withey, *Grand Tours.*

2 See Feifer, *Tourism,* and Berghoff, »Privilege«.

3 Norvall, *Tourist Industry.*

Abb. 24.1: Verano 1961

Quelle: Renfe, Su viaje a San Sebastian – Irun – Bayonne – Lourdes, Madrid. Biblioteca Ferroviaria. Fundación de los Ferrocarriles Españoles, FOL 01–0048.

sions), for medical reasons (health resorts), and for educational reasons (trips organised by schools). Travel literature was also very popular in the nineteenth and twentieth centuries, fostered by the new European colonialism developed between 1880 and 1914.

The way in which people spent their free time depended to a great extent on current trends, religious values and, above all, cultural aspects linked to the traditions of each country, region or town. The time dedicated to leisure and to the celebration of different types of festivals varied according to the transport available. Carts and animals were undoubtedly used for local journeys during the *Ancien Régime*, whilst, in countries with access to the sea or with a good canal network, transport by boat was an excellent alternative and was sustained during the nineteenth and twentieth centuries.[4] Although in nineteenth century European society, fast stagecoaches were used, it was not until the railway appeared that people could be transported over longer distances. Besides business and family holidays, the railways also began to be used for other purposes such as day trips. Local and regional festivals, fairs, religious and civil pilgrimages depended increasingly on the railway and other means of transport to

4 Armstrong, Williams, »Steamboat«. Another type of elite maritime tourism was the cruise, see De Goey, »Cruise Industry«.

carry passengers to and fro. In some cases, new destinations for tourism and pilgrimages were created, such as Lourdes in France and Fatima in Portugal.[5] This kind of »popular tourism« became widespread across the whole of Europe with the expansion of the railway network. The period between the second half of the nineteenth century and the first half of the twentieth century was a crucial time for the supremacy of the railway as regards this type of travel, which most frequently involved carrying passengers over short distances, thus guaranteeing the increased mobility of people.

The start of the twentieth century also witnessed the beginnings of an increasingly motorised Europe, which led to considerable improvement in European road networks, in terms of both length and quality. The first motorways were created on the Old Continent in the post-World War One years, particularly in France, Germany and Italy, as well as in smaller countries such as Holland, and in economic less developed countries, such as Spain.[6]

In Germany and Italy, motorisation and road and motorway construction were driven by political propaganda. Totalitarian regimes turned the construction of high capacity roads into an economic goal. In Germany, motorways were linked to a rise in car culture, which was strongly related to the Nazi regime's interest in promoting automobile production. However, as other authors have shown, there was also a desire to boost tourism. The bus routes that were established to celebrate the inauguration of the different sections of the Autobahn helped to promote tourist trips and introduced intermodal competition by operating in parallel with existing railway lines.[7]

From 1920 onwards, and particularly in 1930, the European vehicle census showed a proliferation of busses and lorrys. The independence that the car and public transport brought helped to spread the idea of mobility amongst Europeans, particularly in metropolitan areas and large cities. Needless to say, the world of possibilities opened up by the automobile also helped to spread the idea and concept of popular tourism in the countryside. Consequently, popular leisure and tourist trips became increasingly fashionable and new types of culture began to appear, based on (and searching for) ways to enjoy free time. This idea of free time quickly gained ground and was reinforced by different cultures, inspired mostly by left-wing politics including Marxism and Anarcho-syndicalism. Every country of Europe introduced the concept of work holidays at different times according to its own political and social structures. In Germany, work holidays were established at first at among white collar work-

5 Kaufman, *Consuming Visions.*

6 Mom, »Roads as Rails«, S. 745–772, and Rodríguez Lázaro, *Primeras autopistas.*

7 Vahrenkamp, »Automobile tourism«.

ers (*Angestellte*) around 1900 and then spread to blue collar workers in the 1930s. In the case of France, the Popular Front implemented paid holidays also in 1930s.

As regards the more traditional forms of tourism, related to the tastes and customs of the European upper classes, the flow hardly changed during the early twentieth century. Except for cyclical fashions or fads, journeys were generally made from the North to the South of Europe. These journeys included spa tourism, trips to warm winter resorts, and the newly-invented ski holidays. In any case, this was a limited, cyclical and extremely seasonal type of movement, in which the railway, equipped with sleeping compartments and prepared for long journeys, reigned supreme both quantitatively and qualitatively.[8]

The second half of the twentieth century: Europe, mass tourism and the role of transport

After World War Two, new forms of transport began to increase rapidly and take on key roles. At the beginning of the 1950s, the privately-owned car knocked the train off the top spot as the preferred means of transport for middle to long distance journeys in several European countries. In Central Europe, the population was extremely evenly distributed across the landscape, so use of the car soon became widespread. In addition, roads were built quickly, many of which were high-capacity. Germany, France, Holland, Belgium, Italy and Switzerland were all quick to build toll roads as well as toll-free motorways. Most Central and Western European countries were soon linked by this network.

As a result of this expanding road network and improvements in the maintenance of existing roads, travelling from one place to another became easier and the physical distance between citizens was reduced. The proclivity to travel, to increase individual and group mobility for a growing number of Europeans, grew for several reasons: greater per capita income, increased car production, relatively cheaper cars, and the creation of new infrastructure for motor vehicle traffic.[9]

The 1950s saw the expansion of modern tourism, a phenomenon that has often been referred to as »mass tourism« due to its spectacular growth in the

8 Tissot, »El turismo«, S. 83–110.

9 Mom, Tissot, *Road history*.

second half of the twentieth century (see Abb. 24.1). Key factors that helped this process to get underway include the availability of cars for individual use, and the development of coach company networks specialised in tourist and leisure trips in Central European countries. This growth in coach services complemented the railway network, which had suffered after World War Two.

Tab. 24.1: The expansion of World Tourism, 1950–2005 (in million kilometres)

Year	Total	Europe	Year	Total	Europe
1950	25	17	1990	441	265
1960	69	50	1991	444	263
1965	113	84	1992	482	281
1970	166	113	1993	495	287
1975	222	154	1994	519	300
1980	278	177	1995	538	309
1981	279	174	1996	570	323
1982	277	175	1997	593	343
1983	282	180	1998	612	356
1984	307	193	1999	635	360
1985	320	203	2000	681	384
1986	330	205	2001	680	384
1987	360	227	2002	700	394
1988	386	230	2003	690	397
1989	410	249	2004	763	417

Quelle: WTO, Tourism Markets, 2005.

However, it was the availability of a growing number of surplus World War Two airplanes that most drastically boosted tourism. The airplane became the mainstay of mass transportation of passengers by air. Soon it was essential for individual travel and, above all, for groups of tourists. This breakthrough was aided by the formation of tour operator companies and the rapid growth of travel agencies. In countries such as Germany and the United Kingdom, the leading travel companies opened offices in most cities in response to the demand created by the fact that tourist travel and paid holidays were becoming common among the population.

The most popular tourist routes that began to appear on flight maps traced those made by the increasing number of individuals travelling in privately-owned cars and on organised coach trips. Parisians typically headed to the Mediterranean; southern Germans, and Swiss from the German and French cantons, headed to Liguria in north-west Italy. The Dutch and the British also searched for places to relax and to enjoy some cultural tourism, but their destination of choice was France. By the 1960s, improved road surfaces, extended road networks in many countries such as France and Germany, the construction of motorways and the popularisation of the car meant that the routes and itineraries of Central and Northern Europeans had extended to the south and south-east of Europe. Danes, Scandinavians, Belgians, Dutch, Germans and French started to travel en masse to Spain, Italy, Portugal and Greece. During the sixties, a hotel and residential infrastructure sprang up in these southern countries, enabling an ever-increasing number of people to join this circulation of tourists.

Passenger traffic covering long distances around Europe was not just the legacy of a growing tourist movement made up solely of European citizens. The migration of foreign workers, which was extremely important quantitatively for countries such as France, Belgium and Germany, added new flows of traffic to Europe from the 1970s to 2000. North Africans and Turks, as well as East Europeans, joined the Europeans in their journeys around the continent during the summer holidays. However, unlike the Europeans, the former were travelling back to their countries of origin. This flow of migrant workers has extended the working radius of transport axes, which now provide for the massive international movements generated not only by tourism and the temporary increase in free time, but also by work. Successive political changes in Europe have also affected these transport trends. Due to the successive eastward enlargement of the European Community and the disappearance of the Soviet bloc in 1989, new trends and routes have been introduced which have in turn grown by incorporating tourist traffic and the great migrations of workers. Polish and Rumanian workers travelling towards Western Europe (Spain, Italy) are a good example of these new trends in land transport which are based on new axes or itineraries.

The rise of tourism as a movement, which has contributed to the creation of new transport axes across the continent, is also associated with the urbanisation of Europe. Due to the growth of industry and services in the 1950s and 1960s, people were more and more inclined to move to the city. This rapid population growth led to the development of urban and particularly metropolitan areas. The accumulation of people in metropolitan areas such as London, Paris, Milan, Madrid, Barcelona, Hamburg, Brussels, Amsterdam and other-shad a great impact on working and living conditions there. Transport infrastructure was required to respond to the mobility needs that had arisen for work purposes in these areas. Larger and more extensive tram networks were introduced, as well as more bus routes, with an emphasis on metropolitan buses. This urban infrastructure grew as Europe continued to register high economic growth rates between 1950 and 1974. The reduced quality of life in the cities acted as a catalyst for people to take more trips to the countryside and to second homes, in addition to their annual holidays. Therefore, seasonal tourism was already starting as an important trend in the 1960s. After the industrial crisis between 1973 and1980, this trend became common practice in most countries and main metropolitan areas. The concept of having a second home, which started to appear in the 1960s, became popular in the United Kingdom, Germany, France, Holland and Belgium in the 1980s. Many citizens from these countries bought permanent residences in Spain, Italy, Portugal and Greece, in a process that has involved parts of the active population but mostly pensioners and retired people. This last movement was important in industrial sectors and European firms in the seventies and eighties, caused not only by the impact of economic crisis but also because the European governments applied the new rules introducing liberalisation in the markets and also the privatisation of public enterprises. New private pension funds were developed for supporting the working class, and with the improvement in life expectancy, the mobility of the people increased.[10] As a consequence, Europeans bought new residences abroad. This residential tourism oriented to the South of Europe has been normal among Germans, British, Dutch and Belgians. Some Germans bought second homes in the South of Sweden[11].

Tourism within the borders of each individual country should not be overlooked as it is still fundamental in the development of transport axes. This type of tourism has formed part of the social life of successive generations of Europeans since the crisis of the 1930s and, in some countries, for even much longer.[12] Trips to the seaside, mountains or spas, in both summer and winter, in countries such as France, the United Kingdom, Spain, Italy, Germany and Switzerland, are all part of the social and cultural itinerary of many citizens from these European countries.[13]

10 Casado, »impacts«.

11 Müller, »Reinventing«.

12 Walton (2000), *British Seaside*, and Tissot, *Naissance.*

13 On United Kingdom see Walton (2002), »Aproximación«, S. 65–82. On Spain see Larrinaga, »turismo«, S. 157–179, and Beascoechea, Veraneo y urbanización«, S. 181–202. On Italy see Giuntini, »Ferrocarriles«, S. 101–123. On Switzerland see Tissot (2002), » turismo«, S. 83–100. On France and spa see Jarrassé, »importancia«, S. 33–49 and Laborde, »Nacimiento«, S. 51–64.

Tourism and air transport: a new Europe

Air travel gradually became the best driver of tourism growth at the end of the 1950s. Charter flights between the United Kingdom, Germany and Scandinavia, and the different Mediterranean destinations, played a pioneering role for the first wave of tourists. Beginning in about 1960, trips during the summer holidays became normal in the lives of European citizens. The flow of tourists who travelled from the north to the south of the continent by air, as well as in privately-owned cars, began to reach the millions, paving the way for successive cycles of growth particularly between the 1960s and the 1990s.[14] During these thirty years, the increase in per capita income and the achievement and consolidation of workers' rights in Europe turned tourism into a fundamental part of Europe's social fabric, necessary for the social life that has been built up over the course of Europe's history.[15] Although this process began at the beginning of the twentieth century, it is only since the 1960s that tourism has been a mass phenomenon; it now forms part of the population's basic values and encompasses all types of citizens.

Europe also began to receive tourists from other continents. That does not mean that in the past the Old Continent did not have tourists and travellers coming from other continents, particularly from America in the nineteenth century. But in this gradually increasing movement of tourists, the airplane has also played a fundamental part, particularly with respect to those coming from the United States. The airplane has become the symbol of new generations of Europeans and citizens from all over the world who have made it part of their daily lives, turning the plane into an ever more popular, and in some ways, more democratic form of transport as it is available to everyone.[16]

The culture of long distance air travel was easily introduced. Companies specialising in tourist trips were created, generating flexible ranges of holidays at highly competitive and ever-decreasing prices. Tour operators organised holiday packages that would become known as all-inclusive tours and added more planes to their own fleets or contracted specialised charter companies.[17] This kind of holiday package, which included transport, hotel accommodation and meals, served to increase the number of Europeans spending their holidays or free time somewhere far away but on the same continent. It was in the1960s and 1970s that several of the air travel and tour operator companies

14 Jenner, Smith, *Tourism.*

15 Larsen, Urry, Axhausen, »Networks and Tourism«, S. 244–262.

16 Lyth, Dierikx (1994), »From privilege«, and Dierikx (2008) »Clipping the clouds«.

17 Lyth, »Gimme a ticket«, and Lyth, Dierickx (1994), »privilege«.

responsible for promoting and supporting the boom in mass tourism in Europe emerged.[18]

This process could have happened sooner if the European air transport market had not been subject to such strict regulations. An increase in air traffic in Europe was hindered by the existence of exclusive rights on international traffic granted to flag carriers, airline companies appointed by each country

Abb. 24.2: Advertise of Iberia in 1961

Quelle: Centro de Documentación de Iberia.Madrid.

regarding scheduled flights between European countries. The existence of such restrictive regulations, their negative effects – the high cost of scheduled flights and the lesser frequency and capacity of flights between cities in different countries – meant that air travel in markets covered by scheduled flight companies was much less common. Therefore, it was charter and not scheduled flights that could respond to the air travel needs of a good part of the European population. The variety of options, flexible timetables, low prices – thanks to the high occupancy levels – and the ability to adapt to the demands

18 Doganis, *Flying off Course*, and Doganis, *Airline Business.*

of the all-inclusive tour companies made it possible for charter companies to bypass the restrictiveness of the traditional air markets and to increase the number of passengers transported during the second half of the twentieth century.[19]

The deregulation of air transport in the European Union, which began in 1987, initiated a whole transition process.[20] The scheduled flight market was completely opened up by 1997. The impact on infrastructure has been considerable as airports have been transformed, with extensions in many cases, whilst new tourist airports have been created, and existing airports have become congested across practically the whole of Europe.[21] Consequently, a series of profound changes has taken place in tourism trends, in airlines and in tour operators, the most important of which is the appearance of the so-called low cost airlines together with the transformation of the flag carriers. On the other hand, the charter market has also undergone certain changes due to shifts in the European tourist and leisure market.

Since their inception in the mid-1990s, the low cost, no frills airlines have continually increased the number of passengers they transport as well as their fleet of planes. Easyjet, Ryanair and Air Berlin are three companies that currently account for almost a third of air traffic passengers in markets such as the United Kingdom, Germany and Spain. Other airlines have built up their business in other European markets, in many cases to the detriment of traditional flag carriers, and even other low cost airlines, which are dying off by the dozen.[22]

The low cost airline phenomenon has thrived as crisis has hit the flag carriers' traditional model of air transport. The flag carriers had based their growth on monopolising passenger transport in the domestic scheduled flight market whilst maintaining exclusivity in the international market. Most of these airlines had been set up as public companies, or else the respective governments had a high share of their ownership. The liberalisation approved by the European Commission forced the member states to gradually privatise the capital of these companies. Privatisation also involved changing the airline management model, laying off employees and adapting the companies to the free market, where they would lose exclusivity rights and be forced to reduce flight prices because of competition from the new airlines. The transition from protected public company to a model open to competition was carried out by the Euro-

19 Vellas, »Interdependence«, S. 37–53.

20 Button, *Wings Across Europe*.

21 Gibson, »deregulation«, Doganis, *Airport Business*, and Graham, *Managing Airports*.

22 Gilroy, Lukas, Volpert, »European ›No-Frills‹-Aviation«, S. 203–233, and Knorr, Arndt, »Low-Cost Airlines«, S. 145–170.

pean Union's main airlines at differing rates. As a last resort, mergers have taken place (for example, Air France bought KLM), and alliances between airlines show how some of the traditional public companies have decided to defend themselves against the dramatic growth of the low cost airlines.[23]

Meanwhile, charter companies have managed to maintain their share of the market as well as their structure since the liberalisation process began in 1987. The strong growth in tourism continued to boost the non-scheduled flight market during the 1990s, as its organisational structure and business management model were hardly affected by the series of changes affecting air travel. However, by the end of the twentieth century, charter companies and the all-inclusive tourist transport business model began to show the first symptoms of drastic change. These changes are reflected in the fact that the number of passengers transported by charter companies at the beginning of the twenty-first century has reached a standstill, following the profound change in the behaviour of travellers as regards their tastes, habits and travel requirements. This phenomenon is directly related to the huge rise in the availability of low cost seats, the increased purchase of tourist products on-line, and the rise in off-season travel, as well as the profound changes that have occurred in European working conditions and rights. In addition, the consolidation of the residential market in tourist destination countries, freedom of movement, the monetary unity represented by the euro and the free circulation of capital have all contributed to the changing trends in tourism, and define the prevailing social model within the European Union. Successive expansion of the European Union since 1994 has provided this process with even greater scope, heightening these trends in the changing behaviour of tourists, by adding work to the list of reasons for air travel within the European space.

The revolution of low cost airlines has affected all kinds of travellers, not only in Europe but also in other continents. In fact, the low cost airlines were originally an American phenomenon, but Europe has developed faster this new system of organization of travels, and added other social dimensions.[24] Low cost travel has also meant that people can move around even for business reasons. Traditional airlines have lost business class passengers and some of the people who usually travel for work. Another important development is the new European traveller moved by cultural or sport reasons. Low cost airlines have attracted these new and important passengers because they have benefitted from more flights going directly to the new cities served by airlines avoid-

---

23 For Alliances such as Sky Team, Oneworld and Star Alliance see Brewer, Hooper, *Strategic alliances*. On the defensive nature of these alliances see Morrish, Hamilton, »Airlines alliances«.

24 Bruekner, Pels, »Institutions, Regulation«.

ing hub European airports.[25] Indirectly, intercontinental flights have been attracting more passengers due to low prices and fewer delays in big airports.

As a result of the liberalisation of airspace, the mobility of European citizens has continued to grow and tourism is no longer restricted to certain times of the year. The opening up of airspace within the European Union, the appearance and consolidation of low cost airlines and the free movement of people have provided Europe with a greater social cohesion. Transport has played a key role in helping tourism to build a multicultural and multi-linguistic spirit within the European Union. It forms part of the mobility process that safeguards the future of the continent, unifying the European Union as a political and social project.

Conclusions

Tourism as a phenomenon of contemporary European society has shaped the Old Continent's transport system. Prior to World War Two, a transport system was increasingly necessary in order to transfer people for either work or cultural reasons. Roads, motor vehicles and railways were used by citizens as the main means of transport for long and medium distance journeys. Beginning in the nineteenth century, the need for inner-city transport to shuttle workers to and fro was met with the implementation of tram networks, later joined by bus networks and the construction of underground trains to form an integrated transfer system. The growth of cities and the metropolitan areas created a new kind of traveller, someone who is constantly on the move for one reason or another: going to work, taking a business trip, and occasionally traveling for pleasure. Before World War II, tourism as a social phenomenon was exclusive to the social elite who would go on Mediterranean cruises, long-distance trips to ski resorts, or to bathe in thermal waters. The middle classes would spend their summers in the coastal spas whilst the working classes made trips to the countryside or took part in various types of leisure activities.

Beginning in the 1950s, the European transport axes underwent a swift change with the development of mass tourism. The rapid increase in the amount of income available after the post-war reconstruction boosted the building of roads, dual carriageways and motorways. This road infrastructure was exploited by the automobile industry, which sold cars to the European population at increasingly affordable prices. The economic and social changes

25 Gillen, Lall, »Competitive advantage«.

in Europe during the 1950s further boosted the already strongly growing tourism sector. Tourism was the reason why holidaymakers would travel from one country to another within Europe at that time. In the 1960s, this phenomenon began to affect the whole continent. The flow of tourists between countries grew spectacularly thanks to the increased use of the airplane as an essential means of transport. The flow of tourists across land from Germany, the Scandinavian countries, France and Benelux towards the Mediterranean was joined by that of the United Kingdom thanks to charter flights. Europe underwent an unprecedented and profoundly social change, which is linked to political changes within a European Union that has made citizen mobility one of its main objectives. Recent changes in European tourist habits due to the opening up of the air transport market and access to the low cost airlines has led to increased mobility and more easily-accessible European cities. Tourism as a historical European and North American phenomenon has been fundamental in forming new transport axes and systems in Europe during the twentieth century and the beginning of this millennium.

Literature

Armstrong, John/Williams, David. M (2005), »The Steamboat and popular tourism«, in: *Journal of Transport History* 26, H. 1, S. 61–77.

Beascoechea, José María. (2002), »Veraneo y urbanización en la costa cantábrica durante el siglo XIX: las playas del Abra de Bilbao«, in: *Historia Contemporánea* 25, S. 181–202.

Berghoff, Hartmut (2002), »From Privilege to Commodity: Modern Tourism and the Rise of the Consumer society«, in: Hartmut Berghoffu. a. (Hrsg.), *The Making of Modern Tourism. The Cultural History of the British Experience, 1600–2000*, Houndmills, S.159–179.

Brewer, Anne M./Hooper, Paul (1998), *Strategic alliances among international airlines and their implications for organisational change*, Sydney.

Brueckner, Jan K./Pels, Eric (2007), »Institutions, Regulation, and evolution of European Air transport«, in: Darin Lee (Hrsg.), *Advances in Airline Economics*, Bd. 2, Amsterdam, S. 1–25.

Button, Kenneth. (2004), *Wings Across Europe. Towards an Efficient European Air Transport System*, Aldershot.

Casado Díaz, María Ángeles (1999), »Socio-demographic impacts of residential tourism: a case study of Torrevieja, Spain«, in: *International Journal of Tourism Research* 1, H. 4, 1999, S. 223–237.

De Goey, Ferry (2005), »The Cruise Industry in the Twentieth Century«, in: *TST. Transportes, Servicios y Telecomunicaciones. Revista de Historia* 9, S. 91–108.

Dierikx, Marc (2008), *Clipping the Clouds. How Air Travel changed the World*, Westport.

Doganis, Rigas (1985), *Flying off Course. The Economics of International Airlines*, London.

— (1992), *The Airport Business*, London.

— (2001), *Airline Business in the 21st Century*, London.

Feifer, Maxine (1985), *Tourism in History. From Imperial Rome to the Present*, New York.

Gibson, Sheena (1997), »The deregulation of air transport: its influence on tourist airports«, in: *2ª Jornadas de Aeropuertos Turísticos*, Círculo de Calidad total, Mayo de 1997, Madrid, S.1–13.

Gillen, David/Lall, Ashish (2004), »Competitive advantage of low-cost carriers: some implications for airports«, in: *Journal of Air Transport Mangement* 10, H. 1, S. 41–50.

Gilroy, Bernard M./Lukas, Elmar/Volpert, Tobias (2005), »The European ›No-Frills‹-Aviation Market: Current and Future Developments«, in: Peter Forsyth u. a. (Hrsg.), *Competition versus Predation in Aviation Markets. A Survey of Experience in North America, Europe and Australia*, Aldershot, S. 203–233.

Giuntini, Andrea (2002), »Ferrocarriles y turismo en Italia desde los inicios del ochocientos hasta la introducción de los »trenes populares« en la época fascista«, in: *Historia Contemporánea* 52, S. 101–123.

Graham, Anne (2005), *Managing Airports. An International Perspective*, Oxford.

Jarrassé, Dominique (2002), »La importancia del termalismo en el nacimiento y desarrollo del turismo en Europa en el siglo XIX«, in: *Historia Contemporánea* 25, S. 33–49.

Jenner, Peter/Smith, Christine (1993), *Tourism in the Mediterranean. The Economist Intelligence Unit*, Londres.

Kaufman, Suzanne K. (2004), *Consuming Visions: Mass culture and the Lourdes Shrine*, New York, Ithaca.

Knorr, Andreas/Arndt, Andreas (2005), »Most Low-Cost Airlines Fail (led): Why did Southwest Airlines Prosper?«, in: Peter Forsyth u. a. (Hrsg.), *Competition versus Predation in Aviation Markets. A Survey of Experience in North America, Europe and Australia*, Aldershot, S. 145–170.

Laborde, Pierre (2002), »Nacimiento y desarrollo del turismo en Biarritz durante el Segundo Imperio«, in: *Historia contemporánea* 52, S. 51–64.

Larsen, Jonas/Urry, John/Axhausen, Kay A. (2007), »Networks and Tourism. Mobile Social Life«, in: *Annals of Tourism Research* 34, H. 1, S. 244–262.

Larrinaga, Carlos (2002), »El turismo en la España del siglo XIX«, in: *Historia contemporánea* 25, S. 157–179.

Lyth, Peter/Marc Dierickx (1994), »From privilege to popularity: the growth of leisure air travel since 1945«, in: *Journal of Transport History* 15, H. 2, S. 97–116.

Lyth, Peter (2002), »Gimme a ticket on an airplane …«. The Jet Engine and the Revolution in Leisure Air Travel, 1960–1975«, in: Laurent Tissot (Hrsg.), *Construction d'une Industrie touristique aux 19 et 20 siècles. Perspectives internationales*, Neuchâtel, 2003, S.111–122.

Mom, Gijs (2005), »Roads as Rails: European Highway Network Building and the Desire for Long-Range Motorised Mobility«, in: *Technology and Culture* 46, H. 4, S. 745–772.

Mom, Gijs/Tissot, Laurent (2007), *Road history: Planning, Building and Use*, Neuchâtel.

Morrish, Susan C./Hamilton, Robert T. (2002), »Airlines alliances-who benefits?«, in: *Journal of Air Transport Management* 8, S. 401–407.

Müller, Dieter (2002), »Reinventing the countryside: german second-home owners in southern Sweden«, in: *Channel View Publications* 5, H. 5, *Current Issues in Tourism*, S. 426–446.

Norval, Arthur Joseph (1936), *The Tourist Industry. A National and International Survey*, London.

Renfe (Hrsg.) (1961), *Su viaje a San Sebastian – Irun – Bayonne – Lourdes*, Madrid.

Rodríguez Lázaro, Javier (2004), *Las primeras autopistas españolas (1925–1936)*, Madrid.

Tissot, Laurent (2000), *Naissance d'une industrie touristique. Les Anglais et la Suisse au XIXe siècle*, Lausanne.

— (2002), »El turismo en Suiza o el advenimiento de un modelo de excelencia (siglos XIX y XX)«, in: *Historia Contemporánea* 25, S. 83–110.

— (Hrsg.) (2004), *Construction d'une industrie touristique aux 19e et 20e siècles. Perspectives internationales*, Neuchatel.

Vahrenkamp, Richard (2006), »Automobile tourism and Nazi propaganda. Constructing the Munich-Salzburg Autobahn, 1933–1939«, in: *Journal of Transport History* 27, H. 2, S. 21–38.

Vellas, François (2001), »Interdependence of Tourism Development and Air Transport in Europe«, in: World Tourism Organization (Hrsg.), *Tourism and Air Transport*, Madrid, S. 37–53.

Walton, John K. (2000), *The British Seaside: Holidays and Resorts in the Twentieth Century*, Manchester.

— (2002), »Aproximación a la historia del turismo en el Reino Unido, siglos XVIII-XX«, in: *Historia Contemporánea* 25, S. 65–82.

Withey, Lynne (1997), *Grand tours and Cook's Tours. A history of leisure travel, 1750–1915*, New York.

25. Von der Luftpolitik zur Deregulierung: Das Flugzeug und der Massentourismus

Hasso Spode

Der Tourismus als eine scheinbar zweckfreie Reise ist ein Kind des 18. Jahrhunderts, doch sein Aufstieg war aufs engste mit der Entwicklung der Verkehrssysteme im 19. Jahrhundert verbunden. Zur Jahrhundertwende prägte die alljährliche Urlaubsreise den Lebensrhythmus der »besseren Leute« und der »Fremdenverkehr« wurde in einigen Gebieten zum wichtigsten Wirtschaftsfaktor.[1] Ein Netz von Freizeitorten überzog Europa, von Karlsbad bis Biarritz, von Ostende bis Capri. Neben die adlig-großbürgerliche Reiseelite war dabei zunehmend das mittlere, »gut situierte« Bürgertum getreten und schickte sich an, diesen Kulturraum reisend zu erkunden, wobei vielerorts die Deutschen die Briten als zahlenmäßig größte Gästegruppe ablösten.

Pass- und Visumszwang waren weithin abgeschafft, die wichtigsten Feriengebiete wurden mit komfortablen Expresszügen bedient, das Kommunikationssystem funktionierte dank Telegraf und Telefon vorzüglich, und zahlreiche Veranstalter boten den Reiseungewohnten Komplettpakete an. Führend war hier Thos. Cook & Son (»Cooks Rundreisekarte«), in Deutschland das Berliner Reisebüro Stangen, das zum Beispiel 1900 achttausend Pauschalreisen zur Weltausstellung in Paris verkaufte. Zu Recht schwärmte Georges Nagelmackers, Gründer der Internationalen Schlafwagengesellschaft, vom »Paneuropa des Verkehrs auf der Schiene«. Auslandsreisende stellten freilich nur eine Minderheit innerhalb der ohnehin privilegierten Sozialgruppe der Touristen dar; häufiger wurde der Urlaub im eigenen Land verbracht. Diese »Touristenklasse« dürfte in den entwickeltsten Ländern rund ein Zehntel der Bevölkerung umfasst haben. Doch auch wenn die große Mehrheit ausgeschlossen blieb, so bewegte der Tourismus doch bereits enorme Ströme an Geldern und Menschen – er war ein Massenphänomen.

Definiert man »Massentourismus« soziologisch vom Quellgebiet her – etwa mit einer Reiseintensität von mindestens 50 Prozent –, so war man noch weit davon entfernt; betrachtet man ihn aber phänomenologisch vom Zielgebiet her, so war er längst Realität. 1914 zählten die deutschen Seebäder fast eine

1 Vgl. Spode (2009), »Raum, Zeit, Tourismus«, u. ders., *Reiseweltmeister.*

Million Urlauber, und alleine Blackpool – der weltgrößte »Spaßstrand« – verzeichnete vier Millionen Tagesbesucher und Gäste. Die für die Anreise nötige Transportleistung wurde durch die Eisenbahn erbracht; ihre Nutzung war so billig geworden, dass sie für die soziale Begrenztheit des Tourismus nur noch eine untergeordnete Rolle spielte.[2]

Bisweilen heißt es jedoch, erst der Luftverkehr habe den Massentourismus zum Durchbruch verholfen.[3] Dies kann sich sowohl auf die Reiseintensität als auch auf eine Ballung von Touristen in bestimmten Destinationen beziehen. In der Tat: das Flugzeug hat es uns ermöglicht, nahezu jeden Punkt des Erdballs zu erreichen. Zu fragen ist aber, inwieweit es im Tourismus – oberhalb eines kritischen Minimums – auf die physischen Distanzen überhaupt ankommt. Hier soll daher einem umgekehrten Zusammenhang nachgegangen werden: Inwieweit hat der Massentourismus dem Flugzeug zum Durchbruch verholfen? Hierbei zeigt sich, dass die Fluggesellschaften schon früh den touristischen Markt im Visier hatten. Doch erst in den sechziger und siebziger Jahren erreichte die Urlaubsreiseintensität ein Niveau, das eine Nachfrage generierte, die eine Demokratisierung des Luftverkehrs ermöglichte – wobei diese Nachfrage freilich ebensogut durch andere Verkehrsträger hätte befriedigt werden können.

Die Anfänge der Zivilluftfahrt

Mit dem Ersten Weltkrieg ging das glänzende »Paneuropa des Verkehrs« unter. Gegen die Europäisierung und Globalisierung setzten Nationalökonomen das Ideal der »Autarkie« und es wurden hohe bürokratische und zollpolitische Hürden gegen den grenzüberschreitenden Tourismus aufgebaut. »Ein Wall von Geschreibsel und Registratur trennt jetzt die Völker«, klagte der 1920 Reisejournalist Victor Auburtin.[4] Der Krieg hatte aber auch der Flugtechnologie einen enormen Schub gebracht und damit dem Bewusstsein für die Bedeutung des »grenzenlosen« Luftraums. Auch wenn die Reichweiten und Kapazitäten zunächst sehr bescheiden waren, so wurde doch rasch das Potential

2 Vgl. Roth, *Jahrhundert.* Hinzukam weiterhin die Kutsche als lokaler Zubringer, gefolgt vom Schiff und von den ersten Automobilen. Begrenzend wirkten nun primär die hohen Aufenthaltskosten und mehr noch die fehlende Freizeit: nur ein Zehntel der Arbeiter erhielt einen (kurzen) Jahresurlaub.

3 Lyth (2002), »Gimme a ticket«, u. Lyth, Dierikx, »Privilege«.

4 Zit. n. Auburtin, *Sand und Sachsen*, S. 59.

transnationaler Fernverbindungen erkannt, die den herkömmlichen Verkehrsträgern weit überlegen waren.

Faktisch fand das Reisen freilich am Boden statt. In Mitteleuropa boten die (ab 1927) bordeauxroten Speise- und Schlafwagen der Mitropa einen hohe Komfort auf den Fernverbindungen, und es kamen einige touristisch motivierte Strecken hinzu, spektakulär 1927 der Hindenburg- und 1936 der Rügendamm. Zwar blieb die Beförderungsleistung der Bahn weit höher als die des Automobils, doch ungleich stärker als die Schiene rückte (wieder) die Straße in den Horizont der Verkehrspolitik: der Verbrennungsmotor begann die Transporttechnik zu revolutionieren, auch und gerade im Tourismus. Bei wohlhabenden Technikenthusiasten kam nach amerikanischem Vorbild das »Autowandern« in Mode; der Personenkraftwagen führte – so die junge Fremdenverkehrsforschung – zu einer Entzerrung und Flexibilisierung der Destinationen, wobei Deutschland allerdings der Entwicklung hinterherhinkte.[5] Mehr noch wurde hier die Ausdehnung der binnentouristischen Destinationen mittels Kraftomnibuslinien gefördert, deren Streckenlänge in den dreißiger Jahren die der Eisenbahn übertraf.[6]

Gegen Straße und Schiene hatten es die Pioniere des Luftverkehrs schwer. Die erste Fluglinie innerhalb Deutschlands wurde 1919 eröffnet.[7] Die Deutsche Luft-Reederei beförderte Akten und Politiker, etwa den Reichpräsidenten Ebert, von Berlin zur Nationalversammlung nach Weimar; stolze 700 Reichsmark kostete das zweistündige Abenteuer. Flugreisen waren nichts für Menschen mit schwachen Nerven: Ein Merkblatt erklärte:

> »Sonderbekleidung wird am Flughafen verausgabt. Bei wärmerer Witterung sind lediglich Kappe und Brille erforderlich.« Zum heikelsten Moment hieß es: »Beim Start hebt sich die Maschine nach 100–200 Meter Rollen – fast unmerkbar – vom Boden ab.« Fotografieren war erlaubt, allerdings: »Beim Hinaushalten der Kamera ist mit einem starken Luftdruck zu rechnen.«[8]

Dies bezog sich auf die 1919 von Junkers entwickelte F 13: Das erste in Serie produzierte Ganzmetall-Kabinen-Flugzeug wurde zum Urtyp aller Zivilflug-

---

5 Führend waren (1934) die USA, wo sechs Einwohner auf einen PKW kamen, Frankreich 29, England 35, Südafrika 53, Deutschland 98; zur Motorisierung trug in Deutschland allerdings die weltweit höchste Motorraddichte bei; nach Bormann, »Motorisierung«, S. 109ff. Diese und andere Primärquellen finden sich im Historischen Archiv zum Tourismus (HAT) und im Deutschen Technikmuseum.

6 Im Deutschen Reich betrug (1937) die Länge des Kraftverkehrsnetzes (ohne Ortverkehr und Reichbahnbusse) 88.000 Kilometer, die des Schienennetzes (ohne Ortsverkehr) 68.000 Kilometer; nach Bibliographisches Institut, *Schlag nach*, S. 369.

7 Vgl. Wachtel, »Gebucht nach Berlin«, S. 145f. Siehe auch Fischer, *Luftverkehr*. Bereits 1910–1914 wurde ein Flugdienst von der Deutschen Luftschiffahrts-AG betrieben.

8 Wachtel. ebd.

zeuge.[9] Mit Fenstern, Heizung und Polstersitzen war es für die vier Passagiere komfortabler und sicherer als die offenen Militärmaschinen. Die seelische Erschütterung zwischen Euphorie und Panik, die die Überwindung der Schwerkraft auslöst, ist freilich bis heute nicht gänzlich »verflogen«.[10]

Das mulmige Gefühl entsprang zunächst sehr handfesten Risiken. Noch 1930 endete in Deutschland jeder zehnte Flug mit einer »unvorhergesehenen Landung« und auf jedem hundertfünfzigsten kamen Personen zu Schaden. Das Reich machte eine Unfallversicherung zur Pflicht, für die stolze sieben Prozent des Flugpreises abgezweigt wurden. Weltweit waren schätzungsweise über zehn Tote je hundert Millionen Passagier-Kilometern zu beklagen. Doch bald konnten die Passagiere gelassener bleiben. Radiowetterdienst, Kreiselkompass, künstlicher Horizont, Funkpeilung und Autopilot machten das Fliegen sicherer. Zusammen mit robusteren Motoren, mehrmotorigen Maschinen, festen Wartungsplänen, professioneller Pilotenausbildung und straffer Staatsaufsicht gelang es, die Unfallzahlen deutlich zu senken.[11]

Luftpolitik

Trotz der Komfort- und Sicherheitsmängel wurden in Deutschland und den USA bereits in den zwanziger Jahren rein touristische Fluglinien eingerichtet, etwa von Miami nach Havanna und von Berlin nach Usedom. Das Deutsche Reich zählte auch zu den Initiatoren der 1919 gegründeten *International Air Traffic Association* (IATA), war man doch höchst interessiert an einer zivilen »Luftpolitik«, die half, die Fesseln von Versailles abzustreifen. Die weltweit erste internationale Relation eröffnete dann 1920 die *Koniklijke Luchtvaart Maatschappij* (KLM) zwischen Amsterdam und London. Aber die Luftfahrtstrategen dachten viel weiter. Da es den Kolonialmächten dabei vorrangig um die Anbindung ihrer fernen Territorien gehen musste, blieb es Deutschland als strategisches Ziel, seine Fernrouten gleichsam in den geopolitischen Lücken aufzu-

9 Ein Versuchsmodell, das sogar für 16 Passagiere ausgelegt war, hatte bereits 1914 Sikorski in Russland gebaut. Vgl. Dierikx, »Vision«, S. 186f.

10 Der Flug- beziehungsweise Platzangst verdankt sich, dass die Flugzeuge noch Fenster haben. Vgl. Metzler, *Zukunft unbegrenzt*, S. 106.

11 Bis 1940 sank die Zahl der Toten per 100 Millionen Passagier-Kilometer auf circa drei. Die Verbesserung um 1930 zeigt der Rückgang der Unfälle von einem je 0,4 Millionen Kilometer 1926 auf 2,9 Millionen Kilometer 1931. Berechnet n. Bley, *Luft Hansa*, S. 62, Schamp, *Luftverkehrsgeographie*, S. 11, Seifert (1999), *Luftverkehr*, Bd. 1, S. 344f., u. *Brockhaus* 15. Aufl., Bd. XI, S. 652f. Zur Flugpraxis siehe den Bericht des US-Piloten Rochford, »Flying Impressions«.

bauen: nach dem Fernen Osten und Amerika. Zugleich galt es natürlich, den innereuropäischen Verkehr zu entwickeln.

Ein Vordenker der »luftpolitischen Möglichkeiten« war der Junkers-Pressesprecher Friedrich Andreas Fischer von Poturzyn: »(D)er Luftverkehr ist international – oder überhaupt nicht!«[12] Zunächst aber galt es auf nationaler Ebene, die ruinöse Konkurrenz zu beenden. Auf Druck der Reichsregierung kam es 1926 zur Fusion der beiden Größten am Markt, des Deutschen Aero Lloyd und der Junkers Luftverkehr, zur Deutsche Luft Hansa AG (eine Wortschöpfung Fischer von Poturzyns).[13] Als Emblem wurde der »Kranich« von Aero Lloyd übernommen. Das Reich war mit einem Aktienanteil von 26 Prozent und durch seine Zuschüsse faktischer Eigner, doch es sollte nach »streng kaufmännischen Grundsätzen« verfahren werden. Luftpolitik war freilich mehr als Soll und Haben – Fliegen symbolisierte die Zukunft.

»Kein Jules Verne, kein Wells braucht man jedenfalls zu sein, um zu sehen, wie in Kürze vielmotorige Großflugzeuge […] Reisende und Güter hintragen über alle Länder des Erdballs, hin über alle blauen Weiten unseres ach so klein gewordenen Globus«, schwärmte 1927 der Luft-Hansa-Vorstand Martin Wronsky und fügte die Prognose an: Die Deutschen »sind kürzlich in einem geistvollen Buch als ›das Volk ohne Raum‹ bezeichnet worden. Die Luftfahrt weist uns Wege zu neuem Raum«.[14]

Doch auch der unheroische Tourismus spielte sogleich eine Rolle im Betrieb der neuen Gesellschaft. Insbesondere den »Bäderdienst« zur Nord- und Ostsee baute man aus: Wasserflugzeuge, darunter auch umgerüstete F 13, steuerten die deutschen Ferieninseln an. Das Gesamtstreckennetz betrug 20.000 Kilometer; im Ausland wurden unter anderem London, Paris und Malmö angeflogen. 1930 übertraf der deutsche Linienverkehr mit knapp hunderttausend Passagieren den englischen und französischen um das Dreifache.

In Nordamerika setzte die Flugbegeisterung erst 1927 mit Lindberghs genial vermarktetem Atlantikflug ein.[15] Die Jahreskilometerleistung lag da kaum höher als im weit kleineren Deutschland. Nun aber begann hier der rasante Ausbau des Flugwesens: United, Transworld, Eastern, American und die staat-

---

12 Fischer von Poturzyn (1925), *Luft Hansa*, S. 24.

13 Vgl. Anonym, *10 Jahre*; Wachtel, *Geschichte*, ders., »Gebucht nach Berlin«, Seifert (1999), *Luftverkehr*, Bd. 1, u. Fischer, *Luftverkehr.*

14 Wronsky, *Luftverkehr*, S. 11 (im Bestand des HAT). Er bezog sich auf Hans Grimms Bestseller, der nicht zuletzt Hitlers Denken geprägt hatte. Zum utopisch-visionären Impuls der Luftfahrttechnologie und -politik siehe Wohl, *spectacle*, Fritzsche, *Nation*, Corn, *gospel*, Dierikx, »Vision«, u. Asendorf, *Super Constellation.*

15 Vgl. Bilstein (1984), *Flight in America*, Bilstein (1993), »Travel by air«, u. Serling, *Eagle.* Rochford, »Flying Impressions«, äußert sich 1929 bewundernd über den hohen technischen Standard in Europa im Vergleich zu den USA, wo allerdings mehr Geld in den Luftverkehr fließe.

lich protegierte Pan American. Weltweit begannen Ganzmetallflugzeuge die Flotten zu prägen: die Ju 52 von Junkers (1932) und die stromlinienförmige DC-3 von Douglas (1935), das meistgebaute Flugzeug der Welt. In Deutschland suchte die Lufthansa (so die Schreibweise ab 1933/34) ihre Stellung weiter zu festigen. Fast jedes europäische Land leistete sich jetzt seine Fluggesellschaft, von der französischen Air Union, die 1933 in der Air France aufging, der englischen Imperial sowie später der British Airways, der italienischen Società Italiana Servizi Aerei (SISA), der belgischen Sabena oder der Swissair bis zur winzigen Luftfartselskab in Dänemark. Nicht zuletzt die Sowjetunion baute auf der Basis einer eigenen Luftfahrtindustrie ihre Aeroflot kräftig aus; 1935 betrug deren Streckenlänge bereits 47.000 Kilometer.

Kranich und Hakenkreuz

Wie Stalin war auch Hitler luftfahrtbegeistert. Eine Sensation wurden 1932 die fünf Wahlkampfflüge, bei denen er 35.000 Kilometer zurücklegte. Stolz erinnerte die Lufthansa später daran, wie sie Hitler

»die zur Zeit schnellsten mehrmotorigen Flugzeuge zur Verfügung stellt(e). Dadurch (wurde) es dem Führer und seinen Mitkämpfern möglich, die nationalsozialistische Idee in alle Gaue des Vaterlands zu tragen [...].«[16]

Die Verbindung zu den Nationalsozialisten zahlte sich aus. Als Hermann Göring zum Reichskommissar beziehungsweise Reichsminister für Luftfahrt ernannt wurde, machte er das Lufthansa-Vorstandsmitglied Erhard Milch zum »engste(n) Mitarbeiter«. Strategisch änderte sich dadurch wenig: zu Recht hieß es, dass die Lufthansa schon vor 1933 »die gleichen verkehrspolitischen und technischen Ziele verfolgt« habe.[17]

Alle europäischen Metropolen waren zu diesem Zeitpunkt durch Fluglinien verbunden, auch in Nordamerika wurde das Netz immer dichter. Nach den USA stieg das Dritte Reich endgültig zur »Luftmacht« auf, wobei in der zivilen Luftfahrt die Lufthansa mit 94 Prozent der Passagiere (1938) praktisch ein Staatsmonopol hielt. Bei den Fernrouten bediente sie ab 1938 die Strecke Berlin-Athen-Bagdad-Teheran-Kabul. Im Folgejahr wurde auch Bangkok an-

16 Anonym, *Lufthansa*, S. 50.

17 Ebd. S. 53f. u. S. 89. Vgl. auch Fischer v. Poturzyn (1938), *Luftmacht*. Der einstige Jagdflieger Milch organisierte die Einbindung der DLH in das NS-System. Er wurde 1938 Generalinspekteur der Luftwaffe, 1940 Generalfeldmarschall, 1942 Präsident der DLH und in die »Zentrale Planung« unter Speer delegiert.

Abb. 25.1: Selbstdarstellung der Lufthansa im Jahre 1936

Quelle: Deutsche Lufthansa, 10 Jahre, S. 59. HAT, Berlin.

geflogen; die Verlängerung zum verbündeten Japan kam aufgrund des vorzeitigen Kriegsausbruchs nicht mehr zustande. Ähnliche Routen betrieben die Air France nach Hanoi, die PanAm nach Manila und die KLM nach Djakarta. Über den Atlantik gelang der Lufthansa ab 1934 die Verbindung nach Südamerika: In Kooperation mit der Air France – und zum Verdruss der USA –

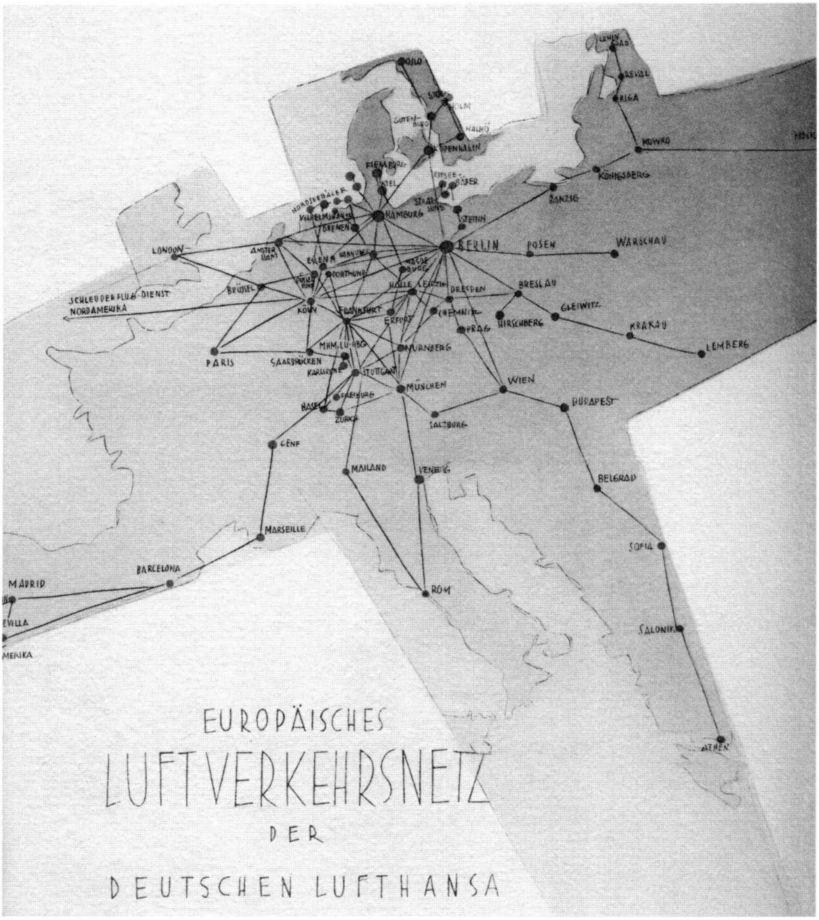

Abb. 25.2: Europäisches Flugverkehrsnetz der Lufthansa im Jahre 1936

Quelle: Deutsche Lufthansa, 10 Jahre, S. 91. HAT, Berlin.

überbrückte man das Meer zwischen Gambia und Brasilien mit Flugbooten und »schwimmenden Flughäfen«, ein System, das allerdings lediglich für den Postdienst geeignet war.

Um auch New York anzufliegen, stieg die Lufthansa bei der Zeppelin-Werft ein. Mit gemächlichen 130 Stundenkilometer schwebten die LZ 127 und LZ 129 (mit 248 Metern Länge das größte Fluggerät der Welt) über den Atlantik. Die Route wurde ein Symbol des Fortschritts – bald freilich für dessen Risiken. Denn der futuristische Luxus, den ein 1.000 Reichsmark teurer 50-Stunden-Flug bot, verdeckte den Leichtsinn der Betreiber. In Ermanglung von Helium erzeugte man den Auftrieb mit dem hochentzündlichen Wasserstoff. Bereits im zweiten Jahr – im Mai 1937 – kam es zur Katastrophe: LZ 129, die »Hindenburg«, explodierte beim Andockmanöver in Lakehurst.

Die Zivilluftfahrt vor dem Abheben

Doch auch ohne dieses Debakel wäre der Zeppelin wohl eine Episode geblieben.[18] Eine neue Generation von viermotorigen Landflugzeugen erlaubte neuartige Leistungen: die Boeing 307 Stratoliner – die erstmals eine Druckkabine hatte –, die Focke-Wulf Fw 200 Condor und die Junkers Ju 90 sowie die erst im Krieg fertig gestellten Douglas DC 4 und Lockheed Constellation. 1938 gelang der bis zu 430 Stundenkilometer schnellen Condor der Nonstop-Flug Berlin-New York. Da sie über keine Druckkabine verfügte, war sie für den regulären Atlantikflug kaum geeignet, wohl aber die neuen amerikanischen Maschinen, die ohne Sauerstoffmasken »über Wetter« fliegen konnten. Technisch war der Luftverkehr am Vorabend des Krieges so weit ausgereift, dass er zum Konkurrenten für Bahn- und Schiffslinien werden konnte. Der zivile Luftverkehr stand vor dem »Take-off«.

Entsprechend sollten die Flughäfen – vergleichbar mit den Bahnhöfen des 19. Jahrhunderts – von primitiven Abfertigungsbauten zu repräsentativen Eingangstoren in die Welt des Fliegens werden. Bahnbrechend war der bei Kriegsbeginn weitgehend festiggestellte Zentralflughafen Berlin-Tempelhof: Das von Görings Lieblingsarchitekt Ernst Sagebiel entworfene 1,2 Kilometer lange Gebäude mit zentraler Empfangshalle war der größte Neubau der Welt und gilt heute als »Mutter aller modernen Flughäfen«.[19] Auch der Komfort an

18 Vgl. Lyth, »Nations«, der sogar von einem deutschen »Sonderweg« der Luftschiffart spricht.

19 Norman Foster zit. n. Asendorf, *Super Constellation*, S. 152. Tempelhof war als Portal der Europa-Hauptstadt »Germania« für Funktionsträger gedacht, während der Massenverkehr über vier weitere Flughäfen am Stadtrand abgewickelt werden sollte. Bei der Blockade

Bord verbesserte sich. Bereits 1928 hatte die Lufthansa »fliegende Speisewagen« eingeführt; es wurde sogar mit Filmvorführungen experimentiert. 1938 taten die ersten 20 Stewardessen, nach amerikanischem Vorbild in Uniform und mit keckem Schiffermützchen, ihren Dienst auf der Condor an – sie wurden unter 2.000 Bewerberinnen ausgewählt.[20] Das große Interesse an diesem Job spiegelt das Prestige des Fliegens. Doch der Flugalltag war eher ernüchternd: weite Anfahrten, häufige Verspätungen, an Bord ohrenbetäubendes Dröhnen, Kopfschmerzen und ein durch die geringe Flughöhe bedingtes Auf und Ab, das den Speibeutel unabdingbar machte. All dies verstärkte die ohnehin herrschende Flugangst. In der Tat dürfte das relative Todesrisiko ungleich höher gewesen sein als in der Bahn – das absolute Risiko war allerdings gering.[21]

Nach einer Unfallserie 1936/37 startete in den USA eine breite Kampagne, um Amerika *air-minded* zu machen: von Zeitungsanzeigen (*Afraid to Fly?*) und Freiflügen für die Ehefrauen bis zur »Air Babies«-Spielzeugserie, die schon die Kleinen flugbegeistert machen sollte.[22] Längst überflügelte die USA Europa: fast 1,3 Millionen Passagiere wurden 1937 gezählt, in Deutschland gut 0,3 Millionen, in Großbritannien gut 0,2 und in Italien und Frankreich rund 0,1 Millionen.[23] Im Jahresdurchschnitt war damit ein Prozent der US-Bevölkerung geflogen, in Deutschland ein halbes – mithin sehr geringe Quoten. Am Preis lag es nicht: »It's fear not fare that keeps the public on the ground.«[24] Dies galt auch für Deutschland, wo die Lufthansa das Preisniveau eines Erste-Klasse-Bahn-Tickets unterboten hatte.[25]

Die Abwägung »schnell und prestigeträchtig *versus* bequem und sicher« fiel zuungunsten des Flugzeugs aus, zumal in Europa, wo die Distanzen geringer

---

1948/49 wurde Tempelhof paradoxerweise zu einem Symbol der Freiheit. Diesen Standort nun zu schließen, wird sich als fatale Fehlentscheidung erweisen; so hat London erst 1987 unter großen Mühen einen schlichten *City Airport* eröffnet.

20 Wachtel, »Gebucht nach Berlin«, S. 154 u. 161.

21 In Deutschland starben 1937 460 Menschen bei Flug- und 1.027 bei Bahnunfällen; erstere bei 120 Millionen, letztere bei 51 Milliarden Passagier-Kilometern, was ein über 200faches höheres relatives Risiko ergibt. Die meisten Verkehrstoten (9.700 beziehungsweise 86 Prozent) forderte freilich die Straße. Berechnet n. Bibliographisches Institut, *Schlag nach*, S. 345.

22 Vgl. Furnas, »Mr. Milquetoast«. Siehe dazu auch Bilstein (1993), »Travel by air«.

23 Bibliographisches Institut, *Schlag nach*, S. 398, Schamp, *Luftverkehrsgeographie*, S. 9, u. Seifert (1999), *Luftverkehr*, Bd. 1, S. 344f. Weltweit wurden zwei bis vier Millionen Passagiere befördert.

24 Furnas, »Mr. Milquetoast«, S. 8. Der Aufsatztitel spielt auf eine Comic-Figur an, den überängstlich-nervösen »Herrn Milchtoast«.

25 So zahlte man für den einstündigen Flug Berlin-Hamburg 25 Reichsmark, die zweieinhalbstündige Fahrt im »Fliegenden Hamburger« kostete 30 Reichsmark. Nach Bibliographisches Institut, *Schlag nach*, S. 379f. u. S. 399.

und das Bahnnetz engmaschiger waren. Im Flugzeug saßen Funktionsträger aus Wirtschaft, Politik und Kultur – mit Urlaubmachen hatten ihre Flüge wenig zu tun. In wohlhabenden Kreisen war es vielmehr das Auto, das zunehmend touristisch genutzt wurde. Dies obwohl es an Bemühungen, den Freizeitmarkt zu erschließen, nicht fehlte. So bot die Lufthansa neben dem »Bäderdienst« auch Flüge nach Heidelberg und ins Riesengebirge an, die Air France unterhielt eine Linie von London an die Riviera, und die Swissair bediente Schweizer Kurorte. Insgesamt könnte der Anteil touristischer Reisen am Luftverkehr in Europa bei einem Zehntel gelegen haben.[26]

Entsprechend unbedeutend war der Anteil der Flugreisenden am Tourismus insgesamt. Im Deutschen Reich standen 1937 den 323.000 Linienpassagieren fast acht Millionen Fremdenmeldungen in Urlaubsorten gegenüber. Während vielleicht 30.000 Touristen die Lufthansa buchten, waren in jenem Jahr allein mit der NS-Freizeit-Organisation »Kraft durch Freude« (KdF) über 1,5 Millionen »Volksgenossen« in den Urlaub gefahren. Ähnlich marginal war der spektakuläre »Bäderdienst« der Lufthansa: Die Seebäder zählten im Sommer 1938 1,3 Millionen Ankünfte – nur sechs Promille der Ankommenden waren zu den acht Luft-Landeplätzen gebracht worden.[27]

Ungleich größer die psychologische Wirkung. Die Ausstrahlung des Sportiv-Exklusiven, die sich mit der faszinierenden Technik verband, ließ die wenigen Passagiere gleichsam stellvertretend in die Zukunft vorausfliegen. In eine Zukunft des stromlinienförmigen Fortschritts, des Luxus und der Moden, der ent-grenzten Weltgesellschaft. Im Mai 1939 meinte ein englisches Magazin:

> »In diesen Zeiten internationaler Spannungen ist es wirklich ermutigend, das Sommer-Kursbuch der Fluggesellschaften zu lesen«, denn ihr aller Slogan könnte lauten: »Vergiss die Grenzen!«[28]

Auch wenn realiter viele das Flugzeug noch mieden, so hatte es doch längst die Seelen erobert. Fischer von Poturzyn hatte die neue Epoche ausgerufen – die der »dreidimensionalen Politik«.[29] Die frühe Menschheit habe nur eindimensionale »Wegstraßen« gekannt; vor dreitausend Jahren sei die »Fläche« hinzugekommen; heute aber sei mit dem »Luftozean« ein weiterer Quantensprung vollbracht. Neu war die Erfahrung einer »Raumrevolution« aber keineswegs. Hundert Jahre zuvor hatte der Dichter und Publizist Ludwig Rellstab die Ver-

26 Lyth, Dierikx, »Privilege«, S. 98, nennen knapp neun Prozent für Europa im Jahre 1932.

27 Zahlen nach *Vierteljahreshefte der Statistik des Deutschen Reichs* 47(1938), S. IV.52, *Statistisches Jahrbuch des Deutschen Reichs* 58(1939/40), S. 252, u. Spode (2007), »aspects«, S. 125.

28 Brancker, »Air Way«, S. 196.

29 Fischer v. Poturzyn (1925), *Luft Hansa*, S. 1f. 25 Jahre später entwarf R. Buckminster Fuller ein ähnliches Schema; dazu Asendorf, *Super Constellation*, S. 267.

nichtung »aller Räume und Zeiten« durch die Lokomotive gefeiert. Der Eisenbahnpionier Friedrich List sah in ihr einen »Herkules in der Wiege, der die Völker erlösen wird von der Plage des Krieges«; die Bahn würde den »Nationalhass« überwinden und selbst den »Niedrigsten« zu »fernen Seegestaden« tragen.[30] Just dieselben Erwartungen und Wünsche verbanden sich nun mit dem Flugzeug. Mit dem Überfall auf Polen am 1. September 1939 zerstoben diese Hoffnungen. Das Flugzeug mutierte von einem Symbol der Völkerverständigung zu einem Todesboten.

Das Goldene Zeitalter des Luftverkehrs

Hatte der Erste Weltkrieg die USA zur Großmacht werden lassen, so waren sie nach dem Zweiten die unangefochtene Führungsmacht des Westens – und mit ihnen ihre Flugzeugindustrie. Dieser militärisch-industrielle Komplex ging jetzt daran, die zivilen Märkte zu erschließen. In dem Maße wie Sicherheit und Komfort in den Passagiermaschinen zunahmen, schwand die Angst vor dem Fliegen und wuchs die Luftfahrtbegeisterung.[31] 1946 wurde durch die KLM der reguläre Transatlantikverkehr aufgenommen; als ob es den Weltkrieg nie gegeben hätte, verkündete deren Präsident Albert Plesman: »The air unites all people.«[32] 1949 dürften über 20 Millionen Menschen das Flugzeug benutzt haben, 1955 um die 70 Millionen. Der vor dem Krieg fertig ausgebildete »Herkules« entstieg seiner Wiege. Die größte Fluggesellschaft mit rund acht Millionen Passagieren war die sowjetische Aeroflot, doch im Ländervergleich dominierten die USA. Führend waren hier American mit 5,8 Millionen Passagieren, Eastern mit 4,8 und United mit 3,9 (1953); die Fernverkehrsgesellschaften TWA und PanAm brachten es auf 3,1 beziehungsweise 1,6 Millionen. In Europa konnten da einzig die 1946 ausgegründete British European Airways (BEA) und die Air France mit 1,6 beziehungsweise 1,3 Millionen mithalten.

Der größte Wachstumsmarkt war der inneramerikanische. Eine noch während des Krieges durchgeführte Marktanalyse ergab, dass 56 Prozent der Amerikaner auf Fernstrecken das Flugzeug bevorzugen würden, nur neun Prozent die Bahn; unter den Gründen, das Flugzeug zu meiden, rangierte die Flugangst

---

30 Zit. nach Spode (2009), *»Reiseweltmeister«*, Teil II. Vgl. insbesondere Roth, *Jahrhundert*.

31 1952: 0,9 Tote per 100 Millionen Passagier-Kilometer; 1962: 0,6; 1967: 0,3. Zahlen nach *Brockhaus* 16. Aufl., Bd. IV, S. 159, und Bd. VII, S. 366ff., *Brockhaus* 17. Aufl., Bd. XI, S. 665 ff., *Meyers*, Bd. V, S. 500, Schamp, *Luftverkehrsgeographie*, S. 9ff., und Bilstein, »Travel«, S. 286; zum Folgenden vgl. auch Dierikx, »Vision«, u. Dienel, Lyth, *Flag*.

32 Zit.n. Dierikx, »Vision«, S. 194.

mit 15 Prozent nur noch auf dem vierten Platz, wichtigster Grund, mit 27 Prozent, war der Preis.[33] 1951 übertraf dann die Zahl der Flugpassagiere die der Pullman-Fernzüge. Über die Hälfte aller Flugreisen wurde aus »Non-business«-Gründen unternommen, was primär Verwandtenbesuche und touristische Motive beinhaltete. Freilich: das mit Abstand wichtigste touristische Reisegefährt der Amerikaner war nun das Auto.[34] Dies obwohl sich die Fluggesellschaften mit Reisebüros und Hotels am Touristikmarkt engagierten und nach dem Vorbild der Klasseneinteilungen bei Bahn und Schiff allmählich begannen, auch preiswertere Plätze anzubieten. Vorreiter waren *Capital Airlines*, die 1948 eine Nachtflugverbindung Chicago-New York mit einer *coach class* einführten. Andere Gesellschaften, wie TWA, teilten später die Kontingente ebenfalls in normale und »coach« beziehungsweise »economy« auf; PanAm führte eine *first class* und als weitere Kategorie eine *tourist class* ein, die bezeichnenderweise den schlechtesten Service bot. Mit der Preisdifferenzierung gewannen die Flug- gegenüber den Bahngesellschaften weiter an Boden, wenngleich im binnentouristischen Markt das Auto dominierte.

Eine Economy- beziehungsweise Touristen-Klasse genehmigte die IATA ab 1952 auch für Transatlantikflüge. Dieser Markt wuchs sprunghaft. Die amerikanischen Touristengruppen, die »Europe in one week« erkundeten, wurden zu einem viel belächelten Stereotyp; freilich überwog zunächst der Geschäftsreiseverkehr. 1952/53 lag der normale Tarif für die einfache Strecke Berlin-New York bei 454,80 DM, der reduzierte bei 329,80 DM.[35] Dies entsprach dem Monatslohn eines deutschen Arbeiters, war allerdings nicht teuerer als eine Schiffspassage. 1957/58 übertraf das Flugzeug das Schiff im Nordatlantikpersonenverkehr, wobei die Passagierzahlen bald die Zweimillionengrenze überschritten.

Es war die Ära der Lockheed Super Constellation. Seit ihrem Jungfernflug 1950 dominierte die elegante Propellermaschine mit ihren (später) 540 Stundenkilometer und ihrem großzügigen Raumangebot bald die IATA-Strecken: Die knapp hundert Passagiere wurden mit üppigen Mahlzeiten, Drinks und Zigaretten verwöhnt, und nachts baute man die Betten auf. Für seine Erste Klasse kooperierte PanAm sogar mit dem Pariser Maxims: die vorbereiteten Haute-Cuisine-Menüs wurden mit französischen Weinen serviert. Da die Tarife weitgehend festgelegt waren, suchten sich die Gesellschaften im Service zu profilieren. Das Preissystem – nach innen gestützt durch die nationalen Regulierungsbehörden, nach außen durch die IATA – war letztlich noch dem bür-

33 Charles W. Hoyt Compagny, *Survey*, S. 23 u. 26.

34 Lansing, Lilienstein, *Travel Market*, S. 31 u. S. 65ff.

35 Anonym, *Hapag-Lloyd Luftkursbuch* (im Bestand des HAT).

gerlich-elitären Tourismusmodell verhaftet.[36] Und so ging vom Fliegen weiterhin eine polyglotte Exklusivität aus.[37]

Die Flughafengebäude wurden ein Exzerzierfeld des Neuen Bauens, voran die kühne Betonkonstruktion Eero Saarinens für den New Yorker TWA-Terminal 1962. Diese futuristische Kühnheit wurde auch in die Innenstädte getragen. Die Airline-Büros in den besten Citylagen verströmten die kühle Eleganz modernster Innenarchitektur: klare Linien mit viel Glas und Stahl. Die Auslandsbüros der (halb)staatlichen Gesellschaften fungierten ihrem politischen Status als sogenannte *Flagcarrier* entsprechend als nationale Werbezentralen. So waren Japan Airlines, El Al, KLM oder Alitalia mit exquisiten Dependancen an der New Yorker Fifth Avenue präsent; am West-Berliner Ku-Damm warben neben PanAm oder BEA auch Airlines, die die Halbstadt gar nicht anfliegen durften, wie Air India, KLM, Sabena und später natürlich auch die Lufthansa. Nicht fehlen durften dort die blinkenden Weltkarten und Flugzeugmodelle. Die Kinder drückten sich die Nasen platt an den Schaufenstern, die Väter griffen zur »Peter Stuyvesant«, dem »Duft der großen weiten Welt«, und am Wochenende besuchte man den Flughafen, um jenes Flair als Zaungast miterleben zu können.

Kranich aus der Asche

Die »große weite Welt« war indes zweigeteilt. 1946 landeten die ersten amerikanischen Zivilisten auf dem Tempelhofer Flughafen; ab Januar 1948 auch deutsche. Im Juni aber musste das Flugfeld für zehn Monate den Frachtmaschinen überlassen werden, die den drei West-Sektoren Kohle und Lebensmittel brachten.[38] Mit Stalins dilettantischem Versuch, West-Berlin der sowjetisch besetzten Zone einzuverleiben, indem er die Zufahrtswege blockierte, war der Kalte Krieg ausgebrochen. Für die Westdeutschen hatte dies auch eine angenehme Seite: Aus den Kriegsgegnern wurden Bündnispartner. Die den Sowjets trotzenden Berliner lösten eine Sympathiewelle in den USA aus: der Beginn einer bis 1968 nahezu ungetrübten Freundschaft – gestiftet durch das Flugzeug.

36 Die IATA wurde 1945 neu gegründet; daneben bestand die Internationale Zivilluftfahrtorganisation (ICAO).

37 Vgl. zum Folgenden Asendorf, *Super Constellation*, Eisenbrand, Vegesack, *Airworld*, u. Stern, *New York*, S. 381ff.

38 Vgl. Wachtel, »Gebucht nach Berlin«, S. 162ff.

An einem Punkt hörte die Freundschaft freilich auf: die Hegemonie im Luftverkehr wollte sich die US-Regierung nicht noch einmal von den Deutschen streitig machen lassen. Während die Japaner bereits 1951 ihre Airline gründen durften, blieb der Bundesrepublik der Besitz und Betrieb von Flugzeugen untersagt. Doch heimlich bereitete man den Wiederaufbau der Lufthansa vor und erwarb 1954 die Markenrechte der liquidierten Deutschen Lufthansa AG (DLH); mit Inkrafttreten des Deutschlandvertrags 1955 nahm die neu-alte Gesellschaft – bis 1962 fast im alleinigen Besitz des Bundes - umgehend den Flugbetrieb auf.[39] Zugleich traten zwei Charter-Gesellschaften auf den Plan: die LTU (zunächst unter dem Namen Lufttransport-Union) und der Deutsche Flugdienst, die spätere Lufthansa-Tochter Condor.[40]

Fast zeitgleich nahm eine zweite »Deutsche Lufthansa, Abk. DLH« den Flugbetrieb auf – und zwar als »sozialistisches Verkehrsunternehmen« der DDR.[41] Sie bediente einige Inlandsstrecken (1980 eingestellt) sowie die wichtigsten Städte des Ostblocks. Als der Namensstreit 1963 vor ein jugoslawisches Gericht kam, musste die DDR diese Posse beenden und überführte ihre Lufthansa in die 1958 vorsorglich gegründete Interflug.

Die bundesdeutsche Lufthansa zählte bald wieder zu den führenden europäischen Linien. Beim Fernstreckennetz waren um 1960 in etwa die Vorkriegspläne verwirklicht: Nord- und Südamerika und der Nahe und Ferne Osten bis Bangkok. Als internationales Luftkreuz wurde Frankfurt ausgebaut, das das politisch abgeschnittene Berlin ablöste.[42] Die steigenden Passagierzahlen ließen den DLH-Vorstand Wolfgang A. Kittel befriedigt feststellen, dass die Deutschen *airminded* geworden seien.[43] Als Flagcarrier verstand sich die Lufthansa zugleich als wichtigster »Förderer« des *Incoming-Tourismus*. Schon allein der Name entfalte eine »allgemeine Werbewirkung«, erläuterte Kittel auf einem Vortrag bei der deutschen Tourismuszentrale. Der Fluggast genieße »deutsche Gastlichkeit, sei es durch den Ausschank von Bier und Wein aus

39 Hierzu und zum Folgenden vgl. Bongers, *Luftverkehr*, Seifert (2001), *Luftverkehr*, Bd. 2, u. Wachtel, *Geschichte*.

40 Die 1961 durch eine Firmenübernahme ausgelöste Umbenennung in Condor Flugdienst GmbH ignorierte erfolgreich jegliche Assoziation mit der »Legion Condor«.

41 Das nicht zu verwechseln sei mit der westdeutschen Lufthansa, dem »von den Monopolen abhängige(n) und mit dem deutschen Militarismus und Faschismus eng verflochtenes Luftverkehrsunternehmen«, hieß es 1962 im DDR-Lexikon *Meyers*, Bd. 2, S. 489f. Vgl. Seifert (1994), *Weg und Absturz*.

42 Abfliegende Passagiere 1950 aus Berlin und Frankfurt am Main je circa 0,1 Millionen. 1960 waren es dann 0,8 beziehungsweise eine Million. und 1970 2,8 und 4,4 Millionen. Nach Treibel, *Geschichte*, S. 36.

43 Nach St., »Luftreisen«. 1968 präzisierte der Condor-Pressesprecher Grimm, »Frankfurt«, S. 45, »air minded« seien zumal die Bis-30-Jährigen, die 54 Prozent der Flugtouristik-Kunden stellten.

Fässern, sei es durch typisch deutsche Mahlzeiten, von denen sich der Lufthansa-Suppentopf gerade bei den amerikanischen Gästen besonderer Beliebtheit erfreut«. 1962 betrieb die DLH 95 »Stadtbüros« im Ausland, davon 40 allein in Nordamerika – gegenüber vier der staatlichen Tourismuszentrale. Diese Aktivitäten, so Kittel, seien nicht allein ökonomisch motiviert, sondern auch politisch: »Am stärksten sollte für Berlin geworben werden, auch wenn die Lufthansa Berlin nicht anfliegen darf.«[44]

In diesem Punkt war die DDR-Luftfahrt im Vorteil: Sie konnte – über den vorgelagerten Flughafen Schönefeld – ihre Hauptstadt bedienen. Die drei Luftkorridore nach der Insel West-Berlin hingegen blieben bis zur Wiedervereinigung den Airlines der Westmächte – PanAm, Air France und British (European) Airways – vorbehalten; ein glänzendes Geschäft, zumal es vom Bund subventioniert wurde.[45] Auch die östliche Seite profitierte von diesem Relikt des Besatzungsstatuts: Die Interflug – wie alle Ostblock-Airlines kein IATA-Mitglied – konnte sich bei »Valuta«-Touristen und Gastarbeitern als preiswerte Alternative etablieren. 1963 war zu diesem Zweck ein Grenzübergang von West-Berlin nach Schönefeld in die zwei Jahre zuvor errichtete Mauer gebrochen worden.

»Jetzt kann jeder fliegen«

Die Interflug setzte damit auf ein expandierendes Marktsegment – den Massentourismus. Die soziale Öffnung des Luftverkehrs wurde dabei von zwei Seiten angetrieben: einer kaufmännischen und einer technischen.

Längst war es nicht mehr die Flugangst, die die Menschen »am Boden hielt«, sondern die Preisgestaltung. In der Nachkriegs-BRD hatte die Eisenbahn noch einmal eine Hochzeit als touristisches Transportmittel.[46] Die blauen Sonderzüge der Touropa, des größten Pauschalveranstalters, beförderten bis zu eine Million Urlauber. Dies war allerdings deutlich weniger als einst KdF; die Westdeutschen zogen den individuellen Urlaub vor. Und hierbei nutzten sie zunehmend das eigene Auto. Um 1960 bereits zu 36 Prozent, die Bahn zu 40 Prozent, während nur ein Prozent auf das Flugzeug entfiel. Zehn Jahre

44 Kittel, *Lufthansa*, passim (im Bestand des HAT).

45 Die Passagierzahlen stiegen von 0,7 Millionen im Jahre 1955 auf 5,5 Millionen im Jahre 1971, sanken dann infolge des Berlinabkommens, um 1989 wieder 4,5 Millionen zu erreichen. Der Anteil Berlins am Inlandsluftverkehr machte bis in den sechzig Jahren zwei Drittel aus, und noch 1989 über ein Drittel. Vgl. Seifert (2001), *Luftverkehr*, Bd. 2, S. 2.

46 Folgende Zahlen siehe Hahn, Kagelmann, *Tourismuspsychologie*; S. 13ff.

später nahmen 61 Prozent das Auto, nur 24 Prozent die Bahn und sieben Prozent das Flugzeug; 1982 hatte der Luftverkehr im Tourismus dann mit 16 Prozent erstmals die Bahn überflügelt.[47] Was war geschehen?

Die Preispolitik der IATA ließ sich aushebeln, wenn ein Veranstalter ganze Ticket-Kontingente bei einer »Bedarfsfluggesellschaft« nebst den Hotelbetten einkaufte. In vielen Mittelmeerländern war die Hotellerie relativ preiswert, und aufgrund der gesicherten Auslastung (die Liniengesellschaften brachten es nur auf rund 60 Prozent) konnten die Charter-Airlines billiger fliegen.[48] Das Prinzip der *Inclusive Tour* beziehungsweise Pauschalreise war fast so alt wie die Eisenbahn, ausgearbeitet um 1840 von Thomas Cook und anderen Pionieren und knapp hundert Jahre später von KdF zur industriellen Serienreife gebracht.

Der Charterflug wurde zuerst in Großbritannien, Skandinavien und Westdeutschland populär.[49] In der Bundesrepublik ließ die steigende Reiseintensität in Verbindung mit einer stark wachsenden Nachfrage nach Auslandsreisen diesen Markt besonders rasch expandieren: 1968 führten erstmals über die Hälfte der Haupturlaubsreisen ins Ausland; in Großbritannien – wie in der DDR – erst 15 Prozent. Zwar dominierte dabei das Auto, doch mit den ab 1962 vordringenden Großveranstaltern – »Neckermann macht's möglich« – waren die Grundlagen für eine massentouristische Nutzung der Luftfahrt gelegt. »Jetzt kann jeder fliegen« titelte der Scharnow-Katalog 1967. Zusammen mit der Touropa sowie Hummel und Dr. Tigges verband sich Scharnow-Reisen 1968 zur Touristik Union International (TUI), um dem Wettbewerbsdruck der Versandhausriesen Neckermann, Quelle und Hertie standhalten zu können. Die westdeutschen »Neckermänner« flogen, wie auch die englischen Pauschaltouristen, bevorzugt ins billige Spanien, wo das Franco-Regime einen »boom turistico« in Gang gesetzt hatte, der vor allem von deutschen und britischen Investoren getragen wurde. Zwischen 1962 und 1969 stiegen die deutschen Charterflugreisen nach Spanien von 78.000 auf 1,25 Millionen, während

---

47 1990 betrugen die Prozentanteile im Haupturlaubsreiseverkehr: PKW: 57, Flugzeug: 25, Bahn und Bus: je acht; derzeit gilt ungefähr: PKW: knapp die Hälfte, Flugzeug: ein Drittel, Bus: ein Zehntel, Bahn: ein Fünfzehntel; vgl. *Voyage. Jahrbuch für Reise- & Tourismusforschung*, Bd. 6 (2003), S. 141.

48 Der Frankfurter Flughafen zählte 1961 nur 20.000 Charterpassagiere, 1967 fast 0,6 Millionen; damit löste er Düsseldorf als wichtigsten touristischen Flughafen ab. Vgl. Grimm, »Frankfurt«, hier S. 41.

49 Vgl. Lyth (1993), »History«, Lyth (2002), »Gimme a ticket on an aeroplane«, u. Barton, *Working-class organisations*, S. 202ff. Britische Autoren betonen die Sonderrolle Englands; indes zeigt eine europäisch-vergleichende Perspektive eher strukturelle Gemeinsamkeiten als Unterschiede. Für die Entwicklung in der BRD siehe Pagenstecher, *Tourismus*, und folgende Anm.

zugleich die Bahntouristik zurückging.[50] Hauptziel waren die Balearen; 1970 landete bereits über die Hälfte der deutschen Pauschaltouristen in Palma de Mallorca – der malerische Geheimtipp wurde zur »Putzfraueninsel«.

Wenig später überschritt die Reiseintensität die Fünfzig-Prozent-Marke. Hatte in den sechziger Jahren der bohèmehafte *Jet-Set* eine Art Neuauflage der elitären »paneuropäischen« Spaßgesellschaft betrieben, so fand nun eine Demokratisierung des Mittelmeerurlaubs statt: Die touristischen Praktiken an den nördlichen Küsten wurden nach Süden transferiert und modifiziert – ein entortetes »Südland« (R. Edgerton) nahm Gestalt an.[51] Auch die Lufthansa beteiligte sich über ihre Condor und Verträge mit Nicht-IATA-Gesellschaften, wie der Aeroflot, am Geschäft mit den billigen Plätzen. Nicht allein die Gesellschaften der Ostblockländer untergruben das IATA-System, sondern auch kleinere westliche Linien, wie Loftleidir und Luxair, und vor allem britische Unternehmer. Billigflieger wie Laker Airways, Court Line und People's Express gingen zwar in Konkurs, doch zugleich hatte sich der Trick etabliert, mit dem *Ticket* einen fiktiven Hotelgutschein (*Voucher*) auszugeben, der einen Linienflug rechtlich zum preisfreien Charterflug machte. Hierfür räumten die Liniengesellschaften sogar selbst Plätze ein (ITX-Tickets). Getrieben und profitierend von dieser Aufweichung des Festpreissystems legte die IATA Sondertarife auf, wie das APEX-Ticket 1975.

Doch das System der internationalen Preisregulierung war nicht mehr zu halten. In den westlichen Hauptstädten obsiegte das neoliberale Credo – und der Luftverkehr wurde das erste Exzerzierfeld der »Deregulierung«.[52] Von der geostrategischen »Luftpolitik« waren den nationalen Airlines noch die Imagepflege und die Förderung des Incoming-Tourismus geblieben; nun gab der Staat dieses Instrument aus der Hand. Der Standesunterschied zwischen Linien- und Chartergesellschaften verschwand. 1978 läuteten die USA das Ende der Staatslinien ein. Als eine der ersten ging die stolze PanAm in Konkurs; 2002 war auch die Swiss Air, Inbegriff eines soliden *Flagcarriers*, am Ende, und 2008 geriet die Alitalia in Turbulenzen. Anderseits kam es zu etlichen Neugründungen und einige (teil-)privatisierte Gesellschaften agieren erfolgreich am Markt, etwa die Lufthansa oder der malaysische Billigflieger Air Asia, der unter dem einstigen Scharnow-Motto *now everyone can fly* in Fernost operiert.

Der Zuwachs des Luftverkehrs gab der Liberalisierung ökonomisch Recht. Alleine London, größtes Luftkreuz der Welt, zählt heute über hundert Millionen Passagiere, Atlanta meldet 86 Millionen, Chicago-O'Hare 77 und Frank-

50 Vgl. Schildt, »Wochen«, hier S. 80, Prahl, »Entwicklungsstadien«, u. Becker, *Espana*.

51 Vgl. Spode (2004), »Badende Körper«.

52 Vgl. Dienel, Lyth, *Flag*, Lyth, Dierikx, »privilege«, u. zum neoliberalen Kontext Spode (2008), *Ressource Zukunft*, S. 25ff.

furt 52 Millionen.[53] Solche gigantischen Flughäfen sind wieder zu reinen Abfertigungsanlagen retardiert, die Ästhetik wurde gänzlich der Logistik und betriebswirtschaftlichen Rentabilität untergeordnet. Der »Duft der großen weiten Welt« ist in den endlosen Gängen und Sicherheitsschleusen verflogen – nicht nur, weil Rauchverbot herrscht und weil Terrorangriffe immer aufwendigere Sicherheitsmaßnahmen erfordern, sondern weil dies der unvermeidliche Preis der Demokratisierung des Luftverkehrs ist.

Hand in Hand mit der kaufmännischen ging die technische Seite der Demokratisierung der Flugreise. Nachdem der Messerschmitt-Jäger 1944 die Überlegenheit des Düsenstrahlantriebs bewiesen hatte, stellten die Briten 1949 den ersten Passagier-Jet vor, die Comet. Spektakuläre Abstürze ließen sie am Markt scheitern, doch andere düsengetriebene Maschinen hatten dann großen Erfolg: die über 900 Stundenkilometer schnelle Boeing 707, aber auch die Douglas DC-8, die französische Caravelle und die sowjetische Tupolew 104. Die Jets verdrängten in den sechziger Jahren die noch auf die Vorkriegszeit zurückgehenden Propellertypen. Da sie auch mehr Passagiere aufnehmen konnten, bescherten sie den Airlines Überkapazitäten, obschon sich die Weltpassagierzahl auf mehr als zweihundert Millionen verdoppelte.[54]

Doch als die Lufthansa 1967 ihre Super Constellation außer Dienst stellte, reifte schon die nächste Generation von noch größeren Jets heran: der 1970 in Dienst gestellte »Jumbo« Boeing 747 sowie McDonnell-Douglas DC-10, Lockheed TriStar und der europäische Airbus. Dabei setzte man zunächst[55] weiterhin auf das elitäre Konzept der Flugreise. Um 1960 begannen daher die Planungen für Überschallpassagierflugzeuge. Die Ölkrise 1973 leitete indes das Ende der Zukunftseuphorie ein, und die 2.200 Kilometer schnellen, kerosinschluckenden Luxusmaschinen fanden dann – außer bei den Staatslinien Aeroflot, Air France und British Airways – keine Käufer mehr.[56] Das technisch

53 An, Ab und Transit 2005 nach *Fischer Weltalmanach*, S. 704.

54 Nur IATA-Gesellschaften. 1959 erbrachten Jets acht Prozent der Welt-Tonnen/Kilometer-Leistung. 1969 waren es 89 Prozent. Zahlen nach *Brockhaus* 17. Aufl., Bd. XI, S. 665f., und *Meyers*, Bd. II, S. 307. Siehe auch Lyth (2002), »Gimme a ticket on an aeroplane«, u. Dierikx, »Vision«.

55 Anfangs gedachte man, den gewonnenen Raum für Luxus zu nutzen: Liegesitze, Clubräume, Bars, Spielzimmer. Es sollte jedoch die Ahnung wahr werden, die einen Pessimisten bereits vor der Indienststellung des Jumbos beschlichen hatte. 490 Passagiere würden »wie eine Schafherde« hineingeschleust, statt der Menüs aus der Bordküche gebe es »weiche Semmeln in Frischhaltefolie«, und die Sitzreihen würden möglichst eng gepackt. Vgl. Metzler, *Zukunft unbegrenzt*, S. 115.

56 1976/77 nahmen die Tupolew 144 und die Concorde den Linienbetrieb auf; während die Tu 144 den Dienst bald wieder einstellte und die USA ihre Überschallpläne aufgaben, verkehrte die britisch-französische Concorde als ein Relikt des Goldenen Flugzeitalters noch bis 2003 auf der Transatlantikroute.

Machbare ist nicht immer das Erfolgreiche. Die in den siebziger Jahren eingeführten »Großraumflugzeuge« hingegen beherrschen bis heute die Lüfte; vier Jahrzehnte – bis zum Airbus A 380 – blieb der Jumbo das größte Passagierflugzeug der Welt. Er konnte wiederum mehr als doppelt so viele Passagiere befördern wie eine Boeing 707 und verursachte zunächst erneut Überkapazitäten. Umso dringlicher wurde eine forcierte soziale Ausweitung des Marktes; die Voraussetzung hierzu war mit der steigenden Urlaubsreiseintensität und dem entsprechenden Ausbau der Pauschaltouristik in vielen Industrieländern gegeben. 1971 setzte der Ferienflieger Condor als erste Chartergesellschaft einen Jumbo-Jet ein. Der Damm gegen die massentouristische Nutzung des Flugzeugs war endgültig gebrochen.

Für die »goldene« und die »normale« Luftfahrtepoche stehen ihre jeweiligen Leitfossilien: Einst die elegante Super Constellation – mit einem Namen von rätselhaft elitärem Klang, futuristisch und weltumspannend. Nun der gemütlich-dicke Jumbo, in dessen Elefantenbauch Familien mit größter Selbstverständlichkeit zum Strandurlaub aufbrechen. Der Siegeszug neuer Verkehrssysteme war historisch häufig mit ihrer konsumistischen Nutzung für Freizeitbedürfnisse verbunden. So auch beim Flugzeug. Bis in die sechziger Jahre symbolisierte es den unaufhaltsamen Fortschritt, den Weg in die technizistisch »beflügelte« Weltgesellschaft.[57] Dann setzte seine Banalisierung und Veralltäglichung ein. Aus einem extravaganten Zukunftssymbol wurde ein unspektakuläres Transportmittel. Den entscheidenden Impuls gab hierfür – nachdem die Flugangst erst einmal überwunden war – die touristische Nachfrage.[58]

Schlussbemerkung

Bezüglich der Passagierzahlen haben sich die Utopien durchaus erfüllt. Gerade deshalb setzte alsbald Ernüchterung ein und der ökologische Preis des hypertrophen Wachstums der Transportleistung und der entsprechenden Megaflughäfen trat ins Bewusstsein. Das heißt freilich keineswegs, dass sich Konsumenten und Produzenten des Luftverkehrs in Verzicht üben würden.

Die Zivilluftfahrt befördert heute nach vorsichtigen Schätzungen über zwei Milliarden Menschen pro Jahr. Ein großer Teil von ihnen sind Touristen. Das Phänomen des Massentourismus hat sie aber keineswegs erschaffen. Die tech-

57 Zur Fortschrittseuphorie und ihrem Niedergang siehe Spode, *Ressource Zukunft*.

58 Vgl. König, »Geschichte«, zum »Bedürfnisbegriff« in der Verkehrsgeschichte als Scharnier zwischen Angebot/Produktion und Nachfrage/Konsumtion.

nologische Wasserscheide in der Tourismusgeschichte ist viel fundamentaler: die Ersetzung von natürlichen Kraftquellen durch motorische. Dampfgetriebene Schiffe und Eisenbahnen leiteten die eigentliche, epochale »Raumrevolution« ein, die schließlich dazu führte, dass freiwillige Mobilität nicht länger ein soziales Privileg blieb. Das Flugzeug hat die Reiseintensität nicht erhöht, sondern die Entfernung vergrößert.

Nichts demonstriert dies augenfälliger als der deutsche Ost-West-Vergleich: Die Reiseziele der DDR-Bürger waren zwar geographisch eng begrenzt, während den Bundesdeutschen, wenn das Geld reichte, die Welt offen stand. Doch die basalen Strukturen der touristischen Reise unterschieden sich wenig. In den achtziger Jahren erreichte die DDR sogar eine höhere Reiseintensität als die BRD – die Ostdeutschen waren »Reiseweltmeister« geworden. Das Flugzeug nutzten sie dabei kaum; die touristische Transportleistung wurde durch PKW und Bahn erbracht.[59]

Das Flugzeug hat auch keine gänzlich neuen touristischen Praktiken erschaffen. Das Repertoire war schon um 1900, spätestens aber in den dreißiger Jahren weitgehend ausgebildet. Aus dieser Perspektive macht es wenig Unterschied, wie weit der jeweilige »Kontrastraum«[60] geographisch entfernt ist: es ist unerheblich, ob man – wie im Kaiserreich – von Berlin in drei Stunden mit dem Zug nach Usedom, zur »Badewanne Berlins«, gelangt oder – wie heute – mit dem Jumbo in der gleichen Zeit nach »Malle«. Stets handelt es sich um weitgehend de-kontextualisierte Erlebnisräume, die für die touristische Nutzung zugerichtet sind. Bereits Siegfried Kracauer sprach von einer »Vergleichgültigung des Reiseziels«; heute ist der »Tourismus ohne Raum« Realität geworden.[61] Hieran allerdings hat das Flugzeug entscheidenden Anteil, ermöglicht es doch die Globalisierung des »Südlands«, von Spanien bis zur »DomRep«.

Literatur

Asendorf, Christoph (1997), *Super Constellation. Flugzeug und Raumrevolution*, Wien, New York.
Auburtin, Viktor (2000), *Sand und Sachsen*, Berlin.
Barton, Susan (2005), *Working-class organisations and popular tourism, 1840–1970*, Manchester, New York.

59 Westdeutsche flogen fünfmal mehr als Ostdeutsche: Gesamtdeutsches Institut, *Zahlenspiegel*, S. 67.
60 Zum Beispiel Usedoms vgl. Heineckel, »Berlin«.
61 Vgl. Wöhler, »Entfernung«, und Spode, »Raum«.

Becker, Anne-Katrin u. a. (2007), *Viva Espana! Von der Alhambra bis zum Ballermann*, Karlsruhe.

Bibliographisches Institut (Hrsg.) (1941), *Schlag nach! Wissenswerte Tatsachen aus allen Gebieten*, Leipzig.

Bilstein, Roger E. (1984), *Flight in America, 1900–1983*, Baltimore, London.

— (1993), »Travel by air: the american context«, in: *Archiv für Sozialgeschichte* 33, S. 245–274.

Bley, Wulf (1932), *Deutsche Luft Hansa A.G.*, Berlin.

Bongers, Hans M. (1967), *Deutscher Luftverkehr. Entwicklung – Politik – Wirtschaft – Organisation. Versuch einer Analyse der Lufthansa*, Bad Godesberg.

Bormann, Artur (1935), »Motorisierung und Fremdenverkehr«, in: *Archiv für den Fremdenverkehr* 5, S. 109–118.

Brancker, John (1939), »The Air Way to Europe«, in: *The Bystander* v. 3. Mai, S. 196–197.

Brockhaus (Hrsg.) (1928–35), *Der Große Brockhaus*, 20 Bde., 15. Aufl., Leipzig.

— (Hrsg.) (1953–58), *Der Große Brockhaus*, 12 Bde u. ein Ergänzungsbd., 16. Aufl., Wiesbaden.

— (Hrsg.) (1966–76), *Brockhaus Enzyklopädie*, 20 Bde. u. vier Ergänzungsbände, 17. Aufl., Wiesbaden.

Charles W. Hoyt Company, Research Department (Hrsg.) (1945), *Survey 1944–1945. Travel. Recreation*, New York.

Corn, Josph J. (1983), *The winged gospel: America's romance with aviation*, New York.

Deutsche Luft Hansa (Hrsg.) (1929), *10 Jahre Deutsche Handelsluftfahrt*, Berlin.

— (Hrsg.) (1936), *Deutsche Lufthansa. 1926–1936*, Halle/Saale.

Dienel, Hans-Luidger/Trischler, Helmuth (Hrsg.) (1997), *Geschichte der Zukunft des Verkehrs*, Frankfurt am Main.

Dienel, Hans-Luidger/Lyth, Peter (Hrsg.) (1998), *Flying the Flag. European Commercial Air Transport since 1945*, New York.

Dierikx, Marc (1997), »Vision and Reality in the Technical Development if Intercontinental Air Transport«, in: Hans-Luidger Dienel/Trischler Helmuth (Hrsg.), *Geschichte der Zukunft des Verkehrs*, Frankfurt am Main, S. 185–207.

Eisenbrand, Jochen/Vegesack, Alexander v. (Hrsg.) (2004), *Airwold: design and architecture for air travel*, Weil.

Fischer, Albert (2003), *Luftverkehr zwischen Markt und Macht. 1919–1937. Lufthansa, Verkehrsflug und der Kampf ums Monopol*, Stuttgart.

Fischer von Poturzyn, Friedrich A. (1925), *Luft Hansa. Luftpolitische Möglichkeiten*, Leipzig.

— (1938), *Luftmacht. Gegenwart und Zukunft im Urteil des Auslands*, Heidelberg.

Fischer Weltalmanach (2007), *Der Fischer Weltalmanach 2008,* Frankfurt/Main.

Fritzsche, Peter (1992), *A Nation of Fliers. German Aviation and Popular Imagionation*, Cambridge, M.A.

Furnas, J. C. (1938), »Mr. Milquetoast in the Sky«, in: *Scribner's Magazine* 104, H. 3, S. 7–11 u. 60f.

Gesamtdeutsches Institut (Hrsg.) (1988), *Zahlenspiegel. BRD–DDR*, 3. Aufl., Bonn.

Grimm, Wolfgang H. (1968), »Frankfurt und die Flugtouristik – heute und morgen«, in: *Flughafennachrichten*, Nr. 4, S. 41–45.

Hahn, Heinz/Kagelmann, H. Jürgen (Hrsg.) (1993), *Tourismuspsychologie und Tourismussoziologie. Ein Handbuch zur Tourismuswissenschaft*, München.

Hapag-Lloyd (Hrsg.) (1952), *Hapag-Lloyd Luftkursbuch. Winter 1952/53*, Bad Ems.

Heinickel, Gunther (2005), »Berlin am Meer. Der historische Ostseetourismus zwischen Berlin und Usedom«, in: Gundler, Bettina u. a., *Unterwegs und mobil. Verkehrswelten im Museum*, Frankfurt am Main, New York, S. 171–190.

Kittel, Wolfgang A. (1962), *Die Deutsche Lufthansa als Förderer des Fremdenverkehrs nach Deutschland* (unpublizierter Vortrag), o. O.

König, Wolfgang (1997), »Geschichte als Geschehen und als Tat. Projektion und Realität am Beispiel der frühen Eisenbahngeschichte«, in: Hans-Luidger Dienel/Trischler Helmuth (Hrsg.), *Geschichte der Zukunft des Verkehrs*, Frankfurt am Main, S. 129–146.

Lansing, John B., Lilienstein, Ernest (1957), *The Travel Market 1955. A Report to the Travel Reserach Association*, Ann Arbor.

Lyth, Peter (1993), »History of Commercial Air Transport«, in: *Journal of Transport History* 14, S. 126–143.

— (1997), »Failed Notions in Air Transport, 1920–1950«, in: Hans-Luidger Dienel/Trischler Helmuth (Hrsg.), *Geschichte der Zukunft des Verkehrs*, Frankfurt am Main, S. 170–184.

— (2002), »Gimme a ticket on an aeroplane. The Jet Engine and the Revolution in Leisure Air Travel, 1960–1990«, in: Laurent Tissot (Hrsg.), *Development of a Tourist Industry in the 19th and 20th Centuries*, Neuchâtel, S. 111–126.

Lyth, Peter/Dierikx, Marc L. J. (1994), »From Privilege to Popularity. The Growth of Leisure Air Travel since 1945«, in: *Journal of Transport History* 15, S. 97–116.

Metzler, Rudolf (1967), *Zukunft unbegrenzt. Die fantastischen Aussichten des Flugverkehrs jetzt und in den nächsten Jahren*, München.

Meyers (1961–1969), *Meyers Neues Lexikon*, 8 Bde. u. ein Ergänzungsband, Leipzig.

Pagenstecher, Cord (2003), *Der bundesdeutsche Tourismus. Ansätze zu einer Visual History*, Hamburg.

Prahl, Hans-Werner (1991), »Entwicklungsstadien des deutschen Tourismus seit 1945«, in: Hasso Spode (Hrsg.), *Zur Sonne, zur Freiheit! Beiträge zur Tourismusgeschichte,* Berlin, S. 95-108.

Rochford, Daniel (1929), »European Flying Impressions«, in: Air Travel, August, S. 59–62, u. 292f.

Roth, Ralf (2005), *Das Jahrhundert der Eisenbahn. Die Herrschaft über Raum und Zeit*, Ostfildern.

Schamp, Heinz (1957), *Luftverkehrsgeographie. Deutschlands Lage im Weltluftverkehr*, Wiesbaden.

Schildt, Axel (1996), »Die kostbarsten Wochen des Jahres. Urlaubstourismus der Westdeutschen (1945–1970) «, in: Hasso Spode (Hrsg.), *Goldstrand und Teutonengrill. Kultur- und Sozialgeschichte des Tourismus in Deutschland. 1945 bis 1989*, Berlin, S. 69–86.

Seifert, Karl-Dieter (1994), *Weg und Absturz der Interflug. Der Luftverkehr der DDR*, Bonn.

— (1999–2001), *Der deutsche Luftverkehr*, 2 Bde. Bonn.

Serling, Robert J. (1985), *Eagle – The Story of American Airlines*, New York.

Spode, Hasso (2004), »Badende Körper – gebräunte Körper. Zur Geschichte des Strandlebens«, in: Kristiane Hasselmann u. a. (Hrsg.), *Utopische Körper*, München, S. 233–248.

— (2007), »Some quantitative aspects of Kraft durch Freude tourism«, in: Margarita Dritsas (Hrsg.), *Tourism and European Culture*, Athen, S. 123–135.

— (2008), *Ressource Zukunft*, Opladen, Farmington Hills.

— (2009), »Raum, Zeit, Tourismus«, in: Winfried Eberhard/Christian Lübke (Hrsg.), *Die Vielfalt Europas. Identitäten und Räume*, Leipzig (im Erscheinen).

— (2009), *Wie die Deutschen »Reiseweltmeister« wurden*, erw. Neuausg., München, Wien (im Erscheinen).

St., K. (1961), »Luftreisen in Deutschland«, in: *Die Zeit* Nr. 21 v. 19. Mai (nach zeit-online.de).

Stern, Robert A. M. u. a. (1995), *New York 1960. Architecture and Urbanism Between the Second World War and the Bicenntenial*, New York.

Treibel, Werner (1992), *Geschichte der deutschen Verkehrsflughäfen. Eine Dokumentation von 1909–1989*, Bonn.

Wachtel, Joachim (1980), *Die Geschichte der Deutschen Lufthansa*, hrsg. v. der Deutschen Lufthansa, Ostfildern.

— (1987), »Gebucht nach Berlin. Sieben Jahrzehnte ziviler Luftverkehr«, in: Dieter Vorsteher u. a., *Die Reise nach Berlin*, Berlin, S. 143–169.

Wohl, Robert (2005), *The spectacle of flight: aviation and the Western imagination, 1920–1950*, New Haven.

Wöhler, Karlheinz (2005), »Entfernung, Entfernen und Verorten«, in: *Voyage. Jahrbuch für Reise- & Tourismusforschung*, Bd. 7, S. 121–134.

Wronsky, Martin (1927), *Deutscher Luftverkehr,* München, Berlin (Sonderdruck).

26. Die Verwundbarkeit modernen Verkehrs: Unfälle und Terrorismus

Christoph Maria Merki

Einleitung: Über den modernen Verkehr – und seine relative Sicherheit

Der Ausbau des Verkehrssektors war sowohl eine Voraussetzung als auch eine Triebfeder wichtiger Prozesse der Modernisierung. Ohne Beschleunigung und Ausbau des Verkehrs hätte es weder eine Industrialisierung noch eine Globalisierung gegeben.[1] Der Ausbau des Verkehrssektors benötigte neue Techniken und viel Kapital, er ließ mächtige Unternehmen entstehen und veränderte Städte, Landschaften, die Atemluft unseres Planeten oder die Kriegsführung.

Seit dem 18. Jahrhundert erlebte das Verkehrswesen einen gewaltigen Ausbau, sei es dank der Einführung völlig neuer Verkehrssysteme (Eisenbahn, Luftfahrt), sei es dank der Verbesserung alter Systeme (Schifffahrt, Strasse). Die Neuerungen folgten Schlag auf Schlag:

- Der Bau von Chausseen ermöglichte im Frankreich des 18. Jahrhunderts die Anbindung selbst entlegener Gebiete an die Hauptstadt Paris und bereitete damit der französischen Nation den Weg.[2]
- Die Erstellung von Kanälen verbilligte im England der Jahre 1750 bis 1830 den Transport schwerer Massengüter wie Kohle und Eisen.[3]
- Die Eisenbahnen des 19. Jahrhunderts verliehen der Industrialisierung jenen Schub, der vormoderne Agrargesellschaften in moderne, auf fossiler Energie basierende Industriegesellschaften verwandelte.[4]
- Die Mechanisierung der Schifffahrt beschleunigte, verstetigte und verbilligte den Transport auf dem Wasser seit der Mitte des 19. Jahrhunderts so

1 Vgl. Ville, *Transport*, Hugill, *World Trade*, Osterhammel, Petersson, *Geschichte*, u. Bayly, *Geburt*. Nobelpreisträger Robert Fogel wollte nachweisen, dass sich die USA auch ohne Eisenbahnnetz hätten industrialisieren können. Vgl. Fogel, *Railroads*. Aus verkehrsgeschichtlicher Sicht ist dabei der springende Punkt, dass es seiner Ansicht nach zumindest eines anderen, damals boomenden Verkehrsträgers bedurft hätte: der Kanäle.

2 Reverdy, *Histoire des routes*.

3 Szostak, *Role of Transportation*, u. Kunz, Armstrong, *Inland navigation*.

4 Vgl. für Deutschland Fremdling, *Eisenbahnen*, u. Roth, *Jahrhundert*.

stark, dass nicht nur die Handelsströme anschwollen, sondern auch weiträumige und massenhafte Migrationsbewegungen möglich wurden.[5]

- Die Motorisierung des Straßenverkehrs verhalf der Straße, die in der zweiten Hälfte des 19. Jahrhunderts ihre Ferntransportfunktion an die Eisenbahn verloren hatte, zu einer Renaissance.[6]
- Der Luftverkehr des 20. Jahrhunderts band Kontinente aneinander, trieb die Globalisierung voran und änderte die Kriegsführung grundlegend.[7]

Betrachtet man diese Innovationen im Verkehrssektor – und hier ist das Modewort »Innovation« tatsächlich gerechtfertigt –, dann fallen verschiedene Gemeinsamkeiten auf, die sich ungefähr so zusammenfassen lassen: schneller, öfter, weiter, mehr, billiger und sicherer.[8] Moderne Verkehrsmittel sind schneller, sie fahren öfter, sie kommen weiter, sie transportieren mehr Menschen und mehr Güter, sie tun dies auf eine für die Volkswirtschaft immer billigere Art und Weise – und mit stetig zunehmender Sicherheit. Selbstverständlich soll hier nicht das Hohelied des Fortschritts angestimmt werden, denn moderner Verkehr ist ambivalent, er hat nicht nur die Produktivkräfte – weiter, schneller, mehr – entfesselt, er hat auch zahlreiche Destruktivkräfte mit sich gebracht: Kosten und Belästigungen, Landverschleiß und Energieverbrauch. Gleichwohl lässt sich festhalten, dass moderner Verkehr deutlich sicherer daherkommt als vormoderner Verkehr. Eine Reise nach Island oder ein Warentransport von Berlin nach München ist heute nicht nur schneller, sondern auch wesentlich sicherer als im 17. Jahrhundert.

Moderne Gesellschaften sind auf das reibungslose Funktionieren ihrer Verkehrssysteme angewiesen. Jeder Stau macht einem bewusst, dass die Wirtschaft ohne Verkehr kollabieren würde. Die Verwundbarkeit des Verkehrs besteht darin, seinen Zweck, das heißt die Fortbewegung von Menschen und Gütern, zu verfehlen oder nur eingeschränkt zu erreichen. Erstrebenswert ist demnach ein völlig unverwundbarer, sicherer Verkehr. Hundertprozentige Sicherheit ist in der Praxis jedoch nicht zu erreichen: Jede Fortbewegungsart bringt zwangsläufig ein gewisses Risiko mit sich.

Die Verkehrssicherheit wird seit jeher durch zwei Arten von eingetretenen oder befürchteten Zusammenstössen in Frage gestellt: erstens durch Unfälle, also ungewollte Geschehnisse, zweitens durch Anschläge, also durch geplante

5 Pemsel, *Weltgeschichte*.

6 Lay, *Geschichte*, u. Mom, Tissot, *Road History*.

7 Für die Geschichte der europäischen Zivilluftfahrt nach 1945 vgl. Dienel, Lyth, *Flying the Flag*.

8 Einen Überblick über die Entwicklung verschiedener Verkehrsträger für Grossbritannien geben Vance Jr., *Capturing the Horizon*, u. Bagwell, Lyth, *Transport*. Für das Deutschland des 20. Jahrhunderts siehe Kopper, *Handel und Verkehr*. Einen Überblick über die Entwicklung der Mobilität seit 1750 bietet: Merki, *Verkehrsgeschichte*.

Ereignisse mit krimineller oder terroristischer Absicht. Diesen beiden Bedrohungen modernen Verkehrs (Unfälle und Anschläge) soll im Folgenden aus historischer Sicht nachgegangen werden.

Verwundbarkeit durch Unfälle

Die Schäden eines Verkehrsunfalls sind in der Regel umso gravierender, je größer die kinetische Energie ist, die dabei freigesetzt wird. Bei modernen Verkehrsmitteln mit ihren hohen, die biologischen Schranken weit hinter sich lassenden Geschwindigkeiten kann ein Unfall rasch folgenreich sein. Das Verkehrsmittel an und für sich muss aber deswegen nicht unfallträchtiger sein als sein jeweiliger Vorläufer. Ein Hochgeschwindigkeitszug beispielsweise ist dank ausgeklügelter Signaltechnik ein ausgesprochen sicheres Verkehrsmittel, mit dem Millionen von Menschen Tausende von Kilometern zurücklegen. Wenn aber ein solcher Zug in voller Fahrt entgleist, ist dies schlimmer, als wenn ein galoppierendes Pferd strauchelt.

Öffentliche Verkehrsmittel sind seit jeher markant sicherer als Individualverkehrsmittel. Der Fahrer eines öffentlichen Verkehrsmittels ist besser ausgebildet und gehorcht als Angestellter eines Unternehmens einer anderen Logik als ein Amateur-Autofahrer. Außerdem ist die Transportkapazität seines Fahrzeugs in der Regel höher (so dass statistisch pro Passagier weniger geschieht). Oft verfügen die öffentlichen Verkehrsmittel über eigene Trassen, was die Unfallhäufigkeit ebenfalls senkt und eine zentrale Steuerung möglich macht. Am unfallträchtigsten (gemessen als Todesfall pro zurückgelegten Personenkilometer) ist heute, wenig überraschend, das Motorrad, dicht gefolgt von den Fußgängern, die auf der Straße vergleichsweise häufig unter die Räder geraten. Sehr viel sicherer sind hingegen Busse. Sie erreichen in Europa den gleichen Grad an Sicherheit wie die Flugzeuge. Noch sicherer sind nur die Eisenbahnen (vgl. Tab. 26.1).

Die Sicherheit der Verkehrsmittel ist nicht einfach gegeben, sie ist gesellschaftlich, wirtschaftlich und politisch determiniert und besitzt insofern eine Geschichte. Eine Gesellschaft, die sicheren Verkehr möchte, könnte ihn ohne weiteres haben. Allerdings würden zusätzliche Sicherheitsmaßnahmen kosten und die Freiheit des einzelnen Verkehrsteilnehmers, sich und andere zu gefährden, einschränken: Es dauerte Jahrzehnte, bis die Sicherheitsgurte gesetzlich verbindlich eingeführt waren, und in Deutschland lässt das Tempolimit auf Autobahnen noch immer auf sich warten.

Tab. 26.1: Unfallopfer nach Verkehrsarten (EU-15 im Jahr 2001)

Verkehrsart	Todesopfer absolut	Todesopfer je Milliarden Personenkilometer
Straßenverkehr		
Fußgänger	5.618	38,6
Fahrrad	2.134	30,0
Motorrad	6.806	44,8
Bus	169	0,4
PKW	22.473	5,9
Eisenbahnverkehr	70	0,2
Flugzeugverkehr	123	0,4

Quelle: Eurostat, EU Energy and Transport, Zugriff am 13. November 2008 über www.forschungsinformationssystem.de.

Langfristig gesehen, werden Verkehrssysteme gleichwohl immer sicherer. Aus jedem Ereignis lernt der Betreiber und baut vor, um ein nächstes zu verhindern. Tut er dies nicht, gefährdet er sein Geschäft, weil ihn die Medien zum Sündenbock stempeln, ihn die Passagiere im Stich lassen oder der Staat ihm immer mehr Auflagen macht. Der Blutzoll, den Verkehrssysteme pro Kilometer verlangen, sinkt deshalb auf lange Sicht fortlaufend. In der Zivilluftfahrt verminderte sich die Zahl der Unfälle in den Jahren von 1959 bis 2007 von 50 pro Million Starts auf rund zwei bis drei Unfälle pro Million Starts.[9] Ähnlich erfolgreich war man auf lange Sicht bei der Bekämpfung der schweren Strassenverkehrsunfälle. Dazu in Tabelle 26.2 einige Zahlen aus der Schweiz.

Parallel zur Verbreitung des Automobils nahm auch die Zahl der tödlich verlaufenen Autounfälle zu.[10] In der Schweiz erreichte sie um 1970 mit 1.694 Toten ein absolutes Maximum. Seither ist sie deutlich gesunken. Setzt man die absoluten Zahlen in Beziehung zu der Zahl der jeweils vorhandenen Kraftfahrzeuge, zeigt sich, dass die Unfallmortalität schon früher zurückging, nämlich bereits seit der Zwischenkriegszeit (siehe Tab. 26.2).

Als Erklärung für das langfristige Sinken der Unfallmortalität beziehungsweise für die ständige Steigerung der Verkehrssicherheit kommen verschiedene Veränderungen in Frage, wobei deren konkreter Einfluss im Einzelnen äußerst

9 Vgl. Boeing, *Statistical Summary*, S. 16. Wie der Zusammenstoß zweier Flugzeuge in Arizona 1956 zu einem Regimewechsel in der US-amerikanischen Flugsicherung führte, schildert Trischler, »Gesellschaftlicher Wandel«.

10 Auch der vormoderne Straßenverkehr, der vor allem auf der Zugkraft des Pferdes beruhte, war übrigens nicht völlig harmlos. So kamen in Frankreich schon vor der Motorisierung des Straßenverkehrs jährlich 1.205 Menschen bei Straßenverkehrsunfällen ums Leben (Durchschnitt der Jahre 1891 bis 1895).

Tab. 26.2: Ein Jahrhundert Kfz-Unfalltote in der Schweiz, 1901–2000

Jahr(e)	Bei Kfz-Unfällen getötete Personen	Getötete Personen je 10.000 Kraftfahrzeuge
1901 bis 1903	1	~ 6
1906 bis 1908	21	~ 18
1912	34	34
1922	124	41
1928	384	38
1950	797	32
1970	1.694	10
1985	908	2,8
2000	592	1,3

»Kraftfahrzeuge«: LKWs, PKWs und Motorräder zusammen.

Quelle: Merki (2002), Siegeszug, S. 170.

schwierig abzuschätzen ist: Neuerungen im Straßenbau (getrennte Spuren, Fußgängerstreifen, Ampelanlagen), in der Rettungstechnik, im Recht (Tempolimits, Alkoholverbot), in der (Verkehrs-)Erziehung und in der Unfallmedizin (Krankenwagen und Hubschrauber). Auch das Kraftfahrzeug selber wurde seit den fünfziger Jahren sehr viel sicherer als es je gewesen ist, dank bruchfestem Glas, neuer Bremstechnik, wirkungsvoller Stoßstangen, Knautschzone, Sicherheitsgurt und Airbag.[11]

Für die Zeit des frühen Automobilismus zu Beginn des 20. Jahrhunderts ist ein Ergebnis evident: Die Zahl der Unfälle mit tödlichen Folgen erhöhte sich zunächst nicht nur absolut – von einem Unfalltoten in drei Jahren auf mehrere Hundert Unfalltote in einem Jahr –, sondern auch relativ – von etwa sechs Toten je 10.000 Kraftfahrzeuge auf 41 Tote je 10.000 Kraftfahrzeuge. Die im ersten Jahrzehnt des 20. Jahrhunderts zunehmende Gefährlichkeit des Automobils war eine Folge der damals möglich werdenden Geschwindigkeiten. Die Wagen der neunziger Jahre des 19. Jahrhunderts fuhren kaum schneller als 20 bis 30 Stundenkilometer. Die Wagen der Jahre um 1910 waren bereits mit 60 bis 70 Stundenkilometer unterwegs.[12]

Die Zahl der tödlich verlaufenen Unfälle pro zurückgelegten Kilometer sinkt also bei allen modernen Verkehrsmitteln (Eisenbahn, Auto, Flugzeug) fortlaufend, und zwar, seit es sie gibt. Dabei handelt es sich allerdings nicht um ein unabänderliches Gesetz. Die Reduktion wird zwar gesellschaftlich angestrebt, die Entwicklung kann vorübergehend aber auch in die umgekehrte

11 Vgl. Weishaupt, *Entwicklung*.
12 Vgl. dazu Merki (2002), *Siegeszug*, S. 167–173.

Richtung gehen. Als zum Beispiel die Bürger der ehemaligen DDR zu Beginn der neunziger Jahre plötzlich mit ungewohnt schnellen West-Autos unterwegs waren statt mit ihren kleinen Ost-Trabis über Kopfsteinpflaster zu holpern, schossen die Unfallzahlen in die Höhe.[13] Ähnliche Beispiele ließen sich auch für andere Verkehrsträger anführen. So gerieten die US-amerikanischen Eisenbahnen in den sechziger Jahren im Gefolge der Motorisierung des Straßenverkehrs endgültig in die roten Zahlen. Damals stieg die Sicherheit der US-amerikanischen Bahnen nicht weiter an, sondern verschlechterte sich, weil sie im Zeichen sinkender Erträge vernachlässigt wurde.[14]

Die Gründe dafür, weshalb sich Unfälle trotz aller Sicherheitsmaßnahmen nie ganz vermeiden lassen, dürften im Sinne einer anthropologischen Konstante gleich bleiben (und schon in der Vormoderne vorhanden gewesen sein): die Verkettung unglücklicher Umstände, Materialermüdung, Naturereignisse, die Missachtung von Warnungen, der Versuch, auf Kosten der Sicherheit zu sparen, die Lust am Risiko, die vor allem junge Männer umtreibt, und das Versagen des Menschen.

Verwundbarkeit durch Terrorismus

Unfälle und Terrorismus lassen sich ein Stück weit miteinander vergleichen. Beide Ereignisarten machen Verkehrssysteme verwundbar, sie verursachen enorme Schäden, verunsichern die Verkehrsteilnehmer, zwingen zu hohen Investitionen in die Prävention und lassen sich nie ganz vermeiden. Überdies ist das konkrete Ereignis unvorhersehbar. Der Hauptunterschied zwischen den beiden Ereignisarten besteht darin, dass das eine Ereignis (der Unfall) ungewollt, das andere (der Anschlag) gewollt ist; das eine Ereignis wird meistens fahrlässig verursacht, das andere hingegen absichtlich. Unterschiede gibt es auch bei der Rolle der Wahrnehmung durch die Gesellschaft und bei den dadurch bedingten Folgen für das betroffene Verkehrsmittel.

Sowohl Unfälle als auch Terroranschläge können großes Aufsehen erregen, schließlich ist jeder Verkehrsteilnehmer ihr potenzielles Opfer. Allerdings sind die Auswirkungen eines Verkehrsunfalls – und sei er noch so groß – begrenzt. Man wird in seinem Gefolge die Sicherheitsmaßnahmen verbessern, doch das Verkehrsmittel an und für sich kann durch einen einzelnen Unfall nicht aus der Bahn geworfen werden. Kaum jemand wird nach dem Eisenbahnunfall im

13 Vgl. Praxenthaler, »Geschichte der Verkehrssicherheit«, S. 185–208.

14 Aldrich, *Death Rode*, S. 307f.

Abb. 26.1: Anschlag auf das World Trade Center am Elften September 2001

Quelle: ullstein bild – AP, Bildnr. 00700209.

deutschen Eschede, der im Juni 1998 101 Menschenleben forderte, aus Sicherheitsgründen auf den Zug verzichtet haben. Die Explosion der Hindenburg, bei der im Mai 1937 in Lakehurst (USA) 37 Menschen ums Leben kamen, mag zwar den Ruf der Luftschiffe als sichere Verkehrsmittel diskreditiert haben, für den Niedergang dieser Transporttechnik war sie aber nicht ursächlich. Ausschlaggebend dafür war vielmehr die aufkommende Konkurrenz durch das Flugzeug.

Bei Terroranschlägen sieht dies ein bisschen anders aus. Ein Terrorist ist darauf aus, Angst und Schrecken zu verbreiten. In seiner Logik sind zerfetzte Buspassagiere oder Bahnreisende dann viel »wert«, wenn sie viel Aufmerksamkeit auf sich ziehen. Solche Anschläge können zu vorübergehenden oder längerfristigen Substitutions- oder Umsteigeeffekten führen, sei es durch Verhaltensänderungen verängstigter Passagiere oder durch die Sicherheitsmaßnahmen, die durch die Betreiber ergriffen werden »müssen« und welche die Konkurrenzfähigkeit des Verkehrsmittels beeinträchtigen können. Als nach dem

Anschlag vom Elften September 2001 der US-amerikanische Flugverkehr für Wochen zum Stillstand kam, griffen viele Verkehrsteilnehmer auf ihr Auto zurück. Die Zahl der dadurch verursachten zusätzlichen Straßenverkehrsunfälle war um ein Vielfaches höher als die Zahl der Menschen, die in den vier Unglücksmaschinen ums Leben kamen.[15] Sobald Passagiere das Gefühl haben, das Verkehrsmittel Flugzeug sei nicht mehr sicher, werden sie es nicht mehr besteigen, und es reicht – wie gesagt – das ungute Gefühl. Die Zahlen sprechen allerdings wie so oft eine andere Sprache. In den Jahren 1984 bis 1988 gab es in der Zivilluftfahrt 0,6 bis 1,1 Terroranschläge pro Million Flüge. In der ersten Hälfte der neunziger Jahre waren es noch 0,3 Anschläge pro Million Flüge. In den Jahren 2002 bis 2004 fiel diese Quote auf 0,1 Anschläge je Million Starts.[16] Das Risiko, beim Fliegen Opfer eines Terroranschlags zu werden, ist demnach in den letzten beiden Jahrzehnten deutlich gesunken. Dieser Erfolg dürfte in erster Linie auf die Verschärfung der Sicherheitsmaßnahmen zurückzuführen sein, die mittlerweile auf allen Flughäfen gelten. Solche Sicherheitsmaßnahmen sind allerdings teuer und sie können das Umsteigen auf andere Verkehrsmittel lohnend machen. So verringern diese Maßnahmen die Ertragskraft der Fluggesellschaften, sie beeinträchtigen die Bequemlichkeit von Flugreisen und kosten die Passagiere viel Zeit und Nerven – so viel, dass für kürzere Strecken die Bahn attraktiver wird. Auch auf Seiten der Terroristen lassen sich Ausweichbewegungen feststellen: Wer nicht mehr zum Kamikaze-Bomber werden kann, weil er am Flughafen vorzeitig abgefangen wird, greift auf Autobomben zurück oder wird U-Bahnen als Ziele auswählen. Der schienengebundene Verkehr lässt ich im Übrigen sehr viel schlechter vor Anschlägen schützen als die Luftfahrt: Bahnreisende, Bahnhöfe und Schienenstrecken sind schwieriger zu überwachen als Flugpassagiere, Flughäfen und Flugstraßen.

Der global agierende Terrorismus ist ein junges Phänomen, das sich zudem nach wie vor ständig ändert, sei es in Bezug auf die angegriffenen Ziele, sei es in Bezug auf die verwendeten Mittel. Insofern kann die Geschichtswissenschaft noch nicht sehr viel zum Verständnis von Terrorbedrohungen gegen moderne Verkehrssysteme beitragen. Terrorismus lässt sich zudem nicht immer klar von anderen Formen der Gewalt wie Vandalismus, Rebellion, Bürgerkrieg oder Krieg abgrenzen.[17] An und für sich ist der Terrorismus natürlich

---

15 Vgl. Anonym, »Die tödliche Angst. Auch nach den Anschlägen auf vier Vorortszüge in Madrid kam es zu solchen Umsteigeeffekten. Sie waren allerdings schwächer und hielten auch nicht so lange an.

16 Vgl. Boeing (Hrsg.), Statistical Summary of Commercial Jet Airplane Accidents, Zugriff am 13. Dezember 2006, http://www.boeing.com/news/techissues/pdf/statsum.pdf.

17 Swiss Re, die größte Rückversicherungsgesellschaft der Welt, verwendet in ihren Verträgen folgende Definition: »Als Terrorismus im Sinne dieses Vertrages gilt jede Gewalttat oder Ge-

nichts Neues. Schon die ismailitische Sekte der Assassinen soll im 12. und 13. Jahrhundert politische Gegner so brutal massakriert haben, dass ihr Name sowohl dem französischen Wort für Mörder (*assassin*) als auch dem englischen Wort für Meuchelmord (*to assassinate*) Pate stand.[18] Der Begriff der *terreur* entstand bekanntlich schon während der Französischen Revolution. Im Gegensatz zu früher bekämpft der neue oder internationale Terrorismus heute aber nicht mehr nur eine bestimmte nationale Gesellschaftsordnung, sondern die »westliche Weltordnung« an sich. Reizvoll und wünschenswert wäre ein, hier nur anzureißender Vergleich dieses neuen Terrorismus mit einer anderen, vor allem in der Frühen Neuzeit weit verbreiteten Plage: der Piraterie.[19] Nicht ohne Grund spricht man heute vom »Kapern« eines Flugzeugs oder von der »Luftpiraterie«. Die Ähnlichkeiten zwischen der Piraterie des 17. Jahrhunderts und dem Terrorismus der Gegenwart sind tatsächlich frappant:[20]

- die Bedrohung von Handel und Verkehr;
- der geopolitische oder internationale Kontext, ohne den sich weder die eine noch die andere Gefahr verstehen lässt;
- das schwierige Mischungsverhältnis zwischen kriminellen Motiven und deren ideologischer Legitimation;
- der Versuch, das Risiko eines Anschlags über spezielle Versicherungen in den Griff zu bekommen;
- die Rolle des Staates, der sowohl polizeilich als auch militärisch herausgefordert war und ist.

Gerade der letzte Punkt ist etwas, was die Geschichte der Unfälle von jener der Terroranschläge unterscheidet: Der Staat ist beim Terrorismus sehr viel stärker in der Pflicht als bei den Unfällen, denn die Anschläge stellen einen zentralen Aspekt seiner Legimitation, den Schutz des Bürgers, in Frage. Gleichzeitig muss er darauf achten, nicht über das Ziel hinaus zu schießen, also die Freiheit jener nicht zu gefährden, die er schützen will.

---

waltandrohung sowie jede Tat, die Leibe und Leben, bewegliche oder unbewegliche Sachen oder Infrastrukturen gefährdet, und die mit der Absicht begangen wurde oder die Wirkung hat, eine Regierung zu beeinflussen oder die Bevölkerung oder einen Teil davon in Angst und Schrecken zu versetzen.« Swiss Re, *Terrorismus*, S. 2.

18 Vgl. Daftary, *Assassin*.

19 Vgl. dazu Roder, *Piraten*.

20 Selbstverständlich gibt es auch Unterschiede. So haben Luftpiraten in der Regel kein Interesse an der Aneignung des Flugzeugs selbst oder von Sachen in dem von ihnen entführten Flugzeug.

Kleiner Exkurs: Gibt es eine europäische Sicherheitskultur?

Die Entwicklung des Verkehrs wird in dem vorliegenden Sammelband nicht zuletzt unter einem (gesamt-)europäischen Blickwinkel betrachtet. Deshalb folgen an dieser Stelle zwei kleine Bemerkungen zur nationalen beziehungsweise kontinentalen Komponente der Verwundbarkeit von Verkehr, die eine zur Unfallgefahr, die andere zur Terrorgefahr.

Zuerst zum Unfallgeschehen und seiner länderspezifischen Entwicklung. Die nationalen Differenzen in der Verkehrssicherheit waren und sind groß. So ist es um die Straßenverkehrssicherheit in den Ländern Süd- und Osteuropas nach wie vor wesentlich schlechter bestellt als um die Sicherheit in den Ländern des nördlichen und nordwestlichen Europas. Alkohol spielte im Jahr 1995 in Frankreich bei 40 Prozent aller tödlich verlaufenen Straßenverkehrsunfälle eine Rolle, in Großbritannien hingegen nur bei 15 Prozent, in Schweden sogar bei nur neun Prozent aller Unfälle.[21] Die nationalen Unterschiede in der Verkehrssicherheit sind alt. So wunderte sich zum Beispiel ein französischer Beobachter 1910 darüber, dass der Straßenverkehr in London trotz vergleichbarer Vorschriften und ähnlichen Verkehrsaufkommens sehr viel weniger Stockungen aufweise als der Pariser Verkehr. Als Grund dafür sah er die Autorität, die in London – anders als in Paris – das Verkehrsrecht und die Polizei besäßen.[22]

Gleichwohl ist, langfristig betrachtet, davon auszugehen, dass die nationalen Differenzen in der Verkehrssicherheit nach und nach kleiner werden. Dies aus mehreren Gründen:

- Die Wohlstandsniveaus gleichen sich an.
- Der grenzüberschreitende Verkehr nimmt zu, so dass »nationale« Fahrstile verschwinden.
- Die Infrastrukturen und die Wagenparks werden sich ähnlicher.
- Es entsteht ein europäisch einheitliches Verkehrsrecht.

In bestimmten Bereichen ergibt sich sogar ein kontinentales Muster. So sind die Mortalitätsraten von Fußgängern und Radfahrern pro Personenkilometer

---

21 Aus National Highway Traffic Safety Administration (Hrsg.), On DWI laws in other countries, Zugriff am 24. Juli 2007, http://www.nhtsa.dot.gov/people/injury/research/pub/DWI-othercountries/dwiothercountries.html. Der Prozentsatz alkoholbedingter Unfälle war in den USA noch höher als in Frankreich, nämlich 41 Prozent. Daten zur Verkehrssicherheit in den Ländern der EU ermittelt das European Road Safety Observatory, zum Beispiel: European Road Safety Observatory (Hrsg.), »Traffic Safety Basic Facts 2006«, Zugriff am 24. Juli 2007, http://www.erso.eu/safetynet/fixed/WP1/2006/BFS2006_SN-KfV-1-3-MainFigures. pdf.

22 Merki (2002), *Siegeszug*, S. 320.

in den USA markant, das heißt um ein Mehrfaches höher als in Europa, etwa als in Deutschland oder den Niederlanden (siehe Tab. 26.3).[23] Diese Unterschiede beruhen wohl weniger auf kulturellen Einstellungen und sozialpsychologischen Mustern, etwa auf Mentalitäten oder angeblich angeborener Aggressivität – auch wenn solche Faktoren durchaus nicht zu vernachlässigen sind –, entscheidend sind vielmehr die sozioökonomischen Rahmenbedingungen, namentlich die Siedlungs- und Verkehrsstruktur, die zum Beispiel in den US-amerikanischen Städten sehr viel weniger auf den so genannten Langsamverkehr ausgerichtet ist als in den europäischen Städten.

Tab. 26.3: Unfalltote pro Milliarde zurückgelegter Kilometer, 1995

Land	Fußgänger	Radfahrer
USA	364	110
Deutschland	26	25
Niederlande	26	17

Quelle: Pucher, Dijkstra, »Promoting Safe Walking«, S. 1511.

Nun zur zweiten Bemerkung. Unterschiedlich waren und sind auch die Reaktionen auf die Terrorgefahr. So sind die Einreisebestimmungen in die USA im Gefolge des so genannten *war on terror* mittlerweile sehr streng geworden. Die Gründe für diese aus europäischer Sicht hin und wieder als übertrieben empfundene Prävention sind vielfältig:

- Die USA haben weniger Erfahrungen im Umgang mit terroristischen Bedrohungen im eigenen Land als zum Beispiel Deutschland mit der Roten Armee Fraktion (RAF), Großbritannien mit der Irisch-Republikanischen Armee (IRA) und Spanien mit der ETA (Euskadi Ta Askatasuna, für Baskenland und Freiheit).
- In den angelsächsischen Ländern gibt es kein Meldewesen, wie es zum Beispiel die mitteleuropäischen Staaten kennen, so dass die Grenze gegen außen umso demonstrativer gesichert werden muss.
- Die Aufmerksamkeit der Medien ist so stark auf einheimische Ereignisse fixiert, dass diese meistens wichtiger scheinen als sie wirklich sind.
- Militärische und sicherheitswirtschaftliche Interessen nutzen die Terrorgefahr, um auf ein Gebiet zu expandieren, für das eigentlich die Polizei zuständig ist.

---

23 Pucher, »Promoting Safe «, S 7. Als *download* unter www.policy.rutgers.edu/vtc/project_-reports.html.

Die Geschichte der Terrorprävention und -bekämpfung ist allerdings noch zu jung, als dass hier bereits empirisch-vergleichend geforscht worden wäre – lohnen würde es sich allemal.

Zusammenfassung: Verkehr als Risiko

Moderner Verkehr ist seit jeher dem Risiko von Unfällen und terroristischen Anschlägen ausgesetzt. Seit der Einführung von modernen, mechanisierten Verkehrsmitteln im 19. Jahrhundert konnten die Unfallrisiken, die zwangsläufig mit deren Benutzung verbunden sind, fortlaufend reduziert werden. Das Terrorrisiko ist hingegen noch zu jung, als dass sich über dessen Entwicklung ähnliche Aussagen machen ließen. Genau genommen handelt es sich beim Terrorismus auch eher um eine Gefahr als um ein Risiko, denn die möglichen Schäden, die der Terror zur Folge hat, können vorläufig nicht abgeschätzt, kalkuliert oder geplant werden.[24] Deshalb werden beim Terrorismus die Grenzen der Versicherbarkeit erreicht: Versicherungen schließen Terrorfolgen regelmäßig aus der Haftung aus.[25] Unfallrisiken hingegen lassen sich seit langem versichern. Zentral für diesen Versicherungsschutz war die Ausdehnung der außervertraglichen Haftpflicht vom engen Verschuldensprinzip zum Gefährdungsprinzip.[26]

Unfälle und Terroranschläge stellen für den Verkehr zwar ein Risiko dar, aber auch nicht mehr. Weder Unfälle noch Terroranschläge konnten oder können ein ganzes Verkehrssystem so stark erschüttern, dass es dauerhaft stillgelegt werden müsste. Dafür war und ist der Verkehr viel zu wichtig und werden keine Kosten und politischen Mühen gescheut, um ihn am Laufen zu halten.

24 Zum Unterschied zwischen »Risiko« und »Gefahr« vgl. Luhmann, *Soziologie*, S. 30–32.

25 Vgl. Liedtke, Courbage, *Insurance*. Die Rückversicherung Swiss Re meint dazu: »Wer Terrorismusschäden zu decken erwägt, muss alle Möglichkeiten in Betracht ziehen, weil auch Terroristen alle Möglichkeiten in Betracht ziehen.« Swiss Re, *Versicherbarkeit*, S. 2 Als *download* unter www.swissre.com.

26 Das Gefährdungsprinzip geht davon aus, dass bereits die Schaffung einer Gefahr ein Haftungsgrund ist und dass deshalb der Fahrer oder der Halter eines Fahrzeugs für den von ihm angerichteten Schaden aufkommen muss, und zwar selbst dann, wenn der Geschädigte dessen Schuld nicht direkt nachweisen kann. Vgl. für das Auto Gadow, *Zähmung*.

Literatur

Aldrich, Mark (2006), *Death Rode the Rails. American Railroad Accidents and Safety 1828–1965*, Baltimore.

Anonym, »Die tödliche Angst vorm Fliegen«, in: *Frankfurter Allgemeine Sonntagszeitung* v. 21. Mai 2006.

Bagwell, Philip/Lyth, Peter (2002), *Transport in Britain, 1750–2000. From Canal Lock to Gridlock*, London u. a.

Bayly, Christopher A. (2006), *Die Geburt der modernen Welt. Eine Globalgeschichte 1780–1914*, Frankfurt am Main u. a.

Boeing (Hrsg.) (2008), *Statistical Summary of Commercial Jet Airplane Accidents. Worldwide Operations, 1959–2007*, Seattle.

Daftary, Farhad (1995), *The Assassin Legends: Myths of the Ismailis*, London.

Dienel, Hans-Liudger/Lyth, Peter (Hrsg.) (1998), *Flying the Flag. European Commercial Transport since 1945*, London.

Eurostat (Hrsg.) (2003), *EU Energy and Transport in figures. Statistical pocketbook 2003.*

Fogel, Robert W. (1964), *Railroads and American Economic Growth: Essays in Econometric History*, Baltimore.

Fremdling, Rainer (1975), *Eisenbahnen und deutsches Wirtschaftswachstum 1840–1879. Ein Beitrag zur Entwicklungstheorie und zur Theorie der Infrastruktur*, Dortmund.

Gadow, Olaf von (2002), *Die Zähmung des Automobils durch die Gefährdungshaftung. Eine Analyse der Entscheidungen des Reichsgerichts zu § 7 des Gesetzes über den Verkehr mit Kraftfahrzeugen vom 3. Mai 1909*, Berlin.

Hugill, Peter J. (1993), *World Trade since 1431. Geography, Technology, and Capitalism*, Baltimore u. a.

Kopper, Christopher (2002), *Handel und Verkehr im 20. Jahrhundert*, München.

Kunz, Andreas/Armstrong, John (Hrsg.) (1995), *Inland navigation and economic development in nineteenth-century Europe*, Mainz.

Lay, Maxwell G. (1994), *Die Geschichte der Straße. Vom Trampelpfad zur Autobahn*, Frankfurt am Main u. a.

Liedtke, Patrick M./Courbage, Christophe (Hrsg.) (2002), *Insurance and September 11. One Year After. Impact, Lessons and Unresolved Issues*, Geneva.

Luhmann, Niklas (1991), *Soziologie des Risikos*, Berlin u. a.

Merki, Christoph Maria (2002), *Der holprige Siegeszug des Automobils, 1895–1930. Zur Motorisierung des Straßenverkehrs in Frankreich, Deutschland und der Schweiz*, Wien.

— (2008), *Verkehrsgeschichte und Mobilität*, Stuttgart.

Mom, Gijs, Tissot/Laurent (2007), *Road History. Planning, Building and Use*, Neuchâtel.

Osterhammel, Jürgen/Petersson, Niels P. (2003), *Geschichte der Globalisierung. Dimensionen, Prozesse, Epochen*, München.

Pemsel, Helmut (2002–2005), *Weltgeschichte der Seefahrt*, 6 Bde., Wien u. a.

Praxenthaler, Heinrich (1998), »Die Geschichte der Verkehrssicherheit nach 1945«, in: Harry Niemann/Armin Hermann (Hrsg.), *Geschichte der Straßenverkehrssicherheit im Wechselspiel zwischen Fahrzeug, Fahrbahn und Mensch*, Bielefeld, S. 185–208.

Pucher, John/Dijkstra, Lewis (2003), »Promoting Safe Walking and Cycling to Improve Public Health: Lessons from The Netherlands and Germany«, in: *American Journal of Public Health* 93, H. 9, S. 1509–1516.

Reverdy, Georges (1997), *Histoire des routes de France*, Paris.

Roder, Hartmut (Hrsg.) (2002), *Piraten*, Bremen.

Roth, Ralf (2005), *Das Jahrhundert der Eisenbahn. Die Herrschaft über Raum und Zeit 1800–1914*, Ostfildern.

Swiss Re (Hrsg.) (2002), *Terrorismus – Umgang mit der neuen Bedrohung*, Zürich.

— (2003), *Die Versicherbarkeit von Terrorismusrisiken in der Sachversicherung nach dem 11. September 2001*, Zürich.

Szostak, Rick (1991), *The Role of Transportation in the Industrial Revolution. A Comparison of England and France*, Montreal u. a.

Trischler, Helmut, »Gesellschaftlicher Wandel als Folge technischen Scheiterns? Massenunglücke und Katastrophen im Technotop der Moderne«, in: Michael Farrenkopf/Peter Friedemann (Hrsg.) (2008), *Die Grubenkatastrophe Courrières 1906. Aspekte transnationaler Geschichte*, Bochum, S. 55–68.

Vance Jr., James E. (1986), *Capturing the Horizon. The Historical Geography of Transportation since the Sixteenth Century*, New York.

Ville, Simon P. (1990), *Transport and the Development of the European Economy, 1750–1918*, London.

Weishaupt, Heike (1999), *Die Entwicklung der passiven Sicherheit im Automobilbau von den Anfängen bis 1980 unter besonderer Berücksichtigung der Daimler-Benz AG*, Königswinter.

Anhang

Autorinnen und Autoren

Peter Borscheid ist Professor für Sozial- und Wirtschaftsgeschichte an der Philipps-Universität Marburg und zudem leitender Direktor des dortigen Instituts für interdisziplinäre Gerontologie und angewandte Sozialethik. Er hat unter anderem zusammen mit Robin Pearson *Internationalisation and Globalisation of the Insurance Industry in the 19th and 20th Centuries*, Zürich, Marburg 2007, *Das Tempo-Virus. Eine Kulturgeschichte der Beschleunigung*, Frankfurt am Main, New York 2004, sowie *Sicherheit in der Risikogesellschaft*, Stuttgart 1999 veröffentlicht.

Hans-Liudger Dienel ist Historiker, Mobilitäts- und Technikforscher. Er leitet das Zentrum Technik und Gesellschaft der Technischen Universität Berlin sowie das Berliner nexus Institut. Dienel ist Präsident der *International Association for the History of Transport, Traffic and Mobility* (T^2M). Zu den jüngeren Veröffentlichungen gehören »Verkehrsgeschichte auf neuen Wegen«, *Jahrbuch für Wirtschaftsgeschichte*, H. 1, 2007, »Stadt und Verkehr«, *Informationen zur Modernen Stadtgeschichte*, H. 2, 2006, und *Unconnected Transport Networks. European Intermodal Traffic Junctions, 1800–2000*, Frankfurt am Main 2004.

Colin Divall is head of the *Institute of Railway Studies & Transport History*, a joint initiative of the *National Railway Museum* and the *University of York* in the United Kingdom. His books include together with Andrew Scott, *Making Histories in Transport Museums*, London, New York 2001, and as editor with Winstan Bond, *Suburbanizing the Masses: Public Transport and Urban Developmen tin Historical Perspective*, Aldershot 2003. He is currently working on a history of the railways' commercial cultures in Britain from 1872 to 1975.

Alfred Gottwaldt studierte Rechts- und Staatswissenschaften sowie Neuere Geschichte in Frankfurt am Main. Nach einer Tätigkeit als Rechtsanwalt, ist er seit 1983 Leiter der Abteilung Schienenverkehr im Deutschen Technikmuseum in Berlin (früher Museum für Verkehr und Technik). Er hat zahlreiche Bücher und Aufsätze zur Verkehrsgeschichte mit dem Schwerpunkt Reichsbahnzeit und Zweiter Weltkrieg publiziert, darunter *Deutsche Eisenbahnen im Zweiten Weltkrieg. Rüstung, Krieg und Eisenbahn (1939–1945)*, Stuttgart 1983, *Julius Dorpmüller, die Reichsbahn und die Autobahn. Verkehrspolitik und Leben des Verkehrsministers bis 1945*, Berlin 1995, zusammen mit Diana Schulle, *Die »Judendeportationen« aus dem Deutschen Reich von*

1941–1945. Eine kommentierte Chronologie, Wiesbaden 2005, und ebenfalls zusammen mit Diana Schulle, *»Juden ist die Benutzung von Speisewagen untersagt«. Die antijüdische Politik des Reichsverkehrsministeriums zwischen 1933 und 1945*, Teetz 2007.

Michael Hascher studierte Geschichte und Geschichte der Naturwissenschaft und Technik an der Universität Stuttgart, promovierte an der Technischen Universität München und war von 2004 bis 2006 am Aufbau des Verkehrszentrums am Deutschen Museum beteiligt. Heute arbeitet er als freier Wissenschafts- und Technikhistoriker. Zu seinen jüngsten Veröffentlichungen zur Verkehrsgeschichte gehört *Politikberatung durch Experten. Das Beispiel der deutschen Verkehrspolitik 1870–1970*, Frankfurt am Main 2006, sowie zahlreiche Beiträge in Sammelbänden und Zeitschriften.

Wolfgang Kaschuba, Dr. rer. soc., ist Professor für Europäische Ethnologie an der Humboldt-Universität zu Berlin. Seine Forschungsschwerpunkte liegen vor allem in den Bereichen der Kultur- und Alltagsgeschichte der europäischen Moderne, der volkskundlich-ethnologischen Fachgeschichte, der Stadt- und Metropolenforschung sowie der Europäischen Nations- und Ethnizitätsforschung. Er ist unter anderem Mitherausgeber der Zeitschrift *Geschichte und Gesellschaft* und hat zuletzt unter anderem zusammen mit T. Darieva *Representations on the Margins of Europe. Politics and Identities in the Baltic and South Caucasian States*, Frankfurt am Main, New York 2007, herausgegeben sowie *Die Überwindung der Distanz. Raum und Zeit in der Europäischen Moderne*, Frankfurt am Main 2004, veröffentlicht.

Christopher Kopper ist Privatdozent an der Universität Bielefeld. Er hat unter anderem *Zwischen Marktwirtschaft und Dirigismus. Bankenpolitik im »Dritten Reich«*, Bonn 1995, *Hjalmar Schacht. Aufstieg und Fall von Hitlers mächtigstem Bankier*, München 2006, und *Die Bahn im Wirtschaftswunder*, Frankfurt am Main 2007, veröffentlicht. 2009 erscheint eine *Geschichte der DB AG*.

Dirk van Laak ist nach akademische Stationen in Essen, Hagen, Jena, Chicago, Tübingen und Freiburg seit 2007 Professor für Zeitgeschichte an der *Justus Liebig Universität Gießen*. Seine Forschungsschwerpunkte sind Deutsche und internationale Geschichte des 19. und 20. Jahrhunderts, Geschichte von Infrastrukturen, Technik und Planung sowie Kolonialismus und Imperialismus. Er hat unter anderem *Weiße Elefanten. Anspruch und Scheitern technischer Großprojekte im 20. Jahrhundert*, Stuttgart 1999, und *Imperiale Infrastruktur. Deutsche Planungen für eine Erschließung Afrikas 1880 bis 1960*, Paderborn 2004 veröffentlicht.

Hans Lemberg war Professor für osteuropäische Geschichte und zwar von 1973 bis 1981 in Düsseldorf und von 1981 bis 1998 an der Philipps-Universität Marburg. Hauptarbeitsgebiete waren die Geschichte Ostmitteleuropas, die Beziehungen zwischen den Deutschen und ihren östlichen Nachbarn. In den Jahren von 2000 bis 2004 erschien die gemeinsam mit Wlodzimierz Boroziej herausgegebene deutsch-polnische vierbändige Dokumenten-Edition *Deutsche östlich von Oder und Neiße 1945–1950*, Marburg 2003.

Peter Lyth got his PhD in Modern German Economic History and teaches at the *Christel DeHaan Tourism and Travel Research Institute* at the *University of Nottingham Business School.* His research interests focus on transport history, in particular the history of air transport and civil aviation. He is a past editor of the internationally well known *Journal of Transport History* and together with Philip Bagwell author of *Transport in Britain*, London 2002.

Michèle Merger is a researcher at the *Centre National de la Recherche Scientifique* (CNRS) in the *Institut d'Histoire Moderne et Contemporaine* in Paris. She has written extensively on French inland navigation and Italian railways. She has edited *Transferts de technologie en Méditerranée* , Paris 2006, and her most recent research deals with transport European networks and intermodal transport.

Christoph Maria Merki ist Direktor des *Liechtenstein-Instituts* in Bendern im Fürstentum Liechtenstein sowie Professor für Wirtschafts-, Sozial- und Umweltgeschichte an der Universität Bern. Merki publizierte unter anderem *Der holprige Siegeszug des Automobils, 1895–1930. Über die Motorisierung des Straßenverkehrs in Frankreich, Deutschland und der Schweiz*, Wien 2002, *Europas Finanzzentren. Geschichte und Bedeutung im 20. Jahrhundert*, Frankfurt am Main, New York 2005, sowie *Wirtschaftswunder Liechtenstein. Die rasche Modernisierung einer kleinen Volkswirtschaft im 20. Jahrhundert*, Zürich 2007, und *Verkehrsgeschichte und Mobilität*, Stuttgart 2008.

Kurt Möser studierte Literaturwissenschaft und Geschichte sowie Technikgeschichte an der Universität Konstanz. Er lehrte an den Universitäten Erlangen, Oxford, St. Gallen, New Delhi und Karlsruhe und ist jetzt Konservator am Landesmuseum für Technik und Arbeit in Mannheim, das ihn von 2006 bis 2008 an das Institut für Geschichte der Universität (TH) Karlsruhe abgeordnet hat. 2008 habilitierte er sich dort mit einer Arbeit zum *Fliegen und Fahren in Frieden und Krieg* im Fach Technikgeschichte und lehrt als Privatdozent. Er hat zahlreiche Arbeiten zur Automobilgeschichte, zu Militär und Technik und zur kulturellen Verarbeitung von Technik verfasst.

Gijs Mom is professsor in the History of Technology Section at the *Eindhoven University of Technology* and Programme Director for Mobility History within the *Foundation for the History of Technology*. His research interests are in the field of the history of mobility, the evolutionary approach of the history of technology and the design and innovation process, including its historical aspects. In November 2003 he co-founded the *International Association for the History of Transport, Traffic and Mobility* (T^2M) of which he was nominated President (until September 2008). He is Chair of the Board of Directors of the *European Centre for Mobility Documentation* (ECMD) in Eindhoven. His most recent publications include together with Ruud Filarski *Van transport naar mobiliteit; De mobiliteitsexplosie (1895–2005)*, Zutphen 2008, »Translating Properties into Functions (and Vice Versa): Design, User Culture and the Creation of an American and a European car (1930–1970)«, in: *Journal of Design History* 20, H. 2, 2007, S. 171–181, and together with Laurent Tissot *Road History; Planning, Building and Use*, Lausanne 2007.

Hans-Heinrich Nolte war Professor für Osteuropäische Geschichte an der Universität Hannover und Gastprofessor für Globalgeschichte an der Universität Wien. Er ist Herausgeber der *Zeitschrift für Weltgeschichte* und mehrerer Sammelbände, darunter *Auseinandersetzungen mit den Diktaturen*, Gleichen, Moskau 2005 und 2007, und *Imperien*, Schwalbach 2008, sowie Mitherausgeber von *Ostsee 700–2000*, Wien 2008, und Autor mehrerer Bücher zur Geschichte, darunter *Kleine Geschichte Russlands*, 4. Aufl., Stuttgart 2003, *Weltgeschichte. Imperien, Religionen und Systeme*, Wien 2005. Demnächst erscheint *Weltgeschichte im 20. Jahrhundert.*

Marie-Noëlle Polino, hat die *École Normale Supérieure* besucht und ist Geschäftsführerin der *Association pour l'histoire des chemins de fer en France* in Paris, die schon viele wichtige Untersuchungen zur Geschichte der französischen Eisenbahnen initiiert und gefördert hat. Sie ist Herausgeberin der *Revue d'histoire des chemins de fer.*

Ralf Roth ist Privatdozent für Neuere Geschichte am Historischen Seminar der Johann Wolfgang Goethe-Universität in Frankfurt am Main und *Research Fellow* am *Royal Holloway College an der University of London.* Seine zahlreichen Aufsätze, die in internationalen Fachzeitschriften erschienen sind, und seine Monographien haben die soziale und kulturelle Geschichte von Städten und das Funktionieren sowie die gesellschaftlichen Folgen von Verkehrs- und Kommunikationsnetzwerken zum Schwerpunkt. Nach seinen Studien zu städtischen Eliten, schloss er ein Forschungsprojekt zum Einfluss der Eisenbahnen auf die deutsche Gesellschaft ab, dessen Ergebnisse in *Das Jahrhundert der Eisenbahn. Die Herrschaft über Raum und Zeit, 1800–1914*, Ostfildern 2005, veröffentlicht wurden. Zuletzt hat er zusammen mit Günter Dinhobl in *Across the Borders – Financing the World's Railways in the Nineteenth and Twentieth Centuries*, Aldershot 2008, veröffentlicht. Demnächst erscheint zusammen mit Dieter Hein *Städte im europäischen Raum. Verkehr, Kommunikation und Urbanität im 19. und 20. Jahrhundert.*

Reiner Ruppmann war nach dem Studium der Volks- und Betriebswirtschaftslehre sowie Promotion zum Dr. rer. pol. insgesamt rund 35 Jahre in leitender Position bei Herstellern der Gebrauchsgüterindustrie tätig. Seit 2003 studierte er an der Johann Wolfgang Goethe-Universität Frankfurt Mittlere und Neuere Geschichte, Geschichte und Archäologie der Römischen Provinzen und Romanistik. Derzeit arbeitet er an einer umfassenden Studie zur Straßen- und Autobahngeschichte im

Rhein-Main-Taunus-Gebiet, zu der er wichtige Teilaspekte bereits in Zeitschriften und Jahrbüchern publiziert hat.

Frithjof Benjamin Schenk ist wissenschaftlicher Assistent am Lehrstuhl für Geschichte Osteuropas und Südosteuropas an der Ludwig-Maximilians Universität München. Derzeit arbeitet er im Rahmen seiner Habilitation an einer umfassenden Studie mit der Arbeitstitel *Russlands Fahrt in die Moderne. Mobilität und sozialer Raum im Eisenbahnzeitalter.* Er ist außerdem Autor des Buches *Aleksandr Nevskij. Fürst, Heiliger, Nationalheld. Eine Erinnerungsfigur im russischen kulturellen Gedächtnis, 1263–2000*, Köln 2004, und Mitherausgeber des Sammelbandes *St. Petersburg. Schauplätze einer Stadtgeschichte*, Frankfurt am Main 2007.

Karl Schlögel ist Historiker und Schriftsteller sowie Professor für Osteuropäische Geschichte an der Europa Universität Viadrina in Frankfurt an der Oder. Außerdem ist er *Fellow* am *St Antonys College Oxford, Collegium Budapest, Historischen Kolleg München* und am *Swedisch Collegium in Uppsala.* Er hat unter anderen *Im Raum lesen wir die Zeit. Über Zivilisationsgeschichte und Geopolitik*, München 2003, *Petersburg 1909–1921. Laboratorium der Moderne*, München 2002, und *Das Russische Berlin*, München 2007, veröffentlicht. Seine jüngste Veröffentlichung ist *Terror und Traum. Moskau 1937*, München 2008.

Hasso Spode, Prof. Dr. habil., ist Historiker und Soziologe. Er leitet das Historische Archiv zum Tourismus (HAT) der Freien Universität Berlin und lehrt an der Leibniz-Universität Hannover sowie der Universität Leipzig. Seine Forschungsgebiete sind Historische Anthropologie, Medizinsoziologie, Sozialgeschichte und Politik. Er ist Mitherausgeber von *Voyage. Jahrbuch für Reise- & Tourismusforschung, Social History of Alcohol and Drugs* und *H-Travel.* Zu seinen jüngsten Buchveröffentlichungen gehört *Ressource Zukunft. Die sieben Entscheidungsfelder der deutschen Reform*, Opladen 2008. Demnächst erscheint *Tourismusgeschichten* als Sondernummer von *Voyage*; und als erweiterte Neuausgabe *Wie die Deutschen »Reiseweltmeister« wurden. Einführung in die Tourismusgeschichte*, Erfurt 2003.

Helmuth Trischler ist Professor für Neuere, Neueste Geschichte und Technikgeschichte an der Ludwig-Maximilians-Universität München und Forschungsdirektor des Deutschen Museums. Er leitet mehrere nationale und internationale Forschungverbünde, darunter die DFG-Forschergruppe »Wechselbeziehungen zwischen Naturwissenschaft und Technik«. Seine Forschungsschwerpunkte sind die Wissenschafts- und Technikgeschichte sowie die Wissens- und Innovationsgeschichte. Im Bereich der Verkehrsgeschichte veröffentlichte er unter anderem zusammen mit Hans-Liudger Dienel *Geschichte der Zukunft des Verkehrs. Verkehrskonzepte von der Frühen Neuzeit bis zum 21. Jahrhundert*, Frankfurt am Main, New York 1997, zusammen mit anderen *Unterwegs und mobil. Verkehrswelten im Museum*, Frankfurt am Main, New York 2005, und gibt im Campus-Verlag die Reihe *Beiträge zur Historischen Verkehrsforschung* heraus.

Richard Vahrenkamp ist Wirtschaftswissenschaftler und Professor für Logistik an der Universität Kassel. Er hat unter anderem folgende Bücher veröffentlicht zusammen mit Jürgen Nautz *Die Wiener Jahrhundertwende*, Wien 1993, *Logistik – Management und Strategien*, 6. Aufl., München 2007, und *Der Bau der Autobahnen in Hessen bis 1943*, Darmstadt 2007.

Javier Vidal, got his PhD at the *University of Valencia* and is Professor of Economic History and Business History at *Alicante University*. He is editor of *Transportes, Servicios and Telecomunicaciones. A History Journal*, and also Associated Editor of *Journal of Transport History* since 2008. He has published about transport history, particularly railways and aviation from business history perspective. His last book is *Wings of Spain. Iberia, Spanish Airlines, 1941–2005*, Valencia 2008.

Thomas Zeller unterrichtet Technik- und Umweltgeschichte an der *University of Maryland*, College Park, USA. Sein Buch *Driving Germany: The Landscape of the German Autobahn, 1930–1970,* New York 2007, wurde in deutsch unter dem Titel *Straße, Bahn, Panorama. Verkehrswege und Landschaftsveränderung in Deutschland 1930 bis 1990*, Frankfurt am Main, New York 2002, veröffentlicht. Zeller ist Mitherausgeber der Sammelbände *The World Beyond the Windshield: Roads and Landscapes in the United States and Europe*, Athens 2008, *Rivers in History: Perspectives on Waterways in Europe and North America*, Pittsburgh 2008, *How Green Were the Nazis? Nature, Environment, and Nation in the Third Reich*, Athens, Ohio 2005, und *Germany's Nature: Cultural Landscapes and Environmental History*, New Brunswick 2005.

Verzeichnis der Abbildungen und Tabellen

Abbildungen

Tabellen

Personenindex

Ortsindex

Verzeichnis der Abkürzungen

AHICF	Association pour l'hisoire des chemins de fer en France
AIACR	Association Internationale des Automobile-Clubs Reconnus
ANWB	Algemene Nederlandse Wielrijders Bond
ATEB	Association of Trans-European Buslines
BEA	British European Airways
BMV	Bundesverkehrsministeriums
BMWi	Bundesministeriums für Wirtschaft und Technologie
BOAC	British Overseas Airways Corporation
BRD	Bundesrepublik Deutschland
CDU	Christlich-Demokratische Union
CEMT	European Conference of Ministers of Transport
CIM	Convention Internationale Concernant Ie Transport des Marchandises par Chemins de Fer
CIT	Comité Internationale des Transports par Chemins de Fer
CIV	Convention Internationale concernant le Transport des Voyageurs et des Bagages
CIWL	Compagnie Internationale des Wagons-Lits
CMR	Convention Relative au Contrat de Transport Internationale de Marchandise par Route
CNN	Cable News Network
CNRS	Centre National de la Recherche Scientifique
COMECON	Council for Mutual Economic Assistance
COST	European Co-operation in the Field of Scientific and Technical Research
ČSR	Československá Republika
DER	Deutsches Reisebüro
DDR	Deutsche Demokratische Republik
DLH	Deutsche Lufthansa
DRG	Deutsche Reichsbahn-Gesellschaft
EC	European Commission
ECE	Economic Commission for Europe
ECITO	European Central Inland Transport Organisation
ECMD	European Centre for Mobility Documentation
ECMT	European Conference of Ministers of Transport

ECU	European Currency Units
EEC	European Economic Community
ENI	Ente Nazionale Idrocarburi
ERA	European Research Area
ERDF	European Regional Development Fund
ETA	Euskadi Ta Askatasuna
ESF	European Science Foundation
EU	Europäische Union
EWG	Europäische Wirtschaftsgemeinschaft
FEDECRAIL	European Federation of Museum and Tourist Railways,
GEZUVOR	Gesellschaft zur Vorbereitung der Reichsautobahnen
GNP	Gross National Product
GUG	Gesellschaft für Unternehmensgeschichte
GULAG	Glawnoje Uprawlenije Isprawitelno-trudowych Lagerej i koloniy (Hauptverwaltung der Besserungsarbeitslager)
HAFRABA	Verein zur Vorbereitung einer Autostraße Hamburg-Frankfurt-Basel
HAT	Historischen Archiv zum Tourismus
Hrsg.	Herausgeber
HSS	History of Science Association
i. e.	id est (lat. das ist, mit anderen Worten)
IATA	International Air Traffic Association
ICAO	International Civil Aviation Organization
ICT	International Transport Committee
IRHA	International Railway History Association
IRA	Irisch-Republikanischen Armee
IRU	Union Internationale des Transports Routiers
ISG	Internationale Schlaf- und Speisewagengesellschaft
JTH	Journal of Transport History
KaDeWe	Kaufhaus des Westens
KdF	Kraft durch Freude (NS-Freizeit-Organisation)
KLM	Koninklijke Luchtvaart Maatschappij (Royal Dutch Airlines)
KLV	Kinderlandverschickung
KNVTO	Koninklijke Nederlandse Vereniging van Transport Ondernemingen
KPEV	Königlich Preußische Eisenbahnverwaltung
KZ	Konzentrationslager
LIAT	Ligue Internationale des Associations Touriste
LKW	Lastkraftwagen
MER	Mitteleuropäisches Reisebüro
NAC	Nederlandsche Automobiel Club
NATO	North Atlantic Treaty Organization (deutsch Nordatlantikvertrag- Organisation)

ND	Neudruck
NIWO	Nationale en Internationale Wegvervoer Organisatie
NS	Nederlandse Spoorwegen oder Nationalsozalismus
NWO	Gesellschaft »Nord-West-Oelleitung«
OCTI	Office Central des Transports Internationaux Ferroviaires
OEEC	Organisation for European Economic Cooperation
ÖPNV	Öffentlichen Personen Nahverkehrs
OHL	Obersten Heeresleitung
ORMO	Ochotnicza Rezerwa Milicji Obywatelskiej (Polnische Bürgermiliz)
PBCAL	Paris-Brussels-Cologne-Amsterdam-London
PIARC	Permanent International Association of Road Congresses
PKW	Personenkraftwagen
PUR	Państwowy Urząd Repatriacyjny (Polnisches Repatriierungsamt)
RAF	Roten Armee Fraktion
RCHS	Railway and Canal Historical Society
Renfe	Red Nacional de los Ferrocarriles Españoles
RIC	Regolamento Internationale Carozze
RMR	Rhein-Main-Rohrleitung
RSHA	Reichssicherheitshauptamt
SD	Sicherheitsdienst
SED	Sozialistische Einheitspartei Deutschlands
SHOT	Society for the History of Technology
SLAM	Supersonic Low-Altitude Missile
SNCB	Société Nationale des Chemins de fer Belges
SNCF	Société Nationale des Chemins de fer Français
SOMAT	Стопанско обединение международен автомобилен транспорт (International Road Transport Corporation)
SPD	Sozialdemokratische Partei Deutschlands
SS	Schutzstaffel der NSDAP
Stufa	Studiengesellschaft für Automobilstraßenbau
T^2M	The International Association for the History of Transport, Traffic and Mobility
TEN	Trans-European Network
TEN-T	Trans-European Networt for Transport
TEU	Twenty feet Equivalent Unit
TGV	Train à grande vitesse
TIR	Transport International de Marchandises par la Route
ToE	Tension of Europe
TRAPIL	Société des Transports Pétroliers par Pipe-Line
TST	Transportes, Servicios y Telecomunicaciones Revista de Historia

TUI	Touristik Union International
UIC	Union Internationale des Chemins de Fer
UIRR	International Union of Combined Road-Rail Transport Companies
UK	United Kingdom
USA	Vereinigte Staaten von Amerika
VDE	Verkehrsprojekte Deutsche Einheit
VTOL	vertical take-off and landing (Senkrechtstarter)
ZOB	Zentraler Omnibusbahnhof